Relevanzen organisationalen Wissens im Wandel

Europäische Hochschulschriften
Publications Universitaires Européennes
European University Studies

**Reihe XXII**
**Soziologie**

Série XXII Series XXII
Sociologie
Sociology

**Bd./Vol. 367**

PETER LANG
Frankfurt am Main · Berlin · Bern · Bruxelles · New York · Oxford · Wien

Alexandra Horny

# Relevanzen organisationalen Wissens im Wandel

## Zum Verhältnis von Wissen, Organisation und Qualifikationsanforderungen vor dem Hintergrund der Einführung eines Studienangebotes mit betriebswirtschaftlichem Schwerpunkt für den gehobenen nichttechnischen Dienst der Kommunalverwaltung Nordrhein-Westfalens

PETER LANG
Europäischer Verlag der Wissenschaften

Die Deutsche Bibliothek - CIP-Einheitsaufnahme

Horny, Aleyandra :

Relevanzen organisationalen Wissens im Wandel : zum Verhältnis von Wissen, Organisation und Qualifikationsanforderungen vor dem Hintergrund der Einführung eines Studienangebotes mit betriebswirtschaftlichem Schwerpunkt für den gehobenen nichttechnischen Dienst der Kommunalverwaltung Nordrhein-Westfalens / Alexandra Horny. - Frankfurt am Main ; Berlin ; Bern ; Bruxelles ; New York ; Oxford ; Wien : Lang, 2002

(Europäische Hochschulschriften : Reihe 22, Soziologie ; Bd. 367)

Zugl.: Kassel, Univ., Diss., 2001

ISBN 3-631-38948-5

D 34

ISSN 0721-3379

ISBN 3-631-38948-5



www.peterlang.de

## Inhaltsübersicht

**Häufig verwendete Abkürzungen**

| | |
|---|---|
| FHöV NRW: | Fachhochschule für öffentliche Verwaltung Nordrhein-Westfalen |
| KGSt: | Kommunale Gemeinschaftsstelle für Verwaltungsvereinfachung |
| KV: | Kommunaler Verwaltungsdienst; grundständiger Studiengang für den gehobenen nichttechnischen Verwaltungsdienst an der Fachhochschule für öffentliche Verwaltung Nordrhein-Westfalen |
| NSM: | Neues Steuerungsmodell der Kommunalen Gemeinschaftsstelle für Verwaltungsvereinfachung (KGSt) |
| VBWL: | Verwaltungsbetriebswirtschaftslehre; 1993 als Modellstudiengang eingeführte Ergänzung des Studienangebots der Fachhochschule für öffentliche Verwaltung Nordrhein-Westfalen für den gehobenen nichttechnischen Dienst der Kommunalverwaltung |

# Inhaltsverzeichnis

## Abbildungsverzeichnis

## Tabellenverzeichnis

# Übersichtsverzeichnis

*Vorwort*

Arbeiten beim Staat gilt in den Augen der Öffentlichkeit als eine sichere Sache. Mag auch die Entwicklung der Personalstatistiken des öffentlichen Dienstes diesem Bild nicht mehr ganz entsprechen und die öffentliche Meinung ein eher negatives Stereotyp der Beamtenschaft zeichnen, als Arbeitgeberin wird die Öffentliche Hand noch immer gern ergriffen. Auch mir wurde während der beruflichen Orientierungsphase der Vorschlag gemacht, mich um einen Studienplatz für die "sichere Beamtenlaufbahn" zu bewerben. Damals habe ich mich für ein Hochschulstudium entschieden. Bestimmte Themen scheinen aber immer wieder relevant zu werden, und so arbeitete ich rund 10 Jahre später an der Evaluation der Verwaltungsbetriebswirtschaftslehre mit, welche einen neuen Studiengang für gehobenen nichttechnischen Dienst der Kommunalverwaltung an der Fachhochschule für öffentliche Verwaltung Nordrhein-Westfalen untersuchte.[1] Im Zentrum dieses externen Evaluationsprojektes, das die Modellphase des Studiengangs Verwaltungsbetriebswirtschaftslehre begleitete, standen die Erfahrungen der Studierenden, ersten Absolventinnen und Absolventen sowie Vertreterinnen und Vertretern der kommunalen Fachpraxis. Für mich wurde die Kommunalverwaltung in dreifacher Hinsicht zum "Thema": als persönliche Berufsoption, als Gegenstand der Berufswelt und, wie für jede Bürgerin, als "Schnittstelle" zu staatlichem Handeln.

Die vorliegende Arbeit möchte einen Teil der im Rahmen der Evaluation gesammelten Daten zu Qualifikationsanforderungen und Perspektiven der Verwaltungspraxis vertieft analysieren, um Charakteristika des Wissensbestandes und der spezifischen Handlungsrationalität des organisatorischen Kontextes nachzugehen. Zudem wird ein Vergleich unterschiedlicher Herangehensweisen und Methoden für die Untersuchung eines Tätigkeitsfeldes aus dem Bereich der administrativen Bürotätigkeiten angestrebt. Die Verbindung quantitativer und qualitativer Daten unter dem Stichwort "Triangulation" bietet für die Bearbeitung der Forschungsfrage wichtige Vorteile.

Für eine fundierte fachliche Betreuung danke ich Prof. Dr. Ulrich Teichler. Dank auch an meinen Betreuer Prof. Dr. Gerd-Michael Hellstern, der mir die Vertiefung des Themas im Rahmen der Evaluation Verwaltungsbetriebswirtschaftslehre ermöglichte. Meinen Kolleginnen und Kollegen am Wissenschaftlichen Zentrum für Berufs- und Hochschulforschung der Universität Kassel möchte ich für fachliche Anregungen, aber auch menschlichen Zuspruch danken. Sehr lebendige und informative Eindrücke aus der Verwaltungspraxis ver-

[1] Durchgeführt vom Lehrstuhl für Verwaltungsökonomie und –management (Prof. Dr. Hellstern) und dem Wissenschaftlichen Zentrum für Berufs- und Hochschulforschung (WZ 1) der Universität Kassel.

mittelten Interviewpartnerinnen und Interviewpartner aus der Kommunalverwaltung, die teilnehmenden Studierenden, Absolventinnen und Absolventen sowie das Personal der während des Untersuchungszeitraums bestehenden Standorte Dortmund, Düsseldorf, Köln, Soest und Wuppertal der Fachhochschule für öffentliche Verwaltung Nordrhein-Westfalen.

Der größte Dank aber gebührt meinem Mann Stefan Singer für Jahre der Unterstützung.

Alexandra Horny

"Wenn eine Verwaltung ausradiert worden war, schienen zu Anfang die überkommenen Gewohnheiten mit ihr verschwunden zu sein, alles, was nach 'vorher' roch, nach 'alten Zeiten' - aber nur zu Anfang. Kaum verebbte die anfängliche Veränderungswut, krochen die alten Gewohnheiten wieder hervor und überzogen alles wie Gras, so als bildeten Gebäude und Angestellte einen unausrottbaren pflanzlichen Organismus, der eigenen biologischen Gesetzen gehorchte. Die städtischen Angestellten waren Gras. Nichts konnte sie vernichten, sie waren stärker als das Pflaster, sie waren stärker als die Zeit. Die Verwaltung mochte sich in ihren Angeln drehen, die eine Sippschaft von Günstlingen hinauskehren und die nächste einlassen: Die Arbeit blieb dieselbe. Sie mochten im Büro des neuen Stellvertretenden Stadtkämmerers neue Teppichböden legen oder in den Büros des neuen Stadtkämmerers eine Privattoilette einbauen und den Sekretärinnen schwächere Glühbirnen zuteilen und einen ausgefallenen neuen Kolophon für irgendein unnützes altes Dokument entwerfen - sie konnten tun und lassen, was sie wollten: Die Arbeit blieb dieselbe wie zuvor. Der Organismus atmete, er ruhte in sich selbst."[1]

# 1 Einleitung

Gegenstand dieser Arbeit sind die Veränderungen von Qualifikationsanforderungen an Personal der öffentlichen Verwaltung. Zwar reflektiert das einleitende Zitat literarisch das System des Wahlbeamtentums und das Arbeitsumfeld einer Verwaltungs*angestellten* in den USA – aber Kritik an der Bürokratie könnte man als zeitlose und internationale Disziplin bezeichnen.[2] Klagen über die mangelnde Flexibilität und erstarrte Routine der Bürokratie finden sich nicht nur in aktuellen Heterostereotypen, die Image und Außenbild der öffentlichen Verwaltung prägen, sie durchziehen auch die Selbstwahrnehmung, die "Autostereotypen" von Verwaltungsangehörigen.[3] Von einer modernen, sich als lern- und wandlungsfähige Organisation verstehenden öffentlichen Verwaltung wer-

---

1 OZICK (1987), S. 212.

2 Zu frühen Quellen der Bürokratiekritik siehe z.B. KIESER (1993), S. 38f, und die einleitenden Bemerkungen in FREY (1994). ANDREE (1994) zählt eine Reihe "pathologischer Erscheinungsformen" der Bürokratie auf, TÜRK (1976) spricht von "pathologischen Grundmustern" der "Überstabilisierung", "Übersteuerung" und "Überkomplizierung", SHARANSKY (1975) verwendet zur Beschreibung dysfunktionaler Tendenzen gar das Adjektiv "bureau-pathic".

3 Siehe z.B. BOGUN (1983), S. 11ff.

den sie häufig bewußt als Abgrenzungskriterien herangezogen.[4] Der vorliegenden Arbeit geht es jedoch nicht um eine weitere kritische Betrachtung bürokratischer Organisation, sondern sie möchte die Auswirkungen von sich verändernden *Paradigmen* und *Leitbildern* des Organisierens auf die *Wissensanforderungen* in Berufssituationen des Verwaltungsalltags untersuchen.

Von *Wissensanforderungen* ist die Rede, da Wissen nicht nur ein wichtiges Element neuer Ansätze der Organisationstheorie und des Wissensmanagements in Organisationen bildet[5], sondern bereits in der idealtypischen Bürokratiedefinition Max Webers als "Herrschaft kraft Wissen" einen zentralen Stellenwert besitzt. Mit der Verwendung des Begriffs "Wissen" soll zudem unterstrichen werden, daß im Mittelpunkt Aspekte der Anforderungen beruflicher Tätigkeiten im Rahmen organisatorischer Kontexte stehen, die auf der Ebene fachlicher Kenntnisse, kognitiver Fähigkeiten sowie affektiver und normativer Komponenten liegen. Um diesen "immateriellen" Gegenstandsbereich zu erfassen, wurden verschiedene Perspektiven relevanter Akteursgruppen sowie quantitative und qualitative Untersuchungsmethoden im Rahmen eines triangulativen Forschungsdesigns integriert. Dessen Ziel war es zum einen, Hinweise darauf zu erhalten, wie sich Veränderungen in den Leitbildern auf den Wissensbestand und das Selbstverständnis der Organisation öffentliche Verwaltung auswirken. Zum anderen sollte der Frage nachgegangen werden, welcher Erkenntnisgewinn sich aus der Kombination quantitativer und qualitativer Untersuchungsteile für die Analyse charakteristischer, "wesentlicher" Elemente des Forschungsgegenstandes ziehen läßt.

## 1.1 Wann wird etwas "relevant" oder wie sich ein Thema entwickelt

Der forschungsleitende Gedanke dieser Untersuchung basiert auf einem abduktiven Schluß, dem Schließen von einem Ergebnis auf eine oder mehrere mögliche Ursachen.[6] Wenn die Ausbildungskonzeption für die zahlenmäßig

---

[4] Treibende Kraft sind vor allem die Kommunalverwaltungen, vgl. hierzu u.a. BANNER (1996, 1997), KLAGES (1997), KLÜMPER (Hg.) (1994), MAAS (Hg.) (1996).

[5] Vgl. z.B. SCHREYÖGG (1996), S. 152ff., BAECKER (1999), S. 68ff.

[6] "Abduktion geht von einer detaillierten Untersuchung der Merkmale eines Ereignisses aus und schließt dann mit Hilfe eines nur virtuell gültig gesetzten Regelwissens auf einen vorliegenden Fall. Der abduktive Schluß folgert aus einer bekannten Größe auf zwei unbekannte. Und genau deshalb besitzt er allein innovatorische Kraft." (REICHERTZ 1991, S. 226.) Zu Entwicklung und Bedeutung des abduktiven Schlusses siehe auch GRATHOFF (1995, S. 264). Das Konzept des abduktiven Schließens geht zurück auf H. James und Ch. Peirce, beide bedeutende Vertreter des philosophischen Pragmatismus, der die "Wiedereinsetzung des Vagen in den ihm gebührenden Platz des geistigen Lebens" forderte. Ein Zwischenzustand diffuser, "vager" Prämissen stellt nach Ansicht von Peirce die einzig mögliche Quelle für den Fortschritt menschlichen Wissens dar. Die damit korrespondierende

größte Gruppe von Beamten der Kommunalverwaltung ergänzt wird, kann dies als Hinweis auf einschneidende Veränderungen der Qualifikationsanforderungen und damit auch der Wissensbasis des organisatorischen Kontextes interpretiert werden. Um so mehr, als Ausbildung und berufliche Praxis eng verzahnt sind, und die Gestaltung der Ausbildung sogar einen (Groß-) Teil ihrer Legitimation aus der dezidierten Praxisorientierung zieht.[7]

Die enge Verbindung zwischen Ausbildung und Beschäftigungskontext zeigt sich deutlich in der institutionellen Form des Studiums für den gehobenen nichttechnischen Verwaltungsdienst, das an internen Verwaltungsfachhochschulen durchgeführt wird. Dies wirkt sich aus auf den Status der Studierenden, die Studiendauer und zeigt sich in einem vergleichsweise hohen fachpraktischen Ausbildungsanteil.[8] Wenn die Prämisse vom gehobenen Verwaltungsdienst als "Rückgrat der Verwaltung" (Godehart) auch nicht mehr von allen Experten geteilt wird, da vor allem im Bereich der Kommunalverwaltung schon seit langem Angestellte in der Mehrzahl sind, liefert diese Metapher doch einen wichtigen Hinweis darauf, welche Ausstrahlung das Laufbahnsystem der Beamtenschaft auf Beschäftigungsverhältnisse und Ausbildungsmodalitäten in der öffentlichen Verwaltung besitzt.[9]

Aufgrund der Mitarbeit an der Evaluation Verwaltungsbetriebswirtschaftslehre[10] bestand die Möglichkeit, dem Forschungsinteresse empirisch anhand dieses Beispiels nachzugehen. Der 1993 an der Fachhochschule für öffentliche Verwaltung (FHöV NRW) eingeführte Studiengang Verwaltungsbetriebswirtschaftslehre ist eine von mehreren Varianten, mittels derer die Verwaltungsfachhochschulen verschiedener Bundesländer die bisher vom juristischen Paradigma geprägten Studiengänge für den gehobenen nichttechnischen Verwaltungsdienst durch stärker betriebswirtschaftlich orientierte ergänzen.[11] Im Zuge der Recherchen und vertieften Analysen im Rahmen der vorliegenden Arbeit zeigte sich, daß die Einführung bzw. verstärkte Vermittlung ökonomischer und managementorientierter Lehrthemen Entwicklungen wiederspiegelt, die über das

---

Schlußform ist der abduktive Schluß als Schließen vom Ergebnis auf die Voraussetzungen bzw. Ursachen.

7 Vgl. u.a. PAPPERMANN et al. (1982), BRINCKMANN et al. (1980).

8 In den exemplarisch betrachteten Studiengängen der Fachhochschule für öffentliche Verwaltung Nordrhein-Westfalen umfaßt die fachpraktische Ausbildung ein Drittel (Verwaltungsbetriebswirtschaftslehre) bzw. 50 Prozent (Kommunaler Verwaltungsdienst) der Studiendauer von 36 Monaten.

9 Siehe auch KÜHNLEIN/WOHLFAHRT (1995).

10 Durchgeführt vom Lehrstuhl für Verwaltungsökonomie und –management (Prof. Dr. Hellstern) und dem Wissenschaftlichen Zentrum für Berufs- und Hochschulforschung (WZ 1) der Universität Kassel.

11 Beispiele für weitere Bestrebungen auf dem Sektor Verwaltungsbetriebswirtschaftslehre finden sich an der FHöV Bremen; in eine ähnliche Richtung weisen auch Ausbildungsreformen unter dem Stichwort "Public Management" wie etwa an der FHVR Berlin.

unmittelbare Feld einer Ausbildungsreform hinausreichen. Betriebswirtschaftliche und Managementkenntnisse sowie Elemente sozialer und Methodenkompetenz umfassende Aus- und Fortbildungsangebote weisen auf Veränderungen fachlicher Kenntnisse, aber auch kognitiver Grundlagen von Verwaltungshandeln hin, die nicht nur die Tätigkeitsfelder des gehobenen nichttechnischen Dienstes der Kommunalverwaltung betreffen, dessen Zugangsvoraussetzungen und Ausbildung näher untersucht wurden.

Da Veränderungen in einem betont praxisorientierten Studiengang am Beginn der Forschungsfrage standen, stellte sich nicht nur die Frage nach inhaltlichen Modifikationen der Curricula, sondern auch, wie die neuen Qualifikationen in der beruflichen Praxis rezipiert und von den Absolventinnen und Absolventen eingesetzt werden können. In der Diktion von Theoretikern der lernenden Organisation wie Argyris und Schön könnte man auch davon sprechen, ob es sich um "echte" Veränderungen der Handlungs- und Entscheidungsprogrammierung einer Organisation handelt, und überprüfen, in welchem Umfang die Vorstellungen zu neuer Ausbildung bzw. den organisatorischen Leitbildern der Verwaltungsreform "theories in use" oder "espoused theories" verkörpern.[12] Um von einem echten *Paradigmenwandel* im organisatorischen Kontext zu sprechen, müßte eine verstärkte Diffusion von Reformparadigmen in die handlungsleitenden "theories in use" des beruflichen Alltags zu beobachten sein, was unter anderem bedeutet, daß eine "lernende Organisation" entsprechend lernbereit und "flexibel" agieren sollte. In eine ähnliche Richtung weisen Arbeiten der Organisationsforschung, die das Auseinanderdriften einer im idealtypisch-effizienten Sinne "rationalen" Organisationskonzeption und alltäglichem, praktischen Handeln unter dem Stichwort "Entkopplung" (engl. "decoupling") zu fassen versuchen.[13] Daraus ergaben sich im ersten Schritt folgende Ausgangsthesen:

- Es findet eine echte konzeptionelle Umsetzung organisatorischer Innovationen statt, die sich auch in veränderten Qualifikationsanforderungen an die größte Beschäftigtengruppe der Beamten zeigt. Diese Veränderungen geben Hinweise auf eine tiefgreifende Modifikation der Wissensstrukturen und Handlungs- bzw. Entscheidungsparadigmen.
- Es findet ein "Anpassungslernen" in organisatorischen Kontexten wie der öffentlichen Verwaltung statt, in dessen Verlauf Innovationskonzepte zwar äußerlich plakativ adaptiert, aber nicht im Alltagshandeln umgesetzt werden. Es werden neue Wissensinhalte vermittelt, ihre Anwendung erfolgt jedoch im Rahmen "klassischer" organisatorischer Strukturen. Im Falle bürokratischer Verwaltungsorganisationen bedeutet dies eine noch immer pri-

---

[12] Siehe u.a. ARGYRIS/SCHÖN (1978).

[13] MEYER/ROWAN (1977).

mär hierarchisch determinierte Kompetenzzuweisung und Wissensimplementation.

Um der Frage nachzugehen, ob es sich um "echten" Wandel oder "Anpassungslernen" handelt, erfolgte zunächst eine theoretische Annäherung an das Verhältnis von Organisation und Wissen. Anschließend wurden fünf empirisch zu bearbeitende Hypothesenkomplexe aufgestellt, um explorativ Facetten der Veränderung des organisatorischen Kontextes und den sich daraus ergebenden neuen bzw. verstärkt auftretenden Qualifikationsanforderungen zu untersuchen.

1. Das klassische Bild von der hierarchischen bürokratischen Verwaltungsorganisation, deren Verfahrensrationalität sich primär an regelkonformem, juristisch korrektem Handeln orientiert, erfährt durch neue Leitbilder und Modelle des Organisierens eine Modifikation bzw. Erweiterung. In Anlehnung an die Isomorphiethese der Organisationsforschung können die Entwicklungen als Lernen an Modellen erfolgreicher Unternehmens(re)formen der freien Wirtschaft interpretiert werden. Für die öffentliche Verwaltung, allen voran für die Kommunalverwaltung, läßt sich eine deutliche Orientierung des Verwaltungshandelns an Elementen neuer Steuerungsmodelle beobachten, die verstärkt betriebswirtschaftliche Elemente, outputorientierte Steuerung, Kopplung von Fach- und Ressourcenverantwortung und eine verstärkte Serviceorientierung beinhalten. Entsprechend umfassen neue Qualifikationsanforderungen in der Kommunalverwaltung Kenntnisse, Fähigkeiten und Fertigkeiten zur Umsetzung derartiger Steuerungsmodelle. Die erste Hypothese zur Qualität der Veränderungen im organisatorischen Kontext geht daher davon aus, daß auch in den repräsentativ für Fallstudien ausgewählten Verwaltungen derartige Entwicklungen zu beobachten sind.[14] Explorativ soll untersucht werden, ob diese Entwicklungen der öffentlichen Verwaltung in allen Untersuchungseinheiten anzutreffen sind, oder ob sich Unterschiede ergeben, die auf die Auswahlparameter (Größe, Studiengangsentsendung und Aufgabentyp) zurückzuführen sind.

Hypothese 1: Kenntnisse zu Elementen und Verfahren neuer Steuerungsmodelle und vermehrter Qualifikationsbedarf bezüglich ökonomischer Kenntnisse und Fähigkeiten im Bereich kontextspezifisch veränderter "Breitenelemente"[15] bilden in allen untersuchten Verwaltungstypen zentrale "neue" und auch zukünftig verstärkt auftretende Qualifikationsanforderungen.

2. Eine populäre Metapher, um organisatorische Veränderungen zu benennen, stellt die "lernende Organisation" dar. Organisationen "lernen" zum einen, indem ihre Mitglieder formale und informelle Lernprozesse durchlaufen bzw.

[14] Zur Auswahl siehe v.a. Abschnitt 5.3.2.

[15] In Anlehnung an die Verwendung des Terminus bei Mertens, wodurch auf die Veränderung tiefgreifender, "alltägliches" berufliches Handeln betreffender Sinnschichten hingewiesen werden soll. Zur theoretisch-empirischen Klassifikation von Qualifikationen siehe Abschnitt 6.2.

gezielt geschult werden. Organisationales[16] Lernen kann andererseits erfolgen, indem gezielt Mitglieder bzw. Personal angeworben werden, die im Vergleich zur bisherigen Wissensbasis der Organisation über *neues* Wissen verfügen (siehe z.B. Simon 1996). Mit Vorgängen organisationalen Lernens im Zusammenhang mit der Rekrutierung neuer Mitarbeiter befassen sich die Hypothesen 2 und 3. Die näher betrachtete Ausbildung an einer internen Verwaltungsfachhochschule kann als Sonderfall bezeichnet werden, der beide Elemente umfaßt. Denn die Studierenden verfügen häufig bereits über Verwaltungserfahrung und stehen während des Studiums als "Inspektorenanwärter" bereits in einem Dienstverhältnis bei Kommunalverwaltungen, die Auswahl und Verteilung auf die angebotenen Studiengänge der FHöV erfolgt "intern". Da die Studierenden von ihren Einstellungsbehörden entsandt werden, stellen die Auswahlkriterien für neues Personal seitens der Ausbildungsleitung, aber auch der Fachämter vor Ort wichtige Indikatoren für Veränderungen in den Anforderungen dar.

Hypothese 2: Ökonomische und auf Effizienzsteigerung abzielende Organisationsleitbilder beeinflussen die Auswahlkriterien und Vorstellungen zur wünschenswerten Qualifikation neuen Personals. Neues Personal sollte vermehrt über Qualifikationen im Bereich ökonomischer Fachkenntnisse und kontextspezifisch "neuer Breitenelemente" verfügen.

Zwar wird nach Angaben von Vertreterinnen und Vertretern der Ausbildungsleitung auf persönliche Befähigungen und Neigungen Rücksicht genommen, dennoch stellt sich das Problem, daß bereits die Entscheidung für den Eintritt in die öffentliche Verwaltung auf einen "risikoarmen Lebensentwurf" hindeutet (Bosetzky), somit eine Art Selbstselektion erfolgt. Dennoch soll explorativ der Frage nachgegangen werden, ob und in welchen Aspekten sich die Studierenden des Modellstudiengangs Verwaltungsbetriebswirtschaftslehre und des grundständigen Studiengangs Kommunaler Verwaltungsdienst hinsichtlich ihrer Motive und Erwartungen an die berufliche Zukunft unterscheiden.

Hypothese 3: In den Modellstudiengang entsandte Studierende unterscheiden sich bezüglich ihrer Motive der Berufswahl und Erwartungen an die zukünftige Tätigkeit von Studierenden des grundständigen Studiengangs.

3. Auslöser, die Untersuchung in der vorliegenden Form durchzuführen, waren Veränderungen in der Ausbildung für den gehobenen nichttechnischen Verwaltungsdienst der Kommunalverwaltung Nordrhein-Westfalens. Aus der externen Evaluation des Modellstudiengangs Verwaltungsbetriebswirtschaftslehre an der Fachhochschule für öffentliche Verwaltung Nordrhein-Westfalen (FHöV

[16] Durch die Verwendung der Eindeutschung des englischen "organizational" im Zusammenhang mit Wissen und Lernen soll betont werden, daß es sich um Veränderungen des Wissensbestandes der Organisation handelt und nicht um "organisatorisches Wissen" im Sinne von Kenntnissen zu Techniken und Verfahren der Organisationsgestaltung.

NRW)[17] liegen Daten über die Einsatzbereiche und Aufgaben von Studierenden und Absolventen während fachpraktischer Ausbildungsphasen und nach dem Examen vor. Für eine Passung des Studiums an die Anforderungen der beruflichen Praxis spräche eine möglichst qualifikationsnahe Verwendung der Studierenden, Absolventinnen und Absolventen. Daher geht Hypothese 4 der Frage nach, ob die unterschiedlichen fachlichen Schwerpunkte (grundständiger Studiengang Kommunaler Verwaltungsdienst 60 Prozent Rechtsfächer, Modellstudiengang Verwaltungsbetriebswirtschaftslehre 60 Prozent ökonomische bzw. betriebswirtschaftliche Fächer) sich auch in deutlich unterschiedlichen Einsatzbereichen und Aufgabenschwerpunkten niederschlagen.

Hypothese 4: Entsprechend den Studienschwerpunkten unterscheiden sich die Einsatzbereiche und Aufgabenschwerpunkte der Studierenden in den fachpraktischen Ausbildungsabschnitten und der Absolventinnen und Absolventen nach dem Examen deutlich voneinander.

Sollte sich zeigen, daß Studierende, Absolventinnen und Absolventen der Verwaltungsbetriebswirtschaftslehre und des juristisch geprägten grundständigen Studiengangs in deutlich unterschiedlichen Bereichen eingesetzt werden und verschiedene Aufgabenschwerpunkte wahrnehmen, ist auch von signifikanten Unterschieden in den Anforderungsprofilen für Studierende, Absolventinnen und Absolventen beider Ausbildungsrichtungen auszugehen.

Eine allgemein hohe Wertschätzung von Schlüsselqualifikationen vor dem Hintergrund organisatorischen Wandels kann zum einen als Ausdruck von Unsicherheit über konkrete fachliche Qualifikationsanforderungen und Personalbedarfe interpretiert werden. Andererseits bieten neue Ausbildungsrichtungen die Chance, Schwerpunktsetzungen von Curricula und die Rahmenbedingungen der Ausbildung in diesem Sinne zu modifizieren. Da empirisch nur ein "interner" Vergleich zwischen grundständiger und neuer Variante des Verwaltungsstudiums an der Fachschule für öffentliche Verwaltung Nordrhein-Westfalen möglich war, wurde untersucht, ob und welchen Dimensionen von Schlüsselqualifikationen bei Studierenden, Absolventinnen und Absolventen des Modellstudiengangs Verwaltungsbetriebswirtschaftslehre größere Priorität für das berufliche Handeln (prospektiv und aktuell) zugeschrieben wurde. Aufgrund der innovationsorientierten Gestaltung des neuen Curriculums wurde davon ausgegangen, daß sich vor allem auf Qualifikationsdimensionen wie "Neue Breitenelemente", "Kreativität" und "Innovativität" Unterschiede zwischen beiden Gruppen bzw. zwischen dem Profil des klassischen Verwaltungsbeamten und dem des Absolventen der betriebswirtschaftlichen Ausbildungsrichtung zeigen müßten.

---

[17] Durchgeführt vom Lehrstuhl für Verwaltungsökonomie und -management (Prof. Dr. Hellstern) und dem Wissenschaftlichen Zentrum für Berufs- und Hochschulforschung (WZ 1) der Universität Kassel.

Hypothese 5: Entsprechend den spezifischen Einsatzbereichen und Aufgabenschwerpunkten ergeben sich signifikante Unterschiede in den Anforderungsprofilen für die Studierenden, Absolventinnen und Absolventen der beiden Ausbildungsrichtungen. Dies zeigt sich zum einen in einer Betonung der Wichtigkeit der jeweiligen curricularen Schwerpunkte (betriebswirtschaftlich bzw. juristisch). Zum anderen werden für Studierende, Absolventinnen und Absolventen der neuen Ausbildungsrichtung sowie generell für "neue" (nicht mehr "klassisch juristisch" geprägte) Tätigkeitsfelder verstärkt Schlüsselqualifikationen aus den Bereichen "Neue Breitenelemente", "Kreativität/Innovationsfähigkeit" und "Soziale Kompetenzen (Kooperation, Umgang mit Menschen)" als wichtig erachtet.

4. Wichtige Hinweise auf ein gewandeltes Selbstverständnis der Verwaltung ergeben sich auch aus der Einschätzung von Stärken und Defiziten der Ausbildung. Analog zu den in Hypothese 1 postulierten Veränderungen des Kontextes betreffen Verbesserungsvorschläge demnach vor allem die Bereiche betriebswirtschaftliche Kenntnisse, ökonomisches Denken und Bewußtsein, Serviceorientierung ("Neue Breitenelemente"), Innovationsfähigkeit, Flexibilität und Fähigkeit zur Kooperation in Teams. Dabei zeigt sich, wie schwierig sich die Abstimmung zwischen Theorie und Praxis gestalten kann. Zum einen wird seitens der Beschäftiger ein "lag" des betriebswirtschaftlich orientierten Studienangebots beklagt, nicht zuletzt, da das Studium 3 Jahre dauert und zudem noch eine gewisse Einarbeitungszeit nötig ist. Andererseits steht die interne Fachhochschulausbildung seit Gründung der Verwaltungsfachhochschulen in der Diskussion.[18] Dies deutet darauf hin, daß eine Ausbildung auf Fachhochschulniveau ein gewisses Maß an Aufwand und Abstraktion mit sich bringt, die mit einer Präferenz für die duale Ausbildung nicht vereinbar ist.

Eine vollständige Passung zwischen Studienqualifikation und Berufsanforderungen läßt sich aber auch für die allgemeinen Fachhochschulen nicht feststellen. Die in diesem Zusammenhang beobachteten Ausbildungsdefizite finden sich in der Diskussion um die internen Verwaltungsfachhochschulen wieder: zu geringe Vermittlung von Schlüsselqualifikationen im Bereich soziale Kompetenzen und zu wenig Vorbereitung auf den "Praxisschock" beim Berufseintritt (Holtkamp et al. 1998).

Hypothese 6: Verbesserungsvorschläge und Wünsche an die interne Fachhochschulausbildung reflektieren die Veränderungen im organisationalen Kontext, die sich vor allem in der Forderung nach dem Einbezug externen, "ökonomischen" Know-hows bei gleichzeitiger Betonung der besonderen Situation der öffentlichen Verwaltung und dem daraus resultierenden Wunsch nach einer engen Verzahnung von Theorie und Praxis zeigen.

5. Veränderungen im organisatorischen Kontext, in Anforderungen und Vorstellungen zu neuen Qualifikationsanforderungen münden in den Vergleich verschiedener Perspektiven, Methoden und Argumentationszusammenhänge. Methodisches Ziel der Untersuchung ist es, zu überprüfen, welcher Erkenntnis-

---

[18] Siehe hierzu Abschnitt 4.2.3.2.

gewinn sich aus der Kombination von Perspektiven und Methoden im Rahmen eines komplexen triangulativen Forschungsdesigns ziehen läßt. Sind die Aussagen in erster Linie von den unterschiedlichen "Situationen" und "Aspektstrukturen" der Befragten determiniert oder lassen sich kontextspezifische Gemeinsamkeiten feststellen? Ergeben sich Unterschiede zwischen quantitativen und qualitativen Verfahren, sind sie in erster Linie komplementär zu interpretieren oder verhalten sich ihre Ergebnisse gar konvergent? Der abschließende "integrative" Hypothesenkomplex geht explorativ der Frage nach dem Nutzen der Perspektiven- und Methodentriangulation für die Untersuchung schwer zugänglicher Settings nach.[19] Zwei Aspekte werden näher betrachtet. Zum einen die "Wichtigkeit" von Dimensionen fachlicher Anforderungen und Schlüsselqualifikationen, wie sie sich im Vergleich von quantitativen und qualitativen Auswertungen zeigt. Dabei wurde zunächst folgender These nachgegangen:

Hypothese 7: Der "positive Bias" und Ausstrahlungseffekte, denen einzelne Items oder Itembatterien quantitativer Instrumente unterliegen können, lassen sich durch qualitative Analysen "relationierend" ergänzen und interpretieren. Unterschiedliche Ergebnisse weisen im vorliegenden Fall auf profil- und situationsspezifische Qualifikationsanforderungen hin, Gemeinsamkeiten unterstützen die Einschätzung des generellen Stellenwerts von Qualifikationsdimensionen.

Fallbasierte Quantifizierungen von Gesprächsverläufen werden dabei als stärker dem lebensweltlichen organisatorischen Kontext verhaftet interpretiert. Quantitative Erhebungen der "Wichtigkeit" bzw. "Priorität" von Qualifikationselementen sollen ermöglichen, Hinweise auf die "Güte" von Analysestrategien im Sinne der Überprüfung der "Inter-Methoden-Reliabilität"[20] quantitativer und qualitativer Vorgehensweisen zu erhalten.

Eine vom Prinzip der Wesensanalyse durch Variation beeinflußte Auswertungsstrategie qualitativen Datenmaterials bildet den Abschluß der Überlegungen zum Verhältnis von Wissensanforderungen und organisatorischen Kontexten. Charakteristische, "wesentliche" Qualifikationsanforderungen, die über spezifische Einsatzbereiche und Tätigkeiten hinausgehen und in Bereiche des organisationalen Selbstverständnisses und grundlegender Handlungsrationalitäten ("theories in use") reichen, müßten sich dadurch zeigen, daß sie in verschiedenen Aspekten der Diskussion von Qualifikationsanforderungen gleichermaßen angesprochen werden.

---

[19] Zu den Besonderheiten des Setting öffentliche Verwaltung und den sich daraus ergebenden Herausforderungen an empirische Verwaltungsforschung siehe DERLIEN (1982).

[20] Im Rahmen qualitativ orientierter Forschungsansätze wird empfohlen, Verschlagwortungen parallel durch mehrere Personen vornehmen zu lassen, um potentielle individuelle Verzerrungen durch Feststellung der "Intercodierer-Reliabilität" kontrollieren. In Anlehnung an dieses Prinzip werden die Ergebnisse verschiedener Forschungsverfahren integrativ auswertet.

Hypothese 8: Wichtige Aspekte beruflicher Qualifikation und Hinweise auf Kernelemente organisationaler Wissensbestände zeigen sich durch wiederholte Thematisierung in der Diskussion von Charakteristika und Veränderungen organisatorischer Qualifikationsanforderungen.

Im Rahmen der vorliegenden Arbeit werden hierzu die Argumentationszusammenhänge "neue Anforderungen vor dem Hintergrund organisatorischen Wandels", "Auswahlkriterien für neues Personal (vor allem für Studierende der FHöV)", "Qualifikationsanforderungen in Fachämtern vor Ort" und "Ausblick auf die Entwicklung der Qualifikationsanforderungen für die öffentliche Verwaltung" verglichen.

## 1.2 Argumentationsgang und Inhalt der Arbeit

Als Ausgangspunkt für eine verdichtete, idealtypische Beschreibung des Settings öffentliche Verwaltung dient das Modell der bürokratischen Organisation nach Max Weber, in dem *Wissen* eine zentrale Rolle spielt. Die Erweiterung des Studienangebots der FHöV NRW um eine betriebswirtschaftliche Variante läßt sich auch als Reflex auf einen Wandel in Selbstverständnis und Zielen der Verwaltungsorganisationen auf der Nachfrageseite interpretieren. Die Frage nach der "Ökonomisierbarkeit" von Verwaltungshandeln findet sich bereits 1960 bei Luhmann, der sich kritisch damit auseinandersetzte, einen ökonomischen Optimierungsbegriff auf die Analyse der Rationalität von Verwaltungshandeln anzuwenden. Systemtheoretische Ansätze verweisen auf die Notwendigkeit, die Aufgaben und Funktionen von Verwaltung als die einer "Organisation-im-Kontext" (Baecker) zu verstehen. Nach der Beschreibung von Funktionen der Kommunalverwaltung folgt eine Auseinandersetzung mit dem Begriff der "Routine" des Verwaltungshandelns. Die Transformation und Reduktion lebensweltlichen Handelns durch organisatorische Strukturen und Funktionen wirkt sich auch aus auf die "klassische Beamtenrolle". Diese Berufsrolle weist nicht nur beschäftigungsrechtliche Besonderheiten auf, sie ist auch verbunden mit einem spezifischen Denkstil.

Die Veränderungen in der öffentlichen Verwaltung, wie sie sich am Beispiel einer Veränderung der Ausbildungsschwerpunkte zeigen, werden zunächst vor dem Hintergrund moderner Wissens- und Informationsgesellschaften und den Besonderheiten des Zusammenwirkens von Wissen und Organisation, speziell bürokratischer Organisation, diskutiert. Eine zentrale Metapher, um Veränderungen in Organisationen zu beschreiben, stellt die "lernende Organisation" dar, welche vor allem in den neunziger Jahren die Leitbilder modernen Organisierens prägte.[21] So logisch konsistent und kompakt das Konzept der lernenden Organisation auch wirkt, problematisch bleibt immer die Verbindung individueller und

[21] Vgl. SENGE (1991), HARTKEMEYER/HARTKEMEYER (1997).

kollektiver Wissensbestände. Einige zentrale Begriffe und Konzepte der phänomenologischen Soziologie sollen helfen, diese Schnittstelle zu thematisieren und zugleich auf den Gedanken einer perspektivischen bzw. situationsorientierten Analyse und der Zusammenführung von Perspektiven hinweisen (Kapitel 2).

Auf der Ebene der Organisation erschien es aufgrund von Recherchen zur modernen Kommunalverwaltung der neunziger Jahre ratsam, die "Leitbild-Euphorie" aufzugreifen und dem klassischen Idealtyp der Organisation nach Max Weber Paradigmen und Modellvorstellungen moderner Unternehmens- und Verwaltungsorganisation folgen zu lassen (Lean-Konzepte, Serviceorientierung). Gesellschaftliche Veränderungen beeinflussen dabei nicht nur Organisationsleitbilder, sondern sie wirken auch auf die Sozialisation neuen Personals (Kapitel 3).

Eng zusammen mit Veränderungen im organisatorischen Kontext hängen Konzepte und Vorstellungen von adäquater beruflicher Qualifikation. Der klassische, materiale Qualifikationsbegriff reicht dabei nicht mehr aus, um die komplexen Anforderungen in Organisationen moderner Wissensgesellschaften "ganzheitlich" zu erfassen. Die Wertschätzung, die Konzepte rund um den Begriff der Schlüsselqualifikationen in der Qualifikationsdiskussion genießen, spiegelt dabei sowohl die gestiegene Komplexität von Arbeitsaufgaben wieder wie auch die Schwierigkeiten von Organisationen, zukunftsweisende Anforderungen und Profile vor dem Hintergrund steigender systemischer Komplexität und den daraus resultierenden Unsicherheiten zu formulieren. Nach der theoretischen Auseinandersetzung mit dem (stets relationalen) beruflichen Qualifikationsbegriff wird auf die Besonderheiten der institutionellen Durchführung der Ausbildung für den gehobenen nichttechnischen Dienst der Kommunalverwaltung eingegangen. Das Verhältnis von Organisation und Ausbildung übte nachhaltigen Einfluß auf die vorliegende Form der Bearbeitung der Forschungsfrage aus, die durch die enge konzeptionelle und institutionelle Verbindung zwischen interner Fachhochschule und Verwaltungen als Beschäftiger mit angeregt wurde. Die Entwicklung, Konzeption und Durchführung der Ausbildung für den gehobenen nichttechnischen Verwaltungsdienst an internen Fachhochschulen ist nicht unumstritten, und Rahmenbedingungen des Studiums wirken auch auf Vermittlung und Transfer von Wissenselementen (Kapitel 4).

Übersicht 1 enthält die zentralen Begriffe und Datenquellen, die im Rahmen der vorliegenden Arbeit eingesetzt wurden, um Wandel in der öffentlichen Verwaltung unter besonderer Berücksichtigung von Wissensanforderungen zu betrachten. Zentrale Begriffe sind der organisatorische Kontext, das sich in Leitbildern des Organisierens manifestierende Selbstverständnis sowie Rekrutierungs- bzw. Sozialisationsmechanismen neuer Mitglieder. Empirisch werden Elemente dieses "institutionalisierten" Prozesses organisationalen Lernens durch Ergänzung des Qualifikationsangebots anhand vertiefter Analysen von Daten aus der Evaluation Verwaltungsbetriebswirtschaftslehre an der Fachhochschule für öffentliche Verwaltung Nordrhein-Westfalen untersucht. Für das Untersuchungsdesign der Evaluation wie auch der vorliegenden Arbeit bildete die Triangulationsmetapher einen wesentlichen Grundgedanken, um die Ergebnisse von Literaturrecherchen, standardisierten und leitfadenorientierten Befragungen verschiedener Akteure und Gruppen zu integrieren. Für den Kontext der vorliegenden Arbeit wichtige Teilschritte und Methoden, die im Rahmen eines triangulativen Untersuchungsdesigns eingesetzt wurden, werden in Kapitel 5 in einer Art Methoden- bzw. Werkstattbericht dargestellt. Dieser kann auch gelesen werden als Erfahrungsbericht zur Kombination verschiedener Perspektiven in Verbindung mit quantitativen und qualitativen Daten zur Untersuchung von primär kognitiven Anforderungen in komplexen, teilweise schwer zugänglichen Settings.[22] Auf der Ebene der Organisationsmitglieder und ihrer Wahrnehmung der Prozesse werden Sichtweisen, Leitbilder und Denkweisen verschiedener Organisationsmitglieder (Daten- und Perspektiven-Triangulation) untersucht. Wichtige Informationsquellen inwieweit die tatsächliche Praxis den Zielsetzungen und Leitbildern neuer Steuerungsansätze folgt, stellen dabei zum einen leitende Akteure einer de facto immer noch hierarchisch aufgebauten Institution, aber auch die ersten Absolventinnen und Absolventen einer neuen Ausbildungsrichtung dar. Kapitel 6 schließlich integriert Perspektiven und methodische Konzepte, um Hinweise auf wesentliche Charakteristika und Veränderungen organisationalen Wissens am Beispiel der öffentlichen Verwaltung herauszuarbeiten.

---

[22] Zu den Besonderheiten der empirischen Verwaltungsforschung und Herausforderungen des Settings öffentliche Verwaltung siehe DERLIEN (1982).

**Übersicht 1**
**Organisatorischer Wandel in der öffentlichen Verwaltung und Wissensanforderungen – zentrale Begriffe und Datenquellen der vorliegenden Arbeit**

| *Zeitdimension* / *Begriffsebenen* | **Rückblick** | **Gegenwart** | **Ausblick** |
|---|---|---|---|
| ***Paradigmen und Leitbilder des Organisierens*** | Öffentliche Verwaltung als Idealtyp bürokratischer Organisation<br>Wissen als "Beherrschungsinstrument" | Wandel als organisationaler Lernprozeß<br>Neue Steuerungsmodelle und die "lernende Verwaltung" | Zielvorstellungen und Selbstverständnis der Verwaltungsorganisation im Wandel |
| *Organisatorischer Wandel und Erfahrungen der Verwaltungspraxis* | FS | FS | FS |
| ***Organisationsspezifische kognitive Anforderungen an Mitglieder*** | Verwaltungsorganisation und Beamtenrolle | Verwaltungssozialisation und Anforderungen an das Personal | Neue Organisationsleitbilder und qualitative Aspekte der Qualifikationsstruktur[23] |
| *Erwartete und erwünschte berufliche Qualifikationen* | FS | AL, FS, STUD, ABS | FS |
| ***Ausbildung als organisationsspezifischer Reproduktionsprozeß*** | Gründung und Besonderheiten des Studiums an internen Verwaltungsfachhochschulen | Die "zweite Reform" der Ausbildung des gehobenen nichttechnischen Verwaltungsdienstes | Zur Zukunft der Ausbildung von Verwaltungsbeamten |
| *Erfahrungen und Wünsche bezüglich der Ausbildung* | FS | AL, FS, STUD, ABS | FS |

AL: Gruppengespräche mit der Ausbildungsleitung; FS: Interviews mit Vertretern der Verwaltungsspitze und Amtsleitern (Fallstudien); ABS: standardisierte Befragung von Absolventen; STUD: standardisierte mehrfache Befragung von Studierenden.

[23] In Abgrenzung zur quantitativen, personalstatistischen Analyse.

# 2 Die öffentliche Verwaltung in der Wissensgesellschaft

"Verwaltungsbetriebswirtschaftslehre" und "Public Management" sind zwei Beispiele dafür, wie Studienangebote für Verwaltungspersonal des gehobenen nichttechnischen Dienstes zunehmend ökonomisch und managementorientiert ausgerichtet werden.[24] Läßt sich aus diesen Studienangeboten und vermehrten internen Fortbildungsbemühungen in Bereichen wie "Outputorientierung" und neue Steuerungsmodelle auf eine "Ökonomisierung" des Tätigkeitsfeldes öffentliche Verwaltung schließen? Der Begriff "Ökonomisierung" wird dabei bewußt als ein möglicher Leitbegriff zur Differenzierung gegenüber einer primär an juristischer Verfahrensrationalität orientierten ("klassischen") Verwaltungsorganisation eingesetzt. Zu Analysezwecken werden die spezifischen Rationalitäten von Wirtschafts- und Rechtswissenschaften als Handlungspole genutzt, um auf der von ihnen aufgespannten Dimension Beispiele für Entwicklungen in der öffentlichen Verwaltung der neunziger Jahre zu diskutieren.[25] Das Setting öffentliche Verwaltung wird dabei als ein Typ bürokratischer, moderne Gesellschaften prägender Organisationen gesehen, dessen strukturelle und verfahrenstechnische Besonderheiten, aber auch Gemeinsamkeiten mit anderen Gebilden geregelten sozialen, mithin "organisierten" Handelns, Parallelen zu spezifischen Merkmalen organisationaler Lernprozesse in den Organisationen anderer funktionaler Teilbereiche moderner Wissensgesellschaften erlauben.

## 2.1 Öffentliche Verwaltung als Idealtyp bürokratischer Organisation

### *2.1.1 Verwaltungsorganisation und komplexe Entscheidungssituation*

Organisationen lassen sich aus verschiedenen Perspektiven betrachten, letztlich ist aber allen Ansätzen eines gemeinsam: sie versuchen, ein zielgerichtetes Zusammenwirken arbeitsteilig strukturierter Kollektive zu analysieren.[26] Zen-

---

[24] Ein neuer Studiengang mit der Bezeichnung "Verwaltungsbetriebswirtschaftslehre" und dem Abschluß "Diplom Verwaltungsbetriebswirt/in" wird u.a. von der Fachhochschule für öffentliche Verwaltung Nordrhein-Westfalen angeboten, "Public Management" von der Fachhochschule für Verwaltung und Rechtspflege Berlin.

[25] Der Verwaltungsalltag läßt sich selbstverständlich nicht auf diese Pole reduzieren. Siehe hierzu etwa König, der der kontinentaleuropäischen Verwaltung eine Kombination aus "legalistischer Leistungsordnung" *und* "vernunftrechtlichem Anspruch" attestiert (KÖNIG 1995a, S. 265). Die Gegenüberstellung von "juristischem Formalismus" des Verwaltungshandelns versus "Zweck-Mittel-Denken" ökonomischer Ansätze muß sich ihrer zu Analysezwecken gewählten Einschränkung bewußt bleiben.

[26] Physiologische Ansätze (Taylor) betonen das Zusammenwirken verschiedener Individuen in Analogie zum Bild des Organismus. Human-Relations-Ansätze stellen Einflüsse zwischenmenschlicher Beziehungen auf die Abläufe in und die Ausgestaltung von organisato-

trale Begriffe stellen dabei Abgrenzbarkeit, Mitgliedschaft, Arbeitsteilung und Rollengliederung sowie die Organisation charakterisierende Zielsetzungen dar. Die Möglichkeit, *Grenzen* des Handelns einer Organisation zu bestimmen, bedeutet auch, genau festlegen zu können, wer als *Mitglied* zu gelten hat. Die Organisationsmitglieder sind in ein System interner *Arbeitsteilung* eingebunden, welche auf dem funktionalen Zusammenspiel verschiedener (Berufs-) *Rollen* basiert. Die Handlungskoordinierung beruht auf spezifischen *Organisationszielen*, die sich wiederum auf die *Struktur* auswirken.[27]

Max Weber gebührt das Verdienst, Charakteristika bürokratischer Organisation in einem Idealtyp verdichtet zu haben, der sich noch heute in Hetero- und Autostereotypen über öffentliche Verwaltung findet.[28] Er beschreibt bürokratische Herrschaft als eine Herrschaftsform, die sich durch strikt *regelkonformes Handeln* "sine ira et studio" legitimiert. Die Organisationsmitglieder partizipieren im Rahmen von Ämter-*Rollen*. Umfang und Reichweite der mit dem jewei-

---

rischen Strukturen in den Vordergrund. Populärstes Beispiel hierfür sind sicherlich die Experimente in den Hawthorne-Werken, die eine Leistungssteigerung durch die soziale Situtation der Untersuchung (Anerkennung, Aufmerksamkeit) erkennen ließen (Mayo et al.). Dies weist auch auf die Bedeutung der Motivation im Rahmen von organisationstheoretischen Ansätzen bei Maslow, McGregor und Likert hin. Im Rahmen der vorliegenden Arbeit interessieren vor allem die bürokratietheoretischen (Max Weber) und Aspekte entscheidungstheoretischer Ansätze (March/Simon). Daß die Organisationstheorie bis heute keine homogene Disziplin darstellt, macht auch folgende Skizze der Entwicklunglinien bei Schreyögg deutlich. Unter 'klassischer Organisationstheorie' werden hier der Bürokratie-Ansatz, der administrative Ansatz und der arbeitswissenschaftliche Ansatz subsumiert. Als neoklassische Ansätze werden die Human Relations-Bewegung und die Anreiz-Beitrags-Theorie genannt. Moderne Ansätze umfassen nach dieser Klassifizierung den Human-Ressourcen-Ansatz, den strukturalistischen Ansatz, die organisatorische Entscheidungsforschung, die mikroökonomische Organisationsanalyse, den kognitiv-symbolischen Ansatz sowie systemtheoretische Ansätze (siehe SCHREYÖGG 1996, Kapitel 2). Für einen Überblick zu organisationstheoretischen Ansätzen siehe beispielsweise auch KIESER (1993), SIEPMANN/SIEPMANN (1992).

27 So unterscheidet EISENSTADT (1971) drei Zielausrichtungen bürokratischer Organisationen, eine wirtschaftliche, eine soziale/politische und eine kulturelle, wobei das Ausmaß an Spezialisierung, Differenzierung und Arbeitsteilung am größten in den wirtschaftlichen, geringer in den kulturell orientierten und am geringsten in den politisch-administrativen Organisationen ist. Letzteres dürfte sich aber lediglich auf den Sektor der administrativen Kernverwaltung beziehen mit dem Bild des juristisch ausgebildeteten "Generalisten"-Beamten, weniger auf die moderne Kommunalverwaltung mit Leistungsaufträgen im sozialen, bildungspolitischen, Infrastruktur- und Freizeitbereich.

28 Vgl. WEBER (1972), S. 124ff., 551ff., S 825ff. Auch die kritische Bürokratietheorie, die bürokratische Herrschaft "demystifizieren" möchte (an dieser Stelle sei kurz auf Abschnitt 3.1.2 verwiesen, in dem unter anderem "Mythen" des Organisierens, wie sie sich in Wirtschaft und auch in Verwaltungsorganisationen zeigen können, kritisch betrachtet werden), setzt beim Weberschen Idealtyp und seinen dysfunktionalen Elementen und Folgen an (siehe u.a. DIAMOND/NARR/HOMANN (Hg.) 1985).

ligen Amt verbundenen Zuständigkeiten bestimmt eine *hierarchische Struktur* der Kompetenzzuweisung.[29] Die Kenntnisse über die handlungsleitenden Regeln, seien sie technischer oder normativer Art, erhalten die Mitglieder im Rahmen von *Fachschulung*. Die auf diese Weise erworbenen Fachkenntnisse bilden die Voraussetzung, um die mit einer Position innerhalb der Organisation verbundenen *Kompetenzen* (Zuständigkeiten) wahrzunehmen. Ein weiteres wesentliches Merkmal stellt die *Schriftlichkeit* ("Aktenmäßigkeit") der Arbeitsvorgänge dar, die vor allem im Zeitalter moderner Medien der Informationsspeicherung und -aufbereitung eine zusätzliche Bedeutung erlangt (vgl. Abschnitt 2.2). Obwohl die bürokratische Herrschaft einen verfahrenstechnisch optimalen und höchst "rationalen" Organisationstyp darstellt, besitzt die Bezeichnung "Bürokratie" für eine, dem Wortsinn nach, Herrschaft von Schreibstuben (Büros) aus bzw. mit Hilfe eines dort tätigen Mitarbeiterstabes, häufig einen negativen Beigeschmack.[30] Soweit möglich, wird daher im folgenden der neutralere Begriff "öffentliche Verwaltung" vorgezogen.[31]

Von Forsthoff stammt der Satz, Verwaltung ließe sich im Grunde nicht definieren, sondern nur beschreiben.[32] Der Begriff "Verwaltung" läßt sich bis ins 15. Jahrhundert zurückverfolgen. Er steht für ein zweckgerichtetes Handeln, welches sich in planmäßigen Akten des "Waltens" vollzieht.[33] Es lassen sich nach ihren jeweiligen Zielen verschiedene Verwaltungstypen unterscheiden.

"Verwaltung, mehrdeutig benutzter Begriff, der (1) entweder - Öffentliche V. - einen staatlichen Tätigkeitsbereich bzw. eine staatliche Behördenorganisation meint, die, in ihren Zielen durch die Rechtsordnung und innerhalb dieser durch die politischen Entscheidungen der Regierung bestimmt, konkrete Maßnahmen zur Gestaltung der Sozialordnung durchführen, oder (2) als 'Industrie-' oder 'Verbandsverwaltung' diejenigen Teile einer Organisation umschreibt, die durch rationale Planung, Vorbereitung, Koordination und Kontrolle die verschiedenen Leistungsbeiträge der Mitglieder einer Organisation auf

---

29 Vgl. auch die Bezeichnung von Hierarchie als "zeitloses Bauprinzip der Exekutive" (Loschfelder, zit. in DREIER 1991, S. 4).

30 Zu frühen Quellen der Bürokratiekritik siehe z.B. KIESER (1993), S. 38f, und die einleitenden Bemerkungen in FREY (1994). ANDREE (1994) zählt eine Reihe "pathologische Erscheinungsformen" der Bürokratie auf. SHARANSKY (1975) verwendet zur Beschreibung dysfunktionaler Tendenzen gar das Adjektiv "bureau-pathic".

31 Siehe auch die Begriffswahl in MAYNTZ (1985).

32 FORSTHOFF (1973), S. 1. Zur Problematik des Verwaltungsbegriffs siehe auch GORNAS/BEYER (1991), S. 2f.

33 Die Ethymologie des Wortes "verwalten" läßt zurückverfolgen bis hin zum mittelhochdeutschen "walten" (lenken, leiten, führen). Dies wiederum fußt auf dem gotischen "valdan", welches noch deutlicher auf den lateinischen Ursprung hinweist (valere: kräftig sein, sich wohl befinden, *Einfluß besitzen*). Zum Verwaltungsbegriff siehe u.a. TESHIMA (1979).

die Verwirklichung eines übergeordneten Organisationszieles (Gewinnmaximierung, Produktivitätssteigerung, Umsatzerhöhung, politische Einflußsteigerung u.a.) ausrichten."[34]

Während die Industrie- oder Verbandsverwaltung in der Regel *ein* übergeordnetes Organisationsziel verfolgt (z.B. Gewinnmaximierung, Einflußsteigerung), sieht sich die *öffentliche* Verwaltung *komplexen* Entscheidungssituationen mit teilweise widerstreitenden Zielen (z.B. Fürsorgeauftrag bei gleichzeitigen Bestrebungen zur Kostensenkung) gegenüber.[35] In der Alltagssprache wird öffentliche Verwaltung häufig gleichgesetzt mit "Bürokratie", obwohl sie nur *einen* Typ bürokratisch organisierten Handelns darstellt. Es ist der Parameter *Zielsetzung*, worin sich die öffentliche Verwaltung am deutlichsten von anderen Verwaltungstypen unterscheidet. Öffentliche Verwaltung als Teil der staatlichen Exekutive muß vor dem Hintergrund von Staatszielen, gesetzlichen Vorgaben und der Verpflichtung gegenüber dem Allgemeinwohl ein breites Aufgabenspektrum erfüllen. Die Handlungsrationalität ist dabei am regelkonformen Vollzug von Verwaltungsakten orientiert. Ökonomische Effizienz im Sinne des Minimax-Kriteriums stellt in diesem Zusammenhang eine Erweiterung wie auch eine Einschränkung der Handlungsrationalität dar, sie wirkt als Herausforderung auf Denk- und Verhaltensorientierungen, die primär an einer juristisch-verfahrensorientierten Handlungsweise ausgerichtet sind.

#### *2.1.1.1 Grenzen ökonomischer Rationalität in der öffentlichen Verwaltung*

Dem Thema "wirtschaftliches" Handeln der öffentlichen Verwaltung läßt sich nur adäquat nachgehen, wenn man sich die tieferen Implikationen dieser Form organisationaler Rationalität vergegenwärtigt. In einem Aufsatz beschäftigt sich Luhmann bereits 1960 mit der Frage, ob die Verwaltung überhaupt im Sinne des effizienzorientierten Rationalitätskriteriums wirtschaftlich handeln könne, da hierfür die Optimierung der Zweck-Mittel-Relation im Vordergrund stehe.[36] Die öffentliche Verwaltung hingegen müsse mehrere Dimensionen in ihre Entscheidungen miteinbeziehen, ihre Entscheidungssituation sei aufwendiger, komplexer und müsse durch die Vorgabe "pragmatischer" Prämissen beherrschbar gemacht werden.[37]

Luhmann versucht, ein Analysemodell für solche pragmatischen Entscheidungen in der öffentlichen Verwaltung zu entwickeln. Basierend auf den ent-

---

[34] Stichwort "Verwaltung" in HILLMANN (1995).

[35] Sogar Lehrbücher der öffentlichen Betriebswirtschaftslehre weisen auf die nicht allein ökonomisch determinierten Entscheidungsabläufe in der Verwaltung hin. So grenzen z.B. GORNAS/BEYER (1991) betriebswirtschaftliches Handeln als "einzelwirtschaftlich" und "nicht holistisch" orientiert von der nicht nur ökonomischen, sondern auch politischen Rationalität von Handlungsabläufen in der öffentlichen Verwaltung ab.

[36] Prägnant hierzu LUHMANN (1960).

[37] Vgl. auch die Typologie der Verwaltungsorganisationen bei EISENSTADT (1971).

scheidungstheoretischen Modellen von Simon beschreibt er zunächst die ökonomische Entscheidung als eine Entscheidung, die dem Paradigma der ökonomischen Rationalität unterworfen sei, welches von einem optimalen Zweck-Mittel-Einsatz ausgehe. Eine derartige Entscheidung sei nur in einer überschaubaren Entscheidungssituation möglich, deren Parameter exakt quantifiziert werden können. Luhmann nennt dies auch "Optimalentscheidung" und bezeichnet damit einen Grenzfall des "Brauchbarkeitskriteriums" der Entscheidung.

Gerade die öffentliche Verwaltung befinde sich – so Luhmann – aber häufig in Entscheidungssituationen, die nicht auf eine Dimension reduzierbar und exakt quantifizierbar seien.[38] Dies erschwere auch Vergleiche zwischen einzelnen Verwaltungseinheiten, allenfalls seien "pragmatisch" orientierte Vergleiche *ähnlicher* Situationen möglich.[39] Wann ist nun ein Entscheidungsmodell "brauchbar"? Luhmann argumentiert mit dem Kriterium der *Funktionalität*. Zieht man *Wirtschaftlichkeit* als regulatives Modell für rationales Entscheiden heran, so gelten Entscheidungen, die sich nach dem "Minimax-Prinzip" richten, als formal richtig. Ein in diesem Sinne ökonomisch rationales Modell zeigt aber nur *eine* mögliche Entscheidungsvariante, denn es wird lediglich die Zweck-Mittel-Relation im Verhältnis von Aufwand und Ertrag optimiert. Die dem "Minimax-Prinzip" folgende Optimierung der Zweck-Mittel-Relation setzt jedoch voraus, daß Aufwand und Ertrag eindeutig quantifizierbar sind, und die verglichenen Elemente auf der gleichen Dimension bzw. dem gleichen Maßstab liegen (z.B. Geld, "Kosten", Zeitaufwand). Dies verengt im gleichen Zuge die Perspektiven, eine Optimierung ist hier nur innerhalb einer begrenzten Handlungs- und Entscheidungssituation erfaßbar. Luhmann kommt daher zu dem Schluß:

> "Das Prinzip der Optimierung hat sich nicht bewährt. Man wird daher Modelle des rationalen Entscheidens konstruieren müssen, die dieses Prinzip nicht enthalten; man wird von einer *Theorie der einzig-richtigen, besten Entscheidung* zu einer lebensnäheren *Theorie der brauchbaren Entscheidung* übergehen müssen." (Luhmann 1960, S. 105)

Ein Grund, weshalb ökonomisch rationales Handeln nicht möglich ist, liegt in der Komplexität sozialer Situationen, in denen die "optimalste" Zweck-Mittel-Relation nicht eindeutig bestimmbar ist.[40] Die Überprüfung sämtlicher potentieller Lösungsmöglichkeiten ist in der Regel zu aufwendig. Gerade die öffentliche Verwaltung befindet sich in einem Spannungsfeld unterschiedlicher Interes-

---

[38] Die im Rahmen dieser Arbeit näher untersuchte Kommunalverwaltung bildet eine Schnittstelle zwischen politischen Vorgaben und Bürgerinteressen.

[39] Diesen Ansatz verfolgen u.a. interkommunale Leistungsvergleiche von KGSt und Bertelsmann-Stiftung.

[40] Luhmann verweist an dieser Stelle auf Schütz (The Problem of Rationality in the Social World, GA II).

sen. Alle Möglichkeiten abzuwägen, wie für eine optimale Entscheidung nötig, wäre zu aufwendig.[41]

Realistischer ist es daher, sich an der "Brauchbarkeit" von Entscheidungen zu orientieren, wobei die erstbeste Option übernommen wird. Ein Brauchbarkeitsmodell der Entscheidung verlangt nicht eine einzige optimale Lösung, sondern ist mit einem von mehreren bis vielen funktionalen Äquivalenten "zufrieden". Die Orientierung erfolgt an pragmatischen Brauchbarkeitsstandards, die sich an den Mindestbedingungen für amtliche Entscheidungen ausrichten. Die Brauchbarkeitsbedingungen werden als steuerbar angesehen, daher besteht eine "doppelte Zugriffsmöglichkeit":

"Die Bedeutung dieser doppelten Zugriffsmöglichkeit kann nicht überschätzt werden. Denn die Harmonisierung von Leistung und Leistungserwartung ist das zentrale Problem jeder sozialen Ordnung und für deren Stabilisierung entscheidend." (Luhmann 1960, S. 110)

Aufgestellt werden können diese Brauchbarkeitsbedingungen im Rechtsstaat beispielsweise durch Parlament, Gerichte, Verwaltungschefs, Rechnungshöfe. Im Zentrum stehen dabei weniger die Aufgaben als vielmehr die zu erfüllenden *Funktionen.*

"In diesen funktionalen Zusammenhang gestellt lassen sich Brauchbarkeitsbedingungen für Entscheidungen sachlich beurteilen und als rational und richtig (bzw. unrichtig und änderungsbedürftig) ausweisen. Im Feuer solcher Kritik und laufender Überprüfung gehärtet, können sie das Wirtschaftlichkeitskriterium als Maßstab der Rationalität einer Verwaltung ersetzen." (Luhmann 1960, S. 115)

Der zentrale Vorzug des Brauchbarkeitsmodells liegt nach Luhmann darin, daß es die Schwächen des Kriteriums ökonomischer Optimierung umgeht. Denn wo quantitative Vergleiche nicht möglich sind, kommen "Werte" ins Spiel - *soziale* Konstrukte.

"Gerade in dieser Hinsicht hat das Wirtschaftlichkeitskriterium versagt. Seine wissenschaftliche Ordnungsleistung ist auf die rechnerischen Entscheidungen der privaten Wirtschaft beschränkt, auf Handlungsbereiche also, in denen die Quantifizierung von Aufwand und Ertrag möglich ist. Wo quantitative Vergleichsmöglichkeiten fehlen, können Optimalentscheidungen wissenschaftlich nicht begründet werden, weil sie dann wertbezogene Vergleiche voraussetzen, Werte aber im Bereich der neuzeitlichen Wissenschaften nicht wahrheitsfähig sind. Daß wertbezogene Vergleiche für rationales Handeln unentbehrlich zu sein scheinen, ist aber lediglich eine Folge der Definition des rationalen Handelns durch ein optimales Folgenverhältnis." (Luhmann 1960, S. 115)

---

[41] Die ökonomische Rationalisierung in Teilbereichen verhindert nach Luhmann die Rezeption von Einzelergebnissen in einem größeren Zusammenhang. "Die vielen Bestrebungen, die auf Rationalisierung der öffentlichen Verwaltung abzielen, haben keine einheitliche Theorie. Dadurch sind sie gegen grundsätzliche Kritik gefeit. Sie lassen sich nicht in einen geschlossenen Zusammenhang stellen. Ihre praktischen Erfolge bleiben Einzelleistungen." (LUHMANN 1960, S. 97)

Für die wissenschaftliche Betrachtung hat dies zur Folge, daß Modelle gesucht werden müssen, die die Elemente einer hochkomplexen Entscheidungssituation in sich aufnehmen und trotzdem noch "Lösungen" anbieten. Dies sind möglicherweise nicht die in jeder Hinsicht "optimalen", aber operable, "brauchbare" Konzepte.

"Verzichtet man auf das Ideal der eindeutigen und voraussehbaren Festlegung des richtigen Handelns durch ein solches Optimalmodell, (...), dann gelangt man zu Entscheidungsmodellen mit mehreren, oft unbestimmt vielen richtigen Lösungen. Deren Richtigkeit bestimmt sich nach regulativen Kriterien der Brauchbarkeit. Für diese Kriterien genügt, eben weil man von ihnen keine vollständige Festlegung des Handelns mit all seinen Folgen erwartet, eine funktionale Begründung, d.h.: eine Begründung, die mehrere Lösungen als funktional-equivalent, also gleichermaßen richtig einander zuordnet. Das Handeln wird dann nur mit denjenigen Folgen erfaßt, die für die Organisation des menschlichen Zusammenlebens in jeweils konkreten Gruppierungen bedeutsam sind; es wird von daher als brauchbar bzw. nicht brauchbar beurteilt und mit seinen funktional-aequivalenten Alternativen konfrontiert." (Luhmann 1960, S. 115)

Daraus ergibt sich für Luhmann das einschränkende Fazit: Die öffentliche Verwaltung kann nicht im idealtypischen Sinne *ökonomisch rational* handeln, da sie sich in Entscheidungssituationen befindet, die über die eine Dimension ökonomischer Rationalität im Sinne einer Kosten-Nutzen-Optimierung hinaus reichen. Das "Rationale" der Verwaltung ist vielschichtiger.

#### *2.1.1.2 Öffentliche Verwaltung als "Organisation-im-Kontext"*

Der Fokus des Idealtyps bürokratischer Organisation nach Weber liegt auf der "Binnenperspektive", den internen Abläufen.[42] Die bürokratisch organisierte öffentliche Verwaltung existiert natürlich nicht isoliert. Betrachtet man Organisationen ganz allgemein als eine Art "Exekutive" gesellschaftlicher Funktionssysteme wie Staat, Wirtschaft und Rechtsordnung, so ist evident, daß auch die öffentliche Verwaltung ein "offenes" gesellschaftliches Teilsystem darstellt, das durch seine Umwelt(en) zwar nicht vollständig determiniert, aber stets in Wechselwirkung steht und beeinflußt wird.[43] Die prägenden Umwelten der "Organisation-im-Kontext" (Baecker) öffentliche Verwaltung könnte man kurz als die drei großen "P" bezeichnen: Politik, Publikum und Personal.[44] Der Schwerpunkt der vorliegenden Arbeit liegt, gemäß den Arbeitsthesen, in veränderten

---

[42] Zu diesem alten Kritikpunkt an klassischen Bürokratiedarstellungen, die sich an Weber orientierten, siehe auch BOGUMIL/KIßLER (1995), S. 33.

[43] Da Systeme externe Einflüsse stets in die ihnen eigene Art der Problemauslegung bzw. Kommunikation transformieren, sind Organisationen und Systeme nie vollständig von außen zu steuern. Vgl. auch den Forschungsansatz des ISF München, demzufolge Veränderungen und Wandel als Parameter betrachtet werden, der von den zu wandelnden Einheiten selbst determiniert wird (BÖHLE 1992).

[44] Vgl. LUHMANN (1966).

Anforderungen an Verwaltungspersonal, die jedoch nicht zu trennen sind von Veränderungen im organisatorischen Kontext und den Vorgaben und Erwartungen von Politik und Publikum.

Verwaltungen sind nach Luhmann *soziale Systeme, die bindende Entscheidungen produzieren*. Öffentliche Verwaltungen sind gesellschaftliche Teilsysteme, deren Entscheidungen *gesamtgesellschaftlich* verbindliche Wirkung haben.[45] Als "Instrument" dienen ihnen dabei Organisationen, die gegenüber gesellschaftlichen Funktionssystemen den Vorteil besitzen, als "kollektive Akteure" auftreten zu können, da sie aufgrund ihrer Abgrenzbarkeit und Mitgliederzuschreibung "Gesellschaft durch programmatisch verdichtete Kommunikation fortsetzen" können.[46] An anderer Stelle spricht Luhmann auch von der zentralen Funktion der "Unsicherheitsabsorption" durch Organisationen und der "Externalisierung von Unordnung" als ihrer klassischen Systemrationalität.[47] Organisationen können dank ihres abgegrenzten Funktionsbereiches und eines auf regelkonforme Handlungsrollen verpflichteten Mitgliederstabes gleichsam als ein Art "Exekutive" gesellschaftlicher (Teil-)Systeme fungieren. Auch wenn im Rahmen dieser Arbeit zunächst mit einem umfassenden Begriff von öffentlicher Verwaltung gearbeitet wird, sei bereits an dieser Stelle darauf verwiesen, daß im empirischen Teil die Ebene der Kommunalverwaltung im Mittelpunkt steht.[48] Demnach müssen die Aspekte Standortgebundenheit (horizontale Differenzierung) und hierarchische Einbettung in das föderale System der bundesdeutschen Verwaltung (vertikale Differenzierung) beachtet werden. Die Organisation Kommunalverwaltung kann in Anlehnung an die Definition von Luhmann als das gesellschaftliche Teilsystem verstanden werden, welches Entscheidungen mit verbindlicher Wirkung innerhalb bestimmter räumlicher und hierarchiespezifischer Zuständigkeiten produziert. Mayntz faßt als zentrale, "ahistorisch-abstrakte" Aufgabenbereiche der öffentlichen Verwaltung im allgemeinen zusammen:

---

[45] LUHMANN (1983), S. 165.

[46] LUHMANN (1994), S. 190. In diesem Sinne argumentiert auch Baecker: Gerade aufgrund ihrer "Einschränkungen", der Abgrenzung von internen und externen Handlungszusammenhängen und Bestimmbarkeit der Mitgliedstatus, können Organisationen im Gegensatz zu Funktionssystemen als "kollektive Akteure" auftreten, bleiben sie als "Feld, in dem Handlungsblockaden zur Handlungsgenerierung genutzt werden können" handlungsfähig (vgl. BAECKER 1999, S. 9ff).

[47] LUHMANN (2000), S. 183ff, 447ff.

[48] Zum Reformvorsprung der Kommunalverwaltung am prägnantesten wohl BANNER (1997). Vgl. auch KLAGES (1997), der die kommunale Ebene ebenfalls als Vorreiter bezeichnet: Umfragen des Deutschen Städtetages (DST) und des Deutschen Landkreistages (DLT) zeigten, daß bereits über 90,5% ihrer Mitglieder mit Modernisierungsmaßnahmen befaßt seien; über die Situation in kleinen und mittleren Städten lägen keine Umfrageergebnisse vor, jedoch fänden sich auch hier viele Modernisierungsansätze (S. 133).

1) Regelung der Beziehungen zwischen einer Gesellschaft und ihrer Umwelt; dies heißt mindestens Sicherung der Systemgrenzen nach außen (= äußere Sicherheit), kann aber auch Expansionsbestrebungen einschließen. Im übrigen gehört hierzu das ganze große Gebiet der internationalen Beziehungen.

2) Regelung der Beziehungen unter den Systemmitgliedern, und zwar sowohl zwischen Individuen wie zwischen Gruppen (= innere Ordnung).

3) Sicherung der Handlungsfähigkeit des politisch-administrativen Systems, vor allem durch Sicherung der nötigen Ressourcen; hierzu gehört die Eintreibung von Steuern, aber z.B. auch das Ausheben von Wehrpflichtigen.

4) Versorgungs- und Dienstleistungen: Befriedigung kollektiver Bedürfnisse über die innere und äußere Sicherheit hinaus.

5) Steuerung der gesellschaftlichen Entwicklung auf bestimmte Ziele hin; solche Ziele können u.a. sein: nationale Integration, soziale Gleichheit, Aufbau des Sozialismus, Demokratisierung, aber auch wirtschaftliches Wachstum, Gesundheitsvorsorge, Erhöhung des Bildungsniveaus.[49]

Mit Ausnahme des ersten Punktes sind dies auch von den Verwaltungsorganisationen auf kommunaler Ebene zu leistende Aufgaben, soweit sie im Zuständigkeitsbereich von kreisfreien Städten, kreisangehörigen Gemeinden und Kreisverwaltungen liegen. Die "Produktpalette" von Kommunalverwaltung reicht demnach von Aufgaben in Zusammenhang mit der Ordnungsfunktion (traditionelle Eingriffs- und Hoheitsverwaltung), über Dienstleistungen, die Gewährung und Verteilung von Ressourcen (sozialstaatliche Funktionen) bis hin zu Lenkung und Planung gesellschaftlicher Vorhaben.

Die verfahrenstechnische Effizienz und damit letztendlich der "Erfolg" bürokratischer Verwaltungsorganisation in komplexen Gesellschaftssystemen gründet sich zu einem erheblichen Teil auf ihre Fähigkeit, Umwelteinflüsse (Informationen) standardisiert zu rezipieren, zu verarbeiten und *Entscheidungen* zu fällen. Verwaltungen bedienen sich hierzu sog. *Routineprogramme*, über deren Sinn und Zweck im einzelnen Anwendungsfall nicht mehr reflektiert werden muß. Dies bedeutet zugleich eine zeitliche Entlastung und hilft, die Entscheidungsleistungen konstant halten.[50] Mit der Funktionalität von Handlungsroutinen sind aber eine Reihe von Nachteilen verbunden. Funktionierende Systemerhaltungsmechanismen lassen die Reflektion über die Adäquanz einmal getroffener Entscheidungen in den Hintergrund treten, es besteht die Gefahr einer selektiven Wahrnehmung (Informationsselektion) und mangelnden Aktualität der handlungsleitenden Parameter. Verwaltungshandeln wird auf diese Weise leicht zu einer primär "reproduktiven Verhaltensweise", die keinen echten Entscheidungsspielraum beinhaltet, sondern durch Regeln und Vorschriften determiniert

---

[49] MAYNTZ (1985), S. 44; vgl. u.a. auch MÖLLER (1995), S. 33f., GORNAS/BEYER (1991), S. 3.

[50] Siehe LUHMANN (1983), der Ausführungen zur Sicherung von Handlungsfähigkeit mittels routinisierter Handlungen gar mit "Lob der Routine" betitelt (S. 113 - 142).

ist.[51] Die Konstitutionsprozesse dieser Regeln finden außerhalb des operativen Systems der Verwaltung, in politischen Gremien und Institutionen der Legislative statt, was im Sinne einer Komplexitätsreduktion der Entscheidung in Einzelsituationen durchaus funktional sein mag, aber den Handlungsspielraum der ausführenden Organisation begrenzt. Routinisierte Programme sind zudem eng an systemspezifische Kontexte gebunden und schwer auf andere Bereiche übertragbar. Aus der Verhaltensstandardisierung im Sinne einer Überführung in Routineprogramme resultieren auch Vorwürfe, Verwaltungshandeln im Rahmen dieser Routinen sei "taktunfähig", da Routineprogramme ein festgelegtes Empfangsschema für Umweltinformationen enthalten und Entscheidungen nur nach Maßgabe dieses Schemas vorsehen. Da die Umwelt diese Form der "Selbstidealisierung" der Verwaltung nicht unkritisch hinnimmt, gestalten sich die Umweltbeziehungen zunehmend problembelastet. Die Routine wirkt aber auch im Inneren der Organisation belastend, da sie das Verhalten der Akteure "ausdrucksschwach" macht. Charakteristisch für Organisationen ist aus soziologischer Perspektive, daß die Mitglieder als Inhaber bestimmter Rollen agieren. Diese können zu Rollendistanz, Entfremdung und Kompensationsversuchen (z.B. Arbeitsplatzsicherheit) führen. Das besondere Verhältnis von Verwaltungsorganisation und Beamtenrolle wird im folgenden Abschnitt näher beleuchtet.

### *2.1.2 Verwaltungsorganisation, Beschäftigungsverhältnis und Beamtenrolle*

Verwaltungspersonal partizipiert im idealtypischen Modell der bürokratischen Verwaltungsorganisation nur im Rahmen der Verhaltensoptionen, die das arbeitsteilige, hierarchisch aufgebaute Rollensystem ermöglicht.[52] Als "Entschädigung" für diese Reduktion der Person auf eine organisationsloyale Rolle bietet die öffentliche Verwaltung materielle und die Berufsperspektive betreffende Mechanismen der Versorgung ihrer Mitglieder (Alimentationsprinzip, laufbahnabhängige Bezahlung/Besoldung, Unkündbarkeit nach Verbeamtung).[53] Forsthoff schildert den Beamtenstatus als auf einen Hoheitsakt gegründet, den "sog. Verwaltungsakt auf Unterwerfung" (in Anlehnung an Hobbes). Die Verbindung von "Schutz und Gehorsam" ermöglicht es dem Beamten, seine ganze Arbeitskraft dem ihm übertragenen Amt zu widmen. Gleichzeitig schränkt der enge Kontextbezug seiner Tätigkeit die berufliche Mobilität ein und bedingt somit auch die "Singularität des Berufs des Verwaltungsbeamten alten Stils".

---

[51] MANNHEIM (1985), S. 100.

[52] Siehe WEBER (1972), S. 551ff.

[53] Natürlich ist dieses "totale" Alimentationsprinzip vor allem in der Kommunalverwaltung, in der bereichsweise fast ausschließlich Beschäftigte im Angestelltenverhältnis arbeiten, in seiner idealtypischen Form mittlerweile "ausgehebelt" worden. Dennoch besitzt es noch starke eine Wirkung auf Vorstellungen vom Arbeiten in der öffentlichen Verwaltung.

Forsthoff schreibt dazu prägnant: "Kenntnisse und Erfahrungen, die den Verwaltungsbeamten qualifizieren, sind ihm außerhalb der Verwaltung wenig nütze." (Forsthoff 1971, S. 112). Der Beruf Verwaltungsbeamter schränkt die "gesellschaftlich-berufliche Mobilität" ein, und macht daher die Versorgung durch den Staat nötig. Ein Paradox kann darin gesehen werden, daß ein Ziel des bürokratischen Staates die Überwindung der Mobilitätsschranken des alten Ständestaates war; durch den Erfolg des Modells produziert der moderne bürokratische Verwaltungsstaat aber zumindest für seine Beschäftigten wiederum eine Dualität zwischen Staat (als alleiniger Beschäftiger) und Gesellschaft. Herausforderungen für die bürokratische Verwaltungsorganisation ergeben sich daher durch neue Qualifikationsanforderungen, die nicht mehr allein durch den juristisch ausgebildeten Stab von Verwaltungsbeamten erfüllt werden können.REF[54]

Für das Personal der Verwaltungsorganisation präsentiert sich die Verwaltung als festes Gefüge der Hierarchie- und Kompetenzzuweisung. Es besteht eine genaue Zuordnung von Kompetenzen an die Inhaber bestimmter Positionen innerhalb des Laufbahnsystems.[55] Das Laufbahnsystem ist gekoppelt an ein entsprechendes Qualifikationssystem; Positionen und damit Aufgaben und Tätigkeitsfelder können nur übernommen werden, wenn die Zugangsberechtigung vorliegt. Der Beamte übt seinen Beruf hauptamtlich aus, wird vom Staat umfassend alimentiert, woraus sich wiederum ein besonderer Loyalitätsanspruch des Dienstherren gründet. Zu den Aspekten des Berufsbeamtentums gehört, daß das Amt den Hauptberuf einer Person darstellt ("Pflichtcharakter der Stellung", "Amtstreuepflicht"). Das Amt wird durch Ernennung "von oben" eingenommen und ist verbunden mit "sozialer Schätzung", was auch durch die rechtliche Sanktionierung von Beamtenbeleidigung unterstrichen wird. Gleichzeitig fehlt im vollen Rationalitätsfall jede "Appropriation" der Amtsstelle an den Inhaber, d.h. in der Terminologie der Organisationstheorie sind arbeitsteilige Rolle und Person getrennt.

Für die berufliche Tätigkeit heißt dies, daß die Bearbeitung von Vorgängen den Prinzipien der Amtshierarchie und des Instanzenzuges folgt. Die Amtsführung beruht auf Schriftstücken (Akten), die Gesamtheit der Beamten und Akten bildet das "Büro". Es gilt die Aktenmäßigkeit des Verwaltungsakts, auch da, wo mündliche Erörterung Regel oder Vorschrift ist. Das Primat der Schriftlichkeit der Vorgänge setzt entsprechende Fähigkeiten und Kenntnisse in der Methodik der Erstellung von Bescheiden, Systematik und Ablage voraus. Die Amtstätigkeit setzt eine Fachschulung voraus, die Amtsführung wird als an Regeln orientierte "Kunstlehre" betrachtet. Aufgrund der Orientierung an Gesetzen, Regeln

---

54 Zur Diskussion um "Generalisten" und "Spezialisten" siehe Abschnitt 4.2.3.1.

55 Die Differenzierung von "Kompetenzen" oder besser Leistungserfordernissen auf der Ebene einzelner Verwaltungstypen findet sich z.B. in den unterschiedlichen Zuständigkeitsbereichen und Aufgabenzuschnitten von Kommunal-, Landes- und Bundesbehörden.

und Erlassen ist die Fachschulung in ihrer klassischen Form juristisch orientiert. Die Mitglieder der Verwaltungsorganisation stellen den Verwaltungsstab dar, der im reinsten Typus aus Einzelbeamten (Monokratie im Gegensatz zur Kollegialität) besteht, welche

> "1. persönlich frei nur *sachlichen* Amtspflichten gehorchen,
> 2. in fester Amts*hierarchie*,
> 3. mit festen Amts*kompetenzen*,
> 4. kraft Kontrakts, also (prinzipiell) auf Grund freier Auslese nach
> 5. *Fachqualifikation* – im rationalsten Fall: durch Prüfung ermittelter, durch Diplom beglaubigter Fachqualifikation – *angestellt* (nicht: gewählt) sind, –
> 6. entgolten mit festen Gehältern in *Geld*, meist mit Pensionsberechtigung (...); das Gehalt ist abgestuft primär nach dem hierarchischen Rang, daneben nach der Verantwortlichkeit der Stellung, im übrigen nach dem Prinzip der 'Standesgemäßheit',
> 7. ihr Amt als einzigen oder Haupt-*Beruf* behandeln,
> 8. eine Laufbahn: 'Aufrücken' je nach Amtsalter oder Leistungen oder beiden, abhängig vom Urteil der Vorgesetzten, vor sich sehen,
> 9. in völliger 'Trennung von den Verwaltungsmitteln und ohne Appropriation arbeiten,
> 10. einer strengen einheitlichen Amtsdisziplin und Kontrollen unterliegen."[56]

Das "Selbstverständnis" dieses Beschäftigungsverhältnisses könnte man auch kurz zusammenfassen als den Systems, dessen Input in Alimentierung und in Versorgung und dessen erwarteter Output in Loyalität besteht.[57] Das Verwaltungshandeln orientiert sich an "technischen" oder normativen Regeln, zu deren Anwendung eine besondere Fachschulung absolviert werden muß. Für eine Tätigkeit in einem Verwaltungsstab ist daher nur der nachweislich erfolgreich Fachgeschulte qualifiziert. Die Ansprüche an die Beamtenausbildung gründen sich zu einem wesentlichen Teil auf diese Vorstellung von Fachkenntnis und der Vorbereitung auf das Laufbahnsystem. Auch wenn die Beamtenschaft mittlerweile vor allem in der Kommunalverwaltung gegenüber Angestellten in der Minderheit ist, prägt die Beamtenlaufbahn das Außenbild des Verwaltungspersonals. Deren Charakteristika hängen eng mit dem Idealtyp der bürokratischen Organisation nach Max Weber zusammen.

Beschäftigungsrechtlich bietet das Beamtenverhältnis einen hohen Grad an Arbeitsplatzsicherheit. Beamte in der öffentlichen Verwaltung werden "auf Lebenszeit" ernannt. Die Beschäftigungsverhältnisse von Angestellten der öffentlichen Verwaltung unterliegen den Maßgaben des Bundesangestelltentarifs (BAT), der in Form von Weiterbeschäftigungsansprüchen nach einer bestimmten Beschäftigungsdauer ähnliche Tendenzen aufweist. Grundsätzlich sind An-

---

[56] WEBER (1972), S. 126f, kursive Hervorhebungen im Original.

[57] Das Entlohnungs- und Gratifikationssystem der öffentlichen Verwaltung unterscheidet sich von dem der freien Wirtschaft vor allem durch ein Motivations- und Leistungssicherungskonzept, das auf einem "Dienst- und Treueverhältnis" beruht (so u.a. auch KLAGES 1990).

gestellte jedoch leichter kündbar, auch können ihre Arbeitsverhältnisse in Sonderfällen befristet werden.

Die Besoldung von Beamten versteht sich als "amtsangemessene Alimentation" auf Grundlage des Bundesbesoldungsgesetzes, orientiert sich an eben diesem "verliehenen Amt" und ist gestaffelt nach Besoldungsgruppen und Dienstalter (siehe §§ 18-28 BBesG). Das Beschäftigungsverhältnis ist geprägt vom Laufbahnprinzip. Es werden vier Laufbahngruppen (einfacher/ mittlerer/ gehobener und höherer Dienst) unterschieden, die aus einem Eingangsamt und drei Beförderungsämtern mit entsprechenden Besoldungsgruppen bestehen. Die Besoldungsgruppe der Endämter des einfachen (A5), mittleren (A9) und gehobenen Dienstes (A13) stellt gleichzeitig das Einstiegsamt der nächsten Laufbahngruppe dar. Ein Überspringen von Beförderungsämtern ist nicht vorgesehen, die Ämter müssen nacheinander durchlaufen werden. Die Voraussetzung für die Beförderung bildet die entsprechende Eingangsqualifikation bzw. Fachschulung. Die Gehälter von Angestellten beruhen auf der Vorgabe tarifvertraglicher Vereinbarungen (Bundesangestelltentarif), die Eingruppierung in Vergütungsgruppen nach dem Bundesangestelltentarif erfolgt auf Grundlage der ausgeübten Funktionen und deren Tätigkeitsmerkmalen (§22 BAT).

Hinweise auf das besondere Loyalitätsverhältnis zeigen sich zum einen bei der Überstundenvergütung. Während bei Beamten eine Vergütung oder Dienstbefreiung erst ab mehr als fünf Stunden angeordneter Mehrarbeit pro Monat erfolgt, wird Mehrarbeit bei Angestellten grundsätzlich durch Überstundenvergütung oder Freizeitausgleich vergolten (§§ 17, 35 BAT). Deutlicher noch der Unterschied bei der Beförderung. Beamte müssen sich auf niedrigeren Ämtern bewähren, und die Ämter in der Abfolge des Laufbahnsystems "durchlaufen" werden; sog. "Sprungbeförderungen" sind nicht vorgesehen. Die Wahrnehmung höherwertiger Funktionen bei Beamten ist aber nicht zwingend mit einem Beförderungsanspruch verbunden, sondern es ist eine freie Planstelle erforderlich. Gerade in kleineren Verwaltungen machen sich hierbei Beschränkungen durch den Stellenkegel bzw. Stellenobergrenzenverordnungen bemerkbar. Angestellte hingegen besitzen einen Rechtsanspruch auf funktionsgerechte Bezahlung.

**Übersicht 2**
**Angestellte und Beamte in der Kommunalverwaltung – Charakteristika der Beschäftigungsverhältnisse im Vergleich nach Kühnlein/Wohlfahrt**

| *Beamte* | *Angestellte* |
|---|---|
| Ernennung "auf Lebenszeit" | Beschäftigung auf "unbestimmte Zeit" in Dauerarbeitsverhältnis, in Sonderfällen befristet |
| Besoldung als "amtsangemessene Alimentation" auf Grundlage des BBesG und der Grundsätze des Berufsbeamtentums (Art. 33 Abs. 5 GG). Die Besoldung orientiert sich am "verliehenen Amt", abh. von Besoldungsgruppen und Dienstalter (§§ 18-28 BBesG) | Gehälter auf Grundlage von tarifvertraglichen Vereinbarungen (BAT); Eingruppierung in Vergütungsgruppen, deren Tätigkeitsmerkmalen die ihnen übertragene Funktion entspricht (§22 BAT). |
| Vergütung oder Dienstbefreiung erst ab mehr als fünf Stunden/Monat angeordneter Mehrarbeit | Mehrarbeit grundsätzlich durch Überstundenvergütung oder Freizeitausgleich vergolten (§§ 17, 35 BAT) |
| Beförderung abhängig von Dienstzeit (Dienstalter), Bewährung auf niedrigeren Ämtern; keine "Sprungbeförderung". Planstelle erforderlich (Stellenkegel). | Rechtsanspruch auf funktionsgerechte Bezahlung. |
| Zugangsvoraussetzungen nach Art. 33 Abs. 2 GG "Eignung, Befähigung und fachliche Leistung", verknüpft mit sekundären Bildungsabschlüssen und Laufbahnprüfungen. | Zugangsvoraussetzungen werden von den jeweiligen Arbeitgebern festgelegt. Die dreijährige, duale Ausbildung erfolgt nach den Richtlinien des Berufsbildungsgesetzes (BBiG). |

Quelle: Kühnlein/Wohlfahrt 1995, S. 23 - 29.

Ein wesentlicher Unterschied besteht auch in der Ausbildung von Beamten und Angestellten (siehe ausführlich dazu Abschnitt 4.2.1). Das Leitbild der "Laufbahnbefähigung" umfaßt sowohl Aspekte einer universellen Einsetzbarkeit innerhalb einer Laufbahn, wie auch den möglichen Aufstieg (mit nicht unerheblichen Auswirkungen auf die Gestaltung von Ausbildungs- und insbesondere Studiengängen).[58]

Neben der beschäftigungs*rechtlichen* Seite, die gerade in einem Organisationstyp mit regelkonformer Verfahrensrationalität natürlich eine wichtige Rolle spielt, läßt sich mit der Beamtenrolle in der Verwaltungsorganisation aber auch ein spezifischer Denk- und Handlungsstil verbinden. Verwaltung als ein entscheidungsproduzierendes System setzt politische Vorgaben mittels Routineprogrammen um. Diese, was Zielsetzungs- und Einflußmöglichkeiten der Verwaltung betrifft, eher "passive" Rolle des Verwaltungsapparates ist Gegenstand

[58] Siehe Abschnitt 4.2.

einer Abhandlung von Karl Mannheim. Bei ihm stellt Verwaltung einen "rational" geordneten Bereich dar, während das Politische sich durch irrationale, ungeordnete Elemente auszeichnet.[59] Zu Beginn seiner Ausführungen, die sich mit der Frage "Ist Politik als Wissenschaft möglich?" beschäftigen, grenzt Mannheim zunächst politische und Verwaltungssphäre voneinander ab. Politisches Handeln beinhaltet "Fließendes, Werdendes, ein Wissen von der schöpferischen Tat." (S. 97). Der *Vollzug von Regeln und Vorschriften* kennzeichnet den Bereich des Verwaltungshandelns, das "laufende Staatsleben" (S. 98). Der argumentative Zusammenhang mag ein anderer sein (Mannheim versucht, vor dem zeitgeschichtlichen Hintergrund der späten zwanziger und frühen dreißiger Jahre, Einflüsse und Determinanten politischen Denkens herauszuarbeiten), seine Beschreibung des "bureaukratischen Denkens" und dessen spezifischer Ratio weist große Ähnlichkeit mit der Weberschen Idealtyp auf. Dabei spricht Mannheim explizit an, was häufig als Kritik an Webers Idealtyp geübt wird: die "verwaltungsmäßig-juristische" Denkweise optimiert im Hinblick auf eine "Binnenperspektive", externe Einflüsse werden als "Störkoeffizienten" perzipiert, die möglichst rasch und umfassend in die interne systemkonforme Verfahrensrationalität der gesetzlichen Regelungen und Verordnungen transformiert werden müssen.

"Diese verwaltungsmäßig-juristische Denkweise arbeitet mit einer spezifischen Ratio: Wenn diese die noch ungebundenen Kräfte gelegentlich doch zu Gesicht bekommt, etwa in Gestalt eines Ausbruchs von Massenkräften in einer Revolution, so kann sie diese eben nur als einen Störkoeffizienten erfassen. Es ist deshalb kein Wunder, wenn bei jeder Revolution die Bureaukratie die Tendenz hat, dem Politischen nicht auf seinem eigenen Boden zu begegnen, sondern die Abhilfe in Verordnungen zu suchen." (Mannheim 1985, S. 103)

Auch die Spezialisierung auf bestimmte Verwaltungsbereiche wird kritisch gesehen, da sie verhindert, einen Blick für größere Zusammenhänge zu entwikkeln.[60] Interessant ist auch der in diesem Zusammenhang entworfene Begriff des

---

[59] Obwohl durch die Gegensatzpaar "rationalisierte Gebiete" vs. "irrationaler Spielraum" beschrieben (MANNHEIM 1985, S. 99), kann man auch Vorwegnahmen eines systemischen Denkens erkennen. Verwaltung als "rationalisiertes Gebiet", Politik und andere Umweltsysteme als – aus der Sicht der Systemrationalität – in höherem Maße "irrationale" Bereiche.

[60] "Hierin dürfte die tiefere Wahrheit der Regel liegen, daß die Leiter der Ministerien in parlamentarischen Staaten nicht aus den Reihen des Verwaltungsstabes, sondern aus den politischen Führern gewählt werden müssen. *Der Verwaltungsbürokrat neigt wie jeder Spezialist und Experte dazu, den Zusammenhang zwischen seinen Handlungen und dem Endziel aus der Sicht zu verlieren.* Vorausgesetzt wird hier, daß der politische Führer, der die frei gebildete Integration des Kollektivwillens im öffentlichen Leben verkörpert, auch die verfügbaren Mittel, die für die in Frage stehenden Handlungen notwendig sind, organischer integrieren kann als der Verwaltungsexperte, der in Fragen der Politik vorsätzlich

politischen Handelns. Verwaltungshandeln wird als reproduktive Verhaltensweise geschildert, die keinen echten Entscheidungsspielraum beinhalte, sondern durch Regeln und Vorschriften determiniert sei (Mannheim 1985, S. 100). Das von Mannheim skizzierte Bild des Beamten stellt fast eine Kampfansage an den unpolitischen Vollzugsbeamten dar. Kritisiert wird, daß der Regelvollzug das politisch und sozial gesteuerte Zustandekommen von Handlungsvorgaben "verdeckt":

"Das Bestreben, das Gebiet der Politik durch das Phänomen der Verwaltung zu verdecken, erklärt sich daraus, daß der Wirkungskreis des Beamten erst auf Grund des zustandegekommenen Gesetzes einsetzt. Die Entstehung des Gesetzes fällt seinem Arbeitsbereich entsprechend nicht in seinen Kompetenzkreis. Infolge dieser sozial-vitalen, standortmäßigen Gebundenheit sieht der Beamte nicht, daß hinter einem jeden zustandegekommenen Gesetz weltanschauliche, willensmäßige, interessenmäßig-soziale Kräfte stehen. Er setzt ohne weiteres die positive Ordnung, die das konkrete Gesetz vorschreibt, einer Ordnung überhaupt gleich und sieht aus eigenen Kräften nicht, daß jede rationalisierte Ordnung nur eine besondere Ordnung, ein Ausgleich der metarationalen Kräfte ist, die sich im sozialen Raume bekämpfen." (Mannheim 1985, S. 103)

## 2.2 Wissen als "Beherrschungsinstrument"

Die öffentliche Verwaltung als Idealtyp bürokratischer Herrschaft nach Max Weber müßte sich den Herausforderungen der modernen Wissensgesellschaft per definitionem problemlos stellen können. Denn schließlich verkörpert sie eine Herrschaftsform, die primär auf "Wissen" basiert. Dazu die Ausführungen von Weber im Wortlaut:

"Die bureaukratische Herrschaft bedeutet: Herrschaft kraft *Wissen*: dies ist ihr spezifisch rationaler Grundcharakter. Über die durch das Fachwissen bedingte Machtstellung hinaus hat die Bürokratie (oder der Herr, der sich ihrer bedient), die Tendenz, ihre Macht noch weiter zu steigern durch das *Dienst*wissen: die durch den Dienstverkehr erworbenen, 'aktenkundigen' Tatsachenkenntnisse. Der nicht nur, aber allerdings spezifisch bureaukratische Begriff des 'Amtsgeheimnisses' – in seiner Beziehung zum Fachwissen etwa den kommerziellen Betriebsgeheimnissen gegenüber den technischen vergleichbar – entstammt diesem Machtstreben."[61]

---

neutralisiert worden ist. Vgl. den Abschnitt über die Soziologie des bürokratischen Denkens S. 102ff." (MANNHEIM 1985, Fußnote S. 19; Hervorhebung A. Horny).

[61] Weber fährt fort: "Ueberlegen ist der Bureaukratie an Wissen: Fachwissen und Tatsachenkenntnis, innerhalb seines Interessenbereiches, regelmäßig nur: der private Erwerbsinteressent. Also: der kapitalistische Unternehmer. Er ist die einzige wirklich gegen die Unentrinnbarkeit der bureaukratischen rationalen Wissens-Herrschaft (mindestens: relativ) immune Instanz. Alle anderen sind in Massenverbänden der bureaukratischen Beherrschung unentrinnbar verfallen, genau wie der Herrschaft der sachlichen Präzisionsmaschine in der Massengüterbeschaffung." (WEBER 1972, S. 129)

Wissen als Herrschaftsinstrument in und von bürokratischen Organisationen ist immer beides: Fachwissen und hierarchisch verortetes "Dienstgeheimnis", wobei letzteres auch das (vermachtbare) Datenwissen ("aktenkundige Tatsachenkenntnisse") einschließt.[62] Das "bürokratische Wissen" ist daher besonders von Entwicklungen der elektronischen Datenverarbeitung, der Informations- und Kommunikationstheorien betroffen. Das Charakteristikum des Wissens in der bürokratischen "Herrschaft kraft Wissen", der Dualismus von Fachwissen und hierarchischer, an Amt und Position geknüpfter Kompetenz stellt aber letztlich nur eine spezifische Ausformung des wissenssoziologischen Credos von der Situationsgebundenheit individueller wie kollektiver Wissensbestände dar. Menschen in sozialen Verbänden verhalten sich in der Regel anders als einzelne Individuen, und auch kollektive Wissensbestände, gleich ob auf gesellschaftlicher oder Organisationsebene betrachtet, sind stets *mehr* als die Summe individueller. Öffentliche Verwaltung als "Organisation-im-Kontext" unterliegt den Wirkungen von gesellschaftlicher und organisatorischer Umwelt. Drei Aspekte dieser Umweltbeziehungen von organisationalen Wissensbeständen sollen im folgenden thematisiert werden: die moderne Wissens- und Informationsgesellschaft, die Prozesse der Transformation von Wissen in organisatorischen Kontexten allgemein und bürokratischer Organisation im besonderen.

### *2.2.1 Wissensgesellschaft*

"Wissen ist Macht" formulierte bereits Bacon. Moderne Gesellschaften sind arbeitsteilig und in hohem Maße "bürokratisch" organisiert und können nicht zuletzt deshalb als "Wissens-" bzw. "Informationsgesellschaften" bezeichnet werden.[63] Die Verwissentlichung beruflicher Qualifikation (Bartscher 1994), einhergehend mit einer zunehmenden Informatisierung und Entstofflichung der Arbeitswelt (Tacke 1997) durchzieht nicht nur Tätigkeiten in der Industrie, Wissen gewinnt als "Ressource und Medium der Steuerung sozialer Systeme" für moderne Gesellschaften insgesamt betrachtet immer größere Bedeutung.[64] Wissen als die "Fähigkeit zu sozialem Handeln", als die Möglichkeit, etwas in Gang zu setzen (Stehr 1994), weist auch hin auf die Nähe zu Begrifflichkeiten wie Handlungs*vermögen* und kulturellem Kapital (Bourdieu 1985).

---

[62] Die "automatische" Geheimhaltung von Verwaltungsdaten, auf die ein Zugriff nur als begründungsbedürftige Ausnahme erfolgt, stellt eine Besonderheit dar. In Staaten Skandinaviens wie Schweden, Norwegen, Finnland wie auch den USA herrscht eine andere Auffassung von Verwaltungsöffentlichkeit, wie ein Vergleiche von Industriestaaten Europas und in Übersee zeigen (SCHLACHTER 1990).

[63] Vgl. u.a. ETZIONI (1978), SPINNER (1994), STEHR (1994).

[64] WILLKE (1996), der sich wiederum auf LUHMANN (1990, "Die Wissenschaft der Gesellschaft", S. 123/138) und ETZIONI (1971, "The Active Society", S. 136) beruft.

Wissen reflektiert immer die Situation des einzelnen, die Seinsverbundenheit von Wissen und Denken stellt die Ausgangsthese wissenssoziologischer Reflexion über Wissen in gesellschaftlichen und somit auch organisatorischen Kontexten dar.[65] Ein Ansatz, diese situationsspezifischen Charakteristika herauszuarbeiten, stellt das Konzept der Aspektstruktur von Mannheim dar. Deren Analyse zielt darauf ab herauszuarbeiten, "wie einer eine Sache sieht, was er an ihr erfaßt und wie er sich einen Sachverhalt im Denken konstruiert." (Mannheim 1985, S. 234). Sie bezieht sich auf außerformale, qualitative Momente im Erkenntnisaufbau und beschreibt ein interaktives Verhältnis zwischen erkennendem Subjekt und Erkenntnisobjekt. Relevante Merkmale bzw. Zurechnungskriterien, mittels derer Aussagen bestimmten Aspektstrukturen zugeordnet werden können, umfassen die verwendeten *Begriffe*, *Kategorien*, *Denkmodelle*, die *Abstrahierungsstufe* und schließlich die "*Ontologie*"[66].

"Aspekt ist also mehr als eine bloß formale Bestimmung des Denkens, bezieht sich auch auf qualitative Momente im Erkenntnisaufbau, und zwar auf Momente, die von einer bloß formalen Logik vernachlässigt werden müssen. Eben diese Momente nämlich begründen es, daß zwei Menschen, auch wenn sie die formal-logischen Bestimmungen (den Satz vom Widerspruch etwa oder die Syllogismusformeln) identisch zur Anwendung bringen, noch keineswegs identisch, daß sie über den gleichen Gegenstand vielmehr oft höchst verschieden urteilen." (Mannheim 1985, S. 234)

Die Einbindung in eine Organisationsrolle wie die Beamtenrolle führt aber dazu, daß die individuellen Aspektstrukturen sich weniger in den standardisier-

---

[65] Natürlich muss an dieser Stelle auch kurz auf den für das 19. und 20. Jahrhundert wohl bedeutendsten Verfechter der These vom Sein, welches das Bewußtsein bestimmt, Karl Marx, eingegangen werden. Daß sich aus seinen Analysen zum Niedergang des Kapitalismus auch Konsequenzen für den aktuellen Hintergrund einer globalisierten Welt ziehen lassen, in der sich das ökonomische Paradigma anschickt, ähnlich wie die Computertechnologie zur "defining technology" der Moderne wurde, zu einer "defining theory" zu werden, sei in diesem Zusammenhang nur kurz hingewiesen.

[66] *Begriffe* können unterschiedlich besetzt sein (z.B. "Freiheit"); sie spiegeln Willen und Bedürfnisse sozialer Gruppen wieder. Auch das *Fehlen* von Begriffen kann aufschlußreich sein. *Kategorien* können morphologisch, eher stabilisierend, aber eben auch analytisch, auf Veränderung zielend, sein. *Denkmodelle* ("Modelle, die jedem implizit vorschweben, wenn er denkend an die Bewältigung eines Gegenstandes herantritt", z.B. mechanistisch-atomistisches Denkmodell des Empirismus im Bürgertum, welches zunächst nicht von Adel, Ständen und niederen Schichten übernommen wurde) sind nicht nur an soziale Klassen (hier erweitert Mannheim das Modell von Karl Marx), sondern auch an Generationen, Lebenskreise, Sekten, Berufsgruppen, Schulen etc. gekoppelt. Zwar spricht Mannheim der Klassenschichtung die größte Relevanz zu, sie könne aber nicht alles erklären. Ähnlich auch die unterschiedlichen *Abstraktionsstufen* (Abstrahierungs- bzw. Konkretisierungsparadox); in beiden Fällen kann sich der Blick auf die sozial-seinsmäßige Gebundenheit des (eigenen) Denkens verstellen. Auch Weltbilder und Vorstellungen zur *Ontologie* müssen als historisch und sozial beeinflußt erkannt und kritisch reflektiert werden (MANNHEIM 1985, S. 234ff).

ten Vollzugsverfahren der Verwaltungsakte manifestieren, sondern eher auf die "informellen" Bereiche organisationalen Handelns einwirken. Die Berücksichtigung von Konzepten wie der Aspektstruktur, die auf die relationale Verankerung von Vorstellungen und Wissensbeständen hinweisen, dürfte sich vor allem dann auswirken, wenn, wie in Abschnitt 3.2 am Beispiel der öffentlichen Verwaltung geschildert wird, einschneidende Veränderungen der organisationalen Rationalität in Richtung einer stärkeren Betonung informeller Handlungsorientierung zumindest angestrebt werden.[67]

Wissen ist aber nicht gleich Wissen. Für den Kontext dieser Arbeit ist zunächst die Unterscheidung zwischen Wissen und Information wichtig. Denn die nicht zuletzt durch Computertechnologien katalysierte Informationszunahme stellt noch keine Zunahme von "Wissen" dar. So trennen beispielweise Davis/Botkin (1995) zwischen einfachem Datenwissen, Informationswissen und "Wissen" im engeren Sinne als der "Kenntnis von Zusammenhängen".[68] Die Vorstellung von Information als Rohstoff findet sich auch bei Spinner (1994), der damit "Wissen aller Art, in jeder Menge und Güte" bezeichnet, das aber eben noch in spezifische Kontexte zu integrieren ist. Ähnlich auch Möller (1995, S. 164): "Informationen sind noch kein Wissen. Erst die problemorientierte Verknüpfung von Informationen schafft handlungsleitendes Wissen." Wissen unterscheidet sich nach Verortung, Form und Inhalt, und umfaßt im Gegensatz zu Datenwissen und nur einfach aufbereiteter Information Prozesse der Auswahl und Verarbeitung von Informationen (Becker-Bick 1985; Davis/Botkin 1995).

Willke (1996) beschreibt die Prozesse bei der Transformation von Informationen zu Wissen unter Verwendung eines Modells von Bauwens folgendermaßen: Daten werden schrittweise verdichtet und mit systemimmanenten Erfahrungen "angereichert". Wissen entsteht als streng kontextgebundene Verknüpfung von Informationen (die innerhalb eines bestimmten Systems als relevant betrachtet werden), mit "Erfahrungen" des Systems, d.h. mit geeigneten Momenten seiner Geschichte, seiner semantischen und kognitiven Strukturen und seiner Identität. Von Intelligenz läßt sich sprechen, wenn das System Mechanismen und Prozesse aufbaut, in welchen dieses kontextspezifische Wissen den Filter einer weiteren Verknüpfungsebene durchläuft: wenn das System Wissen in Beziehung mit seinen Zielen und Handlungsstrategien bringt und sein Handeln von seinem Wissen abhängig macht."[69]

---

[67] Die zunehmende Wichtigkeit informeller Handlungsprogrammierung wird z.B. bei HOFFMANN-RIEM (1997) als Merkmal neuer Verwaltungsparadigmen aufgeführt.

[68] Die nächste Ebene – denkt man sich Wissen stufenartig aufgebaut –, Wissen als "Wahrheit" (Evidenz), wird in der ökonomisch orientierten Perspektive meist ausgeblendet.

[69] WILLKE (1996, S. 265f.) nach einem Tagungspapier von Bauwens (1995) mit dem Titel "Knowlegde Transfer in Cyberspace: A model for future business practices".

Hilfreich ist es, die unterschiedlichen Komponenten von "Wissen" als "Körper" räumlich in einem dreidimensionalen Koordinatensystem zu verorten (Bühl 1984, S. 315ff). So kann man sich zum Beispiel die X-Achse als empirisches Wissen vorstellen, auf der Y-Achse methodologische Prinzipien und auf einer Z-Ebene gemeinsame Weltbildannahmen abtragen. Diese drei Dimensionen sind interpretierbar als Ausdehnungsdimensionen des Wissenskörpers. Wissen ist aber keine statische Größe, zu beachten sind auch die Dimensionen des Wissensflusses. Auf der horizontalen Dimension läßt sich die Kommunikation zwischen den Trägern von Wissen beschreiben; Austausch von Wissenselementen führt zu wechselseitiger Verstärkung bzw. Rekombination des Wissens. Die vertikale Dimension weist hin auf die Verankerung von Wissenselementen in unterschiedlichen Tiefenschichten der Reflektion. Vor allem wissenschaftliches und technologisches Wissen im engeren Sinne ist von Prozessen der Erneuerung und Aussonderung nicht mehr relevanter Wissenselemente betroffen. Für das Zusammenspiel der verschiedenen Dimensionen ideal wäre eine "Balance" bzw. ein Gleichgewicht der verschiedenen Wissenskomponenten in Gesellschaften und eine wechselseitige Integration der Wissensformen in den Wissensbestand von Gesellschaften.[70]

Gerade der Einfluß von Informations- und Kommunikationstechnologien verstellt den Blick auf die Wichtigkeit von Zusammenhangswissen eher, denn sie fördern vor allem die massenhafte Verfügbarkeit von Informationen und die damit verbundene "Informatisierung" ("Verwissentlichung") der Gesellschaft. Vermehrte die "klassische" Wissens- (bzw. Wissenschafts-) Expansion vor allem das "Theorienwissen", gewinnt in der Moderne zunehmend das Spezial- bzw. Datenwissen an Bedeutung, der "kognitive Schwerpunkt" einer Gesellschaft verlagert sich in Richtung "Datenpol". Technische Errungenschaften des "Kognitiv-technischen Komplexes" basieren zwar bereits auf einem bestimmtem Wissensstil; dieser technisierte Wissensstil wirkt dann aber verstärkend auf die Erzeugung von Datenwissen (vgl. Spinner 1988).

Dabei zeigt sich, daß Wissen, wenn man ihm eine eigene Ordnung zuspricht, sich von anderen "Produkten" durch eine Reihe von Sondereigenschaften im Sinne von kontingenten Merkmalen und Umständen unterscheidet. Dies sind

- Symbolcharakter (Wissen ist Symbol, repräsentiert Sachverhalte)

---

[70] Vgl. auch BECKER-BICK (1985), so sollte u.a. eine "Dissynchronisation" von technologischem und sozialorganisatorischem Wandel vermieden werden. Eine Überbetonung (bis hin zur "Mythisierung") von wissenschaftlichem Denken birgt auch die Gefahr der Wissenschaftsfeindlichkeit (Ideologieanfälligkeit) aufgrund der Enttäuschung über die vermeintlich mangelnde "Allmacht"; der Paradigmenwechsel der Wissenschaft (Abkehr vom mechanizistisch-kausalen Weltbild) sowie die zunehmende Komplexität der noch nicht gelösten Problemstellungen müssen daher transparent gemacht werden, sonst droht eine "Remythisierung" (siehe hierzu auch die Organisationsparadigmata im folgenden Kapitel).

- Ungegenständlichkeit (Wissen ist "kritisierbar, aber nicht zerstörbar")
- Höherqualifizierbarkeit ("Wahrheitsfähigkeit")
- Gemeingutcharakter (z.B. im Wissenschaftsbereich)
- Nichtausschließlichkeit des Wissensbesitzes
- Selbstbelohnungsfähigkeit des Wissensgebrauchs
- Wandlungsfähigkeit des Wissens und Wanderfreudigkeit von Träger zu Träger
- Wissenswachstum.

Da es sich um kontingente Eigenschaften handelt, treffen sie natürlich nicht für jede Art von Wissen gleichermaßen zu. So stoßen insbesondere Parameter, die allgemeine Verfügbarkeit, Wandlungsfähigkeit und "Wanderfreudigkeit" betonen, auf der Ebene organisationalen Wissens rasch an Grenzen, denn Organisationen "leben" ja geradezu davon, Wissen gemäß eigener Maßstäbe zu konditionieren und den Informationsfluß zu regeln.[71]

Diesem Wandel, dem Wachstum des Datenwissens bzw. Informationsvolumens und der gleichzeitig steigenden Nachfrage nach Integrationsformen, müssen nach Ansicht von Spinner die sog. "Wissenswissenschaften", allen voran die Philosophie, Rechnung tragen, ein neuer erkenntnistheoretischer Stil sowie neue Rationalitätsstrukturen müssen gefunden werden; besonders die Geisteswissenschaften sollten ein Art "Zwei-Säulen-Kompetenz" aus "Überblicks-Fachwissen" und Klassifizierungsvermögen erlangen, um passende Regulierungsmechanismen (in Form von Methoden, Theorien etc.) für die Wissens- bzw. Informationsflut anbieten zu können (vgl. Spinner 1988). Als Antwort auf die Zunahme des Datenwissens findet sich bei Spinner der Versuch, Wissen nach strukturellen Eigenschaften und Anwendungsbereichen zu klassifizieren und auf diese Weise die Wissensexplosion und Informationsflut moderner Gesellschaften zu "bändigen". Derartige (Teil-) Bereichsordnungen einer "neuen Wissensordnung des Informationszeitalters" als "Metabegriff für die Gesamtheit aller kognitiven Aspekte" umfassen die

- "Akademische Wissensordnung für freie Forschung und Lehre"
- "Archivarisch-Bibliothekarische Wissensordnung für verwahrtes Dokumentarwissen"
- "Verfassungsrechtliche Wissensordnung des Grundgesetzes für freie Meinung sowie wissensbezogene Persönlichkeits- und sonstige Informationsrechte"

---

[71] Vgl. LUHMANN (1994, 2000), Baecker (1999).

- "Ökonomische Wissensordnung für kommerzialisierte Wissensgüter und Informationsmärkte"
- "Technologische Wissensordnung für technisches Herstellungs- und praktisches Handlungswissen"
- "Bürokratische Wissensordnung für verwaltetes Daten- und Aktenwissen"
- "Militärisch-Polizeiliche Wissensordnung für sicherheitsrelevantes Sonderwissen"
- "Nationale/Internationale Informationsordnung für den innerstaatlichen bzw. grenzüberschreitenden Informationsfluß" (Spinner 1994, S. 111ff.)

Die Zuordnung von Wissensbeständen zu bestimmten Bereichsordnungen könnte man auch als eine Art horizontaler arbeitsteiliger Definitionsleistung gesellschaftlicher Teilsysteme interpretieren. Besonders die Spezifika der "Bürokratischen Wissensordnung für verwaltetes Daten- und Aktenwissen" werden unter dem Aspekt ihrer Verwertbarkeit zur Beschreibung organisationaler Wissensbestände noch detaillierter aufgeführt. Im Zusammenhang mit der Arbeitsthese, die nach der Art der Veränderungen organisationaler Wissensbestände fragt (Anpassungslernen vs. echter Wandel), spielt aber nicht nur die Klassifizierbarkeit von Wissen eine Rolle, sondern auch der Zugang zu unterschiedlichen Wissens- und Erfahrungssedimenten, die Möglichkeit, Wissensbestände zu reflektieren und bewußt zu verändern.

Hierzu liefern die Entwicklungsstufen von Wissenstypen nach Scheler einen Querschnitt durch die Schichten gesellschaftlicher Erfahrungssedimente. Scheler verwendet als Basis seiner "Pyramide" der Wissensformen die "natürliche Weltanschauung"[72] und setzt darauf sieben Wissensarten mit ansteigender "Künstlichkeit" (Scheler 1960, S. 63):

1. Mythos und Sage als undifferenzierte Vorformen des religiösen, metaphysischen und des Natur- und Geschichtswissens,
2. das in der natürlichen Volkssprache implizit mitgegebene Wissen[73],
3. religiöses Wissen in seinen verschiedenen Aggregatszuständen,
4. die Grundarten des mythischen Wissens,
5. das philosophisch-metaphysische Wissen,

[72] Siehe auch Abschnitt 2.2.3.1.

[73] Vgl. auch die Bedeutung von Sprache in konstruktivistischen und phänomenologischen Ansätzen (z.B. BERGER/ LUCKMANN).

6. das positive Wissen der Mathematik, der Natur- und der Geisteswissenschaften,

7. das technologische Wissen.

Jede Wissensart entwickelt eine besondere Sprache bzw. einen Stil zur Formulierung ihres Wissens bis hin zu fachspezifischen Terminologien. Schelers Ausführungen werden auch als Erweiterung bzw. Modifikation des Comteschen Dreistadiengesetzes der Wissensentwicklung interpretiert.[74] Die bei Comte als historische Abfolge dargestellten Determinanten des Wissens, Religion, Metaphysik und positive Wissenschaft, treten nach Scheler "ahistorisch" parallel auf. Je höher und somit "künstlicher" eine Wissensart, desto leichter und schneller gerät sie in Bewegung. Mit Blick auf den Wandel beruflicher Qualifikationsanforderungen könnte man diese Überlegungen auch als Basis für Thesen heranziehen, die eine Instabilität des Fach- und Faktenwissens und die Stabilität des Methodenwissens betonen (u.a. Hacker 1986). In eine ähnliche Richtung weist auch die Obsolenzthese, die im Zusammenhang mit der Diskussion um das Schlüsselqualifikationskonzept vertreten wird.[75]

Im Wandel begriffen sind auch die "vor-" bzw. "pseudowissenschaftlichen" Wissensformen des *Mythos* (der Monomythos entwickelt sich zum Plurimythos) und der Ideologie; sie werden zunehmend relativiert bzw. partikularisiert. Um das "seelische" bzw. kognitive Gleichgewicht von Gesellschaften zu erhalten, müssen sie bewußt entwickelt und dürfen nicht der Manipulation durch Massenmedien überlassen werden.[76] Dies gilt nicht nur für den Bereich der Massenmedien, man könnte dies auch als Herausforderung im Hinblick auf die Tendenzen der Vermittlung von Mythen der Organisation und des Organisierens verstehen, die vor allem in Zusammenhang mit Management- und vor allem "Manager-" Wissen häufig eine mystifizierende Trivialisierung komplexer Modelle vornehmen.[77]

### *2.2.1.1 Wissen und Organisation*

Neuere Ansätze des Wissensmanagements wie der von Willke (1996) verstehen organisationales Wissen als "Klammer" bzw. Verbindungsglied zwischen individuellen und gesellschaftlichen Wissensbeständen. Mit Luhmann können

---

[74] Comte bezeichnet als die drei Stadien der geistigen Entwicklung der Menschheit das theologische, metaphysische und positive (wissenschaftliche) Zeitalter.

[75] "Es kann die Hypothese vertreten werden, daß das Obsolenztempo (Zerfallszeit, Veraltenstempo) von Bildungsinhalten positiv mit ihrer Praxisnähe und negativ mit ihrem Abstraktionsniveau korreliert." (MERTENS 1974, S. 39)

[76] BÜHL (1984) spricht die Gefahr der Reizüberflutung an.

[77] KIESER (1996), MINTZBERG (1991); auch Abschnitt 4.2.5.2, "Verwaltungsdenken und Managementwissen".

Organisationen als "die einzigen Sozialsysteme, die regulär als 'kollektive Akteure' auftreten" bezeichnet werden.[78] Daher hängt Wissensmanagement auf der Ebene von Gesellschaften stark mit Wissensmanagement in Organisationen zusammen, auch wenn der Begriff organisationales Wissen im engeren Sinne häufig auf "Binnenkomponenten" wie Verfahrensrichtlinien, Rezeptwissen, Patente, Produkt- und Produktionstechniken, Stellenbeschreibungen, Unternehmensphilosophien bezogen wird.[79]

Baecker unterscheidet fünf Arten organisationalen Wissens (Baecker 1999, S. 70ff). *Produktwissen* steht dabei für ein Wissen über Produkte, Technologien und Produktionsprozesse, es umfaßt Binnenprozesse der Herstellung ebenso wie externe Prozesse der Vermarktung (zusammengefaßt die Grundlage "unternehmerischer Fähigkeit"). *Gesellschaftliches Wissen* beinhaltet Wissen um das (durch spezifische Handlungsziele bestimmte) Wesen einer Organisation, ihre Funktionsweise im Rahmen eines gesellschaftlichen Systems und ihre (wiederum durch Organisationsziele und -zwecke bestimmte) Verortung und Akzeptanz in gesellschaftlichen Zusammenhängen. *Führungswissen* weist auf die hierarchischen Aspekte, die arbeitsteilige Über- und Unterordnung in organisatorischen Kontexten hin. Ein wichtiges Element von Führungswissen besteht auch im Wissen um Möglichkeiten der Motivation von Mitarbeiterinnen und Mitarbeitern. Die hierarchische Arbeitsorganisation mag zwar durch Organisationspläne und Arbeitsverträge mit festen Stellen- und Funktionsbeschreibungen geregelt sein. Gerade im Bereich des Führungswissens spielen aber latente und informelle Wissensbestände eine wichtige Rolle. Neben dem auf spezifische Produktions- und Arbeitsprozesse bezogenem Erfahrungswissen[80] liegen vor allem Wissensbestände im Bereich des Führungswissens häufig als implizites *'tacit knowledge'* im Gegensatz zum *kodifizierten* Wissen in Form von Organisationsplänen und Arbeitsverträgen vor.[81] Die vierte Wissensform bildet das *Expertenwissen,* das Spezialwissen über die möglichen (und eben auch alternative) Formen der Organisation und ihre "relevanten" Umwelten, wobei die Verortung des Wissens eine wichtige Rolle spielt. Wissensbestände und Entscheidungseinhei-

---

[78] Vgl. LUHMANN (1994), S. 191.

[79] Vgl. etwa die Elemente organisationalen Wissens ('Competences') nach McKelvey (1982) und Nelson/Winter (1982) (in KIESER 1993. S. 248f).

[80] Der Begriff "Erfahrungswissen" wird hier im "klassischen" Sinne, d.h., als Summe von Erfahrungen und Reflektionen über Vergangenes verwendet. Neuere Ansätze der Industriesoziologie verwenden den Begriff auch zur Kennzeichnung eines nicht nur auf logischem Denken und planmäßig-systematischem Handeln beruhenden, sondern die gefühlsmäßig-intuitive Verarbeitung sinnlicher Eindrücke einbeziehenden Wissens (auch als "Materialgefühl" oder "Gespür für die Maschine" bezeichnet). Erfahrungswissen in diesem Sinne ist "eine eigenständige Form von Wissen und gleichzeitig eine zentrale Voraussetzung, um in Situationen, die nicht vollständig erfaßbar und exakt berechenbar sind, handlungsfähig zu bleiben" (Böhle 1996, S. 91).

[81] Zu den Begriffen tacit knowledge und kodifiziertes Wissen siehe auch Lundvall.

ten müssen bis zu einem gewissen Grade unabhängig bleiben, um die Funktionsfähigkeit der Organisation zu gewährleisten:

> "Expertenwissen ist grundsätzlich Wissen über Umwelten. Nur so wird es in der Organisation akzeptiert, *denn nur so bleibt die Entscheidung der Organisation über die Verwendung des Wissens offen.* (...) Darum muß jedes Expertenwissen über die Organisation entweder auf externe Berater oder auf sorgfältig isolierte und innerhalb der Organisation "machtlose", das heißt von anderen Stellen abhängige Stellen innerhalb der Organisation externalisiert werden. (...) Das gilt auch für die betriebswirtschaftlichen Elemente des Expertenwissens, die in dem Moment, in dem sie die Organisation in der Organisation zum Thema machen, die Organisation (einschließlich ihrer Strategien, ihres Personals, ihrer Produktplanung und ihrer Kontrollmechanismen) *zur Umwelt der Organisation* machen." (Baecker 1999, S. 75, Hervorhebung im Original)

Die Problematik der Integration von Expertenwissen in organisatorische Kontexte bildet ein klassisches Problem von Organisationsanalysen. So weist Etzioni darauf hin, daß in der hierarchisch strukturierten Organisation die höchste fachliche Kompetenz nicht zwingend mit der höchsten Amtsautorität einhergeht (und z.B. nach Baecker auch gar nicht dürfte, um die Entscheidungsfreiheit der Organisation zu gewährleisten). Etzioni unterscheidet drei Varianten, wie Organisationen mit Fachwissen umgehen. Einerseits gibt es "fachorientierte Organisationen", deren Zweck die Schaffung, Nutzung, Speicherung oder Vermittlung von Fachwissen darstellt. Fachleute machen über 50 Prozent des Personals aus und bestimmen über die Organisationsziele. Als Beispiele für fachorientierte Organisationen werden Universitäten, Forschungsorganisationen und Krankenhäuser genannt. In den sog. "Hilfsorganisationen" werden Fachleute aus anderen Organisationen mit Instrumenten, Anlagen und Hilfskräften ausgestattet. Der dritte Typ schließlich umfaßt die nicht primär fachorientierten Organisationen, in denen Fachleute in bestimmten Teilbereichen eingesetzt werden. Industrielle und militärische Einrichtungen werden als Beispiele genannt, aber auch die öffentliche Verwaltung läßt sich unter diesen Typ einer Fachwissen in Teilbereichen und -funktionen einsetzenden Organisation einreihen.[82]

Die fünfte Wissensart organisationalen Wissens bildet nach Baecker (1999) das Milieuwissen, "ein soziales Wissen, das von individuellen Köpfen nachzuvollziehen ist." (S. 76). Man könnte die Eigenschaften des Milieuwissens auch interpretieren als die Schnittmenge aus Produktwissen, gesellschaftlichem Wissen, Führungswissen und Expertenwissen, die relevante Elemente der genannten Wissensarten in der Form enthält, wie sie sich dem einzelnen Organisationsmitglied präsentieren und von ihm instrumentell um- und eingesetzt werden. Nur kurz sei an dieser Stelle auf die Nähe des Begriffs Milieuwissen zu Ansätzen des Lebensweltkonzeptes verwiesen (dies wird in Abschnitt 2.2.3 vertieft). So wünschenswert es aus managementtheoretischer Sicht wäre, diese integrative Wis-

[82] ETZIONI (1978), S. 120ff., siehe auch Abschnitt 4.2.3.1.

sensart für die Optimierung von Organisationsprozessen zu instrumentalisieren, sind derartige Ansätze wegen deren Individualität und Komplexität bislang nicht erfolgreich gewesen. So bezeichnet Baecker die Versuche der Instrumentalisierung von "corporate culture" bzw. Organisationskultur in den achtziger Jahren als gescheitert, denn:

"Das Milieuwissen läßt sich nicht explizieren und nicht funktionalisieren, weil es sich sofort zurückzieht auf ein Wissen des Umgangs mit Explizierungsanforderungen und Funktionalisierungszumutungen." (BAECKER 1999, S. 77)

Das Milieuwissen ist schwer zugänglich, weil es formelle und informelle Charakteristika organisationalen Wissens mit individueller Situationsauslegung verbindet. Organisationales Wissen zeigt sich somit als Wissen, das zum einen Elemente individueller Wissensbestände beinhaltet, sie aber gleichzeitig in ein System organisationsspezifischer Stratifikation und Kompetenzzuweisung einbindet. Organisationale Wissensbestände reflektieren nicht zuletzt auch die Kultur einer Organisation. Organisationskultur, organisationales Wissen und corporate identity reichen wiederum hinein in Teilbereiche von Lebenswelten - mit der Konsequenz, daß sie didaktischer Steuerung und Instrumentalisierung weniger leicht zugänglich sind.

#### *2.2.1.2 Wissen und bürokratische Verwaltung - Bürokratie als Herrschaft kraft Wissen*

Wissen besitzt in bürokratischen Organisationen eine zentrale Rolle. Daß Wissen als Beherrschungsinstrument bezeichnet wurde, weist auf die zwei Hauptaspekte des Wissensbegriffs hin, die Weber in seiner idealtypischen Schilderung, wie bürokratische Organisationen Herrschaft ausüben, verwendet:

"Die bureaukratische Herrschaft bedeutet: Herrschaft kraft *Wissen*: dies ist ihr spezifisch rationaler Grundcharakter. Über die durch das Fachwissen bedingte Machtstellung hinaus hat die Bürokratie (oder der Herr, der sich ihrer bedient), die Tendenz, ihre Macht noch weiter zu steigern durch das *Dienst*wissen: die durch den Dienstverkehr erworbenen, 'aktenkundigen' Tatsachenkenntnisse. Der nicht nur, aber allerdings spezifisch bureaukratische Begriff des 'Amtsgeheimnisses' – in seiner Beziehung zum Fachwissen etwa den kommerziellen Betriebsgeheimnissen gegenüber den technischen vergleichbar – entstammt diesem Machtstreben." (Weber 1972, S. 129)

Wissen als Herrschaftsinstrument in und von bürokratischen Organisationen begegnet als Fachwissen, welches es ermöglicht, ein verliehenes Amt in der Bürokratie einzunehmen und zu "beherrschen" *und* als hierarchisch verortetes "Dienstgeheimnis" ("Amtsgeheimnis"), welches auch das (vermachtbare) Datenwissen ("aktenkundige Tatsachenkenntnisse") einschließt. Mit letzterem ist die Vorstellung von Wissen als Herrschaftsinstrument eng verknüpft:

"Die Machtstellung aller Beamten ruht, außer auf der arbeitsteiligen Technik der Verwaltung als solcher, auf Wissen, einem Wissen von zweierlei Art. Zuerst: dem durch Fachschulung erworbenen, im weitesten Sinne des Wortes "technischen" *Fachwissen.* (...) Aber das Fachwissen allein begründet nicht die Beamtenmacht. Dazu tritt durch die Mittel des amtlichen Apparates nur dem Beamten zugängliche Kenntnis der für sein Verhalten maßgebenden konkreten Tatsachen: das *Dienstwissen.*" (Weber 1972, S. 854f.)

Zum Wesen der Bürokratie gehört demnach untrennbar die Hierarchie, das System der Über- und Unterordnung. Man kann diese Verteilung von Wissen bzw. Kompetenz auch als "Wissens-Taylorismus" bezeichnen. Wissen als Herrschaftsinstrument wirkt daher eben nicht nur in Form von fachlicher Kompetenz (wie z.B. Etzioni betont, liegt sie darin gerade überhaupt nicht), sondern die Vorstellung von der Eigenschaft des Wissens als Herrschaftsinstrument ist - wie obiges Zitat zeigt - verknüpft mit dem bestimmten Positionen bzw. Ämtern zugänglichen "Dienstwissen" und dem Begriff des Amtsgeheimnisses.

Zu diesem administrativen Herrschaftswissen tritt jedoch zunehmend mehr *Spezialistenwissen*, das von bürokratischen Organisationen zu integrieren ist.[83] Klassische Bürokratietheorien und Verwaltungsanalysen betrachten Bürokratie als die rationale Form der Organisation mit der höchsten Effizienz. Hierarchie und arbeitsteilige Organisation erlauben eine effektive Speicherung, Verortung und Verarbeitung von Wissen. Wissen ist nicht nur ein Bestandteil bürokratischer Prozesse, es ist ein konstituierendes Element bürokratischer Herrschaft. Doch dieses Verhältnis von wissensbasierter Verwaltungs- und Fachautorität ist nicht unproblematisch. So hält Etzioni - ähnlich Forsthoffs Sorge, das "Beamten- bzw. Verwaltungsethos" könne durch Spezialisten anderer Disziplinen "geschwächt" werden - Konflikte zwischen dem Gesamtwohl der Organisation (formuliert in ihren übergreifenden Zielen) und den partikularistischen, fachgebundenen Idealen des Spezialisten für möglich.[84] Natürlich wirft dies die Frage auf, was das Fachwissen in Verwaltungsorganisationen ausmacht. Ist der "Verwaltungsgeneralist" etwa nicht als *Spezialist* für Verwalten zu sehen? Mechanismen der Ausdifferenzierung von gesellschaftlichen Teilbereichen betreffen auch die öffentliche Verwaltung und ihre Aufgabenbereiche bzw. Tätigkeitsfelder. Die administrative Spezialkompetenz dürfte sich daher noch stärker hin in Richtung eines Spezialistentums für die Integration und Koordination verschiedener fachlicher Spezialkenntnisse entwickeln. Tendenzen öffentlicher Organisationen, administrative Aufgaben als "Grund- oder Kernkompetenzen" zu betrachten und von fachlichen Spezialisten "nebenbei" erledigen zu lassen, stellt aus der Perspektive optimaler organisatorischer Funktionalität einen Rückschritt

---

[83] Zu möglichen Varianten, wie Organisationen Spezialistenkompetenz einbinden siehe auch ETZIONI (1978).

[84] ETZIONI (1978), S. 126.

dar.[85] Die Kontroverse, ob für die Bewältigung der Aufgaben in der modernen öffentlichen Verwaltung eher eine "generalistische" Qualifikation anzustreben sei oder vermehrt Spezialisten benötigt werden, durchzieht seit vielen Jahren auch die Debatte um den Qualifikationsbedarf.[86]

Moderne Gesellschaften wurden bereits als Wissens- oder auch Informationsgesellschaften geschildert, die einer zunehmenden Wissensflut begegnen müssen. Der Ansatz von Spinner (1994) versucht dies mittels der Analyse von *Bereichsordnungen* für spezifische Wissensbestände wie der "Bürokratischen Wissensordnung für verwaltetes Daten- und Aktenwissen". Sie versucht, bereichsspezifische Wissensbestände wie Aktenwissen, Dienst- und Fachwissen zu strukturieren, Wissensarten, mit denen im Rahmen von Zuständigkeitsregelungen, Prinzipien des Dienstweges und der Sachbearbeitung nach Vorschrift gearbeitet wird. Klassische Verwaltungsmodelle betonen den hierarchischen Charakter der Verwaltungsorganisation, der auch den Umgang mit den Wissensbeständen prägt. Nicht nur organisationsintern im Zusammenspiel der verschiedenen Hierarchiestufen, auch extern gegenüber den verwalteten "Klienten" besitzt diese Art von Wissen den Charakter eines Herrschaftsinstrumentes. Die "Herrschaft" sollte sich klassisch-idealtypisch streng rational, allein an Vorschriften und Regeln orientiert, gestalten. Auch das im Feld der "Bürokratischen Wissensordnung" verortete Wissen sieht sich den Tendenzen der Wissens- oder - strenger formuliert - Informationsakkumulation ausgesetzt. Diese betreffen zum einen den klassischen Wissensbestand der Verwaltung, das Gesetzes- und Verordnungswissen. Auf steigende binnengesellschaftliche Komplexität wurde gemäß der bislang vorherrschenden Inputorientierung im Verwaltungshandeln mit einer Fülle von neuen Gesetzen und Verordnungen reagiert, wozu das Agieren im Rahmen von supranationalen Kooperationen und Bündnissen noch beigetragen hat.[87] Externe Einflüsse, Maßnahmen zur stärkeren Outputorientierung verlangen hier nach Überblickskenntnissen und "Zwei-Säulen-Kompetenz"[88].

*Wissen* ist aber noch aus einem anderen Grunde ein zentraler Begriff für Analysen der Veränderungen im organisatorischen Kontext. Zwar stellt die Verwaltung ein System dar, das Entscheidungen *produziert*, aber dies sind, abgesehen von Manifestationen in Form von Bescheiden, Antragsformularen und ähnlichem, *immaterielle* Produkte. Bei der empirischen Untersuchung ergeben sich daraus auch die besonderen Problemstellungen. Zwar können die Ergebnis-

---

[85] Beispiele finden sich z.B. im öffentlichen Wissenschaftsbetrieb, aber auch in leitenden Positionen des medizinischen oder ingenieurstechnischen Fachpersonals der Kommunalverwaltungen.

[86] Diese Kontroverse, die sich auch in Zusammenhang mit der Errichtung von internen Fachhochschulstudiengängen für den mittleren Dienst entzündete, wird in Abschnitt 4.2.3.1 vertieft aufgegriffen.

[87] z.B. EU-Verordnungen, Gesetzesnovellen, Ratsbeschlüsse.

[88] Wie sie beispielsweise Spinner für die "Wissenswissenschaften" anmahnt.

se von Verwaltungshandeln sichtbar gemacht, auch quantifiziert werden, die Abwicklung selbst bleibt - wie bei allen Bürotätigkeiten - der "Black box" individueller, aber auch organisatorischer Wissensver- und -bearbeitung verbunden. Erschließen läßt es sich vor allem über Selbstreports bzw. die Dokumentation von Kommunikationsprozessen.[89]

### *2.2.2 Wandel und Veränderungen des Wissensbestandes: Organisationales Lernen*

Wissen in Organisationen besitzt emergente, auf Interaktionsprozessen und sozialen Erfahrungssedimenten beruhende Züge, die sich in der Regel einer direkten Einflußnahme entziehen. Derartige Merkmale werden in der Literatur etwa unter Stichworten wie "Kernkompetenzen" und "intangible Ressourcen" von Organisationen diskutiert und beschreiben "überlegene, aber schwer identifizierbare Fähigkeiten von Unternehmen, die sich in einem kollektiven Lernprozeß über die Zeit entwickelt haben. Kernkompetenzen sind nach Barney "nicht-imitierbare strategische Ressourcen eines Unternehmens, d.h., sie sind in ihren Kausalbezügen undurchdrungen und sozial komplex in dem Sinne, daß sie nur aus der Interaktion vieler Organisationsmitglieder wirksam werden können (und daher nicht von einer einzelnen Person aneignungsfähig sind) und in einem ganz bestimmten historischen Entwicklungsprozeß entstanden sind".[90] Um den Besonderheiten der Veränderungen organisationaler Wissensbestände nachzugehen, werden zunächst Besonderheiten organisationalen Lernens betrachtet. Die "lernende Organisation" stellt eine zentrale Metapher dar, um organisatorischen Wandel in modernen Wissensgesellschaften zu beschreiben. Teilweise werden aus organisationstheoretischer Perspektive sogar sämtliche Prozesse des Wandels als "Lernen" interpretiert.

Organisationales Lernen beruht auf Verhaltens-Routinen der Organisation ("routine-based"), reflektiert Organisationskultur und -geschichte ("history-dependent") und steht in unmittelbarem Zusammenhang mit den Organisationszielen ("target-oriented"). Organisationen können aus eigener Erfahrung, aber auch aus den Erfahrungen anderer Organisationen lernen[91], und entwickeln Konzepte und Rahmenbedingungen zur Interpretation dieser Erfahrungen. Levitt/March (1996) beschreiben organisationales Lernen als "learning by encoding inferences from history into routines that guide behavior" (S. 516).

---

[89] Vgl. z.B. die Vorgehensweise von BRINKMANN et al. (1973, 1994).

[90] Barney, J. (1991): Firm resources and sustained competitive advantage. Journal of Management 17, Nr. 1, S. 99 - 120, nach SCHREYÖGG (1996), S. 519.

[91] Vgl. auch Konzepte, Isomorphie mit erfolgreichen Organisationen anzustreben (Abschnitt 3.1.2).

### *2.2.2.1 Organisationales Lernen und traditionelle Lernmodelle*

Organisationen bedienen sich des individuellen Intellekts "parasitär", d.h., die eigentliche Lernleistung erfolgt durch Organisationsmitglieder.[92] Die Organisation "lernt" zum einen, indem sie auf ihre vorhandenen Mitglieder einwirkt, sei es durch Maßnahmen der gezielten Weiterbildung, aber auch, indem vorhandene Qualifikationen der Mitglieder nachgefragt und gefördert bzw. vernachlässigt werden. Zum anderen verändern sich organisationale Wissensbestände, indem neue Mitglieder rekrutiert werden.[93] Die Richtung dieser Prozesse ist vorab nicht bestimmbar, denkbar sind auch "negative" Lernprozesse im Sinne eines Kompetenzverlustes: Mitglieder verlassen die Organisation, vorhandenes Know-how wird nicht nachgefragt und verkümmert. Darüber, ob sich Anforderungen der alltäglichen Arbeitstätigkeit qualifizierend oder dequalifizierend auswirken, liegen unterschiedliche Aussagen vor. So kommentiert Hacker die Ergebnisse einer Studie wie folgt: "Entgegen der häufig vertretenen Qualifizierungshypothese konnten zumindest in dieser Studie Langzeitwirkungen der beruflichen Tätigkeit auf allgemeinere intellektuelle Kompetenzen nicht nachgewiesen werden; empirische Belege für einen hohen Grad 'breit'-qualifizierender Wirkungen bestimmter höher differenzierter Tätigkeitsstrukturen scheinen noch nicht in überzeugender Weise vorzuliegen.".[94] Die Qualifizierungshypothese nach von Rosenstiel formuliert dagegen einen Zusammenhang zwischen wenig und häufig beanspruchten intellektuellen Fähigkeiten sowie berufsbezogenen Lernfähigkeiten oder Qualifikationen, die je nach Beanspruchung steigen oder sinken (von Rosenstiel 1987, S. 87). Die beinahe euphorisch anmutende Rezeption der Lernmetapher im Zusammenhang mit organisatorischen Reformen dürfte mit den positiven Konnotationen der klassischen Lernkonzepte zusammenhängen.[95] Mit "Lernen" wird darin die Performanz-Verbesserung im Unterschied zur bloßen Anpassungsleistung bezeichnet:

> "Im Gegensatz zur Anpassung stellt organisationales Lernen eine höhere Form der Veränderung einer Unternehmung dar. Es handelt sich um einen Prozeß innerhalb der Organisation, der auf der Interaktion zwischen Individuum und Organisation basiert. Die Unternehmensmitglieder sind dabei als 'Agenten des Lernens' zu verstehen, die organisationale Lernprozesse maßgeblich beeinflussen. Der organisatorische Lernprozeß beinhaltet mehr als die Summe der individuellen (und sozialen) Lernprozesse."[96]

---

[92] Vgl. die Definition organisationalen Lernens von Pawlowsky, zitiert in WILLKE (1996), S. 288.

[93] Siehe z.B. SIMON (1996), S. 176.

[94] Hacker (1978), S. 371, zit. in GEBERT/von ROSENSTIEL (1992), S. 214.

[95] Vgl. u.a. SENGE (1991); SCHREYÖGG (1996), S. 512ff.

[96] Fiol/Lyles (1985), zit. nach DROSTEN (1996).

Ähnlich entwickelt Frieling auf der Basis einer Definition von Lewin einen Begriff des Lernens als dem "etwas besser tun als vorher", was bezogen auf Arbeitsprozesse die Veränderung von kognitiven Strukturen (Wissen), der Motivation (annehmen oder ablehnen lernen) und der Gruppenzugehörigkeit oder Ideologie (im Sinne des Hineinwachsens in eine neue Arbeitskultur) bedeutet.[97]

Das Individuum bildet bei Lernprozessen die Schnittstelle zwischen Organisation und Lernvorgang. Klassische Lernkonzepte, die sich am lernenden Individuum orientieren, müssen allerdings bei der Übertragung auf die Ebene der Organisation modifiziert werden. Organisationales Lernen basiert zwar auf individuellen Lernprozessen, weist aber Besonderheiten auf, für die Annahmen traditioneller Lernmodelle nicht ausreichen. Der behavioristisch geprägte Begriff des "Lernens" geht von einer linearen Abfolge von Veränderungen im Sinne des Stimulus-Response-Paradigmas aus. Ein Lernprozeß liegt dann vor, wenn ein Individuum auf einen gleichen oder ähnlichen Anstoß (Stimulus) in einer von früherem Verhalten signifikant abweichenden Weise reagiert (Response).[98]

Dieses traditionelle Lernmodell, bei dem auf einen Reiz eine Reaktion im Sinne einer Verhaltensänderung erfolgt ("same stimulus - different response", "shift in performance") reicht nicht aus, um Lernprozesse in modernen, multiplen Umwelteinflüssen ausgesetzten Organisationen zu beschreiben. Nach Weick gibt es neben dem beschriebenen Muster drei weitere "Stimulus-response patterns" in Organisationen, die mit der klassischen Lerndefinition nicht übereinstimmen und die daher Prozesse organisationalen Lernens ausmachen, die nicht "traditionell" verlaufen (Weick spricht von der "non traditional quality of organizational learning"). Es kann einerseits zu einer kohärenten Fortführung in der Vergangenheit erfolgreicher Reaktionsmuster kommen, was eben *keine* Verhaltensänderung bedeutet ("same stimulus - same response"). Ein weiteres Reaktionsmuster organisationalen Lernens besteht darin, daß auf unterschiedliche Umweltreize mittels ebenso unterschiedlicher Verhaltensweisen reagiert wird ("different stimulus - different response"), oder wie Weick es ausdrückt:

> "The pattern, different stimulus - different response, is visible when, in response to a changed situation, people become mindful and improvise a response, execute a generate and test routine (Dennett, 1978, pp. 71-89), or do what they saw someone else do in a related situation. Although each of these responses could be traced back to some earlier incident of learning, none of them represents a changed response to the same task demands. Instead, they represent a novel response to a novel stimulus."[99]

Das dritte von traditionellen Lernkonzepten abweichende organisationale Verhaltensmuster bilden Prozesse, bei denen unterschiedliche Stimuli in gleiche

---

[97] Weitere Aspekte sind die Beherrschung der Körpermuskulatur und der Erwerb von Fertigkeiten wie Sprechen und Selbstbeherrschung (FRIELING 1995, S. 261).

[98] Skinner, zit. in SCHREYÖGG (1996), S. 512.

[99] WEICK (1995), S. 166.

Verhaltensreaktionen münden ("different stimulus - same response"). Gerade die letzte Variante ist in Organisationen häufig zu beobachten (Weick 1995, S. 166). Was nicht verwunderlich ist, wenn man sich etwa Luhmanns Analysen zur öffentlichen Verwaltung als Informationsverarbeitungssystem vergegenwärtigt, welches danach trachtet, verschiedene Stimuli in eine (juristische) Regeldiktion zu überführen, die eine "routinisierte" Verarbeitung und standardisierte Outputs ermöglicht.[100]

### *2.2.2.2 Modelle organisationalen Lernens*

March/Olson (1979) betrachten organisationales Lernen als sich verändernde Wahl- bzw. Entscheidungszyklen. Differenzen zwischen wünschenswerten Soll- und aktuell wahrgenommenen Ist-Zuständen initiieren Handlungs- und Entscheidungsentwürfe.[101] Diese Handlungen im Sinne von Entscheidungen der Organisationsmitglieder führen zu Handlungen der Organisation, die sich wiederum auf ihr Umfeld auswirken. Der *Lernzyklus* wird abgeschlossen durch "Reaktionen" des Umfeldes auf das veränderte Verhalten der Organisation. Ausgangspunkt für weitere Lernzyklen ist die Perzeption und Interpretation der ebenfalls veränderten Umweltreaktionen durch die Organisation bzw. ihre Mitglieder.[102] Implizit steht hinter diesem Lernkonzept die Vorstellung eines "erfahrungsbasierten", "adaptiv-rationalen" Lernens. March/Olson interessieren sich jedoch weniger für funktionierende Lernzyklen, sondern für die Situationen, in denen organisationale Lernprozesse gestört sind. An den gerade beschriebenen Stufen bzw. Elementen eines funktionierenden Lernzyklus setzen die Lern*störungen* an. So kann es zu einer Diskrepanz zwischen Denken und Handeln kommen, d.h., Ergebnisse individueller Lernprozesse werden nicht in organisationales Handeln umgesetzt. Ein Hauptgrund dafür sind *Rollenzwänge* der Organisationsmitglieder, daher ist von großer Bedeutung, *wer* in einer Organisation etwas weiß, diese Überzeugung auch vertreten und durchsetzen kann. Individuelles Lernen ist von der umgebenden Organisation beeinflußt, hat aber seinerseits wiederum Auswirkungen auf die Organisation und produziert Phänomene, die über individuelle Lernprozesse hinausgehen. Die Rolle des einzelnen Organisationsmitglieds kann dabei weniger als Verhaltens-Set, sondern als "system of prescribed decision premises" verstanden werden.[104] Diese Einbindung in ein

---

[100] Vgl. etwa LUHMANN (1983), S. 113ff.

[101] Vgl. etwa auch ARGYRIS (1997): "Lernen setzt ein, wenn wir einen Fehler entdecken und korrigieren. Ein Fehler ist die Diskrepanz zwischen dem, was wir von einer Aktion erwarten, und dem, was tatsächlich eintrifft, wenn wir diese Aktion umsetzen. Es handelt sich um eine Fehlanpassung zwischen Absichten und Ergebnissen." (S. 13)

[102] MARCH/OLSEN (1979), S. 13.

[104] Vgl. auch SIMON (1996): "For purposes of discussing organizational learning, organizations are best viewed as systems of interrelated roles (...)." (S. 177).

System von Verhaltensvorschriften weist wiederum auf den normsetzenden Charakter der Organisation und ihrer "Kultur" im weitesten Sinne hin.[105]

Eng verknüpft mit der Diskrepanz zwischen Denken und Handeln ist auch die zweite Kategorie von Hemmnissen nach March/Olson, die dann eintreten, wenn die Organisation sich gegen individuelle Lernergebnisse zur Wehr setzt. Besonders in Verbindung mit Innovationsinitiativen, die bei individueller Bewußtseinsveränderung ansetzen, tritt dies in den Vordergrund (siehe den schwierigen Transfer aus externen Schulungen und Seminaren einzelner Organisationsmitglieder). Die beiden verbleibenden "Störstellen" beziehen sich auf die gestörte Wahrnehmung von Veränderungen. Zum einen kann es zu einer Diskrepanz zwischen den durch Lernen modifizierten Handlungen der Organisation und der antizipierten Reaktion der Umwelt kommen. Die Organisation "fühlt sich" unverstanden und rekonstruiert Ursache-Wirkungszusammenhänge unzutreffend. Lernen wird zu "abergläubischem Lernen", dient der Rechtfertigung und Abwehr neuartiger Sichtweisen.[106] Zur Störung des Lernzyklus kann es schließlich auch kommen, wenn der Umweltzustand von den Organisationsmitgliedern nicht angemessen interpretiert wird, und individuelle Perspektiven nicht durch Erfahrungen korrigiert werden.

Kritik an Modellen wie dem von March/Olson, die sich an der klassischen behavioristischen Definition von Lernprozessen orientieren, zielt auf die Stimulus-Response-Interpretation von Lernprozessen. So wird das Stimulus-Response-Konzept in aktuellen Lerntheorien zunehmend durch die Betrachtung kognitiver Strukturen ersetzt. Lernen ist aus dieser Perspektive der individuelle Prozeß der Auseinandersetzung mit der Umwelt auf der Grundlage bereits erworbener kognitiver Strukturen, die zugleich Möglichkeitsstrukturen weiteren Lernens sind.[107] Die Vorgänge in der "Black Box" individuellen Lernens sollen bei "mentalen Modellen" beispielsweise durch kognitive Karten abgebildet werden. Vor allem bei Prozessen auf der Ebene strategischer (Management-) Entscheidungen erfreut sich dieses Verfahren großer Beliebtheit.[108] Der zweite Kritikpunkt zielt auf den reaktiven Charakter des Lernens. Lernprozesse setzen nach diesem (zyklischen) Modell immer dann ein, wenn Soll- und Ist-Zustand in der Perzeption der Organisationsmitglieder aus dem Gleichgewicht gekommen sind. Vernachlässigt werden die "proaktiven Lernpotentiale von Organisationen" (Weick) und die Tatsache, daß analog zu sozialkognitiven Lerntheorien (Bandu-

---

[105] Eine Zusammenstellung von Ansätzen organisationalen Lernens in Verbindung mit Organsationskultur findet sich bei HEENE (1995).

[106] Vgl. auch den "reduktiven" Charakter von "Managerwissen" und "Organisationsmythen" (KIESER 1996 sowie Abschnitt 4.2.5.2) und das Konzept der defensiven Routinen (Argyris).

[107] Darstellung bei SCHREYÖGG (1996), S. 516.

[108] Siehe u.a. LEHNER (1996).

ra) auch Organisationen über "Neugierde" und innovatives Suchverhalten verfügen können.

Der Einfluß von Aspekten der *Organisationskultur*, des organisationalen *Selbstverständnisses* findet sich besonders im Konzept von Argyris/Schön (1974, 1978, 1996). Die sich aus Organisationskultur und Selbstverständnis konstituierende Wissensbasis beeinflußt die organisationsspezifischen Handlungstheorien. Diese "theories of action" treten in zwei Formen auf. "Theories in use" bestimmen die praktischen Handlungsverläufe und entscheiden über Erfolg und Mißerfolg organisationaler Lernprozesse. Handlungsleitende Theorien von Organisationen schlagen sich in "Routinen" nieder. Neuerungen können Abwehrverhalten und Versuche der Aufrechterhaltung provozieren. Das Konzept der "defensiven Routinen" (Argyris 1985, 1990, 1997) ist der bereits angesprochenen zweiten Störung des Lernzyklus von March/Olson ähnlich. Die Organisation bzw. Teile von ihr versuchen, Neuerungen durch Handlungsroutinen, z.B. spezifische "Organisationsgesetze", abzuwehren.[109]

Weick spricht im Zusammenhang mit derartigem Abwehrverhalten der Organisation von Mechanismen der Bewahrung (Retention). Das "kollektive Gedächtnis einer Organisation" bilden Schriftstücke, aber auch Normen, die sich auf der Basis von Interpretationsschemata herausgebildet haben. Nach Weick behindert bzw. beeinflußt das kollektive Gedächtnis das "Enactment" (die "aktive Teilhabe") und die Auswahl (Selektion) von Wissensbeständen. Als Empfehlung an das Management leitet er ab: *Aktivität* anstelle endloser Analysen, mithin so etwas wie die Abkehr von zu großen Einflüssen der kognitiven und konzeptionellen Ebene (Weick 1977a,b, 1979a). Der Aktivitäts- bzw. Handlungsaspekt steht auch im Mittelpunkt von Argyris (1997), er will "aktionsfähiges Wissen" bereitstellen. Als ein Beispiel für gestörte Lernprozesse führt er neben zahlreichen Beispielen aus der us-amerikanischen staatlichen Verwaltung ein Ergebnis aus einer Untersuchung über die schwedische Kommunalverwaltung an. Dort herrsche ein negativer Self-Fulfilling-Prophecy-Zirkel vor, die Akteure glaubten nicht an die Möglichkeit einer Veränderung und tendierten dazu, das "*Wesen* der Politik" für Mißstände und Mißerfolge verantwortlich zu machen.[110] Gründe für dieses gewohnheitsmäßige Abwehrverhalten bzw. defensive Routinen liegen nach Argyris in individuellen Ängsten vor Kompetenz- und

[109] Siehe auch neuere Ansätze zu "kognitiven Strukturen" ("cognitive maps"), die eine selektive Wahrnehmung bedingen. So zeigen Experimente zu Perzeptionsverhalten (z.B. Second/Bachman 1964), daß Auswahltätigkeiten von früher gebildeten generalisierten Vollzugsregeln ("biases") gelenkt werden. Für Veränderungen müssen diese zunächst analysiert werden, um Abwehrverhalten zu vermeiden oder zumindest richtig interpretieren zu können (in SCHREYÖGG 1996, S. 474).

[110] Brunsson, N. (1989): The organization of hypocrisy. New York: Wiley. Vgl. auch die Charakterisierung des Politischen bei Mannheim (Abschnitt 2.1.2).

damit Statusverlust und in Versuchen, "Peinlichkeiten oder Bedrohungen zu umgehen":

"Das veranlaßt manche, ihre alten Aktionen zu wiederholen, weil ihr Gefühl für Kompetenz und Selbstwert zum großen Teil auf persönlichen Werten und Fähigkeiten beruht, die mit dem Status quo übereinstimmen. Diese individuelle Peinlichkeit oder Bedrohung führt zu Peinlichkeit und Bedrohung, die die gesamte Organisation beherrscht, und begrenzt schließlich die Lernfähigkeit der Organisation." (Argyris 1997, S. 13)

Die Abwehrreaktionen erfolgen routiniert, automatisch und unbewußt, sind daher schwer zugänglich. Sie können lediglich empirisch analysiert werden, da offizielle Handlungsstrategien wie etwa Unternehmensleitbilder und Organisationsmodelle in Form sog. "espoused theories" dargestellt werden, die den Sollvorstellungen im Sinne des offiziellen Organisationsleitbildes entsprechen. Prozesse organisationalen Lernens können aber nur Erfolg haben, wenn die expliziten und impliziten handlungsleitenden Theorien einer Organisation reflektiert werden. Dies wird von Argyris und Schön als "*Doppelschleifen-Lernen*" (Double-loop-learning) bezeichnet im Gegensatz zum "Einzelschleifen-Lernen" (Single-loop learning), das auf einem Lernzirkel beharrt, der den organisatorischen Hintergrund ausblendet.[111]

"Two types are necessary in all organizations. The first is single-loop learning: learning that corrects errors by changing routine behavior. (...) The second is double-loop learning: learning that corrects errors by examining the underlying values and policies of the organization." (Argyris 1993, S. 5)

Nachhaltig erfolgreiche[112] organisationale Lernprozesse dürfen demnach nicht bei der bloßen Korrektur von Fehlverhalten (wie Argyris "Lernen" definiert) stehenbleiben, sondern müssen sich bewußt hin zum Modell des "Doppelschleifen-Lernens" entwickeln. Zu Unstimmigkeiten kommt es, wenn die handlungsleitenden und die Theorien für Leitwerte auseinanderklaffen (Argyris 1997, S. 61ff), weil dann zwar "gute" Grundwerte vertreten werden, aber übersehen wird, daß die tatsächlichen Handlungen weiterhin von "suboptimalen" Theorien (z.B. veralteten Führungs- und Kommunikationsstrategien) geleitet werden. Ziel sollte sein, jene positiv besetzten Theorien, für die die Organisationsmitglieder eintreten, mit den handlungsleitenden Theorien zu verbinden.

"Die Aufgabe (des Beraters) besteht nun darin, den Menschen zu helfen, die Theorien, für die sie eintreten, in ihre eigenen handlungsleitenden Theorien umzuformen, indem sie neue Routinen und neue Leitwerte lernen." (S. 63)

---

[111] Siehe u.a. ARGYRIS /SCHÖN (1978), ARGYRIS (1993, 1997).

[112] Kriterium: Erfolg einer Organisation. In erfolgreichen Organisationen besteht ein Gleichgewicht von Differenzierung und Integration, Schlüssel zur Implementierung ist das Verhalten der Manager (ARGYRIS 1997, S. 40).

Der tatsächliche Erfolg organisationaler Lernprozesse hängt zudem eng zusammen mit der Umsetzbarkeit, das vermittelte "Wissen" muß anwendbar sein.[113] Erinnert sei an die Ausrichtung des Handelns in komplexen Entscheidungssituationen am "Brauchbarkeitskriterium" bei Luhmann (1960), die auch eine stark pragmatische Komponente als situativ "optimale" Antwort auf Komplexität beinhaltet. Bei Franz (1999) findet sich die Frage nach der Metaperspektive organisationalen Lernens. "Wie lernen Organisationen, wie Organisation lernen?" - wie läßt sich eine nachhaltige Veränderung bewirken, lassen sich permanente Lernprozesse installieren. Die sechs konstitutiven Merkmale einer lernenden Organisation umfassen externe wie interne Kundenorientierung, einen kontinuierlichen Verbesserungs-, Lern-, Beteiligungs-, Entscheidungs- und Aneignungsprozeß (Franz 1999, S. 322ff). Zentrale Kriterien bilden Maßstäbe, an denen sich die Qualität der Veränderungen messen läßt: Tendenzen, die sich u.a. in der Einführung eines "Total-Quality-Management" (TQM) niederschlagen.

Auslöser für organisationale Lernprozesse ist die Wahrnehmung einer Differenz zwischen Soll- und Ist-Zustand, auch interpretierbar als Fehlverhalten bzw. Fehlanpassung des Verhaltenssets einer Organisation. Lernvorgänge bleiben jedoch trotz der Emergenzfaktoren von organisationalen im Gegensatz zu individuellen Lernvorgängen an konkrete Mitglieder im Rahmen von Organisationsrollen gebunden. Daher soll der Gedanke der Veränderung individueller Präferenzsysteme vertieft werden. Im Zusammenhang mit dem "Milieuwissen" der Organisation (Baecker 1999) wurde bereits der Begriff der Lebenswelt erwähnt. Wie laufen Veränderungsprozesse im Bereich dieser im Normalfall "fraglos gegebenen" Wissensgrundlage ab? Als Interpretationsmöglichkeit dieser Veränderungen in der organisationalen Lebenswelt werden im folgenden Abschnitt die Veränderungen von lebensweltlichen Wissensbeständen aus Sicht einer an den Arbeiten von Alfred Schütz orientierten phänomenologischen Soziologie herangezogen. Es sei nochmals auf die Ausgangsthese verwiesen: Veränderungen in den institutionellen Ausbildungsangeboten werden als korrespondierend mit entsprechenden Veränderungen in den Anforderungen des Organisationskontexts gesehen.

### *2.2.3 Veränderungen von Wissensbeständen und handlungsleitenden Relevanzen*

Es wurde bereits angesprochen, daß Organisationen sich individuellen Wissens "parasitär" bedienen (Pawlowsky, zit. in Willke 1996). Die phänomenologische Soziologie nach Alfred Schütz bietet mit dem Konzept der Relevanz bzw. Relevanzstruktur einen Erklärungsansatz dafür, wann und warum die Anforde-

[113] Argyris sieht Lernen entsprechend als Aktionskonzept. "Wie wissen wir, daß wir etwas wissen? Wenn wir umsetzen können, was wir zu wissen behaupten." (ARGYRIS 1997, S. 14)

rungen einer Handlungssituation nicht mehr mit Hilfe des vorhandenen Wissens "befriedigend" zu lösen sind. Auch methodologisch bieten Verfahren und zentrale Begriffe der phänomenologischen Soziologie wichtige Grundlagen für das triangulative Untersuchungsdesign.[114]

Ein phänomenologisches Vorgehen bedeutet zunächst, alle Elemente und Aspekte zu sammeln, die zur Beschreibung des Forschungsgegenstandes dienen. Daraufhin werden die Bestandteile des Forschungsobjektes untersucht, ob sie zur Charakterisierung wirklich notwendig, veränderlich oder ob sie etwa sogar überflüssig sind. Bezogen auf den Kontext der vorliegenden Arbeit heißt dies, zu überprüfen, was die besonderen Merkmale des Wissens von administrativ tätigen Mitgliedern der Verwaltungsorganisation im Rahmen ihrer spezifischen Rollen sind. Nach dem Ausschluß der überflüssigen und variablen Merkmale ("Einklammerung") bleiben jene Elemente, die für die Konstitution des Untersuchungsgegenstandes als notwendig und invariant angesehen werden. Mittels diesen charakteristischen Elementen läßt sich das Typische, das "Wesentliche" des Untersuchungsgegenstandes beschreiben. Die sog. "Epoché" aus der bis auf weiteres unhinterfragten Lebenswelt bildet die Grundlage der phänomenologischen Reduktion, der Reflexion des Beobachters über den "natürlichen" Standpunkt und die intentional anvisierten Gegenstände. Das auch als "eidetische Reduktion" mittels Variation bezeichnete Verfahren soll letztendlich die "Wesensschau" ermöglichen: die charakterisierenden "invarianten" Elemente des untersuchten Gegenstandes zu erkennen und zu einer Gesamtaussage über das "Wesen" verbinden zu können.[115]

> "Phänomenologisches Vorgehen bedeutet, einen Gegenstand *so objektiv wie möglich zu beschreiben*, d.h. ihn zu befreien von subjektiven, theoretischen und traditionellen Elementen, damit sein Wesen zur Geltung kommen kann. Durch das Variieren eines Gegenstandes soll das *Invariante, eben das Wesen*, erkennbar werden." (Lamnek 1995, S. 70f)

Die Betrachtung von Wissen auf den Ebenen Gesellschaft, Organisation und bürokratische Organisation in Abschnitt 2.2.1 stellte einen durch den Gedanken der phänomenologischen Variation beeinflußten Versuch dar, den Begriff des Wissens in (Verwaltungs-) *Organisationen* zu charakterisieren. Aus forschungsökonomischen Gründen kann im Rahmen dieser Arbeit keine vollständige phänomenologische Analyse des organisationalen Wissens der öffentlichen Verwaltung erfolgen (so reizvoll diese Aufgabe wäre), jedoch erscheinen einige seiner Besonderheiten geradezu prädestiniert für eine phänomenologisch inspi-

---

[114] Siehe Kapitel 5. Hinzuweisen ist vor allem auf das Adäquanzpostulat von Schütz, welches die Forderung nach einer den Besonderheiten des Settings angemessenen Vorgehensweise stellt und vor allem das Design der vorliegenden Teilstudie stark beeinflußt hat (vgl. SCHÜTZ 1971).

[115] Vgl. LAMNEK (1995), S. 70ff; MAYRING (1996), S. 86ff.

rierte Betrachtung. Dies sind vor allem die organisationsspezifischen, teilweise unreflektierten Wissensbestände an der Schnittstelle zwischen traditionellem Selbstverständnis und neuen Aufgabenstellungen.[116] Ob man diese Elemente organisationalen Wissens nun als Milieuwissen, "tacit knowledge" oder als Grundlage von "theories in use" bezeichnet, gemeinsam ist ihnen, daß sie im Alltagshandeln von Organisationen in der Regel nicht mehr reflektiert werden, sondern zum standardisierten Verhaltensrepertoire gehören und es gleichzeitig prägen.

Die Variation der Merkmale eines Untersuchungsgegenstandes umfaßt, methodologisch betrachtet, auch den Einbezug verschiedener Perspektiven. Im Rahmen der vorliegenden Arbeit wird ein pragmatischer Einsatz phänomenologisch orientierter Herangehensweisen in Form eines triangulativen Forschungsdesigns angestrebt, um grundlegenden Strukturen der Wahrnehmung, Wissensgenese und Konstitution organisationaler Wissensbestände nachzugehen. Institutionen und Organisationen lassen sich dem Verständnis dieser Arbeit nach nur unter Einbindung der Perspektiven ihrer Mitglieder analysieren.[117] Es geht dabei aber nicht darum, "die Hauptschule aus der Perspektive des Hauptschülers" zu analysieren, wie Luhmann polemisch reduzierte[118], sondern mit Bahrdt (1996) läßt sich die Orientierung phänomenologischer Analysen folgendermaßen beschreiben:

> "Es geht uns bei der Darstellung der sozialen Situation einer bestimmten Angestelltengruppe nicht um die Aufzählung aller Daten, die sich irgendwie, deren Schicksal determinierend, um sie herumgruppieren (...), sondern darum, die Welt, in der der Beschäftigte in der industriellen Bürokratie lebt, so zu verstehen, wie er sie erlebt, und auf diese Weise auch sein Verhalten zu begreifen."[119]

Dieses Zitat entstammt einer Untersuchung über "industrielle" Bürokratie, jedoch lassen sie sich auch auf den Bereich der öffentlichen Verwaltung übertragen. Die Aktualität einer Herangehensweise, die die Wahrnehmungen und sinnstiftenden Akte der Organisationsmitglieder in den Mittelpunkt stellt, wird auch deutlich, wenn man sich moderne Leitbilder der Verwaltung und Ansätze der Organisationsreform vergegenwärtigt. Sie beinhalten nicht nur die Forderung nach Einbezug ökonomischer Parameter in Entscheidungsverhalten, sondern

---

[116] Hierbei sei vor allem auf die Diskussion der Veränderungen des Staatsbegriffes in den Verwaltungswissenschaften (vom "Ordnungs-" und "Obrigkeitsstaat" hin zum "Fürsorge- und Leistungsstaat") verwiesen, aber auch auf die Auswirkungen gesellschaftlichen Wertewandels auf Staats- und Verwaltungshandeln.

[117] Siehe die Ausführungen zu triangulativen Forschungsdesigns (Kapitel 5), wobei Perspektiven-Triangulation einen Ansatz darstellt, der die Forderungen nach Partizipation berücksichtigt (siehe auch die Ausführungen von KRAUS 1991 zur qualitativen Evaluationsforschung).

[118] LUHMANN (1986).

[119] BAHRDT (1996), S. 117, ursprgl. 1958, S. 6ff.

suchen auch nach Möglichkeiten, Mitarbeiter stärker eigenverantwortlich einzubinden. Organisationsreformen, in klassisch hierarchischer Verwaltung als "Top down-Prozesse" durchgeführt, sollen verstärkt als "Bottom up-Prozesse" erfolgen.[120]

### *2.2.3.1 Lebenswelt als Gefüge "bis auf weiteres unproblematischer Sachverhalte"*

Ohne Fragen nach der "Geometrie" des Lebensweltbegriffs[121] und seiner Abgrenzung gegenüber der populären Metapher des "Alltags"[122] vertiefen wollen, erscheint vor allem die Eigenschaft des "unproblematisch Gegebenseins" nützlich für die Beschreibung tieferer Sedimente von Wissensbeständen.

> "Unter alltäglicher Lebenswelt soll jener Wirklichkeitsbereich verstanden werden, den der wache und normale Erwachsene in der Einstellung des gesunden Menschenverstandes als schlicht gegeben vorfindet. Mit schlicht gegeben bezeichnen wir alles, was wir als fraglos erleben, jeden Sachverhalt, der uns bis auf weiteres unproblematisch ist."[123]

Die Lebenswelt läßt sich charakterisieren durch Formulierungen wie "bis auf weiteres unproblematisch", "als fraglos gegeben geltend", oder "eines Beweises nicht bedürftig". Sie wird als "taken for granted" hingenommen, wie Gurwitsch es ausdrückt, und bildet das primäre Aktionsfeld alltäglichen Handelns.

> "Die Lebenswelt ist der Inbegriff einer Wirklichkeit, die erlebt, erfahren und erlitten wird. Sie ist aber auch eine Wirklichkeit, die im Tun bewältigt wird, und die Wirklichkeit, in welcher – und an welcher – unser Tun scheitert. Vor allem für die Lebenswelt des Alltags gilt, daß wir in sie handelnd eingreifen und sie durch unser Tun verändern. Der Alltag ist jener Bereich der Wirklichkeit, in dem uns natürliche und gesellschaftliche Gegebenheiten als die Bedingung unseres Lebens unmittelbar begegnen, als Vorgegebenheiten, mit denen wir fertig zu werden versuchen müssen." (Schütz/Luckmann 1984, S. 11)

---

[120] Siehe auch Ansätze wie den der Sozialforschungsstelle (sfs) Dortmund (z.B. SCHRÖDER et al. 1995).

[121] Zu einer "geometrisch" zu nennenden Kritik am Verhältnis von lebensweltlichem "Boden" und thematischem "Horizont" der Wahrnehmung siehe LUHMANN (1986).

[122] Alltagswissen und Alltagsbewußtsein bilden auch die Basis einer ganzheitlich orientierten Erwachsenenbildung (vgl. FORNECK 1987, in Anlehnung an Runkel 1976). Da es sich bei der empirischen Grundlage dieser Arbeit ebenfalls um eine Bildungsmaßnahme aus dem tertiären Sektor handelt, erscheint der Hinweis auf die Verankerung von Wissensbeständen in situationsbedingter lebensweltlicher bzw. "alltäglicher" Wahrnehmung angebracht. Allerdings führt der umfassende Charakter des Begriffs dazu, daß viele Autoren sich, wenn es um die operationale inhaltliche Konzeption geht, auf das geringe Abstraktionsniveau, die "Privatheit" bzw. Individualität des Begriffs zurückziehen, anstelle der Frage nach den Einflüssen auf diese Sphäre nachzugehen.

[123] SCHÜTZ/LUCKMANN (1979), S. 25. Siehe z.B. auch GURWITSCH (1962): "A primary characteristic of our experience, and our attitude toward, the life-world is the fact, insisted on by both Husserl and Schutz, that this world is taken for granted." (S. 51)

Ähnlich beschreibt Scheler die gruppenspezifische, "relativ natürliche Weltanschauung" von "Gruppensubjekten".

"Zur relativ natürlichen Weltanschauung eines Gruppensubjektes (...) gehört alles, was generell in dieser Gruppe als fraglos gegeben gilt, und jeder Gegenstand und Inhalt des Meinens über die Strukturformen des ohne besondere spontane Akte "Gegebenen", der allgemein für eines Beweises nicht bedürftig und fähig gehalten und empfunden wird." (Scheler 1960, S. 61)

Während allerdings bei Scheler die "naive" Einstellung als Grundlage eines logisch gegliederten System der Wissensarten dient, setzt Schütz auf ein umfassenderes Konzept des Wissens.[124] Für Schütz lassen sich die "höheren" Wissensarten wie philosophisch-metaphysisches, positives (naturwissenschaftliches) und technologisches Wissen nicht trennen von der Gesamtheit des individuellen, lebensweltlich verankerten Wissensvorrates.

Die fraglos gegebene Lebenswelt mit ihrer "natürlichen" Weltanschauung ist kein solipsistisches Konzept. Sie ist nicht die Privatwelt eines Individuums, sondern stets *intersubjektiv* gegebene, "gegliederte Sozial- und Kulturwelt"[125]. Aktive Existenz bzw. Handeln basiert in dieser Sozial- und Kulturwelt auf einer Fülle von Auslegungsprozessen, die in konkreten Situationen aber in eine *pragmatische* Einstellung münden. Da die Summe der Auslegungsprozesse verschiedener Subjekte niemals völlig deckungsgleich sein kann, beruhen Interaktionen in der Lebenswelt auf idealtypischen Prämissen, die hinauslaufen auf die Annahme einer "*Reziprozität der Perspektiven*". Wahrnehmungen laufen nie dekkungsgleich ab, ein Prozeß, der sich bis in höhere (theoretische) Wissensschichten verfolgen läßt.[126]

#### *2.2.3.2 Aufbau, Struktur und Erwerb individuellen und gesellschaftlichen Wissensvorrats*

Der individuelle, subjektive Wissensvorrat ist geprägt durch die Implikationen der lebensweltlichen "Situation". Die Situation, in der der einzelne sich befindet, ist stets begrenzt und weist eine spezifische Struktur auf, die die zeitlichen, räumlichen und daraus resultierenden *sozialen* Determinanten der Situation reflektiert. Die Lebenswelt gliedert sich räumlich und zeitlich in direkte, mittelbare und indirekte Interaktionsmöglichkeiten. Mit Anderen kann man in

---

[124] Schütz selbst hat keine Wissenssoziologie im engeren Sinne verfasst. Die entsprechenden Stellen in "Strukturen der Lebenswelt" wurden von Thomas Luckmann zusammengestellt und herausgegeben. Daher besitzen die Ausführungen zu den "Objektivierungen" subjektiver Wissensvorräte eine starke Affinität zu Berger/Luckmann (1980), "Die gesellschaftliche Konstruktion der Wirklichkeit" (erstmals 1969).

[125] Vgl. SCHÜTZ/LUCKMANN (1979), S. 26f.

[126] Differenzen in Begriffsbildung und -inhalten fanden sich selbst noch in mehrfach diskutierten Verhandlungsthemen (siehe Intensivinterviews im Rahmen der Fallstudien).

unmittelbarem Kontakt stehen, wenn sie Teil der "*Mitwelt*" sind. Sie können aber auch Teil einer "*Umwelt*" sein, mit der eine Person nicht in engeren Kontakt tritt. Auf die Dimension der Zeitlichkeit weisen die Begriffe "*Vorwelt*" und "*Nachwelt*" hin. So können Handlungen von traditionalen Elementen beeinflußt sein und die Erfahrungsprozesse früherer Generationen wiederspiegeln. Aktuelle Erfahrungen einzelner wiederum können in soziale Wissensbestände einmünden, die soziales Handeln (und organisatorisches) zukünftig beeinflussen. Das *erste Grundelement* des Wissensvorrats ist somit das Wissen um die Einschränkungen der *Situation*, das zweite die daraus entspringende zeitliche und räumliche *Strukturierung*.

Zwischen den jeder Situation "mitgegebenen" Grundelementen des Wissensvorrats und den bei Bedarf thematisierten Teilgebieten des (Fach-) Wissens ist das "*Routine-*" oder "*Gewohnheitswissen*" anzusiedeln. Es umfaßt zum einen "Fertigkeiten" als "auf die Grundelemente des gewohnheitsmäßigen Funktionierens des Körpers aufgestufte gewohnheitsmäßige Funktionseinheiten der Körperbewegung (im breitesten Sinne)" (Schütz/Luckmann 1979, S. 140). Nicht mehr ausschließlich an die Körperlichkeit gebunden, aber ebenfalls noch zum Gewohnheitswissen gehört das "*Gebrauchswissen*".[127]

Das "*Rezeptwissen*" ist nur noch mittelbar mit den Grundelementen des Wissensvorrats verbunden. Der Begriff ist durchaus wörtlich zu verstehen: kaum jemand, der z.B. Koch*rezepte* anwendet, ist sich über die biochemischen Abläufe bei der Zubereitung von Speisen im Klaren. Auch technische Entwicklungen werden von Anwendern unter Bedingungen des "Know *how*", aber nicht des "Know *why*" eingesetzt. Der subjektive Wissensvorrat des einzelnen ist daher immer gesellschaftlich bzw. sozial bedingt – und diese Sozialität dient auch der Absicherung des einzelnen: "Die erste Garantie des Rezeptes ist sozial." (Schütz/Luckmann 1979, S. 37). Generell nimmt die Nähe von Wissensbeständen zu den Grundelementen des Wissensvorrats von den Fertigkeiten, über das Gebrauchswissen bis hin zum Rezeptwissen ab. Der wesentliche Unterschied zwischen den beiden Grundelementen des Wissensvorrats gegenüber den anderen Teilelementen besteht darin, daß sie stets "vorhanden" sind, d.h., jedem Situations- und Erfahrungshorizont mitgegeben sind, während Gewohnheitswissen und spezifisches Fachwissen je nach Situation "zuhanden" sind und nach Maßgabe von Themen und *Relevanzen* in den Mittelpunkt des Interesses gerückt werden.

Der *Wissenserwerb* im allgemeinen, definiert als "die Sedimentierung aktueller Erfahrungen nach Relevanz und Typik in Sinnstrukturen, die ihrerseits in die Bestimmung aktueller Situationen und Auslegung aktueller Erfahrungen eingehen" (Schütz/ Luckmann 1979, S. 154), unterliegt den gleichen Einflüssen wie

[127] Beispiele hierfür bilden Tätigkeiten, die noch an körperliche Fertigkeiten gebunden sind, wie etwa Sprechen.

der Aufbau des Wissensvorrats. Die Modifikation des bestehenden (vorhandenen und "zuhandenen") Wissensvorrats und die Sedimentierung neuer Erfahrungen ist von den zeitlichen ("first things first"), räumlichen und sozialen Determinanten der Situation geprägt (vgl. auch die Grundelemente des Wissensvorrats). Die sich aus den Determinanten der Situation ableitenden Strukturen des Wissensvorrats finden sich auch in den Sedimentierungsprozessen und ihren Resultaten wieder. Die Erfahrungen werden idealisiert, anonymisiert und typisiert, können aber später rekonstruiert werden. Im Zuge der gesellschaftlichen Entwicklung kommt es zur Ausdifferenzierung spezifischer Formen von Sonderwissen.[128] Gesellschaften mit einer komplexen sozialen Verteilung des Wissens produzieren mit zunehmendem Entwicklungsgrad eine ungleichmäßige Verteilung des Allgemeinwissens.

> "Eine komplexe Sozialstruktur, v.a. in der Form hochentwickelter politischer und ökonomischer Institutionen, bedingt die Verfestigung herrschafts- und wirtschaftsbezogener gesellschaftlicher Schichten und schichtspezifischer Relevanzstrukturen." (Schütz/Luckmann 1979, S. 387)

Auch typische Zugang*schancen* zum Allgemeinwissen hängen von der Sozialstruktur und der gesellschaftlichen Schichtung ab.

> "Wenden wir uns nun den subjektiven Entsprechungen der für komplexe soziale Verteilungen des Wissens charakteristischen Ausformung verhältnismäßig spezialisierter und voneinander relativ unabhängiger Bereiche des Sonderwissens zu. Die strukturelle Grundlage dieser Entwicklung ist die fortschreitende Arbeitsteilung. Je arbeitsteiliger aber eine Gesellschaft, um so mehr wird jedermann zum Sachverständigen in einem bestimmten, für Handlungskomplexe in einem der verschiedenen arbeitsteiligen Institutionsbereiche relevanten Gebiet des Sonderwissens. Während bei einfachen sozialen Verteilungen des Wissens "Nur-Laien" zahlenmäßig vorherrschen, verringert sich deren Zahl bei fortschreitender Arbeitsteilung immer mehr, bis die Feststellung, daß jedermann ist nicht nur Laie, sondern auch Sachverständiger zugleich sei, uneingeschränkt für alle "normalen Erwachsenen" gilt." (Schütz/Luckmann 1979, S. 388f)

Die Ausbreitung spezifischer Bereiche von Sonderwissen im Gefolge der institutionellen Differenzierung von Gesellschaften bedeutet, daß der einzelne mehrheitlich Laie, aber auf bestimmten Gebieten Sachverständiger bzw. "Experte" ist. Es wächst die Bedeutung der Sachverständigkeit als "Dimension der Selbst- und Fremd-Typisierung".[129] Die Spezialisierung der Wissensbestände

---

[128] Eine einfache soziale Verteilung des Wissens bedeutet - verbundenen mit dem entsprechenden Entwicklungsgrad einer Gesellschaft -, daß die Lebenswelt und die in ihr verankerten Kenntnisse noch relativ homogen verteilt sind. Nur wenige Spezialisten (Schamanen, Schmiede etc.) sind nötig bzw. vorhanden, die Mehrzahl der Gesellschaftsmitglieder sind "Laien" in dem Sinne, daß die Daseinsbewältigung noch weitestgehend autark erfolgt.

[129] Siehe hierzu auch die Typik von Experte und Laie sowie die Ausführungen von Leggewie zum "Well-informed citizen" (http://www.boo.de/Macht1.htm, 15.2.1999).

engt aber auch die Handlungsfähigkeit auf einige bestimmte Anwendungsbereiche ein.

"Handeln in den verschiedenen Institutionsbereichen erfordert immer mehr die Aneignung von Sonderwissen; korrelativ schränkt sich der Anwendungsbereich der einzelnen Gebiete des Sonderwissens ein. (...) Zum Überblick über die Gesamtheit eines Gebiets des Sonderwissens gehören nunmehr verhältnismäßig langwierige und spezialisierte Lernvorgänge, in denen die Sinnstrukturen des Gebiets immer systematischer erfaßt werden; mit anderen Worten, eine "theoretische" Ausbildung." (Schütz/Luckmann 1979, S. 389f)

Die theoretische Ausbildung in Bereichen des Sonderwissens wiederum steht vor dem Problem, spezifische Fachkenntnisse zu vermitteln und gleichzeitig den Blick für Gesamtzusammenhänge zu wahren. So erweitern die qualitative Aufgabenausweitung und ein Wandel im Selbstverständnis staatlichen (eingeschlossen: kommunalen) Verwaltungshandelns vormals relativ homogene (juristische) Qualifikationsstrukturen und schaffen gleichsam organisationsintern neue Gruppen von "Laien" und "Sachverständigen".[130]

#### *2.2.3.3 Typen von handlungsleitenden Relevanzen und ihre Verflechtung*

Betrachtet man die "fraglos gegebene" Lebenswelt als "Bühne" alltäglichen (somit auch beruflichen) Handelns, so kommt es immer wieder zu Situationen, die sich nicht mehr mit dem in ihnen "zuhandenen" Wissensvorrat bewältigen lassen. Ob und in welchem Umfang Auslegungsprozesse beginnen und Wissensbestände modifiziert werden, hängt dann ab von den Relevanzsystemen bzw. -strukturen der Akteure.

"Relevanz (lat.), "Wirklichkeit", "Erheblichkeit", (...) Eigenschaft von kulturellen Werten in dem Sinne, daß diese sich für das einzelne Gesellschaftsmitglied (je nach Status, Rolle, Position) jeweils nur auf einen bestimmten Relevanzbereich, d.h. auf eine abgrenzbare Interessensphäre der für es bedeutungsvollen Gegebenheiten beziehen. Für das einzelne Individuum ist der Relevanzbereich eine wertbestimmte Präferenzordnung der Gegebenheiten und Verhaltensweisen im Hinblick auf ihre relative Bedeutung für ein bestimmtes Handlungsinteresse."[131]

Schütz unterscheidet drei Relevanztypen, die *thematische Relevanz*, die *Motivations-* und die *Interpretationsrelevanz*. Sie lassen sich charakterisieren durch typische Fragestellungen, die ihnen zugrunde liegen.[132] Hinter der *thematischen Relevanz* steht die Frage, wie es überhaupt dazu kommt, daß ein Sachverhalt hinterfragt wird. Dafür gibt es drei Möglichkeiten, die *auferlegte*, die *motivierte* und die *hypothetische* thematische Relevanz. Im Fall der *auferlegten* thematischen Relevanz resultieren die Auslegungsprozesse aus vier Arten des Wechsels

---

[130] Siehe auch Abschnitt 4.2.3.1.

[131] Aus dem Stichwort "Relevanz" in HILLMANN (1995).

[132] SCHÜTZ (1982), SCHÜTZ/LUCKMANN (1979), GRATHOFF (1995).

zwischen Sinnprovinzen.[133] Soziale Realität gliedert sich in verschiedene "finite provinces of meaning" (separate Sinnprovinzen) mit jeweils spezifischem Erkenntnisstil und entsprechender "Bewußtseinsspannung" ("attention a la vie"). Daher kann etwas thematisch relevant werden, wenn etwas Neues im Rahmen von Bekanntem wahrgenommen wird, ein "Sprung" in einen anderen Sinnbereich (province of meaning) erfolgt (z.B. anfangen zu träumen oder zu phantasieren), Veränderungen der "attention a la vie" innerhalb einer Sinnprovinz auftreten (z.B. Neigung; Nähe zur motivierten thematischen Relevanz) oder Veränderungen der Bewußtseinsspannung von außen und somit sozial auferlegt werden.[134]

Auslegungsprozesse als Resultat der *motivierten* thematischen Relevanz hängen zusammen mit dem äußeren und inneren Horizont des Erlebens. Durch Ereignisse, die das thematische Zentrum der individuellen Wahrnehmung betreffen, kann eine Person zu vertieften Auslegungsprozessen angeregt werden, die aber möglicherweise dann den Horizont "verschieben", so daß ein ursprüngliches Kernthema an die Peripherie der Wahrnehmungs- und Auslegungsprozesse gerät. Andererseits kann auch der äußere Horizont zu einer Verschiebung des Wahrnehmungsfokus führen, das intentionale Objekt wird in Relation zu anderen, z.B. früheren Ereignissen gesetzt, und gerät dadurch ebenfalls an den Rand der Aufmerksamkeit.

Die *hypothetische* thematische Relevanz ist, wie der Name schon sagt, zunächst einmal nur "hypothetisch" gegeben. Ein Thema verlangt nach Aufmerksamkeit, von dem aber noch nicht bekannt ist, ob es auch wirklich "relevant" ist. Die Zeitstruktur erstreckt sich über die aktuelle Situation hinaus, die unterschiedlichen Relevanztypen sind komplex ineinander verwoben, da eben noch nicht entschieden ist, ob und welche Wissensbestände heranzuziehen sind, um die Situation zu bewältigen.

> "Unser Verhalten in der Lebenswelt des Alltags wird weitgehend von hypothetischen Relevanzen gelenkt. Häufig ist unser Handeln darauf ausgerichtet, Situationen herbeizuführen, in denen es möglich wird, festzustellen, ob eine hypothetische Relevanz in eine "gültige" Relevanz überführt oder als nichtig betrachtet werden soll. Wenn solche Bestätigungen oder Aufhebungen unabhängig von unserem Handeln sind, muß man oft einfach "abwarten". Dann sind die Erwartungen zukünftiger Ereignisse, abgesehen von allen sonstigen sie kennzeichnenden Sinnstrukturen, auch darauf ausgerichtet, ausfindig zu machen, ob ein vergangenes, hypothetisch relevant erscheinendes Ereignis "wirklich" relevant war oder nicht. Schließlich sind viele routinemäßige "Sicherheitsvorkehrungen" aus hypothetischen Relevanzen entstanden. Man kann es "sich oft nicht leisten", mit Verhaltensmaßregeln zu warten, bis der Tatbestand endgültig geklärt ist. Hypothetische Relevanzstrukturen sind natürlich auch im sozialen Handeln vor allem auch im institutionalisierten Handeln, von großer Bedeutung." (Schütz/Luckmann 1979, S. 240)

---

[133] Siehe auch SCHÜTZ/LUCKMANN (1979), S. 28ff.

[134] SCHÜTZ/LUCKMANN (1979), S. 230ff., GRATHOFF (1995), S. 249f.

Da die hypothetische Relevanz es erfordert, *zukünftige* Handlungsoptionen zu reflektieren, ist sie eng verknüpft mit "protentiven" Aspekten der *Motivationsrelevanz*. Diese ist verbunden mit der Frage, was für die Lösung eines Problems überhaupt relevant ist, welche Wissensbestände zur Lösung eines Problems herangezogen werden.[135] Schütz unterscheidet zwei Arten von Motivstrukturen, die den Handlungsentwurf bestimmen. Der "Weil-Kontext" steht für eine Situationsdefinition auf Basis der "biographischen Bestimmtheit einer Perspektive". Relevante Elemente sind Teil eines letztendlich das gesamte Leben umfassenden, hierarchischen Plänesystems. Dieser biographische Plänekontext enthält die "objektiven" Motivationsgrundlagen. Weil-Motive des Handelns verweisen auf Vergangenes (retentiver Charakter). Sie können daher herangezogen werden, um ein Handeln zu beschreiben, das sich stark an historisch gewachsenen Strukturen orientiert. Eine durch "Um-zu-Motive" geprägte Motivationsrelevanz weist einen "protentiven" Charakter auf. Die im Konzept der Motivationsrelevanz anklingende Zeitstruktur der Motive, ihre Verankerung in retentiven und protentiven Argumentationssträngen, kann helfen, der Frage nach dem Zustandekommen von konditionaler und finaler Handlungsprogrammierung im Rahmen sozialer Systeme nachzugehen.[136]

Hinter der *Interpretationsrelevanz* schließlich steht die Frage, wann ein Problem als "hinreichend" gelöst erscheint und keine weiteren Auslegungsprozesse nötig sind. Schütz will die Konstitution eines Themas und des zugehörigen grundlegenden Wissensvorrats mit Hilfe der Interpretationsrelevanz verknüpfen, die zur Lösung eines Problems relevant erscheinende Elemente des Wissensvorrats "aktiviert". Der Wissensvorrat enthält miteinander "verträgliche" Typisierungen, Themenaspekte und typische Elemente des Wissensvorrats kommen zur Deckung. Schütz führt den Begriff der Interpretationsrelevanz ein, um die "soziale Relevanz" auf Typisierungsprozesse beziehen zu können.

> "Alle Typisierung ist problemrelativ, es gibt somit keinen Typus schlechtweg, sondern nur Typen, die einen problemverweisenden 'Index' mit sich führen. Wird nun ein aktuell relevant gewordenes Thema durch eine Synthesis der Rekognition mit einem im horizontmäßig gegebenen Erfahrungsvorrat habituell in gleicher Vertrautheitsstufe vorfindlichen Typus als typisch bekannt, typisch vertraut, typisch gleich zur Deckung gebracht, so wird dieser vorgewußte Typus auslegungsrelevant mit Bezug auf das 'aktuelle Thema'." (Schütz 1971c, S. 165)

Die Grenzziehungen zwischen den Relevanztypen sind – wie sich im Begriff Relevanz-"Typus" bereits andeutet – idealtypischer Natur und dienen analytischen Zwecken. Realiter sind sie nicht immer scharf zu trennen. Wo hört ein auferlegtes Thema auf und fängt eine freiwillige, motivierte Relevanz an?

---

[135] SCHÜTZ (1982), SCHÜTZ/LUCKMANN (1979), GRATHOFF (1995).

[136] Zur konditionalen bzw. finalen Handlungsprogrammierung von Verwaltungshandeln siehe LUHMANN (1983).

Handlungsleitende Prioritäten stehen nicht für sich allein. Das Handeln von Individuen wird stets durch mehrere Relevanztypen geleitet, die zusammen die Relevanzstruktur ergeben.[137]

> "Relevanzstruktur (lat.), in der phänomenologischen Soziologie von A. Schütz leiten Relevanzstrukturen die Selektivität von Erfahrungen und Handlungen. Unterschieden wird dabei zwischen thematischen, interpretativen und motivationsmäßigen Relevanzen, die – miteinander verflochten – an der Konstitution (Zusammensetzung) der Erfahrung, der Aktivierung des schon vorhandenen Wissensvorrats und der Sedimentierung von Erfahrungen (Ablagerungen in der Erinnerung und im Bewußtsein) mitwirken."[138]

Veränderungen der Relevanzstruktur führen also zu veränderten "Wichtigkeiten" und handlungsleitenden Maximen im Alltagshandeln, wobei im Kontext dieser Arbeit der berufliche Alltag im Vordergrund steht. Aber auch im beruflichen Alltag handelt der Mensch als ganze Person, zwar im Rahmen von Rollen und Kompetenzzuschreibungen, aber immer vor dem Hintergrund eines lebensweltlichen Auslegungs- und Relevanzhorizontes.

## 2.3 Zwischenresümee: Bürokratische Verwaltungsorganisation und Wissen

Zu den idealtypischen Eigenschaften bürokratischer Verwaltungsorganisationen nach Max Weber zählen arbeitsteilige Hierarchie, feste Kompetenzzuweisung an die Mitglieder im Rahmen von Amtsgeschäften und ein regelkonformes Handeln "sine ira et studio" nach Maßgabe von Regeln und Verordnungen (Gesetzen). Ein vor allem im Hinblick auf den Umgang mit Wissen wichtiges Merkmal stellt dabei die Schriftlichkeit der Vorgänge dar.

Verwaltungsorganisationen lassen sich nach ihren Zielsetzungen differenzieren. Typisch für die öffentliche Verwaltung ist die Allgemeinwohlorientierung im Gegensatz zur monofinalen Interessengebundenheit von Industrie- und Verbandsverwaltung. Daher sieht sich die öffentliche Verwaltung einer komplexen Entscheidungssituation gegenüber, die einer Handlungsoptimierung im Sinne ökonomischer Rationalität entgegensteht. Schon Luhmann (1960) fordert die Ausrichtung an Brauchbarkeitskriterien anstelle einer eindimensionalen Zweck-Mittel-Relation.

Ein Kritikpunkt gegenüber dem Idealtyp der bürokratischen Organisation nach Weber ist seine "Binnenorientierung", d.h. im Zentrum steht das optimale Funktionieren interner Abläufe. Moderne, systemtheoretisch beeinflußte Organisationskonzepte thematisieren dagegen bewußt das Verhältnis zwischen Organisation und Umwelt(en). Auch die öffentliche Verwaltung kann als eine "Organi-

---

[137] SCHÜTZ 1982, SCHÜTZ/LUCKMANN (1979).

[138] Stichwort "Relevanzstruktur" in HILLMANN (1995).

sation im Kontext" verstanden werden und als das gesellschaftliche Teilsystem, welches gesamtgesellschaftlich bindende Entscheidungen "produziert". Entsprechend bildet die Kommunalverwaltung ein System, das diese Funktion im Rahmen von räumlichen und hierarchischen Zuständigkeiten ausübt. Aus systemtheoretischer Sicht sind Organisationen auch als kollektive Akteure wichtig, deren Wesensmerkmale Unsicherheitsabsorption und Komplexitätsreduktion mittels Routinisierung erlauben.

Ein Grund für den Erfolg und die Verbreitung bürokratischer Organisationen in modernen, immer komplexeren gesellschaftlichen Umwelten liegt in der ihnen eigenen Art der Verarbeitung von Informationen aus den Systemumwelten. Das standardisierte (wenn schon nicht immer Komplexität reduzierende, so doch systemkonform transformierende) Reaktionsrepertoire verwaltungstechnischer Routineprogramme befreit in der einzelnen Handlungssituation (Entscheidung) von der Reflektionen über Sinnhaftigkeit und Zweck. Reflektionsprozesse über Handlungsorientierungen sind "ausgelagert", im Fall der öffentlichen Verwaltung an Institutionen bzw. Organe des *politischen* Systems - ein grundlegender Prozeß bei der Bildung moderner Gesellschaften. Auch organisationsinterne Ansätze, Selbstverständnis und Zielsetzungen organisatorischen Handelns zu hinterfragen und neu zu orientieren, finden häufig außerhalb der (Linien-) Organisation in Spezialistenstäben und Projektgruppen statt.[139]

Die Charakteristika der bürokratischen Organisation prägen das "klassische" Bild vom Verwaltungsbeamten und wirken nicht nur in "Heterostereotypen", sondern auch Autostereotypen von Verwaltungsangehörigen (Bogun 1983). Zwar sind vor allem auf der Ebene der Kommunalverwaltung mittlerweile mehr Angestellte als Beamte beschäftigt, dennoch zeigt ein Blick auf die gesetzlichen Rahmenbedingungen der Beschäftigungsverhältnisse konvergente Entwicklungen im Bereich der Regelungen des Zugangs zu Ämtern (z.B. AI- und A2-Prüfung). Beschäftigungsrechtlich bestehen Unterschiede in den Vergütungs- und Zugangsbestimmungen sowie in der Überstundenregelung, die auf das besondere "Loyalitätsverhältnis" zwischen Beamten und Verwaltungsorganisation hinweisen. Damit verbunden ist auch ein spezifischer, "rationaler" Denk- und Handlungsstil der Verwaltung, der irrationale und ungeordnete (kreative) Elemente der politischen Handlungssphäre zuweist.

---

[139] Dies läßt sich auch bei der Umsetzung neuer Steuerungsmodelle in der Kommunalverwaltung beobachten.

**Übersicht 3**
**Bürokratische Verwaltungsorganisation und kontextspezifische Anforderungen**

| ***Organisatorische Charakteristika und Funktionen*** | ***Kontextspezifische administrative Anforderungen*** |
|---|---|
| *Bürokratische Verwaltungsorganisation und Skizze des Beamtenbildes (Abschnitt 2.1)* | *relevante Anforderungsaspekte in Stichpunkten* |
| Regelkonformes Handeln "sine ira et studio" (Regeln = Gesetze, Ausführungsbestimmungen), "persönlich frei nur sachlichen Amtspflichten gehorchend" (Weber), "Vollzug von Regeln und Vorschriften" (Mannheim) | Sachlichkeit, Sorgfalt, Genauigkeit<br>regelkonforme, lineare Problemlösung (im Gegensatz zu kreativ-heuristischem Vorgehen)<br>Hierarchiebewußtsein (Gehorsam, Anpassung)<br>Fachkenntnis: Gesetzeskenntnisse |
| Hierarchische Arbeitsteilung bzw. Kompetenzverteilung/-zuweisung | "Sachkompetenz", "Fachkenntnisse", Kenntnisse zu Verwaltungsaufbau, -struktur |
| Schriftlichkeit der Vorgänge (Aktenmäßigkeit) | Schriftlicher Ausdruck, juristische Methodik/ Bescheidtechnik, Ablageverwaltung, EDV |
| Öffentliche Verwaltung und komplexe Entscheidungssituationen | Gemeinwohlorientierung, politische Analysefähigkeit, soziale Verantwortung, Loyalität gegenüber der Verwaltung und ihren Zielen |
| Fällen von bindenden *Entscheidungen* ("Brauchbarkeitskriterium") nach Zuständigkeit | Problemlösungsfähigkeit, Entscheidungsstärke, Durchsetzungsvermögen |
| *Funktionen der Kommunalverwaltung* als "Organisation-im-Kontext": | |
| Ordnungsfunktion (innere Ordnung, Eingriffs- und Hoheitsverwaltung) | Spezifische Rechtskenntnisse, Koordinationsfähigkeit |
| Sicherung der Handlungsfähigkeit des politisch-administrativen Systems (Erheben von Abgaben und Steuern, Bereitstellen von Ordnungskräften etc. | Rechtskenntnisse<br>Öffentliche Finanzwirtschaft (inputorientiert) |
| Versorgungs- und Dienstleistungen (die nicht zum Bereich innere /äußere Sicherheit gehören) | Leistungsverwaltung (Infrastruktur; Sozialverwaltung, Schulverwaltung): spezifische Rechtskenntnisse, Koordination von Fachpersonal u.ä. |
| Steuerung der gesellschaftlichen Entwicklung | Planung, Bedarfserhebung; Koordination und Integration von Spezialkenntnissen/Fachpersonal |

*(Fortsetzung nächste Seite)*

*(Fortsetzung Übersicht 3)*

| | |
|---|---|
| Berufsrolle (stark von den Rahmenbedingungen des Beamtenverhältnisses beeinflußt): | |
| "Einzelbeamter" | Selbständiges Handeln (Entscheiden) vs. Teamorientierung |
| Fachqualifikation | Zugangsqualifikation |
| Fachschulung (Aufstieg) | Qualifizierungsbereitschaft (Lernbereitschaft) |
| Laufbahnsystem | |
| Amt als Hauptberuf, Alimentierung | Regelkonformes Handeln, Aufstiegsantizipation |
| | Loyalität (Treueverhältnis) |
| Trennung von Ressourcenzuteilung und -verwaltung | Inputorientierung; weitgehende Ausblendung der Genese von Vorschriften und gesetzlichen Regelungen |

Quellen: Weber (1972), Luhmann (1960, 1983), Mayntz (1985), KGSt-Bericht 10/1993, Kühnlein/Wohlfahrt (1995), Mannheim (1985).

Ausgehend von Max Webers Definition der Bürokratie als "Herrschaft kraft Wissen" wurden Ansätze zur Strukturierung von Wissen und seinen unterschiedlichen Erscheinungsformen und Funktionen auf gesellschaftlicher, Organisations- und Bürokratieebene vorgestellt. Die bürokratische Organisation existiert aber nicht für sich allein, sie ist als "Organisation im Kontext" Bestandteil moderner Wissensgesellschaften, vor deren Hintergrund Bürokratie als "Herrschaft kraft Wissen" eine zusätzliche Brisanz erhält. Die durch Informations- und Kommunikationstechnologien katalysierte Wissensvermehrung bis hin zur "Wissensexplosion" betrifft in der öffentlichen Verwaltung vor allem das Daten- bzw. Aktenwissen und entfaltet in neuen Möglichkeiten der Verknüpfung von Datenbeständen seine Sprengkraft. Vor dem Hintergrund der Anforderungen moderner Wissens- bzw. Informationsgesellschaften ist es daher nicht nur für die sog. "Wissenswissenschaften" wichtig, ein umfassendes Qualifikationsparadigma im Sinne einer "Zwei-Säulen-Kompetenz" zu entwickeln, um passende Regulierungsmechanismen (Methoden, Theorien etc.) für die Wissens- bzw. Informationsflut anbieten zu können bzw. sich in komplexen Anforderungssituationen orientieren zu können.[140]

Die zentrale wissenssoziologische Annahme geht von der "Seinsgebundenheit des Wissens" aus. Neben der Gebundenheit von Wissen an soziale Gruppen darf aber die Schichtung des Wissens nicht vernachlässigt werden. Sedimente des

[140] Die Fähigkeit zur Recherche und Arbeit mit Information begegnet in der Diskussion von Qualifikationskonzepten wieder als wichtige Schlüsselqualifikation ("Horizont-Qualifikation" bei Mertens 1974).

Wissens sind in unterschiedlicher Art und Weise Veränderungen zugänglich. Von einer "Mythologie" (siehe auch die "Moden und Mythen des Organisierens" in Abschnitt 3) der Verwaltung soll hier nicht gesprochen werden, jedoch erwecken Bestandteile des Verwaltungswissens bisweilen den Anschein, nicht nur technologisches, und damit leicht wandelbares Wissen zu sein, sondern in tieferen, weniger bewegungsfreudigen Schichten eines berufsethischen Selbstverständnisses zu wurzeln.

Eine moderne Metapher zur Veränderung von Wissensbeständen in und von Organisationen bildet die *lernende Organisation.* Modelle und Prozeßbeschreibungen organisationalen Lernens reflektieren die Einflüsse von Parametern der Organisation (Arbeitsteilung, Hierarchie, Rollenteilhabe) und geben dadurch Hinweise auf seine emergenten Effekte. Organisationales Lernen ist dabei stets an Individuen gekoppelt. Eine wichtige Möglichkeit, wie Organisationen lernen, besteht in der Modifikation von Qualifikationsstrukturen, welche entweder durch Rekrutierung neuen Personals oder interne Fort- und Weiterbildungsmaßnahmen erfolgt.[141]

Die vorliegende Arbeit wurde durch neue Schwerpunkte in einer stark am Beschäftigungskontext orientierten Ausbildung angeregt. Das eigentlich "Neue" zu beschreiben erfordert die Auseinandersetzung mit dem "fraglos Gegebenen". Das Setting wird als eine "Berufswelt des Alltags" interpretiert, die sich aus Grundelementen des Wissensvorrats um zeitliche und räumliche Beschränkung von Handlungssituationen, Gewohnheitswissen (Fertigkeiten, Gebrauchswissen und Rezeptwissen) und spezifischen "höheren" (theoretischen, Erfahrungen und Lernprozesse reflektierenden) Inhalten konstituiert. Veränderungen in einem zur Bewältigung beruflicher Anforderungen nötigen Wissensvorrat spiegeln auch veränderte Relevanzstrukturen auf individueller und organisationaler Wissensebene wieder.

---

[141] Daher bilden Fragen nach Gestaltung und Vorstellungen zur Ausbildung neuen Personals und internen Qualifizierungsmaßnahmen zentrale Indikatoren für organisatorischen Wandel (siehe Kapitel 4 und 6).

**Übersicht 4**
**Wissen als Beherrschungsinstrument: Einflüsse gesellschaftlicher und organisatorischer Rahmenbedingungen, Charakteristika des "Wissenskörpers"**

| *Gesellschaftliche Entwicklungen und organisatorische Charakteristika* | *Kontextspezifische Anforderungen und Konsequenzen für den Wissensbegriff* |
|---|---|
| *Wissen als Beherrschungsinstrument (Abschnitt 2.2)* | *Beispiele für relevante Aspekte:* |
| Bürokratische Organisation: Wissen als | |
| Fachwissen | Fachwissen kraft Fachschulung |
| Amts-, Dienstgeheimnis | amtsspezifische Information, hierarchische Kommunikations- und Verteilungsstrukturen |
| allg. Akademisierung der Berufswelt | Bsp.: Fachhochschulausbildung für den gehobenen nichttechnischen Dienst |
| Explosion von Information und "Datenwissen" | Reaktion: Bedarf nach Systemen zur Klassifizierung von Wissensbeständen (z.B. nach Anwendungs- und Geltungsbereichen)<br>"Zwei-Säulen-Kompetenz", (informationsverarbeitende Methodenkompetenz) |
| Organisatorisches Wissen und Kontextbindung | Komplexitätsreduktion und -reflektion<br>Spezifisch: Kenntnisse Verwaltungsaufbau, -struktur, Zusammenwirken der Organisationseinheiten |
| Veränderung, Wandel und organisationales Lernen | Reflektionsfähigkeit über "handlungsleitende Theorien",<br>Überblicks- bzw. Zusammenhangskenntnisse |
| Wissen und Reflektionstiefe, Schichtung: unterschiedliche Geschwindigkeit der Veränderung von Wissensbeständen | Fachwissen als relativ leicht zugänglich und wandelbar<br>Selbstverständnis und Leitmotive des Handeln schwerer zugänglich<br>Milieuwissen der Organisation und berufliche Lebenswelt |

Quellen (Auszüge): Weber (1972), Bartscher (1995), Tacke (1997), Spinner (1994), Baecker (1999), Argyris (1993, 1997), Scheler (1960), Schütz (1971), Schütz/Luckmann (1979).

Ein wichtiges Element, welches die Vertrautheit oder Fremdheit gegenüber einem Sachverhalt bestimmt, stellt seine "Typik" dar. Um Besonderheiten des organisatorischen Settings öffentliche Verwaltung herauszuarbeiten, wurde eingangs dieses Kapitels bereits auf den Idealtyp der bürokratischen Herrschaftsausübung zurückgegriffen. Da es sich bei den beruflichen Tätigkeiten, deren

Ausbildungsmodifikation die vorliegende Arbeit beeinflußte, um Büro- und Verwaltungstätigkeiten handelt, spielen sich auch die Veränderungen in den Anforderungen primär auf einer kognitiven Ebene ab. Schon aus diesem Grund erscheint es sinnvoll, in dieser kognitiven Sphäre zu verbleiben und, nachdem das "klassische" organisatorische Setting anhand eines bis heute Hetero-, aber auch Autostereotype prägenden Idealtyps umrissen wurde, auch die Veränderungen auf der Ebene von *Paradigmen* und *Leitbildern* zu reflektieren.

# 3 Paradigmen und Leitbilder des Organisierens im Wandel

Entwicklungen und Veränderungen der Organisation werden im Kontext dieser Untersuchung aufgrund der zentralen Bedeutung von "Wissen" für bürokratische Organisationen auf der kognitiven Ebene untersucht. Handlungsziele stellen dabei zentrale Parameter dar, um eine Organisation auf dieser Ebene zu charakterisieren. Sie reflektieren Vergangenheit und Gegenwart organisationaler Handlungszusammenhänge, sind aber ihrem Wesen nach auf die Zukunft gerichtet, als ein angestrebter, aber niemals erreichter Zustand.[142] Als operationale Verdichtung von Handlungsdesideraten und als Indikatoren für Veränderungen auf einer "nichtmateriellen", kognitiven oder eben *Wissens*ebene werden in diesem Abschnitt Paradigmen und Leitbilder des Organisierens betrachtet. Angeregt durch Analysen der Organisationsforschung wird die Nachahmung erfolgreicher Paradigmen und Leitbilder unter dem Stichwort "Isomorphie" diskutiert. Zu Beginn werden die Begriffe Paradigma und Leitbild definiert. Wichtige Entwicklungsstufen von Paradigmen und Leitbildern aus dem Bereich der industriellen Produktion bilden den Ausgangspunkt für die Darstellung neuer Leitbilder in der öffentlichen Verwaltung. Nicht zuletzt erscheint die Auseinandersetzung mit der Metapher "Leit-Bild" auch deshalb wichtig, da sie die – im wörtlichen wie übertragenen Sinn – "visuelle" Komponente modernen Wissensmanagements betont.[143]

## 3.1 Paradigmen und Leitbilder des Organisierens

### *3.1.1 Begriffe und Funktionen*

Paradigmen liefern wichtige Hinweise auf gemeinsame Konzepte und Denkstrukturen, wie sie innerhalb von Organisationen, aber auch organisationsübergreifend geteilt werden. Sie können als Sonderfall lebensweltlicher Relevanzstrukturen gelten und verbinden individuelle mit sozialen Wissensbeständen.

> "Paradigma, (lat.), "Beispiel", die Struktur der Faktoren und Vorstellungsaspekte, die das mehr oder weniger bewußte Vorverständnis ausmacht, das ein Wissenschaftler seinem Forschungsgegenstand entgegenbringt. P. ist das vortheoretische Modell, das (a) vom Stande der wissenschaftlichen Theorie auch anderer Fachdisziplinen und (b) vom erkenntnisleitenden Interesse des Wissenschaftlers geprägt ist. Wenn die Erkenntnisobjekte als durch wiss. geleitete Praxis veränderbar gelten, ist ein P. häufig ein Vorgriff auf eine nicht vorhandene, aber für die Zukunft gewünschte Realität. Die Bewährung eines P.

---

[142] ETZIONI (1978), S. 15f.

[143] Siehe z.B. LEHNER (1996), BAECKER (1999).

wird darum sowohl am Fortschritt wissenschaftlicher Erkenntnis wie an der Weiterentwicklung der politisch-sozialen Verhältnisse beurteilt." [144]

Paradigmen sind demnach zum einen "vortheoretische" bzw. Theorien mitkonstituierende Vorstellungssysteme, die wissenschaftlichen Gemeinschaften oder Gruppen von Theoretikern gemeinsam sind. Sie dienen im Umkehrschluß dazu, wissenschaftliche bzw. theoretische Grundannahmen und Überzeugungen teilende Gemeinschaften zu identifizieren und bilden neben *Symbolen*, *metaphysischen Verankerungen von Sichtweisen* und gemeinsamen *Werten* einen zentralen Bestandteil übergreifender theoretischer Schulen und Weltanschauungen.[145] Kuhn spricht von "disziplinären Systemen", der Begriff Paradigma findet jedoch auch im außerwissenschaftlichen Bereich Anwendung.[146] Paradigmen oder *Musterbeispiele* ("exemplars") ermöglichen es, Ähnlichkeiten zwischen verschiedenen Problemstellungen zu erkennen und Lösungswege für eine Problemstellung auf andere zu übertragen. Dabei muß wissenschaftlicher Fortschritt nicht zwingend linear verlaufen; eine "Revolution" im Sinne eines Paradigmenwandels aber zeichnet sich nach Kuhn gerade dadurch aus, daß nicht nur eine kumulative Erweiterung des Wissensbestandes vorliegt, sondern sich "Ähnlichkeitsbeziehungen" zumindest teilweise verändern.[147]

Wie aus den Begriffsdefinitionen hervorgeht, umfassen Paradigmen nicht nur deskriptive Elemente, die die Identifikation und Zuschreibung von Erklärungsmustern ermöglichen, sondern auch eine normative Komponente. Zwar nimmt Kuhn eine kritische Haltung gegenüber einem generellen "Fortschrittsoptimismus" ein, was das Verhältnis zwischen alten und neuen Paradigmen betrifft. Jedoch gesteht er neueren wissenschaftlichen Theorien durchaus eine größere

---

[144] Wörterbuch der Soziologie, Stichwort "Paradigma" (HILLMANN 1995).

[145] "Ein Paradigma ist das, was den Mitgliedern einer wissenschaftlichen Gemeinschaft gemeinsam ist, und umgekehrt besteht eine wissenschaftliche Gemeinschaft aus Menschen, die ein Paradigma teilen." (KUHN 1976, S. 187) Ähnlich wie Paradigmen als grundlegende Vorstellungssysteme kann auch das Lebensweltkonzept interpretiert werden. Nach LIST stellt Kuhns Paradigmenbegriff ein Beispiel dar, wie soziokulturelle Einflüsse in der Wissenschaftsanalyse wirken. Analog zu Kuhns Begriff der "disziplinären Matrix" läßt sich durch diskurstheoretische Deutung der Schützschen Typologie von Relevanzen eine Art sozialer Matrix sozialwissenschaftlicher Diskurse zu rekonstruieren, "als jenes Ensemble sozialer Beziehungen, in denen sozialwissenschaftliches Wissen produziert und reproduziert wird". (LIST 1988, S. 242).

[146] Für den organisations- und verwaltungswissenschaftlichen Bereich siehe z.B. MATEJKO (1984), REINERMANN (1993), DRUMM (1996), BUSSMANN (1997).

[147] Anzumerken ist, daß die Verwendung des Begriffs Paradigma bzw. Wandel von Paradigmen gerade auch im außerwissenschaftlichen Bereich häufig erfolgt, um Art und Umfang (angestrebter oder postulierter) Veränderungen als besonders stark und einschneidend hervorzuheben - die synonyme Verwendung der Begriffe Paradigma und Leitbild/ Zielorientierung ist nicht unproblematisch.

Adäquanz zur Erklärung von Untersuchungsgegenständen zu.[148] Daher erscheint es legitim, wie in der eingangs zitierten Definition, Paradigmen auch als "Vorgriff auf eine nicht vorhandene, aber für die Zukunft gewünschte Realität" zu interpretieren. Die *Zukunftsoption* führt wieder zurück auf den Begriff der Ziele einer Organisation und deren Einfluß auf Struktur und Verhaltensmuster ihrer Mitglieder.

Obwohl die Verwendung des Begriffs "Paradigma" etwa bei Bullinger et al. (1995), die *Paradigmen* der Organisation als Orientierungshilfen für die Organisationsgestaltung bezeichnen, und vor allem bei Reinermann (1993, *"neues Paradigma für die öffentliche Verwaltung"*) mit ihrer progressiven Programmatik in die Nähe von Leitbildern rückt, sei darauf hingewiesen, daß Wesenszüge von Paradigmen erst "ex post" analysiert werden können. Die Verwendung des Begriffs Paradigma erfolgt daher meist, um die besondere Stärke und "Dramatik" von Veränderungen hervorzuheben. Leitbilder hingegen stellen overte Zieldeklarationen dar. Die Bezeichnung Leit-*Bild* weist auch hin auf die Bedeutung von Visualisierung für die Bearbeitung von und die Arbeit mit "Wissen" (Theorien, Modellen) in der modernen Organisationspraxis.

Ein Merkmal bürokratischer Organisation bildet die *Schriftlichkeit* und Aktenmäßigkeit der Vorgänge. Für die moderne, computerisierte Verwaltung leitet Baecker daraus die These ab, das digitalisierte Wissen sei leichter abrufbar und weniger leicht "zu den Akten zu legen". Nicht nur der Zugriff werde durch Computereinsatz erleichtert, Wissen könne auch vermehrt grafisch aufbereitet, "visualisiert" bzw. "verräumlicht" werden. Diese Topologisierung aber beschneide die Möglichkeiten zur selektiven Aufnahme von Wissen. Ob man soweit gehen kann, davon zu sprechen, Wissen werde auf diese Weise "gegen Ablehnung resistent", sei dahingestellt. Auffällig ist nur, daß die konzeptionelle Visualisierung von Handlungszielen in Form von Leitbildern ein wesentliches Merkmal neuer Steuerungsansätze darstellt.[149]

In Ansätzen der Management- und Organisationslehre, die Wissen als strategische Ressource entdeckt haben, stellen "bildliche" Darstellungen von Sachverhalten ein wichtiges Element dar, um Wissen faßbar und leichter vermittelbar zu machen. Der Begriff Leitbild wird dabei sowohl eher metaphorisch eingesetzt, z.B. als Auflistung oder Katalog erwünschter Verhaltensweisen, als auch ganz plastisch für *"Mental maps"*.[150] Leitbilder beinhalten und vermitteln die Handlungsziele einer Organisation nach innen (gegenüber den Organisationsmitgliedern), aber auch nach außen (als Bausteine einer "Corporate identity").

---

[148] KUHN (1976), S. 217ff.

[149] BAECKER (1999), S. 68f.

[150] Siehe z.B. ARGYRIS (1985), HUGL (1995), WILLKE (1996); für den Bereich des strategischen oder Managementwissens im Besonderen u.a. EDEN (1992), LEHNER (1996).

"Leitbild, für einzelne Personen, Gruppen, Schichten oder ganze Gesellschaften als erstrebenswert geltende und im Handeln und bei Entscheidungen tatsächliche Orientierung und Absichten leitende Vorstellung. Leitbilder haben - im Verglich zu Utopien und Idealen - einen konkreten und praktisch zumindest partiell erreichbaren Gegenwartsbezug. Sie gründen sich auf Erziehungs- und Erfahrungsinhalten und werden damit immer von aktuellen soziokulturellen Werten und Zielsetzungen abgeleitet. Zu Leitbildern können Ideen, Habitus, Lebensstil und -niveau bestimmter idealisierter Personen und Gruppen oder allg. gesellschaftliche Prinzipien wie Sicherheit, Prestige, Aufstieg, Reichtum usw. werden. Leitbilder bedeuten für die betreffenden Personen Entlastung von Entscheidungsdruck und eindeutige Lebensperspektive, engen jedoch die soziale Optik ein und verführen zu gesellschaftlicher Ignoranz, Intoleranz und sozialem Vorurteil."[151]

Leitbilder sind nach dieser Definition Ausdruck von Handlungsdesideraten auf individueller und kollektiver Ebene. Sie bedeuten eine *Reduktion von Komplexität* bezüglich möglicher Handlungsoptionen. Ob die Entlastung von Entscheidungsdruck und die Vermittlung eindeutiger (Lebens-) Perspektive wie in obigem Zitat tatsächlich die "soziale Optik einengen", oder ob sie Handlungsblockaden durch konkrete Handlungsanweisungen lösen helfen, muß von Fall zu Fall entschieden werden. Sensibilität ist jedoch geboten, da sich Leitbilder eben nicht nur an Gegenwart und Zukunft orientieren, sondern auch vergangene Ereignisse, Erfahrungen und Lernprozesse beinhalten und reflektieren.[152] Sie sind nach Mintzberg

"both plans for the future and patterns from the past".[153]

Leitbilder der Organisationsentwicklung besitzen wie Paradigmen eine Doppelfunktion, sie sind deskriptiv und normativ zugleich. Zum einen dienen sie nach innen und außen zur Beschreibung von Prozessen und helfen, diese sowohl Organisationsmitgliedern als auch Außenstehenden zu vermitteln. Während die *deskriptive Funktion* Entwicklungszustände aus Vergangenheit und Gegenwart beschreibt, weist der zweite, *innovative Aspekt* von Leitbildern in die Zukunft; Leitbilder sollen Impulse für die weitere Entwicklung der Organisation geben.[154] Leitbilder sind zudem von großer Bedeutung für die Akzeptanz neuer Technologien. Im Kontext der vorliegenden Arbeit soll der Begriff "Technologie" nicht nur auf den technischen Bereich (z.B. Informations- und Kommunikations-Technologien) beschränkt bleiben, sondern auch für Verfahren der Organisationsreform und -optimierung eingesetzt werden.

"Leitbilder sind symbolische Konstrukte, die kognitive, kommunikative und orientierende Funktionen erfüllen. Indem sie in der Öffentlichkeit zirkulieren, eröffnen sie "Visionen" neuer Lebensweisen

---

[151] Wörterbuch der Soziologie, Stichwort "Leitbild"' (HILLMANN 1995).
[152] Vgl. auch die Charakteristika organisationaler Lernprozesse (Abschnitt 2.2.2).
[153] Zitiert in HILB (1995), S. 78.
[154] MINTZBERG (1989), HILLMANN (1994), BEHRENS/STÖBE (1995), HILB (1995).

und bereiten damit erst den Boden für die breite soziale Akzeptanz einer neuen Technik." (Deutschmann 1997, S. 58)

Besondere Bedeutung besitzen Leitbilder im Bereich von Management(wissen) und strategischem Handeln in Wirtschaftsorganisationen.[155] Ein Leitbild kann sowohl den Rahmen unternehmensstrategischer Zielvereinbarungen wie auch ein funktionales Element übergreifender Reformprozesse darstellen. Das St. Galler-Managementkonzept sieht ein Leitbild als den

"Ausdruck einer Unternehmensphilosophie, die die normative, strategische und operative Dimension des Managements im Hinblick auf die Umsetzung unternehmensphilosophischer Missionen und strategischer Programme im Rahmen der Unternehmensverfassung, Organisationsstrukturen und Managementsysteme wie das unternehmenskulturell vorgeprägte Problemverhalten durchdringt." (Bleicher 1992, S. 5)

## Übersicht 5
## Ziele von Organisationsleitbildern nach Hilb

- Vorgabe von (Gummi-) Leitplanken für die zukünftige Entwicklung
- Erzeugung von Identifikation aller Mitglieder mit der zukünftigen Entwicklung der Organisation
- Schaffung von Ordnung aus dem Chaos
- Vorleben von Vertrauen im Leitungsteam
- Schaffung von Maßstäben für die Erfolgsevaluation (Benchmarking)

Quelle: Hilb (1995), S. 79.

Nach Hilb müssen inhaltliche Grundsätze von Leitbildern organisationsspezifisch, umfassend und langfristig (etwa auf 5 Jahre) ausgerichtet und realistisch formuliert sein sowie durch das Leitungsteam vorgelebt werden. Die Grundsätze sollten so "einfach wie möglich, aber nicht einfacher" gestaltet werden. Zur Sicherstellung von Akzeptanz und Erfolg des Leitbildes sollte es partizipativ auf der Basis eines Workshops mit dem gesamten Führungsteam und im Konsens mit Vertreterinnen und Vertretern der "betroffenen" Anspruchsgruppen entwikkelt werden. Anschließend muß es in Gruppenworkshops mit den vernetzten Organisationseinheiten an die situativen Bedingungen angepaßt werden. Ausgangslage der Ausführungen von Hilb ist die Analyse von Leitbildern als Elementen ganzheitlichen Managements. Erfolgreiche amerikanische "Z-Firmen" und "amerikanisierte" japanische Firmengruppen weisen danach die Gemein-

[155] EDEN (1992), MINTZBERG (1989). Siehe auch die Bedeutung kognitiver Karten zu Vorstellungen von und über Organisationen, gerade auch im Bereich des "managerial knowledge", bei WEICK (1979, 1995).

samkeit auf, daß sie alle über ein ganzheitliches Leitbild verfügen, das den Zweck ihres sozialen, wirtschaftlichen und ökologischen Handelns bestimmt. Das "ganzheitliche Management" strebt danach, den "eindimensional-mechanistischen Hardware-Management by Objectives and Results-Ansatz" zu ergänzen durch ein "Software-Management by Mission and Consensus". Der klassische Management by Objectives-Ansatz beinhaltet Maßnahmen der Reorganisation sowie die Einführung von neuen Strategien und von Controllingsystemen. Es sei jedoch nötig, eine Balance zwischen Intuition und Rationalismus zu erreichen. Dies könne u.a. geschehen durch ein Management mit Zielvereinbarungen aber eben auch Intuition, durch eine "informale Vertrauenskultur" bei gleichzeitiger formalisierter Kommunikation, Föderalismus ("act local") in Verbindung mit Geo-Zentrismus ("think global") sowie einem ganzheitlichem Leitbild und einem "optimistischen Realismus".[156]

Die wichtige Rolle von Partizipation und aktiver Teilhabe der Organisationsmitglieder bei der erfolgreichen Erarbeitung und Umsetzung von Leitbildern bezeichnet Fangmann (2000) als "Selbstbindung durch Partizipation" (S. 123f); auch der Begriff des "Enactment" bei Weick weist in diese Richtung (siehe Weick 1985 und Abschnitt 3.1.2). Empirisch untermauert wird diese Forderung durch Berichte zur Bewährung von Leitbildern in der Praxis von (Verwaltungs-) Organisationen (u.a. Frank/Bucher 2000). Leitbilder für Organisationsentwicklung wurden als primäre Orientierungskategorie für den Wandel moderner Verwaltungsorganisation gewählt, da sie sowohl deskriptive wie auch normative Aspekte umfassen, Vergangenheit wie auch Zukunftsentwürfe reflektieren und Organisationsziele nach innen und außen vermitteln. Doch gerade der Einsatz von Leitbildern im Bereich organisatorischer Reformen und kommerzieller Beratung (Consulting) rücken sie in die Nähe von "Moden und Mythen des Organisierens" (Kieser 1996).

### *3.1.2 Ansätze zur Erklärung der Entwicklung neuer Organisationsparadigmen*

Eine Übersicht zu Organisationstheorien und den mit ihnen korrespondierenden Paradigmen und Menschenbildern findet sich bei Bullinger et al. (1995). Dabei handelt es sich nicht um eine streng chronologische Abfolge, sondern es wird versucht, die jeweils vorherrschenden Paradigmen aufzuzeigen. Denn selbstverständlich gibt es noch heute "tayloristisch" geprägte Tätigkeitsbereiche, wenn auch im Zuge der Automatisierung und Computerisierung deren Zahl zurückgeht bzw. die Charakteristika der Arbeitssituation sich geändert haben und in Form von "virtuellen Fließbändern" bzw. "Wissens-Taylorismus" in Organisationen auftreten (siehe Abbildung 1).

---

[156] Vgl. HILB (1995). Anführungszeichen bis auf englische Fachtermini: A. Horny.

**Abbildung 1**
**"Chronologie der organisationstheoretischen Ansätze" (nach Bullinger et al.)**

| | | | | | | |
|---|---|---|---|---|---|---|
| *Entwicklungs-tendenzen des allgemeinen Bedingungs-rahmens* | Mechanisierung, Massenproduktion, Routinetätigkeiten<br><br>niedriges Aus-bildungsniveau<br><br>Löhne am Existenzminimum<br><br>Dominanz von Existenz- und Sicherheitsbedürf-nissen | Wachsen des Verwaltungs-apparates<br><br>steigendes Lohn-niveau<br><br>Prestige- und Aufstiegsdenken (beim Angestellten) | zunehmender Anteil an Problemlösungs-aufgaben<br><br>steigendes Ausbildungsniveau<br><br>steigendes Motivationsniveau | Automation<br><br>fortschreitende informations- und kommunikationstechnische Durchdringung der Lebenswelten<br><br>zunehmende Dynamik und Komplexität von System und Umwelt<br><br>Wertewandel<br><br>Vorherrschen höherer Motivationsschichten (Ego-Bedürfnisse, Selbstverwirklichung)<br><br>wachsende Bedeutung unternehmensübergreifender Kooperation | | |
| Menschenbild | mechanistischer Mensch (homo oeconomicus) | | (sozial) motivierter Mensch | "administrative person" | "complex person" | |
| *Ansatz* | *Physiologischer Ansatz*<br><br>Scientific Management | *Bürokratisch-administrativer Ansatz*<br><br>1. Bürokratische Variante<br><br>2. Administrative Variante | *Motivationsorientierter Ansatz*<br><br>1. Human-Relations-Variante<br><br>2. Motivations-theoretische Variante | *Entscheidungsorientierter Ansatz*<br><br>1. Mathematische Variante<br><br>2. Verhaltens-wissenschaftliche Variante | *Systemorienter Ansatz*<br><br>1. Organisations-soziologische Variante<br><br>2. Systemtheore-tisch kyberne-tische Variante<br><br>3. Integrierendes Konzept des soziotechnischen Systems | *Integrationsorientierter Ansatz*<br><br>z.B. Lean Management |

1900 — 1930 — 1940 — 1950 — 1970 — 1980 → t

Quelle: Bullinger et al. (1995), S. 19.

Die zentralen Elemente der *physiologischen* Ansätze und des "Scientific Management" bilden die personelle Trennung von geistiger und ausführender Arbeit, die Zerlegung von ausführender Arbeit in kleinstmögliche Teilschritte und die räumliche Trennung der konzeptionellen, steuernden und Supervisionstätigkeiten von ausführender Arbeit bzw. Produktion.[157] Dahinter steht ein mechanistisches Bild des Mitarbeiters als "Rädchen" im Getriebe, der - primär extrinsisch motiviert - versucht, seinen Lebensunterhalt zu sichern. *Motivationsorientierte* Ansätze stellen dagegen bewußt den Menschen als soziales Subjekt in den Mittelpunkt. Informelle Aspekte befriedigender Tätigkeit in arbeitsteiligen Organisationen und die Bedeutung intrinsischer Motivation finden sich auch in aktuellen Paradigmen zur Mitarbeiterführung. Die Organisation als *System* von Entscheidungsprozessen betrachtet den Mitarbeiter als agierendes Individuum, dessen Verhalten in einem interaktiven Verhältnis zum organisatorischen Kontext steht.[158] Systemtheoretische Ansätze spiegeln eine immer komplexere organisatorische Umwelt wieder und erfordern, wie auch die neuen, integrativen Paradigmen, die Auseinandersetzung mit dem Mitarbeiter als "complex person". Unter diesen neuen Paradigmen stellen Bullinger et al. die "*Lean*"-Konzepte besonders heraus, die noch kein Paradigma, aber immerhin einen umfassenden Ansatz verkörperten, der nicht mehr in der organisationstheoretischen Tradition ständiger Komplexitätsreduktion stehe (Bullinger et al. 1995, S. 26f). Sich komplexen Anforderungen mit der nötigen Flexibilität stellen zu können, sei ein zentrales Element neuer Organisationsparadigmen. Eine (leicht verkürzende) Gegenüberstellung der Merkmale eines "alten" und "neuen" Organisationsparadigmas findet sich in Übersicht 6. Das "alte", mechanistische Bild vom Unternehmen als "Maschine" korrespondiert demnach mit technokratischem Denken in Funktionen und Zuständigkeiten, das eine "ökonomisch-technische" Ratio und ein klassisch tayloristisches Bild vom rein extrinsisch motivierten Mitarbeiter als kleinem Teil einer großen "Maschine" aufweist. Ein "neues" Organisationsparadigma zeichnet sich demgegenüber durch ein systemhaftes und gleichzeitig humanistisches Denken, ganzheitliche Ergebnisorientierung und eine "ökonomische, soziale und humane" Rationalität aus; die Betonung des Humanitätsaspektes zeigt eine große Nähe zu Human Resources-Ansätzen.

---

[157] Natürlich denkt man sofort an Fließband- und Akkordarbeit, jedoch finden sich auch im administrativen Bereich Arbeiten dieser Art. Zum Wandel, der sich auch in der Verwaltung auf diesem Sektor abzeichnet siehe u.a. bereits BRINCKMANN et al. (1980).

[158] Siehe u.a. SIMON (1996).

**Übersicht 6**
**Zur Differenzierung alter und neuer Organisationsparadigmen nach Bullinger**

| *Altes Paradigma* | *Neues Paradigma* |
|---|---|
| Unternehmen = "Maschine" | Unternehmen = "Organismus" |
| technokratisches Denken | systemhaftes, humanistisches Denken |
| Denken in Funktionen und Zuständigkeiten | ganzheitliches, ergebnisorientiertes Denken |
| ökonomisch-technische Rationalität | ökonomisch-sozial-humane Rationalität |
| Tayloristisches Menschenbild | Human Resources-Ansatz |

Der Paradigmenwandel im Überblick nach Bullinger (1992), zitiert in Bullinger et al. (1995), S. 27.

Wie kommt es zur Abfolge und Weiterentwicklung von Organisationsparadigmen? Aus der Perspektive einer evolutionstheoretisch ausgerichteten Organisationsforschung liefert der Ansatz von Weick interessante Interpretationsmöglichkeiten. Analyseeinheiten für die Beobachtung evolutionärer Prozesse auf der Ebene von Organisationen sind dabei *Erklärungsmuster*, die organisationalem Handeln *vorangehen*. Die Veränderung bzw. Variation dieser Erklärungsmuster erfolgt durch *"enactment"*. Die Verwendung des Begriffes (to enact = erstellen, schaffen) betont die aktive Teilhabe der Organisationsmitglieder an der Gestaltung von Erklärungsmustern.[159] Besondere Bedeutung kommt dabei den leitenden Organisationsmitgliedern zu (aus betriebswirtschaftlicher Sicht handelt es sich um die Manager). Die Auswahlprozesse orientieren sich aus einer evolutionstheoretischen Perzeption von Organisation an der *Bewährung* von Erklärungsmustern vor dem Hintergrund organisatorischer Wirklichkeit.[160]

Wann jedoch bewähren sich Leitbilder und Modelle des Organisierens? Unsichere Erprobungsphasen werden gerne anderen Organisationen überlassen. Haben sich jedoch Leitbilder und Modelle bewährt, kann man die Orientierung an bzw. Übernahme von organisatorischen Konzepten beobachten, die sich bewährt zu haben scheinen. Diese Strategie wird in der Organisationsforschung als Streben nach Gestaltgleichheit (Isomorphie) bezeichnet. Organisationen versuchen,

[159] Zur wichtigen Rolle von Partizipation und aktiver Teilhabe der Organisationsmitglieder bei der erfolgreichen Erarbeitung und Umsetzung von Leitbildern vgl. u.a. auch HILB (1995). Fangmann spricht von "Selbstbindung durch Partizipation (FANGMANN 2000, S. 123f); empirisch untermauert wird diese Forderung durch Berichte über Leitbilder in der Praxis von (Verwaltungs-) Organisationen (u.a. FRANK/BUCHER 2000). In eine ähnliche Richtung weist auch der Ansatz des ISF München, der betont, erfolgreicher Wandel hänge davon ab, ob es gelinge, Wandel zu einem internen Parameter der zu verändernden Organisation zu machen.

[160] Zum Ansatz von Weick siehe die Darstellung in KIESER (1993), S. 259ff.

Strategien anderer gesellschaftlicher Akteure nachzuahmen, die sie für erfolgreich halten.

"Mangels hinreichender eigener Informationen über effiziente Lösungen orientiert man sich an dem, was andere soziale Akteure in der Umwelt der Organisation für effizient halten, das heißt an Leitbildern und Vorbildern der gesellschaftlichen Umwelt. Isomorphie ist, wie vor allem Meyer und Rowan betonen, keineswegs nur als eine aus Unsicherheit geborene Verlegenheitslösung, sondern durchaus als rationale Strategie zu interpretieren. Denn durch konformes Verhalten gegenüber den normativen Erwartungen der gesellschaftlichen Umwelt können Organisationen auch das Vertrauen wichtiger externer Akteure (z.B. Aktionäre oder staatliche Auftraggeber) gewinnen und damit den Zugang zu Ressourcen sicherstellen. Auf diese Weise können sich auf Isomorphie bauende Strategien rückwirkend, ganz unabhängig von ihrer ursprünglichen Erfolgsträchtigkeit, als effizient erweisen. Der Isomorphismus funktioniert, in anderen Worten, nach der Logik von Mertons 'self-fulfilling prophecy'." (Deutschmann 1997, S. 59)

Die Strategie des Isomorphiestrebens kann in bewußter oder unbewußter Nachahmung bestehen ("mimetic isomorphism"). Nachahmungsprozesse können aber auch durch den Einfluß externer Regeln und Akteure entstehen, man spricht dann von "normativem Isomorphismus". Handelt es sich dabei um zwingende Regeln, Gesetze oder ähnliches, liegt "normativ-zwingender" oder "coercive isomorphism" vor.[161] Meyer/ Rowan verbinden das Konzept der Isomorphie mit Prozessen der *Entkopplung* organisatorischer Leitbilder und Zielorientierung von tatsächlichen (z.B. technischen, marktorientierten) Anforderungen der internen wie externen Umwelten organisatorischer Strukturen. Sie bezeichnen institutionalisierte Regeln ganz im Sinne der "gesellschaftlichen Konstruktion der Wirklichkeit" nach Berger/Luckmann als "classifications built into society as reciprocated typifications or interpretations".[162]

"Many formal organizational structures arise as reflections of rationalized institutional rules. The elaboration of such rules in modern states and societies accounts in part for the expansion and increased complexity of formal organizational structures. Institutional rules function as myths which organizations incorporate, gaining legitimacy, resources, stability, and enhanced survival prospects. Organizations whose structures become isomorphic with the myths of the institutional environment - in contrast with those primarily structured by the demands of technical production and exchange - decrease internal coordination and control in order to maintain legitimacy. Structures are decoupled from each other and from ongoing activities. In place of coordination, inspection, and evaluation, a logic of confidence and good faith is employed."

Was als Nachahmenswert im Sinne eines Strebens nach Isomorphie gilt, beruht aber nicht durchgehend auf erfolgreicher Bewährung oder besonderen Qua-

---

[161] Als dritte Möglichkeit, wie Veränderungen interpretiert werden können, bieten sich nach Deutschmann Rückkoppelungsprozesse zwischen innovativen Akteuren und gesellschaftlicher Umwelt an, wie sie z.B. Giddens unter dem Stichwort des rekursiven Konstitutionszusammenhangs von Handeln und Struktur diskutiert.

[162] MEYER/ROWAN (1977).

litätsmerkmalen (die noch dazu allenfalls kontextspezifisch zu bestimmen sind). Eine wichtige Rolle spielt auch die Darstellung bis hin zur Simplifizierung in Form von Modellen. Bei Scheler weist der Begriff des "Mythos" auf tiefere Wissensschichten hin, die aufgrund ihres hohen "Sedimentierungsgrads" Veränderungen entsprechend schwer zugänglich sind. Der Begriff kann aber nicht nur dazu verwendet werden, das Beharrungsvermögen von Wissensbeständen zu beschreiben, sondern er wird auch dazu verwendet, auf die Problematik einer unreflektierten Verwendung moderner Paradigmen des Organisierens hinzuweisen. So bezeichnet Kieser (1996) den Umstand, daß immer wieder neue Leitbilder und Organisationsmodelle auf den Markt drängen, als wechselnde "Moden und Mythen des Organisierens". Anhand einer quantitativen Inhaltsanalyse arbeitet er rhetorische Standardelemente von Managementleitbildern heraus.[163] Wesentliche Merkmale dieser Leitbilder sind demnach Einfachheit, Allgemeinheit, Prägnanz und Eingängigkeit. Verfahrens- und Ausführungsbestimmungen blieben aber häufig "rätselhaft", die Urheber dieser Modelle weisen vielfach eher Züge von "Gurus" als von sachlichen Beratern auf. Als Gründe, warum Manager, denen i.a. ein höchst rationales Entscheidungsverhalten unterstellt wird, derartigen mythischen Leitbildern folgen, sieht Kieser begründet in *Unsicherheit* und im Streben nach *Statussicherung*.

In eine ähnliche Richtung weisen die Ausführungen von Deutschmann (1997). Aus einer wissenssoziologischen Untersuchung von Rationalisierungsprozessen in der industriellen Produktion leitet er das Bild der "Mythenspirale" ab. Dazu schildert er zunächst einige Ansätze, die den Wandel von Organisationsleitbildern im industriellen Sektor zu analysieren versuchen. Ausgehend von der Diskontinuitätsthese der Industriesoziologie[164] werden Gründe für die Verwerfung alter und die Suche nach neuen organisatorischen Leitbildern bestimmt. Als ein Auslöser von Veränderungen werden Produktinnovationen aufgeführt. Allerdings liefern Thesen zur Produktinnovation lediglich Hinweise zur Genese, aber nicht darüber, wie und unter welchen Bedingungen Konzepte sich *durchsetzen* und institutionell verankert werden. Mit derartigen Ansätzen lassen sich nach Deutschmann zwar Entstehung und Verfestigung neuer Organisationsparadigmen erklären, nicht jedoch, *warum* alte verworfen werden. Er stellt dazu die These auf, das Erklärungsdefizit hänge mit einem Defizit der institutionalistischen und konstruktivistischen Ansätze zusammen, die zu soziologisch und zu wenig ökonomisch argumentierten. Um herauszufinden, warum organisatorische Leitbilder verworfen würden, sei ein Konzept der ökonomischen Umwelt einer

---

[163] Datengrundlage sind die einschlägigen Veröffentlichungen, wie sie in den Fachdatenbanken BLISS und FITT (integriert auf der Wiso-CD) verzeichnet sind (siehe KIESER 1996, S. 22f.).

[164] Die Diskontinuitätsthese der Industriesoziologie geht von einer unregelmäßigen, sprunghaften Entwicklung von Organisations- und Rationalisierungswissen aus, welches von zeitgeschichtlichen und sozialen Strömungen beeinflußt wird.

Organisation nötig (vgl. Deutschmann 1996). Leitprinzip einer an ökonomischer Rationalität ausgerichteten Organisationsumwelt aber sei der Markt. Mit Luhmann wird der Markt als Ergebnis der Autopoiesis des Geldes gesehen und Zahlungen als Elementaroperationen des Wirtschaftssystems. Geld, als das Kommunikationsmedium dieser Prozesse, besitzt aber über den reinen Transaktionsmechanismus hinausreichende, emergente Züge und verkörpert letztlich (unbegrenzten) Reichtum und Vermögen. Eine direkte Konfrontation mit diesem "Urmythos" ist nach Deutschmann "schwer erträglich", daher werden Mythen und Symbole als eine Art "Puffer" zwischen dem radikalen Wesen des reinen Marktes und organisatorischer bzw. letztendlich individueller Perzeption eingesetzt. Unternehmensleitbilder als eine Form, Handlungsprogramme in einer hochkomplexen ökonomischen Umwelt zu formulieren, tendieren dazu - hier klingen wieder die emergenten Züge der Kommunikationsmedien wie Geld an - ungeplante, "nicht-rationale" Züge ökonomischer Prozesse auszublenden. Dies hilft natürlich, Komplexität zu reduzieren, birgt aber auf der anderen Seite die Gefahr des Scheiterns organisatorischer Leitbilder in sich. Deutschmann formuliert für diese Prozesse ein Zyklusmodell, die "Spirale" industrieller Rationalisierung. Organisatorische Strukturbildungen und gesellschaftliche Leitbilder bzw. Institutionen entstehen als "gesellschaftliche Konstruktionen" (im Sinne von Berger/Luckmann), deren Funktion in der Reduktion von Komplexität besteht (siehe auch die "soziologische Weltformel" Luhmanns). In der Phase der Kodifizierung kommt es zur Verbreitung der Strukturen und Leitbilder, sie werden sozial anerkannt, verlieren dadurch aber auch ihren innovativen Charakter. Die nächste Stufe der Festschreibung von Leitbildern folgt mit der Institutionalisierung. Die neuen "Paradigmen" werden in Ausbildungsprogramme aufgenommen, was ihre Kodifizierung noch verstärkt und zu einer Abnahme der Flexibilität führt. Allerdings erfolgt Institutionalisierung niemals vollständig, es bleiben Bereiche (Organisationen), in denen z.B. auf der Basis von Entkopplungsstrategien neue Leitbilder entstehen. Die Phase des Niedergangs setzt ein, wenn negative Effekte überhand nehmen, die Erträge sinken und der Grenznutzen abnimmt. Schließlich kommt es zur Krise, wenn durch sinkende Profite oder betriebspolitische Aspekte die dysfunktionalen Aspekte überwiegen. In dieser Phase bestehen gute Chancen für die Entstehung neuer Rationalisierungsmythen. Deutschmann sieht diese Entwicklung nicht als Kreislauf, sondern, da Veränderungen auf der Basis früherer Erfahrungen erfolgten, als "Spirale".

Das Rationalisierungswissen (im Sinne ökonomischer Effizienzsteigerung) entwickelt sich neueren Organisationsparadigmen der Organisationsforschung zufolge eben nicht - wie in klassischen Fortschrittsvorstellungen - linear, sondern "diskontinuierlich", ist historischen und sozialen Faktoren unterworfen. Die Genese neuer Organisationsformen läßt sich u.a. durch die These des Einflusses der Produktinnovation erklären. Was sich dadurch nicht erklären läßt, ist, *welche* Organisationsformen sich durchsetzen. Bevor nun auf Veränderungen in der öffentlichen Verwaltung eingegangen wird, werden einige populäre Beispiele aus der industriellen Produktion kurz vorgestellt.

### *3.1.3 Beispiele für Organisationsparadigmen in der industriellen Produktion*

Zentrale Organisationsparadigmen der Industriesoziologie und verwandter Forschungszweige als Resultat von Rationalisierungsbemühungen werden häufig anhand von Entwicklungen im Bereich der industriellen Produktion (vor allem in der Automobilindustrie) analysiert. Die Abkehr vom tayloristischen Fließbandkonzept des Fordismus, wie es sich z.B. bei skandinavischen Automobilherstellern zeigte, thematisierten Kern/Schumann (1985) als "Ende der Arbeitsteilung". Im Kontext dieser Arbeit interessiert vor allem das Konzept der Reintegration und Kopplung von Aufgaben, Prozesse, die sich auch auf den nicht-produzierenden ("nonmateriellen") Fordismus der (Massen- bzw. Vollzugs-) Verwaltung übertragen lassen (z.B. in Form der Einrichtung von Bürgerbüros in Kommunalverwaltungen). Ähnliche Schlüsse ziehen Baethge/Oberbeck (1986) in ihrer Studie zur "Zukunft der Angestellten". Aufgabenintegration, Gruppenarbeit und Abflachen von Hierarchien stellen wichtige Aspekte neuer Organisationsparadigmen dar.

Piore und Sabel weisen Mitte der achtziger Jahre der Abkehr von der Massenproduktion im Stile des klassischen Fordismus gar den Stellenwert einer "Wegscheide" (engl. "divide") zu. Ihre zentrale These lautet "(...), daß wir heute (1985, Anm. d. Verf.) an der zweiten Wegscheide der industriellen Entwicklung stehen". Für Industrieländer (Piore und Sabel sprechen von "entwickelten Ländern") bestehen demnach zwei gegensätzliche Strategien, mittels derer wieder Erfolg im Sinne wirtschaftlichen Wachstums möglich sei. Zum einen basierend auf herrschenden Prinzipien der Massenproduktionstechnologie, zum anderen aber in einer Rückkehr zu handwerklichen, "individualisierten" Produktionsformen. (Piore/Sabel 1985, S. 14) Deutschmann zieht das Konzept von Piore/Sabel heran, um die *Diskontinuitätsthese* der Industriesoziologie zu untermauern:

> "Wir haben es mit einem anhaltenden und sich beschleunigenden Wandel des Rationalisierungswissens zu tun, der sich allem Anschein nach nicht geradlinig, sondern in Sprüngen vollzieht. Piore und Sabel (1985) haben diese diskontinuierliche Bewegungsform in Analogie zu dem bekannten Kuhn'schen Modell "wissenschaftlicher Revolutionen" beschrieben: Ein bestimmtes Konzept industrieller Organisation taucht auf, verbreitet sich, verfestigt sich zu einem "Paradigma", prägt den Kanon von Theorie, Ausbildung und Praxis, mit anderen Worten: Es tritt die Phase der "Institutionalisierung" ein, in der es die oben erwähnte Aura unerschütterlicher naturwissenschaftlicher Objektivität gewinnt. Es folgt eine Phase "normaler" industrieller Entwicklung, in der der technisch-organisatorische Gestaltungsprozeß sich in den Bahnen des herrschenden Leitbildes bewegt und auf Perfektionierung i.S. des Leitbildes gerichtet ist. Irgendwann werden jedoch die Grenzen der Perfektionierung sichtbar. Das etablierte Modell gerät in eine Krise, in gleichem Maß wächst das Interesse an neuen und grundsätzlich anderen Konzepten. Es entsteht eine Situation, die Piore/Sabel als eine "Wegscheide" (divide) bezeichnen, eine Situation, in der die Zukunft offen ist, und unterschiedliche technisch-organisatorische Gestaltungsoptio-

nen konkurrieren. Aus dem Wettbewerb der alternativen Konzepte schält sich schließlich ein neues Konzept heraus, das sich als neues "Paradigma" etabliert und damit eine neue Phase "normaler" Entwicklung einleitet usw." (Deutschmann 1997, S. 57)

Die bisher kurz angesprochenen Konzepte industrieller Rationalisierung waren noch relativ stark dem produzierenden Gewerbe verhaftet. Durchschlagenderen Erfolg auch im nichtproduzierenden Sektor genießt seit Beginn der neunziger Jahre die "schlanke Produktion", oft auch als "lean production" gar nicht erst übersetzt. Die Studie von Womack, Jones und Roos mit dem Titel "Die zweite Revolution in der Autoindustrie" (1994) propagiert - wiederum an einem Beispiel aus dem Sektor der Produktion - auf der Grundlage von internationalen Produktivitätsvergleichen zur Organisationsoptimierung eine Verschlankung organisatorischer Strukturen. Diese Verschlankung bedeutet intern einen Abbau von Hierarchien, verlangt nach einem verstärktem Einsatz von Konzepten der Teamarbeit und führt letztendlich zur Reorganisation von Fertigungsabläufen. Extern ist eine enge, koordinierte Zusammenarbeit mit Zulieferern und Vertrieb nötig (Just-in-time-Fertigung, Vermeidung von Lagerzeiten). Eine schnellere Anpassung an Kundenbedürfnisse ist sowohl das Ziel als auch – im Idealfall – der Ausgangspunkt der Veränderungen.

Bullinger et al. (1995) zitieren auf die Frage, was das spezifisch Neue an den "Lean"-Konzepten sei, Antworten wie "Gruppenarbeit", "bewußte Ausschöpfung - nicht Ausbeutung - der Humanressourcen", "Integration bekannter Einzelkomponenten", sowie "Kooperation unter Ausschluß-Konkurrenz". Aufgrund des heterogenen Antwortverhaltens schließen sie darauf, daß sich das "Lean"-Konzept noch nicht zu einem echten Paradigma entwickelt hat. Allerdings bilde "Lean Management" einen umfassenden Ansatz, der auf dem Wege zu einem zukünftigen Paradigma sein könne. Vier zentrale Merkmale lassen sich bestimmen: *humanzentriertes Management* (auf der Basis eines unternehmensweiten Kaizen[165]), Unternehmenssegmentierung durch *dezentrale Strukturen*, wertschöpfungsmaximierende Zulieferer- und *Kundenintegration* und kundendominiertes Qualitätsmanagement sowie ein *geschäftsprozeßorientiertes Technologiemanagement* (Bullinger et al. 1995, S. 23 - 27).

Nach Eichener/Mai (1995) zeigen sich bereits in den Organisationsparadigmen der achtziger Jahre von Kern/Schumann, Baethge/Oberbeck und auch Piore/Sabel viele Aspekte einer schlanken Organisation, wie etwa der Abbau von Hierarchien, Aufgabenintegration und Gruppenarbeit. Den Grund für den weltweiten Durchbruch von "Lean"-Konzepten im Zuge der MIT-Studie sehen sie im Zusammentreffen mehrerer Faktoren:

---

[165] Kaizen, der Prozeß der ständigen Verbesserung in kleinen Schritten, bei dem v.a. Einbezug und Motivation der Mitarbeiter von Bedeutung sind. Neben Kanban einer der weiteren japanischen Begriffe in der modernen Managementsprache, die nur mittels umständlicher Umschreibung einzudeutschen sind.

"Erstens mußte das Konzept - obgleich eher aus Schweden stammend - mit dem ökonomischen Erfolg der japanischen Automobilindustrie verbunden werden, auf die die deutsche Industrie starrte wie das Kaninchen auf die Schlange. Zweitens mußte das Konzept ganz eindeutig unter der Flagge der Kostensenkung und Produktivitätssteigerung segeln und nicht etwa unter der Fahne der Humanisierung der Arbeitswelt, die 'auch' wirtschaftlich vorteilhafter sei. Drittens schienen die MIT-Professoren die Unternehmen wohl besser ansprechen zu können als die eindeutig arbeitnehmerorientierten Industriesoziologen, die schon immer ihre Probleme mit dem Management hatten. Viertens waren Wirtschaft und Verwaltung vielleicht auch erst nach einem Jahrzehnt erfolgreicher Experimente einerseits und nach einer gewissen Verschärfung der ökonomischen Probleme bereit, sich an den konfliktreichen Prozeß der organisatorischen Umstrukturierung zu wagen." (Eichener/Mai 1995, S. 11)

Tendenzen der Verschlankung von Organisationen gehen einher mit einem zweiten modernen Organisationsparadigma, der Dezentralisierung, d.h. der Verlagerung von Arbeits-, aber auch vermehrt Führungsaufgaben in einzelne Arbeitsgruppen "vor Ort". Organisationskonzepte wie das der "lean production" beziehen sich zwar meist auf den industriellen, produzierenden Sektor (Automobilindustrie), jedoch lassen sich die Konsequenzen, wie sie z.B. Drumm (1996) aus dem Paradigma der "Neuen Dezentralisation" zieht, auch – wie im folgenden gezeigt wird – auf den Bereich der öffentlichen Verwaltung bzw. der Kommunalverwaltung übertragen. Drumm bezeichnet drei Faktoren als ausschlaggebend dafür, daß Industrieunternehmen zu "Lean"-Konzepten greifen. Zum einen die Popularität der bereits angesprochenen MIT-Studie zur "lean production" (Womack/Jones/Roos 1994), deren Erfolg auch im Sinne eines Isomorphie-Strebens interpretiert werden kann. Zudem sei ein Strategiewechsel von der Massenproduktion hin zur Kundenorientierung zu beobachten, eine Tendenz, die sich bereits in den achtziger Jahren u.a. in der These von der Wegscheide ("divide"), der Abkehr vom klassischen tayloristischen Konzept der Massenproduktion zeigt (vgl. Piore und Sabel). Drittens seien komplexe, große Organisationen bzw. Unternehmen zunehmend schwerer zu steuern.[166] Folgende Übersicht listet die Strukturmerkmale der "Neuen Dezentralisation" nach Drumm auf:

[166] Ein Aspekt, der sich häufig auch im Bereich großer Kommunalverwaltungen (besonders für große kreisfreie Städte) beobachten läßt.

**Übersicht 7**
**Strukturmerkmale der "Neuen Dezentralisation" nach Drumm**

1. Objekt-, Kunden- und Prozeßorientierung der Stellen- und Abteilungsbildung,
2. flache Hierarchien mit großen Leistungsspannen für die wenigen Führungskräfte,
3. höhere Komplexität der Aufgaben dezentraler Einheiten mit Reduktion von Spezialisierungseffekten und Tendenzen zur Ganzheitlichkeit,
4. zunehmende Variabilität und Wandel der Aufgaben im Zeitablauf (Dynamik), lernende Organisation,
5. Kooperation in Gruppen/Teams und zwischen Gruppen,
6. Einbindung von Stellen und Abteilungen durch Kommunikationsnetze mit Vollstruktur und Kommunikationsunterstützung durch PCs sowie andere technische Medien bei steigendem Kommunikationsaufwand,
7. Selbstabstimmung und Anpassung zwischen Stellen und Abteilungen (Selbstkoordination),
8. Selbstorganisation der Stellen- und Abteilungsaufgaben,
9. Selbstkontrolle der organisatorischen Einheiten und ihrer Mitarbeiter,
10. Schnittstellenminimierung innerhalb von Abteilungen/Gruppen sowie zwischen Stellen/Mitarbeitern,
11. hohe Autonomie der Abteilungen/Gruppen und ihrer Stellen/Mitarbeiter,
12. komplementäre zentrale Steuerung der dezentralen Einheiten zumindest auf strategischer Ebene; zentrale, erfolgsorientierte Überwachung der dezentralen Einheiten durch Controlling-Ansätze.

Quelle: Drumm (1996), S. 11.

Dezentralisation stellt, wie im folgenden Abschnitt ausführlich gezeigt wird, auch ein zentrales Element neuer Steuerungsansätze in der öffentlichen Verwaltung dar. Aus organisationstheoretischer Sicht ergeben sich durch erhöhten Steuerungs-, Kommunikations- und Kontrollbedarf aber auch Nachteile. Auch das besonders in Non-Profit-Bereichen eingesetzte Instrument des internen Wettbewerbs ist mit Paradigmen der Dezentralisierung verbunden. Eine derartige Fiktion eines Markes bedeutet aber auch einen erhöhten internen Koordinationsbedarf.[167] Bevor Beispiele aus dem Bereich der Verwaltungsorganisation näher erläutert werden, sei nochmals kurz auf die zentralen Funktionen organisatorischer Leitbilder hingewiesen. Sie stellen zum einen *Handlungsdesiderate* individuellen wie kollektiven Handelns dar, besitzen eine *Orientierungsfunktion* wie auch eine *Vermittlungsfunktion* (Akzeptanzförderung). Sie verbinden Ver-

[167] Zu den "Kosten" von Koordinationsbedarfen siehe auch den Transaktionskostenansatz. Transaktionskosten sind häufig verschleiert, daher schwer zu berechnen; dies gilt auch für interne Vergleiche wie etwa Leistungswettbewerbe in der Kommunalverwaltung (siehe auch Abschnitt 3.2.3.1).

gangenheit, Gegenwart und Zukunft und sind als Resultate organisationaler Lernprozesse interpretierbar.

## 3.2 Neue Steuerungsmodelle, Leitbilder und die lernende Verwaltung

Geht man die einschlägigen Publikationsreihen und Fachzeitschriften durch, so läßt sich für die öffentliche Verwaltung der letzten vier Jahrzehnte ein permanenter Wandel diagnostizieren. Die Frage, in welchem Umfang die öffentliche Verwaltung "wirtschaftlich" handeln *könne*, *solle* oder *müsse*, bildet neben der Erörterung juristischer Fachprobleme und Fragen nach Wesen und Gestaltung von Verwaltungsakten einen thematischen "Dauerbrenner" der Verwaltungsliteratur.[168] Aber befindet die öffentliche Verwaltung sich tatsächlich an einer "Wegscheide" (divide) zwischen juristischem und ökonomischem Primat?[169] Sind Konzepte der freien Wirtschaft wie "lean production" als "lean administration" auf die öffentliche Verwaltung, insbesondere die Kommunalverwaltung mit ihrem gemeinwohlorientierten Leistungsauftrag, übertragbar? Welche Besonderheiten ergeben sich beim Transfer von industriellen Leitbildern in Form eines "Konzern Stadt" oder einer "Lernenden Verwaltung" auf die öffentliche Verwaltung und die kommunale Aufgabenwahrnehmung? Unter welchen Bedingungen werden sie "brauchbar" und "bewähren" sie sich? Denn organisatorische Veränderungen, mögen sie auch Reaktionen auf Umwelteinflüsse

---

[168] Siehe etwa die Berichte und Publikationen der Kommunalen Gemeinschaftsstelle für Verwaltungsvereinfachung (KGSt), der Bertelsmann-Stiftung, die Arbeitshefte und Forschungsberichte der Hochschule für Verwaltungswissenschaften Speyer, sowie Publikationsreihen wie "Modernisierung des öffentlichen Sektors" (Berlin, Ed. Sigma), "Verwaltungsorganisation, Dienstrecht und Personalwirtschaft" (Speyer), "Verwaltung in Praxis und Wissenschaft" (Deutscher Gemeindeverlag/Kohlhammer). Aus der Fülle einschlägiger Fachzeitschriften seien - ohne Anspruch auf Vollständigkeit - genannt das mit Unterbrechungen seit 1892 erscheinende Verwaltungsarchiv, "Die öffentliche Verwaltung" (DÖV, "Zeitschrift für Verwaltungsrecht und Verwaltungspolitik", seit 1948), "Staats- und Kommunalverwaltung" ("Fachzeitschrift für die Dienstkräfte in der Staats- und Kommunalverwaltung", 1955 bis 1977, dann aufgegangen in:) "Verwaltungsrundschau" ("Zeitschrift für Verwaltung in Praxis und Wissenschaft", seit 1977), "Deutsche Verwaltungspraxis" (DVP, "Fachzeitschrift für Wissenschaft und Praxis in der öffentlichen Verwaltung, seit 1978), "Verwaltung, Organisation, Personal" (VOP, "Fachzeitschrift für erfolgreiches Verwaltungsmanagement", seit 1994 bzw. 1996; Vorgänger: "Verwaltungsorganisation"; darin aufgegangen: "Die innovative Verwaltung"), Verwaltung & Management (VM, "Zeitschrift für allgemeine Verwaltung", seit 1995). Auffällig ist, daß neuere Titel vermehrt die Verbindung von Verwaltung und Managementansätzen zu ihrem Programm machen.

[169] Mit "Wegscheide" (divide) bezeichnen Piore/Sabel (1985) eine Situation, in der unterschiedliche technisch-organisatorische Gestaltungsmöglichkeiten konkurrieren und die weitere Entwicklung der Organisation offen ist. Aus diesem Wettbewerb verschiedener Konzepte entwickelt sich schließlich ein neues Paradigma der Organisation. Zum Modell organisatorischen Wandels nach Piore/Sabel siehe auch Kapitel 3.1.

darstellen, werden dennoch stets stark durch die zu wandelnde Einheit selbst determiniert.[170] Zudem birgt der zumindest die einschlägige Literatur prägende permanente Wandel in der öffentlichen Verwaltung auch die Gefahr einer Reform-Müdigkeit und Skepsis gegenüber Modellen und Leitbildern der Verwaltungsreform in sich.[171]

### *3.2.1 Auslöser und Reformkatalysatoren organisatorischer Veränderungen in den neunziger Jahren*

Beinhalteten frühere Veränderungsprozesse die Ausweitung staatlicher Aufgaben oder die organisationsinterne Implementation technischer Entwicklungen (vor allem auf dem Gebiet der elektronischen Datenverarbeitung), lauten die Attribute des Wandels heute *Kopplung von Fach- und Ressourcenverantwortung, Budgetierung, Dezentralisierung* und (Betriebs-) *Wirtschaftlichkeit, Kundenorientierung und Bürgerfreundlichkeit.*[172] Es stellt sich die Frage, warum in den neunziger Jahren Reformansätze wie das "Neue Steuerungsmodell" der KGSt[173] und andere Varianten des Tilburger Modells[174] deutlichen Einfluß auf Leitbilder deutscher Verwaltungsorganisation gewinnen. Denn die Probleme, einen Kompromiß zwischen traditionellen Strukturen und den Anforderungen der Moderne zu finden, sind keineswegs neu. Die scheinbare Diskrepanz zwischen Ökonomie und Verwaltungshandeln und -denken ist seit Jahren ein Thema, wie auch aus den zentralen Thesen der Abhandlung "Gewerkschaftspolitik und die Modernisierung der öffentlichen Verwaltung" von 1971 hervorgeht (Altmann/Düll/ Kammerer).

> "Aufbau und Verfahrensweise der Verwaltung sind von traditionellen Strukturen geprägt, die bestimmte gesellschaftliche Ansprüche an ihr Handeln erfüllen. Sie begrenzen jedoch die Möglichkeiten der Verwaltung, auf wachsende und neue Aufgaben zu reagieren. Außerdem führen sie zu steigendem Kostendruck." (S. 11)

> "Kostendruck zwingt die Verwaltung, ihre Produktivität zu erhöhen. Der Erfolg entsprechender Maßnahmen wird am Modell privatwirtschaftlicher Modernisierung gemessen; dieses ist kostenorientiert. Es erfüllt nur bestimmte Interessen an Verwaltungsmodernisierung." (S. 12)

---

[170] Vgl. den Ansatz des Instituts für Sozialforschung (ISF) München (u.a. BÖHLE 1992).

[171] Siehe etwa die einleitenden Bemerkungen bei SCHWARTING (1997).

[172] Die ersten drei werden auch als die Kernelemente des Neuen Steuerungsmodells bezeichnet. Siehe hierzu u.a. REICHARD (1993), BANNER (1994) und die Publikationen der KGSt zum "Neuen Steuerungsmodell".

[173] "Kommunale Gemeinschaftsstelle für Verwaltungsvereinfachung", eine Fachorganisation der Städte, Gemeinden und Kreise, die unabhängig von Staat und politischen Parteien arbeitet. Die KGSt hat mehr als 1.500 Mitglieder, darunter Kommunen aus Deutschland, Österreich, der Schweiz und Italien.

[174] Siehe u.a. KGSt-Bericht Nr. 19/1992; WOLTERS (1996).

"Nicht alle gesellschaftlichen Interessen an der öffentlichen Verwaltung werden durch kostenorientierte Modernisierungskonzepte erfüllt. Gerade weil der Verwaltung Aufgaben zufallen, die von der Privatwirtschaft nicht erbracht werden können, muß sie ihre Modernisierung an anderen Prinzipien ausrichten." (S. 13)

Neu dürfte daher vor allem die gleichzeitige Verstärkung mehrerer Reformkatalysatoren gewesen sein, in erster Linie Kostendruck bzw. Finanzkrise, aber auch veränderte Ansprüche an Prozesse und Output des Verwaltungssystems, wodurch die Intensität des Wandels in den neunziger Jahren weltweit eine neue Qualität erlangte. Auch in Deutschland, das lange Zeit sein (preußisches) Bürokratiemodell exportierte, werden Veränderungen als notwendig betrachtet. Als Schnittstelle zwischen Bürger und Politik besonders betroffen ist die Kommunalverwaltung, daher finden sich vor allem in diesem Bereich vermehrt Ansätze zu Reformen.[175] Reinermann bezeichnet als "Herausforderungen heute" die neue internationale Arbeitsteilung (Globalisierung), die Verwaltungen in einen Standortwettbewerb einbinde. Die Komplexität und Dynamik moderner Gesellschaften nehme zu, staatliche Aufgaben verlagerten sich vom rahmensetzenden zum steuernden Staat, von der Ordnungs- zur Leistungsverwaltung. Weitere Faktoren stellten gesellschaftlicher Wertewandel[176], die demographische Entwicklung, die Krise der öffentlichen Finanzen, neue Möglichkeiten der Informationstechnik und eine kritische Rezeption des westdeutschen Verwaltungsmodells in den neuen Bundesländern dar.[177] Bis auf den letzten, spezifisch deutschen Punkt, unterscheiden sich die Reformauslöser kaum von denjenigen, die der "City manager" aus Phoenix (USA) aufzählt:

- Gesellschaftlicher Wertewandel mit zunehmender "Emanzipation" des Bürgers,
- die zunehmende Krise der öffentlichen Haushalte (auf kommunaler Ebene auch durch Kürzungen staatlicher Zuschüsse, Steuerwegfall),
- eine aktivere Rolle des Bürgers (u.a. Bürgerinitiativen)[178],
- vermehrte Erwartungen an das System.[179]

---

[175] Siehe u.a. BANNER (1996, 1997), KLAGES (1997), KLÜMPER (Hg.) (1994), MAAS (Hg.) (1996).

[176] Dieser äußert sich vor allem in gestiegenen Ansprüchen der Bürger, aber auch in veränderten Vorstellungen der Mitarbeiter. Zu Faktoren gesellschaftlichen Wertewandels siehe auch KLAGES (1988), INGLEHART (1989).

[177] REINERMANN (1993), S. 9, REINERMANN (1994), S. 9 - 14.

[178] Zur Partizipations- und damit auch Demokratiechance einer kundenorientierten öffentlichen Verwaltung siehe auch BOGUMIL/KIßLER (1995, 1997). Der Wertewandel zeigte sich bereits in den siebziger Jahren mit dem Entstehen von Bürgerinitiativen (siehe auch Mayer-Tasch).

Möller trägt als Defizite des bürokratischen Organisationsmodells die "oft rigide lebensfremde schematische Arbeitsweise", "zu oft mangelnde Kunden- bzw. Bürgernähe", "zu geringe Flexibilität und Innovationsdynamik", "zu geringe Kostentransparenz und Effizienzkontrolle", "mangelnden inner- und außeradministrativen Wettbewerb", "zu geringe Bürgerbeteiligung und Ergebnis-Verantwortlichkeit" und "zu geringe Motivation und Leistungsanreizung" zusammen, um sie im Anschluß daran mit "völlig neuartigen Herausforderungen" zu konfrontieren:

- Aufgabenwandel von der Ordnungs- zur Leistungs- und Planungsverwaltung,
- Anstieg der Leistungserwartungen der Bürger,
- Verstärkter Problemdruck aus dem politischen System,
- Technikwandel (Vernetzung, IuK-Technologien),
- Wandel in Werten und Einstellungen der Mitarbeiter,
- Verknappung der Finanzmittel.[180]

Hoffmann-Riem nennt *Europäisierung*, *Globalisierung*, wachsende *Ökonomisierung* und *Informatisierung* der Gesellschaft als Ursachen für einen Wandel in der Handlungstypologie der Verwaltung.[181]

### *3.2.2 Kommunalverwaltung zwischen klassischem Bürokratiestereotyp und organisatorischem Wandel - Zentrale Elemente neuer Steuerungsmodelle*

Leitbilder als "funktionale Elemente" von Reformprozessen (Hilb), die "plans for the future and patterns from the past" (Mintzberg) reflektieren, stellen neue Anforderungen an das Rollenverständnis und Verhaltens-Set der Organisationsmitglieder. Zugleich wandelt sich der Umgang mit der "Umwelt" der Verwaltungsorganisation, werden Bürger, aber auch die Mitglieder anderer Organisationseinheiten mehr und mehr als "Kunden" wahrgenommen. "Reformen im Rathaus"[182] bzw. "Umdenken im Rathaus"[183] erfordern neue Steuerungs- und vor allem auch Führungsmodelle für die (Kommunal-) Verwaltung.[184]

---

179 FAIRBANKS/DUMONT DU VOITEL (o.J., ca. 1994, S. 14 - 18). Phoenix war auch der erste Preisträger des interkommunalen Leistungswettbewerbs der Bertelsmann-Stiftung (vgl. BERTELSMANN-STIFTUNG (Hg.) 1993).
180 MÖLLER (2000), S. 110f.
181 HOFFMANN-RIEM (1997), S. 433 - 442.
182 SCHÖNEICH (1996).
183 REICHARD (1994).
184 Vgl. u.a. KLAGES (1990), MÖLLER (2000).

Die niederländische Kommune Tilburg war eine der ersten Verwaltungen, die Veränderungen in Zielbestimmung und Entscheidungsfindung, in Aufbauorganisation und der Ressourcenverteilung anstrebte. Am sogenannten "Tilburger Modell" orientieren sich viele Ansätze deutscher Kommunalverwaltungen, auch das "Neue Steuerungsmodell" der KGSt. Die Kernelemente des "Neuen Steuerungsmodells" umfassen:

- Dezentralisierung, vor allem unter dem Aspekt dezentraler Ressourcenverantwortung,
- Kopplung von Fach- und Ressourcenverantwortung,
- Budgetierung,
- Ergebnis- und Produktorientierung (outputorientierte Steuerung),
- Zielvereinbarung/Kontraktmanagement,
- Qualitäts- und Kundenorientierung,
- Personalentwicklung.[185]

Dezentralisierung bildet ein zentrales Element moderner Strategien zur Komplexitätsbewältigung[186]; dezentrale Ressourcenverantwortung heißt auch, die Gesamtverantwortung der jeweiligen Fachbereiche auszuweiten und zu stärken, wodurch die zentrale Steuerung ein neues Gesicht erhält. An die Stelle zentraler Kontrolle tritt die Koordination und Supervision dezentraler Prozesse. Instrumente zur Steuerung der Verwaltungsorganisation werden verstärkt von der Leistungsseite her betrachtet und ausgewählt ("Outputorientierte Steuerung"), Effizienz soll durch Wettbewerb mit externen Anbietern überprüft, im Falle genuiner Verwaltungsaufgaben werden Wettbewerbssurrogate, z.B. in Form interkommunaler Vergleiche eingesetzt.[187] Die klassische Reaktion der öffentlichen Verwaltung auf mehr und komplexere Aufgaben, die Erhöhung des Ressourcen-Inputs (vgl. auch Ellwein 1996), läßt sich unter den Bedingungen von Finanzdruck und Legitimierungszwang öffentlicher Aufgabenwahrnehmung nicht mehr praktizieren, daher versucht man, das "System der organisierten Unverantwortlichkeit" (Banner) durch eine Kopplung von Fach- mit Ressourcenverantwortung handlungsfähig zu erhalten. Effizienteres Handeln und mehr Wirtschaftlichkeit sollen Budgetierung, Output-Orientierung und neue Formen der Steuerung und Führung mittels Zielvereinbarungen und Kontraktmanagement bewirken. Dabei stellt sich auch die Notwendigkeit, eine klare Verantwortungsabgrenzung zwischen Politik und Verwaltung zu ziehen. Qualitäts- und

---

[185] Vgl. u.a. KGSt-Bericht 5/1993, KGSt-Bericht 6/1996, WOLTERS (1996).
[186] Siehe DRUMM (1996).
[187] SCHÖNEICH (1996), S. 5; siehe auch interkommunale Leistungsvergleiche wie den Speyerer Qualitätswettbewerb.

Kundenorientierung ist verbunden mit einem verstärkten Selbstverständnis der öffentlichen Verwaltung als Dienstleister. Da der geschilderte Maßnahmenkatalog nur mit entsprechend motivierten, geschulten und geförderten Mitarbeitern zu bewerkstelligen ist, bildet auch Personalentwicklung ein wichtiges Element der neuen Steuerung.[188] Hoffmann-Riem faßt die Anforderungen im Stile systemtheoretischer Argumentation zusammen. Demnach müssen sich die Handlungsabläufe der Verwaltungsorganisation ändern

- vom Konditionalprogramm über das Final- zum Aufgabenprogramm,
- von der Programmsteuerung zur Ressourcensteuerung,
- von formalen zu informalen Handlungsformen,
- von imperativen zu kooperativen Interaktionsformen,
- von modalen zu optionalen Instrumenten,
- von regulativen zu mehr oder minder selbstregulativen Handlungsszenarien,
- von der Aufgabenorientierung zur Produktorientierung,
- von hinreichender Effektivität zu größtmöglicher Effizienz,
- von der lückenlosen Legitimationskette zum ausreichenden Legitimationsniveau.[189]

Ähnliche Elemente wie das "Neue Steuerungsmodell" der KGSt enthält auch das Modell des "Reinventing Government". Zwar bestehen zwischen dem angloamerikanischen Raum, dem Beispiele wie Phoenix/Arizona, Braintree/Großbritannien und Christchurch/Neuseeland entstammen, und dem Verwaltungsverständnis in Kontinentaleuropa Unterschiede[190], dennoch lassen sich verwandte Grundtendenzen erkennen. Da ist zum einen die Suche nach Alternativen zur kommunalen Leistungserbringung ("contracting out", "public-private partnerships"). Bürgerinnen und Bürger, Verwaltungs-"Klienten", sollen im Rahmen von Ausschüssen und Gremien aktiv in die öffentliche Aufgabenwahr-

---

[188] Siehe u.a. BUDÄUS (1998), KGSt, LÖHR/POTTHAST 1996, KNAIER (1997).

[189] HOFFMANN-RIEM (1997), S. 433 - 442.

[190] Siehe hierzu u.a. KÖNIG (1995): "Erstere stehen in der Tradition von Civic Culture-Administrationen der kontinuierlich politisch-demokratischen Regime. Zum Identifikationsmuster ihrer Verwaltungsdienste ist immer mehr der Managerialismus in öffentlichen Angelegenheiten geworden. Die moderne öffentliche Verwaltung in Kontinentaleuropa ist älter als die Demokratie. Sie hat ihre identitätsstiftende Vorstellung zuerst im Staat, dann im Rechtsstaat gefunden. Sie beruht bis heute primär auf einer legalistischen Leistungsordnung. Mit dieser ist freilich ein vernunftrechtlicher Anspruch verbunden, so daß man zu kurz greift, wenn man einem juristischen Formalismus das Zweck-Mittel-Denken als einzige Rationalität gegenüberstellt." (S. 265)

nehmung eingebunden werden. Die Verordnungsflut soll eingedämmt und eine Art "Prävention" der Verwaltung vor neuen, zusätzlichen Ansprüchen und Aufgaben angestrebt werden. Der Bürger soll als Kunde perzipiert werden, dessen gestiegenen Erwartungen mit entsprechender Qualifikation des Verwaltungspersonals begegnet werden muß. Interne "Wettbewerbssurrogate" zwischen einzelnen Verwaltungseinheiten sollen die Optimierung von Abläufen fördern. Jahresbudgets und detaillierte Arbeitsplatzklassifikationen sollen durch Zielvorgaben ersetzt werden und die Bewertung und Mittelvorgabe nach "Output-Kriterien" erfolgen. Die Verwaltung soll sich Einnahmequellen verschaffen und zusätzliche Mittel erwirtschaften (z.B. durch Gebühren, Fonds, profit center). Ihren Auftrag soll die öffentliche Verwaltung nicht nur durch Vorgaben und Kontrolle wahrnehmen, sondern in die Steuerung verstärkt auch marktwirtschaftliche Instrumente einfließen lassen. Dezentralisierung und partizipatives Management sollen diese Bestrebungen intern unterstützen (König 1995, S. 29f.).

Diese Herausforderungen treffen – vor allem auf der Ebene von Leitbildern und Selbstverständnis – immer noch auf eine öffentliche Verwaltung, die sich bewußt oder unbewußt in hohem Maße mit dem Idealtypus nach Max Weber identifiziert. Reinermann nimmt dies zum Anlaß, vor dem Hintergrund der Kernelemente des Weberschen Idealtypus ein neues Paradigma für die öffentliche Verwaltung zu fordern.[191] Die Schwerpunkte des von ihm als "neu, unserer Zeit angemessen" bezeichneten Paradigmas liegen in der *Bewahrung von Recht- und Ordnungsmäßigkeit*, der *Stärkung des Einflusses von Politik* (als Vertreterin der vom Volk ausgehenden Staatsgewalt) und *Ökonomie* (Verwaltung als Betrieb). Besondere Bedeutung kommt im Ansatz von Reinermann den Informations- und Kommunikationstechnologien zu, die kostenorientiertes Handeln im Gesamtzusammenhang der Verwaltung erst ermöglichen.[192]

Ruft man sich die Einwände Luhmanns gegen eine vollständige "Ökonomisierbarkeit" von Verwaltungshandeln ins Gedächtnis, der die Entscheidungssituationen als zu komplex ansah, um sie "monokausal", im Hinblick auf einen Parameter, die Wirtschaftlichkeit, zu optimieren, so findet sich nicht nur im Ansatz von Reinermann ein "Sowohl-als-auch" der Systemrationalität. Auch bei König (1995b) wird die Ökonomie nur als ein Handlungsmaßstab neben Regelbindung von Recht und Gesetz sowie Gemeinwohlorientierung gesehen.[193] Dieses Nebeneinander schließe ein "bloßes unternehmerisches Management" in der

---

[191] REINERMANN (1993). Der Idealtyp nach Weber wird auch gern als Kontrastmodell zu Reformentwürfen zitiert, vgl. z.B. BOSETZKY (1994), MÖLLER (2000). Kernelemente stellen Recht- und Ordnungsmäßigkeit, Regelgebundenheit der Amtsführung, Arbeitsteilung, exakt abgegrenzte Kompetenzbereiche, Amtshierarchie, Dienstweg, Aktenmäßigkeit, Unpersönlichkeit der Amtsführung, Trennung von Politik und Verwaltung dar.

[192] REINERMANN (1993), S. 2f.

[193] KÖNIG (1995b), S. 14ff.

öffentlichen Verwaltung aus. Sie umfasse zudem viele Aufgabenbereiche und Tätigkeitsfelder, die nicht rein betriebsökonomisch zu bewältigen sind (Sanktions-, aber auch Maßnahmen der Sozialhilfe, Transferleistungen ganz allgemein), sondern politisch-administrativ gelöst werden müßten. Denn wenn ein einzelner Betrieb Kosten senke, so sei dies nur teilweise eine echte Verringerung der Kosten. Häufig finde eine Verlagerung auf Betriebe bzw. ganz allgemein die Betriebs-, gesehen als Systemumwelt statt. Auf staatlicher bzw. gesellschaftlicher Ebene sei Verschieben nicht mehr so einfach, aus der gesellschaftlichen Bilanz seien Kosten von Verelendung, Bildungsnachteilen nicht zu tilgen (höchstens durch Emigration der Betroffenen). Als Fazit zeigt sich nach König zwar eine "wirtschaftliche Modernisierung", aber kein Paradigmenwechsel zu "Entrepreneurial Management" in der öffentlichen Verwaltung.

**Übersicht 8**
**Vergleich der Rahmenbedingung von Unternehmen und öffentlicher Verwaltung nach König**

| *Unternehmen* | *öffentliche Verwaltung* |
|---|---|
| Markt | Regelbindung (Rechtssicherheit) |
| Wettbewerb | Hierarchie |
| Eigentumsrechte | Eigentumsordnung überdeckt von öffentlicher Zweckbindung |
| potentiell international | Standortbindung |
| "*unternehmerisches* Management" | "*exekutives* Management" |

Quelle: König (1995b), S. 35ff.

"Konturen eines neuen Paradigma der Verwaltung(swissenschaft)" nach Bussmann weisen ähnliche Tendenzen wie die dargestellten Veränderungen in Selbstverständnis und Leitbildern der öffentlichen Verwaltung auf. Er führt als Strategien zum Einbezug ökonomischer Anforderungen auf:

- Informelles Verwaltungshandeln, da in komplexen Entscheidungssituation klassisches, "hoheitliches" Verwaltungshandeln nicht mehr angemessen;
- Aushandeln (freiwilliger) Vereinbarungen trotz legislativer Regelung;
- Koordination - komplementär zur Regelbindung des Verwaltungshandelns an verschiedene Bereiche (Umweltschutz, Denkmalschutz etc.) Verbesserung der Koordination dieser Bereiche (vgl. auch Bürgerämter u.ä.).[194]

"Ingredienzien bzw. basale Tätigkeiten modernen Verwaltungshandelns" umfassen *Delegieren, Lernen, Verhandeln* und *Koordination.* Die wichtigsten In-

[194] BUSSMANN (1997).

strumente modernen Verwaltungshandelns bestehen in *Wettbewerb*, *Evaluation*, *Netzwerken* und der Implementation von (wissenschaftlichem) *Wissen*. Auf diesen vier basalen Tätigkeiten und zentralen Instrumenten beruht nach Ansicht von Bussmann die (bzw. "das Destillat der") Verwaltungsmodernisierung. Für die Ansätze des "Neuen Steuerungsmodells" und auch des "New Public Management" sei zu konstatieren, sie betonten v.a. die Tätigkeit Delegieren und das Instrument Wettbewerb, während Koordinieren und Lernen eher "ein Schattendasein" führten.

Ähnliche Schwerpunkte wie in neuen Verwaltungsparadigmen lassen sich in Ansätzen finden, die eine neuen *Verwaltungskultur* beschreiben. Kultur wird in diesem Zusammenhang verstanden als das Ergebnis von Lernprozessen, in denen persönliche Erfahrungen sowie Erfolgs- und Mißerfolgserlebnisse beim Umgang miteinander verarbeitet werden. Während Ansätze, die mit den Begriffen Paradigma und Handlungsprogramm operieren, sich mit der öffentlichen Verwaltung auf Systemebene befassen, ist der Begriff der Kultur in der Regel an (personale) Träger gekoppelt.[195] Der Vorteil, aber auch die Gefahr einer starken Organisationskultur liegt in ihrer Tendenz, erfolgreiche Orientierungsmuster der Vergangenheit zu bewahren und neue Organisationsmitglieder im Sinne dieser Verhaltensmuster zu sozialisieren.[196]

Elemente einer modernen Verwaltungskultur umfassen sinnstiftende, herausfordernde *Visionen*, *Verantwortungsbereitschaft*, *Leistungsbewußtsein*, *soziales Engagement*. Eine Fixierung auf traditionelle Erfolgsmuster kann zu *defensiven Routinen*[197] und zur kollektiven Vermeidungshaltung gegenüber neuen Ideen, Anforderungen und Verfahren führen ("Konformitätszwang bringt Mangel an Flexibilität und Innovationsfähigkeit.", Küpper 1997, S. 73). Eine auf vergangenen Erfolgen basierende "Bewahrungskultur" hingegen zeichnet sich durch folgende Eigenschaften aus:

- Das Verhalten von Führung und Mitarbeiterinnen und Mitarbeitern ist eng an Regeln und Standards des eigenen Arbeitsbereiches (internen Standards) orientiert.
- Gruppenloyalität steht vor individueller Eigenständigkeit,
- die Mitarbeiterinnen und Mitarbeiter sind eher extrinsisch motiviert.

---

[195] Vgl. KÜPPER (1997), HEENE (1995), der "Die Kulturdiskussion in Theorie und Praxis" als "Ausgangspunkt für eine identitätsgerechte Steuerung organisatorischer Lernprozesse" heranzieht.

[196] Aspekte derartiger Sozialisation finden sich in Sprache, Kleidung, Umgangsformen in täglichen Arbeitsroutinen und Ritualen, Vorschriften, Normen, Standards und Grundsätze von guter Führung und Zusammenarbeit, richtigen Umgangs mit Bürgern, Klienten, Kunden; gute Arbeitsergebnisse, Sicht der Dinge (KÜPPER 1997).

[197] Vgl. Argyris, der allerdings in der Literatur bei KÜPPER (1997) nicht aufgeführt ist.

Damit korrespondiert ein Führungsverhalten, welches geprägt ist durch Aspekte wie

- Streben nach Statuserhaltung und Integrität des eigenen Führungsbereichs,
- ausschließlich solche Vorschläge von Mitarbeiterinnen und Mitarbeitern werden rezipiert, die die eigene Führung stärken;
- Verfahrenskontrolle wird vor Ergebniskontrolle, negative Sanktionen vor positiver Verstärkung gestellt,
- Fachkompetenz wird überbetont.

Das Motto eines Reformprozesses, der diese Verhaltensweisen modifizieren will, muß daher darin bestehen, "vom Denken in formalen Positionen, Handlungsstrukturen und -beschränkungen zum Denken in Beziehungen, Handlungspotentialen und -prozes-sen" überzugehen (Küpper 1997, S. 74). Daraus ergeben sich aber auch erhöhte Anforderungen an die Personalentwicklung, denn

> "Bestandteil der Verwaltungskultur ist die Vermittlung, der Ausdruck und die Gestaltung einer Lernkultur".

Um eine derartige Lernkultur zu gestalten, ist die Förderung eines offenen Dialogs und Lernklimas zur Überwindung interner und externer Grenzen und Barrieren erforderlich.[198] Zudem müssen folgende Komponenten beachtet werden:

- systematische Problemlösung unter Anwendung wissenschaftlicher, datengestützter Methoden und einfacher statistischer Werkzeuge (u.a. Controlling);
- Experimente mit neuen Perspektiven, Deutungsmustern, Herangehensweisen;
- Lernen aus vergangener Erfahrung;
- Lernen aus den Erfahrungen und besten Praktiken anderer[199];
- Schneller und effizienter Wissenstransfer innerhalb (z.B. durch job rotation, Mobilität der Mitarbeiterinnen und Mitarbeiter, Leistungsanreize).

Bevor Beispiele für Leitbilder in der öffentlichen Verwaltung dargestellt werden sei nochmals auf die besonderen Bedingungen hingewiesen, unter denen Veränderungen in der Kommunalverwaltung stattfinden. In den vorgestellten

---

[198] Siehe z.B. auch das Feature der Süddeutschen Zeitung vom 30.01.99 zur Wichtigkeit von Dialog in Unternehmen.

[199] Vgl. auch das Isomorphie-Konzept (Abschnitt 3.1.2).

Ansätzen zu Verwaltungsreformen klang durchgehend ein "Sowohl-als-auch" der Handlungsrationalität, eine Skepsis gegenüber einer unreflektierten Übertragung von Organisationsmodellen der Privatwirtschaft an. Da es für einen Wandel grundlegender Handlungsorientierungen wichtig ist, die Selbstwahrnehmung und Perspektive einer Organisation einzubeziehen, sollen als verwaltungsnahes Sprachrohr abschließend die Ausführungen der Kommunalen Gemeinschaftsstelle für Verwaltungsvereinfachung (KGSt) herangezogen werden. Im KGSt-Bericht 10/1993 mit dem Titel "Ausbildung und Entwicklung von Personal mit betriebswirtschaftlichem Aufgabenschwerpunkt" wird der komplexen Entscheidungssituation kommunalen Verwaltungshandelns ein "Wettstreit" verschiedener Rationalitäten attestiert.[200]

> "Im Unterschied zur Privatwirtschaft führen der Primat der Politik, die Gemeinwohlorientierung und die stärkere rechtliche Bindung in der Kommunalverwaltung dazu, daß die ökonomischen Aspekte bei vielen Problemen weniger stark hervortreten und teilweise in ihrem Wesengehalt anders ausgeprägt sind als in der Privatwirtschaft (z.B. das Fehlen von Prinzipien wie Marktanteilstabilisierung, Umsatzsteigerung oder Gewinnerzielung). Damit ist auf ein Grundproblem der Kommunalverwaltung hingewiesen: Es stehen stets verschiedene Rationalitäten im Wettstreit miteinander: die politische, z.B. der Gemeindevertreter, die fachlich-professionelle, z.B. der Stadtplaner und Sozialarbeiter und schließlich die ökonomische Rationalität." (KGSt-Bericht 10/1993, S. 7)

Bürokratische Organisationen wie die öffentliche Verwaltung lassen sich durch ihre multifinale Entscheidungssituation charakterisieren.[201] Die Zielsetzung erfolgt dabei durch die Politik, das Handlungsprimat bildet die Gemeinwohlorientierung.

> "Der skizzierte Wandel ändert nichts am Primat der Politik und der Gemeinwohlorientierung. Er zwingt aber zu einer stärkeren Beachtung der (betriebs)wirtschaftlichen Aspekte des Verwaltungshandelns. Dem entsprechen das Leitbild vom Dienstleistungsunternehmen Kommunalverwaltung und das Neue Steuerungsmodell, die die Verwaltung als eine auch und verstärkt nach wirtschaftlichen Kriterien zu führende Organisation sehen." (KGSt-Bericht 10/1993, S. 8)

Überträgt man Modelle aus der freien Wirtschaft auf die öffentliche Verwaltung, müssen gesellschaftliche Verantwortung und Auftrag beachtet werden.

> "Damit kein Mißverständnis aufkommt, sei noch einmal betont, daß keiner platten Übernahme ökonomischer Denk- und Arbeitsweisen aus der Erwerbswirtschaft das Wort geredet wird. In einer Verwaltung, deren vornehmste Ziele darin bestehen,
> - Gemeinschaft (Solidarität) zu stiften und zu erhalten,
> - Gemeinwohlinteressen gegen Einzel- und Gruppeninteressen durchzusetzen,
> - den sozialen Frieden zu sichern und die Schwachen zu schützen,
> - Dienstleistungen zu erbringen, mit denen private Anbieter nichts verdienen können und schließlich

---

200 Siehe auch LUHMANN (1960).

201 Siehe Abschnitt 2.1.1.

- in besonderem Maße sozialverantwortlich mit dem Personal umzugehen,
gelten selbstverständlich andere Rahmenbedingungen als in der Privatwirtschaft; innerhalb dieser kommt jedoch den ökonomischen Kategorien und Werthaltungen und dem Einsatz ökonomischer Methoden und Instrumente unter Effektivitäts- und Wirtschaftlichkeitsaspekten erhöhte Bedeutung zu." (KGSt-Bericht 10/1993, S. 9)

Die Aussagen spiegeln ein – bei aller Reformeuphorie ungebrochenes Selbstverständnis – der Verwaltungsorganisation wieder. "Innerhalb" der organisatorischen Rahmenbedingungen werden Veränderungen angestrebt. Das juristisch-verfahrensorientierte Primat des Weberschen Bürokratie-Idealtyps kann zwar durch Ansätze zu mehr Wirtschaftlichkeit des Handelns ergänzt werden. In Form von Gemeinwohlauftrag, sozialer Verantwortung und des multiplen Interessengeflechts gesellschaftlicher Akteure beeinflussen jedoch eine Fülle von zusätzlichen Parametern die Entscheidungssituation der öffentlichen Verwaltung, die sich orientiert an rein ökonomischer Optimierung nicht bewältigen läßt.

### *3.2.3 Schwerpunkte neuer Organisationsleitbilder in der Kommunalverwaltung*

Leitbilder sind in der Privatwirtschaft bereits seit Jahren gängige Praxis. Unternehmen beschreiben darin Ziele und Wertvorstellungen, wesentliche Aufgaben, Funktionen und Leistungen, Vorstellungen über Führung, Zusammenarbeit, Personalentwicklung und die Beziehungen zur "Umwelt" im weiteren Sinne. Leitbilder besitzen sowohl nach außen als auch nach innen eine Orientierungs- und Vermittlungsfunktion. Die zunehmende Verbreitung von Leitbildern im Bereich der öffentlichen Verwaltung resultiert einerseits aus einer ähnlichen Situation wie in der Privatwirtschaft, einer wachsenden Komplexität der Umwelt, der Beschleunigung der gesellschaftlichen, wirtschaftlichen und technologischen Veränderungen sowie einer damit verbundenen Verunsicherung und erhöhtem Orientierungsbedarf aller Beteiligten. Der Umstand, daß gerade betriebswirtschaftliche und Managementelemente große Bedeutung erlangen, läßt sich andererseits auf Tendenzen der Nachahmung erfolgreicher Organisationsformen von Wirtschaftsunternehmen zurückführen (Isomorphiestreben) - zu einem Zeitpunkt, da diese gerade ihrerseits zunehmend kritisch betrachtet werden (Fangmann 2000). Fast verwundert es, daß Kritiker neuer Steuerungsmodelle der Verwaltungsorganisation bislang vor allem die *Übertragbarkeit* dieser Modelle auf den Sektor öffentliche Verwaltung anzweifeln, und weniger ihren *Gehalt.*

Leitbilder in der Kommunalverwaltung bilden wie in der Privatwirtschaft die Grundlage für die Handlungsmaxime aller Organe der Kommune, geben Antworten auf die Fragen "Wer sind wir?" (Selbstverständnis, Corporate Identity),

"Was wollen wir?" (Zielbestimmung) und "Wie verhalten wir uns?".[202] Sie besitzen eine interne, aber auch eine nach außen wirkende *Orientierungsfunktion*. Leitbildern in der öffentlichen Verwaltung wird darüber hinaus eine wesentliche Rolle in Prozessen der Verwaltungsmodernisierung zugeschrieben. Als "*dynamisches Element der Verwaltungsreform*" sollen sie Reformprozesse auslösen und Entwicklungsmöglichkeiten aufzeigen. Sie liefern die Zielvorgabe für weiteres Handeln und den Orientierungsrahmen, in dem steuerungsfähige Zielvorgaben für alle Politikfelder einer Kommunalverwaltung formuliert werden. Deckert/Wind (1995) nennen als Zielvorgaben, die sich aus kommunalen Leitbildern zur neuen Steuerung ableiten lassen, Aufgabenerfüllung, Bürgerservice, Flexibilität, Produktivität, Wirtschaftlichkeit und Mitarbeiterzufriedenheit. Zur Überprüfung dieser Zielvorgaben führen sie eine Reihe "objektive", d.h. meßbare, zählbare und somit eindeutig quantifizierbare Kriterien an, die ergänzt werden durch "subjektive" Kriterien, die auf Befragungen und individuellen Urteilen beruhen (siehe Übersicht 9).

**Übersicht 9**
**Ziele und Kriterien von Leitbildern neuer Steuerung nach Deckert/ Wind**

| ***Ziel*** | ***Kriterien*** |
|---|---|
| Aufgabenerfüllung | Gesetzmäßigkeit **, Zielerreichung **, Bürgernutzen */** |
| Bürgerservice | Umgang mit dem Bürger *, bürgerfreundlicher Geschäftsprozeß*, räumliche Gestaltung *, Öffnungszeit/Sprechstunde * |
| Flexibilität | Durchlaufzeit/Wartezeit **, Umstellungsgeschwindigkeit */** |
| Produktivität | Menge **, Qualität **, Kapazitätsnutzung ** |
| Wirtschaftlichkeit | Stückkosten **, Kostendeckungsgrad ** |
| Mitarbeiterzufriedenheit | Arbeitsklima *, Motivation *, Fortbildung **, Krankheitsquote **, Fluktuation ** |

Quelle: Deckert/Wind (1995), S. 44. * = "subjektiv", durch Befragen/Bewerten zu erheben, ** = "objektiv", meßbar, zählbar.

Leitbilder als Instrumente der Steuerung stellen für die öffentliche Verwaltung auch deshalb etwas "Neues" dar, weil sie den traditionellen Dualismus zwischen "schöpferisch-kreativer" Politik und ausführender Verwaltung erweitern. Auch die Verwaltung ist dadurch angehalten, ihr Selbstverständnis und ihre Handlungsrationalität zu reflektieren. Allerdings bestehen gerade auf der operativen Ebene der Leistungs- und vor allem Sozialverwaltung Vorbehalte bezüg-

[202] Vgl. u.a. DECKERT/WIND (1995), S. 41ff.

lich der Leitbildeuphorie, da hier "externe" Vorgaben (Gesetze, Budgetvorgaben) eigenen planerischen Möglichkeiten enge Grenzen setzen.

### *3.2.3.1 "Konzern Stadt" und die "Schlanke Verwaltung"*

Die Kommunalverwaltung als "Konzern" zu bezeichnen, weist auf eine starke Affinität zu Organisationsleitbildern aus der Privatwirtschaft hin, deren monofinale Handlungsrationalität auf ökonomische Effizienzsteigerung ausgerichtet ist. Die Übergänge zwischen "mimetischem", "normativem" und "zwingendem" Isomorphiestreben sind dabei fließend, denn der "Zwang" zu ökonomisch effizienterem Handeln resultiert zum einen aus Budgetvorgaben und gesetzlichen Regelungen, zum anderen reflektiert er gewandelte gesellschaftliche Erwartungen und gestiegene Legitimierungsanforderungen an staatliches und damit auch Verwaltungshandeln. Die Metapher "Konzern" dokumentiert auch den Wunsch nach einem neuen Selbstverständnis der öffentlichen Verwaltung, weg vom Klischee einer in Handlungsroutinen erstarrten Bürokratie hin zu einem modernen, dynamischen Image. Wichtige konzeptionelle Elemente des Leitbildes "Konzern" stellen der Abbau von Hierarchien und eine stärkere Dezentralisierung dar. Organisatorische Strukturen sollen "verschlankt" effektiver und flexibler werden. Wie bei anderen Modellen kommunaler Bestrebungen zur Verwaltungsreform handelt es sich auch bei der Konzernmetapher nicht um ein Ausschlußprinzip, sondern um eine Schwerpunktsetzung im Rahmen einer Fülle von Maßnahmen und Konzeptionen.[203]

Die Marktorientierung und Wettbewerbsfähigkeit einer Verwaltung einschätzen zu können erfordert Vergleichsmöglichkeiten. Bei den administrativen Kernaufgaben wie Ordnungs- und Leistungsverwaltung bestehen keine Alternativangebote aus dem Sektor der Privatwirtschaft, daher finden sich in diesen Bereichen interkommunale und verwaltungsinterne Leistungsvergleiche.[204] Dabei darf jedoch nicht übersehen werden, daß dem internen Wettbewerb zwischen einzelnen Abteilungen, Ämtern und Fachbereichen Grenzen gesetzt sind. Unterschiede im Preis-Leistungsverhältnis zu ermitteln bedeutet noch nicht, daß sich tatsächlich Handlungsoptionen zur Optimierung bieten. Verwaltungsinterner Wettbewerb macht Kosten transparent, solange jedoch kein echter Ressourcentransfer erfolgt, bedeuten derartige Fiktionen eines Marktes in erster Linie erhöhten Koordinationsbedarf (vgl. hierzu etwa den Transaktionskostenansatz). Zudem besitzt die Kommunalverwaltung gegenüber ihrem "Überkunden Bürger" einen "natürlichen" Standortvorteil: mag ein Bauantrag in Wetzlar auch schneller bearbeitet werden als in Frankfurt (87 gegenüber 305 Arbeitstage),

---

[203] Siehe z.B. KLÜMPER (Hg.) (1994).

[204] Siehe hierzu etwa die Bemühungen der KGSt, Wettbewerbe der Bertelsmann-Stiftung und den Speyerer Verwaltungspreis.

wird ein Frankfurter Bauherr kaum mit seinem Vorhaben nach Wetzlar ausweichen können.[205]

Die "Vision" vom "schlanken Staat" enthält nach Deckert/Wind (1995) wenig konkrete Vorstellungen, kann aber als Basis von Leitbildern dienen. Sie zeigt den starken Einfluß von Organisationsparadigmen aus Industrie und Wirtschaft. Ähnlich wie "lean production" und "lean management" hat sich auch "lean administration" zu einem Schlagwort entwickelt, das eine Isomorphie, ein Nachahmen tatsächlich oder vermeintlich erfolgreicher Organisationskonzepte, darstellt.[206]

"Den in Mode gekommenen Vorstellungen von einer 'schlanken' Verwaltung liegt der Versuch zugrunde, Modernisierungsverfahren aus der Privatwirtschaft auf die öffentliche Verwaltung zu übertragen. Angesichts vermuteter paralleler Entwicklungstendenzen zwischen Privatwirtschaft und öffentlicher Verwaltung - genannt wird der Abschied von der standardisierten Massenproduktion, der Übergang vom Einzelprodukt zur Dienstleistung und von der Sparten- zur Kundenorganisation - erhofft man sich von privatwirtschaftlichen Modernisierungstrends Orientierung auf dem Weg zur Produktivitätssteigerung im öffentlichen Dienst." (Bogumil/Kißler 1995, S. 12)

Schlankere Organisationsstrukturen und transparente Kommunikationsstrukturen können Prozesse beschleunigen, Beispiele aus der Kommunalverwaltung, wie obiger Vergleich aus dem Bereich von Genehmigungsverfahren untermauern dies. Allerdings bedeutet die "Verschlankung" der organisatorischen Struktur einer Verwaltung in der Regel auch einen Abbau von Stellen. Im Personalwesen von Kommunalverwaltungen, das durch Stellenpläne gesteuert wird, erfolgt dies häufig dadurch, daß ausscheidende Beschäftigte nicht mehr ersetzt werden. Wie in der Privatwirtschaft stellt sich das Problem, daß gerade schlankere Organisationsstrukturen erhöhte Anforderungen an das verbleibende Personal stellen. Konzepte wie das Neue Steuerungsmodell enthalten daher auch das Element der gezielten Personalentwicklung.[207] Die zeitliche Koinzidenz von Organisationsreformen und Personalabbau in den neunziger Jahren (und vermutlich auch weit darüber hinaus) bedeutet einen erhöhten Planungs-, aber auch Motivationsbedarf.[208] Neben Personalabbau verbindet sich mit dem Etikett "lean administration" in der Wahrnehmung der Bürgerinnen und Bürger häufig die Kürzung und Einschränkung staatlicher (kommunaler) Leistungen. Leitbilder

---

[205] Große, global agierende Konzerne besitzen hier natürlich andere Möglichkeiten der Einflußnahme bzw. verlegen ihre Bauambitionen einfach ins Umland (siehe z.B. die Verlagerung von Medienkonzernen ins Umland von Großstädten, man denke nur an die Kommunen Hürth bei Köln bzw. Unterföhring bei München). Das Zahlenbeispiel ist BOGUMIL/KIßLER (1997), S. 57, entnommen.

[206] Siehe u.a. STEGER (1994), EICHENER/MAI (1995).

[207] Siehe u.a. BUDÄUS (1994), REICHARD (1994),

[208] Häufig stehen vor allem die Arbeitnehmervertretungen Reformen kritisch gegenüber (siehe u.a. UNLAND 1995).

wirtschaftlichen, "innovativen" Verwaltens und die Konzernmetapher werden hier teilweise eingesetzt, um unpopuläre Maßnahmen zu verkaufen.[209] Einen erhöhten Aufwand im Bereich Öffentlichkeitsarbeit dürfte es allerdings nach sich ziehen, das Kürzen von Leistungen mit den Anspruch eines "Konzerns Stadt" zu verbinden, als flexibler, kundenorientierter Dienstleister aufzutreten.

### *3.2.3.2 Öffentliche Verwaltung als kundenorientierter Dienstleister*

Bereits in den siebziger Jahren wurden Veränderungen des Verhältnisses zwischen Bürger und Staat bzw. Verwaltung ein Thema, allerdings lautete damals das Schlagwort mehr *Bürgernähe*.[210] Die Verwaltung als "Dienstleister" ist daher in ihrem Kern kein neues Konzept (siehe etwa Pappermann et al. 1982), nur die Betonung hat sich verstärkt. Dabei handelt es sich auch beim Leitbild "Dienstleister" um eine Schwerpunktsetzung, die sich mit anderen Facetten und Elementen neuer Steuerung verbinden kann.[211] Dies zeigt sich auch in Begriffskombinationen wie dem Leitbild der "Verwaltung als Dienstleistungs*betrieb*" und der Perzeption des Bürgers als "Überkunden". Auch wenn etwa Löhr/Potthast (1996) die Verwaltung als "Dienstleistungsunternehmen" bezeichnen, subsumieren sie unter diesem Leitbild die Kernelemente wie sie das "Neue Steuerungsmodell" der KGSt enthält: Dienstleistung und Outputsteuerung, Dezentralisierung der Befugnisse beim Ressourceneinsatz, Führung durch Vereinbarung, Personalentwicklung.[212]

Betrachtet man zentrale Elemente des Neuen Steuerungsmodells der KGSt und verwandter Ansätze, kann man sich des Eindrucks nicht erwehren, daß die Orientierung an den Bedürfnissen der "externen" Verwaltungskunden, der Bürgerinnen und Bürger, eine Art Sekundärfolge der dort vorgeschlagenen, auf die Optimierung interner Abläufe ausgerichteten Prozesse bildet. Wenn die Verwaltung ergebnisorientiert handelt (unter Einsatz betriebswirtschaftlichen Know-hows wie Kosten- und Leistungsrechnung, Produktbildung und Controlling) und dezentrale Strukturen schafft, dann ist sie letztendlich auch kundenorientiert. Bogumil/Kißler (1995, 1997) sehen dieses Konzept als zu *binnenorientiert*.[213] Bürgerämter seien *ein* Schritt, wie der Zugang zu Verwaltungsleistungen

---

209 Siehe Eichener/Mai (1995), S. 10.

210 Siehe auch GRUNOW, Dieter (1982): Bürgernähe der Verwaltung als Qualitätsmaßstab und Zielbezug alltäglichen Verwaltungshandelns.

211 Siehe z.B. München, "Bürgernähe durch interne Reformen", die als erste deutsche Millionenstadt eine Verwaltung mit unternehmerischer Struktur anstrebte; Titel: "Neues Steuerungsmodell", Stadtratsbeschluß von 1994, Restrukturierung des Rechnungswesens (siehe VOP 3-4/96, S. 27).

212 LÖHR/POTTHAST (1996), S. 37f. Zur Sicht der Verwaltung als kundenorientierter Dienstleister siehe u.a. auch KNAIER (1997).

213 Vgl. auch die Kritik am klassischen bürokratischen Organisationstyp nach Max Weber. Die Befunde von Bogumil/Kißler stützen auch die These, der Webersche Idealtyp der Or-

erleichtert werden könne. Wichtig sei es aber auch, den Weg durch die Verwaltung kritisch zu reflektieren. Auf die Ergebnisse von Untersuchungen zu Durchlaufzeiten und Kosten, z.B. im Bereich der Baugenehmigungen, müßte die breite Verwaltungsöffentlichkeit verstärkt hingewiesen werden, um die daraus erwachsenden Chancen als "Wirtschaftsbürger" nutzen zu können. Bogumil/Kißler attestieren aber auch einen "Strukturkonservatismus" seitens der Bürgerinnen und Bürger:

"Die BürgerInnen sind mit einer Kundenrolle im Verhältnis zur öffentlichen Verwaltung ebensowenig vertraut, wie die Beschäftigten mit einem Berufsverständnis als Dienstleister. Doch während der Mangel an Dienstleistungsbewußtsein öffentlich kritisiert, in zahllosen Beamtenwitzen persifliert und als Modernisierungsbarriere erkannt ist, bleibt ein im Selbstverständnis der BürgerInnen wurzelnder Strukturkonservatismus eigentümlicherweise unthematisiert. (...) Die politische Sozialisation des Staatsbürgers erstreckt sich nicht auf den Kompetenzerwerb als Wirtschaftsbürger." (S. 57f)

Was das Leitbild vom kundenorientierten Dienstleister so schwer umsetzbar macht, sind die unterschiedlichen Rollen, in denen der Bürger der Verwaltung begegnet, und deren verschiedene Funktionen für alltägliche Lebensbereiche, die sich nicht auf das Schlagwort "Service" reduzieren lassen. Man denke nur an den "publikumsintensiven Bereich der Kommunalverwaltung", zu dem Bogumil/Kißler (1995) Einwohnermeldeamt, Straßenverkehrsamt, Wohnungsamt, Sozialamt, Versicherungsamt sowie die dezentralen Außenstellen in den Bezirken zählen (S. 31ff). Hier muß unterschieden werden zwischen "publikumsintensiven Kurztätigkeiten", die z.B. das Spektrum der ordnungsrechtlichen Verwaltungsaufgaben umfassen, wie es häufig in Bürgerämtern zu finden ist, und einer "publikumsintensiven Leistungsgewährung" (z.B. Sozialhilfe, Wohngeld, Rente), die zudem eine intensive Beratungstätigkeit erfordert. Das "Problem" von Theorien der Kundenorientierung steht daher in engem Zusammenhang mit der multifinalen Entscheidungssituation des Systems öffentliche Verwaltung. Die klassische Rolle der hoheitlichen Verwaltung als "Ordnungsmacht" mit ihrem Pendant, dem "Untertanen", erfuhr nicht zuletzt aufgrund der Aufgabenausweitung im Leistungsbereich die Erweiterung um das Begriffspaar "Planung und Steuerung sozialer Prozesse" und "Klient". Der Staat als "Dienstleister" und der Bürger als "Kunde" erfordert von Verwaltung und Bürger ein Umdenken. Für die Verwaltungsseite besteht vor allem im Bereich der Aus- und Fortbildung sowie der internen Weiterbildung Handlungsbedarf.

"So gehört Qualitätssicherung zu den unabdingbaren, aber bislang vernachlässigten Kernaufgaben einer modernen Verwaltung. Bezieht man dies auf die Fortbildung, so bedeutet dies zum Beispiel eine stärkere Gewichtung von Programmen und Inhalten, die den Bezug zum Bürger bzw. den Dienstleistungscharakter des Verwaltungshandelns betonen. Unsere empirische Untersuchung zeigt, daß solchen

---

ganisation sei in Hetero- und Autostereotypen der öffentlichen Verwaltung immer noch weit verbreitet.

Qualifizierungsinhalten gerade von den Mitarbeitern ein hoher Stellenwert zuerkannt wird." (Kühnlein/Wohlfahrt 1995, S. 159)

Die Beschäftigten müssen in den Stand gesetzt werden, eine neue Verwaltungskultur umzusetzen, daher bilden Prozesse der Personalentwicklung, der Revision von hierarchischem Führungsverhalten und institutionalisierte Prozesse der Aus- und Fortbildung wichtige Elemente der Verwaltungsreform.

#### *3.2.3.3 Personalentwicklung, Führungsstile und die "Lernende Verwaltung"*

Als dritte Gruppe von Leitvorstellungen werden der Bereich Personalentwicklung und die Metapher der "lernenden Verwaltung" diskutiert. Sie sind nicht gleichzusetzen, befassen sich aber beide mit der Förderung und Qualifizierung von Organisationsmitgliedern und rücken den Faktor "Personal" in den Vordergrund.

*Personalentwicklung* stellt ein Element des Neuen Steuerungsmodells der KGSt und verwandter Ansätze dar, das sich als wichtiges Bindeglied zwischen sich wandelnden Anforderungen der Organisation und der Einbindung des Mitarbeiterpotentials erweist. Denn das Neue Steuerungsmodell und seine Bestandteile wie etwa die Dezentralisierung von Ressourcenverantwortung stellen neue, teilweise auch höhere Anforderungen an die Mitarbeiterinnen und Mitarbeiter. Auf fachlicher Ebene handelt es sich dabei in erster Linie um betriebswirtschaftliche Kenntnisse, wie die Einrichtung und Pflege von Systemen der Kosten- und Leistungsrechnung und Maßnahmen im Bereich Controlling und Berichtswesen. Das bislang primär an juristischer Korrektheit orientierte Verwaltungshandeln soll verstärkt auch wirtschaftlichen Gesichtspunkten gerecht werden.[214] Eine besondere Herausforderung ergibt sich aus den populären Forderungen nach mehr Mitarbeiterpartizipation, der Notwendigkeit von Reformprozessen mit "bottom up-Charakter" bis hin zur gezielten Personalentwicklung. Ansätze aus der Privatwirtschaft sehen mittlerweile Personalentwicklung nicht nur als "Bringschuld" der Organisation, sondern als Prozeß, den die Mitarbeiter selbst aktiv gestalten müssen.[215]

---

[214] Siehe z.B. die Literaturhinweise in GORNAS/BEYER (1991), wo sich bereits in Publikationen aus den fünfziger Jahren Gegenüberstellungen von Kameralistik und Doppik (Spohn 1951) sowie Analysen zu multifinalem Entscheidungshandeln in der Verwaltung (Simon 1955) finden.

[215] Siehe beispielsweise das Konzept des Konzerns BP, nach den Anfangsbuchstaben der zentralen Elemente kurz "OPEN" genannt (offenes Denken, persönliche Initiative, Empowering (Teamgeist), Networking (gemeinsam erfolgreich sein). Mitarbeiterentwicklung ist in diesem Ansatz keine alleinige Bringschuld des Unternehmens, sondern Aufgabe jedes einzelnen Mitarbeiters (Süddeutsche Zeitung, 11.4.1998, Beruf und Bildung, Serie "Achtung Leistung! Messen, beurteilen, fördern", Teil 7).

Zwei Aspekte aus der Personalentwicklung sollen beispielhaft herausgegriffen werden. Die "klassische" extrinsische Motivation des Beamtenberufs besteht in der Versorgung (Alimentierung) nach Maßgabe des Laufbahnsystems. Für zusätzliche, etwa materielle Leistungsanreize bietet das Laufbahnsystem in seiner ursprünglichen Form keinen Platz, allenfalls kann das Tempo des Aufstiegs beschleunigt werden.[216] "Leistungsfeindlichkeit" ist daher ein altes Vorurteil gegenüber dem Laufbahnsystem. So findet sich bereits auf dem XI. Kongreß des Internationalen Instituts für Verwaltungswissenschaften 1960 der "Beratungsgegenstand: Leistungssteigerung in der Verwaltung durch Vorteile, die den Bediensteten gewährt werden" (Schrödter 1960, S. 84f.). Im Zentrum dieser Debatte stand das europäische Beamtenrecht, welches davon ausgeht, der Beamte widme seine ganze Arbeitskraft dem Staat und werde im Gegenzug von diesem versorgt (Alimentationsprinzip; vgl. §§ 52, 54, 79 BBG). Für Sondervergütungen biete sich hier kein Raum, das Gehalt steige unabhängig von der Leistung in regelmäßigen Zeitabschnitten nach dem Dienstalter. Eine Verweigerung des Gehaltsaufstiegs bei schlechter Leistung sei möglich (§ 21, Deutsches Beamtengesetz), werde aber kaum durchgeführt, und auch in damals neue Beamtengesetze nicht übernommen. Eine Gehaltskürzung sei nur bei Disziplinarmaßnahmen, in Form einer Herabstufung möglich. In den USA würden dagegen bereits Prämien für Verbesserungsvorschläge diskutiert. Als Alternativen böten sich Anreize durch verbesserte Beförderungschancen, Anpassung der Gehälter an die Wirtschaft, Verbesserung sozialer Leistungen und Fortbildungsmöglichkeiten an.

> "In der Diskussion und im Generalbericht wurden die Bedenken deutlich, die gegen ein Anreizsystem durch Gewährung oder Verweigerung finanzieller Zulagen bestehen. Einmal macht schon die gerechte Beurteilung der Leistungen Schwierigkeiten, zum anderen besteht die Gefahr, daß die Unabhängigkeit des Bediensteten und die Objektivität seiner Entscheidungen leidet, weil er seinen Dienst nicht nach sachlichen Gesichtpunkten, sondern nur mit dem Blick auf die Vergünstigungen betrachtet." (S. 85)

Betrachtet man die Probleme, die sich einer leistungsorientierten Bezahlung im Beamtenbereich entgegenstellen, fühlt man sich unversehens in eine Art Zeitmaschine versetzt. Denn Probleme der "Messung" von Verwaltungshandeln wie auch die Sorge, Leistungsanreize gefährdeten das sachlich-regelkonforme Verwaltungshandeln "sine ira et studio", sind bis heute Bestandteile der Diskussion von Konzepten zur Schaffung von Leistungsanreizen.[217]

---

[216] Vgl. auch die beschäftigungsrechtlichen Vorschriften, die etwa Sprungbeförderungen ausschließen.

[217] Siehe z.B. RUSCHMEIER (1994), "Zwischen Alimentierung und leistungsgerechter Bezahlung - Gedanken zur Reform des öffentlichen Entlohnungssystems". Da Personalkosten den größten Posten und somit das Kernproblem der unter Druck geratenen öffentlichen Haushalte bildeten, richte sich neben Personalabbau und Einstellungsstops das Augenmerk

Das Personalwesen in der öffentlichen Verwaltung befindet sich nicht nur beschäftigungsrechtlich im Umbruch. Gefordert wird auch ein "neuer Typ von Beamten". So berichtet die Süddeutsche Zeitung in der Ausgabe vom 2./ 3. Mai 1998 unter dem Titel "Erst qualifizieren, dann befördern. Bayerns öffentliche Verwaltung entwickelt in einer "Offensive" eigene Gesetze der Personalentwicklung" über eine Diskussionsrunde zum Wandel des Selbstverständnisses der öffentlichen Verwaltung. Die Aussagen stützen die These, daß ein Wandel in der organisatorischen Struktur eng verbunden ist mit Veränderungen in Selbstverständnis und Rolle der Organisationsmitglieder. Neben diesen "qualitativ-subjektiven" Komponenten berühren die Entwicklungen auch den Bereich Personalrecht. So findet in Bayern eine Qualifizierungsoffensive mit Modellcharakter statt, an deren Ende ein neuer Beamtentypus stehen soll. Dieser neue Beamtentypus soll sich vom "klassischen" unterscheiden. Während Beamtenrecht und Laufbahnregelungen bisher vor allem Treue und Loyalität honorieren, sollen vielfältige Reformansätze eine Effizienzsteigerung und Leistungs-Honorierung des Verwaltungshandelns institutionell verankern.[218] Ähnliche, das klassische Gratifikationsmodell einer am Laufbahnsystem orientierten Verwaltung hinterfragende Konzepte finden sich auch in anderen Bundesländern.[219]

Neue Steuerung bedeutet auch eine Veränderung des *Führungsbegriffs* und der Vorgesetztenrolle.[220] Luhmann spricht in den verwaltungswissenschaftlichen Analysen gerne vom Vorgesetzten als "Lückenbüßer", der nur in Krisenfällen in Arbeitsabläufe eingreift und ansonsten Entscheidungen "abzeichnet" (und diese natürlich auch vertreten muß).[221] Reformen der Verwaltung wie etwa eine Verschlankung der Organisationsstrukturen und der Abbau von Hierarchien unterziehen aber auch den klassischen Führungsstil einer Revision. Kooperatives Führen und Motivation der Mitarbeiter gewinnen an Bedeutung.[222]

---

auf das Bezahlungssystem für öffentlich Bedienstete. Das Alimentationsprinzip sehe eine "standesgemäße" Versorgung vor, Aufstieg sei eng an das Laufbahnsystem gekoppelt, welches auch ein schlichtes "Dienst-Älterwerden" ermögliche. Individuelle Leistung innerhalb von Tarifgruppen sei in im klassischen Besoldungs- und BAT-System irrelevant. Ruschmeier vertritt die These, individuell unterschiedliche Leistung solle innerhalb einer bestimmten Bandbreite auch individuell unterschiedlich bezahlt werden. Hierbei solle nicht allein "Geld" als Motivation dienen, sondern "gerechte" Entlohnung. Der Tariflohn in der bisherigen Form sei dann eine Art "Mindestlohn". Anzustreben wäre, den Tariflohn als "Durchschnittslohn" zu setzen, der über- oder unterschritten werden könne. Die rechtlichen Rahmenbedingungen dafür müßten allerdings erst geschaffen werden.

[218] SÜDDEUTSCHE ZEITUNG, 2./3. Mai 1998.

[219] Siehe RUSCHMEIER (1994).

[220] Zum Wandel des Führungsbegriffs im modernen Verwaltungsmanagement siehe auch FANGMANN (1999), MÖLLER (2000).

[221] LUHMANN (1983), S. 90 - 107, S. 131.

[222] Siehe u.a. LÖHR/POTTHAST (1996), DIDZILATIS (1996), ENDRES (1993).

Aufschlußreich sind die Untersuchungsergebnisse des Forschungsinstituts der Hochschule Speyer zum Führungsstil der Verwaltung im Wandel (Klages/Gensicke 1996). Die Wirksamkeit von unterschiedlichen Führungsstilen steht in Zusammenhang mit unterschiedlichen Tätigkeitstypen bzw. -spielräumen, entsprechend der Handlungsspielräume korrespondieren diese Handlungsprogrammtypen mit besonderen Motivationsstrukturen und dementsprechenden Führungsstilen (Klages 1990):

- zunächst "Ziel- und Zweckprogramme", die den geringsten Regelungsgrad aufweisen, bei denen der Tätigkeits- und Entscheidungsspielraum der Mitarbeiter also besonders groß ist.
- es folgen "Suchprogramme", bei denen den Mitarbeitern zwar Ziele und Zwecke, jedoch noch keine konkreten Handlungsalternativen vorgegeben sind.
- in der Verwaltung sehr weit verbreitet sind "Auswahlprogramme", bei denen den Mitarbeiterinnen und Mitarbeitern noch ein "Auswahlermessen" zwischen fest normierten Entscheidungsalternativen zukommt.
- ganz "unten" dann in die in der Verwaltung ebenfalls stark verbreiteten "Arbeitsprogramme", die den stärksten Regelungsgrad für die Aufgabendurchführung aufweisen und die die Routinetätigkeit in der sog. "Massenverwaltung" repräsentieren. (Klages 1990, S. 14ff)

Die Verwaltung als "lernendes System" bzw. "lernende Organisation" verkörpert das Leitbild einer Organisationskultur, in der Lernfähigkeit und -bereitschaft wichtige Werte und Normen darstellen.[223] Dabei werden Veränderungs- und Modernisierungsprozesse als Lernchancen angesehen, und Lernaktivitäten werden darauf ausgerichtet, die Mitarbeiter ebenso wie die Organisation beim permanenten Wandel zu unterstützen. Wichtige Aspekte und Kernelemente einer "lernenden Verwaltung" sind:

- Sie regt die Mitarbeiter dazu an, aus eigener Initiative für heutige und zukünftige Arbeitsaufgaben zu lernen; sie passen sich leichter an neue Verhaltensweisen und wechselnde Rahmenbedingungen an.
- Lernprozesse von Individuen wie Gruppen werden durch Kollegen und Vorgesetzte unterstützt und gefördert;
- der Arbeitsplatz wird zum wichtigsten Lern- und Entwicklungsfeld, Lernen und Arbeiten werden miteinander verknüpft;

---

[223] Leitbild "Lernende Verwaltung" nach KGSt-Bericht 13/1994. Die KGSt hat sich in ihrem Bericht zur Personalentwicklung an diesem Leitbild orientiert und empfiehlt, sich damit auseinanderzusetzen und es an spezifische Gegebenheiten der Organisation anzupassen.

- es werden durch die Vorgesetzten Bedingungen geschaffen, die permanentes Lernen fördern und ermöglichen.

Um Lernprozesse zu unterstützen, sind folgende Rahmenbedingungen wichtig:

- Projektarbeit mit immer wieder neu zusammengesetzten Gruppen;
- Abflachen der Hierarchie, um Handlungs- und Entscheidungsspielräume der Mitarbeiterinnen und Mitarbeiter auszuweiten;
- Aufbau eines Vorschlagswesens, das Kanäle für Veränderungsideen schafft und diese honoriert;
- es bestehen Lernanreize und werden Lernerfolge angemessen honoriert (z.B. bei Personalauswahl oder Beförderungsentscheidungen);
- es wird eine Erhöhung der Lernfähigkeit und damit Problemlösungsfähigkeit der Verwaltung als Gesamtorganisation angestrebt, um auf veränderte Anforderungen zukünftig schneller und flexibler reagieren zu können.

Das Modell der "lernenden Organisation" besitzt – ähnlich wie der Begriff der "lean production/administration" – eine große Wirkung auf die Gestaltung von Veränderungen in der öffentlichen Verwaltung. Um Leistungsfähigkeit und Legitimationsgrundlage der Verwaltung im modernen Sozial- und Rechtsstaat angesichts rasch wechselnder und zunehmend unberechenbarer gesellschaftlicher Problem- und Bedürfnislagen in der Zukunft zu erhalten, wird die Verwaltung den Weg zu einer "lernenden Organisation" beschreiten müssen. Ehlers (1998) führt das "Zukunftsversagen" der traditionellen Verwaltungsorganisation auf fehlende "Lernbedingungen" zurück. Dabei handelt es sich um die bereits in Abschnitt 2.1 geschilderten Aspekte der "tayloristisch abgeschotteten Zuständigkeiten", zentralisierter Entscheidungskompetenzen, ganz allgemein um Strukturmerkmale der "klassischen", bürokratischen Verwaltungskultur wie Amtshierarchie, strikter Dienstweg, tätigkeitsbezogene Aufgabenteilung und radikaler Regeleinhaltungszwang. Diese von Ehlers als "Pathologien" bezeichneten Merkmale bürokratischer Organisation lassen sich systemtheoretisch interpretieren als Prozesse der Selbstreferenz. Der "selbstreferentielle Eigensinn" führt zum einen zur Schaffung einer "eigenen Welt", das eigentliche Ziel, der gesellschaftliche Aufgabenbezug, wird aus den Augen verloren. Statt dessen reagiert der organisatorische Kontext mehr und mehr auf sich selbst.[224] Zum anderen konzentrieren Systeme den Blick nur auf einen bestimmten Umweltausschnitt, man könnte auch sagen Zuständigkeitsbereich. Ein ähnliches Szenario

---

[224] Als Beispiel führt Ehlers die "zweckindifferente Produktion von Normendickichten zur Binnenregelung einer Organisation" an.

findet sich in den u.a. bei Küpper (1997) beschriebenen Hemmnissen moderner Verwaltungs-, insbesondere Führungskultur: Betonung von Gruppenloyalität statt Förderung individueller Innovativität, Stabilisierung des Status quo.

Organisationales Lernen bezeichnet dann genauer den Prozeß der experimentellen Anwendung, Bewertung und Routinisierung von "neuen" Handlungsschemata, die sich gegenüber den traditionellen Verhaltens- und Verfahrensmustern als vorteilhafter erwiesen haben. Wird ein solches "neues" Handlungsschema etwa in Form von Dienstanweisungen oder Geschäftsgangregeln normativ abgesichert, hat die Organisation "gelernt". Organisationales Lernen ist damit nichts anderes als die "Überführung positiv bewerteter Novität in Routine." (Ehlers 1998, S. 33). Vier Schlüsselfaktoren, *Experimentalität*, *Regularität*, *Strukturalität* und *Informativität* prägen das Lernverhalten der Organisation. Erfolgreich sind lernende Organisationen, wenn Raum für Experimente besteht und flexibilisierte Handlungsnormen möglich sind. Sie sollten über strukturelle und prozeßbezogene Bedingungen wie dezentrale Organisationsstrukturen, Kontraktmanagement (häufig auch mit der englischen Übersetzung "Management by Objectives" (MbO) bezeichnet) verfügen. An die Stelle einer streng verrichtungsorientierten Arbeitsteilung sollte ein ergebnis- bzw. produktorientiertes Handeln treten. Kommunikations- und Koordinationsprozesse sollten netzwerkartig gestaltet werden. Abschließend verweist Ehlers auf die moderne Datenverarbeitung (z.B. sog. "Groupware"), welche sachbezogene Zusammenarbeit unterstützen und hierarchischen Strukturen und Abschottung entgegenwirken soll.[225]

Nach diesen "Soll-Vorstellungen" zur optimalen Gestaltung organisationaler Lernprozesse in Verwaltungsorganisationen werden noch einige Ergebnisse aus einer Studie zu *institutionalisierten* Lernprozessen im engeren Sinne, d.h., dem Bereich der Aus- und Fortbildung in der öffentlichen Verwaltung vorgestellt. Kühnlein/Wohlfahrt (1995) versehen den Titel ihrer Publikation "Leitbild lernende Verwaltung" noch mit einem Fragezeichen. Denn wer etwas lernt, wer sich an Maßnahmen der beruflichen Fortbildung beteiligt, wird von Position

---

[225] Vgl. auch z.B. Reinermann, Internet und öffentliche Verwaltung. Verwaltung und neue DV, neue Medien. Fast könnte man eine Analogie herstellen zwischen der Entwicklung von Leitbildern der Softwareorganisation und der Entwicklung der Verwaltung. Vielleicht ist das gar nicht so weit hergeholt, denn administratives "Aktenwissen" war seit jeher ein extrem für edv-geeignetes und auch verarbeitetes Wissen (vgl. auch Aktenwissen in der bürokratischen Wissensordnung bei Spinner 1994). Eine Ähnlichkeit dieser Entwicklung findet sich auch in der Technikforschung, Leitbild der Informationstechnologieentwicklung zunächst die Groß- bzw. Zentralrechner-Analogie. Danach folgte die Einzelplatzrechner-Ideologie, während heute Vernetzung das Schlagwort schlechthin darstellt, nicht zuletzt auch in den Arbeitsabläufen im Bereich Informatik. Teamarbeit, Modularisierung.

bzw. Statusgruppe, Geschlecht und Größenklasse der Verwaltung beeinflußt.[226] So beteiligen sich weibliche Angestellte der Funktionsgruppe mittlerer Dienst unterproportional an beruflichen Fortbildungsmaßnahmen, vor allem, wenn sie aus kleinen Kommunalverwaltungen stammen. Dies ist zudem eher bei aufstiegsrelevanten Fortbildungsmaßnahmen zu beobachten als bei berufsbegleitenden Seminaren. Beschäftigte des mittleren Dienstes nehmen in vergleichsweise geringerem Maße teil als Angehörige des gehobenen Dienstes, eine Ausnahme bilden aufstiegsrelevante Fortbildungslehrgänge. Beschäftigte des höheren Dienstes in kleineren Verwaltungen nutzen Fortbildungsangebote "relativ wenig bis gar nicht", was vor dem Hintergrund der Anforderungen neuer Verwaltungssteuerung von den Autoren als kritisch bezeichnet wird. (Kühnlein/Wohlfahrt 1995, S. 51 - 65)

Wie laufen Prozesse der beruflichen Fortbildung ab? In diesem Zusammenhang sind zunächst die Aus- und Fortbildungsinstitutionen der öffentlichen Verwaltung von Interesse, die (noch?) überwiegend oder sogar ausschließlich für den öffentlichen Dienst arbeiten. Vor allem in den größten Laufbahngruppen, dem mittleren und gehobenen Verwaltungsdienst, ist eine interne Ausbildung die Regel (vgl. auch die Zugangsvoraussetzungen in der Kommunalverwaltung). Durchgeführt wurde diese bis in die siebziger Jahre durch die "Verwaltungsschulen" bzw. "Studieninstitute für kommunale Verwaltung", größere Verwaltungen verfügen auch über eigene Aus- und Fortbildungsabteilungen. Die sog. Fachhochschulgesetze von 1976, die die Ausbildung der Beamtenschaft des gehobenen Dienstes an Fachhochschulen vorschrieben, führten dazu, daß sich die Studieninstitute vermehrt der Fort- und Weiterbildung zuwandten.

[226] Das Forschungsprojekt wurde in den Jahren 1992 bis 1994 durchgeführt und umfaßte eine repräsentative, schriftliche Befragung von Vertreterinnen und Vertretern der Personalämter und -vertretungen, Gespräche mit Experten aus Personalämtern, Fortbildungsabteilungen, Personalräten, Gleichstellungsbeauftragten in elf Stadtverw5altungen, Expertengesprächen in Verwaltungsschulen und Studieninstituten sowie schriftliche Mitarbeiterbefragungen in vier Stadtverwaltungen (Kühnlein/Wohlfahrt 1995, S. 165ff).

**Tabelle 1**
**Organisatorische Regelungen der kommunalen Fortbildung nach Kühnlein/ Wohlfahrt** (in Prozent)

| | *Fortbildungs-programm vorhanden* | *Organisations-einheit Fortbil-dung* | *Fortbildungs-beauftragter* | *Interne FB-Angebote* |
|---|---|---|---|---|
| Großstädte | 70 | 71 | 73 | 89 |
| Mittelstädte | 54 | 49 | 42 | 50 |
| Kleinstädte | 54 | 19 | 18 | 13 |
| *Gesamtdurchschnitt* | *60* | *42* | *34* | *40* |

Quelle: Kühnlein/Wohlfahrt 1995, S. 70.

Interne organisatorische Regelungen der Fortbildung stehen in engem Zusammenhang mit der Verwaltungsgröße. So verfügen im Durchschnitt 60,1 Prozent der Kommunen über Fortbildungsprogramme, 41,8 Prozent über Organisationseinheiten zur Fortbildung, ein Drittel über Fortbildungsbeauftragte, und fast 40 Prozent über interne Fortbildungsangebote. *Formelle Regelungen* in Form von Dienstvereinbarungen sind eher selten und besitzen nach Ansicht von Kühnlein/Wohlfahrt eher "symbolischen" Charakter. Im Bereich der AI- und AII-Lehrgänge sowie von Computerschulungen mache sich zudem bemerkbar, daß überörtliche, landes- bzw. bundesweite Fortbildungsregelungen fehlen (S. 74). *Inhalte* des behördlichen Fortbildungswesens umfassen zu einem großen Teil Fortbildung zu "Technikunterstützter Informationsverarbeitung" bzw. "Informations- und Kommunikationstechnik". Zwischen einem Viertel bis ein Drittel des gesamten Ausbildungsetats entfallen darauf, zwischen 27 und 37% aller Teilnehmer an Fortbildungen besuchten ADV-Seminare (S. 79). Einen weiteren Schwerpunkt stellen Fachschulungen für bestimmte Fachämter, Berufsgruppen und Funktionen dar. Zentral sind Fortbildungen, die sich der "dienstlichen Zusammenarbeit befassen" wie etwa "Konfliktbewältigung am Arbeitsplatz", "Streßbewältigung" und "Teamfähigkeit".[227] Weitere Themenschwerpunkte umfassen die "Führungskräftefortbildung", Angebote für Frauen, Veranstaltungen für Personalräte, pädagogische Schulung für haupt- und nebenamtliche Ausbilder. Umweltschutzthemen werden zumeist im Rahmen von Fachfortbildungen behandelt. Allgemeine Einführungen werden zur Europäischen Union angeboten. Hinzugekommen sind in den neunziger Jahren Fortbildungen zum Thema "Neue Steuerungsmodelle" und betriebswirtschaftlichen

[227] Bei den "verhaltensbezogenen" Seminaren konstatieren Kühnlein/Wohlfahrt wieder einen deutlichen Unterschied zwischen größeren Verwaltung, die die ganze Palette der Fortbildungen anbieten und kleinen Verwaltungen, die hier weniger starke Schwerpunkte setzen (S. 82).

Inhalten wie Kostenrechnung, die sich zunächst v.a. an Führungskräfte richteten (S. 80).

Als Fazit stellen Kühnlein/Wohlfahrt 12 Thesen zur Umsetzung des Leitbilds von der lernenden Verwaltung auf. Einige für den Kontext dieser Arbeit wichtige Aspekte sollen vorgestellt werden. So ist die "lernende Verwaltung" im engeren Sinne, d.h., auf den Aus- und Fortbildungssektor bezogen, ein Teil der Verwaltungsorganisation und damit deren übergeordneten Zielvorgaben unterworfen. Macht man sich nicht deutlich, daß der Aus- und Fortbildungsbereich durch Parameter der Organisation und vor allem der hierarchischen Personalstruktur geprägt ist, besteht die Gefahr, daß sich auch das Schlagwort von der "lernenden Verwaltung" zu einem "Mythos" organisatorischer Reformbestrebungen entwikkelt.

"Das bloße Angebot eines erleichterten Zugangs zur beruflichen Fortbildung bzw. einer Verstärkung von Fortbildungsmaßnahmen für die Beschäftigten kann daher - sofern die gewollten und gewünschten praktischen Veränderungen nicht von vornherein mitbedacht und in das Szenario einbezogen werden - auch zu gegenläufigen Effekten führen. Fortbildung kann so zum 'Mythos' werden, der praktisch zu einer Individualisierung strukturell vorhandener Probleme beiträgt, und damit Perspektiven behauptet, die praktisch nicht realisierbar sind." (S. 156f)

Da organisationale und individuelle Lernprozesse untrennbar verknüpft sind, ergeben sich aus dem Leitbild der lernenden Verwaltung hohe Anforderungen an die Personalentwicklung, besonders das Aus- und Fortbildungswesen. Die nach Kühnlein/ Wohlfahrt noch vielerorts vorherrschende Teilnehmerorientierung der Maßnahmen muß sich zukünftig bedarfsorientiert entwickeln. Dies erfordert wiederum klare Vorgaben über das Gesamtleitbild der Verwaltung, somit ist auch die Politik gefordert.

Neue Leitbilder der Verwaltungsorganisation müssen ebenfalls auf der Ebene der Mitarbeiterqualifizierung definiert werden. Die vorhergehenden Aspekte kommunaler Leitbilder, die Verwaltung als "Konzern", "Dienstleistungsunternehmen", "Schlanke Verwaltung", um nur einige zu nennen, müssen in institutionalisierte Lernprozesse der Organisation ebenso wie in das alltägliche Verwaltungshandeln eingebunden werden.

## 3.3 Berufliche Sozialisation in der öffentlichen Verwaltung

Unter der Überschrift "Verwaltungsorganisation, Beschäftigungsverhältnis und Beamtenrolle" wurde in Abschnitt 2.1.2 bereits der Einfluß von Hierarchie-, Laufbahn- und Legalitätsprinzip auf die perzipierten "typischen" Handlungs- und Gestaltungsspielräume beruflicher Alltagswelt von Verwaltungspersonal diskutiert.[228] Die Bürokratie als "Organisation-im-Kontext" kann sich jedoch Tendenzen wie gesellschaftlichem Wertewandel nicht entziehen.[229]

Nach Bosetzky (1982, 1994) ist "Wertewandel" vor allem in jüngeren Alterskohorten zu beobachten. Für diese kann sich der Eintritt in die Verwaltung zum "Horror-Trip" gestalten, da in der bundesdeutschen Verwaltung noch immer das "organisatorisch 'geronnene' System des Konventionalisten" (Herbert) vorherrsche. Die "neuen Werte" seien nur schwer kompatibel mit den "klassischen Verwaltungswerten". Die mit "Selbstzwang und -kontrolle" verbundenen "Pflicht- und Akzeptanzwerte" entsprechen dabei eher den Kernelementen des Weberschen Idealtypus ("Organisationsnotwendigkeiten"). Als "bürokratiekonstituierende Variablen" werden Ziel- und Ressourcenvorgabe, externe Kontrolle und Steuerung, Größe und Komplexität der Organisation genannt. Die "konventionellen" Werte unterstützen danach Berechenbarkeit und Routinisierung. Selbstentfaltungswerte stellen hingegen Fundamente klassischer bürokratischer Organisation in Frage. Sie können jedoch nur dann wirksam werden, wenn das organisatorische Umfeld sie "honoriert". Die beiden Pole der Handlungsprogrammierung in der öffentlichen Verwaltung korrespondieren mit unterschiedlichen Persönlichkeitstypen. Die Reaktionen bürokratischer Organisationen auf den Wertewandel lassen sich nach Bosetzky als "4-A-Strategie", in Anlehnung an die Anfangsbuchstaben der Anpassungsmechanismen *Ausblendung*, *Abstoßung*, *Absorption* und *Adaptation*, beschreiben.[230]

Prozesse der "Ausblendung" zeigen sich nach Bosetzky in einem "Wir sind okay"-Gefühl der Verwaltung, es herrsche die Annahme, ein "bißchen mehr BWL-Denken und IuK-Einsatz" reichten aus, um neuen Anforderungen gerecht zu werden. Es sei ein "relativ positives Reformklima" (Reichard) anzutreffen, aber Reformversuche "entschlummern sanft" oder enden in Enttäuschungen (Laux). Daß dennoch Leistung erbracht wird, sieht Klages als "kontrafaktisches Motivationswunder". Als zentrale Aufgabe wird weiterhin der Gesetzesvollzug angesehen (Koch). Unter dem Eindruck von Sparmaßnahmen und Stellenabbau werden moderne Selbstentfaltungs- und Autopoiesis-Konzepte eher defensiv rezipiert, teilweise sogar als "utopisch" ausgeblendet. Es bleibt bei einem "organisatorischen Konservatismus" (Sydow), in dem Juristen dominieren (Derlien ).

---

[228] Zur Entwicklung siehe u.a. MAYNTZ (1985); BRINKMANN et al. (1973) verweisen auf Friedrich, H.: Staatliche Verwaltung und Wissenschaft. Die Wissenschaftliche Beratung der Politik aus der Sicht der Ministerialbürokratie. Frankfurt a.M. 1970).

[229] INGLEHART (1989), KLAGES (1988).

[230] BOSETZKY (1994), S. 103ff.

**Abbildung 2**
**Sozialisation in der öffentlichen Verwaltung und Wertewandel nach Klages**

| | Selbstzwang und -kontrolle (Pflicht- und Akzeptanz) | Selbstentfaltung |
|---|---|---|
| Bezug auf die Gesellschaft | "Disziplin"<br>"Gehorsam"<br>"Leistung"<br>"Ordnung"<br>"Pflichterfüllung"<br>"Treue"<br>"Unterordnung"<br>"Fleiß" | idealistische Gesellschafts-kritik<br>"Emanzipation" (von Auto-ritäten)<br>"Gleichbehandlung"<br>"Gleichheit"<br>"Demokratie"<br>"Partizipation"<br>"Autonomie" (des Einzelnen)<br>.............................................<br>............................................. |
| Bezug auf das individuelle Selbst | "Bescheidenheit"<br>"Selbstbeherrschung"<br>"Pünktlichkeit"<br>"Anpassungsbereitschaft" | Hedonismus<br>"Genuß"<br>"Abenteuer"<br>"Spannung"<br>"Abwechslung"<br>"Ausleben emotionaler Be-dürfnisse" |
| | Fügsamkeit<br>Enthaltsamkeit<br>.............................................<br>.............................................<br>.. | Individualismus, u.a. Kreati-vität<br>"Kreativität"<br>"Spontaneität"<br>"Selbstverwirklichung"<br>"Ungebundenheit"<br>"Eigenständigkeit"<br>.............................................<br>............................................. |

Quelle: Klages, Helmut (1985): Wertorientierungen im Wandel. Frankfurt a.M., zitiert in Bosetzky (1994), S. 101.

Die "Abstoßung" von Personal mit "neuen Werten" kann als "offensivere" Variante der Ausblendungsstrategie gelesen werden. Zentraler Wert, oberstes Ziel und großes Plus der bürokratischen Organisation ist weiterhin ihre Berechenbarkeit. Das Image ist schlecht, die Nachwuchsrekrutierung bzw. Attraktion dementsprechend; es herrschen einschlägige Mechanismen der Kooptation. Als Beleg für die Abstoßungsthese und die sich in ihr manifestierende "Wagenburg-Mentalität" kann nach Bosetzky interpretiert werden, daß die Innenminister sich gegen die Externalisierung der FHöV wehren, wogegen Wissenschaftsrat, Hochschullehrerverband und ÖTV sich seit langem für eine Öffnung aussprechen.

"Absorption" zeigt sich in einer Verdrängung des Herrschaftsgedankens und der hierarchischen Abhängigkeitsmechanismen. Gelebt wird eine 'kameradschaftliche Bürokratie' und eine 'lebensvolle Bürokultur', das Büro dient als Bühne der Selbstdarstellung und -entfaltung. Handeln ist geleitet von Strategien der Mikropolitik, d.h., das Verfolgen bzw. der Einsatz der Systemressourcen im eigenen Systeminteresse, aber auch von Selbstentfaltungskonzepten. Es ist ein Modell der Koloniebildung (nach dem Konzept der "colonization" bei Goffman) zu beobachten, Crozier spricht von "bürokratischem Absolutismus".

"Adaptation" schließlich steht für eine Verschiebung in Richtung teamartig-professioneller Organisationsformen. Aus-, Fort- und Weiterbildung spiegeln eine "Mehrdimensionalität der Organisationsstrukturen" wieder (Reichard). Die internen Verwaltungsfachhochschulen können als "ganz besondere Anpassungsleistung" betrachtet werden, v.a. durch die Aufnahme sozialwissenschaftlicher Inhalte (Heinrich 1986, Bosetzky 1977). Art und Ausrichtung bevorzugt allerdings den "prüfungspragmatischen Studenten", der als Ergebnis dieses Prüfungssystems als juristischer "Normanwender" brilliert (Greca, Lange).

Bosetzky vertritt die These, der Wertewandel beinhalte zwar auf den ersten Blick Elemente, die den klassischen Werten bürokratischer Organisation zuwiderliefen, paradoxerweise aber auch zu deren "Perpetuierung" beitrügen, und auf lange Sicht keinen echten Wandel, bestenfalls ein allmähliches "Abschmelzen" des bürokratischen Rings um die Organisation bewirkten. Der Grund dafür liege in den Mechanismen der Verwaltungssteuerung. Noch immer sei die öffentliche Verwaltung stark von externen Machtquellen bestimmt (Politik, Recht), Entscheidungen über Ziele, Ressourcenzuteilung und -kontrolle sowie Personalpolitik seien der Selbstbestimmung entzogen. Einen Beleg dafür sieht Bosetzky in Aussagen von Absolventinnen und Absolventen interner Verwaltungsfachhochschulen wie dieser, daß die Verwaltungswirklichkeit als "widersprüchlich" empfunden wird (Bosetzky 1982). Die Grenze von Wertewandelstendenzen liege stets dort, wo es um essentielle Elemente bürokratischer Organisation wie Hierarchie, Regelhaftigkeit, Schriftlichkeit, rationale Disziplin gehe. Zwar sei im Zuge neuer Steuerungstendenzen immer häufiger ein "Struktur-Mix" bzw. eine "multiorganisationale Struktur" in der öffentlichen Verwaltung anzutreffen, aber

Elemente wie ökonomisch orientierte Effizienz stärkten bürokratische Grundprinzipien eher als daß sie sie abbauten. Nicht übersehen werden darf auch die Tatsache, daß die Absolventen der internen Verwaltungsfachhochschulen, sofern man in ihnen "Wertewandler" sehen möchte, in der Regel nicht über die Besoldungsstufe A11 hinaus aufstiegen, ihre Vorgesetzten meist Hochschulabsolventen (Juristen) seien, die anderen kooptativen Rekrutierungsmechanismen entstammen.

"Gerade im Zeichen des Wertewandels wird klar, daß bürokratische Sozialisation, d.h., die berufliche Sozialisation für die 'Verwertung' von Menschen in Bürokratien, weithin einen Verzicht auf einen offenen und risikofreudigen Lebensentwurf bedeutet." (Bosetzky 1994, S. 116)[231]

Zusammen mit Thesen von Mayntz 1978 zur "Re-Bürokratisierung" der Verwaltung und den Ergebnissen von Jugendstudien, die einen Trend zurück zu konservativen Werten dokumentieren, kommt Bosetzky zu einer eher pessimistischen Sicht der Wirkung des Wertewandels auf die öffentliche Verwaltung. Jedoch sind verstärkt Initiativen zu beobachten, wie in der öffentlichen Verwaltung ein Wandel der klassischen Beamtenrolle auch seitens der Institution unterstützt werden soll. So führt z.B. Bayern findet eine Qualifizierungsoffensive mit Modellcharakter durch, an deren Ende ein neuer Beamtentypus stehen soll, der sich von klassischen, auf Treue und Loyalität anstelle von Leistung angelegten unterscheidet. Der Wandel im Personalwesen der öffentlichen Verwaltung soll zur Schaffung eines neuen Typus von Beamten führen. Beamtenrecht und Laufbahnregelungen belohnen Treue, Loyalität, nicht Effizienz. Es sind jedoch vielfältige Überlegungen und Reformansätze zu beobachten, um Leistungshonorierung im Rahmen von Beschäftigungsverhältnissen in der öffentlichen Verwaltung institutionell zu verankern.[232]

## 3.4 Zwischenresümee: Paradigmen und Leitbilder des Organisierens und Verwaltungssozialisation

Zwischen der Verwendung der Begriffe "Paradigma" und "Leitbild" läßt sich vor allem in der praxisorientierten Literatur zu Entwicklungen in Industrie und

---

[231] So auch das Fazit von MAYNTZ (1985): "Eine berufliche Karriere ohne Risiko und ohne besondere Anforderungen an die persönliche Leistungsfähigkeit bei einem gleichzeitigen Höchstmaß an materieller und beruflicher Sicherheit wirkt anziehend auf einen Personentypus, der wenig Risikofreude besitzt, eher als andere zu Dogmatismus und Rigidität neigt, mit unsicheren und mehrdeutigen Situationen nicht gut fertig wird und die Gründe für Erfolg oder Mißerfolg lieber in äußeren Umständen als bei sich selbst sucht." (S. 161)

[232] Siehe SÜDDEUTSCHE ZEITUNG, 2./3.5.1998, Serie "Achtung Leistung", Teil 10: Erst qualifizieren, dann befördern. Bayerns öffentliche Verwaltung entwickelt in einer Offensive eigene Gesetze der Personalentwicklung. Vgl. auch RUSCHMEIER (1994), der vor allem die Notwendigkeit der Leistungs-Gerechtigkeit betont.

Verwaltung keine scharfe Trennlinie ziehen. Paradigma ist primär ein Begriff der Wissenschaftstheorie und dient dazu, als besonders "groß" bzw. "deutlich" angesehene Entwicklungsschritte zu markieren. Paradigmen oder "Musterbeispiele" theoretisch-konzeptioneller Denkschulen lassen sich streng genommen nur "ex post" bestimmen. Die Zusammenfassung bestimmter "Leitbild-Familien" zu einer übergreifenden Leitvorstellung entspricht im Prinzip einer Verwendung des Begriffs Leitbild, die synonym zu der des Paradigmas erfolgt. Auch funktional kann die Verwendung des Begriffs Leitbild um Denkschulen und Meinungskollektive zu identifizieren als "paradigmatisch" gesehen werden. Betrachtet man die historischen Entwicklungen organisatorischer Zielvorstellungen, zeigt sich, wie schwer es ist, die Schritte bzw. Sprünge von einem Paradigma zum nächsten genau zu bestimmen. So bilden "Lean"-Konzepte in industriellem Management wie öffentlicher Verwaltung Leitvorstellungen, die gute Chancen besitzen, sich zu einem neuen Paradigma des Organisierens zu entwickeln. Die Verschlankung organisatorischer Strukturen bildet auf der anderen Seite nur einen Aspekt von Modellvorstellungen zur modernen Verwaltungsorganisation, wie die breite Palette der Elemente des Neuen Steuerungsmodells der KGSt zeigt.

Für die alltägliche Praxis der Organisation üben Leitbilder die Funktion aus, anschaulich erwünschte, häufig rein spekulativ für die Zukunft avisierte Handlungsziele darzustellen. Insofern ist das Streben, handlungsleitende Paradigmen zu formulieren, ein Widerspruch in sich. Paradigmen beschreiben abgeschlossene Entwicklungen (auch auf konzeptioneller Ebene), während für den notwendig zukünftig orientierten Bereich der Handlungsentwürfe und -desiderate nur Leitbilder formuliert werden können.

Betrachtet man die Herausforderung "moderner" Leitbilder des Organisierens (und nach deren Umsetzung und Kanonisierung: Paradigmen) darin, auf immer komplexere Umwelteinflüsse adäquat zu reagieren, so kann auch nicht länger die bloße Komplexitätsreduktion als zentrales Element organisatorischer Handlungssysteme gelten. Denn wie die Entwicklung organisatorischer Paradigmen und der mit ihnen verknüpften Menschenbilder zeigt, besteht eine Tendenz zu integrativen Modellen, die ein hohes Maß an *Komplexität reflektieren* können.

So verwundert es wenig, daß Leitbilder *moderner* Verwaltungsorganisation stets ein ganzes Bündel von Leitbildelementen vereinen, besonders wenn man bedenkt, daß ein wesentliches Merkmal der öffentlichen Verwaltung auch in "klassischen" Modellen darin besteht, eben nicht monofinal orientiert zu sein, sondern stets eine Vielzahl von Interessen integrieren zu müssen (vgl. etwa Luhmann 1960). Die sich in Konzepten wie "lean administration" ausdrückenden isomorphistischen Tendenzen der Verwaltungsorganisation besitzen daher häufig einen "eklektischen" Charakter: *ja* zu mehr Wirtschaftlichkeit, Effizienzsteigerung des Handelns, *aber* unter Berücksichtigung der organisationsspezifischen Charakteristik.[233] Überall dort, wo dieser "Spagat" zwischen organisatorischer Realität auf der einen und Komplexitätsgrad und Kontextsensitivität organisatorischer Leitbilder auf der anderen Seite nicht gelingt, besteht die Tendenz des "decouplings" zwischen handlungsleitenden (Alltags-) Theorien und Leitbildern im Sinne von "espoused theories".

Eine derartige Abweichung zwischen "espoused theories" und "theories in use" kann dabei auch eine für das Überleben von Organisationen durchaus funktionale Strategie der Anpassung an veränderte Umweltsituationen bei gleichzeitiger Aufrechterhaltung interner Arbeitsabläufe darstellen (vgl. Meyer/Rowan 1977; Deutschmann 1997). Es stellt sich nur die Frage, wofür die Prozesse des "decoupling" bzw. organisatorische Mythen letztendlich "funktional" sind. Dienen sie Bestrebungen der Persistenz der Organisation in ihrer bisherigen Form, stellen sie sicher, daß Leistungen trotz widriger Umstände weiterhin verfügbar sind, sorgen sie für die innovative Veränderung von Strukturen oder liegt ihr Primärauftrag in Imagebildung und Mitarbeitermotivation?

Die Modelle neuer Verwaltungssteuerung umfassen Elemente, in denen sich alle gerade angesprochenen Aspekte wiederfinden lassen. Die öffentliche Verwaltung als "kundenorientierter Dienstleister", das Streben nach Effizienzsteigerung durch Outputsteuerung, Personalentwicklung und Führung nach Vereinbarung lassen sich sowohl als Maßnahmen der Organisationsoptimierung, Effizienzsteigerung, Mitarbeitermotivation als auch der Imageverbesserung interpretieren.

Organisationen lernen durch Rekrutierung neuer Mitglieder und die Qualifizierung vorhandenen Personals. Daher wirken Veränderungen in den Leitbildern der Organisation natürlich auch stark im Bereich der Qualifikationsanforderungen. Die Notwendigkeit hoher organisatorischer Flexibilität korrespondiert auf der Ebene individueller beruflicher Qualifikation in einer starken Wertschätzung von Konzepten aus dem Bereich der Schlüsselqualifikationen. Klassische Verwaltungstheorien sehen einen als Systeminput die materielle wie statusmäßige Versorgung des Beamten im Austausch für Loyalität gegenüber dem Dienstherren. Eine Tätigkeit ist gekoppelt an entsprechende Fachkenntnisse, die die Ausübung der zugeordneten Kompetenzen sicher stellen sollen. Neue Steuerungsmodelle stellen neben fachlichen Anforderungen in den Bereichen Betriebswirtschaft, Organisation und dezentrales Personalwesen besondere Auswirkungen in zentralen Elementen des "organisatorischen Selbstverständnisses" der bürokratischen Verwaltung. Die bei Weber aufgeführte Trennung von Verwaltungsstab

[233] Siehe auch die Probleme bei der Umsetzung neuer Steuerungsmodelle, wie sie in den Fallstudieninterviews geäußert wurden (Abschnitt 6.2).

und Verwaltungsmitteln stellt einen wesentlichen Kritikpunkt neuer Modelle der Verwaltungssteuerung dar.[234]

Der Funktionswandel der Verwaltung, weg von der klassischen, regelorientierten Administration hin zu einer aktiven, auf die Bedürfnisse der Bürgerinnen und Bürger eingehenden Verwaltung, schlägt sich natürlich auch in den Wissens- und Qualifikationsanforderungen an das Personal nieder. Zum einen handelt es sich um eine Qualifikationsnachfrage aufgrund einer internen Veränderung des Aufgabenzuschnitts in Verwaltungseinheiten. Die Implementation von Elementen des Neuen Steuerungsmodells erfordert Fachkenntnisse zur Verwaltung von Budgets, organisatorische Kenntnisse zur Bewältigung von in die Dezentralität verlagerten Aufgaben wie Teilgebieten des Personalwesens. Anforderungen einer stärker wirtschaftlich orientierten Verwaltung werden von der KGSt folgendermaßen zusammengefaßt (vgl. KGSt-Bericht 10/1993, S. 8):

- "Im Zuge der Dezentralisierung der Ressourcenverantwortung werden eine Fülle bisher dezentral wahrgenommener betriebswirtschaftlicher Aufgaben auf die Mitarbeiterinnen und Mitarbeiter in den Fachdiensten verlagert.
- Ein neuer Typ des Fachbereichsleiters ist gefragt: Fachlich exzellent ist er zusätzlich für alle organisatorischen, personalwirtschaftlichen und finanziellen Angelegenheiten seines Bereichs verantwortlich, darin unterstützt von betriebswirtschaftlich ausgerichteten Mitarbeitern.
- Die Gesamtsteuerung der Verwaltung wird umgestaltet in Richtung auf eine stärker ergebnisorientierte Planung, Steuerung und Kontrolle der Fachbereiche. Dabei werden die politischen Gremien und die Verwaltungsführung durch Querschnittsämter unterstützt, die sich zu Controllingstellen und/oder zentralen Diensten mit (freiwilligem) Servicecharakter weiterentwickeln. Neue betriebswirtschaftliche Methoden und Instrumente (Stichwort: kennzahlengestütztes Berichtswesen) sind zu entwickeln und einzuüben.
- Die Notwendigkeit, die Beteiligungen im Hinblick auf ihre Ziele und ihr wirtschaftliches Gebaren wieder stärker in das Steuerungssystem des "Konzerns" einzubeziehen, verlangt eine Intensivierung des Beteiligungscontrolling. Daraus und aus der immer noch wachsenden Anzahl und Bedeutung von Eigenbetrieben sowie Eigen- und Beteiligungsgesellschaften

---

[234] "Es gilt (im Rationalitätsfall) das Prinzip der vollen Trennung des Verwaltungsstabs von den Verwaltungs- und Beschaffungsmitteln. Die Beamten, Angestellten, Arbeiter des Verwaltungsstabs sind nicht im Eigenbesitz der sachlichen Verwaltungs- und Beschaffungsmittel, sondern erhalten diese in Natural- oder Geldform geliefert und sind rechnungspflichtig. Es besteht das Prinzip der vollen Trennung des Amts- (Betriebs-) Vermögens (bzw. Kapitals) vom Privatvermögen (Haushalt) und der Amtsbetriebsstätte (Bureau) von der Wohnstätte." (Weber 1972, S. 129)

ergibt sich für eine wachsende Zahl von Mitarbeiterinnen und Mitarbeitern die Notwendigkeit, sich mit den rechtlichen und wirtschaftlichen Grundlagen insbesondere dem Rechnungswesen (Stichwort: Doppik) vertraut zu machen.

- Auch die generell zu konstatierende stärkere Öffnung der Kommunalverwaltung zur privaten Wirtschaft hin (Stichwort: Public-Private-Partnership) erfordert bessere Kenntnisse der Arbeitsmethoden und Verhaltensweisen dieses Bereichs."

Leitbilder und Modelle neuer Verwaltungssteuerung weisen häufig mehrere Facetten auf und können auf mehreren Dimensionen analysiert werden. Einige Schwerpunktsetzungen lassen sich aus dem Neuen Steuerungsmodell der KGSt und verwandten Ansätzen ableiten. So kann die Verwaltung als "Konzern Stadt", "kundenorientierter Dienstleister" oder "lernende Verwaltung" betrachtet werden. Ein Blick in die organisatorische Realität zeigt, daß sich auch hier allenfalls Schwerpunkte analysieren lassen. So wird das Leitbild der Kreisverwaltung Soest (NRW) in einem Faltblatt folgendermaßen formuliert[235]:

"Unser Ziel ist es, den Bürgerinnen und Bürgern des Kreises Soest sowie den Städten und Gemeinden moderne und ständig weiterzuentwickelnde Dienstleistungen anzubieten (Stichwort: Kommunalverwaltung als verwaltungsinterner und externer Dienstleister). Im Mittelpunkt stehen unsere Bemühungen um eine ständige Qualitätsverbesserung unserer Dienstleistungen für die Bürgerinnen und Bürger. Jede Mitarbeiterin und jeder Mitarbeiter ist um die Effizienz und Wirtschaftlichkeit der von ihm verantworteten Dienstleistung bemüht. Die Zufriedenheit und Motivation der Mitarbeiterinnen und Mitarbeiter ist zu fördern (Stichworte: Management durch Zielvereinbarung; Verantwortung, Kommunikation, Partizipation an den Organisationszielen)."

Die Verwaltungsreform nach dem "Soester Drei-Säulen-Modell" basiert auf den Komponenten "lernender Mitarbeiter", "lernende Organisation" und "wirtschaftliche Verwaltung". Diesen Komponenten entsprechen die Handlungsdimensionen Personalentwicklung, Organisationsentwicklung und betriebswirtschaftliche Entwicklung. Die Umsetzung erfolgte ganzheitlich bzw. flächendekkend, wobei Erfahrungen aus zwei Pilotbereichen genutzt wurden.[236]

Zur adaptiven Konzeption und Umsetzung neuer Steuerungsprozesse wurde in der Verwaltung der kreisfreien Stadt Essen (NRW) auf der Grundlage eines Ratsbeschlusses aus dem Jahr 1994 eine Arbeitsgruppe ins Leben gerufen.[237] Diese "Arbeitsgruppe Neue Verwaltungssteuerung" gab u.a. einen "Leitfaden" zu allen zentralen Fragen der neuen Steuerungsmodelle heraus, der als "Arbeits-

---

[235] Herausgegeben von der Kreisverwaltung Soest 1997.

[236] JANNING (1994, 1995).

[237] Diese setzte sich zusammen aus 1 Teamleiterin, 2 sog. Koordinatoren und 12 Multiplikatoren.

hilfe und Nachschlagewerk" die Mitarbeiterinnen und Mitarbeiter informieren, Hemmschwellen senken und zur aktiven Mitwirkung an der Umsetzung neuer Steuerungsmodelle motivieren sollte.[238] Der Leitfaden betonte den verwaltungsspezifischen Charakter des Umbaus und sollte Auskünfte zu wesentlichen Themen geben, dabei aber überschaubar bleiben.

Als Grundlagen für den Verwaltungsumbau werden die Elemente "Kontraktmanagement", "Organisationsentwicklung", "Bürgerinnen- und Bürgerorientierung", "Mitarbeiterinnen- und Mitarbeiterbeteiligung", "Informationsfluß" und "Personalentwicklung" dargestellt. Zentrale Zielvorgaben umfassen die "Dezentrale Ressourcenverantwortung" und "Wirtschaftlichkeit" des Handelns durch vermehrten Einsatz betriebswirtschaftlicher Instrumente. Angestrebt wurde "eine zentrale Steuerung neuer Art", die dezentrale Verantwortlichkeit fördert. Zunehmend entstanden auf Amtsebene Anregungen und Reflektionen über neues Selbstverständnis und zur Organisationsoptimierung[239].

Im Zusammenhang mit "klassischen" Modellen bürokratischen Organisierens wurde auch das damit korrespondierende Beamtenbild vorgestellt. Wie sich die Verwaltungssozialisation in Zeiten von Modernisierung und Wertewandel gestalten kann, wurde am Beispiel der Ausführungen von Bosetzky beschrieben. Betrachtet man dessen Befunde, so scheinen neue Organisationsleitbilder der Verwaltung zumindest in der Wahrnehmung des Beamtennachwuchses den beruflichen Alltag weniger deutlich zu bestimmen. Dieser ist weiterhin vom Widerspruch zwischen "konservativen" Organisationsstrukturen und den Möglichkeiten, "neue" bzw. innovative Qualifikationen und Motive einzubringen geprägt. Mit den Besonderheiten der Ausbildung des Beamtennachwuchses für den gehobenen nichttechnischen Dienst beschäftigt sich das folgende Kapitel. Am Beginn steht jedoch die Diskussion von Qualifikationskonzepten, wobei neben der Fachqualifikation im engeren Sinn vor allem der Bereich der Schlüsselqualifikationen von Interesse ist.

---

[238] Stadt Essen - Der Oberstadtdirektor - (Hg.) (1996): Neue Verwaltungssteuerung in Essen. Der Leitfaden. Redaktion und Gestaltung: Team 01-14 (Neue Verwaltungssteuerung).

[239] So z.B. das "Leitbild des Gesundheitsamtes" (1997).

**Übersicht 10**
**Leitbilder moderner Verwaltungsorganisation: Zusammenfassung von Elementen, Folgerungen und Indikatoren für Veränderungen im kontextspezifischen Anforderungs- und Wissensprofil**

| *Dimensionen* | *Elemente, Folgerungen, Indikatoren* |
|---|---|
| Auslöser von Veränderungen | Finanzkrise/Ökonomisierung<br>verstärkter Problemdruck aus dem politischen System<br>veränderte Ansprüche der Bürger (Wertewandel)<br>veränderte Vorstellungen der Mitarbeiter (Wertewandel)<br>kritische Adaptation westdt. Verwaltungsmodelle in den Neuen Bundesländern<br>Europäisierung/Globalisierung<br>Informatisierung der Gesellschaft |
| Öffentliche Verwaltung als "exekutives Management" | "Primat von Politik und Gemeinwohlorientierung" |
| Elemente des Neuen Steuerungsmodells der KGSt | Dezentralisierung, Kopplung von Fach- und Ressourcenverantwortung, Budgetierung, Ergebnis- und Produktorientierung, Zielvereinbarung/ Kontraktmanagement, Qualitäts- und Kundenorientierung, Personalentwicklung |
| Elemente des "Reinventing Government"(nach König 1995) | "contracting out", Einbindung der "Klienten" (Bürger), interner Wettbewerb, Zielvorgaben statt Detailregelung, Outputorientierung, Kundenorientierung/Dienstleister, Erwirtschaften zusätzlicher Einnahmen, keine Aufgabenausweitung, Dezentralisierung, partizipatives Management, Controlling |
| Veränderungen auf der Ebene der Handlungsprogramme (Luhmann; Hoffmann-Riem) | Finale und aufgabenorientierte Handlungsprogrammierung, Ressourcensteuerung, Integration informaler Handlungsformen, Kooperation, optionale Instrumente, selbstregulative Handlungsszenarien, Produktorientierung, Effizienz, ausreichendes Legitimationsniveau |
| Neues Paradigma für die öffentliche Verwaltung (Reinermann) | Bewahren von Recht- und Ordnungsmäßigkeit<br>Stärken des Einflusses von Politik und Ökonomie (Verwaltung als Betrieb)<br>Einsatz von IuK-Technologien |
| Konturen eines "neuen Paradigma der Verwaltungswissenschaft" (Bussmann) | Informelles Handeln, Aushandeln (freiwilliger) Vereinbarungen, verbesserte, ressortübergreifende Koordination |

*(Fortsetzung folgende Seite)*

*(Fortsetzung Übersicht 10)*

| | |
|---|---|
| Elemente einer modernen Verwaltungskultur (Küpper): | Visionen: Verantwortungsbereitschaft, Leistungsbewußtsein, soziales Engagement, kooperatives Führungsverhalten, Personalentwicklung als Ausdruck von Lernkultur |
| "Ingredienzien bzw. basale Tätigkeiten modernen Verwaltungshandelns": | Deligieren, Lernen, Verhandeln, Koordination |
| Wichtigste Instrumente modernen Verwaltungshandelns": | Wettbewerb, Evaluation, Netzwerken, Implementation von (wissenschaftlichem) Wissen |
| Verwaltungssozialisation im Wandel (Bosetzky) | Wertewandel, Attraktion und selektive Rekrutierung, Leistungsanreize |

Quellen: Reinermann 1995, KGSt 1993, 1996, Reichard 1994, Fairbanks/Dumont Du Voitel o.J., König 1995, Luhmann 1983, Hoffmann-Riem 1997, Bussmann 1997, Küpper 1997, Bosetzky 1994, 1985, 1982.

# 4 Qualifikation und Ausbildung

*Fachwissen*, basierend auf spezifischer *Fachschulung*, ist ein zentrales Element von Webers idealtypischer Konzeption der bürokratischen Herrschaft als "Herrschaft kraft Wissen". Ein Beispiel für eine derartige Fachschulung stellt das Studium für Anwärterinnen und Anwärter des gehobenen nichttechnischen Dienstes dar. Die besondere institutionelle Form dieser Qualifizierung für die größte Gruppe des verbeamteten Verwaltungspersonals, die an internen Verwaltungsfachhochschulen durchgeführt wird, macht den engen Bezug zwischen Ausbildung und beruflicher Praxis deutlich. Daher wird die Erweiterung des Ausbildungsangebots als Indikator für Veränderungen der Qualifikationsanforderungen und damit auch des organisationalen Wissensbestands interpretiert. Betrachtet man Wandel als einen Parameter, der von einer Organisation maßgeblich mitbestimmt wird, so bilden Inhalte und Zielsetzungen der Aus- und Fortbildung wichtige Bausteine von "espoused theories" einer "lernenden Organisation". Bevor die institutionellen Besonderheiten des Studiums für den gehobenen nichttechnischen Dienst dargestellt werden, sind Vorarbeiten für einen kontextadäquaten Begriff beruflicher Qualifikation durchzuführen.

## 4.1 Organisatorischer Wandel und berufliche Qualifikation

### *4.1.1 Berufliche Qualifikation*

Wissen in Organisationen moderner "Wissensgesellschaften" begegnet als ein facettenreiches Konstrukt. Es spiegelt organisatorische Strukturen wieder und verändert sie gleichzeitig, begegnet als Fachwissen, positionsspezifische Information (Amts- bzw. Dienstgeheimnis), tieferliegende Wissens*sedimente* und "tacit knowledge" sowie als Grundlage identitätsstiftender und handlungsleitender Zielvereinbarungen. Mit dem Begriff "Wissen" im engeren Sinne werden meist "Kenntnisse inhaltlicher Art" bezeichnet, die in konkreten alltäglichen Handlungsbezügen beruflicher Situationen durch "intellektuelle oder formale Fähigkeiten" ergänzt werden.[240] Bereits die Beispiele, die Brinkmann et al. (1973) für derartige "formale Kenntnisse" nennen, weisen über den Bereich der materialen Lerninhalte hinaus. So sind Fähigkeiten wie logisches Denken, Kreativität, Lernfähigkeit, Entscheidungsstärke und Selbständigkeit einem Qualifikationsbereich zuzurechnen, der populär auch als "Schlüsselqualifikationen" bezeichnet wird.[241]

---

[240] BRINKMANN et al. (1973), S. 19; vgl. auch die Ausführungen von BRINKMANN (1979).

[241] BRINKMANN et al. (1973), S. 21. Zu den Vorteilen, aber auch Schwächen von Schlüsselqualifikationskonzepten siehe den folgenden Abschnitt 4.1.2.

Ohne sie in diesem Rahmen erschöpfend behandeln zu können, soll kurz darauf eingegangen werden, wo sich die vorliegende Arbeit innerhalb der sozialwissenschaftlichen Qualifikationsdebatte verortet. Baethge/Baethge-Kinsky (1995) beschreiben eine "Doppelperspektive", deren erster Argumentationsstrang um die Frage kreist, ob gesamtgesellschaftliche Veränderungen der Qualifikationsstruktur eher von ökonomischen und technischen Prozessen verursacht und angetrieben werden, oder ob nicht etwa umgekehrt die Qualität des Angebots an Arbeitskräften, man könnte auch sagen das Qualifikationspotential, die Entwicklung steuert oder zumindest beeinflußt. Diese Perspektive fließt auch in die vorliegenden Ausführungen ein, da die Erweiterung des Qualifikationsangebots einer Ausbildungsvariante mit dezidiert engem Kontextbezug den Ausgangspunkt darstellte.[242] Im Zuge der Untersuchung zeigte sich jedoch immer deutlicher, daß allein quantitative Beschäftigtenstatistiken die wesentlichen Veränderungen nicht ausreichend reflektieren. Denn daß die Anzahl der Beschäftigten im öffentlichen Dienst, vor allem auch im Bereich der Beamtenschaft zurückgeht, ist vor dem Hintergrund von Finanzkrise, Imageproblemen und gesellschaftlichem Legitimierungsdruck offensichtlich. Gleichzeitig erschweren Einstellungsstops die Prognose der Personalstruktur, welche sich andererseits nicht auf beschäftigungsrechtliche Laufbahngruppen beschränken läßt. Daher rückte im Bereich der Qualifikationsforschung zunehmend eine strukturbezogene Perspektive in den Mittelpunkt, die nach den qualitativen und inhaltlichen Veränderungen von Qualifikationsstrukturen fragte.[243] Auf der Ebe-

---

[242] Spezifische Fachkenntnisse einer Disziplin wie z.B. betriebswirtschaftliche bzw. ökonomische Qualifikationen determinieren auch das (Problem-) Lösungsverhalten. Im Hinblick auf den organisatorischen Kontext insgesamt kann die Wirkung noch nicht abgeschätzt werden, da zum Untersuchungszeitpunkt erst eine relativ geringe Anzahl von Absolventinnen und Absolventen in der Verwaltung tätig war. Anzumerken ist aber, daß ökonomische Kenntnisse auch wichtige Elemente interner Fortbildungsmaßnahmen bilden.

[243] BAETHGE/BAETHGE-KINSKY (1995); dort auch weitere Hinweise zur Qualifikationsdebatte. Zur strukturbezogenen Perspektive sei noch angemerkt: Eine in diesem Zusammenhang zunächst diskutierte Frage war die nach Tendenzen der Höherqualifizierung oder Dequalifizierung als Folge unterschiedlicher Anforderungsniveaus, die sich auch in sozialpsychologischen Analysen zur Wechselwirkung zwischen Anforderung und Qualifikation (vgl. etwa Hacker 1978; Baitsch/Frei 1980; von Rosenstiel 1987) niederschlug. Darüber, ob sich Arbeitsanforderungen qualifizierend oder dequalifizierend auswirken, liegen unterschiedliche Aussagen vor. Hacker folgert: "Entgegen der häufig vertretenen Qualifizierungshypothese konnten zumindest in dieser Studie Langzeitwirkungen der beruflichen Tätigkeit auf allgemeinere intellektuelle Kompetenzen nicht nachgewiesen werden; empirische Belege für einen hohen Grad 'breit'-qualifizierender Wirkungen bestimmter höher differenzierter Tätigkeitsstrukturen scheinen noch nicht in überzeugender Weise vorzuliegen." (Hacker, 1978, S. 371, zit. in GEBERT/ v. ROSENSTIEL 1992, S. 214) Die Qualifizierungshypothese von v. Rosenstiel formuliert dagegen einen Zusammenhang zwischen wenig und häufig beanspruchten intellektuellen Fähigkeiten, berufsbezogenen Lernfähigkeiten oder Qualifikationen, die je nach Beanspruchen steigen oder sinken (siehe Rosen-

ne organisationalen Wissens ist ein ähnlicher Dualismus der Prozesse zu beobachten. Qualifikationen stellen zum einen die Voraussetzung für eine bestimmte Art der Bewältigung neuer Anforderungen durch die Organisation bzw. ihre Teilsysteme dar. Zum anderen induziert organisatorischer Wandel aber seinerseits eine Veränderung der Qualifikationsanforderungen.[244]

Der Begriff *Qualifikation* besitzt wie derjenige der Organisation eine strukturelle und eine inhaltliche Komponente. Er steht sowohl für die Befähigung als auch für den Befähigungsnachweis (Zeugnisse, Zertifikate) hinsichtlich bestimmter Aufgaben und Tätigkeiten. Der Begriff der beruflichen Qualifikation verbindet die Kenntnisse, Fähigkeiten und Fertigkeiten einer Person mit den zur Ausübung beruflicher Tätigkeiten erforderlichen.[245] Als "relationaler Begriff" (Beck 1980, zit. in Becker 1991a, S. 76) ist er eng verbunden mit dem Begriff der *Qualifikationsanforderungen* als den objektiven Anforderungen an Befähigungen und Fertigkeiten, die sich aus der Betrachtung der beruflichen Tätigkeiten und ihres Kontextes schließen lassen.[246]

> "Der Begriff Qualifikation (vgl. Hartung u.a. 1981) stellt eine systematische Verbindung von erlernten Fähigkeiten und beruflichen Aufgaben her. Als Qualifikation (oder zuweilen als personengebundene Qualifikationen oder Qualifikationspotentiale) werden Befähigungen (oder auch nur die erlernten Befähigungen), d.h. Kenntnisse, Fähigkeiten und Fertigkeiten, über die Personen verfügen, bezeichnet, die bei der Ausübung einer beruflichen Tätigkeit (ggf. auch bei anderen zentralen lebenspraktischen Tätigkeiten) zur Verwendung kommen können. Als Pendant dazu werden unter Qualifikationsanforderungen die Anforderungen an die Befähigungen verstanden, die sich aus der Betrachtung der beruflichen Tätigkeiten und ihres Kontextes schließen lassen." (Teichler 1995, S. 501)

Qualifikationskonzepte weisen unterschiedliche Schwerpunkte auf. Je nach Anwendungskontext können kognitive, sensu-motorische, affektiv-normative oder soziale Qualifikationen im Mittelpunkt des Interesses stehen (Teichler 1995). Ähnlich die Einteilung bei Brinkmann/Hommerich/Pippke, die das Qualifikationsschema von Bloom, welches sich in kognitive, affektive, psychomotorische Fähigkeiten gliedert, um die Forderung nach *kommunikativen* Fähigkeiten erweitern.[247] Wissen im engeren Sinne stellen dabei, wie eingangs erwähnt, die Kenntnisse inhaltlicher Art dar:

> "Als Kenntnisse inhaltlicher Art oder als Wissen bezeichnen wir Informationen, die ein Individuum in seinem Gedächtnis in reproduzierbarer Form gespeichert hat. Jeder, der ein Ziel anstrebt, benötigt

---

stiel 1987, S. 87). HEEG (1987) differenziert mögliche Formen des Wandels von Qualifikationsanforderungen in "Höherqualifizierung", "Dequalifizierung", "Polarisierung" und "Requalifizierung".

[244] Für den Bereich der Mikroelektronik siehe z.B. BRASCHE (1989).

[245] Siehe TEICHLER (1995), sowie u.a. REINHOLD (1991), Stichwort "Qualifikation".

[246] TEICHLER (1995); WEINBRENNER (o.J.), S. 4.

[247] BRINKMANN et al. (1994), S. 47ff.

solche Informationen über die Eigenschaften dieses Zieles und die Möglichkeiten seiner Realisierung." (Brinkmann et al. 1973, S. 19)

In dieser Definition findet sich auch wieder die für organisationale Wissensbestände zentrale Eigenschaft der Orientierung an "typischen", die Organisation charakterisierenden Zielen. Mit einem primär materialen, statischen Qualifikationsbegriff sind die Anforderungen der modernen Berufswelt nicht zu bewältigen. "Zweck-humanistische Bildungsideale" werden daher vor allem im Bereich der Erwachsenenbildung bereits seit Anfang der siebziger Jahre zunehmend durch einen funktionalistischen Qualifikationsbegriff ersetzt.[248] In diesem nicht mehr statischen, sondern zunehmend dynamischen Qualifikationsverständnis wird Qualifikation nicht mehr nur als eine Art "status quo", z.B. als formaler Bildungsnachweis oder materiale Qualifikation betrachtet, sondern vielmehr eine breite, flexible Einsetzbarkeit angestrebt. Der dynamische Qualifikationsbegriff umfaßt "die Gesamtheit der Kenntnisse, Fähigkeiten und Fertigkeiten, über die eine Person als Voraussetzung für eine ausreichende Breite in der beruflichen Einsetzbarkeit verfügen muß".[249] Eine ganzheitlich-funktional orientierte Analyse beruflicher Qualifikation erfordert eine Auseinandersetzung mit Konzepten, die versuchen, Schlüsselqualifikationen zu beschreiben, und sie für didaktische Ansätze, aber auch Reflexionen über handlungsleitende Theorien, Zielvorstellungen und Wertorientierungen fruchtbar zu machen. Gerade in Zeiten besonders intensiv empfundenen organisatorischen Wandels werden große Hoffnungen in die Vermittlung von Schlüsselqualifikationen gesetzt.

### *4.1.2 Konzepte und Klassifikationsansätze für "Schlüsselqualifikationen"*

Wahrgenommene Defizite des klassischen, dem Ideal umfassender fachlicher Bildung verpflichteten Qualifikationsbegriffs führten dazu, sich zunächst vor allem im Bereich der Forschung zur beruflichen und innerbetrieblichen Aus- und Weiterbildung stärker mit "berufs- und zeitübergreifenden", "extrafunktionalen", "fachübergreifenden" Qualifikationen oder auch "humanzentrierten Kompetenzen" auseinanderzusetzen.[250] Das Konzept der Schlüsselqualifikationen wurde in der Debatte über die Reform der beruflichen Bildung zuerst von Mertens (1974) thematisiert, stellt aber letztendlich eine Bündelung von Argumentationssträngen dar, die einen materialen statischen Qualifikationsbegriff revidieren und dem Wunsch nach verbesserten Möglichkeiten des Wissenstransfers und einer höheren Flexibilität bzw. Anpassungsfähigkeit an sich verändern-

[248] Zu dieser "realistischen Wende" siehe z.B. WINGENS/WEYMANN (1988), S. 20.
[249] Vgl. HEGELHEIMER (1977), S. 334.
[250] Siehe neben den "klassischen" Thesen von MERTENS (1974) u.a. GRANDKE et al. (1998), DEDERING (1996), ARNOLD/BENNER (Hg.) (1989), ARNOLD/LIPSMEIER (Hg.) (1995), KAISER (1992), GAUGLER (1986).

de Anforderungen der Berufswelt Rechnung tragen sollten.[251] Denn es zeigte sich immer deutlicher, daß neben den klassischen berufswichtigen Fertigkeiten, Kenntnissen und Fähigkeiten zusätzliche Qualifikationen benötigt wurden, um sich Veränderungen des "unscharfen Arbeitsmarktes" (Mertens) anpassen zu können. Dahinter steht die Annahme, im Beruf geforderte Anpassungsleistungen erfolgten um so leichter, je größer das individuelle Flexibilitätspotential sei, welches wiederum auf einem hinreichenden Ausmaß an verfügbaren Schlüsselqualifikationen beruhe.

"Solche 'gemeinsamen Dritten', also übergeordnete Bildungsziele und Bildungselemente, nennen wir Schlüsselqualifikationen, weil sie den Schlüssel zur raschen und reibungslosen Erschließung von wechselndem Spezialwissen bilden." (Mertens 1974, S. 36)

Mertens verwendet den Begriff "Schlüsselqualifikationen" für Kenntnisse, Fähigkeiten und Fertigkeiten, die nicht unmittelbar auf bestimmte (berufs-) praktische Tätigkeiten bezogen sind, sondern "a) die Eignung für eine große Zahl von Positionen und Funktionen als alternative Optionen zum gleichen Zeitpunkt, und b) die Eignung für die Bewältigung einer Sequenz von (meist unvorhersehbaren) Änderungen von Anforderungen im Laufe des Lebens" erleichtern (Mertens 1974, S. 40)

Schlüsselqualifikationen sollen die Situationsgebundenheit des Wissens "transzendieren", den *Wissenstransfer* erleichtern, berufliche *Handlungsfähigkeit* sichern und die *Persönlichkeitsbildung* unterstützen.[252] Ihnen wird eine Verbesserung der "Anpassungsfähigkeit an nicht Prognostizierbares" (Mertens) zugeschrieben, die erhoffte erhöhte Mobilität der Arbeitskräfte soll die Divergenzen zwischen Arbeits- und Bildungssystem überbrücken helfen. Schlüsselqualifikationen wird daher eine um so wichtigere Rolle zugeschrieben, je dynamischer und unvorhersehbarer die gesamte Wirtschafts- und Technologieentwicklung verläuft, da das Obsolenztempo (Veralten von Bildungsinhalten) positiv mit der Praxisnähe korreliert. Schlüsselqualifikationen sollen helfen, das rasche Veralten von Bildungsinhalten zu mindern.

"Man kann diese Hypothese vertreten: Je dynamischer, komplexer und unvorhersehbarer die gesellschaftliche, technische, wirtschaftliche und damit persönliche Umweltentwicklung verläuft, desto größere Bedeutung erhalten für die existentielle Bewältigung von Herausforderungen solche Bildungselemente, welche Schlüsselcharakter haben." (Mertens 1974, S. 40)

Nicht nur in den Thesen von Mertens, auch bei anderen Klassifikationsansätzen zeigt sich, daß sie in der Regel nicht nur "Qualifikationen" im Sinne von formalen Fähigkeiten enthalten, sondern auch eine Reihe von fachgebundenen

---

[251] KAISER (1992), S. 11ff.

[252] So auch MIDDENDORF (1991).

materialen Lerninhalten und Persönlichkeitseigenschaften. Verwendet werden zur Beschreibung von Schlüsselqualifikationskonzepten daher auch Formulierungen wie "Komplex extrafunktionaler Dispositionen, Fähigkeiten und Kenntnisse" (Tiggelers), "Übergangsqualifikationen" (Becker), "höhere Form beruflicher Handlungsfähigkeit" (Reetz) oder "Lerninhalte mit einem hohen Anteil von Informationen prinzipieller und methodischer Art" (Bunge)[253].

Hohe Erwartungen an Schlüsselqualifikationskonzepte stellen sich auch im Zusammenhang mit Konzepten zur Verwaltungsausbildung. So wird nach Möller (1995) der Entwicklung des Schlüsselqualifikationskonzeptes eine *Leitfunktion* in der Revision der Qualifikationsstrategie zugesprochen. So einleuchtend sich die Ergänzung klassischer, fachlich-material orientierter Bildungskonzepte präsentiert, so schwer gestaltet sich die Operationalisierung konkreter Inhalte. Um dennoch eine Vorstellung zu erhalten, werden im folgenden einige Schlüsselqualifikations-, die immer auch Klassifikationskonzepte sind, vorgestellt. Begonnen wird mit einem, wenn nicht dem "Klassiker" der Schlüsselqualifikation, den Thesen von Mertens. Er unterscheidet vier Gruppen von Schlüsselqualifikationen (Mertens 1974, S. 42f):

*"Basisqualifikationen"* sind "Qualifikationen höherer Ordnung mit einem breiten Spektrum vertikalen Transfers". Bildungsziele in diesem Bereich stellen "logisches Denken", "analytisches Vorgehen", "kritisches Denken", "strukturierendes Denken", "dispositives Denken", "kooperatives Vorgehen", "konzeptionelles Denken", "dezisionistisches Denken", "kreatives Vorgehen", "kontextuelles Denken" dar.

*"Horizontqualifikationen"* (auch "horizonterweiternde Qualifikationen") dienen einer möglichst effizienten Nutzung der Informationshorizonte und werden auch als "Informationen über Informationen" bezeichnet. Die Lernenden sollen Zugriffswissen auf Informationen erlangen und sich mit dem Wesen, der Gewinnung, dem Verstehen und Verarbeiten von Information auseinandersetzen.

*"Breitenelemente"* stehen für "ubiquitäre Ausbildungselemente", " spezielle Kenntnisse und Fertigkeiten, die über breite Felder der Tätigkeitslandschaft nachweislich als praktische Anforderung am Arbeitsplatz auftreten". Zu ihnen zählen Qualifikationen, die zwar noch an den Beschäftigungskontext gebunden sind, jedoch in zahlreichen unterschiedlichen Handlungsbereichen auftreten, wie etwa Kulturtechniken, Kenntnisse in Meßtechnik, Maschinenwartung und Arbeitsschutz.[254]

---

[253] Wobei Bunge von "sog. Schlüsselqualifikationen" spricht (BUNGE 1985, S. 22).

[254] Bezogen auf den Kontext öffentliche Verwaltung als Idealtyp bürokratischer Organisation werden hierzu auch Schriftlichkeit der Vorgänge, Sachbearbeitung im Rahmen amts- bzw. positionsspezifischer Kompetenzen sowie ein Handeln im Rahmen eines organisatorischen Selbstverständnisses gezählt, das sich durch regelkonformes Handeln nach Maßgabe gesetzlicher Vorgaben auszeichnet.

*"Vintage-Faktoren"* schließlich dienen der Beseitigung von "intergenerativen Bildungsdifferenzen" in einer Erwachsenenbildung, die integrierender Bestandteil des Bildungssystems und der Bildungsbiographie des einzelnen ist". Zu ihnen gehören nach Mertens "Grundzüge der Mengenlehre, der Sozialkunde, des Verfassungsrechts, des Englischen, der Programmiertechniken, der jüngeren Geschichte, der vergleichenden Religions- und Ideologiekunde, der jüngeren Literatur, Grundwissen über fremde Kulturen, Basiswissen über Relativitätstheorie und Nuklearphysik." (Mertens 1974, S. 42) Einen wichtigen Bereich stellen hier natürlich auch Kenntnisse und Fähigkeiten zu Informationstechniken, Computerwissen, Programmiersprachen dar. Von Mertens stammt auch folgende Auflistung von wichtigen Schlüsselqualifikationen, die allerdings wieder die Problematik beinhaltet, daß weder die vier geschilderten Dimensionen vollständig "trennscharf" sind noch zwischen Kenntnissen, Fähigkeiten und Fertigkeiten unterschieden wird:

- effektive Informationssuche und rationelle Informationsverarbeitung,
- pointierte, problemadäquate Zusammenfassung und Formulierung,
- freie Rede,
- zielorientierte, rationale Argumentation,
- Selbstorganisation,
- Kooperation und Teamarbeit,
- Einarbeitung in neue Problemfelder,
- Umsetzung und Vermittlung von Gedanken an Nichtfachleute.[255]

Nach der pragmatisch-instrumentellen Ausrichtung bei Mertens sollen zur Erarbeitung eines kontextadäquaten Qualifikationsbegriffs eine Reihe weiterer Ansätze Schlüsselqualifikationen zu charakterisieren und einzuteilen vorgestellt werden. So konzipiert Reetz sein Schlüsselqualifikationskonzept als *Persönlichkeitstheorie*, wobei drei Gruppen von Fähigkeiten unterschieden werden. "Persönlich-charakterliche Grundfähigkeiten" oder *"Ich-Kompetenz"* umfassen Einstellungen, normative Orientierungen, charakterliche Eigenschaften, Aktivität, Initiative und Lernbereitschaft. "Leistungstätigkeits-aufgabengerichtete Fähigkeiten" oder *"sachbezogene Methodenkompetenz"* stellen z.B. Problemlösen, Entscheiden und das Entwickeln von Konzepten dar. Unter "sozial gerichteten Fähigkeiten" oder *"Sozialkompetenz"* schließlich finden sich u.a. Kooperations-

[255] Siehe Mertens (1982), S. 155, auch Wissenschaftsrat (1978), S. 17f; zitiert in DRUMM (1994), S. 62.

fähigkeit, Konfliktbewältigung und Verhandlungsfähigkeit.[256] Elemente dieser Qualifikationsgruppen stellen wichtige Voraussetzungen für menschliche Handlungsfähigkeit in den Dimensionen "sacheinsichtiges Verhalten und Handeln" (Sachkompetenz und intellektuelle Mündigkeit), "sozialeinsichtiges Verhalten" (Sozialkompetenz) und "werteinsichtiges Verhalten" (Selbstkompetenz und moralische Mündigkeit) dar. Dem sich auf diesen Dimensionen verortenden, zentralen menschlichen Handlungssystem sind "fünf Systeme menschlicher Kräfte und Fähigkeiten vorgelagert", das Antriebssystem, das Wertungssystem, das Orientierungssystem, das Steuerungssystem und das Lernsystem. Die Fähigkeiten stellen allgemeine Lernziele dar, die mit konkreten inhaltlichen verbunden werden müssen.[257] Anzustreben sind "Schlüsselsituationen", in denen handlungsorientiertes Lernen erfolgen kann.[258]

Stärker am Kontext der beruflichen Bildung orientiert ist der Ansatz von Laur-Ernst (Laur-Ernst 1990, 1991). Hier werden drei Kategorien "berufsübergreifender" Qualifikationen unterschieden. Interdisziplinäres (zwischenberufliches) überlappendes Wissen (z.B. kaufmännisches Wissen für den technische Berufe, grundlegende Kenntnisse zur Arbeitsorganisation), methodisches, verfahrens- und "verhaltens"-technisches Können (z.B. Bedienung von Computern) und persönlichkeitsbezogene Fähigkeiten und Eigenschaften (z.B. Kreativität, Urteilsfähigkeit).

Das *PETRA-Projekt* der Siemens AG zielt auf eine "transferorientierte Ausbildung" ab, in deren Rahmen Schlüsselqualifikationen situationsübergreifende, für alle Aspekte menschlichen Zusammenlebens wichtige Fähigkeiten darstellen. Sie werden in einer Taxonomie zusammengefaßt, die sich horizontal in *fünf Dimensionen* bzw. Zielbereichen und vertikal in *vier* aufeinander aufbauende *Lernstufen* gliedert. Die Dimensionen umfassen:

(I) Organisation und Ausführung der Übungsaufgabe (mit den Zielbereichen Arbeitsplanung, Arbeitsausführung, Ergebniskontrolle),

(II) Kommunikation und Kooperation (Verhalten in der Gruppe, Kontakt zu anderen, Teamarbeit),

(III) Anwenden von Lerntechniken und geistigen Arbeitstechniken (Lernverhalten, Auswerten und Weitergeben von Informationen),

(IV) Selbständigkeit und Verantwortung (Eigen- und Mitverantwortung bei der Arbeit),

---

[256] Vgl. die Verortung beruflicher Handlungsfähigkeit auf den Dimensionen Selbstkompetenz, Sachkompetenz und Sozialkompetenz (so etwa Roth 1971, zit. in MÖLLER 1995, S. 67; auch BAETHGE/OBERBECK 1986).

[257] Vgl. REETZ (1990, 1993) sowie DUBS (1995).

[258] Siehe auch ARGYRIS (1993).

(V) Belastbarkeit (psychische und physische Beanspruchung).[259]

Die Lernstufen bilden *Reproduktion*, *Reorganisation*, *Transfer* und *Problemlösen*. Dimensionen und Lernstufen konstituieren eine Matrix, in deren Feldern sich die Anforderungen an Auszubildende und Ausbilder ablesen lassen. Diese Anforderungen steigern sich, so entwickelt sich die Funktion der Ausbilder von bloßer Unterweisung hin zur Lernberatung, welche eigenständiges Lernen begleitet.[260]

Für den Bereich der betrieblichen Weiterbildung arbeitet Schmiel (1989) insgesamt fünf Gruppen von "Teilzielen" oder "Schlüsselfunktionen" heraus, die eine an einem ganzheitlichen Menschenbild orientierte, die selbstbestimmte Handlungsfähigkeit fördernde Qualifizierung umfassen sollte.[261] Die erste Gruppe von Fähigkeiten, *Reflexionsfähigkeit und Reflexionsbereitschaft*, zielt ab auf eine bewußte Auseinandersetzung mit dem Arbeitsumfeld und den handlungsleitenden Entscheidungen.[262] Als Voraussetzungen hierfür werden Urteilsfähigkeit, Selbständigkeit, Verantwortungsbewußtsein und Sachkenntnis, mit Einschränkungen auch "soziale Kompetenz" genannt; letztere wird allerdings vom Autor etwas später als eigene Gruppe eingeführt. Die zweite Gruppe läßt sich auf der Dimension *Selbständigkeit* verorten, die als Voraussetzung für eine "Selbststeuerung des eigenen Handelns" bezeichnet wird. Sie erfordert die Fähigkeit zur Informationsbeschaffung und -verarbeitung (die zentrale Horizontalqualifikation bei Mertens) und die Fähigkeit zum Gebrauch sog. "Lerntechniken". Weitere Elemente sind die Fähigkeiten "Planen", "Ausführen", "Kontrollieren" und "Beurteilen" (Selbstbeurteilung) sowie das Setzen von Zielen und die Orientierung an Wertmaßstäben.[263] Die dritte Gruppe von Teilzielen beruflicher Weiterbildung ist mit *Verantwortungsbewußtsein* überschrieben. Verantwortungsbewußtsein (eingeschlossen ist Verantwortungsbereitschaft) gründet auf Urteilsfähigkeit, und diese wiederum auf Sachverstand und Wertebewußtsein. Als Beispiele für derartige Werte werden Mitmenschlichkeit, Zuverlässigkeit, Verantwortung gegenüber der übernommenen Aufgabe und gegenüber Mitmenschen und Umwelt genannt. Die vierte Gruppe schließlich umfaßt den Bereich *Handlungsfähigkeit*. Handlungsfähigkeit wird als besonders eng verbunden mit verschiedenen Formen des Denkens betrachtet, wozu z.B. die Fähigkeit zu logischem, abstraktem, problemlösendem und schöpferischem Den-

---

[259] KLEIN (1990), BORRETTY (1997).

[260] DUBS (1995), S. 175f.

[261] Vgl. SCHMIEL (1989), S. 254f.

[262] Vgl. das Konzept des "Doppelschleifen-Lernens" bei Argyris, welches ebenfalls nicht nur auf Fehlerbehebung, sondern Auseinandersetzung mit handlungsleitenden "theories in use" abzielt.

[263] Die Auflistung endet mit der Feststellung "Selbständigkeit erfordert Selbstvertrauen" (SCHMIEL 1989, S. 254).

ken und zum Denken in Zusammenhängen gezählt wird. Die Fähigkeit zur Entscheidungsvorbereitung und letztendlich zur Entscheidung sowie die Transferfähigkeit als Fähigkeit, neu erlerntes Wissen auf Situationserfordernisse abzustimmen und einzusetzen (auch im Sinne von Flexibilität) stellen wesentliche Elemente zur Sicherung der Handlungsfähigkeit dar. Als fünfte Gruppe von Fähigkeiten, "um auch im Hinblick auf die in der menschlichen Gemeinschaft sich vollziehenden Veränderungsprozesse sicher handeln zu können", wird *soziale Kompetenz* beschrieben. Sie umfaßt Kooperations- und Integrationsfähigkeit, die Fähigkeit zum Umgang mit anderen, Hilfsbereitschaft, Konfliktstabilität und "Achtung des anderen Menschen und seines Rechts auf eine eigene Meinung" - man könnte kurz auch sagen: Respekt. Zur sozialen Kompetenz werden in dieser Klassifikation auch Kommunikationsfähigkeit, Artikulationsfähigkeit und Einfühlungsvermögen, Sachlichkeit und die Fähigkeit zu Mitsprache und Mitbestimmung gezählt.

Nicht nur beim Ansatz von Mertens, auch bei den weiteren Klassifikationen zeigt sich, daß sie in der Regel nicht nur formale Fähigkeiten enthalten, sondern auch eine Reihe von "materialen Lerninhalten", Kenntnisse und Fertigkeiten. Zudem finden sich in Schlüsselqualifikationskategorien auch Persönlichkeitseigenschaften. Nach Schmiel (1989) müßten sie korrekterweise unter Begriffen wie "Schlüsseleigenschaften und -dispositionen" zusammengefaßt werden. Als Schlüsselqualifikationen im engeren Sinne bezeichnet Schmiel

- formale Lernziele, die für verschiedene Situationen und Tätigkeiten genutzt werden können,
- berufsunspezifische Fähigkeiten, die "vom Menschen allen seinen Wirkungsbereichen genutzt werden" können,
- "Fähigkeiten, die dem einzelnen erleichtern, unter den Bedingungen der modernen Welt mit ihren laufenden Anforderungsänderungen möglichst sicher handeln und das eigene Menschsein bewahren und gegebenenfalls verbessern zu können". (Schmiel 1989, S. 251f)

Große Bedeutung besitzt das Schlüsselqualifikationskonzept auch bei der Umsetzung und *Gestaltung neuer Organisationsformen*. Grandke et al. (1998) erarbeiten sieben Dimensionen von Schlüsselqualifikationen, die sie als "humanzentrierte Kompetenzen" bezeichnen: Persönlichkeit, Intellekt, Motivation/Antrieb, Führung/Coaching, effizientes Handeln, Kommunikation und Kooperation. Diesen Dimensionen lassen sich Schlüsselqualifikationen zuordnen, die jeweils kurz charakterisiert und mit Indikatoren versehen werden – die Publikation trägt den Untertitel "Ein Kriterienkatalog für die Praxis" (siehe Übersicht 11).

**Übersicht 11**
**Dimensionen humanzentrierter Kompetenzen und zugehörige Schlüsselqualifikationen nach dem DIN-Konzept**

| *Dimensionen* | *Schlüsselqualifikationen* |
|---|---|
| Persönlichkeit<br>"Persönlichkeitsmerkmale, die das Ergebnis des Handelns und die Qualität der Arbeit beeinflussen" | Aufrichtigkeit/Offenheit, Belastbarkeit, Durchsetzungsvermögen, Innovationsfreude, Konsequenz, Konzentrationsvermögen, Optimismus, Problemlösungsfähigkeit, Risikobereitschaft, Selbstvertrauen, Soziale Unabhängigkeit, Urteilsvermögen, Veränderungsbereitschaft, Verantwortung übernehmen, Zuverlässigkeit |
| Intellekt<br>"Intellektuelle Faktoren, die die Eignung der betreffenden Person für das Aufgabenfeld bestimmen" | Auffassungsgabe, Denken in Zusammenhängen, Geistige Flexibilität, Intuitiv-kreatives Denken, Lernpotential, Merkfähigkeit, Räumliches Vorstellungsvermögen, Systematisch-analytisches Denken, Technisches Verständnis |
| Motivation/Antrieb<br>"Charakterliche Eigenschaften und innere Anreize, die den Mitarbeiter zu guter Leistung motivieren" | Begeisterungsfähigkeit, Berufliche Perspektive, Durchhaltevermögen, Eigeninitiative, Einsatzbereitschaft, Kreativität, Leistungsbereitschaft, Lernbereitschaft und Fortbildungsstreben |
| Führung/Coaching<br>"Persönlichkeitsmerkmale, die die Eignung einer Person für eine bestimmte Führungsposition bestimmen" | Delegationsfähigkeit, Effektivität, Entscheidungen treffen, Mitarbeiter fördern, Mitarbeiter motivieren, Objektivität/Neutralität, Vorbildfunktion, Ziele setzen |
| Effizientes Handeln<br>"Qualitäten des Mitarbeiters, die den effizienten Ablauf eines Geschäftsprozesses gewährleisten" | Arbeitstempo, Kostenbewußtsein, Profitbewußtsein, Qualitätsbewußtsein, Selbstorganisation, zielstrebiges Handeln |
| Kommunikation<br>"Befähigung zur adäquaten mündlichen und schriftlichen Kommunikation sowie angemessene Verhaltensweise" | Mündlich: Angemessenes Kommunikationsniveau, Auftreten, Ausdrucksvermögen, Fachsprache, Fremdsprache (mdl.), rhetorische Fähigkeiten, Überzeugungskraft, Zuhören können.<br>Schriftlich: Ausdrucksvermögen, Fachsprache, Fremdsprache (schriftlich) |
| Kooperation<br>"Fähigkeit zur offenen und vertrauensvollen Zusammenarbeit mit Kollegen und Vorgesetzten" | Einbeziehung anderer, Einfühlungsvermögen, Feedback-Bereitschaft, Führbarkeit, Informationsaustausch, Kompromißfähigkeit, Konfliktfähigkeit, Kontaktfähigkeit, Loyalität, Teamdisziplin, Toleranz, Unterstützung und Beratung |

Quelle: Grandke et al. (1998).

Schlüsselqualifikationen werden auch besonders thematisiert, wenn die "*Ressource Mitarbeiter*" ins Blickfeld rückt. So bezeichnet Lenzen (1998) Schlüsselqualifikationen als "notwendiges Potential", um Mitarbeiter aktiv in Gestaltungsprozesse einzubinden und überhaupt einbinden zu können. Seine "Kernbereiche der Schlüsselqualifikationen" umfassen "Fachkompetenz", "Methodenkompetenz" und "Sozialkompetenz", wobei letztere die Faktoren Kommunikation, Kooperation und Teamfähigkeit in sich vereinigt.

Als Beispiel für den Sektor öffentliche Verwaltung und die Herausforderungen durch neue Steuerungsmodelle sei hier noch der stellen- bzw. funktionsspezifische Ansatz der KGSt vorgestellt. Darin werden fünf Anforderungsprofile für Mitarbeiterinnen und Mitarbeiter mit Führungsverantwortung, im Bereich Steuerungsunterstützung, im Service-Bereich, in Projekten und Ausbilderinnen und Ausbilder "vor Ort" verfolgt.[264]

Der KGSt-Bericht arbeitet mit vier Kategorien von "Kompetenzen": Sozialkompetenz, Methodenkompetenz, Persönliche Kompetenz *und* Fachkompetenz und folgt einem funktionalen Qualifikationsbegriff.[265] Die vier Kompetenzgruppen werden mit spezifischen und unterschiedlich gewichteten Verhaltensrepertoires, aber auch fachlich-materialen Qualifikationen bzw. Lerninhalten gefüllt (siehe Übersicht 12).

Bei der Frage der Vermittlung und Schulung wird immer wieder auf die Bedeutung von *Lernsituationen* verwiesen, die relevante Aspekte der *Berufssituation* möglichst realitätsnah wiedergeben und zu aktiver, *reflektierender* Lernhaltung anregen. So weist der im Zusammenhang mit dem Schlüsselqualifikationskonzept nach Reetz als "entdeckendes Lernen" bezeichnete Prozeß in eine ähnliche Richtung wie die Ausführungen von Argyris, der als "basic requirements" für effektive Schulung am Beispiel Führungsfähigkeit nennt:

> "(1) a real problem that requires solution and implementation of the solution, (2) a description of the problem that includes actual (or proposed) conversations, and (3) an accompanying scenario of the thoughts and feelings not discussed." (Argyris 1993, S. 16).

Das Problem des Grades an Situationsgebundenheit, der es einerseits ermöglicht, Schlüsselqualifikationen inhaltlich zu bestimmen, liegt andererseits darin, daß eine zu starke Situationsgebundenheit die Transfermöglichkeiten wiederum einschränkt.[266] Diese Gratwanderung zwischen Konkretisierung und Übertrag-

---

[264] Vgl. den entsprechenden KGSt-Bericht Nr. 6/1996, Personalentwicklung im Neuen Steuerungsmodell.

[265] Aufgrund der Restriktionen des Planstellensystems kommen in der modernen Kommunalverwaltung immer häufiger "Funktionsausschreibungen" zum Einsatz.

[266] So kommt z.B. Kaiser (1992) zu dem Urteil: "Schlüsselqualifikationen stellen keine universell einsetz- oder übertragbaren Kompetenzen dar. Sie bleiben vielmehr gebunden an

barkeit ist ein Grunddilemma jeglicher Qualifizierung, zeigt sich jedoch im Zusammenhang mit der Diskussion um Schlüsselqualifikationen besonders deutlich, da sich mit ihr häufig Optimierungsabsichten bestehender wissens- bzw. theorielastiger Bildungskonzepte verbinden.

Kritische Stimmen befürchten auch, Schlüsselqualifikationen könnten als "Platzhalter" für noch nicht eindeutig identifizierte fachliche Qualifikationen herangezogen werden (Wittwer 1989), oder als "Trostpflaster" und "Ersatz" für fehlende fachliche Qualifikationen dienen (Geißler). Becker sieht in der Schlüsselqualifikationsdebatte eine "suggestive Scheindiskussion" (Becker 1991a). Zabeck faßt die Gefahr des Ansatzes von Mertens als möglichem Rückfall in eine funktionale Bildungstheorie in seinem "Schlüsselqualifikations-Dilemma" zusammen:

> "Je allgemeiner und unspezifischer die Schlüsselqualifikationen definiert werden, desto wahrscheinlicher ist es, daß der Transfer mißlingt. Je enger und situationsspezifischer die Schlüsselqualifikationen definiert werden, desto weiter entfernen sie sich von der ihnen zugesprochenen Form." (Zabeck 1991, S. 177)

Ein kritisches Fazit zieht auch Kaiser in einem Gutachten zum Stellenwert von Schlüsselqualifikationen in der Arbeitnehmerweiterbildung was deren Innovativität bzw. "Neuheit" betrifft. Die Listen, Kataloge oder Matrizen mit Schlüsselqualifikationen bezeichnet er als "ad hoc zusammengestellt", "kaum nach Prinzipien begründet oder ausdifferenziert" und "unsystematisch aufgebaut", wodurch sie "in ihren Einzelaussagen redundant, leerformelhaft oder inkonsistent" seien. Die diskutierten Qualifikationselemente seien nicht neu, sondern stünden in der Tradition von bildungs-, gesellschaftstheoretischen oder politikdidaktischen Argumentationssträngen, die dabei nicht ausreichend reflektiert würden.

> "Die Beschwörung des Neuen verleitet zur Trivialisierung. Als neue Entdeckung und neue Anforderungen werden Schlüsselqualifikationen gefeiert, die im Grunde nichts anderes als grundlegende formale Kompetenzen des Menschen ansprechen, die konstitutiv für menschliche Handlungsfähigkeit sind: so etwa Denken in Zusammenhängen, Kreativität, geschichtliches Denken, Verantwortungsfähigkeit, Kommunikationsfähigkeit und vieles mehr. Wohlgemerkt: nicht die Erwähnung, nicht der Hinweis auf solche grundlegenden Fähigkeiten, sondern ihre unbegründete Auszeichnung als neue, als alternative, als moderne Kompetenzen verursachen Verständnislosigkeit oder Unwillen." (Kaiser 1992, S. 55)

Ein Vorwurf, der dem Schlüsselqualifikationskonzept häufig begegnet, ist der, Schlüsselqualifikationen seien ein "weiches" Konzept, das eingesetzt werde um "harte" strukturelle Defizite abzumildern, statt sie nachhaltig zu ändern. So argumentiert Lehmkuhl (1994), es habe ein Umbruch in den klassischen Produk-

---

die Lernsituation, in der sie erworben, und den Inhalt, an dem sie vermittelt werden." (S. 66)

**Übersicht 12**
**Anforderungen an Personalgruppen im "Neuen Steuerungsmodell" der KGSt**

| *Position* / *Dimension* | *Führungs-verantwortung* | *Steuerungs-unterstützung* | *Servicebereich* | *Projekte* | *Ausbilder "vor Ort"* |
|---|---|---|---|---|---|
| **Sozial-kompetenz** | • **Prozeßsteuerungs-fähigkeit**<br>• Mitarbeiter-Information u. -beteiligung<br>• **Konfliktfähigkeit**<br>• Fähigkeit, motivationsbehindernde Faktoren zu beseitigen<br>• Fähigkeit, PE- u. Lernprozesse zu gestalten<br>• Vertrauen schaffen | • Fähigkeit zu neuen Formen der Zusammenarbeit, Fähigkeit, Vertrauen aufzubauen<br>• Konfliktfähigkeit<br>• Offenheit<br>• Einfühlungsvermögen<br>• Kommunikationsfähigkeit | • **Kundenorientierung**<br>• **Beratungskompetenz**<br>• Kommunikations-fähigkeit<br>• Teamfähigkeit<br>• Konfliktfähigkeit<br>• Kooperationsfähigkeit<br>• Einfühlungsvermögen<br>• **didaktisches Geschick** | • Einfühlungsvermögen ("ein Händchen für Gruppen haben")<br>• **Konfliktfähigkeit** und Kompromißfähigkeit<br>• Integrationsfähigkeit<br>• **Rollendistanz**<br>• Selbstbewußtsein und Reflexionsfähigkeit<br>• **Kritikfähigkeit** | • Kommunikations-fähigkeit<br>• Kritikfähigkeit<br>• Konfliktfähigkeit<br>• Einfühlungsvermögen |
| **Methoden-kompetenz** | • Zielvereinbarungs-techniken<br>• Managementtechniken (z.B. Projektmanagement)<br>• Handlungsfolgen abschätzen und bewerten<br>• Qualitätsmanagement | • Projektmanagement<br>• Präsentations- und Moderationstechniken<br>• Organisationsfähigkeit | • **Präsentations- und Moderationstechniken**<br>• **Techniken der Gesprächsführung** | • Beratungs- und Gesprächstechniken<br>• Teambildung, Teamentwicklung<br>• **ergebnisorientierte Leitung von Arbeitsgruppen**<br>• Projektmanagement und Controlling<br>• Präsentations- und Moderationstechniken<br>• Prozeßberatung und -begleitung<br>• Selbstmanagement<br>• Zielfindungstechniken | • pädagogisch-didaktische Kompetenz<br>• **Fähigkeit zu konstruktivem Feedback**<br>• Moderationstechniken<br>• Lernstrategien<br>• Präsentationstechnik |

**Anforderungen an Personalgruppen im "Neuen Steuerungsmodell" der KGSt** (Fortsetzung)

| | | | | | |
|---|---|---|---|---|---|
| **Persönliche Kompetenz** | • Ganzheitliches u. konzeptionelles Denkvermögen<br>• Kooperations- u. Teamfähigkeit<br>• Verantwortungs- u. Leistungsbereitschaft<br>• **Eigenverantwortung u. Selbstkontrolle**<br>• **persönl. Integrität**<br>• **Risikobereitschaft** | • Vernetzt denken können<br>• **Konzeptionelle und analytische Fähigkeiten**<br>• Veränderungsbereitschaft/Flexibilität<br>• Anpassungsfähigkeit<br>• Lernfähigkeit/-bereitschaft | • Kreativität<br>• Kritikfähigkeit<br>• Toleranz<br>• **Rollendistanz**<br>• **Kundenorientierung**<br>• Selbstbewußtsein/ Reflexionsfähigkeit<br>• Diskretionsvermögen | • Eigeninitiative<br>• Belastbarkeit<br>• Persönliche Integrität – Glaubwürdigkeit im eigenen Handeln<br>• **Sinn vermitteln können**<br>• **Begeisterungsfähigkeit**<br>• beteiligungsorientierter Arbeitsstil | • Vorbildfunktion<br>• Empathie<br>• persönliche Integrität<br>• Glaubwürdigkeit<br>• Freude am Lernen |
| **Fachkompetenz** | • **Grundkenntnisse des Neuen Steuerungsmodells**<br>• **betriebswirtschaftliche (kaufmännische) Grundkenntnisse**<br>• Fachwissen in Abhängigkeit der jeweiligen Aufgabenstellung<br>• Grundkenntnisse aus den bisherigen Querschnittsbereichen | • **Gründliche und umfassende Fachkenntnisse zu allen Fragen des Neuen Steuerungsmodells**<br>• betriebswirtschaftliche Grundkenntnisse<br>• Spezialkenntnisse im jeweiligen Fachgebiet (z.B. PE, Controlling) | • **je nach Beratungsschwerpunkt,** ggf. zu splitten, d.h. auf verschiedene MA zu verteilen<br>• Öffentliches Dienstrecht, einschl. Personalvertretungsrecht<br>• "Örtliches Dienstrecht"<br>• PE<br>• BWL/KLR<br>• EDV-Anwendungen (Standardanwendungen, PIS, Layout etc.)<br>• Erfahrungswissen bezügl. Verwaltungsstrukturen/Abläufen | • **Kenntnis der Ziele der Verwaltungsmodernisierung**<br>• Kenntnisse in Grundlagen der Kommunikationstheorie und Gruppendynamik | • Kenntnisse der Gesamtverwaltung und der Zusammenhänge<br>• **Grundkenntnisse des Neuen Steuerungsmodells** |

Quelle: KGSt-Bericht 6/1996, Hervorhebungen im Original.

tionskonzepten stattgefunden, der die gesamte gesellschaftliche Regulationsweise tangiere. Die Wertschätzung von Schlüsselqualifikationen weise auf vermeintliche Qualifikationsdefizite hin. Entscheidend sei jedoch, daß die Rahmenbedingungen der Produktion sich dergestalt änderten, daß Schlüsselqualifikationen oder "subjektive Potenzen" der Arbeitskräfte auch wirklich im Arbeitsprozeß eingesetzt werden könnten. Ausgehend vom Fordismus (Taylorismus) werden bei Lehmkuhl (wie in so vielen Arbeiten zum Thema Qualifikation und Arbeit) Entwicklungen einer Berufspädagogik für die *industrielle* Produktion diskutiert, der ein Übergang vom Fordismus zum Postfordismus unterstellt wird. Die dargestellten gesellschaftlichen Debatten lassen sich jedoch auf das Arbeitsfeld öffentliche Verwaltung übertragen, wenn man bedenkt, daß auch routinisierte Verwaltungsabläufe als non-materieller Fordismus (Wissens-Taylorismus) betrachtet werden können. Zum einen ist dies die sozialwissenschaftliche Diskussion um die Folgen neuer mikroelektronischer Technologien zur Bewältigung von Informations-, Kommunikations- und technischen Steuerungsprozessen in Betrieben und Verwaltungen mit ihren zentralen Fragen zu Humanisierung der Arbeitswelt und Problemen bei der Implementierung neuer Technologien. Zweitens die Tendenzen der Individualisierung, des gesamtgesellschaftlichen Wertewandels und dem damit psychologischen Paradigmenwechsel. Drittens schließlich Veränderungen in der gesellschaftlichen Regulationsweise, verbunden mit Strukturwandel und der Krise des Sozialstaats. Vor diesem Hintergrund erscheint nach Lehmkuhl der Schlüsselqualifikationsansatz als "theoretischer Reflex auf die Notwendigkeit, die Komplexität des gesellschaftlichen Strukturwandels in seinen Konsequenzen auch für die berufspädagogische Diskussion zu erfassen." (Lehmkuhl 1994, S. 107), aber eben auch als Möglichkeit, strukturelle Defizite gesellschaftlicher Organisationen zu "individualisieren".

Betrachtet man Ansätze zum Schlüsselqualifikationskonzept, so erweisen sich Eigenschaften aus dem Bereich Anpassungsfähigkeit und Lernfähigkeit als zentrale Elemente, womit nicht nur die Fähigkeiten zur Erfassung kognitiver, materialer Lehrinhalte gemeint sind, sondern im Hintergrund steht oft das Bemühen, *Flexibilität* im Hinblick auf Situationen und Anpassungsprozesse zu vermitteln, aber auch die Fähigkeit, Wissenselemente schöpferisch-kreativ einzusetzen. Da Schlüsselqualifikations-Konzepte häufig den Eindruck von Schlagwortsammlungen vermitteln, sollen stellvertretend zwei Eigenschaften näher betrachtet werden, die häufig in Zusammenhang mit Innovationspotential und Reformfähigkeit diskutiert werden: "Kreativität" und "Flexibilität".

### *4.1.3 Beispiele für "Schlüsselqualifikationen": Kreativität und Flexibilität*

Kreativität und Flexibilität verkörpern zwei Anforderungen, die auch im Zusammenhang mit organisatorischen Wandlungsprozessen der öffentlichen Verwaltung angesprochen werden. Oft allerdings unter anderem Namen, denn "kreativ-schöpferisch" ist das Politische, während ein derartiges Handeln im Widerspruch zur regelkonformen Verfahrensrationalität der Administration steht.[267] Flexibilität wiederum kann für "Anpassungsfähigkeit", aber auch den Wunsch nach "Anpaßbarkeit" von Personen, aber auch organisatorischen Kontexten stehen.

Eine ausführliche Darstellung des Kreativitätsbegriffs, die auch immer die Probleme der Erfassung und operationalen Nutzbarmachung für Arbeitszusammenhänge in Organisationen beinhaltet, findet sich bei Beitz (1996). Kreativität und Flexibilität in Bildungsprozessen im technischen Wandel stehen im Mittelpunkt einer Arbeit von Tiggelers (1988). Das dort formulierte Kreativitätsmodell für berufliche Bildungsprozesse läßt sich auch auf den Kontext organisatorischen Wandels übertragen. Kreativität kann sich dabei auf Produkteigenschaften beziehen, ein Merkmal von Handlungsprozessen darstellen, als "Qualifikation" definiert werden und schließt immer auch die *Umweltbedingungen* und das kreative Potential der jeweiligen *Situation* ein. In Anlehnung an Arbeiten der Kreativitätsforschung von Amabile schlägt der Autor folgende Definitionen für kreative Produkte, Prozesse und Qualifikationen vor. Kreativität als *Produkt* ist demnach:

> "ein im Hinblick auf eine definierte Bezugsgruppe zu einem gegebenen Zeitpunkt im Rahmen eines systematischen Expert-Ratings festgestelltes, überdurchschnittliches Maß an Neuheit und Angemessenheit/ Brauchbarkeit/Nützlichkeit. Darüber hinaus muß das Produkt, um als kreativ zu gelten, im wesentlichen Ergebnis heuristischen Vorgehens im Gegensatz zu algorithmischem Vorgehen sein. Das Produkt muß Spuren heuristischen Vorgehens erkennen lassen." (Tiggelers 1988, S. 44, in Anlehnung an Amabile)

Zum Kriterium des heuristischen Vorgehens siehe auch Müller (1995), der für die Vermittlung von Methodenkompetenz für kaufmännisch-administrative Tätigkeiten ein "kognitives Training mit Hilfe heuristischer Regeln" propagiert.

Ein *Prozeß* ist als kreativ zu bezeichnen,

> "wenn er in die Erstellung eines kreativen Produktes einmündet. Er ist demnach ein im wesentlichen heuristischer Lösungsweg, der eher durch ganzheitlich-multiple Prozeduren (Parallelverarbeitung) als durch sequentiell-folgerichtige Abläufe (serielle Verarbeitung) gekennzeichnet ist." (Tiggelers 1988, S. 44)

Kreativität als *Qualifikation* steht für einen

> "Komplex von Dispositionen, der auf die Erstellung kreativer Produkte ausgerichtet ist. Er resultiert aus der dynamischen Wechselbeziehung bereichsbezogener Fertigkeiten und/oder Kenntnisse, spezieller

---

[267] Vgl. auch die Ausführungen von Mannheim zum spezifischen, regelkonformen Denkstil der Verwaltung und der Spontaneität und Unberechenbarkeit der politischen Sphäre (Mannheim 1985; Abschnitt 2.1.1).

Kreativitätsskills, einer speziellen Perzeptionsfähigkeit für kreative Probleme, intrinsischer, bereichsbezogener Motivation und bestimmter, für erfolgreiche kreative Produktion maßgeblicher Persönlichkeitsmerkmale." (Tiggelers 1988, S. 45)

Kreativität als Qualifikation ist demnach ein Komplex von Dispositionen, der aus der dynamischen Interdependenz von bereichsbezogenen Kenntnissen und/oder Fertigkeiten, sog. speziellen "Kreativitäts-Skills" besteht. Dazu zählen ein kognitiver Stil, der sich auszeichnet durch Veränderungen von Verhaltens-Sets, hohes Komplexitätsverständnis, langes "Offenbleiben" für unterschiedliche Lösungsansätze, Aufschieben von Beurteilungen und Bewertungen, "weites Kategorisieren", Ausbrechen aus "inneren" Denkregeln bzw. Lösungsvorschriften und divergentes Denken. Zu den "Kreativitäts-Skills" rechnet man auch kreative Heuristiken wie kontraintuitives Handeln bei Fehlschlägen, Verfremdung von Vertrautem, fallbezogene Hypothesengenerierung, Spielen mit Ideen und geistige Gymnastik; einen entsprechenden Arbeitsstil, dem eine hohe Konzentrationsfähigkeit, "produktives" Vergessen, Ausdauer und ein hohes "Energie-Level" eignen; eine spezielle Perzeptionsfähigkeit für kreative Probleme und eine intrinsische, bereichsbezogene Motivation. Als Beispiele für Persönlichkeitsmerkmale, die für eine erfolgreiche kreative Produktion maßgeblich seien, werden Flexibilität, Feminität bzw. Sensibilität, Toleranz, Verantwortungsbewußtsein, Fähigkeit zu psychologischem Denken und Empfinden, Freude am Erfolg durch selbständige Tätigkeit, positives Selbstkonzept, Freude an sozialem Kontakt genannt (basierend auf einer Zusammenstellung von Neff 1975, zit. in Tiggelers 1988, S. 85; S. 71ff).

*Flexibilität* als wünschenswertes Persönlichkeits-, aber auch Strukturmerkmal klingt auch in Zielvorstellungen der reformierten Verwaltungsausbildung an. In §2 des Studienführers der Fachhochschule für öffentliche Verwaltung Kehl heißt es bereits 1978: "Ziel der Ausbildung ist es, Beamte heranzubilden, die nach ihrer Persönlichkeit sowie nach ihren allgemeinen und fachlichen Kenntnissen und Fähigkeiten für den gehobenen Verwaltungsdienst geeignet und *vielseitig* verwendbar sind." Diese, wenn auch vage, Zielbestimmung der Ausbildung deutet bereits die vielen unterschiedlichen Facetten des Begriffs Flexibilität an. Flexibilität kann sowohl "Mittel zum Zweck" als auch Zieldimension sein. Sie kann personale Eigenschaft, aber auch Organisationsmerkmal (und häufig genug auch Defizit) sein.[268] Daher verwundert es wenig, daß sich mit Flexibilität, im Gegensatz zu Kreativität, die im wesentlichen im Rahmen psychologischer Forschung behandelt wird, eine ganze Reihe von Disziplinen beschäftigen, so u.a. die Arbeitsmarkt-, Bildungs- und Berufsforschung, Soziologie und Arbeitswissenschaft.[269] Nach Drever/Fröhlich (1975) steht Flexibilität für die

[268] Vgl. das "Flexibilitäts-Dilemma" bürokratisch strukturierter Organisationskontexte, welches sich in klassischer wie aktueller Bürokratiekritik niederschlägt.

[269] TIGGELERS (1988), S. 121ff.

> "allgemeine und umfassende Bezeichnung für die Bereitschaft des Organismus, auf neue Gegebenheiten schnell zu reagieren bzw. das Verhalten zu verändern."[270]

Als Synonym kann "Anpassungsfähigkeit", als Gegensatz "Rigidität" herangezogen werden. "Anpassungsfähigkeit" orientiert sich an Piaget, der sie "als Gleichgewicht zwischen den Wirkungen des Organismus auf die Umwelt und den Wirkungen der Umwelt auf den Organismus" bezeichnet.[271] Rigidität wird folgendermaßen definiert:

> "Allgemeine und umfassende Bezeichnung für die Unfähigkeit oder nur eingeschränkte Fähigkeit eines Menschen, sich angesichts der Veränderungen der objektiven Bedingungen in Handlung (motorische R.) oder Einstellung (affektive, kognitive usw. R.) von einmal eingeschlagenen Handlungen oder Denkwegen zu lösen und angemessenere (angepaßtere) zu wählen." (Drever/Fröhlich 1975, S. 256)

Bürokratischen Organisationen und ihren Mitgliedern wird im allgemeinen ein hohes Maß an Rigidität unterstellt. "Rigide, lebensfremde schematische Arbeitsweise", verbunden mit "zu geringer Flexibilität und Innovationsdynamik" bildet einen zentralen Kritikpunkt gegenüber bürokratischen Strukturen (so etwa auch bei Möller 2000, S. 110). Bürokratischer Sozialisation wird attestiert, sie attrahiere und verstärke einen "rigiden" Personentypus (Mayntz 1985, Bosetzky 1994).

Ansätze und Modelle der Flexibilitätsforschung verfolgen zum einen deskriptive Bemühungen wie die Flexibilitätsforschungsprojekte des IAB. Flexibilität bildet aber auch einen wichtigen Bestandteil "prozeßunabhängiger" bzw. "extrafunktionaler" Qualifikationen.[272] Flexibilität findet sich auch als Handlungsaspekt in Konzepten der Handlungsregulationstheorie. Die Handlungsregulationstheorie beschreibt die psychologische Seite von Arbeitsaufgaben und Arbeitstätigkeiten unter dem Aspekt der Regulationserfordernisse bzw. Regulationschancen. Sie geht davon aus, "daß das psychologisch Bedeutsame beim Handeln und auch bei der Arbeitstätigkeit die Regulation dieser Handlung ist, allgemein gesprochen: die Art und Weise, wie bestimmte Ziele des Handelns gebildet werden, wie sie in Teilziele untergliedert und schließlich durch einzelne Teilhandlungen und Bewegungen erreicht werden." [273] Schließlich werden Schlüsselqualifikationen als Grundlage für flexibles Verhalten gesehen.

---

[270] Ursprünglich Drever, James/Fröhlich, W. D. (1975): Wörterbuch zur Psychologie. München; zit. in Tiggelers 1988, S. 110.

[271] Piaget, Jean (1971): Psychologie der Intelligenz. Olten. S. 10.

[272] Siehe hierzu auch die zentrale These von Kern/Schumann (1985), wonach im Zuge des technischen Wandels eine tendenzielle Verlagerung von prozeßgebundenen zu prozeßunabhängigen Qualifikationen erfolgt.

[273] Dieses Konzept gehört auch zu den wesentlichen Grundlagen des arbeitsanalytischen Instruments VERA (nach Volpert).

Mit diesem letzten Aspekt der Flexibilitätsforschung schließt sich der Kreis der vorliegenden Argumentation. Flexibilität stellt demnach einen zentralen Bestandteil, aber auch ein wichtiges Ziel von Schlüsselqualifikationskonzepten dar (siehe Mertens, Dedering etc.). Tiggelers konstruiert analog zu seinem Kreativitätsmodell ein Flexibilitätsmodell. Dabei wird Flexibilität im "engeren, personenbezogenen Sinn" wieder unter den drei Aspekten Produkt – Prozeß – Qualifikation beleuchtet:

"Flexibilität als Produkt ist – nach der hier vertretenen Auffassung – ein durch den Wechsel grundlegender Algorithmen zustande gekommenes Ergebnis, das individuellem Handeln zugerechnet werden kann."
"Flexibilität als Prozeß ist demnach ein individueller Handlungsverlauf, der durch Anpassung an den Wechsel in der Kombination, der Aufeinanderfolge oder dem Ablauf der zugrunde liegenden Algorithmen zu einem flexiblen Produkt führt."
"Flexibilität als Qualifikation ist entsprechend jene Kombination von Fähigkeiten, Fertigkeiten, Kenntnissen, Motiven, Einstellungen und Persönlichkeitseigenschaften, die eine reibungslose Anpassung an wechselnde, auf die Erstellung flexibler Produkte gerichtete Algorithmen ermöglicht." (Tiggelers 1988, S. 157)

Flexibilität wird in dieser Konzeption auf der Ebene des Individuums verortet. Denn die Handlungen einer Organisation, die sich als "flexibel" interpretieren lassen, basieren immer auf den Situationsdeutungen und darauf basierenden Handlungsentwürfen einzelner Organisationsmitglieder. Jedoch bereits die Mechanismen der Sozialisierung von Wissensbeständen machen deutlich, daß auch Organisationen mehr oder weniger flexibel bzw. flexibilitätsfördernd agieren können.

### *4.1.4 Schlüsselqualifikationen und Berufsprofile von Ökonomen*

Ein zentrales Element neuer Steuerungsansätze für die öffentliche Verwaltung bilden Bestrebungen, "wirtschaftlich" und "kostenbewußt" zu handeln, bis hin zur Einführung konkreter betriebswirtschaftlicher Instrumente wie Kosten- und Leistungsrechnung und Controlling. Als eine Art einführende "Folie" der organisationsspezifischen Anforderungen an Personal in ökonomischen Aufgabenbereichen der öffentlichen Verwaltung wird an dieser Stelle ein allgemeines ökonomisches Qualifikationsprofil vorgestellt. Teichler/Buttgereit nennen als Tätigkeitsschwerpunkte von Ökonomen Disponieren, Koordinieren und Leiten. Aufgabenschwerpunkte bilden Absatz, Rechnungs- und Steuerwesen, der Bereich Personal, Organisation, Leitung, die Datenverarbeitung sowie Forschung und Lehre (Teichler/ Buttgereit 1992, S. 110). Für Anforderungen allgemeiner Art bzw. "außerfachliche Anforderungen" ergibt eine Faktorenanalyse acht Dimensionen, die als "Innovation", "Führung", "Auftreten und Erscheinung", "Verläßlichkeit", "Kooperation", "Einsatzbereitschaft", "Wissenschaftliche Kompetenz" und "Fremdsprachenkenntnisse" interpretiert werden. Nachfolgende Tabelle führt die zugehörigen Indikatoren auf, wobei, wie schon in den dargestellten Schlüsselqualifikationskonzepten, sich Basis-, Breiten-, Horizont- und Vintage-Faktoren, zudem Persönlichkeitskompetenzen und kontextspezifische Anforderungen auf den Dimensionen vermischen.

**Übersicht 13**
**Wichtige Schlüsselqualifikationen für Ökonomen nach Teichler/ Buttgereit**
(Ergebnisse einer Faktorenanalyse)

| *Kategorie* | *Indikatoren, Items* |
|---|---|
| Innovativität | Unkonventionelles Denken, Risikobereitschaft, Kreativität, Marktgespür, Initiative, Durchsetzungsvermögen |
| Führung | Motivierung, effektiver Einsatz, Förderung von Mitarbeitern, Durchsetzung schwieriger Entscheidungen |
| Auftreten und Erscheinung | |
| Verläßlichkeit | Genauigkeit, Gewissenhaftigkeit, Konzentriertheit, Termintreue |
| Kooperation | Integrationsfähigkeit, Selbstbeherrschtheit, Kooperationsfähigkeit, Sich gut in die Lage anderer versetzen können, Konfliktfähigkeit |
| Einsatzbereitschaft | Lernbereitschaft, Einsatzbereitschaft, Problemlösungsfähigkeit |
| Wissenschaftliche Kompetenz | |
| Fremdsprachenkenntnisse | |

Quelle: Teichler/Buttgereit (1992), S. 126ff.

### *4.1.5 Schlüsselqualifikationen und Fachhochschulstudiengänge*

Schlüsselqualifikationskonzepte sind zwar nicht unumstritten, aber wie etwa Kaiser betont, handelt es sich bei den in ihnen zusammengefaßten Fähigkeiten, Kenntnissen und Fertigkeiten um wichtige Voraussetzungen für erfolgreiches berufliches Handeln. Auch Studien zur Performanz von Absolventinnen und Absolventen allgemeiner Fachhochschulen zeigen ihre Wichtigkeit. Die dort genannten Ausbildungsdefizite liegen weniger im Bereich des fachdisziplinären Spezialwissens, sondern stärker im Bereich der integrativen, kommunikativen und arbeitsorganisatorischen Kompetenzen und somit vorwiegend im Bereich von Befähigungen, die dazu beitragen, den Transfer fachlicher Kompetenzen in unterschiedlichen Anwendungsbezügen zu ermöglichen.

"So wird von den 93er Absolventen am stärksten beklagt, daß an der FH nicht in hinreichender Weise die Ausbildung von Kommunikations- und Teamfähigkeit erfolgt ist. Auch wird verhältnismäßig nachdrücklich betont, daß die Vermittlung und Einübung von integrativen Kompetenzen wie etwa Praxiserfahrung und fachübergreifendem Denken, die die Absolventen in die Lage versetzen, disziplinäres Wissens in den Gesamtkontext verschiedener Systeme (Wirtschaft, Sozialsystem, Kultur, Ökologie, Rechtssystem usw.) einzubinden, in der Ausbildung zu kurz gekommen sei. Bemerkenswert erscheint, daß die Integration von Praxiserfahrung in den Studienkontext von Fachhochschulabsolventen in kaum geringerem Maße als von Universitätsabsolventen für unzureichend gehalten wird: 47% der FH-Abs. und 54% der Uni-Abs. beurteilen die Ausbildung in diesem Bereich als defizitär."[274]

Beim Berufsstart bzw. bei der ersten Berufstätigkeit bezeichnen Absolventinnen und Absolventen allgemeiner Fachhochschulen "Hektik, Arbeit unter Termindruck", "Arbeitsüberlastung", "Undurchschaubarkeit betrieblicher Entscheidungsprozesse" und einen "Mangel an Rückmeldung über die eigene Arbeit" als die größten Schwierigkeiten. Über 25 Prozent fühlen sich gar defizitär qualifiziert. Der Praxisschock wird demnach auch durch eine dezidiert praxisnahe Ausbildung wie sie Fachhochschulen anstreben kaum gemildert. Gerade die Defizite im Bereich der Schlüsselqualifikationen zeigen, wie schwer es offenbar ist, realitätsnahe Schulungssituationen im Rahmen von Studiengängen zu vermitteln. Der innerbetrieblichen Weiterbildung kommt daher immer größere Bedeutung zu.

Einen hohen Bedarf an Elementen aus dem Bereich Schlüsselqualifikationen zeigen auch Untersuchungen an internen Verwaltungsfachhochschulen. So erbrachte eine Befragung von Studenten, Absolventen und Dozenten an der Abteilung Dortmund der Fachhochschule für öffentliche Verwaltung Nordrhein-Westfalen (FHöV NRW) eine große Nachfrage nach "überfachlichen" Qualifikationen (i. S. von Schlüsselqualifikationen). Als Beispiele für wichtige Qualifikationselemente werden dabei in offenen Abfragen am häufigsten Kommunikationsfähigkeit, Rhetorik und Mitarbeiterführung genannt. Weitere Nennungen umfassen Gesprächs- und Verhandlungsführung, Teamfähigkeit, Präsentation und Moderationstechniken, Konflikt- und Streßbewältigung, freier Vortrag vor einer größeren Zuhörerschaft, Projektmanagement und praxisorientiertes Verhaltenstraining. Abschließend sei noch auf ein Paradox hingewiesen, daß sich auch im Rahmen der vorliegenden Arbeit empirisch untermauern ließ. Betrachtet man die Einschätzung der Wichtigkeit bestimmter Qualifikationen für die berufliche Tätigkeit, zeigt sich, daß Schlüsselqualifikationen im Bereich der sozialen Kompetenzen und des Umgangs mit anderen als sehr wichtig erachtet werden. Die Studienfächer, in denen sie laut Curriculum vermittelt werden sollten (vor allem Verwaltungspsychologie, Verwaltungssoziologie), werden dagegen als eher weniger wichtig beurteilt.[275]

---

274 HOLTKAMP et al. 1998, S. II/III.

275 Projektbericht "Verbesserung der Zusammenarbeit zwischen Fachwissenschaft und Fachpraxis", Projektgruppe K94/2, FHöV NRW, Abt. Dortmund. Befragt wurden in diesem Zusammenhang Studierende des Studiengangs Kommunaler Verwaltungsdiest, Absolventen,

## 4.2 Zur Verwaltungsausbildung unter besonderer Berücksichtigung des gehobenen nichttechnischen Dienstes

Im Zuge der Errichtung von internen Verwaltungsfachhochschulen wurde mitunter der gehobene nichttechnische Dienst als "Leitfigur" des öffentlichen Dienstes in den achtziger und neunziger Jahren und als echte Karrierekonkurrenz zum weitestgehend justizrechtlich ausgebildeten "Einheitsjuristen" gesehen.[276] Mag auch die Bezeichnung "Rückgrat der Verwaltung" (so u.a. Godehart 1988) vor dem Hintergrund von Personalabbau und vermehrter Einstellung von Personal auf Angestelltenbasis nicht mehr ganz zutreffen[277], das Laufbahnsystem der Beamtenschaft prägt auch die Gestaltung der Qualifikation im Angestelltenbereich. Übersicht 13 stellt wichtige Rahmenbedingungen der Aus- und Fortbildung im Beamten- und Angestelltenbereich gegenüber. Die Beamtenausbildung zeichnet sich zum einen durch einen hohen Formalisierungsgrad bezüglich der nachzuweisenden Vorqualifikationen aus; diese hohe Formalisierung kann als bis heute wirkendes Element des klassischen Beamtenbildes interpretiert werden, der Kompetenz auf der Basis von Fachschulung. Die Ausbildung erfolgt im Rahmen des Vorbereitungsdienstes, die Anwärter sind "Beamte auf Widerruf". Als Rechtsgrundlage fungieren Ausbildungs- und Prüfungsverordnungen der Länder. Der Zugang zu einer Beamtenlaufbahn erfordert die nach Art. 33 Abs. 2 GG "Eignung, Befähigung und fachliche Leistung" und ist gesetzlich an entsprechende Abschlüsse der sekundären Ausbildung geknüpft. Für den einfachen Dienst ist der Hauptschulabschluß, für den mittleren Dienst der Realschulabschluß und für den gehobenen Dienst mindestens Fachhochschulreife Voraussetzung; Rechtsgrundlage bilden die Ausbildungs- und Prüfungsverordnungen der Länder.

Die Ausbildung für Angestellte wird im Gegensatz zur Fachhochschulausbildung der Beamtenanwärter, die sich am Laufbahnprinzip des Beamtenrechts orientiert, durch das Berufsbildungsgesetz (BBiG) geregelt. Gerade auf der Ebene der Kommunalverwaltung ist jedoch eine Annäherung an das Laufbahnsystem der Beamtenschaft zu beobachten, vor allem durch spezielle Zugangsprüfungen für den mittleren und gehobenen Dienst (AI- bzw. AII-Prüfung).

---

Dozenten und Vertreter der Fachpraxis. Siehe auch die Abschnitte 6.5.1 und 6.5.3 der vorliegenden Arbeit.

[276] PAPPERMANN et al. (1982) monieren in einem historischen Abriss der Ausbildungsziele bei der Errichtung von internen Verwaltungsfachhochschulen gleichzeitig den fehlenden empirischen Beweis für diese Annahme (S. 1).

[277] Vgl. die kritischen Anmerkungen in KÜHNLEIN/WOHLFAHRT (1995), S. 17f.

**Übersicht 14**
**Rahmenbedingung der Aus- und Fortbildung von Beamten und Angestellten im Vergleich (nach Kühnlein/Wohlfahrt)**

| *Beamte* | *Angestellte* |
|---|---|
| Zugangsvoraussetzungen nach Art. 33 Abs. 2 GG "Eignung, Befähigung und fachliche Leistung", verknüpft mit Bildungsabschlüssen:<br>einfacher Dienst: Hauptschulabschluß<br>mittlerer Dienst: Realschulabschluß (Bayern: Qualif. Hauptschulabschluß) bzw. Äquivalente<br>gehobener Dienst: FH- bzw. Hochschulreife oder Äquivalente<br>höherer Dienst: Hochschulstudium | Zugangsvoraussetzungen werden von den jeweiligen Arbeitgebern (Einstellungsbehörden) festgelegt |
| Ausbildung im Rahmen eines Vorbereitungsdienstes (Anwärter als "Beamte auf Widerruf")<br>Rechtsgrundlage der Ausbildung: Ausbildungs- und Prüfungsverordnungen der Länder | Dreijährige Berufsausbildung im dualen System nach dem Berufsbildungsgesetz (BBiG) |
| Zugang zum gehobenen nichttechnischen Dienst: Studium an internen Fachhochschulen | A-II-Lehrgang |

Quelle: Kühnlein/Wohlfahrt (1995), S. 26 - 33, 40 - 46.

Im Gegensatz dazu erfolgt die Angestelltenausbildung nach den Regeln des Berufsbildungsgesetzes. Verwaltungsübergreifende formelle Zugangsvoraussetzungen wie im Beamtenbereich bestehen nicht, Auswahlkriterien werden von den jeweiligen Beschäftigern (Verwaltungen) festgelegt. Die Ausbildung von Angestellten stellt eine dreijährige Berufsausbildung im dualen System nach dem Berufsbildungsgesetz (BBiG) dar, bestehend aus zweijähriger berufsfeldbreiter Grundbildung mit anschließender Spezialisierung (z.B. auf die Ebene der Kommunalverwaltung).

In Teilbereichen, darunter auch in der Kommunalverwaltung, erfordert die Höhergruppierung in den mittleren bzw. gehobenen Dienst das Absolvieren von *Fortbildungs*lehrgängen und -prüfungen (A-I-, A-II-Lehrgang), die dem System der Laufbahnprüfungen im Beamtenbereich ähneln.[278] Bildet die Voraussetzung

[278] Beamte: "Ausbildung", Angestelltenbereich: "Fortbildung" (Angestelltenlehrgänge A I und II stellen rechtlich eine berufliche Fortbildung dar, siehe auch § 1 Abs. 3 BBiG). Leitbild bleibt auch für den Angestelltenbereich das Laufbahnprinzip. Zu Unterschieden und daraus

für ein Beamtenverhältnis im gehobenen nichttechnischen Dienst ein Fachhochschulstudium, so muß für eine Beschäftigung im Angestelltenverhältnis der Kommunalverwaltung der A-II-Lehrgang erfolgreich absolviert werden.

### *4.2.1 Die Ausbildung für den gehobenen nichttechnischen Dienst*

Die Bearbeitung des Forschungsthemas in der vorliegenden Form wurde durch die Erweiterung des Studienangebotes an der Fachhochschule für öffentliche Verwaltung Nordrhein-Westfalen angeregt, wo 1993 der Studiengang *Verwaltungsbetriebswirtschaftslehre* eingerichtet wurde. Dieser stellt eine der Varianten dar, mittels derer die Fachhochschulen für öffentliche Verwaltung in verschiedenen Bundesländern das bisher vom juristischen Paradigma geprägte Studium für den gehobenen nichttechnischen Verwaltungsdienst durch schwerpunktmäßig betriebswirtschaftliche Studiengänge ergänzen.

Die internen Fachhochschulen der öffentlichen Verwaltung stellen die größte Sonderform im Sinne des Hochschulrahmengesetzes dar.[279] Ihre Sonderrolle zeigt sich zum einen daran, daß sie als "interne" Fachhochschulen den Innenministerien der Länder und nicht den Kultusministerien unterstellt sind. Daraus ergibt sich ein höherer Einfluß der obersten Dienstbehörde wie auch von Einzelressorts. Die Studienzeiten sind kürzer als an allgemeinen Fachhochschulen (3 Jahre)[280]; die Selbstverwaltungsrechte sind eingeschränkt. Als Dozenten sind neben Fachhochschulprofessoren auch nebenamtliche Dozenten aus der Verwaltungspraxis tätig.[281] Das Lehrpersonal unterliegt engeren Dienstpflichtenregelungen und höheren Lehrdeputaten. Um zu studieren, müssen die Studierenden zunächst bei einer Behörde eingestellt worden sein, die Auswahl der Studierenden obliegt somit den entsendenden Verwaltungen. Die Studierenden sind

---

resultierenden Problemen der beiden Ausbildungssystematiken siehe KÜHNLEIN/ WOHLFAHRT (1995), S. 40 - 46.

[279] Vgl. u.a. GODEHART (1988). Neben der Ausbildung für den kommunalen und staatlichen Verwaltungsdienst erfolgt auch die Ausbildung für den gehobenen Polizeidienst und das Personal der Sozialversicherungsträger.

[280] Dies stellt ein wesentliches Problem hinsichtlich einer Öffnung oder auch nur Kooperation mit allgemeinen Fachhochschulen dar.

[281] Der Einsatz nebenamtlicher Dozentinnen und Dozenten soll den Praxisbezug der Ausbildung noch verstärken, auch wenn in Befragungen vor Ort teilweise auch über didaktische Defizite geklagt wurde (siehe Reformwünsche Evaluation VBWL FHöV NRW). Für Lehrfächer aus dem Bereich Betriebswirtschaft und Reorganisation (NSM) ergibt sich das Problem, daß Spezialisten aus der Fachpraxis in geringerem Umfang zur Verfügung stehen und zudem überdurchschnittlich in Reformen vor Ort eingebunden sind. Daher wurden während des Untersuchungszeitraumes 1995 bis 1998 im Studiengang Verwaltungsbetriebswirtschaftslehre an der FHöV NRW überwiegend hauptamtliche Lehrkräfte eingesetzt.

Beamtenanwärter; das Studium ist Vorbereitungsdienst im Sinne des Beamtenrechts und wird vergütet.

Betrachtet man die Statistik des BMBF zu Studierendenzahlen seit Beginn der achtziger Jahre, so besuchen pro Jahr zwischen 2,1 und 2,8 Prozent der Studierenden die internen Verwaltungsfachhochschulen. Die Studierendenzahlen sind dabei Schwankungen unterworfen, da sich personalpolitische Entscheidungen und die Finanzsituation der öffentlichen Haushalte auf die Entsendungspraxis der Behörden auswirken.

**Tabelle 2**
**Studierende nach Hochschularten in Tausend und Anteil der Verwaltungs-Fachhochschulen in Prozent** (BMBF)

| | *1980* | *1985* | *1990* | *1992* | *1993* | *1994* | *1995* | *1996* | *1997* |
|---|---|---|---|---|---|---|---|---|---|
| Universitäten | 823,9 | 1015,1 | 1188,3 | 1374,2 | 1402,3 | 1382,2 | 1379,5 | 1366,3 | 1364,4 |
| Fachhochschulen | 175,0 | 268,9 | 333,0 | 372,3 | 390,3 | 392,4 | 397,9 | 397,5 | 399,8 |
| **Verwaltungs-FH** | **27,0** | **32,4** | **39,6** | **47,5** | **52,8** | **52,3** | **51,1** | **44,5** | **38,6** |
| Kunsthochschulen | 18,3 | 21,7 | 24,2 | 29,2 | 29,9 | 29,7 | 29,9 | 30,1 | 29,9 |
| *Gesamt* | *1044,2* | *1338,1* | *1585,1* | *1823,2* | *1875,3* | *1856,6* | *1858,4* | *1838,4* | *1832,7* |
| ***davon Verwaltungs-FH (in %)*** | ***2,6*** | ***2,4*** | ***2,5*** | ***2,6*** | ***2,8*** | ***2,8*** | ***2,8*** | ***2,4*** | ***2,1*** |

Quelle: BMBF (1998). Die Zahlen für 1980, 1985, 1990 beziehen sich auf die Alten Bundesländer, ab 1992 auf Alte und Neue Bundesländer.

Die Zukunft der internen Verwaltungsfachhochschulen ist nicht unumstritten. Eingerichtet wurden sie als Kompromiß und Übergangslösung, bis adäquate Studienangebote seitens der allgemeinen Fachhochschulen verfügbar seien. Allerdings scheint das Gesetz der "normativen Kraft des Faktischen" zu greifen. So sprechen sich zwar Wissenschaftsrat, Hochschullehrerbund und auch Studien wie etwa Brinkmann et al. für eine Externalisierung aus, konkrete Maßnahmen im Hinblick auf eine Öffnung hin zu den allgemeinen Fachhochschulen bzw. eine Umwandlung der FHöV sind aber noch nicht in Sicht.[282]

### *4.2.2 Zur Gründung der internen Verwaltungsfachhochschulen*

Die Ausbildung für den öffentlichen Verwaltungsdienst im heutigen Verständnis basiert auf der zu Beginn des 18. Jahrhunderts in den zentralistisch regierten Staaten Europas institutionalisierten "Kameralwissenschaft". Diese auch als Kameralistik bezeichnete Lehre von der Verwaltung differenzierte sich im Laufe des 19. Jahrhunderts in eine juristische Komponente, das Verwaltungs-

[282] Vgl. WISSENSCHAFTSRAT (1996), HOCHSCHULLEHRERBUND (1995), BRINKMANN et al. (1994); siehe auch BANNER (1997).

recht, und eine ökonomische, die Nationalökonomie. Während letztere sich weiterentwickelte hin zur Grundlage der modernen Gesellschaftswissenschaften, insbesondere der Soziologie, wurden juristische Elemente zum bestimmenden Wesenszug der Verwaltungswissenschaft. Diese Juridifizierung spiegelt sich noch heute wieder im Verständnis des Verwaltungshandelns als primär an Vorschriften und Gesetzen orientiertem Handeln.[283]

Der Wandel vom Ordnungs- zum Sozialstaat, zusammen mit dem Anwachsen der Bevölkerungszahl brachte in den sechziger und siebziger Jahren eine Vielzahl neuer Leistungs- und Planungsaufgaben mit sich.[284] Man versuchte den Herausforderungen durch Gebiets- und Funktionsreformen sowie Veränderungen in der Arbeitsorganisation, Formalisierung und Standardisierung der Verwaltungsabläufe zu begegnen. Diese organisatorischen Reformen, ebenso wie neue Technologien auf dem Sektor der Datenverarbeitung und Telekommunikation schufen ihrerseits neue Qualifikationsanforderungen im organisatorischen wie technischen Bereich.[285] Die Verwaltungsaufgaben weiteten sich aus und gestalteten sich zunehmend komplexer, womit auch ein Funktionswandel für Personal des gehobenen nichttechnischen Dienstes verbunden war. Dieser Wandel beinhaltete die verstärkte Erfordernis von *analytischem Denken, modernen Arbeitstechniken* und *selbständigem Handeln.*[286] Aufgabenausweitung und die Differenzierung der Tätigkeitsfelder erzeugte Bedarf an "*Spezialisten für Generelles*"[287]. Eine weitere Veränderung war die zunehmend kritische Sicht der öffentlichen Verwaltung durch die Bevölkerung, wo Bürokratisierungsdebatte und gesamtgesellschaftlicher Wertewandel zu verstärkten Anforderungen an Verwaltungspersonal im Bereich "Soziale Kompetenzen" (Umgang mit Menschen) führten. Eine Möglichkeit, diesen Entwicklungen trotz der Einschränkungen

---

[283] Zur Entwicklung der modernen öffentlichen Verwaltung und ihres Ausbildungssektors siehe u.a. BRINKMANN et al. (1973), BRINCKMANN et al. (1980), ELLWEIN (1996), KÜHNLEIN/WOHLFAHRT (1995), MAYNTZ (1985). So übt die juristische Schwerpunktsetzung der Ausbildung einen prägenden Einfluss auf Verhaltensweisen und Denkstil der Absolventen aus. Diese These findet sich z.B. bei Brinkmann et al. (1973), die aufgrund der großen Anzahl von Juristen im höheren Verwaltungsdienst eine entsprechende juristische Schwerpunktsetzung der Handlungsabläufe postulieren (S. 32). Personal im gehobenen Dienst wird analog dazu auch als "kleiner Jurist/FH-Jurist" gesehen (siehe z.B. BUNGE 1985).

[284] BÖHRET (1978), BUNGE (1985), FORSTHOFF (1971). Siehe auch die These, daß durch Aufgabenausweitung und Differenzierung der Tätigkeitsfelder Bedarf an "Spezialisten für Generelles" entsteht (Teichler).

[285] BUNGE (1985), REINERMANN (1999).

[286] Grundsatzbeschluß der Ständigen Konferenz der Innenminister vom 30.04.1970. Zu den sog. neuen Anforderungen siehe beispielsweise die Diskussion über "Generalisten" und "Spezialisten" (u.a. BUNGE 1985).

[287] Differenzierungsthese von Teichler et al., siehe Bunge (1985) (Akademisierung erzeugt Differenzierung, diese erzeugt wieder Bedarf nach Spezialisten fürs Generelle)

durch die Finanzkrise der öffentlichen Haushalte und Stellenabbau Rechnung zu tragen, wurde in einer Anhebung der Ausbildung des gehobenen nichttechnischen Verwaltungsdienstes auf Fachhochschulniveau gesehen.[288]

1970 faßte die Ständige Konferenz der Innenminister den Grundsatzbeschluß, die Ausbildung für den nichttechnischen gehobenen Verwaltungsdienst an Fachhochschulen durchzuführen. Diese Ausbildungsreform war seit Ende der sechziger Jahre diskutiert worden, nachdem die Fachhochschulausbildung für Ingenieure, Sozialarbeiter und Betriebswirte des gehobenen Dienstes bereits verbindlich war.[289] Zwischen 1970 und 1975 entwickelten sich die Konturen der Fachhochschulausbildung. Die Verwaltungsschulen wurden in Kommunale Studieninstitute und Höhere Verwaltungsfachschulen umbenannt, Umfang und Stellenwert der fachwissenschaftlichen Ausbildung nahmen zu und man begann mit dem Einsatz hauptamtlicher Lehrkräfte.[290] Entwürfe zu internen Fachhochschulen für Verwaltung entstanden ab 1973 zunächst in Baden-Württemberg, Bayern, Berlin, Bremen, Hamburg und Nordrhein-Westfalen[291]. Erste Gründungen bzw. Umwandlungen in Fachhochschulen erfolgten ebenfalls ab 1973.[292] 1976 wurde die Sonderform der internen Verwaltungsfachhochschulen durch das Hochschulrahmengesetz rechtlich verankert, flankiert von dem im gleichen Jahr in Kraft getretenen Zweiten Gesetz zu Änderung beamtenrechtlicher Vorschriften, welches vorschrieb, die Ausbildung für gehobenen nichttechnischen Dienst bis 31.12.1979 auf Fachhochschulniveau umzustellen.[293] Die gesetzlichen Grundlagen (Zweites Beamtenrechtsänderungsgesetz, Rechtspflegerausbildungsgesetz und Steuerbeamtenausbildungsgesetz) werden auch als die "drei

---

[288] BOSETZKY (1977), BUNGE (1985), KLAGES (1990a, 1990b, 1997).

[289] Zur Diskussion um die Gründung der Fachhochschule für öffentliche Verwaltung siehe u.a. BREITENSTEIN (1973), BRINCKMANN et al. (1980), BUNGE (1985), DOLL/JENNER (1969), KÖNIG (1978a, 1978b), LEPPER (1982), LÖHR (1996), MÖLLER (1995), PAPPERMANN et al. 1982. BRINCKMANN et al. (1980) sprechen von einer regelrechten Gründungswelle im Fachhochschulbereich ab 1968.

[290] BREITENSTEIN (1973) differenziert zwischen Verwaltungsschule und Höherer Verwaltungsfachschule folgendermaßen: "Die Grenzziehung muss dort erfolgen, wo der Ausbildungsschwerpunkt langsam von der praktischen Anleitung und Tätigkeit am Arbeitsplatz auf die theoretische Ausbildung übergeht, wobei diese Grenze bei etwa 1500 Gesamtunterrichtsstunden anzunehmen sein wird." (S. 227)

[291] Nordrhein-Westfalen plant bereits damals die Verbindung bzw. Überführung der Ausbildung an allgemeine Fachhochschulen. Die Kooperation zwischen interenen und allgemeinen FH erweist sich jedoch noch Mitte der neunziger Jahre als problematisch. So wurde im Modellstudiengang Verwaltungsbetriebswirtschaftslehre in Erwägung gezogen, im Hauptstudium mit externen Fachhochschulen zu kooperieren, jedoch konnte eine derartige Zusammenarbeit bislang nicht realisiert werden.

[292] Im Jahre 1973 Baden-Württemberg und Berlin, 1974 Bayern und 1975 Schleswig-Holstein. Nordrhein-Westfalen folgte 1976.

[293] Zweites Gesetz zur Änderung beamtenrechtlicher Vorschriften (BT-Drs. 7/2204, S. 7ff).

sog. Fachhochschulgesetze für den öffentlichen Dienst" bezeichnet (Godehart 1988).

Die Überlegungen, auch den gehobenen nichttechnischen Verwaltungsdienst im Rahmen eines Fachhochschulstudiums auszubilden, verfolgten auch das Ziel, den Status von Verwaltungspersonal anzugleichen.[294] Man könnte die Konzeption und Entwicklung der Fachhochschulausbildung für Verwaltungspersonal des gehobenen nichttechnischen Dienstes auch unter dem Stichwort *Akademisierung* beschreiben. Denn bis Mitte der siebziger Jahre besaß die Ausbildung für den gehobenen nichttechnischen Verwaltungsdienst einen stärker dualen Charakter. Die Verwaltungsausbildung wurde an Verwaltungsschulen und kommunalen Studieninstituten durchgeführt. Die Anwärter wurden in ihren Einstellungsbehörden ausgebildet und besuchten in der Regel zwei Jahre lang Lehrgänge an Verwaltungsschulen in kommunaler oder staatlicher Trägerschaft, mit dem Ziel, das praktisch erworbene Wissen theoretisch zu vertiefen. Der Schwerpunkt der Lehrinhalte lag auf Einzelgebieten des Verwaltungsrechts; es überwogen nebenamtliche Lehrkräfte. Ziel war eine "praktische Ausbildung an relevanten Arbeitsplätzen, mit der berufsbegleitenden Unterrichtung an Verwaltungsschulen".[295]

### *4.2.2.1 Konzeption der Fachhochschulausbildung und Ausbildungsziele*

Die internen Verwaltungsfachhochschulen als eine Art Kompromiß zwischen dem Streben nach einer stärker theoretisch-wissenschaftlich fundierten Ausbildung bei gleichzeitiger Bewahrung der engen Verzahnung zwischen Einstellungsbehörden und Ausbildungsinstitution sahen sich von Anfang an starken Kontroversen ausgesetzt.[296] So wird beispielsweise bereits im Studienführer für den ersten Jahrgang der Fachhochschule für öffentliche Verwaltung Kehl 1978 das Einführungswort mit dem Zitat "Wer das Ziel nicht kennt, wird den Weg nicht finden!" eröffnet. Weiter heißt es:

---

[294] So bezeichnet METZ (1972) die Beamtenfachhochschulen als zukunftsweisende Lösung des Ausbildungsproblems, welches darin bestünde, daß im Zuge der Bildungsreform der sechziger und siebziger Jahre viele verwaltungsnahe Ausbildungsbereiche auf Fachhochschulniveau angehoben wurden (Technik, Wirtschaft, Sozialwesen), aber die Verwaltungstätigkeiten im engeren Sinn nicht berücksichtigt wurden. Dadurch sei der gehobene nichttechnische Verwaltungsdienst in Gefahr, in der Ausbildung gegenüber den an Fachhochschulen ausgebildeten Beamtengruppen den Anschluss zu verlieren.

[295] Siehe u.a. KÖNIG (1978), S. 9; dort auch Literaturhinweise zur Durchführung der Verwaltungsausbildung vor Einführung der FHöV bzw. zu ihrer Reform.

[296] Interne Fachhochschulen werden auch als Übergangslösung bis im allgemeinen Hochschulsektor entsprechende Ausbildungsangebote verfügbar seien (Zweites Gesetz zur Änderung beamtenrechtlicher Vorschriften, BT-Drs. 7/2204, S. 7ff). Ein Übergang, der sich mittlerweile über rund ein Vierteljahrhundert erstreckt.

"Dieser beherzigenswerte Satz war dem Verordnungsgeber unserer Ausbildungs- und Prüfungsordnung anscheinend nicht bekannt. Dort heißt es in §2: 'Ziel der Ausbildung ist es, Beamte heranzubilden, die nach ihrer Persönlichkeit sowie nach ihren allgemeinen und fachlichen Kenntnissen und Fähigkeiten für den gehobenen Verwaltungsdienst geeignet und vielseitig verwendbar sind.' Aber worin besteht die Eignung eines gehobenen Verwaltungsbeamten und wie vielseitig verwendbar muß er sein? Der Nebel wird in dem anschließenden Satz noch dichter: 'Die Ausbildung soll durch praktische Arbeit und durch ein anwendungsbezogenes Studium auf wissenschaftlicher Grundlage gründliche Kenntnisse und Arbeitstechniken vermitteln, die die Beamten zur Erfüllung ihrer Aufgaben in der öffentlichen Verwaltung befähigen.' Welches sind denn die Aufgaben des gehobenen Dienstes? Etwas handfester klingt nur der Nachsatz: 'Das Verständnis für die politischen, wirtschaftlichen und gesellschaftlichen Zusammenhänge und für die Probleme der Verwaltungsorganisation ist dabei besonders zu fördern.' Dieser insgesamt vage Rahmen der Ausbildungs- und Prüfungsordnung wird durch unseren Studienplan nur scheinbar ausgefüllt und konkretisiert. Die überschwappende Stoffülle des Studienplans erinnert eher an einen Warenhauskatalog." (S. 3)

An guten Absichten herrschte offensichtlich kein Mangel, nur die konkrete Umsetzung gestaltete sich schwierig. So werden als "wichtigste Lernziele" für die fachwissenschaftliche Ausbildung an den neu errichteten internen Verwaltungsfachhochschulen formuliert:

- "Die Einübung von loyalem Verhalten zum Demokratiegebot der Verfassung,
- analytisches Denken,
- das Erkennen von Problemzusammenhängen zwischen der Verwaltungstätigkeit und deren Auswirkungen,
- das selbständige Einarbeiten in neue Aufgabenbereiche."[297]

Der Bereich "Loyalität" gegenüber Staat und Verfassung finden sich bereits im klassischen Beamtenbild bei Max Weber. Eher in Richtung Innovation weisen die Forderungen nach der Fähigkeit zu analytischem Denken, selbständigem Erarbeiten neuer Inhalte und Erkennen (größerer) Problemzusammenhänge. Nach Koch (1984) soll die Fachhochschulausbildung für den öffentlichen Dienst ein systematisches Zusammenhangswissen vermitteln und flexibleres Handeln ermöglichen. Außerdem wird vermehrt die Vermittlung affektiv-emotionaler bzw. sozialer Fähigkeiten angestrebt. Von Richthofen faßt die Schwerpunkte zusammen als "Praxisbezug bei gleichzeitiger Wissenschaftlichkeit der Ausbildung", zudem soll sichergestellt werden, daß das "Berufsethos" der öffentlichen Verwaltung erhalten bleibt. Die internen Fachhochschulen sollen jedoch gleichzeitig möglichst Hochschulcharakter erhalten (von Richthofen 1990). Oppermann et al. arbeiten in einer "historischen Analyse der Ziele bei Errichtung der Fachhochschulen" folgende Aspekte heraus:

[297] QUAMBUSCH (1975).

- Die Verwaltungsfachhochschulen sollen den Studenten die Befähigung für die Laufbahn vermitteln (Anwendungs- bzw. Praxisbezug).
- Die Verwaltungsfachhochschulen sollen ihre Absolventen befähigen, die zukünftigen Arbeitsanforderungen ihrer Laufbahn zu bewältigen.
- Die Verwaltungsfachhochschulen sollen ihre Absolventen befähigen, unerwünschte Erscheinungen in der Verwaltung aktiv zu verändern sowie Verwaltungsreformen zu initiieren bzw. aktiv mitzutragen.
- Die Absolventen der Verwaltungsfachhochschulen sollen zur Anwendung wissenschaftlicher Erkenntnisse und zu wissenschaftlich kritischem Denken befähigt werden.
- Durch die Ausbildung an Verwaltungsfachhochschulen soll die Effektivität und die Effizienz des Verwaltungshandelns erhöht werden.
- Die Errichtung der Verwaltungsfachhochschulen soll ein Teil der Hochschulreform sein.
- Die Studenten an Verwaltungsfachhochschulen sollen studienmotiviert und zufrieden mit den Studienbedingungen sein.[298]

Diese Ziele sind jedoch nach Pappermann et al. als Teile eines längerfristigen Entwicklungsprozesses Veränderungen unterworfen. Sie bilden kein geschlossenes Zielsystem und erfahren im Lauf der Zeit unterschiedliche Gewichtung; selten werden von den Verwaltungsfachhochschulen sämtliche Zielsetzungen mit gleicher Intensität verfolgt. Zudem sind sie "vage und diffus" formuliert, sind Zielbeziehungen nicht geklärt. In der Studie werden die Zielsetzungen daher systematisiert und ein eigenes, "widerspruchsfreies, konstantes und operational formuliertes Zielsystem" entwickelt, welches folgende Dimensionen umfaßt:

1. *Praxisbezug*: Die Ausbildung soll ihre Absolventen befähigen, den gegenwärtigen Anforderungen ihrer Laufbahn gerecht zu werden.
2. *Zukünftige Tätigkeitsanforderungen*: Die Ausbildung soll ihre Absolventen befähigen, als wahrscheinlich anzunehmende zukünftige Tätigkeitsanforderungen ihrer Laufbahn zu bewältigen.
3. *Effektivität und Effizienz*: Die Ausbildung soll dazu befähigen, die Effektivität und die Effizienz des Verwaltungshandelns zu erhöhen.
4. *Verwaltungsreform*: Die Absolventen sollen befähigt werden, Verwaltungsreformen aktiv mitzutragen und in ihrem Handlungsbereich Verbesserungen vorzunehmen und unerwünschte Erscheinungen abzubauen.
5. *Wissenschaftlichkeit*: Die Ausbildung soll ihre Absolventen befähigen, wissenschaftlich-methodisch zu denken und relevante wissenschaftliche Erkenntnisse in die Verwaltungspraxis einzubringen.
6. *Studienmotivation und -zufriedenheit*: Die Ausbildung soll von hoher Studienmotivation und -zufriedenheit begleitet sein. Ihre Absolventen sollen befähigt werden, in ihrem späteren Arbeitsfeld eine hohe Mitarbeitermotivation und -zufriedenheit herbeizuführen.
7. *Staatsloyalität, Berufsethos*: Die Ausbildung soll die Absolventen zu verantwortlichem Handeln in einem freiheitlichen, demokratischen und sozialen Rechtsstaat befähigen.[299]

---

[298] PAPPERMANN et al. (1982), S. 8f.

Wie schon die Auflistung der Ausbildungsziele zeigt, stellt ein enger Praxisbezug der Ausbildung eine zentrale Zielvorgabe des Studiums an den internen Verwaltungsfachhochschulen dar, bisweilen dient sie sogar zur Legitimierung für die Form der Ausbildungsinstitutionalisierung. Die starke Praxisorientierung zeigt sich in der institutionellen Gestaltung der Ausbildung (*interne*, den Innenministerien unterstehende Fachhochschulen[300]), dem Status der Studierenden als Bedienstete (Inspektor-Anwärter), und den im Vergleich zur Ausbildung an allgemeinen Fachhochschulen langen fachpraktischen Ausbildungsphasen; das Studium an internen Verwaltungsfachhochschulen ist strukturell stark praxisorientiert.[301] Mehr noch als in (Fach-) Hochschulstudiengängen sind Praktika fester Bestandteil des Studiums. Die Ausbildung dauert 3 Jahre (36 Monate), davon entfällt die Hälfte auf fachpraktische Ausbildungsabschnitte.[302] Aus diesem engen Praxisbezug bezieht das Studium einen Großteil seiner institutionellen Legitimation, die Ergänzung von fachwissenschaftlichen durch fachpraktische Ausbildungsabschnitte wird im Zusammenhang mit den Verwaltungsfachhochschulen stets hervorgehoben. Brinckmann et al. (1980) resümieren prägnant:

> "Die Argumentation stellte diese Koordination oft so sehr in den Vordergrund, daß man feststellen kann, die interne Lösung der Verwaltungsfachhochschulen wurde weniger damit legitimiert, was sie leistet, sondern was sie zur Ergänzung benötigt." (S. 51)

Die zentrale Rolle des Praxisbezuges ist ein Erbe des vor-akademischen Ausbildungsverlaufs. Die Ausbildung an den Kommunalen Studieninstituten besaß einen dualen Charakter, praktische Arbeit in der Behörde wechselte ab mit halben oder ganzen Tagen an der "Verwaltungsschule". Die Ausbilder waren nicht selten die Vorgesetzten der Auszubildenden, was eine enge Verzahnung von Lernen und praktischen Arbeitsaufgaben und -inhalten bedeutete.

---

299 PAPPERMANN et al. (1982), S. 30.

300 "Der interne Status der heutigen Fachhochschulen ist als nichtrechtsfähige Anstalt des öffentlichen Rechts zu qualifizieren. Die Fachhochschulen für öffentliche Verwaltung sind also im Gegensatz zu den allgemeinen Hochschulen und Fachhochschulen keine autonomen Träger von Rechten und Pflichten, sie unterliegen vielmehr unmittelbaren Eingriffs- und Steuerungsmöglichkeiten der Aufsichtsbehörden." (PAPPERMANN et al. 1982, S. 23).

301 Ein Drittel der Studienzeit im Modellstudiengang, im grundständigen Studiengang Kommunaler Verwaltungsdienst sogar 50 Prozent des Studiums entfallen auf sog. fachpraktische Ausbildungsphasen, die die Studierenden in ihren Einstellungsbehörden absolvieren (zu Ablauf und Besonderheiten des FHöV-Studiums im Vergleich zu Studiengängen an öffentlichen Fachhochschulen siehe Abschnitt 4.4.1).

302 Der Theorieanteil der im nächsten Abschnitt näher betrachteten Studiengang Verwaltungsbetriebswirtschaftslehre FHöV NRW beträgt 18 Monate, die fachpraktische Ausbildung wurde auf 12 Monate verkürzt.

Eine klassische These der Bildungsforschung, die sich auch im vorliegenden Untersuchungskontext immer wieder zeigte, und in erster Linie von Vertreterinnen und Vertretern der Fachpraxis angesprochen wurde, lautet: Akademisierung schmälert den Praxisbezug und führt zur Theorielastigkeit der Ausbildung. Dabei stellt gerade der Praxisbezug von Studiengängen bereits seit den siebziger Jahren einen Kernpunkt von Reformbestrebungen der Hochschulausbildung dar. So sieht sich die Fachhochschulausbildung, trotz ihrer programmatischen Verzahnung von wissenschaftlichen und berufspraktischen Ausbildungsabschnitten, mit Abstimmungsschwierigkeiten zwischen theoretischem Wissen und beruflichen Anforderungen konfrontiert.[303] Dies ist auch bei den internen Verwaltungsfachhochschulen zu beobachten. In der allgemeinen Debatte zur Praxisorientierung von Hochschulausbildung werden folgende Vorteile genannt (siehe Winkler 1979, S. 480):

- Im didaktischen Kontext soll der Realitäts- und Anwendungsbezug gestärkt werden, Fallbeispiele, Übungsaufgaben und Planspiele sollen "graue" Theorie farbiger und anschaulicher gestalten.
- Praxisbezug als berufvorbereitende Strategie der Ausrichtung des Studiums auf perspektivisch wahrzunehmende Berufstätigkeiten (durch Praxiserfahrungen der Lehrenden oder praxisstimulierende Lehr-, Lernsituationen).
- Praxisbezug als arbeitsmarktstrategisches Ziel, zur Verbesserung der Einstellungschancen von Absolventen.
- Praxisbegriff unter der Leitvorstellung der Ausbildung eines realitätsverändernden Potentials in der Hochschule, daß die Absolventen zu reformerischem Handeln nicht nur in der Berufspraxis ermächtigt.
- Praxisbezug als Lebensbezug, zur Schaffung von Bewußtsein für gesellschaftliche Auswirkungen beruflichen Handelns.

Das Konzept der Praxisorientierung von Ausbildung wirkt somit in drei Richtungen. Zum einen wird von ihr eine Verbesserung der Lernsituation erwartet, zum anderen soll sie die Absolventinnen und Absolventen befähigen, ihre Rolle in Beruf *und* Gesellschaft aktiver auszugestalten. Für den Bereich der öffentlichen Verwaltung können aus dieser allgemeinen Konzeption die Verbesserung der Didaktik, die Strategie der Berufsvorbereitung und der Lebensbezug übernommen werden. Dagegen steht die Vorbereitung auf den Arbeitsmarkt im Schatten der möglichst genauen Abstimmung auf die Anforderungen in den Einstellungsbehörden. Auch das Reformpotential dürfte eine geringere Rolle spielen. Da die fachpraktische Ausbildung ein wichtiges Element darstellt, liefern die Kriterien, nach denen die Performanz bewertet wird, wichtige Hinweise

[303] Vgl. HOLTKAMP et al. (1998).

auf Lernziele und Aufgabenfelder, für die vorbereitet werden soll. Pappermann zitiert für die Fachhochschule für öffentliche Verwaltung Nordrhein-Westfalen folgenden Kriterienkatalog. Zu bewerten sind:

(1) Umfang der Fachkenntnisse

(2) Anwendung der Fachkenntnisse (Grad der Sicherheit und Exaktheit, mit der erworbenes Wissen in der Praxis angewandt wird).

(3) Einsatzbereitschaft (Grad der Bereitschaft, sich unabhängig von der Art der Aufgabe in diesem Ausbildungsabschnitt für deren Erledigung einzusetzen).

(4) Interesse (Grad des Interesses für die Aufgabengebiete dieses Ausbildungsabschnittes).

(5) Auffassung (Fähigkeit, das Wesentliche von Situationen und Sachverhalten schnell und exakt zu erfassen).

(6) Denk- und Urteilsfähigkeit (Fähigkeit, Einzelheiten und Zusammenhänge eines Sachverhaltes eigenständig, sachlich und folgerichtig zu durchdenken und nach kritischer Überprüfung zu einem sachgerechten Urteil zu kommen).

(7) Lernfähigkeit (Fähigkeit, die angebotenen Lehrstoffe aufzunehmen und zu verarbeiten).

(8) Ausdrucksfähigkeit (Fähigkeit, sich präzise, verständlich, flüssig und treffend auszudrücken).

(9) Arbeitssorgfalt (Fähigkeit, die übertragenen Aufgaben gewissenhaft und gründlich zu erledigen).

(10) Umsicht (Fähigkeit, Aufgaben vorausschauend und umsichtig zu erfüllen und sinnvoll zu organisieren).

(11) Selbständigkeit (Fähigkeit und Bereitschaft, auch ohne wiederholte Anstöße selbständig zu arbeiten).

(12) Verhalten im sozialen Kontakt (Fähigkeiten und Bereitschaft, sich im Umgang mit anderen natürlich, sicher und der Situation angemessen zu verhalten).[304]

[304] PAPPERMANN (1979a), S. 39 - 43.

*4.2.2.2 Qualifikationsanforderungen nach Studien zur Bewährung der Verwaltungsausbildung*

Die Entwicklung und die Gestaltung der Verwaltungsausbildung werden im Kontext dieser Arbeit als wichtige Indikatoren für Prioritäten und verstärkt auftretende Qualifikationsanforderungen interpretiert. In diesem Abschnitt sollen die Anforderungen an neues Verwaltungspersonal betrachtet werden, wie sie sich in Studien zur Reform der Ausbildung zeigten. Die in der zweiten Hälfte der siebziger Jahre eingerichteten Fachhochschulen für öffentliche Verwaltung waren erstmals 1982 Gegenstand eines umfassenden Gutachtens.[305] Die Studie untersuchte zu einem relativ frühen Zeitpunkt, ob die Ausbildung an den in den siebziger Jahren gegründeten internen Verwaltungsfachhochschulen die in sie gesetzten Erwartungen erfüllen konnte.

Um zu überprüfen, ob die Ausbildung den Anforderungen der Berufspraxis "gerecht" wird, wurde zunächst eine Reihe von Tätigkeitselementen zusammengestellt, die als stellenübergreifend angesehen werden können. Grundlage bildete eine Synopse von Tätigkeitsfelduntersuchungen, die im Rahmen von Studien zur Ausbildung an Verwaltungsfachhochschulen erfolgten, als Kriterium für die Auswahl diente eine Nennungshäufigkeit von über 30 Prozent.[306] Hauptdimensionen der Tätigkeitselemente bestehen danach in juristischen Fächern; vor allem Gebiete aus dem Verwaltungsrecht werden häufig genannt. Wirtschaftswissenschaften umfassen zum damaligen Zeitpunkt überwiegend Themen, die mit der Steuerung und dem Verwaltungshandeln im Rahmen eines kameralen Haushalts zusammenhängen. Unklar bleibt, warum Soziologie und Psychologie dem Hauptgliederungspunkt Wirtschaftswissenschaften zugeordnet werden.

---

[305] PAPPERMANN et al. (1982).

[306] Herangezogen werden Studien der Fachhochschule für Verwaltung und Rechtspflege Berlin (1974/1975), der Fachhochschule für öffentliche Verwaltung Kehl (1976), der Fachhochschule für öffentliche Verwaltung Stuttgart (1979) sowie die Studie des IAB (Kaiser/Jellito/Otto/Schwarz 1980).

**Übersicht 15**
**Synopse stellenübergreifender Tätigkeitselemente für den gehobenen nichttechnischen Verwaltungsdienst nach Pappermann et al.**

---

1 Recht

1.1 Staatsrecht
- Wahlrecht
- Grundrechte

1.2 Allg. Verwaltungsrecht
- Verwaltungshandeln
- Verwaltungsverfahren
- Rechtsmittel
- Entschädigung und Schadensersatz (Zivilrecht)

1.3 Besonderes Verwaltungsrecht
- Ordnungsrecht
- Öffentliches Dienstrecht (einschl. Arbeitsrecht)
- Sozialrecht
- Baurecht
- Umweltschutzrecht (Wasserrecht, Gewerberecht)

1.4 Ordnungswidrigkeitenrecht

1.5 Zivilrecht
- Vertragsrecht
- Grundstücks- und Grundbuchrecht
- Familienrecht

1.6 Kommunalrecht

2 Wirtschaftswissenschaften

2.1 Volkswirtschaftslehre: ökonomische Auswirkungen öffentlicher Maßnahmen und Investitionen sowie deren Folgekosten; Standortprobleme.

2.2 Öffentliche Betriebswirtschaftslehre
- Betriebsfunktionen von Behörden öffentlichen Unternehmen
- Organisation: Organisationspläne, Ablauforganisation, Mängelanalysen, Organisation am Arbeitsplatz,
- Führungsfunktionen: Zielvorgaben und -kontrolle, Delegation, Motivation von Mitarbeitern,
- Personal: Aufgaben- und Tätigkeitsanalysen, Stellenbeschreibung, Bedarf und Einsatz von Personal, Stellenvertretung, Beurteilungen,
- Haushalts-, Kassen- und Rechnungswesen: Haushaltsrecht, Aufstellen und Ausführung des Haushaltsplans, Finanzierung und Kostenrechnung, Wirtschaftlichkeitsanalysen und Abgaben,
- VOB, VOL,
- Entscheidungs- und Planungstechniken, Methoden der Datenbeschaffung, -verknüpfung, -weiterleitung und -abgabe, Verantwortungsbewußtsein und Risikobereitschaft,
- Statistik,
- ADV: Organisation und Einsatzmöglichkeiten

*(Fortsetzung folgende Seite)*

*(Fortsetzung Übersicht 15)*

2.3 Soziologie und Psychologie
- Verhältnis der Verwaltung zur gesellschaftlichen Umwelt, Ansehen von Verwaltung und öffentlich Bediensteten,
- Grundlagen menschlichen Verhaltens (Wahrnehmen, Lernen, usw.)
- Mensch und Gruppe: Interaktion und Kooperation, Problemlösen und Konfliktregelung, Verhandlungs- und Diskussionstechniken, formelle und informelle Strukturen,
- Umgang mit dem Bürger,
- Führungsverhalten und Personalprobleme

PAPPERMANN et al. (1982), S. 35f.

Den Kern der empirischen Untersuchung bilden Befragungen von Absolventen der FHöV NRW der Jahre 1979/1980, der Fachhochschule für öffentliche Verwaltung Kehl (1973 - 1980) und von Vorgesetzten aus den Einstellungsbehörden. Dabei zeigt sich, daß als "besonders häufig" für ihre Tätigkeit von den *Absolventinnen und Absolventen* folgende Tätigkeitsmerkmale bezeichnet wurden:

**Tabelle 3**
**"Besonders häufige" Tätigkeitsmerkmale nach Angaben von Absolventinnen und Absolventen der FHöV NW und BW nach Pappermann et al.** (in Prozent)

| | *NW* | *BW* |
|---|---|---|
| - Mensch und Gruppe, Interaktion mit Kollegen | 63,8 | 57,5 |
| - Verwaltungshandeln (Verwaltungsakt usw.) | 61,7 | 63,7 |
| - Umgang mit Bürgern | 57,8 | 73,1 |
| - Verwaltungsverfahren | 52,8 | 60,0 |
| - Rechtsmittel | 46,7 | 46,3 |
| - Planen und Entscheiden | 40,6 | 41,9 |
| - Haushalts-, Kassen- und Rechnungswesen | 37,2 | 38,1 |
| - ADV | 35,3 | 31,3 |

Als "besonders häufig" wurden Tätigkeitsmerkmale bezeichnet, die zu mehr als 30% "dauernd" oder "häufig" bei der aktuellen Tätigkeit der Absolventen anfielen. NW: Absolventen der Fachhochschule für öffentliche Verwaltung Nordrhein-Westfalen 1979/1980; BW: Kontrollgruppe Absolventen der Fachhochschule für öffentliche Verwaltung Kehl 1973 - 1980 (Zufallsstichprobe). Quelle: Pappermann et al. 1982, S. 135.

Auffällig ist die Dominanz von Inhalten, die kommunikative Kompetenzen und allgemeine Verwaltungskenntnisse erfordern. Gering ist der Einfluß behörden- und dienstalterspezifischer Merkmale. Lediglich in den Bereichen "Kontakt mit dem Bürger" und "ADV-Einsatz" finden sich bei Beschäftigten der Kommunalverwaltung leicht höhere Anteile. Als "besonders selten" auszuführen wurden folgende Tätigkeiten bezeichnet:

**Tabelle 4**
**"Seltene" Tätigkeiten nach Angaben von Absolventinnen und Absolventen der FHöV NW und BW nach Pappermann et al.** (in Prozent)

| | *NW* | *BW* |
|---|---|---|
| - Wahlrecht | 87,9 | 67,5 |
| - Umweltschutzrecht | 83,4 | 69,4 |
| - volkswirtschaftliche Auswirkungen öffentlicher Maßnahmen | 82,6 | 73,7 |
| - Baurecht | 79,9 | 64,4 |
| - VOB, VOL | 79,7 | 67,5 |
| - Grundstücks- und Grundbuchrecht | 77,3 | 55,6 |
| - Entschädigung und Schadensersatz | 75,7 | 57,5 |
| - Ordnungswidrigkeitenrecht | 75,7 | 64,4 |
| - Familienrecht | 75,4 | 66,2 |
| - Ordnungsrecht | 72,0 | 61,2 |
| - Grundrechte | 71,5 | 66,0 |
| - Sozialrecht | 70,7 | 58,1 |
| - Aufbauorganisation | 69,4 | 61,2 |
| - Öffentliches Dienstrecht (einschl. Arbeitsrecht) | 67,8 | 56,9 |
| - Vertragsrecht, - ziviles | 65,7 | 41,2 |
| - Ablauforganisation | 69,4 | 61,2 |
| - Personal | 60,7 | 44,4 |
| - Führungsfunktionen und -verhalten | 55,4 | 33,1 |

Quelle: PAPPERMANN et al. (1982), S. 136. Nennungen in Prozent, Kategorien "selten" und "nie" zusammengefaßt.

Betrachtet man die beiden Listen, so fällt auf, daß von einem streng juristischen Paradigma der Tätigkeitsanforderungen in Analogie zur juristischen Schwerpunktsetzung des Lehrplans nicht die Rede sein kann. Daher ziehen Pappermann et al. (1982) das Fazit:

"Die hohe, über 2/3 liegende Negativquote auch unter den für die Verwaltung als klassisch geltenden Rechtsbereichen Baurecht, Ordnungsrecht, Öffentliches Dienstrecht und Sozialrecht ist zunächst überraschend. Die nach dem Lehrangebot starke Betonung des juristischen Aspektes der Ausbildung für den gehobenen Verwaltungsdienst wird auch durch die oben dargestellte positive Tätigkeitsliste nicht hinreichend belegt. *Juristische Kenntnisse* erfordernde Tätigkeitsmerkmale fallen demnach ebenso häufig an wie solche, die *verwaltungswissenschaftliche Kenntnisse* (Planen und Entscheiden, ADV, Umgang mit Bürgern, Mensch und Gruppe) voraussetzen." (S. 136)

Diese Schlußfolgerung bezieht sich auf die Einschätzung allgemein wichtige Tätigkeitselemente, die in spezifischen Einsatzbereichen natürlich in höherem Umfang anfallen können (siehe auch die Darstellung wichtiger Tätigkeitsmerkmale nach Aufgabenbereich, S. 140ff.).

Die *Vorgesetzten* der Absolventen wurden gefragt, wie intensiv die Ausbildung für den gehobenen nichttechnischen Verwaltungsdienst eine Reihe von Kenntnissen (wiederum operationalisiert über den Kanon der Fächer und Lehrthemen) umfassen sollte. Zum Teil bestätigten diese Aussagen von Vertretern der Verwaltungspraxis die Aussagen der Absolventen. Eine stärkere Bedeutung messen die Vorgesetzten folgenden Elementen bei, die die Absolventen als besonders seltene Tätigkeitsmerkmale bezeichnet hatten (Angaben in Prozent): Grundrechte (38,6), Ordnungsrecht (51,5), Öffentliches Dienstrecht (39,6) und Sozialrecht (34,7).

Auch von den Absolventen als häufige Bestandteile ihrer Aufgaben bezeichnete Tätigkeitsanforderungen wurden von den Vorgesetzten hinsichtlich ihrer Priorität unterschiedlich beurteilt. Wichtiger sind aus Sicht der *Dienstherren*:

- Verwaltungshandeln (94,1 Prozent)
- Verwaltungsverfahren (85,1 Prozent )
- Rechtsmittel (62,4 Prozent )
- Haushaltskostenrechnung (59,4 Prozent)

Geringere Bedeutung wurde der ADV zugemessen.

"Eine in der Tendenz übereinstimmende Bewertung geringerer Relevanz erfahren folgende Tätigkeitsmerkmale: Wahlrecht, Entschädigung und Schadensersatz, Sozialrecht, Baurecht, Umweltschutzrecht, Ordnungswidrigkeitenrecht, ziviles Vertragsrecht, Grundstücks- und Grundbuchrecht, Familienrecht, volkswirtschaftliche Auswirkungen öffentlicher Maßnahmen, Aufbau- und Ablauforganisation, Führungsfunktionen und -verhalten, Personal sowie VOB, VOL." (Pappermann et al. 1982, S. 142)

Neben den eher fachgebundenen Tätigkeitsmerkmalen wurde auch eine Liste von Persönlichkeitsmerkmalen und Einstellungen erstellt, die aus Sicht der Vorgesetzten "notwendiger Teil einer Ausbildung für den gehobenen nichttechnischen Verwaltungsdienst" sind. Dabei handelt es sich (in der Reihenfolge der Häufigkeit der Nennung) um Leistungsbereitschaft, logisches Denkvermögen, Entscheidungsfreude, Verantwortungsfreude, Flexibilität, Sorgfalt, Zielstrebigkeit, Eigenständigkeit und Kommunikationsfähigkeit/ Teamgeist (Pappermann et al. 1982, S. 159).

Die Ausbildung an der FHöV soll aber nicht nur gegenwärtige, sondern auch *zukünftige Tätigkeitsanforderungen* bewältigen helfen. Aus der Reflektion über zukünftige Tätigkeitsanforderungen wurden folgende inhaltlichen Aspekte abgeleitet (S. 46):

- Sozialstaatliche Aufgaben i.w.S., insbesondere im Bereich Freizeit und soziale Randgruppen;
- ADV-Einsatz und -Organisation;
- Planungsorganisation und -techniken, Entscheidungstechniken incl. Hilfsmittel wie Statistik;
- volkswirtschaftliche Auswirkungen öffentlichen Handelns
- Humanisierung der Arbeitswelt im öffentlichen Dienst;
- Andauernde Lernfähigkeit und -bereitschaft;
- Teamfähigkeit.

Übersetzt in den Fächerkanon finden sich diese Inhalte in zunächst in Datenverarbeitung und Öffentlicher Betriebswirtschaftslehre (die erst im Zuge der FHöV-Entwicklung Gegenstand der Lehre wurde, siehe die Fußnote bei Pappermann et al. 1982, S. 100). Themenschwerpunkte bilden

- Verwaltungsorganisation (Organisationstheorie, Aufgabengliederung, Arbeitsverteilung, Organisation des Personaleinsatzes und des Geschäftsablaufs
- Betriebliches Rechnungswesen/Wirtschaftlichkeit.
- Verwaltungspsychologie: Teamarbeit, Teamfähigkeit
- Planung und Entscheidung: Kenntnisse und Fähigkeiten zur Planungsorganisation
- ÖBWL (Arbeitsverteilung/Personalförderung, -führung): Humanisierung der Arbeitswelt
- Volkwirtschaftliche Aspekte leiten bereits über in den Bereich Effektivität und Effizienz.

Gerade bei stärker fachlichen Anforderungen herrschte hierbei große Unsicherheit bezüglich Art und Vermittlung zukunftsorientierten Wissens durch die Fachhochschule. Als Kernelemente verbleiben daher *Lernfähigkeit* und *Lernbereitschaft* als Grundlagen jeglicher Weiterentwicklung.

Die dritte Zielvorgabe, "*Effektivität*", soll Verwaltungshandeln verbessern, "*Effizienz*" soll darüber hinaus noch ökonomische Gesichtspunkte in die Tätigkeit der Absolventen einfließen lassen. Zusammenfassend könnte man sagen, die Absolventen sollen in der Lage sein, Verwaltungshandeln (ökonomisch) zu optimieren und ökonomische Zusammenhänge des Verwaltungshandelns zu berücksichtigen[307].

"Wirtschaftliches Verwaltungshandeln ist nicht nur in Zeiten knapper Ressourcen gefragt, in zahlreichen Gesetzen werden die Verwaltungen zur Wirtschaftlichkeit (und Sparsamkeit) bei der Aufgabenerledigung angehalten. Leider fehlen vielfach die Durchsetzungsmöglichkeiten, insbesondere konkrete Zielbestimmungen und Merkmale zur Informationsgewinnung, um die Zielerreichung zu garantieren."

Fußnote hierzu: "Das ist nicht zuletzt auf die verhältnismäßig geringe Berücksichtigung der ökonomischen Aspekte von Verwaltungsentscheidungen bei der Ausbildung alter Art zurückzuführen, die weitestgehend auf Kenntnisse in der Rechtsanwendung abstellte und der Hinwendung des Staates zum *Dienstleistungsproduzenten* durch Änderung ihres Fächerkanons nicht Rechnung getragen hat." (eigene Hervorhebung, S. 101)

*Wirtschaftliche Effizienz* wird thematisiert in:

- Volkswirtschaftslehre und Finanzwissenschaft (hier gekoppelt, 164 Stunden)
- Öffentliche Betriebswirtschaftslehre (260 Stunden), v.a. Kostenrechnung (72 Stunden), Wirtschaftlichkeitsrechnungen (24 Stunden)

*Effektivität* von Verwaltungshandeln:

- Verwaltungsorganisation (72 Stunden)
- Planung und Entscheidung (24 Stunden)
- Grundlagen der Öffentlichen Betriebswirtschaftslehre (24 Stunden)

In eine ähnliche Dimension stößt die Zielvorgabe "*Verwaltungsreform*" vor. Ein Aspekt des Wandels ist der zunehmende Dienstleitungscharakter der Verwaltung, der im Zusammenhang mit den zukünftigen Anforderungen bereits diskutiert wurde. Hinzu kommen Bürgerbeteiligung und –orientierung.

- Einführung (Verwaltung und Gesellschaft, 3 von 36 Stunden)
- Verwaltung und Umwelt (Konflikte zwischen Verwaltung und Bürger und deren Lösung/Verwaltungssprache/Öffentlichkeitsarbeit, 18 von 24 Stunden)
- Öffentliche Betriebswirtschaftslehre (Verwaltungsorganisation, 48 Stunden)

---

[307] Fachlich bedeutet dies, entsprechende betriebswirtschaftliche Kenntnisse zu vermitteln, außerfachlich weist dies in Richtung "ökonomisches Bewußtsein". Die Frage der fachlichen Schwerpunktsetzung des Studiums in seiner Grundform wird in diesem Zusammenhang allerdings noch nicht hinterfragt.

- Verwaltungssoziologie (v.a. bürokratische Organisation als soziales System, 6 von 24 Stunden)

Aspekte der Verwirklichung persönlicher Handlungsspielräume finden sich "am Rande" in

- Verwaltung und Umwelt (Berufliche Sozialisation von Beamten, 6 von 24 St.)
- Verwaltungspsychologie (Kommunikation in der Verwaltung, 18 von 48 St.).[308]

Die Übertragung der Ausbildung für den gehobenen nichttechnischen Verwaltungsdienst führte auch zu größeren Ansprüchen an die *Wissenschaftlichkeit*. Absolventen sollten über wissenschaftliche Kenntnisse verfügen und sie auch anwenden können.[309] Dies gilt für alle Lehrfächer, Ausnahmen können sich allenfalls bei den Fächern mit besonders starkem Praxisbezug ergeben. Aspekte der *Studienmotivation und -zufriedenheit* finden sich implizit im Rahmen der Vermittlung von Elementen der ÖBWL wie Verwaltungsorganisation unter Berücksichtigung von Motivationsgesichtspunkten, Mitarbeitermotivation und -führung (S. 102).

Die 1978 errichtete *Fachhochschule des Bundes* für öffentliche Verwaltung (FHB) war 1987 Gegenstand einer "Zwischenbilanzierung" durch die Hochschule für Verwaltungswissenschaften Speyer (Böhret/Fröhlich/Hofmann 1989). Die Aufgabenstellung des Bundes ist im Vergleich zur Kommunalverwaltung weiter gefächert, weshalb die FHB für eine größere Laufbahnvielfalt ausbildet (mehr als 20 Laufbahnen in Allgemeiner innerer Verwaltung, Auswärtigem Dienst, Bundesfinanzverwaltung, Bundeswehrverwaltung, Eisenbahnwesen, Arbeitsverwaltung und Sozialversicherung). Pro Jahr studierten zum Zeitpunkt der Untersuchung von Böhret et al. an der FHB etwa 9000 Personen, die Anzahl der Absolventinnen und Absolventen lag jährlich bei 2500 bis 3000. Vergleicht man diese Zahlen mit der Studierendenstatistik des BMBF, die für das Jahr 1985 32.400 und für 1990 39.600 Studierende an Verwaltungsfachhochschulen aufführt, waren dies zwischen 28 und 23 Prozent eines Jahrgangs. Die FHB verfügt über 420 hauptamtliche Lehrkräfte, darunter eine große Anzahl von nebenamtlich Tätigen. Wichtige Tätigkeitsanforderungen an Personal des inneren Verwaltungsdienstes umfassen die Schwerpunkte "Planung und Konzeption", "Beratung und Betreuung", "Organisation" und "Rechtsanwendung". Auffällig, daß auch hierbei seitens der Vorgesetzten dem Bereich "Rechtsanwendung" höhere

[308] Parameter, die bei der Wahrnehmung von Handlungsspielräumen eine Rolle spielen, sind z.B. Studienerfolg /Examensnote, Größe der Behörde.

[309] Methodik und Technik geistiger Arbeit, mit Schwerpunkt juristischer Methodik.

Priorität beigemessen wird, während die Absolventinnen und Absolventen dem Gebiet "Organisation" einen vergleichsweise größeren Stellenwert beimessen.

**Tabelle 5**
**Absolventinnen und Absolventen des Studiengangs innere Verwaltung der FH Bund und Vorgesetzte: Tätigkeitsanforderungen im Dienstalltag** (arithmetisches Mittel)

| | *Absolventen Allg. innere Verwaltung* | *Vorgesetzte* |
|---|---|---|
| Planung und Konzeption | 3,7 | 3,5 |
| Beratung und Betreuung | 4,3 | 4,2 |
| Organisation | 4,4 | 3,5 |
| Rechtsanwendung | 4,5 | 5,7 |

Frage: Wie stark prägen die folgenden Tätigkeitsanforderungen Ihren Dienstalltag/ den Dienstalltag der Fachhochschulabsolventen? Antwortskala von 1 "überhaupt nicht" bis 7 "in hohem Ausmaß". Befragung von Absolventen der FH Bund und deren Vorgesetzten. Quelle: Böhret/Fröhlich/Hofmann (1989), S. 134.

Ein Vergleich der Curricula für die klassische Beamtenausbildung mit juristischem Schwerpunkt findet sich bei Möller (1995). Schon der Titel, "Verwaltungsreform durch Bildungsreform", weist auf die Erwartungen und den engen Zusammenhang zwischen organisatorischem Kontext und Ausbildung hin. Ausgangspunkt sind wiederum die Debatten um die Reform der Ausbildung, die Ende der achtziger zum zehnjährigen Bestehen der Fachhochschulen für öffentliche Verwaltung einsetzten.[310] Möller beschreibt den Wandel in den Verwaltungsanforderungen konzeptionell anhand einer qualitativen Dokumentenanalyse und einer quantitativen Inhaltsanalyse der Curricula. Ziel der Arbeit von Möller ist nicht eine Evaluation im Sinne einer Bewährungsprüfung der Curricula, sondern eine Bestandsevaluation, die Ansatzpunkte für die Fortentwicklung in Form von Erneuerungshypothesen bietet.[311] Um dem ständigen Wandel der Anforderungen und den Schwierigkeiten der Prognose Rechnung zu tragen, wird dem *Schlüsselqualifikationskonzept* eine Leitfunktion in der Revision der Qualifikationsstrategie zugesprochen.

Die berufliche Rollendifferenzierung und -ausübung analysiert Möller nach einem Modell von Parsons.[312] Institutionen öffentlicher Verwaltung sind dem-

[310] Siehe oben PAPPERMANN et al. (1982), BÖHRET/FRÖHLICH/HOFMANN (1989); auch BATTIS (Hg.) (1988).
[311] Literaturhinweise zu diesem Thema bei MÖLLER (1995): WILL, H./Winteler, A./Krapp (1987): Evaluation in der beruflichen Aus- und Weiterbildung. Konzepte und Strategien. Heidelberg; Wulf (Hg.) (1972).
[312] PARSONS (1979), S. 130ff, 146ff.

nach "bürokratische Organisationen" und lassen sich in drei hierarchische Funktionsebenen bzw. Teilsysteme einteilen, das "*technische System*" der unmittelbaren Funktionserfüllung vor Ort (am Bürger etc.), das "*Managementsystem*" der Disposition über die für das technische System notwendigen Ressourcen und ein "*institutionelles System*" der Vermittlung zwischen externen und internen Forderungen. Orientiert an den Aufgaben bzw. Funktionen dieser Teilsysteme können Anforderungen bzw. "Rollenarten" für Personal formuliert werden. Die Qualifikationsanforderungen an "operatives Personal" (technische Ebene) stehen dabei in engem Zusammenhang mit Prozessen des Wandels in den Funktionen der technischen Ebene. "Politisches Personal" sieht sich Wandlungen in den Funktionen der institutionellen Ebene des Verwaltungsberufs ausgesetzt, Aufgaben und Funktionen zeigen, daß öffentliche Verwaltung im Mittelpunkt eines heterogenen Interessengeflechts steht. "Administratives oder exekutives Personal auf der Managementebene" muß Wandlungen in den Funktionen der Managementebene begegnen, erforderlich sind Entscheidungen in den Bereichen Haushalt, Personal, Organisation und Information. Auch bei Möller zeigt sich *Entscheiden* als zentrale Kategorie des Verwaltungshandelns. "Verwalten heißt Entscheiden".[313] Dies hängt zusammen mit den wachsenden Entscheidungsspielräumen verwaltungsberuflichen Handelns. Unbestimmte Rechtsbegriffe (Möller nennt "Blankettbegriffe", "Generalklauseln") erhöhen die Interpretationsanforderungen an das Personal, es besteht die "Notwendigkeit autonomer *Problemlösungen*".

Schon Luhmann definiert Verwaltung als System das gesellschaftlich bindende *Entscheidungen* produziert. Simon beschreibt Organisationen generell als auf *Entscheidungshandeln* basierend. Brinkmann et al. (1973) arbeiten *Entscheiden* als zentrales Tätigkeitselement des höheren Dienstes heraus, was sich nicht nur aufgrund des antizipierten Laufbahnaufstiegs auch auf den gehobenen Dienst übertragen läßt. Beachtet werden muß allerdings, daß dem Handeln in der öffentlichen Verwaltung ein anderer Managementbegriff zugrunde liegt (siehe auch Abschnitt 4.2.5.2).

Einen wichtigen Grund für den Wandel von Anforderungen stellt auch die wachsende Bedeutung von Wissen und Information für das verwaltungsberufliche Handeln dar. Sie sind der "Rohstoff, der es dem Verwaltungsbeamten ermöglicht, die Ungewißheit über die Auswirkungen der verschiedenen Wahlmöglichkeiten so zu reduzieren, daß er die Vorziehungswürdigkeit bzw. den Akzeptanzgrad der verschiedenen Alternativen ceteris paribus zu beurteilen und zu entscheiden vermag." (Möller 1995, S. 64) Allerdings bedürfen Informationen erst der "problemorientierten Verknüpfung", um als handlungsleitendes Wissen eingesetzt zu werden. "Erfolg verwaltungsberuflichen Handelns ist mehr und mehr von der Fähigkeit des Verwaltungsbeamten zum Umgang mit Wissen und Information bestimmt." Daraus lassen sich Forderungen nach der Fähigkeit

---

[313] Vgl. die Ausführungen zu Luhmann. Möller führt als Beleg Brühl (1990) an.

zur eigenständigen Informationssuche und zur systematischen Auswertung und Beurteilung ableiten (Möller 1995, S. 65; vgl. auch die Kategorie der Horizontqualifikationen bei Mertens 1974).

Diese Fähigkeiten entstammen dem Bereich der "Schlüsselqualifikationen" und auch in dieser Analyse der Curricula wird auf die immer geringere "Halbwertszeit" des fachlichen Wissens im engeren Sinne hingewiesen. Zudem ergeben sich auch Diskrepanzen zwischen persönlichem Erfahrungsschatz und sich wandelnden Anforderungen, vor allem vor dem Hintergrund der Verbreitung von Informations- und Kommunikationstechnologien und der Änderung von Organisations- und Arbeitsstrukturen, die auch die öffentlichen Verwaltung immer stärker betreffen. Wie auch im empirischen Teil zu zeigen sein wird, fehlen hierzu konkrete Qualifikationsvorstellungen.

Um die berufliche Handlungsfähigkeit auf den Dimensionen Selbstkompetenz Sachkompetenz Sozialkompetenz sicherzustellen fordert Möller eine Erweiterung des Konzeptes vom "fachlich kompetenten" Bürokraten, der durch Wissens i.S. von Fachwissen herrscht, durch das Schlüsselqualifikationskonzept. Schon Luhmann/Mayntz (1973) sprechen davon, daß die "Beamtenausbildung weniger Subsumptionsfähigkeiten als vielmehr Sicherheiten im Orientierungsvermögen und Entscheiden vermitteln sollte".

Abschließend soll noch kurz auf Qualifikationsanforderungen laut Studien zum höheren Verwaltungsdienst eingegangen werden. Der höhere Dienst rekrutiert sich zwar traditionell überwiegend aus Absolventinnen und Absolventen von Universitätsstudiengängen, gemäß dem Prinzip des Laufbahnaufstiegs ist aber auch ein Aufstieg aus dem gehobenen Dienst möglich.[314] Die Befähigung von Absolventinnen und Absolventen für das Laufbahnsystem stellte auch eine wichtige Zielsetzung bei der Errichtung der internen Verwaltungsfachhochschulen dar.[315] Die Darstellung der Veränderungen in der Ausbildung für den gehobenen Dienst setzte an bei der Diskussion um die Durchführung der Ausbildung an Fachhochschulen Ende der sechziger Jahre. Etwa zur gleichen Zeit wurde ein Gutachten zu den Tätigkeitsfeldern des höheren Dienstes in Auftrag gegeben, das "Arbeitsansprüche, Ausbildungserfordernisse und Personalbedarf" feststellen sollte.[316] Betrachtet man die Ergebnisse von Brinkmann et al. (1973) zu Auslösern, Lernzielen und Inhalten, so ergibt sich eine weitgehende Übereinstimmung mit den Forderungen an die Reform der Ausbildung für den gehobenen Dienst.

---

[314] Funktional ist eine genaue Abgrenzung des Kompetenzzuschnitts häufig problematisch, da hier auch die Verwaltungsgröße und die daraus resultierenden Beschränkungen im Stellenkegel (Stellenobergrenzenverordnung) eine Rolle spielen.

[315] PAPPERMANN et al. (1982).

[316] BRINKMANN/PIPPKE/RIPPE (1973).

Brinkmann et al. zerlegen die "tatsächlichen Tätigkeiten" in Anforderungselemente, die anschließend kritisch bewertet und als Sollgrößen betrachtet werden. Die Sollanforderungen der Tätigkeit werden als Qualifikationen interpretiert, welche die Angehörigen des allgemeinen Verwaltungsdienstes besitzen müssen. Diese Qualifikationsanforderungen gilt es dann in Lehr- und Lernziele von Ausbildungsprozessen zu übersetzen. Die tatsächliche Qualifikationen der Ausgebildeten steht in einem Rückkopplungsprozeß mit den Tätigkeiten des beruflichen Alltags (S. 18).

Fähigkeiten, damit folgen Brinkmann et al. der Einteilung von Fähigkeiten nach Bloom, können kognitive, affektive und psychomotorische Schwerpunkte umfassen. Im Zentrum der Analyse stehen die kognitiven Fähigkeiten, welche die Autoren in zwei Subgruppen aufteilen, in "Kenntnisse inhaltlicher Art oder Wissen" und in "intellektuelle oder formale Fähigkeiten" (S. 19). Beispiele für "formale Kenntnisse" stellen logisches Denken, Kreativität, Lernen können, Entscheiden können und Selbständigkeit dar. (S. 21)

Zentrale Probleme bei der Konstruktion von Curricula bestehen in der Frage, ob es bestimmte Kenntnisse inhaltlicher Art – v.a. Kenntnisse über bestimmte Dinge oder Stoffgebiete – gibt, die besser als andere bei den Menschen, die sie besitzen, formale Fähigkeiten hervorrufen, bzw. die besser als andere die auf ihnen erlernten formalen Fähigkeiten auf andere Gebiete zu transferieren gestatten (S. 22). Brinkmann et al. führen ihre empirische Analyse der kognitiven Anforderungen von Tätigkeiten mittels eines Instrumentariums durch, welches sich auf Selbstbeobachtung und Befragung stützt. Eine externe (Fremd-) Beobachtung wäre eigentlich aus arbeitswissenschaftlicher Sicht adäquat (vgl. hierzu die Analysen von Managertätigkeit durch Mintzberg), aber im Feld öffentliche Verwaltung bestehen Zugangs- und Akzeptanzprobleme (siehe auch Derlien 1982). Als Analyseeinheit dient der abgeschlossene Arbeitsakt, es erfolgt keine sequentielle Analyse über die Zeit. Tätigkeitsdimensionen umfassen die Kommunikation mit anderen Personen, die Sachgebiete, die der Arbeitende durch den betreffenden Arbeitsakt in irgendeiner Weise berührte und die Stellung des Arbeitsaktes im Entscheidungsprozeß der zu lösenden Aufgaben.

Die empirische Analyse zeigt, daß die meisten Tätigkeitsanforderungen des allgemeinen höheren Verwaltungsdienstes funktionsspezifisch sind: sie treten nur im Zusammenhang mit dem übertragenen Amt auf. Einige Tätigkeitsanforderungen sind funktionsüberschreitend, sie treten in allen Funktionen auf. Von den in den folgenden Thesen genannten Tätigkeitsanforderungen wird angenommen, daß sie auch in Zukunft funktionsüberschreitend sein werden:

Als *funktionsüberschreitende* Wissensanforderungen erweisen sich Anforderungen aus den Sachgebieten *Organisation*, *Personal*, *einzelwirtschaftliche Angelegenheiten*, *Wirtschaftsstrukturprobleme* und *Öffentliches Recht*. Eine mindestens ebenso wichtige, wenn nicht noch drängendere Anforderung stellt die

*Kommunikationsfähigkeit* dar. *Schriftlichkeit* der Vorgänge wurde bereits als ein konstituierendes Prinzip bürokratischer Herrschaft geschildert. Es ergeben sich aus der von Brinkmann et al. durchgeführten Tätigkeitsfeldanalyse aber Anforderungen, die über schriftliche Ausdrucksfähigkeit hinausgehen. Die Fähigkeit zu *mündlichen Verhandlungen* erweist sich ebenso deutlich, wenn nicht stärker als funktionsüberschreitende Anforderung.

Bei der Untersuchung von formalen bzw. intellektuellen Anforderungen ergaben sich folgende wesentliche Bestandteile der Tätigkeit im allgemeinen höheren Verwaltungsdienst: *Eigeninitiative entwickeln, Tatbestände ermitteln, Überlegungen zur Zweckmäßigkeit des Verfahrens anstellen, Aufstellen von sachlichen Handlungsalternativen, Entscheidungen treffen, Pläne aufstellen.* Die Häufigkeit der Anforderungsart "Vorschriften auslegen" beschreiben Brinkmann et al. als stark durch die juristische Ausbildung bedingt, aber auch auf den Stellen, die nicht von Juristen besetzt sind, sei sie so groß, daß sie ebenfalls zu den funktions- und positionsüberschreitenden Anforderungsarten gerechnet werden müsse. Ein Problem bei der Konzeption von Curricula besteht auch in der Verfallszeit des Wissens. Die kognitiven Aufgaben ändern sich im Zeitablauf, dies zeigt sich v.a. beim Problem der Vermittlung von Führungskompetenz.

Brinkmann et al. fordern als Lernziele zum einen *Wissen über die funktionsüberschreitenden Sachgebiete.* Weiterhin müßten *Strategien zur Bewältigung der funktionsüberschreitenden kommunikativen Anforderungen* und *formalen Anforderungen* vermittelt werden. Diese sollten nach Ansicht der Autoren zu Lernzielen *aller* künftigen Verwaltungsangehörigen gemacht werden, mithin können sie also auch als wichtige Anforderungen für die Beschäftigten des gehobenen Verwaltungsdienstes bezeichnet werden.

### *4.2.3 Das Qualifizierungsdilemma für Verwaltungstätigkeiten und kritische Rezeptionen des internen Fachhochschulkonzepts*

#### *4.2.3.1 Spezialist oder Generalist?*

Die erste große Herausforderung für die Struktur der Verwaltungsqualifikation bildeten die Folgen der staatlichen Aufgabenausweitung in den sechziger Jahren.[317] Der moderne Sozialstaat vergrößerte die "unprojektive", mit Routinetätigkeiten befaßte Massenverwaltung und brachte zudem eine quantitative und qualitative Ausweitung des Qualifikationsspektrums mit sich. Prominentestes

---

[317] Wachstum und Wandel der Verwaltungsaufgaben stehen natürlich in engem Zusammenhang mit der Entwicklung des Staates. Die Vertiefung des Staatsbegriffs führt im Rahmen der vorliegenden Arbeit zu weit, es sei daher verwiesen auf die einschlägigen Literaturangaben bei u.a. ELLWEIN (1996), MAYNTZ (1985).

Beispiel ist die Bildungsexpansion und -reform der sechziger und siebziger Jahre, aber auch in Bereichen kommunaler Infrastrukturmaßnahmen wie dem Straßenbau oder der Bauverwaltung kam es zu einer Aufgabenausweitung, die inhaltliche Qualifizierungsprobleme in einer von Juristen dominierten Verwaltung nach sich zog. Forsthoff sieht darin weniger eine Erweiterung staatlicher Machtbefugnisse als vielmehr einen notwendigen Reflex auf die Anforderungen und Bedürfnisse der modernen Industriegesellschaft.[318]

Bereits im Zusammenhang mit den Charakteristika von Wissen in bürokratischen Organisationen wurde auf das Problem hingewiesen, daß Aufgabenausweitung einen Bedarf nach fachlichen Spezialisten entstehen läßt, die sich jedoch möglicherweise weniger dem Gemeinwohl verpflichtet fühlen.[319] *Spezialistenwissen* wird als interessengebundenes Wissen bezeichnet, das nicht mehr zwingend an kognitive normative Kodizes der Verwaltung wie Sachlichkeit und Gemeinwohlorientierung gebunden sei.[320] Das einst dominierende juristische Fachwissen werde zusehends zu einem Spezialwissen unter vielen degradiert. Auch könne es zu Konflikten zwischen einem, an normativen Setzungen orientierten, juristischen Fachwissen mit "progressiveren" Formen von Spezialwissen kommen.

"Das Fachwissen ist ein engagiertes Wissen. Der Experte fühlt sich natürlicherweise den Fortschritten seines Faches verpflichtet. Ihm wird das Gute zum Feind des Besseren. Er kennt keine Ruhelagen. Das ist sein gutes Recht. Ohne ein solches Engagement für Verbesserung gäbe es keinen Fortschritt, auf den alles moderne Fachwissen eingeschworen ist." (Forsthoff 1971, S. 110)

Daher hat nach Forsthoff in weiten Bereichen der Verwaltung der Fachmann den Juristen verdrängt, "der sich auf die Rolle als Justitiar für die juristische Unfallverhütung beschränkt".

"Die Besonderheit des Juristen besteht darin, daß das juristische Wissen, mit dem er seine Funktionen bestreitet, im Unterschied zu allem sonstigen Fachwissen nicht an Perfektionsvorstellungen gebunden ist. Im Gegenteil, der Jurist denkt in Ordnungen, die sind und die ihre Verbindlichkeit darin haben, daß sie sind. Diesen Ordnungen dient er mit den Mitteln des Rechts, und diese Mittel sind in allen Sparten der Verwaltung mehr oder weniger die gleichen. In diesem Sinne kann der Jurist einer Wasserbaubehörde, einer Schulbehörde, einer Polizeibehörde oder einem Gewerbeamt mit gleicher Geschicklichkeit vorstehen. So war der

---

[318] Siehe z.B. FORSTHOFF (1971), v.a. S. 105 - 114.

[319] Vgl. ETZIONI (1978), S. 126.

[320] Bei SPRONDEL (1979) findet sich der Hinweis auf die Differenzierung "Laie" - "Spezialist" bei Weber (Fußnote 16). Betrachtet man Spezialisten aus dem nicht-juristischen Bereich als "Laien", was diese administrative Kernkompetenz betrifft, so erscheint die Vorstellung von der starken "Interessengebundenheit" des Laien im Gegensatz zur "Sachlichkeit, die dem inneren Habitus des Fachmannes entspricht" schon in Webers "Rechtssoziologie", 2. Aufl., hrsg. v. Johannes Winckelmann. Neuwied 1967, S. 344.

Jurist der gegebene Beamte der Verwaltung, solange ihre Aufgabe darin bestand, gegebene Ordnungen sinnvoll fortzuentwickeln." (Forsthoff 1971, S. 110)

"Aber in dem Maße, dem der fachmännische Geist seinen Einzug in die Verwaltung hielt, wurde der Jurist zu jener sonderbaren Figur, die sich, ohne über ein fachmännisches Wissen zu verfügen, alles zutraut. Das war das Ende des zunächst umstrittenen, dann erledigten Juristenmonopols. Die Assimilation des Juristen an die moderne Verwaltung vollzog sich in der Weise, daß auch das juristische Fachwissen zum fachmännischen Wissen reduziert wurde. Und da dieses fachmännische Wissen progressiv nicht aktivierbar ist, wurde es aus der aktiven, gestaltenden Verwaltung eliminiert und auf seine Unentbehrlichkeit reduziert – der Justitiar." (Forsthoff 1971, S. 111)

Fachleute bringen Spezialwissen in die Verwaltung, daß auch außerhalb anwendbar ist. Umgekehrt ergeben sich auch für den Juristen aus der Verwaltung Möglichkeiten der Anwendung seines durch Spezialisierung mit der "Praxis der freien Wirtschaft" in Berührung gekommenen Wissens.

"So ebnet sich mit dem Vordringen des Experten in der Verwaltung der Unterschied zwischen der Beamtenstellung und dem gesellschaftlichen Beruf mehr und mehr ein. Auf der höchsten Stufe moderner Technik, der elektronischen Datenverarbeitung, konnte dieser Unterschied von vornherein nicht aufkommen. Das sind Wandlungen, welche die Mentalität der Beamten und damit den "Geist" der Verwaltung nachhaltig verändern müssen." (Forsthoff 1971, S. 112f)

Im Laufbahnsystem der Verwaltung bedeutet Spezialisierung möglicherweise aber auch ein Aufstiegshemmnis, da Verwaltungskenntnisse bei Spezialisten als häufigstes fachliches Defizit benannt werden.[321] So sieht auch Bunge in der Einbindung von Spezialisten in den klassischen Verwaltungskontext einen Faktor, der einen erhöhten Schulungsbedarf in Verwaltungskenntnissen als wichtigen "berufsfeldbezogenen Schlüsselqualifikationen" nach sich zieht.[322] Die Aufgabenprofile des gehobenen nichttechnischen Dienstes sind zwar sehr heterogen, jedoch ermöglicht eine "generalistische" Verwaltungsausbildung, was gleichgesetzt wird mit einer von juristischen Fächern geprägten Ausbildung, einen flexiblen Einsatz in den verschiedenen Ressorts.[323] Diese Polyvalenz, was verwaltungstechnische Kenntnisse angeht, ist vor allem bei unsicherer Bedarfsschätzung von Vorteil. Bunge sieht dennoch bereits in den achtziger Jahren das juristische Paradigma der Ausbildung von Verwaltungsbeamten vor dem Hintergrund sich wandelnder Staatsaufgaben als nicht mehr ausreichend. Die öffentliche Verwaltung tendiere zur Rationalisierung, das schwerpunktmäßig gesetzes-

[321] Vgl. auch die Ergebnisse von Fallstudieninterviews im Rahmen der Evaluation Verwaltungsbetriebswirtschaftslehre FHöV NRW zum Thema Performanzvergleich zwischen extern ausgebildetem Personal und Absolventen der internen Verwaltungsfachhochschulen.

[322] BUNGE (1985), S. 18.

[323] Die Forderung nach einer "flexiblen" Einsatzfähigkeit weist auch hin auf die spezifische Konnotation des Begriffs "Flexibilität" im Verwaltungskontext. Flexibilität steht hier in Zusammenhang mit der Vorstellung eines flexibel in verschiedenen Verwaltungsbereichen einsetzbaren "Generalisten".

und regelkonforme Staatshandeln sei ergänzt worden durch vermehrte Aufgaben im Bereich der Planung und Daseinsvorsorge. Einen wichtigen Faktor des Wandels stelle auch die technische Rationalisierung dar. Eine erfolgreiche Hochschul- oder Fachhochschulausbildungsreform müsse sich daran messen lassen, inwieweit der Kompromiß aus berufsfeldbezogenen Schlüsselqualifikationen und berufsfeldspezifischer Spezialisierung gelungen sei (Bunge 1985, S. 17). Als "sog. Schlüsselqualifikationen" bezeichnet Bunge "Lerninhalte mit einem hohen Anteil von Informationen prinzipieller und methodischer Art" (Bunge 1985, S. 22). Nicht nur fachlich, auch leistungstechnisch kommt es zu einer Ausweitung. Forsthoff beschreibt diese moderne, "unprojektive" Verwaltung folgendermaßen:

> "Soweit die Verwaltung Bedürfnisse der modernen Massengesellschaft befriedigt, wie das für die Sozialverwaltung und die sonstige leistende Verwaltung zutrifft, ist ein neuer Typus von Verwaltung entstanden, deren Aufgabe sich darin erschöpft, nach Gesetz und Tarif zu verfahren. Diese Aufgabe ist gegenwartsbezogen. Projektionen in die Zukunft haben hier keinen Raum. Die einzelnen Akte des Verwaltungshandelns sind massenhaft und gleichförmig. Das spezifisch Juristische tritt hinter dem Administrativen zurück. Es ist die Domäne des mittleren und gehobenen Dienstes. Die Formen des Verwaltungshandelns sind breit gefächert und greifen in das Privatrecht über; sie sind vielfach vertauschbar. Längst haben in dieser Verwaltung der Behördenangestellte und der Arbeiter ihren festen Platz neben dem Beamten." (Forsthoff 1971, S. 108)

In der modernen "Massenverwaltung" mit gleichförmigen, nicht zuletzt auch durch Technikeinsatz geprägten Handlungsroutinen besteht auch die Gefahr der Dequalifizierung administrativer Aufgaben[324].

#### *4.2.3.2 Kritik an der internen Lösung*

Die Ausbildung für den gehobenen nichttechnischen Verwaltungsdienst auf Fachhochschulniveau anzuheben kann noch als eine Variante der klassischen Bewältigungsstrategie für administrative Aufgabenexpansion interpretiert werden. Nicht Aufgabenkritik, sondern Personalausweitung bzw. Verwaltungswachstum dient zur Bewältigung neuer Aufgaben. Mehr und komplexere Aufgaben erfordern einen neuen Typ des Verwaltungsspezialisten. Bei Ellwein (1996) findet sich ein historischer Abriß mit Beispielen für diese Entwicklung. Die Verminderung der Beamtenzahl und Abschaffung von Ämtern wie das des Regierungspräsidenten wurde schon zu Beginn des Jahrhunderts gefordert, die Abschaffung des Berufsbeamtentums stand 1919 und auch 1948 zur Debatte, ferner Gebiets- und Funktionalreformen, die Anfang der siebziger Jahre immerhin in die große kommunale Gebietsreform mündeten.

---

324 Vgl. BUNGE (1985). Siehe auch die Ansätze zu Tendenzen der Qualifizierung und Dequalifizierung durch berufliche Tätigkeiten (z.B. von Rosenstiel, Baitsch/Frei, Heeg).

"Das Wachstum als (bis heute gültiges) Lebensgesetz bestimmt Verwaltung mehr als Verrechtlichung, Justizialisierung, Bürokratisierung, Politisierung oder die grundlegenden sozialen und mentalen Veränderungen im öffentlichen Dienst. Es verändert qualitativ die einzelnen Behörden, die Arbeitsbedingungen in der Verwaltung, den Umgang mit dem Verwaltungsumfeld. Damit relativiert sich die Kontinuität, von der die Rede war. (...) Die Rolle der jeweiligen Chefs ist damit heute eine ganz andere als früher; Hierarchie hat sich ihrem Wesen nach verändert, weil Verwaltung mit der Vergrößerung heterogener wurde. Auch die Rolle der Mitarbeiter hat sich qualitativ verändert. Ihre Spezialisierung hat zugenommen, die Einbindung in einen arbeitsteiligen Prozeß mit vielen Abhängigkeiten ist stärker geworden und die Ergebnisorientierung zugleich geringer. Vermehrung bedeutet nicht unbedingt Verbesserung, aber unbedingt Komplizierung der Abläufe, erhöhten Koordinationsbedarf, Anwachsen der Reibungsverluste." (Ellwein 1996, S. 17).

Ellwein zieht denn auch ein kritisches Fazit. In Krisenzeiten brauchte man zusätzliches Personal, in guten Zeiten betrieb man Aufgabenausweitung.[325] Entwicklungen wie Aufgabenkritik, Aufgabenabbau, Verfahrensvereinfachung, Verminderung des Koordinationsaufwands, Delegation von Verantwortung seien erst in jüngerer Zeit zum beherrschenden Thema geworden.

Bereits die Gründung der Fachhochschulen für öffentliche Verwaltung Mitte bis Ende der siebziger Jahre wurde von kritischen Stellungnahmen begleitet. So zeichnen Brinckmann, Hackforth und Teichler (1980) in ihrem Gutachten ein eher kritisches Bild von der Einrichtung der internen Verwaltungsfachhochschulen. Da zum Zeitpunkt dieser Bestandsaufnahme noch keine Aussagen über die Absolventen gemacht werden konnten, standen im Zentrum dieser Studie die gesetzlichen Grundlagen und Curricula. Wie schon der Untertitel anklingen läßt ("Bildungs-, verwaltungs- und arbeitsmarktpolitische Probleme einer verspäteten Reform"), stellt Einrichtung der FHöV nach Ansicht der Autoren in der damaligen Form eine vergebene Reformchance dar, nicht zuletzt deshalb, weil zukunftsorientierte Qualifikationskonzepte fehlten (Brinckmann et al. 1980, S. 18).

Die Autoren beschreiben zwei Tendenzen der Qualifikationsentwicklung, die auch heute noch die Tätigkeitsfelder in der öffentlichen Verwaltung prägen. Zum einen die Entwicklung hin zu einem Anforderungsprofil in der "Massenverwaltung" mit vorprogrammierten Arbeitsprozessen, die leicht "routinisiert" werden können und (ökonomischen) Rationalisierungsaspekten leicht zugänglich sind.[326] Beispiel hierfür finden sich z.B. in der klassischen Ordnungs- und Leistungsverwaltung (vgl. auch die Klassifikation der Einsatzbereiche im empirischen Teil), wo eine "anlaßorientierte Verwaltungsarbeit" erfolgt. Die Rekrutierung stützt sich auf das Laufbahnsystem, gehobene, theoretische Qualifikationen sind weniger gefordert. Alternativ dazu besteht eine Gruppe von Verwal-

---

[325] Fast zynisch wirkt die Argumentation, der §75 BSHG sei entstanden, als Sozialämter in Phasen der Vollbeschäftigung neue Betätigungsfelder suchten.

[326] In den skizzierten gegensätzlichen Anforderungsschwerpunkten klingen auch Aspekte der konditionalen und finalen Programmsteuerung auch LUHMANN (1983) an.

tungstätigkeiten, die, in engem Kontakt mit Klienten und Klientengruppen, auf "Erzielung bestimmter Wirkungen ausgerichtet" sind und eine "ergebnisorientierte Problemverarbeitung" erfordern. Beispiele finden sich im Bereich staatlicher Prävention und Fürsorge (z.B. Arbeitsvermittlung). Die Rekrutierung erfolgt hier professionsbezogen, unterliegt gezielter Personalsteuerung, die Tätigkeitsfelder erfordern in höherem Umfang "Sachkenntnis" und "Überblickswissen". Diese Qualifikationsentwicklungen werden nach Ansicht der Autoren durch das Modell der internen Fachhochschulen nicht ausreichend berücksichtigt.

Auch Brinkmann zieht bereits 1979 ein eher kritisches Fazit des internen Fachhochschulkonzeptes. Die Berufssituation des gehobenen Dienstes kann demnach analysiert werden nach *kognitiven* Anforderungen, d.h., welches Wissen benötigt ein Mitarbeiter des gehobenen Dienstes, welche Entscheidungen hat er zu treffen. Dazu kommen *kommunikative* Anforderungen (mit welchen Menschen muß der Mitarbeiter umgehen) und *affektive* Anforderungen (welche Personen muß er "lieben und bejahen", welche mit Reserve betrachten, welche ablehnen).[327]

Brinkmann stellt davon ausgehend *zwei Szenarios* vor, wie die FHöV-Ausbildung sich entwickeln könnte. Diese erinnern, wie sich zeigen wird, stark an den Gegensatz zwischen "espoused theories" und "theories in use" bei Argyris, wobei Szenario B auch als "Entkoppelung" ("decoupling") zwischen offiziellem Anspruch und tatsächlichen Geschehnissen interpretiert werden kann. "Szenario A" schildert die öffentliche Verwaltung als "Dienstleister" am Bürger. Dies würde einen Abbau der Beamtenprivilegien, des Laufbahnsystems, der Hierarchien bedeuten. Der öffentliche Dienst würde verkleinert und stünde im Wettbewerb mit privaten Dienstleistern. Für die Anforderungen an den gehobenen Dienst hieße dies, daß die kognitiven Anforderungen ("Wissen" in engeren Sinne) sehr hoch seien, "jeder Angehörige der mittleren Positionen muß Spezialist auf seinem Arbeitsgebiet sein, er muß das verfügbare Wissen seiner Zeit auf diesem Gebiet beherrschen." (S. 97) Er muß zudem die Bedürfnisse der Bürger kennen, denen er zu "dienen" hat. Als Beispiele für Fachwissen im externen Gebrauch führt Brinkmann Hochbau, Tiefbau, Bildung, Wissenschaft, Soziales, Familie, Sport, Schutz und Sicherheit, Umwelt, Rechtspflege, Wirtschaft und Steuern an. Qualifikationsanforderungen im "internen Bereich" umfassen Organisation, Personal, Haushalt und Finanzen, Recht. Als generell wichtig wird Öffentliches Recht bezeichnet.

Als "Prototyp" formaler kognitiver Anforderungen wird das Absolvieren von *Entscheidungsprozessen* bezeichnet (siehe auch Brinkmann et al. 1973; Simon/March 1958, Luhmann 1983). Brinkmann sieht größere Entscheidungsfrei-

---

[327] BRINKMANN (1979). Die Kategorisierung orientiert sich, wie schon bei BRINKMANN et al. (1973), am Schema von Bloom.

heiten, da eine höhere formale Ausbildung dazu befähige, und diese Qualifikationen auch genutzt werden müßten. (S. 98) Wichtig sind zudem für den Umgang mit den Bürgern ("Kunden"), aber auch "innerbetrieblich" die *kommunikativen* Anforderungen. *Affektive* Anforderungen schließlich beinhalten die "Bejahung der öffentlichen Verwaltung in der geschilderten Form, als Dienstleister".

"Szenario B" skizziert ebenfalls ein Leitbild von der öffentlichen Verwaltung als Dienstleister, welches in diesem Fall allerdings nur ein 'Lippenbekenntnis' darstellt. Beamte genießen weiterhin Privilegien, der Bürger wird als Untertan gesehen. Intern werden die Hierarchien betont und es erfolgt eine Orientierung am Laufbahnsystem, wobei die Durchlässigkeit abnimmt und weniger Ausnahmen von Ausbildungsanforderungen für den erstmaligen Eintritt bestehen. Die Lenkung und Einflußnahme oberer Behörden auf nachgeordnete ist stärker ausgeprägt, was u.a. auch Auswirkungen auf den Stellenkegel hat. Für die Leistungsanforderungen an den gehobenen Dienst bedeutet dies aufgrund eines geringeren Handlungsspielraums (Hierarchien, vorgesetzte Behörden), daß zwar Sachkenntnisse erforderlich sind, diese aber hinter Rechtskenntnissen zurücktreten. Eine steigende Anzahl gesetzlicher Regelungen ("Gesetzesflut") überfordert und gefährdet dadurch die Gesetzesbindung der Verwaltung. Bei den formalen kognitiven Anforderungen steht Rechts*anwendung* im Vordergrund, der gehobene nichttechnische Dienst wird zum ausführenden Organ degradiert. Im Bereich der kommunikativen Anforderungen zeigen sich Auswirkungen hierarchischer Strukturen sowohl nach innen als auch nach außen. Die affektiven Anforderungen umfassen eine Bejahung der Verwaltungsorganisation in der geschilderten Form, Demokratie und Bürgerfreundlichkeit verkommen zu Phrasen.

"Szenario A" ist "Szenario B" an Effizienz, aber auch unter Gesichtspunkten der "Humanität" des Arbeitsplatzes (Entscheidungsspielraum entspricht der Qualifikation, der Umgang mit Klienten erfolgt partnerschaftlich und hilfsbereit, Berufskompetenz spezialisiert sich, auch um Überforderung zu vermeiden) überlegen. Allerdings sieht Brinkmann die Verwaltung eher durch "Szenario B" geprägt, was für die FHöV-Ausbildung bzw. deren Absolventinnen und Absolventen, die seiner Ansicht nach eher dem "Szenario A" verpflichtet ist, ein Dilemma zwischen Anspruch und Verwendungswirklichkeit bedeutet.

Das zentrale Problem bildet dabei die institutionelle Form der Ausbildung. Die Durchführung an internen Fachhochschulen entsprang vor allem dem Wunsch nach Einflußnahme durch die Beschäftiger. Das Hochschulsystem stellte zur damaligen Zeit aus Sicht der Experten nicht die gewünschten verwaltungsspezifischen Qualifikationsprofile zur Verfügung. Kritiker sehen in dieser engen Verknüpfung von Ausbildung und beschäftigender Organisation eine Quelle der Innovationshemmung.[328] Der gewählte institutionelle Rahmen der Ausbildung steht in enger Korrespondenz mit der Zielsetzung des engen

[328] BRINCKMANN et al. (1980), BUNGE (1985), PIPPKE (1997).

Praxisbezugs. Gleichzeitig sind in der Verwaltungspraxis aber auch immer wieder Stimmen zu hören, die den Nutzen eines dreijährigen Fachhochschulstudiums anzweifeln, und statt dessen eine zügige, praxisnahe Ausbildung fordern, die bei Bedarf durch Fortbildungsmaßnahmen ergänzt wird.[329]

Eine Externalisierung würde die kommunalen Haushalte entlasten, bedeutete aber gleichzeitig weniger Einfluß auf die Schulungsinhalte und erhöhte u.U. die Einarbeitungszeit und somit die Kosten sowie das Risiko von Loyalitäts- und Verortungskonflikten. Dennoch empfiehlt u.a. der Wissenschaftsrat eine Öffnung der FHöV (Wissenschaftsrat 1996). Obwohl die Verwaltungsfachhochschulen als interne Fachhochschulen nur als Übergangslösung bis im allgemeinen Hochschulsektor entsprechende Ausbildungsangebote konzipiert waren[330], ergeben sich diverse Probleme bei Bestrebungen, sich gegenüber den allgemeinen FH zu öffnen (Bunge 1985). Um der Frage nach der Öffnung der internen FH für den privaten Sektor bzw. Tragfähigkeit der gewählten Rechts- und Organisationsform nachzugehen, wären Überschneidungsuntersuchungen für einzelne Berufs- und Verwendungsgebiete nötig.[331]

Ende der achtziger Jahre, als die internen Verwaltungsfachhochschulen etwa 10 Jahre bestanden, erfolgte eine Reihe von kritischen Bestandsaufnahmen.[332] Problembereiche der Ausbildung umfassen die Diskussion um das Verhältnis der zeitlichen Anteile von fachtheoretischen und berufspraktischen Studienzeiten innerhalb der überwiegend dreijährigen Studienzeit.[333] Die oft propagierte enge "Verzahnung" von Theorie und Praxis sieht sich - vielleicht gerade wegen des Anspruchs - oft Schwierigkeiten gegenüber (z.B. bei der Konzeption und kooperativen Durchführung von Praxisprojekten). Auch die Vermittlung des Lehrstoffs und die Prüfungsmodalitäten stehen in der Kritik.

### *4.2.4 Beispiel für einen juristisch geprägten Studiengang: Kommunaler Verwaltungsdienst an der Fachhochschule für öffentliche Verwaltung Nordrhein-Westfalen*

Ziel des fachwissenschaftlichen Studiums ist die umfassende Vorbereitung auf die Laufbahn des gehobenen Dienstes. Interessant ist, daß in der Studienordnung neben Sachbearbeitung auch Führungsaufgaben und Aufsicht dem Aufgabenspektrum der Absolventinnen und Absolventen zugeordnet werden:

"Das fachwissenschaftliche Studium soll dem Studenten für seine künftige Berufstätigkeit die erforderlichen wissenschaftlichen Kenntnisse und Methoden so vermitteln, daß er sie in der Praxis anwenden

[329] So der Tenor einiger Interviews, die im Rahmen der Fallstudien geführt wurden.
[330] Zweites Gesetz zur Änderung beamtenrechtlicher Vorschriften (BT-Drs. 7/2204, S. 7ff).
[331] Dazu auch: VOP 3/96, Interview mit Dopatka, F.-W.
[332] Vgl. u.a. Battis 1988, Böhret/Fröhlich/Hofmann 1989; von Richthofen 1990.
[333] Eine Ausnahme bildet Baden-Württemberg (4 Jahre).

kann und nach dem Gesamtbild seiner Persönlichkeit zu verantwortlichem Handeln im demokratischen und sozialen Rechtsstaat befähigt wird. Es soll ihn in den Stand versetzen, Aufgaben der Sachbearbeitung, der Führung und Aufsicht wahrzunehmen." (§ 2 Abs. 1 der Studienordnung für den Fachbereich Kommunaler Verwaltungsdienst Fachhochschule für öffentliche Verwaltung Nordrhein-Westfalen)

Der hohe Anspruch der Ausbildung zeigt sich auch in den Lernzielen. Hierzu ein Auszug aus dem Rahmenstudienplan für die Anwärterinnen und Anwärter des gehobenen nichttechnischen Dienstes in der allgemeinen Verwaltung nach einem Beschluß der Ständigen Konferenz der Innenminister der Länder am 10.02.1978:[334]

"Die Lernzielbeschreibungen beziehen sich in erster Linie auf den kognitiven Bereich (Kenntnisse, Fertigkeiten, Fähigkeiten). Zum Inhalt der Ausbildung gehört daneben aber auch das Erreichen affektiver Lernziele (Einstellungen, Haltungen), wie z.B.
- Selbständigkeit,
- Kritikbereitschaft,
- Kooperationsbereitschaft,
- Bereitschaft zur Problemlösung,
- demokratische und sozialstaatliche Grundeinstellung und -haltung.

Diese sind zusammen mit den kognitiven Lernzielen für den Befähigungserwerb unabdingbar und müssen deshalb in die Fachhochschulausbildung einbezogen werden."

Die Lernziele sind in vier Kategorien mit aufsteigenden Komplexitätsgrad eingeteilt:

"Die kognitiven Leitlernziele sind in vier Stufen dargestellt, die aufsteigend die Tiefenstufen des erwarteten Lernerfolgs beschreiben. Vorgesehen ist folgende Gliederung:
(1) Kennen,
als gedächtnismäßige Wiedergabe des Gelernten (Reproduktion);
(2) Verstehen,
als selbständige Verarbeitung und Anordnung des Gelernten (Reorganisation);
(3) Anwenden,
als Übertragung des Gelernten auf andere Zusammenhänge (Transfer);
(4) Beurteilen,
als kritische Bewertung des Gelernten sowie das Finden neuer Lösungsansätze (Problemlösen).

Diese Lernzielstufen orientieren sich am Strukturplan des Deutschen Bildungsrates. Sie sind hier fachspezifisch präzisiert. Die Stufen 1 und 2 schließen zugleich die auf praktische Fälle bezogenen unmittelbare Anwendung des Gelernten ein."

Faßt man die Zeitwerte der Lernzielstufen, wie sie in den Stoffgliederungsplänen angegeben sind, zusammen, zeigt sich, daß die meisten Lernziele der

[334] Quelle: Fachhochschule für öffentliche Verwaltung Nordrhein-Westfalen: Stoffgliederungspläne für die Fächer des Fachbereiches Kommunaler Verwaltungsdienst, August 1996.

Kategorie "Anwenden" zuzuordnen sind (47 Prozent). Rund ein Drittel (29 Prozent) entfallen auf die Lernzielstufe "Verstehen", knapp 20 Prozent auf "Beurteilen" und 4 Prozent auf "Kennen".[335]

**Tabelle 6**
**Curriculum Kommunaler Verwaltungsdienst FHöV NRW**

| *Fach* | | *Stundenumfang* |
|---|---|---|
| **Staats- und Verfassungsrecht (StVR)** (Verfassungsgeschichte der Neuzeit, Allgemeine Staatslehre, Staats- und Verfassungsrecht) | | **168** |
| **Allgemeines Verwaltungsrecht (AVR)** | | **200** |
| **Bürgerliches Recht (BGB)** | | **168** |
| **ÖBWL I** (Einführung in die Öffentliche Betriebswirtschaftslehre, Organisation, Personalwesen, Informationsverarbeitung) | | **144** |
| **ÖBWL II** (Rechnungswesen, Investition und Finanzierung) | | **128** |
| **Öffentliche Finanzwirtschaft (ÖFi)** | | **168** |
| **Öffentliches Dienstrecht (ÖDR)** | | **120** |
| **Kommunalrecht (KommR)** | | **104** |
| **Polizei- und Ordnungsrecht (POR)** | | **104** |
| **Sozialrecht (SozR)** | | **152** |
| **Volkswirtschaftslehre, Finanzwissenschaft** | | **120** |
| **Statistik** | | **16** |
| **Juristische Methodik/Bescheidtechnik (JurM)** | | **48** |
| **Verwaltungspsychologie (VerwPsych)** (64 + wahlweise 32) | | **(96)** |
| **Politische Soziologie (PolitSoz)** (64 + wahlweise 32) | | **(96)** |
| ***Wahlpflichtfächer*:*** | Baurecht (BauR), Europarecht (EurR), Ordnungswidrigkeitenrecht (OWiR), Umweltrecht (UmwR) Verwaltung und Planung (VerwPl), Verwaltungsinformatik (VerwInf) | (jeweils 64) |
| **Seminar** | | **96** |
| **Allg. Lehrveranstaltungen auf freiwilliger Basis** | | **32** |
| **Übungen in Klausur- und Bescheidtechnik (auf freiwilliger Basis)** | | **112** |
| **Selbststudium** | | **40** |

Quelle: FHöV NRW. * Es sind zwei Wahlpflichtfächer zu belegen.

[335] Nach den Stoffgliederungsplänen für die Fächer des Fachbereichs Kommunaler Verwaltungsdienst (FHöV NRW 1996). Die Zeitwerte für Übungen (Selbststudium, Vertiefung), Vorbereitungsphasen auf die Staatsprüfung und Klausuren, auf die rund ein Drittel der veranschlagten Gesamtstundenzahl von 2200 Stunden entfällt, wurden nicht berücksichtigt.

Der Fächerkanon umfaßt zu etwa 60 Prozent Fächer mit rechtlichem Schwerpunkt (einschließlich Übungen in juristischer Methodik- und Bescheidtechnik). Rund ein Drittel entfällt auch Fächer mit ökonomischen Inhalten; nicht vergessen werden sollte, daß ein Ziel der Fachhochschulausbildung ursprünglich ganz explizit eben auch die Vermittlung ökonomischer Fachkenntnisse war. 10 Prozent der Fächer des Curriculums schließlich beschäftigen sich mit Themen aus dem Bereich von Psychologie und Sozialwissenschaften.

Die sog. fachwissenschaftlichen Studienabschnitte an der Fachhochschule umfassen insgesamt 18 Monate. Die andere Hälfte der Studienzeit entfällt auf fachpraktische Ausbildungsabschnitte, die die Studierenden in ihren Einstellungsbehörden verbringen. Eine Reform dieses "18-18-Modells" stellt neben Veränderungen der Anteile fachlicher Schwerpunkte ein zentrales Element der im folgenden Abschnitt beschriebenen Reform in Gestalt der Verwaltungsbetriebswirtschaftslehre dar.

### *4.2.5 Ökonomische Studienschwerpunkte und Verstärkung des Hochschulcharakters - die "zweite Reform" der Ausbildung des gehobenen nichttechnischen Verwaltungsdienstes*

Als "erste" Reform kann die Anhebung der Ausbildung für den gehobenen nichttechnischen Verwaltungsdienst auf Fachhochschulniveau, der Errichtung interner Verwaltungsfachhochschulen und die damit verbundene Aufnahme von ökonomischen[336] und sozialwissenschaftlichen[337] Inhalten in das Curriculum bezeichnet werden. Die "zweite Reform" der Ausbildung steht nun für die Einrichtung von Studiengängen mit ökonomischen und Managementschwerpunkten an Verwaltungsfachhochschulen. Denn neue Steuerungsmodelle in der öffentlichen Verwaltung beinhalten mit der Verbindung von Fach- und Ressourcenverantwortung, Strukturreformen bis hin zu Dezentralisierung und Budgetierung Elemente, die neue fachliche und außerfachliche Anforderungen an die Qualifikation der Mitarbeiter stellen. Jedoch nicht nur Fachkenntnisse in Gebieten wie Budgetierung, Kostenrechnung und Controlling, auch Fähigkeiten, projektbezogen zu arbeiten und bestimmte Aufgabenkomplexe zu "managen" werden immer wichtiger.[338] Auch in der Privatwirtschaft ist ein Wandel von der technischen

[336] Siehe PAPPERMANN et al. (1982), Fußnote S. 100.

[337] Bosetzky führt dies auch als Beispiel für eine "Adaptation" bürokratischer Organisationen an gesellschaftlichen Wertewandel an (vgl. S. 102).

[338] Dabei werden zum einen fachliche Kenntnisse in betriebswirtschaftlichen Feldern wie Kosten- und Leistungsrechnung gefordert. Zum anderen werden aber auch 'betriebswirtschaftliches Denken' und 'Kostenbewußtsein', zwei fachübergreifende Qualifikationen, gefordert. Zu verfolgen ist demnach zum einen ein Wandel in den Denkungsweisen bzw. "Rationalitäten" des Berufshandelns, im Sinne eines Wechsels der Handlungsorientierung weg von rein konditionalen Programmierung hin zu einer zweck- und mittelorientierten Handlungsweise (LUHMANN 1983, MAYNTZ 1978).

zur stärker auf die Vermittlung von "soft-skills" ausgerichteten Ausbildung zu beobachten. Ein weiterer wichtiger Punkt der Ausbildungsreform sind Bestrebungen, den starken "Verschulungscharakter" des internen Fachhochschulstudiums abzubauen. So verfolgt die Fachhochschule für öffentliche Verwaltung NRW mit der Ausweitung des fachwissenschaftlichen Ausbildungsanteils bei gleich hoher Stundenzahl in der Verwaltungsbetriebswirtschaftslehre eine Strategie, selbständiges "Studierverhalten" zu fördern und Hindernisse bezüglich einer Öffnung des Verwaltungsstudiums hin zu allgemeinen Fachhochschulen abzubauen.

Die am häufigsten diskutierte Veränderung der Verwaltung dürfte die Finanzkrise der öffentlichen Haushalte darstellen, ein "Dauerbrenner", dessen Forderung nach ökonomischer Rationalisierung der Verwaltung im Zusammenspiel mit Organisationsreformen im Zentrum moderner Verwaltungsleitbilder steht. Bereits vor einem Vierteljahrhundert wurde die Notwendigkeit einer Verwaltungsreform formuliert.[339] Waren damals die Auslöser für diese Forderung in der mangelnden Flexibilität gegenüber gewandelten gesellschaftlichen Anforderungen zu finden, so führte erst die verschärfte Finanzkrise zu Beginn der 90er Jahre dazu, daß Reformen in größerem Umfang erfolgten. Wirtschaftlichkeit wurde mehr und mehr zur Handlungsmaxime. Diese Wirtschaftlichkeitsmaßstäbe in der öffentlichen Verwaltung führen zur Nachfrage nach betriebswirtschaftlicher Ausbildung. Dieser Nachfrage wird Rechnung getragen durch die Einrichtung verschiedener Ausbildungsgänge auf Länderebene.

Ein Beispiel hierfür stellt z.B. das Konzept der Fachhochschule für Verwaltung und Rechtspflege Berlin (FHSVR) dar. Gemeinsam mit der Fachhochschule für Technik und Wirtschaft Berlin (FHTW) bietet sie seit dem Sommersemester 1994 den Studiengang "Öffentliches Dienstleistungsmanagement" (Public Management) mit dem Abschluß "Diplomkaufmann/-frau (FH)" an. Ziel ist es, die Absolventen für Tätigkeiten in den Bereichen Personal, Finanzen und Organisation von öffentlichen Verwaltungen, aber auch öffentlichen oder gemeinwirtschaftlichen Unternehmen und gemeinnützigen Einrichtungen zu qualifizieren.[340] Leitbild der Ausbildung für den gehobenen nichttechnischen Verwaltungsdienst ist dabei nicht der "Manager" im klassischen Sinn, sondern der "qualifizierte Sachbearbeiter" (Quandt 1995).

Die Hochschule für öffentliche Verwaltung und die Hochschule Bremen starteten ab dem Wintersemester 1994/95 einen "Europäischen Studiengang Wirtschaft und Verwaltung" mit dem Abschluß "Verwaltungsbetriebswirtin /-betriebswirt (FH)". Dieses Studium umfaßt neben juristischen und verwaltungswissenschaftlichen Fächern betriebswirtschaftliche Lehrthemen und Informatik sowie Sprachen aus dem Gebiet der Europäischen Union. Die Ausbildung nicht

---

[339] Vgl. Böhret (1978); Luhmann (1971, wiederveröffentlicht 1983).

[340] REICHARD (1994), TEUBER (1994), QUANDT (1995), KRAUß (1996).

nur auf Tätigkeiten in der öffentlichen Verwaltung ab, sondern wird als gleichermaßen für Staat und Wirtschaft geeignet bezeichnet. Der Wechsel zwischen Staat und Privatwirtschaft soll erleichtert werden.[341]

In beiden Beispielen zeigen sich die verstärkten Bemühungen interner Fachhochschulen mit allgemeinen Fachhochschulen und Hochschulen zu kooperieren. Denn die Trennung zwischen interner Verwaltungsausbildung auf Fachhochschulniveau und den allgemeinen Fachhochschulen war bereits bei der Gründung der Fachhochschulen für öffentliche Verwaltung umstritten.[342] So taucht auch in Diskussionen um aktuelle Reformen immer wieder die Frage auf, ob die Sonderrolle der FHöV noch zu rechtfertigen sei. (Siehe auch die Diskussion um die institutionelle Verortung der Ausbildung generell.)

> "Wenn wir uns an den ausländischen Reformmodellen orientieren wollen, stoßen wir auch auf unsere eigene Vergangenheit. Bereits Anfang der 70er Jahre wurde diskutiert, ob es separate Fachhochschulen für den öffentlichen Dienst geben sollte oder ob diese Ausbildung in externe Hochschulen zu integrieren wäre. Am Ende der großen Dienstrechtsreform der 70er Jahre entschied man sich für die interne Lösung. Aber spätestens jetzt ist die Zeit reif für eine Integration aller Dienstleistungsberufsbilder, mögen sie nun die öffentliche Verwaltung oder den privaten Sektor betreffen. Daß dabei die tradierten Funktionen eines sozial- und rechtsstaatlichen öffentlichen Dienstes, der der Demokratie verpflichtet ist, nicht verlassen werden dürfen, ist selbstverständlich. Jedoch rechtfertigt diese nicht die Exklusivität der Ausbildung." (S. 37)[343]

Näher erläutert werden soll im Kontext dieser Arbeit der 1993 von der FHöV NRW eingerichtete Studiengang Verwaltungsbetriebswirtschaftslehre.[344]

### *4.2.5.1 Verwaltungsbetriebswirtschaftslehre an der Fachhochschule für öffentliche Verwaltung Nordrhein-Westfalen*

Im Zentrum stehen der Darstellung stehen die Veränderungen in den Qualifikationsanforderungen, die sich aus neuen Aufgaben und einem gewandelten Selbstverständnis der Verwaltung ergeben. Hinweise auf Inhalt und Auswirkungen dieser Veränderungen werden am Beispiel des 1993 an der Fachhochschule für öffentliche Verwaltung Nordrhein-Westfalen eingeführten Studiengangs *Verwaltungsbetriebswirtschaftslehre* betrachtet. Dieser stellt eine der Varianten dar, mittels derer die Fachhochschulen für öffentliche Verwaltung in verschiedenen Bundesländern die bisher vom juristischen Paradigma geprägte Ausbil-

---

[341] Verwaltungsorganisation 1/95, S. 27. Siehe auch BUSSE, Hans-Jürgen (1997): Beamtenausbildung als europäischer Studiengang. Bremer Modellversuch sichert die Qualifikation des Personals von morgen. VOP 6-7.

[342] Die Trennung zeigt sich auch in der Ressortzuordnung. Während allgemeine Fachhochschulen den Kultusministerien zugeordnet sind, unterstehen interne Verwaltungsfachhochschulen den Innenministerien.

[343] DOPATKA (1996).

[344] Zur Konzeption siehe KLÜMPER (1997).

dung für den gehobenen nichttechnischen Verwaltungsdienst durch einen schwerpunktmäßig betriebswirtschaftlichen Studiengang ergänzen.

Was ist nun das Besondere am evaluierten Modellstudiengang Verwaltungsbetriebswirtschaftslehre? Der 1993 als Modellversuch gestartete Studiengang Verwaltungsbetriebswirtschaftslehre an der Fachhochschule für öffentliche Verwaltung Nordrhein-Westfalen (FHöV NRW) soll moderne *betriebswirtschaftliche* und *Managementelemente* für die öffentliche Verwaltung verfügbar machen. Er ergänzt das Qualifikationsangebot des grundständigen Studiengangs Kommunaler Verwaltungsdienst, der einen juristischen Schwerpunkt besitzt. Eine wesentliche Neuerung im Ablauf des Studiengangs Verwaltungsbetriebswirtschaftslehre gegenüber dem des Kommunalen Verwaltungsdienstes besteht in der Ausweitung des fachwissenschaftlichen Ausbildungsanteils von 18 auf 24 Monate, d.h., die fachpraktische Ausbildung umfaßt nur noch ein Drittel der Ausbildung, während früher das Verhältnis 50:50 betrug.[345] Die Gesamtstundenzahl des Modellstudienganges beträgt wie im juristisch orientierten Studiengang 2.200 Stunden, dabei erhalten Anwärterinnen und Anwärter 24 Monate fachtheoretischen und 12 Monate fachpraktischen Unterricht (grundständiger Studiengang: 18 Monate fachwissenschaftliche, 18 Monate fachpraktische Ausbildung). Durch die geänderte Verteilung konnte die Wochenstundenzahl deutlich gesenkt werden. Sie beträgt jetzt im Grundstudium ca. 25 Wochenstunden und im Hauptstudium neben der Teilnahme an Seminaren und Projekten sowie der Vorbereitung auf das Examen zwischen 13 und 17 Wochenstunden. Auf diese Weise sollte auch der bisweilen kritisierte Verschulungscharakter der Ausbildung verringert werden, selbständiges Arbeiten der Studierenden gefördert werden.

Bei den Studieninhalten im überwiegen - wie in Abschnitt 4.2.4 gezeigt - im grundständigen Studiengang die juristischen Fächer. Im Modellstudiengang dagegen besitzen die wirtschaftswissenschaftlichen Fächer einen Anteil von 60 Prozent, die juristischen Fächer einen Anteil von 30 Prozent und die sozialwissenschaftlichen Fächergruppen einen Anteil von 10 Prozent. In den wirtschaftswissenschaftlichen Fächern liegen die Schwerpunkte auf der Grundlagenvermittlung ökonomischer Ansätze sowie Management/Organisation und Rechnungswesen/Kostenrechnung. Die juristischen Anteile wurden auf wesentliche Fachgebiete beschränkt, unter anderem "Staats- und Europarecht", "Allgemeines Verwaltungsrecht" und "Kommunalrecht". Im sozialwissenschaftlichen Bereich wurde das Fach "Managementtraining" eingeführt.

---

[345] Durch die Verlängerung der theoretischen Ausbildungsphasen an der FHöV wurde auch eine Annäherung an den Studienverlauf externer Fachhochschulen angestrebt. Es wurde in Erwägung gezogen, im Hauptstudium mit externen Fachhochschulen zu kooperieren, jedoch konnte eine derartige Zusammenarbeit bislang nicht realisiert werden. Geplant war eine Kooperation mit dem Fachbereich Wirtschaft der Fachhochschule Dortmund im Hauptstudium.

**Abbildung 3**
**Verlauf der Studiengänge Kommunaler Verwaltungsdienst und Verwaltungsbetriebswirtschaftslehre an der FHöV NRW im Vergleich**

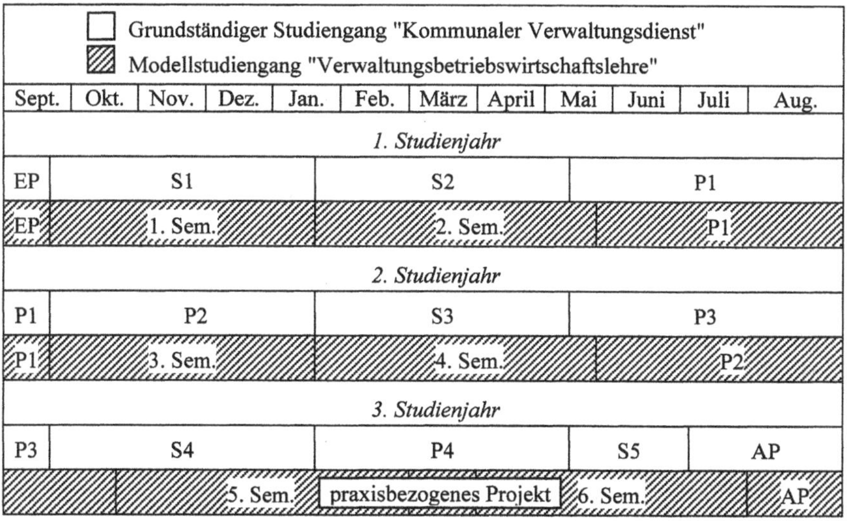


EP: Einführungspraktikum; S1 - S5 /1. - 6. Sem.: fachwissenschaftliche Ausbildungsabschnitte; P1 - P4: fachpraktische Studienabschnitte; AP Abschlußpraktikum. Grau unterlegt: Modellstudiengang Verwaltungsbetriebswirtschaftslehre. Quellen: Fachhochschule für öffentliche Verwaltung NRW 1994, 1998, Klümper 1997.

Die Gesamtstundenzahl des Modellstudienganges beträgt wie im juristisch orientierten Studiengang 2.200 Stunden, dabei erhalten Anwärterinnen und Anwärter 24 Monate fachtheoretischen und 12 Monate fachpraktischen Unterricht (grundständiger Studiengang: 18 Monate fachwissenschaftliche, 18 Monate fachpraktische Ausbildung). Durch die geänderte Verteilung konnte die Wochenstundenzahl deutlich gesenkt werden. Sie beträgt jetzt im Grundstudium ca. 25 Wochenstunden und im Hauptstudium neben der Teilnahme an Seminaren und Projekten sowie der Vorbereitung auf das Examen zwischen 13 und 17 Wochenstunden. Auf diese Weise sollte auch der bisweilen kritisierte Verschulungscharakter der Ausbildung verringert werden. Zu den Gründen für die Verlängerung der fachwissenschaftlichen Ausbildungsphase siehe auch Klümper (1997):

"Einer der Eckpunkte bei der Entwicklung des Modellstudiengangs war, daß der Fachverstand der externen Fachhochschulen mit einbezogen werden sollte. Kollegen aus den Fachbereichen Wirtschaft externer Fachhochschulen sollten an der Entwicklung und künftigen Lehre mitarbeiten. Für das Hauptstudium war eine Kooperation mit dem Fachbereich Wirtschaft externer Fachhochschulen vorzusehen. Voraussetzung einer solchen Kooperation im Hauptstudium war, daß zuvor ein notwendiges Mindestgrundlagenwissen vermittelt wurde, welches nur gewährleistet war, wenn das Grundstudium vier Semester umfaßt. Aus dieser Notwendigkeit heraus wurde ein sechssemestriges Studium entwickelt. Die gesamte Ausbildungszeit von drei Jahren wurde in 24 Monate fachtheoretische Zeit und 12 Monate fachpraktische Zeit aufgeteilt." (S. 232f)

**Tabelle 7**
**Curriculum Verwaltungsbetriebswirtschaftslehre FHöV NRW**

| *Fach* | *Stundenumfang* |
|---|---|
| **Grundlagen der ÖBWL** | **64** |
| **Planungs- und Entscheidungstechniken, Statistik** | **48** |
| **Finanzierung und Investitionsrechnung** | **32** |
| *Übungen zu diesem Veranstaltungsblock* | ***32*** |
| **Management** (Organisation und TuI, Personalwirtschaft) | **96** |
| *Übungen zu diesem Veranstaltungsblock* | ***32*** |
| **Rechnungssysteme** | **96** |
| **Kostenrechnung** | **64** |
| *Übungen zu diesem Veranstaltungsblock* | ***32*** |
| **Technikunterstützte Informationsverarbeitung** | **128** |
| **Volkswirtschaftslehre** | **128** |
| **Öffentliche Finanzwirtschaft** | **112** |
| **Staats- und Europarecht** | **64** |
| **AVR** | **160** |
| **BGB** | **96** |
| **Arbeits- und Dienstrecht** | **96** |
| **Kommunalrecht** | **64** |
| **Juristische Methodik** | **32** |
| *Übungen zu diesem Veranstaltungsblock* | ***32*** |
| **Verwaltungsmanagement /Managementtraining** | **224** |
| **Wirtschaftswissenschaftliche Wahlpflichtfächer*** | |
| Gruppe 1: Finanzierung/ Controlling/ Marketing | (jeweils 96) |
| Gruppe 2: Organisation, Rechnungswesen, Kulturmanagement, Krankenhausbetriebslehre, Entsorgungswirtschaft, Kommunale Wirtschaftspolitik, Öffentliche Finanzwirtschaft | (jeweils 96) |
| **Juristische Wahlpflichtfächer*** | |
| Wirtschafts- und Gesellschaftsrecht/ Steuerrecht | (jeweils 64) |
| **Seminar** | **96** |
| **Betriebswirtschaftliches Projekt** | **128** |
| **Selbststudium** | **48** |

* Es sind mindestens zwei Wahlpflichtfächer zu belegen. Quelle: FHöV NRW.

Zwei Besonderheiten des Curriculums neben dem betriebswirtschaftlichen Schwerpunkt sollen hervorgehoben werden. Zum einen wurde das Fach Verwaltungsmanagement bzw. Managementtraining eingeführt. Die Meinungen in der Fachpraxis differieren, ob es sich bei den neuen Anforderungen tatsächlich um Tätigkeiten handelt, die unter Management im engeren Sinne zu subsumieren seien. Andererseits zeigt eine Betrachtung der Lehrthemen, daß es neben "Grundlagen des Managements" auch über Konfliktmanagement, Kommunikationsmodelle, persönliche Arbeits- und Planungstechniken sowie Zeitmanagement informiert und aktive Elemente des Verhaltenstrainings beinhaltet.

**Tabelle 8**
**Lehrthemen "Verwaltungsmanagement/Managementtraining" (Curriculum Verwaltungsbetriebswirtschaftslehre FHöV NRW)**

| | *Empfohlene Stunden* | *Studienzeit/ Stunden* |
|---|---|---|
| **Verwaltungsmanagement/Managementtraining** | | 1. Sem. u. 2. Sem. |
| **1. Grundlagen des Managements** | | |
| 1.1 Grundbegriff des Managements | 20 | |
| 1.2 Regeln der Zusammenarbeit | 18 | |
| 1.3 Determinanten menschlicher Arbeitsleistung | 10 | |
| **2. Ausgewählte Vertiefungsbereiche der Mitarbeiterführung und Motivation** | | |
| 2.1 Konfliktmanagement | 18 | |
| 2.2 Kommunikationsmodelle | 18 | |
| 2.3 Persönliche Arbeits- und Planungstechniken | 6 | |
| 2.4 Zeitmanagement | 6 | |
| | | 3. Sem. u. 4. Sem. |
| **3. Führungs- und Managementtraining** | 128 | |
| 3.1 Möglichkeiten und Grenzen des Verhaltenstrainings | | |
| 3.2 Fallmethode - Planspiele | | |
| 3.3 Rollenspiele | | |

Quelle: Fachhochschule für öffentliche Verwaltung NRW: Modellstudiengang Verwaltungsbetriebswirtschaftslehre. VAPgD (in Auszügen). Studienordnung mit Fächerverteilungsplan und Lehrthemen (o. J.).

### *4.2.5.2 Verwaltungsdenken und Managementwissen*

Brinkmann et al. (1994) beschreiben als Elemente von Managementtätigkeiten "Sammeln, Fixieren, Bearbeiten, Reproduzieren, Weiterleiten von Informationen". Daran können sich die teilweise hitzigen Diskussionen um Curriculumsbestandteile wie Managementtraining/Verwaltungsmanagement eigentlich nicht entzünden. Das Unbehagen in der Verwaltung gegenüber dem Begriff "Management" dürfte eher mit dem Aspekt der (Schulung in potentieller) Herrschaftsausübung zusammenhängen, welcher vor dem Hintergrund eines immer noch relativ unflexiblen Laufbahnsystems als problematisch empfunden wird. So zieht auch Quandt (1995) ein klassisches Managementbild heran, das, übertragen auf den "qualifizierten Sachbearbeiter" des gehobenen nichttechnischen Dienstes, problematisch wirkt.

Entscheidender erscheinen im Zusammenhang dieser Arbeit jedoch die Reibungspunkte zwischen Managementwissen als einem sehr komplexen, aber wenig strukturierten Gebilde (siehe z.B. die empirischen Studien von Mintzberg[346], aber auch Versuche der Modellierung im Rahmen von EDV-Experten-Systemen) und juristisch-regelorientiert geprägtem Wissen in und von Verwaltungsstrukturen.

Managementwissen gilt als Prototyp eines relativ diffusen, unstrukturierten Wissens, das dementsprechend schwierig "rechnerisch" zu modellieren ist (Schäffer 1996). Mintzberg sieht seine empirischen Ergebnisse in deutlichem Gegensatz zu klassische Studien zu Führungs- und Managementaufgaben wie der von Fayol (1916), der Managementtätigkeit klar mit Planen, Organisieren, Koordinieren und Kontrollieren umriß (Mintzberg 1991, S. 22). Auch eine Studie des Instituts der deutschen Wirtschaft sieht als zentrale Managementaufgabe "ganzheitliches Planen und vernetzte Problemlösungen" (siehe Schlaffke 1989), ein anspruchsvolles, aber notwendigerweise vages Konstrukt. Management beinhaltet das "Sammeln, Fixieren, Bearbeiten, Reproduzieren, Weiterleiten von Informationen". Um der Komplexität zu begegnen, wählen Manager auch den Weg der Absonderung, ziehen sich zurück in eine "Scheinwelt des Managements", und orientieren sich anhand aufbereiteten "Second-hand-Wissens".[347]

Komplex ist auch das Rollen-Set von Managern (Mintzberg 1991, S. 29ff). Manager müssen formale Autorität und Status verkörpern, interpersonalen Rollen (Repräsentation, Führung, Kontaktperson) genügen, in der Informationsrolle als Monitor, Verteiler und Sprecher fungieren und schließlich in der entscheidungsorientierten Rollen als Unternehmer, Krisenmanager, Ressourcenzuteiler und Unterhändler fungieren. Diese hohen Anforderungen führen nach Mintzberg zu einer Art "Folklore über die Arbeit des Managers", der er seine empirisch ermittelten Beobachtungen (in Klammern) gegenüberstellt:

---

[346] Vorgehensweise: intensive Beobachtung ("Beschattung"), Führen detaillierter Tagebücher (MINTZBERG 1991, S. 23).

[347] Siehe Neuberger 1994, zit. von WILLKE (1996).

1. Der Manager ist ein bewußter, systematischer Planer (Manager arbeiten mit hoher Geschwindigkeit, kurz, vielfältig, diskontinuierlich und handlungsorientiert.)
2. Der effiziente Manager hat keine regulären Verpflichtungen zu erfüllen (Sammeln weicher Information, Kontaktpflege.)
3. Spitzenmanager benötigen aggregierte Informationen, am besten durch MIS (Manager bevorzugen das sprachliche Medium: Telefonieren und persönliche Begegnungen.)
4. Management ist eine Wissenschaft und Profession bzw. entwickelt sich dazu ("Verborgene" Managerprogramme, Urteilsvermögen, Intuition.)[348]

Was "Management" in der konkreten Berufspraxis bedeutet, hängt eng zusammen mit der Position. Jedoch liegen die anspruchsvollsten Anforderungen in den Bereichen Analyse/Problemlösungsfähigkeit, Führungsverhalten und Kommunikation. So beschreibt das Institut der deutschen Wirtschaft eine Reihe von Schwierigkeiten des mittleren Managements, die aus autoritärer Tradition des Betriebs, autoritärem Führungsverhalten, fehlender Motivation, mangelnder Fähigkeit, die Nebenwirkungen von Entscheidungen vorauszusehen, der Ablehnung der Technik, aber auch in zu hohen Erwartungen an die Technik und mangelnder Teamfähigkeit, Ressortegoismus und Angst vor Machtverlust resultieren. Für das obere Management ergeben sich Probleme aus dem verbreiteten Desinteresse an organisatorischen Fragen, der Risikoscheu vor organisatorischen Veränderungen, zu hohen Erwartungen an die Technik und ebenfalls aus einer autoritären Betriebstradition. Als zentrale Managementaufgaben vor allem auf der Leitungsebene werden "ganzheitliches *Planen*" und "vernetzte *Problemlösungen*" genannt.[349]

*Planung* bildet in der klassischen Managementtheorie die zentrale Managementfunktion.[350] Von Planung bzw. der Phase der "Willensbildung" abhängig sind aus dieser Perspektive die weiteren Hauptdimensionen des Managementprozesses, zum einen diejenige der Durchführung ("Willensdurchsetzung") mit den Teilfunktionen Organisation, Personaleinsatz und Führung, und schließlich auch die Phase der Erfolgskontrolle. Der Organisation kommt dabei in klassischen, linearen Managementmodellen nur eine "dienende" Rolle bei der Umsetzung von Plänen zu. Neuere Studien stellen diese These vom Primat der Strategie ("Strategie bestimmt Struktur") in Frage und vertreten die Auffassung, daß umgekehrt gerade die Organisationsstruktur Pläne, Strategien und Zielvorstel-

---

348 MINTZBERG (1991), S. 24ff.

349 Aufgeführt in SCHLAFFKE (1989), S. 52f.

350 Vgl. SCHREYÖGG (1991) nach Koontz/O'Donnell 1955 bzw. Koontz/O'Donnell/ Weihrich 1984.

lungen von Organisationen wesentlich bestimmt. Revisionen des klassischen Managementmodells werden auch notwendig, wenn man auf der Grundlage von Erkenntnissen der Systemtheorie die Organisationsumwelt als "komplex und wechselhaft, nur teilweise kontrolliert" begreift. So formuliert Schreyögg (1991) ein Managementmodell, das nicht mehr "linear", sondern als "Steuerungsprozeß der Grenzerhaltung komplexer Systeme" konzipiert ist und gestiegene system-interne wie -externe Komplexität besser erfassen soll. Die anderen Funktionen des Managementprozesses, Organisation, Personaleinsatz, Führung und Kontrolle, treten nun nicht länger hinter dem Primat der Planung zurück.

Die Entwicklungen der systemtheoretisch orientierten Managementforschung treffen sich hier mit den forschungsleitenden Grundannahmen der vorliegenden Arbeit. Denn die Organisationsziele sind zwar ein wesentlicher Parameter, wenn es darum geht, Organisationen zu beschreiben. Eine eindeutige Determination festzuschreiben ist jedoch besonders für multifinale Systeme wie die öffentliche Verwaltung äußerst schwierig und allenfalls für Teilfunktionen organisatorischen Handelns zu bestimmen.

Bei der Auseinandersetzung mit Paradigmen und Leitbildern des Organisierens wurden bereits die Probleme einer Trivialisierung und "Mythisierung" wissenschaftlicher Theorien in der Management-Praxis angesprochen (vgl. Abschnitt 3.1.2). Die unreflektierte Übertragung von Modellen und Metaphern der Reform aus anderen organisatorischen Kontexten birgt die Gefahr der Ablehnung. Die Vorbehalte der öffentlichen Verwaltung gegenüber dem Begriff Management lassen sich daher womöglich auch dahingehend interpretieren, daß das klassische Managementkonzept mit dem Primat der Planung und strategisch-schöpferischen Unternehmertätigkeiten nicht zu einem "exekutiven" Selbstverständnis der Verwaltung und den Restriktionen einer hierarchischen Organisation paßt.

#### *4.2.5.3 Informations- und Kommunikationstechnologien als Basiselemente moderner Verwaltungsqualifikation*

Die Entwicklungen der Computertechnologie als einer, wenn nicht *der* "defining technology" des 20. und wohl auch des 21. Jahrhunderts wirken sich auch und in besonderem Maße auf arbeitsteilige, bürokratische Organisationen aus. Computerunterstützte Verwaltung von Massendaten mittels großer Zentralrechner bildete den Anfang. Die größeren Herausforderungen für Verwaltungswissen in seiner Doppelfunktion als Fachwissen und Dienstgeheimnis ergeben sich jedoch aus den Möglichkeiten des vernetzten Zugriffs auf Daten und der Dezentralisierung von edv-gestützten Arbeitsvorgängen. Erstere erfordern eine gestiegene Sensibilität im Bereich Datenschutz, letzteres betrifft vor allem den Wegfall von einfachen Tätigkeiten im Bereich der Schreibdienste bis hin zum edv-unterstützten Terminmanagement (und der damit ermöglichten teilweisen

Substitution von Sekretariatsaufgaben). Auch im Bereich der kommunalen Dienstleistungen ist das Bewußtsein für die Wichtigkeit der modernen Informations- und Kommunikationstechnologien gestiegen, es findet sich kaum eine größere Kommunalverwaltung, die im Internet noch nicht präsent ist.[351]

Brinckmann/Kuhlmann (1990) ziehen ein ambivalentes Fazit der Möglichkeiten einer "Computer-Bürokratie". Sie gehen von der Hypothese aus, Maschinisierung stelle nur ein begrenzt innovatives Mittel der Problembewältigung durch das politisch-administrative System dar. Zur Computerisierung (Brinckmann/Kuhlmann sprechen von "Maschinisierung") eigneten sich vor allem Verwaltungsabläufe aus dem Bereich der Verwaltung von Massendaten. Verwalten bedeute jedoch mehr als Daten-Verwaltung, es beinhalte auch Problemlösung und Planung im Rahmen hierarchischer Zuständigkeiten. Zu Beginn der neunziger Jahren noch nicht abzuschätzen waren die Implikationen der Netzwerktechnologie. Für Arbeitsabläufe in der Verwaltung dürfte jedoch ein gewisses "hierarchiesprengendes Potential" bestehen, welches um einiges größer sein dürfte als beispielweise das des Telefons.[352]

Reinermann sieht durch die Computertechnologie auch Möglichkeiten zur Organisationsoptimierung gegeben. Unter der Überschrift "Verwaltungsinnovation und Informationsmanagement" stellt er 105 Thesen "zur Bewältigung der informations-technischen Herausforderung" auf. Wesentlich für die erfolgreiche Nutzung zur Gestaltung und Neuerung ist dabei eine genau Zielbestimmung, wie die Technologie einzusetzen ist:

> "Dazu bedarf es eines *Leitbildes* davon, was wir mit Informationstechnik anfangen wollen und was nicht." (S. 10; Hervorhebung im Original)

Die klassische DV-Planung "als herkömmliches Verfahren der Abwicklung von EDV-Vorhaben" wird dabei mehr und mehr von Informationsmanagement als "der informationstechnischen Herausforderung gewachsenes Verfahren" abgelöst (Thesen 61 - 102).

"Technikunterstützte Informationsverarbeitung" stellt auch ein wesentliches Element neuer Steuerungsmodelle dar. So stellen Deckert/Wind 1996 am Beispiel eines "Verwaltungs-Informations-Systems" die Möglichkeiten dar, wie in der "interaktiven Verwaltung" (so die Zielvorstellung) kommunale Reformprozesse durch Informationstechnologien unterstützt werden. Wichtig ist auch hier

---

[351] LENK, Kurt (1997): Multifunktionale Serviceläden und Televerwaltung. Vorboten einer kooperativen und "virtuellen" Verwaltung. Verwaltung und Management, 3. Jg., Heft 6. S. 330 - 336.

[352] Vgl. Bahrdt (1958, 1966), der die hierarchische Form der Kooperation in der Krise sieht, wobei aus damaliger Sicht dem Telefon ein starkes, hierarchiesprengendes Potential zugeschrieben wurde.

wieder das Leitbild der Stadt, woraus sich Ziele für alle Politikfelder ableiten, die maßgeblich sind für Dienstleistungsangebote und Projektpläne.[353]

Informations- und Kommunikationstechnologien spielen dabei eine wichtige Rolle für ein Verständnis der Verwaltung als interner wie externer "Dienstleister". Neben der klassischen EDV-Anwendung der Kommunalverwaltung, der Verwaltung von Einwohnermeldedaten, erfordert ein internes Berichtswesen eine Produktdatenverwaltung bis hin zur Integration von Informationen im Rahmen eines Management-Informations-Systems. Vor allem im Bereich der Personalverwaltung wird eine solche Verknüpfung von Informationen (z.B. zu Krankheitstagen in bestimmten Verwaltungseinheiten) jedoch kritisch gesehen. Was die einen als wichtige Informationen nicht zuletzt zur Verbesserung der Arbeitssituation sehen, erscheint Arbeitnehmervertretern als Überwachung und Kontrolle.

In Bereichen des externen Service bestehen aber unstrittig Reformchancen durch neue Medien. So besteht die Möglichkeit, sich von Öffnungszeiten unabhängig zu machen ("Kiosk"), besser auf die Bedürfnisse der Bürger einzugehen durch eine echte Dezentralisation der Verwaltungsaufgaben bis hin zur Möglichkeit, durch Vernetzung für die Bürger auch von zu Hause aus ansprechbar zu sein. Deckert/Wind schließen mit dem optimistischen Fazit (in Anlehnung an Reinermann):

> "Wenn dieses Ziel erreicht ist, müssen nicht mehr die Bürger, sondern die Daten laufen." (Deckert/Wind 1995, S. 159)

## 4.3 Zwischenresümee: Qualifikation und organisationsspezifische Ausbildung

Für einen Qualifikationsbegriff, der dynamisch auf Charakteristika beruflicher Anforderungen in Organisationen moderner Wissensgesellschaften eingeht, läßt sich eine Trennung zwischen fachlicher (materialer) Qualifikation und "außerfachlichen" Schlüsselqualifikationen nicht mehr aufrecht erhalten. Besonders vor dem Hintergrund von Umstrukturierungen und zukünftiger Entwicklung von Organisationen erfolgt die Forderung nach der Vermittlung von Schlüsselqualifikationen als Reflex auf Unsicherheiten, die bezüglich Ausmaß und Gestaltung organisatorischen Wandels und seiner konkreten fachlichen Anforderungen bestehen. Sie können jedoch auch als Versuche begriffen werden, den einzelnen Mitarbeiter zu stärken, seinen Reflektions- und somit Handlungsspielraum zu erhöhen, mithin auf die Konstitution eines neuen Bildes vom Mitarbeiter hinweisen (Lenzen 1998). Kaiser beklagt zwar mit gewissem Recht die stellenweise

---

[353] Bei der Umsetzung dieser Verfahren stellen ADV und KLR/Controlling weitere wichtige Elemente zur Umsetzung dar (S. 130f).

willkürlich anmutende Zusammenstellung der Einzelfaktoren, andererseits lassen sich relevante Dimensionen von Schlüsselqualifikationen nur kontextbezogen bestimmen. So sieht sich beinahe jede Publikation zum Thema befleißigt, ein eigenes, "neues" und verbessertes Kategoriensystem einzuführen. Als Ausgangspunkt dienen aber häufig die Thesen von Mertens (1974), der je nach Forschungsinteresse mehr oder minder kritisiert, aber dennoch stets zitiert wird. Die unterschiedlichen Schwerpunktsetzungen machen jedoch eines deutlich: auch Schlüsselqualifikationen sind berufspolitischen Zielsetzungen enger verhaftet, als vielen Propagandisten angenehm sein dürfte. Auch im Kontext dieser Arbeit erschien es daher erforderlich, eine spezifische Klassifikation vorzunehmen. Dies erfolgte unter Einbezug der Ergebnisse mehrerer Faktorenanalysen, deren Ergebnisse unter Hinzuziehung der dargestellten Schlüsselqualifikationsklassifikationen interpretiert wurden (siehe Abschnitt 4.1.2).

**Übersicht 16**
**Dimensionen von Schlüsselqualifikationen - theoretische Klassifikationen und ein empirisches Beispiel im Überblick**

| *Autor/ Quelle* | *Kategorien/Dimensionen* |
|---|---|
| Mertens 1974 | Basisqualifikationen<br>Horizontqualifikationen<br>Breitenelemente<br>Vintage-Faktoren |
| Schmiel 1989 | Reflexionsfähigkeit und Reflektionsbereitschaft<br>Selbständigkeit<br>Verantwortungsbewußtsein<br>Handlungsfähigkeit<br>soziale Kompetenz |
| Reetz 1990 | Sozialkompetenz<br>"leistungstätigkeits-aufgabengerichtete Fähigkeiten" oder "Sachbezogene Methodenkompetenz"<br>"Persönlich-charakterliche Grundfähigkeiten" oder "Ich-Kompetenz" |
| Laur-Ernst 1990, 1991 | Interdisziplinäres Wissen<br>methodisches, verfahrens- und "verhaltens"-technisches Können<br>persönlichkeitsbezogene Eigenschaften und Fähigkeiten |

*(Fortsetzung folgende Seite)*

*(Fortsetzung Übersicht 16)*

| | |
|---|---|
| Klein 1990/ Borretty 1997 (PETRA) | Organisation und Ausführung<br>Kommunikation und Kooperation<br>Anwenden von Lerntechniken und geistigen Arbeitstechniken<br>Selbständigkeit und Verantwortung<br>Belastbarkeit |
| KGSt 1996 | Sozialkompetenz<br>Methodenkompetenz<br>Persönliche Kompetenzen<br>Fachkompetenz |
| Grandke et al. 1998 (DIN) | Persönlichkeit<br>Intellekt<br>Motivation/ Antrieb<br>Führung/ Coaching<br>Effizientes Handeln<br>Kommunikation<br>Kooperation |
| Lenzen 1998 | Fachkompetenz<br>Methodenkompetenz<br>Sozialkompetenz:<br>Kommunikation<br>Kooperation<br>Teamfähigkeit |
| Buttgereit 1992 (empirisch) | Innovativität<br>Führung<br>Verläßlichkeit<br>Kooperation<br>Einsatzbereitschaft<br>Auftreten und Erscheinung<br>wissenschaftliche Kompetenz<br>Fremdsprachenkenntnisse |

Quellen: Mertens (1974), Schmiel (1989), Reetz (1990), Laur-Ernst (1990, 1991), Klein (1990)/ Borretty (1997), KGSt (1996), Grandke et al. (1998), Lenzen (1998), Buttgereit (1992).

Im zweiten Teil des Kapitels standen die Besonderheiten der Ausbildung für Verwaltungspersonal des gehobenen Dienstes im Mittelpunkt. Die Beamtenausbildung für den gehobenen nichttechnischen Verwaltungsdienst unterscheidet vor allem hinsichtlich ihrer institutionellen Verortung wesentlich von der Angestelltenausbildung. Dennoch übt die Beamtenausbildung einen starken Einfluß auf ihre Funktionsäquivalente im Angestelltenbereich aus, was sich beispielsweise darin äußert, daß in der Kommunalverwaltung für den Laufbahnaufstieg in den gehobenen Dienst ebenfalls das erfolgreiche Absolvieren einer Fortbildungsmaßnahme (A-II-Lehrgang) vorgeschrieben ist.

Institutionell existiert für die Ausbildung zum gehobenen nichttechnischen Verwaltungsdienst ein Sonderweg: die Ende der siebziger Jahre als "Übergangslösung" eingeführten Fachhochschulen für öffentliche Verwaltung. Die Anhebung der vormals dualen Beamtenausbildung für diese Laufbahnstufe reflektiert die gestiegenen Anforderungen an die öffentliche Verwaltung insgesamt, zeigt jedoch auch, daß ein enge Verbindung zwischen Ausbildung und Beschäftigungskontext erhalten bleiben sollte. Der Status der Studierenden als "Anwärter", die im Vergleich zu allgemeinen Fachhochschulen kürzere Ausbildung mit einen fachpraktischen Anteil von bis zu 50 Prozent sind nur einige Punkte, die diese enge Verbindung dokumentieren.

Die Studierenden als Anwärter erhalten während der Dauer ihres Studiums Bezüge, die Ausbildung bedeutet also zunächst einmal eine Investition für die zukünftigen Beschäftiger (Einstellungsbehörden). Diskussionen, die Gestaltung des Studiums an den Abläufen allgemeiner Fachhochschulen zur orientieren, bzw. die internen Fachhochschulen zu "öffnen", finden daher immer auch vor dem Hintergrund finanzieller Interessen statt. Grob gesagt könnte man die Problematik so formulieren: die Einstellungsbehörden "erkaufen" sich durch die Durchführung des Studiums an internen Fachhochschulen Einfluß auf die Gestaltung der Ausbildung. Daher erstaunt es, daß gerade im Punkt der Abstimmung zwischen Theorie und Praxis Defizite beklagt werden. Natürlich erzeugt die institutionell enge Verbindung auch hohe Ansprüche in diesem Bereich. Entscheidender dürfte jedoch sein, daß eine Anhebung auf Fachhochschulniveau ein gewisses Abstraktions- und Theoriepotential zwingend mit sich bringt, welches nicht in allen Einsatzbereichen von Absolventinnen und Absolventen zu gewährleisten ist. Brinckmann et al. kritisieren bereits 1980, daß entsprechende Tendenzen in der Qualifikationsentwicklung, die Divergenz zwischen Tätigkeiten im Rahmen einer standardisierten Massenverwaltung und dem Einsatz in Bereichen, die mehr gestalterisches Potential verlangen, nur unzureichend berücksichtigt wurden.

**Übersicht 17**
**Zusammenfassung historischer Ziele, Besonderheiten und Schwerpunkte der Verwaltungsausbildung für den gehobenen nichttechnischen Dienst**

| ***Charakteristika der Verwaltungsausbildung für den g. D.*** | ***Besonderheiten, Ziele und Anforderungen*** |
|---|---|
| Besonderheiten des Beamten-Laufbahnsystems und Wirkung auf den Angestelltenbereich | Hoher Formalisierungsgrad des Zugangs<br>Rechtliche Rahmenbedingungen<br>"Bildungs-Aufstieg" |
| Institutionelle Verortung des Studiums, Errichtung interner Verwaltungsfachhochschulen | Studierende als Anwärter<br>vergütetes Studium<br>kürzere Studienzeiten (3 Jahre/ 6 Studienabschnitte)<br>hoher Fachpraxisanteil<br>enge Verzahnung von Fachwissenschaft und -praxis<br>enger Kontextbezug und entsprechend hohe Erwartungshaltungen bezüglich der Passung von Ausbildung und Anforderungen der Beschäftiger |
| "Historische Analyse der Ziele" (Pappermann et al. 1982) | Befähigung für die Laufbahn vermitteln (Anwendungs- bzw. *Praxisbezug*).<br>Befähigung für die zukünftigen Arbeitsanforderungen der Laufbahn<br>Befähigung unerwünschte Erscheinungen in der Verwaltung aktiv zu verändern sowie *Verwaltungsreformen* zu initiieren bzw. aktiv mitzutragen<br>Befähigung zur Anwendung wissenschaftlicher Erkenntnisse und zu wissenschaftlich kritischem Denken<br>Erhöhung von Effektivität und Effizienz des Verwaltungshandelns<br>Errichtung der Verwaltungsfachhochschulen als ein Teil der Hochschulreform sein.<br>Motivierung und Förderung der Zufriedenheit der Studenten an Verwaltungsfachhochschulen (S. 8f.) |
| Ziele und Konzeption der FH-Ausbildung (Studienführer FHöV Kehl 1978) | "Beamte heranzubilden, die nach ihrer Persönlichkeit sowie nach ihren allgemeinen und fachlichen Kenntnissen und Fähigkeiten für den gehobenen Verwaltungsdienst geeignet und vielseitig verwendbar sind"<br>"Die Ausbildung soll durch praktische Arbeit und durch ein anwendungsbezogenes Studium auf wissenschaftlicher Grundlage gründliche Kenntnisse und Arbeitstechniken vermitteln, die die Beamten zur Erfüllung ihrer Aufgaben in der öffentlichen Verwaltung befähigen"<br>"Das Verständnis für die politischen, wirtschaftlichen und gesellschaftlichen Zusammenhänge und für die Probleme der Verwaltungsorganisation ist dabei besonders zu fördern." |

Quellen: Kühnlein/Wohlfahrt (1995), Brinckmann et al. (1980), Pappermann et al. (1982), FHöV Kehl (1978).

Inhaltlich wird den Studierenden eine breite Palette von Wissen vermittelt. Allerdings begünstigt die Form der internen Fachhochschule einen relativ hohen Verschulungsgrad des Studiums. Der fachliche Schwerpunkt der Curricula liegt dabei zum einen auf rechtlichen Fächern, eine Gestaltung, die ein deutliches Indiz für die Verrechtlichung von Verwaltungshandeln liefert. Allerdings beinhalten bereits die Studiengangskonzepte Ende der siebziger Jahre bewußt auch Fächer mit ökonomischen Inhalten sowie in - geringerem Umfang - auch Lehrthemen aus dem Bereich der Psychologie und der Sozialwissenschaften.

Die berufliche Handlungsfähigkeit umfaßt die Dimensionen Selbstkompetenz, Sachkompetenz und Sozialkompetenz. Für die Gestaltung von Curricula sind daher zunächst einmal die materialen Wissensanforderungen im Sinne von Fachwissen wichtig. Als solche wichtigen (fachlichen) Anforderungselemente bezeichnen Absolventen in der Studie von Pappermann Mensch und Gruppe, Interaktion mit Kollegen[354], Verwaltungshandeln (Verwaltungsakt usw.), Umgang mit Bürgern, Verwaltungsverfahren, Rechtsmittel, Planen und Entscheiden, Haushalts-, Kassen- und Rechnungswesen, ADV. Aus Sicht der Dienstherren sind Verwaltungshandeln, Verwaltungsverfahren, Rechtsmittel, Haushaltskostenrechnung wichtig, geringere Bedeutung wurde der ADV zugemessen (Pappermann 1982). Neben den eher fachgebundenen Tätigkeitsmerkmalen spielen aber auch Persönlichkeitsmerkmale und Einstellungen eine große Bedeutung, die aus Sicht der Vorgesetzten "notwendiger Teil einer Ausbildung für den gehobenen nichttechnischen Verwaltungsdienst" sind. Dabei handelt es sich (in der Reihenfolge der Häufigkeit der Nennung) um Leistungsbereitschaft, logisches Denkvermögen, Entscheidungsfreude, Verantwortungsfreude, Flexibilität, Sorgfalt, Zielstrebigkeit, Eigenständigkeit und Kommunikationsfähigkeit/Teamgeist (Pappermann et al. 1982, S. 159).

Eine große Bedeutung schreibt auch Möller (1995) dem Schlüsselqualifikationskonzept zu. Zentrales Element, vor allem vor dem Hintergrund der Verbreitung moderner Informations- und Kommunikationstechnologien bildet die Fähigkeit zur Informationsbeschaffung und der zielgerichteten Umsetzung und "problemorientierten Verknüpfung" von Informationen zu handlungsleitendem *Wissen.* Diese Fähigkeit stützt sich aber auf die entsprechenden materialen Kenntnisse (und teilweise - wenn man z.B. Tippen im Zehnfingersystem dazu zählt - auch Schlüssel-Fertigkeiten), was wiederum auf den Kontextbezug des Schlüsselqualifikationskonzeptes hinweist.

Ein "altes" Qualifizierungsproblem, das sich vor allem in einer idealtypischen bürokratischen Organisation wie der öffentlichen Verwaltung zeigt, ist die Frage, ob in der Ausbildung von Verwaltungspersonal (v.a. des gehobenen nichttechnischen Dienstes) "Verwaltungs-Generalisten" oder Spezialisten ausgebildet werden sollten. Die zunehmende Ausdifferenzierung und höhere Komplexität

[354] Ein zentraler Schwerpunkt des Faches Verwaltungspsychologie.

gesellschaftlicher Handlungsfelder im allgemeinen "verschont" auch die öffentliche Verwaltung nicht. Konnte die Ausweitung administrativer Aufgabenfelder im Zuge des Wandels von der Ordnungs- zur Leistungs- und Vorsorgeverwaltung noch weitgehend unter juristisch-generalistischem Primat abgewickelt werden, so zeigen Tendenzen neuen, zunehmend auch an ökonomischer Effizienz und Partizipation des Bürgers orientierten Verwaltungshandelns (v.a. auf der Ebene der Kommunalverwaltung) einen Erweiterungsbedarf in klassischen administrativen Tätigkeitsfeldern selbst. Andererseits erhöht die Differenzierung des Qualifikationsangebots den Planungsbedarf in der Verwaltungsorganisation. Staatliche Aufgabenausweitung, aber noch mehr der Wandel eines bisweilen noch klassisch-hoheitlich orientierten Verwaltungshandelns hin zu einer Verwaltung als kundenorientierter Dienstleister können auch als Indikatoren für die steigende Komplexität in und um die Verwaltungsorganisation als "Organisation-im-Kontext" interpretiert werden.

Als Beispiel, wie sich die "generalistisch-juristische" geprägte Ausbildung verändert, wurde die Erweiterung des Studienangebots an der Fachhochschule für öffentliche Verwaltung Nordrhein-Westfalen herangezogen. Dort wurde 1993 zusätzlich zum grundständigen Studiengang Kommunaler Verwaltungsdienst der Studiengang Verwaltungsbetriebswirtschaftslehre eingerichtet. Umfaßt das Curriculum im grundständigen Studiengang zu 60 Prozent juristische, zu 30 Prozent ökonomische und zu 10 Prozent sozialwissenschaftliche Fächer, so finden sich im Curriculum Verwaltungsbetriebswirtschaftslehre zu etwa 60 Prozent ökonomische (größtenteils betriebswirtschaftliche) Fächer, 30 Prozent Recht und 10 Prozent sozialwissenschaftliche Inhalte.

Elemente der im grundständigen Studiengang in den Fächern "Verwaltungspsychologie" und "Verwaltungssoziologie" vertretenen Lerninhalte werden in der Verwaltungsbetriebswirtschaftslehre - ergänzt um Elemente neuer Steuerung - im Fach "Managementtraining" (dessen Bezeichnung später in "Verwaltungsmanagement/ Managementtraining geändert wurde) vermittelt. Schon der Name zeigt den Anspruch der Ausbildungsreform, bisweilen erhoffte man sich sogar Absolventinnen und Absolventen als "Change-ManagerInnen". Jedoch rief bereits die Namensgebung des Faches "Managementtraining" Widerspruch hervor.[355] Die Kontroverse entzündete sich am Begriff "Management". Dies kann im Kontext dieser Arbeit vor allem an den unterschiedlichen Wissens- und Kompetenzkonzepten der Typiken "Manager" und "Verwaltungssachbearbeiter" festgemacht werden. Managementwissen stellt den Idealtyp eines relativ diffusen, unstrukturierten Wissens dar. Die bürokratische Herrschaft dagegen propagiert als Leitbild die detaillierte, positionsgebundene Sachkompetenz. Betrachtet

[355] Siehe auch die Ergebnisse von Gruppendiskussionen mit der Ausbildungsleitung und Fallstudien im Rahmen der Evaluation Verwaltungsbetriebswirtschaftslehre (HELLSTERN/HORNY 1996, 1998a).

man die Inhalte des Tätigkeitsfeldes 'Management' genauer, dürfte sich der Konflikt entzerren lassen. Zum einen muß - nicht nur in der öffentlichen Verwaltung - die organisatorische Entscheidungsebene beachtet werden. Management dient letztendlich der Herrschaftsausübung. Zieht man jedoch die Ergebnisse zu Studien der Tätigkeiten von Managern heran, zeigt sich wiederum die Bedeutung des Aspekts der Informationsverarbeitung zum Zwecke der Entscheidungsfindung. Verwalten heißt Entscheiden - und Entscheidungen sind auch das zentrale Element der Aufgabe Management, bis hin zum sog. "Selbstmanagement". Den "kleinsten gemeinsamen Nenner" des Managementbegriffs stellen in der Regel Forderungen nach Fähigkeiten zu "Selbstmanagement", "Zeitmanagement" und "Selbstorganisation" dar (siehe z.B. Brinkmann et al. 1994).

Daß eine zeitgemäße Ausbildung die Beherrschung moderner Informations- und Kommunikationstechnologien als "basic skills" zu vermitteln hat, erscheint trivial. Diese Aufgabe stellt jedoch für eine zentral durchgeführte fachwissenschaftliche Ausbildung eine große Herausforderung dar, da die Anforderungen vor Ort sehr heterogen sind. Da sind zum einen die häufig schon älteren verwaltungsspezifischen Großrechneranlagen, gleichzeitig existiert ein breites Angebot unterschiedlichster Anwender-Software für den PC-Bereich. Die Vermittlung eines berufsadäquaten (zumindest Grund-) Wissens reicht aber nicht aus. Es sollte auch ein Bewußtsein für die Konsequenzen geschaffen werden, die sich aus der Möglichkeit moderner Netzwerktechnologien für die Verknüpfung von Daten und Informationen zu komplexen Wissensbeständen ergeben.

# 5 Konzeption und Elemente eines triangulativen Untersuchungsdesigns

Veränderungen in den Wissensanforderungen der öffentlichen Verwaltung wurden in den vorangegangenen Kapiteln zunächst auf der Ebene von "klassischen" idealtypischen Bürokratiemodellen sowie neuen Paradigmen und Leitbildern des Organisierens betrachtet. Auslöser für die vertiefte Auseinandersetzung mit der Thematik in der vorliegenden Form waren Ergänzungen der Ausbildungsangebote für den gehobenen nichttechnischen Verwaltungsdienst der Kommunalverwaltung. Ein Beispiel für einen neuen zusätzlichen Studiengang mit ökonomischem Schwerpunkt stellt die 1993 an der Fachhochschule für öffentliche Verwaltung Nordrhein-Westfalen als Modellversuch eingeführte Verwaltungsbetriebswirtschaftslehre dar. Um die Wirksamkeit und Akzeptanz dieser Maßnahme zu überprüfen, wurde 1995 seitens des Innenministeriums Nordrhein-Westfalen eine Evaluation in Auftrag gegeben, an deren methodischer Konzeption und Umsetzung die Autorin mitarbeitete.[357] Wie im zweiten Teil von Kapitel 4 beschrieben, zeichnet sich das Studium an internen Verwaltungsfachhochschulen durch eine besondere institutionelle Nähe zum Beschäftigungskontext aus. Für die Forschungsfrage der vorliegenden Dissertation, welche Veränderungen der organisationalen Wissensbasis - und damit korrespondierend der Wissensanforderungen an die Mitglieder bzw. Beschäftigten - hinter der Nachfrage nach Aus- und Fortbildungsprogrammen mit ökonomischem Schwerpunkt stehen, werden einige Untersuchungsteile der Evaluation vertieft ausgewertet, die sich mit dem Bereich der Qualifikationsanforderungen im engeren Sinn befaßten. Bevor jedoch empirische Ergebnisse berichtet werden, erscheint es aus Sicht der vorliegenden Arbeit angebracht, sich mit dem Design der Untersuchung auseinanderzusetzen. Denn um der Komplexität des Untersuchungsgegenstandes und des ihn umgebenden Interessengeflechts Rechnung zu tragen, kam ein triangulatives Forschungsdesign zum Einsatz. Dessen Komponenten werden im folgenden vorgestellt, wobei die Untersuchungsteile im Mittelpunkt stehen, welche sich mit den Perspektiven der Fachpraxis beschäftigten.

## 5.1 Triangulation

Der Begriff "Triangulation" ist Verfahren der Navigation und der Landvermessung entliehen. Ein Ziel wird von mehreren Punkten aus angepeilt, um es genauer bestimmen zu können. Im Bereich der Wissenschaft strebt man durch die Untersuchung eines Objekts aus zwei (oder mehr) verschiedenen Perspekti-

---

[357] Durchgeführt vom Lehrstuhl für Verwaltungsökonomie und -management (Prof. Hellstern) und dem Wissenschaftlichen Zentrum für Berufs- und Hochschulforschung (WZ 1) der Universität Kassel.

ven danach, ein genaueres, "dreidimensionales" Bild des Forschungsgegenstandes zu erhalten.[358] Triangulation wird bisweilen mit Methoden-Mix gleichgesetzt[359], konkret wird jedoch meist ein "multitrait-multimethod"-Design (Campbell/Fiske) verfolgt. Der Einsatz unterschiedlicher Methoden soll helfen, ein möglichst facettenreiches Bild des untersuchten Gegenstandes zu erstellen. Denzin (1989) beschreibt neben der Methoden-Triangulation die Daten-Triangulation, die Untersucher-Triangulation und die Triangulation von Theorien (Meta-Analyse).

Verschiedene theoretische Bezugsrahmen in einer Untersuchung anzuwenden, wie in der zuletzt angesprochenen "theory triangulation", stellt im von forschungsökonomischen Determinanten geprägten Forschungsalltag aber eher eine Ausnahme dar. Unterschiedliche Forscher-Perspektiven zu vergleichen ist dagegen ein zentrales Reliabilitätskriterium primär qualitativ orientierter Studien und Analysen. Am häufigsten findet sich die Kombination verschiedener Untersuchungsmethoden und unterschiedlicher Untersuchungsobjekte.[360] Wie die Bezeichnung "Methoden-Mix" ist auch der Terminus "Kombination" nicht ganz unproblematisch, da er suggeriert, eine Strategie müsse durch weitere Verfahren ergänzt werden. Die Ergebnisse unterschiedlicher Herangehensweisen und Datenquellen müssen sich aber nicht zwangsläufig unterstützen.

Erzberger/Prein (1997) diskutieren drei Varianten, wie die Ergebnisse triangulativer Erhebungsstrategien sich zueinander verhalten und interpretiert werden können. Zum einen können sie zur *Validierung* herangezogen werden (Konvergenz), d.h., Daten der einen Strategie zeigen, daß durch die andere Strategie ein Sachverhalt inhaltlich "richtig" erhoben wurde.[361] Triangulation kann demnach zur Evaluierung von Meßverfahren und zum Test von Operationalisierungen herangezogen werden. Ein derartiger Test kann auch zu widersprüchlichen Ergebnissen führen (*Dissonanz*). Es muß dann überprüft werden, ob eine (oder gar sämtliche) Untersuchungsstrategien den Untersuchungsgegenstand verfehlt ha-

---

[358] DENZIN (1978); BREWER/HUNTER (1989); FLICK (1991, 1992, 1998); STAKE (1995); ERZBERGER/PREIN (1997); LAMNEK (1995b).

[359] Siehe u.a. LAMNEK(1995a); ERZBERGER/PREIN (1997).

[360] Vgl. FLICK (1991), ERZBERGER/PREIN (1997).

[361] "Validität, Gültigkeit, Begriff der empirischen Sozialforschung. Ein Meßinstrument ist gültig, wenn es jene Indikatorien mißt, die untersucht werden sollen, und wenn die angegebenen Meßoperationen den operationalisierten Bedeutungsinhalt erfassen." (Stichwort "Validität" in REINHOLD 1991).

Gültigkeit (Validität), ein Kriterium der Empir. Sozialforschung für die wissenschaftliche Brauchbarkeit von Forschungsmethoden oder speziellen -verfahren, die danach beurteilt werden, ob sie auch tatsächlich das erheben oder messen, was mit ihnen festgestellt oder gemessen werden soll. Mit G. wird somit der materiale bzw. inhaltliche Aspekt der Genauigkeit eines empir. Forschungsprozesses bezeichnet. (Siehe Mayntz u.a. 1971 (2. Aufl.), Einführung in die Methoden der Empir. Soziologie; Quelle Hillmann 1994 (4. Aufl.).)

ben, oder ob die Abweichung der Ergebnisse zu neuen Erkenntnissen führt. Sehr verbreitet ist jedoch eine dritte Variante der Kombination unterschiedlicher Verfahren. Bei der *komplementären* Triangulation ergänzen sich die Ergebnisse der triangulativ orientierten Forschungsstrategien. Diese Variante ist weit verbreitet, um potentielle Defizite einzelner Methoden zu kompensieren und ihre Stärken zu verbinden.[362] Schwerpunktmäßig quantitativ ausgerichtete Instrumente wie standardisierte Fragebögen verzichten selten auf "qualitative" Elemente in Form von Residualkategorien, Aufforderungen zu Stellungnahmen und Kommentaren. Der Einsatz von sog. offenen Fragen kann aus dabei aus explorativen, forschungspraktischen, Relevanz- und Validitätsgründen erfolgen.[363] Umgekehrt werden qualitative Methoden wie narrative Interviews in der Regel "eingerahmt" von "hard facts" über die untersuchte Person (Alter, Geschlecht, Status etc). Interpretation und Stellenwert von qualitativen und quantitativen Methoden folgen dabei vor allem in Deutschland zwei unterschiedlichen Forschungsparadigmen (Kelle/Erzberger 1999). Im klassischen, hypothetiko-deduktiven Phasenmodell werden qualitative Verfahren meist zur Exploration des Forschungsfeldes und Generierung von Hypothesen eingesetzt, welche dann mit Hilfe von quantitativen Verfahren überprüft werden. Ungelöst bleibt der Widerspruch zwischen der "harten" Rationalität der quantitativen Datenanalyse und dem "weichen", weil qualitativen Begründungszusammenhang der Hypothesenbildung. Die "Triangulationsmetapher" wird hingegen häufig in stärker qualitativ ausgerichteter Forschung verwendet, um eine "kumulative Validierung" von Ergebnissen oder deren Ergänzung durch Kombination unterschiedlicher Methoden und Perspektiven zu beschreiben.

An einer Vorgehensweise im Sinne der Triangulationsmetapher orientierte sich auch das Evaluationsprojekt Verwaltungsbetriebswirtschaftslehre. Der Einsatz und die Interpretation von Untersuchungsmethoden erfolgten gezielt kontextsensitiv. Erfahrungen vorgelagerter Untersuchungsstufen wurden in späteren reflektiert, "Feedback" rezipiert und Besonderheiten des Settings in hohem Maße berücksichtigt.[364] Die Forderung nach einer "integrativen", dem Forschungsgegenstand angemessenen, Inhalte und Methoden verbindenden Vorgehensweise, die mithilft, den Graben zwischen quantitativer und qualitativer Forschung zu überbrücken, findet sich in vielen stärker qualitativ ausgerichteten Ansätzen

---

[362] Eine defizitäre Sichtweise vertritt auch CUNNINGHAM (1997), der eine Art "Meta-Analyse" des Fallstudienansatzes betreibt.

[363] Siehe KUCKARTZ (1988), S. 29, sowie einschlägige Standardwerke zu Methoden und Techniken empirischer Sozialforschung (Friedrichs 1985, Bortz 1991, Babbie 1988, Schnell/Hill/Esser 1995 uvm.)

[364] Zu Besonderheiten von Forschung im Setting öffentliche Verwaltung siehe DERLIEN (1982).

und gründet sich nicht zuletzt auf das Adäquanz-Postulat von Schütz.[365] Allerdings stellt ein kontextsensitives Vorgehen hohe Anforderungen an die Konzeption und Durchführung einer Studie. Dies läßt sich auch am Beispiel der Evaluation des Studiengangs Verwaltungsbetriebswirtschaftslehre zeigen.

Die Fachhochschule für öffentliche Verwaltung Nordrhein-Westfalen hatte mit der Einrichtung dieses Studiengangs der starken Nachfrage - insbesondere der Kommunalverwaltungen - nach betriebswirtschaftlich ausgebildeten Mitarbeiterinnen und Mitarbeitern Rechnung getragen. Der Studiengang Verwaltungsbetriebswirtschaftslehre wurde seit September 1993 an den Abteilungen Dortmund und Köln angeboten, 1994 folgten Soest, 1995 Düsseldorf und Wuppertal.[366] Kernpunkte der Evaluation umfaßten die

- Beurteilung der *Praxisrelevanz* und *Akzeptanz* mit Blick auf die kommunalen Verwaltungen, die die Einstellungsbehörden der Studierenden sind,
- Beurteilung der Studieninhalte und des Prüfungskonzeptes,
- Einschätzung der *Eignung fachpraktischer Ausbildungsphasen* zur Vermittlung der notwendigen berufspraktischen Kenntnisse und Fertigkeiten (zeitliche Abfolge, Eignung der Ausbildung in der Praxis).[367]

Ein triangulatives Forschungsdesign wurde zum einen gewählt, um eine möglichst akteursorientierte Herangehensweise zu ermöglichen. Eine "*data triangulation*", d.h. der Einbezug unterschiedlicher Datenquellen, war nötig, um die Kenntnisse und Erfahrungen aller am Modellstudiengang beteiligten Personengruppen einzubeziehen. Die Ermittlung der relevanten Wissensinhalte umfaßte die Einschätzung und Beurteilung durch leitende Mitglieder der Organisation öffentliche Verwaltung. Für die Beurteilung von Lehrinhalten wurden vor allem die Einstellungen und das Verhalten der *Studierenden* und *Absolventen* sowie die Wahrnehmung und Erfahrungen der *Lehrenden wichtig*. Diese Ansichten erwiesen sich - da der Modellstudiengang zum Befragungszeitpunkt erst kurze Zeit angeboten wurde – noch stark mit Erwartungen und Wunschvorstellungen durchsetzt. Als objektivierbare Maßstäbe wurden daher *Verbleibsuntersuchungen* der Absolventinnen und Absolventen sowie die grundsätzliche Frage nach einer *qualifikationsnahen* oder eher *traditionalen* Laufbahn- Verwendung herangezogen.

---

[365] Vgl. SCHÜTZ (1971), insbes. S. 50. Ein Plädoyer gegen die Trennung der sozialwissenschaftlichen Profession in "Methoden-" und "Inhaltsspezialisten" und für ein Forschungsmethodik und Inhalte integrierendes Methodenverständnis findet sich auch in MAYRING (1996).

[366] Im Zuge einer Organisationsreform, die pro Regierungsbezirk nur noch einen Standort vorsah, wurden zum 31.08.2000 die am Modellversuch beteiligten Standorte Dortmund, Soest und Wuppertal der Fachhochschule für öffentliche Verwaltung geschlossen.

[367] Siehe die internen Projektberichte (HELLSTERN et al. 1995 bis 1998).

**Abbildung 4**
**Evaluation Verwaltungsbetriebswirtschaftslehre FHöV NRW: Methodische Anlage, Erhebungsphasen und Dokumentation**

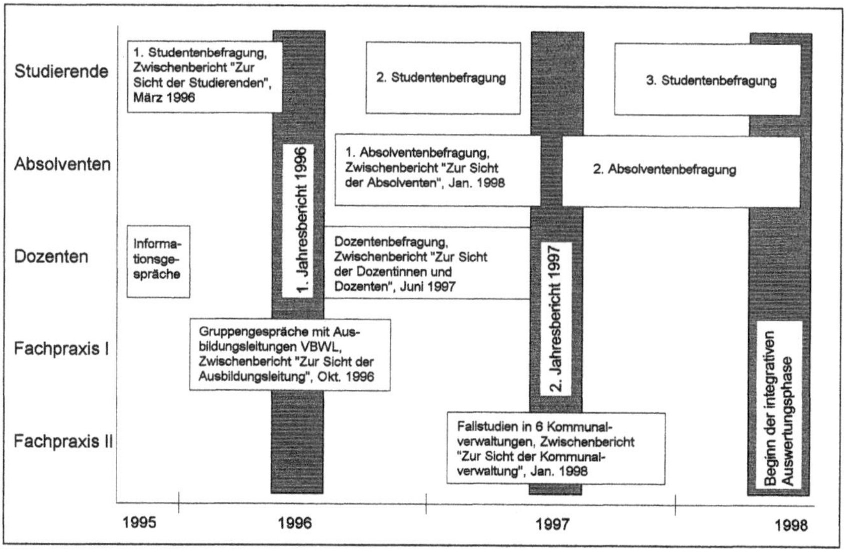


Die unterschiedlichen Sichtweisen sollten dabei nicht nur der *Gewinnung breiterer und tieferer Eindrücke* über den Gegenstandsbereich oder zur *Validierung* von Ergebnissen dienen, so die klassischen Argumente für eine triangulative Vorgehensweise. Als sehr wichtig wurde in einen derart komplexen Diskurszusammenhang auch die *Legitimierung* der Ergebnisse erachtet; nicht übersehen werden sollte auch die Gefahr der *Instrumentalisierung* des Forschenden (bei Kraus 1991: des "Going Native"), wie sie sich insbesondere bei "face-to-face"-Erhebungsmethoden wie dem Intensivinterview ergeben kann, vor allem wenn der Forscher selbst als Interviewer aktiv wird. Mögliche einseitige Eindrücke über den Gegenstandsbereich können durch die verschiedenen Informationsquellen im Rahmen eines triangulativen Forschungsdesigns leichter in Relation zu Rollen und Organisationsstrukturen, oder kurz gesagt, "Aspektstrukturen" (Mannheim), gesetzt werden. Bei Evaluation des Modellstudienganges wurden folgende Untersuchungsteile durchgeführt:

- eine mehrfache Befragung von Studierenden und Absolventen mit schwerpunktmäßig standardisierten Fragebogen,
- Gruppengespräche mit Vertreterinnen und Vertretern der Ausbildungsleitung aller Kommunalverwaltungen, die in den Jahren 1993 - 1996 Studie-

rende in den Modellstudiengang entsandten, zu Erwartungen und ersten Erfahrung mit der neuen Ausbildungsrichtung,

- eine standardisierte Befragung von Dozentinnen und Dozenten, die im Modellstudiengang unterrichten,
- Fallstudien in sechs anhand von Rahmendaten ("typologisch") ausgewählten Kommunalverwaltungen, um vertiefte Kenntnisse über Anforderungen in der beruflichen Praxis von Absolventinnen und Absolventen der FHöV zu erhalten. In diesem Teil der Evaluation werden leitfadengestützte qualitative Interviews mit standardisierten Erhebungen zu Anforderungsprofilen kombiniert;
- eine standardisierte, eher quantitativ ausgerichtete Befragung der Absolventinnen und Absolventen zu den ersten Erfahrungen beim Berufseinstieg.[368]

Abbildung 4 gibt einen Überblick zur methodischen Anlage, Erhebungsschritten und Dokumentation der Evaluation. Für die vorliegende Arbeit waren vor allem tiefere Strukturen des Anforderungswandels im Kontext öffentliche Verwaltung von Interesse, daher stehen die Perspektiven von Vertreterinnen und Vertretern der beruflichen *Praxis* im Mittelpunkt. Interviews mit der als strategisch-politischen Leitungsebene bezeichneten Verwaltungsspitze lieferten Informationen zu Prinzipien und Leitbildern des Personalwesens in der Kommunalverwaltung. Die operative Ebene, auch administrative Leitungsebene genannt, Amtsleiterinnen und Amtsleiter, wurden zu Einsatzbereichen und Anforderungen von Personal im gehobenen nichttechnischen Dienst befragt. Gruppengespräche mit Vertreterinnen und Vertretern der Ausbildungsleitung informierten über Aus- und Fortbildungskonzepte sowie Auswahlkriterien für Personal. Eine standardisierte Befragung von Studierenden sowie Absolventinnen und Absolventen gab Einblick in die ersten Erfahrungen mit einer neuen Ausbildungsqualifikation in der Praxis.[369] Die Datenquellen, Instrumente und inhaltlichen Schwerpunkte der Untersuchungsteile zeigt Abbildung 5.

---

[368] Eine qualitative Ergänzung dieser Untersuchung mit ersten, freien Tätigkeitsbeschreibungen nach Berufseintritt erfolgte im Rahmen einer Diplomarbeit (Erban 1997).

[369] Ergebnisse einer Befragung von Dozenten im Modellstudiengang werden in diesem Zusammenhang nur am Rande herangezogen. Mit 72% überwiegen hier die hauptamtlichen Dozenten, die nicht (mehr) unmittelbar mit der beruflichen Verwaltungspraxis in Verbindung stehen.

**Abbildung 5**
**Perspektiven, Methoden und Themenschwerpunkte zur Untersuchung von Qualifikationsanforderungen in der Fachpraxis**

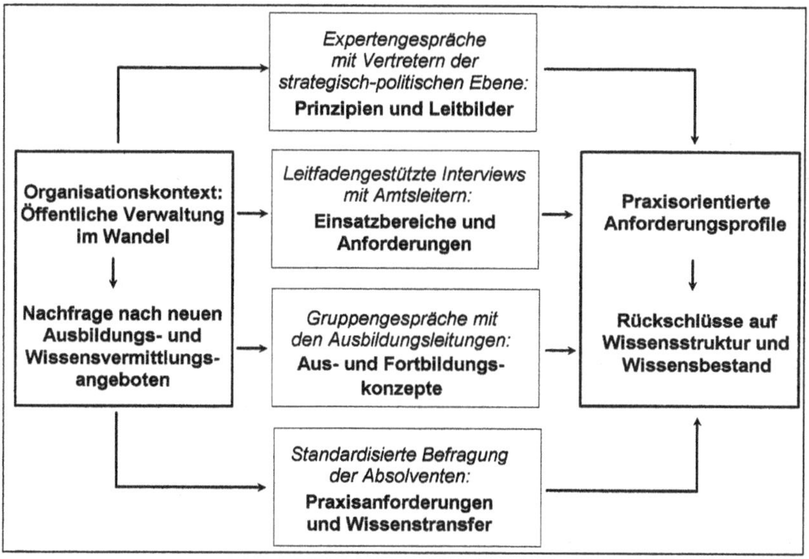


Triangulation wurde nicht nur im Sinne eines "Perspektiven-Mix" eingesetzt, sondern die Ergebnisse der Untersuchungsteile dienten bezüglich zentraler Fragekomplexe der wechselseitigen Ergänzung und Validierung (Methoden-Mix). So wurden standardisierte Befragungen mit der Bitte um offene Kommentare ergänzt und im Verlauf der leitfadengestützten Interviews wünschenswerte Qualifikationen zunächst offen abgefragt. In einem Folgeschritt wurden dann Antwortkarten mit einer Reihe von fachlichen und außerfachlichen Qualifikationen präsentiert, mit der Aufforderung, diese gemäß ihrer Priorität zu beurteilen. Den ersten Schritt zur Erfassung von Sichtweisen der Verwaltungspraxis bildeten Gruppendiskussionen mit Vertreterinnen und Vertretern der Ausbildungsleitung aller 74 Kommunalverwaltungen, die in den ersten drei Jahren Studierende in den Studiengang Verwaltungsbetriebswirtschaftslehre entsandt hatten.

## 5.2 Gruppendiskussionen

### *5.2.1 Methodologische Grundlagen*

Die Gruppendiskussion ist eine Methode der empirischen Sozialforschung, die dazu dient, Meinungen, Einstellungen, Werthaltungen und Bewußtseinsinhalte zu ermitteln. Der Hauptunterschied zu anderen Formen der Befragung besteht in der *Gruppensituation.* Verwandte, teilweise synonym verwendete Begriffe wie Gruppen- und Kollektivinterview sowie Gruppengespräch lassen erkennen, daß die Methode, die sich in Bereichen wie Psychologie, Erziehungswissenschaften oder Marktforschung immer größerer Beliebtheit erfreut, mit unterschiedlichen Zielsetzungen verfolgt wird. Zum einen kann der Schwerpunkt auf einer möglichst ökonomischen Befragung mehrerer Personen liegen, dann besitzt die Vorgehensweise den Charakter eines Gruppeninterviews bzw. einer Gruppenbefragung. Zum anderen können auch die Ergebnisse von intersubjektiven Kommunikations- und Meinungsbildungsprozessen in Gruppen im Vordergrund stehen, in diesem Falle werden die Termini "Gespräch" oder "Diskussion" verwendet (Dreher und Dreher 1982). Es gibt eine Reihe von Kernelementen, die allen Varianten und Ausrichtungen von Gruppendiskussionen gemeinsam sind (Friedrichs 1985; Merton 1987; Vaughn et al. 1996):

- Ausgangspunkt und Zentrum der Diskussion bildet ein Thema (auch "Grundreiz", Diskussionsfokus genannt);
- die Gruppe sollte nicht zu groß sein. Vaughn et al. (1996) etwa empfehlen 6 - 12 Teilnehmende;
- die Gruppe sollte möglichst homogen zusammengesetzt sein, was die Kompetenz hinsichtlich des Themas betrifft;
- die Diskussion wird (zurückhaltend) moderiert, um das zentrale Thema beizubehalten;
- Ziel ist es, Eindrücke, Einstellungen und Meinungen der Teilnehmenden über das zentrale Thema zu sammeln, wobei man sich positive Aspekte von der Gruppensituation erhofft (z.B. im Sinne von Brainstorming-Effekten; im psychologischen oder therapeutischen Einsatz auch, um Hemmschwellen gegenüber tabuisierten Themen zu senken).
- Gruppendiskussionen werden im Forschungsprozeß häufig explorativ eingesetzt, zur Hypothesengenerierung, Entwicklung von Instrumenten und zum "Fein-Tuning" des Untersuchungsdesigns (Voruntersuchung).

Das Konzept der fokussierten Gruppendiskussion geht zurück auf Arbeiten von Merton, der damit Reaktionen mehrerer Personen auf Stimuli der aktuellen

Situation, aber auch zurückliegender Erfahrungen möglichst ökonomisch erfassen wollte.[370] Die Vorteile der Methode liegen zum einen in eben dieser Erhebungsökonomie. Die Befragung mehrerer Personen ermöglicht es, *verschiedene* Reaktionen auf den Diskussionsstimulus (Thema, Fokus) zu erhalten, gleichzeitig erzeugt die Gruppensituation emergente Effekte aus Kommunikations- und Interaktionsprozessen. Die Aussagen der Teilnehmenden können als Resultate von Interaktionen und Prozessen der kollektiven Konstitution von Einstellungen und Meinungen interpretiert werden (vgl. u.a. Mangold 1973, zit. in Dreher/Dreher 1982). Diese Aspekte der Gruppendiskussion verweisen bereits auf ihre Nähe und ihren häufigen Einsatz im Rahmen phänomenologisch orientierter Untersuchungen (Vaughn et al. 1996). Hinter dem Einsatz von Gruppendiskussionen steht auch die Vorstellung, daß die Gesprächssituation den Prozeß der Meinungsbildung im Alltag nachbilden hilft und es ermöglicht, eine spontane, "nicht-öffentliche" Meinung zu erheben (Friedrichs 1985).

Der Ökonomie der eigentlichen Erhebung gegenüber steht ein - wie bei vielen qualitativ orientierten Forschungsmethoden - relativ hoher Organisations- und Auswertungsaufwand. Für mehrere Teilnehmende muß ein gemeinsamer Termin gefunden werden, Räumlichkeiten sowie Arbeitsmaterial und Dokumentationsinstrumentarium bereitgestellt werden. Die Transkription und Aufbereitung der Ergebnisse erfordert die eindeutige Identifikation der Teilnehmerinnen und Teilnehmer, was besonders in intensiven Diskussionsverläufen nicht immer leicht ist (z.B. wenn häufig Zwischenrufe auftreten oder gleichzeitig gesprochen wird). Neben diesen erhebungs- bzw. dokumentationstechnischen Problemen bestehen methodeninhärente Schwachstellen. Die gegenseitige Beeinflussung und der normative Druck in der Gruppe können individuelle Meinungen und Einstellungen der Diskussionsteilnehmenden unterdrücken. Zwar kann durch kleine und, was die Kompetenz zum Thema betrifft, möglichst homogen zusammengesetzte Gruppen das Problem der "Schweigenden" (i.e. Personen, die sich wenig bis gar nicht an der Diskussion beteiligen) verringert werden, jedoch ist auch bei sorgfältigster Moderation ein Ungleichgewicht der Gesprächsanteile zwischen den Teilnehmerinnen und Teilnehmern meist nicht zu vermeiden (Dreher und Dreher 1982, Friedrichs 1985).

Trotz der eben angesprochenen Nachteile bietet die Gruppendiskussion eine wichtige Möglichkeit, gerade in der Frühphase von Projekten die Vorgehensweise und Schwerpunkte des Untersuchungsdesigns durch den Kontakt mit einer relativ großen Anzahl von Angehörigen des Settings zu validieren (Dreher und Dreher 1982). Zudem eröffnen Gruppendiskussionen den Mitgliedern des Settings die Möglichkeit, aktiv am Forschungsprozess zu partizipieren. Der "Brain-

---

[370] Merton, R. K. (1987): The focused interview and focus groups: Continuities and discontinuities. Public Opinion Quarterly, 51 (4), S. 550 - 556. Merton, R. K./Kendall, P. L. (1946): The focused interview. American Journal of Sociology, 51, S. 541 - 557.

storming-Effekt" rückt tieferliegende Meinungen ins Bewußtsein und provoziert bisweilen spontane Reaktionen. Interpretiert man Gruppendiskussionen, muß man derartige gruppendynamische Effekte berücksichtigen. Bei Vaughn et al. (1996) findet sich eine Zusammenfassung der Arbeitsschritte des Forschungsprozesses bei Gruppendiskussionen (siehe Tabelle 9). Die *Vorbereitungsphase* umfaßt den gesamten Prozeß von der Erstellung des theoretischen Bezugsrahmens bis hin zur Entwicklung der Erhebungsinstrumente und der Schulung von Moderatoren. Im Anschluß daran werden Kriterien für die *Auswahl* von Diskussionsteilnehmerinnen und -teilnehmern festgelegt, Einladungen und Informationsmaterial über die Maßnahme zugesandt. Die Phase der *Durchführung* sollte auch die Rahmenbedingungen der Interviewsituation berücksichtigen, um eine offene und freundliche Atmosphäre zu schaffen. Besonders bei längerer Dauer sollten Erfrischungen gereicht werden, es kann auch sinnvoll sein, eine Pause einzulegen. Namensschilder erleichtern die Ansprache, eine Vorstellungsrunde in Verbindung mit einer einleitenden Frage "bricht" das Eis und erleichtert es allen, auch zurückhaltenden Personen, sich zu äußern. Der letzte Schritt, *Analyse* und *Präsentation* der Ergebnisse, erfordert zunächst die genaue Bestimmung des auszuwertenden Datenmaterials, eine ausführliche Darstellung der methodischen Vorgehensweise und die Auseinandersetzung mit dem in hohem Maße qualitativ geprägten Datenmaterial aus Gesprächsnotizen und Diskussionstranskripten.

Wie ein derartiger Forschungsprozess ablaufen kann, wird im folgenden am Beispiel der Gruppendiskussionen mit Vertreterinnen und Vertretern der Ausbildungsleitung im Rahmen der Evaluation Verwaltungsbetriebswirtschaftslehre an der Fachhochschule für öffentlichen Verwaltung Nordrhein-Westfalen illustriert. Ziel dieses Teilschritts der Evaluation war es, zu einem möglichst frühen Zeitpunkt Erfahrungen und Erwartungen der Fachpraxis an den Studiengang Verwaltungsbetriebswirtschaftslehre zu sammeln.

**Tabelle 9**
**"Checkliste" für themenzentrierte Gruppendiskussionen (Vaughn et al. 1996)**

*Preparing for the Focus Group Interview*

- Identify the research problem/purpose.
- Decide if focus group interviews are compatible with research problem.
- Write a general purpose statement that reflects your research interest.
- Refine the purpose statement by developing lists of information that you do and do not want to obtain from the focus group.
- Establish goals that relate to how the information gathered from the focus group will be used.
- Establish goals to identify the outcome required for the focus group to have been successfull. *(Fortsetzung folgende Seite)*

*(Fortsetzung Tabelle 9)*

- Decide on the number of focus groups.
- Establish the length of time for the focus group.
- Determine the setting for the focus group.
- Develop procedures for encouraging attendance.
- Identify and train a moderator.
- Prepare the interview guide.

*Selecting Participants*

- Develop a sampling plan
- Establish criteria for sample selection
- Develop and implement screening procedure
- Construct a recruitment plan
- Invite and orient participants

*Conducting the Focus Group Interview*

- Prepare the room by checking seating arrangements, temperature, and ventilation
- Set up refreshments
- Set up and check recording equiments
- Greet participants and establish welcoming environment
- Collect demographic information
- Distribut name tags
- Orient participants through opening remarks
- Initiate focus group discussion
- Take notes and conduct member checks during the interview

*Analyzing and Reporting Data From a Focus Group Interview*

- Determine data analysis and reporting plan
- Describe subject selection procedures and participants
- Transcribe recorded data
- Summarize key ideas
- Unitize data
- Categorize units
- Negotiate categories
- Identify themes and theory
- Draft focus group report

Quelle: Vaughn et al. 1996, S. 126.

### *5.2.2 Vorbereitungsphase und Auswahl der Teilnehmenden*

Gruppendiskussionen mit Vertreterinnen und Vertretern der Ausbildungsleitung kommunaler Einstellungsbehörden stellten den ersten Schritt dar, um die Sichtweisen der zukünftigen Beschäftiger von Absolventinnen und Absolventen der Verwaltungsbetriebswirtschaftslehre zu erheben. Da Erfahrungen über den Einsatz nach Abschluß des Studiums zum damaligen Zeitpunkt (1996) noch nicht verfügbar waren, konzentrierte sich das Forschungsinteresse auf *Vorstellungen* und *Erwartungen* der Kommunalverwaltungen an den *Studiengang*. Die Gruppendiskussionen dienten zudem dazu, Einzelfallstudien in Verwaltungen vorzubereiten.[371] Aus Gründen der organisatorischen Ökonomie wurden für Gruppendiskussionen die fünf Standorte der Fachhochschule für öffentliche Verwaltung Nordrhein-Westfalen ausgewählt, die zum Zeitpunkt der Untersuchung den Studiengang Verwaltungsbetriebswirtschaftslehre anboten. Die Dauer der Diskussionsrunden wurde auf zwei bis maximal drei Stunden veranschlagt.

**Abbildung 6**
**Ablauf und Themenschwerpunkte von Gruppendiskussionen als exploratives Element des triangulativen Untersuchungsdesigns**

*I. Begrüßungs- und "Aufwärmphase"*

- Begrüßung der Anwesenden, Vorstellung der Moderatoren und kurze Erläuterung der Evaluation VBWL
- Darstellung prägnanter Ergebnisse der Vorbereitungsbögen, Überleitung zu den zentralen Themen der Gruppendiskussion
- Vorstellungsrunde der Anwesenden

*II. Zentrales Thema: Studiengang Verwaltungsbetriebswirtschaftslehre*

- Erfahrungen und Erwartungen
- Veränderungswünsche

\- Pause-

*III. Vertiefung: Personalentwicklung und Studiengang*

- Personalentwicklung in der Gemeinde
- Neue Qualifikationsanforderungen – Neue Steuerungsmodelle

Quelle: Evaluation des Modellstudiengangs Verwaltungsbetriebswirtschaftslehre, eigene Vorarbeiten. Eine detaillierte Version des Moderationsleitfadens findet sich im Anhang.

Ziel bei der *Auswahl* der Teilnehmenden war es, möglichst Vertreterinnen und Vertreter aller 74 Einstellungsbehörden einzubeziehen, die in den Jahren 1993 bis 1995 Studierende in den die Verwaltungsbetriebswirtschaftslehre entsandt hatten. Die Ausbildungsleitungen wurden sie als Ansprechstationen aus-

---

[371] Siehe Abschnitt 5.3.

gewählt, da ihnen eine wichtige Schnittstellenfunktion zwischen Verwaltungspraxis und Studiengang zukommt. Ausbildungsleiterinnen und Ausbildungsleiter sind an der Gestaltung der fachpraktischen Ausbildungsabschnitte beteiligt und kennen meist auch die späteren Einsatzbereiche der Absolventinnen und Absolventen, gleichzeitig verfügen sie auch über die notwendigen Kenntnisse zum Modellstudiengang. Ihnen sind Informationen über den aktuellen Aus- und Fortbildungsbedarf in ihrer Verwaltung zugänglich, in der Regel verfügen sie auch über den besten Kenntnisstand bezüglich des Auswahl- bzw. Zulassungsverfahrens für Studierende an der FHöV sowie über die Auszubildenden selbst. Daher kam den Ausbildungsleiterinnen und Ausbildungsleitern als Vertreterinnen und Vertretern der Einstellungsbehörden als *Expertinnen* und *Experten* für die Anforderungen der Verwaltungspraxis im Kontext der Evaluierung eine bedeutende Stellung zu. Denn der steigende Bedarf an betriebswirtschaftlich qualifiziertem Personal im gehobenen Dienst war ein entscheidender Auslöser, einen Studiengang mit ökonomischem Schwerpunkt zu einzurichten. Der Expertenstatus resultiert aus der Kompetenz für die zentrale Fragestellung des Untersuchungsteils, ist somit ein "relationaler" Status.

> "Ob jemand als ExpertIn angesprochen wird, ist in erster Linie abhängig vom jeweiligen Forschungsinteresse. ExpertIn ist ein relationaler Status." (Meuser/Nagel 1991, S. 443)

Meist werden im Rahmen von Experteninterviews Vertreterinnen und Vertreter der Funktionselite befragt. Als solche gelten Personen in verantwortlichen Positionen oder mit einem "privilegiertem Zugang zu Informationen". Oft wird dabei nach Meuser/Nagel nicht die Spitze einer Organisation angesprochen, sondern darunterliegende Hierarchiestufen, da hier ein höheres Detailwissen vermutet wird: gefragt ist der "Insider", nicht der Gutachter.[372] Expertinnen und Experten sollen eine Organisation oder Institution und deren Entscheidungsstrukturen repräsentativ vertreten. Der Bereich Aus- und Fortbildung bildete aus Sicht der Evaluation einen wichtigen Bestandteil des Personalwesens, da sich neue Anforderungen in der öffentlichen Verwaltung nur allmählich in Stellenplänen niederschlagen. Planstellen umzuwidmen ist ein langwieriger Prozeß, der in der herrschenden Finanzkrise der öffentlichen Haushalte nicht selten im Wegfall von Stellen endet. Daher wurden die für Aus- und Fortbildungsmaßnahmen gewünschten Qualifikationen als wichtige Indikatoren hinsichtlich eines Wandels der Wissensbestände betrachtet.[373]

---

[372] Zum Begriff des Insider-Wissens siehe MERTON (1972); ähnlich auch der Begriff des spezialisierten Sonderwissens nach SPRONDEL (1979).

[373] Zum Implikationen des kommunalen Personalwesen siehe u.a. ENDRES 1993. ROMMEL 1996 benennt als Defizite bzw. Schwierigkeiten der kommunalen Personalpolitik das Fehlen von Qualifikationsmaßnahmen. Außerdem besteht ein "Spezialisten-Dilemma". Trotz spezifischer unterschiedlicher fachlicher Anforderungen seien v.a. "Spezialisten für den

Namen und Anschriften der Ausbildungsleitungen stellten uns, wie mit der projektbegleitenden Arbeitsgruppe vereinbart, die Abteilungsleitungen der fünf am Modellversuch beteiligten Standorte der FHöV Nordrhein-Westfalen (Düsseldorf, Dortmund, Köln, Soest, Wuppertal) zur Verfügung.[374] Die Standorte unterstützten auch beim Versand von Einladungen. Den Einladungen zu den Gruppendiskussionen wurde neben Informationen über das Evaluationsprojekt ein sogenannter "advanced organizer" zur Problemstrukturierung beigelegt, d.h. ein Vorbereitungsbogen, um - vergleichbar einem Delphiverfahren - durch sorgfältig ausgewählte Fragen eine gedankliche Ausrichtung auf die Evaluationsfragestellungen zu ermöglichen. Dies sollte den Teilnehmenden die Gelegenheit geben, sich auf die Sitzung vorzubereiten bzw. für den Fall, daß sie die Termine nicht wahrnehmen konnten, die Möglichkeit eröffnen, trotzdem eine Stellungnahme abzugeben. Neben einem Einstieg in das Thema "zukünftige Qualifikationsanforderungen aus Sicht der Verwaltungspraxis", standen die "Erfahrungen mit der fachpraktischen Ausbildungsphase" (Wissenstransfer, Gestaltung der Praktika, Einschätzung der einzelnen Praktika, Einsatzbereiche), die Diskussion der Kriterien und Auswahlverfahren für die Studierenden und eine erste Gesamteinschätzung des Studiengangs im Mittelpunkt.[375]

Die Zusammensetzung der Gesprächsgruppen folgte weitgehend dem Standortprinzip. Dies führte bezüglich der Größe der repräsentierten Einstellungsbehörden zu einer heterogenen Zusammensetzung der Gesprächsgruppen. Dies war beabsichtigt, um Ausbildungsleiter mit unterschiedlichen Erfahrungen zusammenzuführen. Weitere Unterschiede betrafen Faktoren wie "Dauer der Erfahrung mit dem Studiengang", die "Anzahl der Studierenden" im Studiengang sowie die "Größe der Verwaltung". Dieses Vorgehen trug wesentlich dazu bei, unterschiedliche Erwartungen und Erfahrungen zu reflektieren. Dadurch erfüllten die Gespräche nicht nur den Zweck, derzeit bestehende Erwartungen und Einschätzungen in die Evaluation des Modellstudiengangs einfließen zu lassen, der offene Informationsaustausch bewirkte auch, daß über mögliche zukünftige Anforderungen, unterschiedliche Erwartungen und neue Aspekte bei der Beurteilung des Studiengangs intensiv nachgedacht wurde, ohne daß dabei die inhaltlichen Zielsetzungen einer systematischen Erhebung vernachlässigt wurden.

---

Zusammenhang" notwendig. Vgl. auch die These, wonach Differenzierung einen Bedarf nach "Spezialisten für den Zusammenhang" erzeugt (TEICHLER).

[374] Dortmund, Düsseldorf, Köln, Soest und Wuppertal.

[375] Eine Zusammenstellung der für den Erfahrungsaustausch entwickelten Instrumente befindet sich in Anhang 1.

### *5.2.3 Durchführung und Interviewsituation*

Als Einstimmung auf das Thema wurden zu Beginn der Diskussionsrunden Folien mit Ergebnissen der Vorbereitungsbögen präsentiert.[376] Zwischenergebnisse der Diskussion wurden ebenfalls auf Folien notiert und den Teilnehmern als Gedächtnisstütze angeboten. Zur inhaltlichen Vertiefung waren zudem Antwortkarten mit Fächerkanon, außerfachlichen Qualifikationen und Verbesserungswünschen bzw. -vorschlägen zu verteilen, deren Ergebnisse anschließend diskutiert werden sollten. Grundgedanke dabei war, wie in der einleitenden Skizze zur Methode der Gruppendiskussion geschildert, daß ein informell organisierter Erfahrungsaustausch mit Personen, die über einen vergleichbaren Aufgabenbereich verfügen, einen kreativen Reflexionsprozeß über den diskutierten Gegenstandsbereich anregt. Eine offene Diskussion sollte zudem ermöglichen, potentielle Veränderungen gedanklich experimentell vorwegzunehmen und in das Gespräch verschiedene Aspekte einzubringen, von denen erwartet werden konnte, daß sie den zukünftigen Einsatz der Studierenden beeinflussen würden.

Neben einer Sammlung von ersten Erfahrungen mit dem Modellstudiengang war dies auch eine wesentliche Intention der durchgeführten Gespräche. Vertreterinnen und Vertreter der Einstellungsbehörden sollten ohne Einschränkung durch vorgegebene Antwortkategorien ihre Meinung zu den Fragen eines strukturierten Leitfadens äußern. Die Moderation der Veranstaltungen sollte durch Projektmitarbeiterinnen und -mitarbeiter erfolgen und sich darauf beschränken, fachliche Informationen zu präsentieren, die Gesprächsrunden auf der Grundlage eines Leitfadens zu strukturieren sowie den sich entwickelnden Erfahrungsaustausch und Diskussionsfluß zu unterstützen und das Gespräch durch kurze Zusammenfassungen auf die zentralen Fragestellungen der Evaluation ergebnisorientiert auszurichten. Soweit möglich, sollten gruppendynamische Prozesse, beispielsweise die Herausbildung von Meinungsführern bzw. der Umstand, daß bei Gruppendiskussionen einige Anwesende sich kaum äußern (sog. "Schweiger"), nach Möglichkeit durch gezieltes Befragen von weniger dominanten Gesprächsteilnehmern korrigiert werden.[377]

Die Gruppendiskussionen fanden an den fünf Standorten der FHöV NRW statt, die zu diesem Zeitpunkt den Studiengang Verwaltungsbetriebswirtschaftslehre anboten.[378] Der Zeitplan sah einen Beginn zwischen 9:30 und 10:00 vor, um spätestens gegen 13:30 Uhr die Diskussion abschließen zu können. Nach einer "Aufwärmphase", die neben Begrüßung, Information und Vorstellung des

---

[376] Zusammen mit den Einladungsschreiben wurde ein kurzer Vorbereitungsbogen versandt, der sicherstellen sollte, auf die Fragen und Bedürfnisse der Teilnehmenden noch besser berücksichtigen zu können.

[377] Eine detaillierte Schilderung der Vorgehensweise bei der Moderation von Gesprächsrunden findet sich u.a. bei KLEBERT et al. (1987).

[378] Dortmund, Düsseldorf, Köln, Soest, Wuppertal.

Projekt auch Ergebnisse der Vorbereitungsbögen beinhaltete, folgte der erste Teil der Gruppendiskussion. In ihm wurden schwerpunktmäßig die bisherigen Erfahrungen mit dem und Erwartungen an den Modellstudiengang diskutiert werden. Dabei standen noch Erwartungen im Zentrum, da Erfahrungen mit Absolventinnen und Absolventen des Modellstudiengangs in dieser frühen Phase des Projekts noch nicht vorlagen. Diejenigen Einstellungsbehörden, deren Studierende sich derzeit im ersten Semester befinden, hatten zudem bislang nur wenig Kontakt zu den Studierenden. Auf der Grundlage vorbereiteter Materialien wurde auch eine Einschätzung und Diskussion des Fächerkanons vorgenommen. Dieser erste Teil wurde durch antwortkartenunterstützte Stellungnahmen zu Veränderungswünschen abgeschlossen. Prägnante Zwischenergebnisse wurden auf Folien notiert und mittels Tageslichtprojektor nochmals für die Teilnehmenden zusammengefaßt.

Im zweiten Teil wurde versucht, mögliche zukünftige Anforderungen an die Absolventinnen und Absolventen zu präzisieren. Im Mittelpunkt stand die Frage, welcher Stellenwert dem Modellstudiengang im Kontext der Personalentwicklung in den Gemeinden zukommt, und welchen Beitrag der Studiengang im Hinblick auf die sich wandelnden Anforderungsprofile in der Verwaltungspraxis erbringen kann. Hierzu wurden Informationen zu den Qualifikationsanforderungen zusammengetragen und Zielvorstellungen zur Funktion des Modellstudiengangs im Hinblick auf nichtstoffliche Lehrziele und Schlüsselqualifikationen diskutiert. Das es sich um Veranstaltungen mit Informationscharakter handelte, bestanden zunächst keine direkten Interventionsmöglichkeiten. Es wurde jedoch eine weiterführende Information vereinbart[379], sowie ein Appell an weiteres Aufrechterhalten der Partizipation am Dialog geäußert. Wichtig war es auch die Position der Studierenden zu konkretisieren und dadurch Ausbilder und Auszubildende zu motivieren.

### *5.2.4 Partizipation und gruppendynamische Effekte der Gesprächsrunden*

Von den insgesamt 74 Kommunalverwaltungen, die in den Jahren 1993 bis 1996 Studierende in die Verwaltungsbetriebswirtschaftslehre entsandt hatten[380], nahmen Vertreterinnen und Vertreter von fast 60 Prozent der Einstellungsbehörden persönlich am Erfahrungsaustausch teil, weitere knapp 30 Prozent der Ausbildungsleitungen informierten mittels eines Vorbereitungsbogens über erste Erfahrungen und Erwartungen mit dem Ausbildungsangebot. Somit konnten in den Meinungsaustausch fast 90 Prozent der Einstellungsbehörden einbezogen werden.

---

[379] Allen Teilnehmern wurde eine Kurzdokumentation der Ausbildungsleitungsgespräche zugesandt.

[380] Nicht berücksichtigt wurden Einrichtungen, die keine Kommunalverwaltung im engeren Sinn darstellen, wie etwa Kommunale Datenverarbeitungszentren.

Ausbildungsleiterinnen und Ausbildungsleiter von Einstellungsbehörden, die Studierende in verschiedene Abteilungen der FHöV entsandten, wurden, um Mehrfachbelastungen zu vermeiden, jeweils nur an einen der möglichen Standorte gebeten. Um im Hinblick auf die Durchführung von Gruppengesprächen die Anzahl der Teilnehmenden an den einzelnen Gesprächsrunden nicht zu groß werden zu lassen, wurden Ausbildungsleiterinnen und -leiter mit Studierenden an mehreren Standorten jeweils an den kleineren FHöV-Standort eingeladen. Hierdurch konnte sichergestellt werden, daß auch an den kleineren Standorten des Samples, die den Modellstudiengang "Verwaltungsbetriebswirtschaftslehre" erst seit 1994 (Soest) bzw. 1995 (Düsseldorf, Wuppertal) anboten, Ausbildungsleiterinnen und Ausbildungsleiter teilnahmen, die bereits über einen längeren Zeitraum Erfahrungen mit dem Modellstudiengang sammeln konnten.

**Tabelle 10**
**Evaluation Verwaltungsbetriebswirtschaftslehre FHöV NRW: Beteiligung der Verwaltungen an den Ausbildungsleitungsgesprächen** (absolut und in Prozent)

| | *Anzahl (n)* | *in %* | *Beteiligung insges. (in %)* |
|---|---|---|---|
| Teilnahme am Expertengespräch und schriftlichen Erhebungen | 44 (1*) | 59,5 | |
| Gespräche bzw. schriftliche Beantwortung der Gesprächsthemen | 22 | 29,8 | **89,3** |
| Telefonische Kontaktaufnahme, aber keine Beteiligung | 8 | 10,7 | |
| *Gesamt* | *74* | *100,0* | |

* Hinzu kommt noch eine Ausbildungsleitung, die ab Herbst 1996 Studierende entsandte, also (noch) nicht zum ausgewählten Personenkreis im engeren Sinn zählte. In die Partizipationsstatistik wurde sie deshalb nicht aufgenommen.

Die Gruppendiskussionen besuchten Vertreterinnen und Vertreter von 44 Kommunalverwaltungen. Da Aufgaben und Größe einer Verwaltung sich als wesentliche Faktoren bei der Einschätzung der Qualifikationsanforderungen und der Erwartungen an den Studiengang darstellen, kommt einer Überprüfung der Verteilung der Beteiligten nach Typ und Größe der Einstellungsbehörden eine wichtige Funktion bei der Interpretation der Ergebnisse zu[381]:

[381] Den größten Personalbestand pro Einwohner/in besitzen kreisfreie Städte; kleinere Verwaltungen finden sich in kreisangehörigen Gemeinden bis 60.000 Einwohnerinnen und Einwohnern sowie Kreisverwaltungen.

**Tabelle 11**
**Beteiligung an den Gruppendiskussionen im Rahmen der Evaluation Verwaltungsbetriebswirtschaftslehre FHöV NRW nach Größe und Typ der Behörden** (absolut und in Prozent)

| | *Einstellungs-behörden VBWL* | *davon nahmen an den Gruppendiskussionen teil:* | |
|---|---|---|---|
| | *Anzahl (n)* | *Anzahl (n)* | *in %* |
| Kreisverwaltung | 9 | 7 | 77,7 |
| Kreisfreie Stadt | 19 | 16 | 84,2 |
| Kreisangehörige Gemeinden | | | |
| mit bis zu 25.000 Einwohnern | 7 | 3 | 42,9 |
| mit 25.000 bis 60.000 Einwohnern | 20 | 11 | 55,0 |
| mit über 60.000 Einwohnern | 19 | 7 | 36,8 |
| *Gesamt(n)* | *74* | *44* | |

Quelle: Hellstern/Horny (1996).

Die größte Anzahl an Gemeinden, die Studierende in den Modellstudiengang entsenden, entfällt auf die drei Kategorien "kreisangehörige Gemeinden mit 25.000 bis 60.000 Einwohnern", "kreisangehörige Gemeinden mit über 60.000 Einwohnern" und "kreisfreie Städte". Die kreisfreien Städte waren dabei mit annähernd 85 Prozent aller Städte, die Studierende entsenden, unter den Gesprächsteilnehmenden überproportional stark vertreten. Da die Verwaltungen kreisfreier Städte zwar nur rund 26 Prozent aller am Modellstudiengang teilnehmenden Gemeinden stellen, aber deutlich mehr Studierende entsenden als die anderen Gemeindetypen (über 60 Prozent aller Studierenden), dürfte ihre hohe Partizipationsbereitschaft die Aussagekraft der Ergebnisse des Erfahrungsaustauschs eher verstärken. Insofern als sie in der Regel schon länger Studierende in den Modellstudiengang entsenden, verfügen sie auch über eine breitere Erfahrungsbasis. Insgesamt verdeutlicht die Zusammensetzung der Gesprächsrunden, daß alle Gemeindetypen zumindest ausreichend vertreten waren.

Die Diskussionsrunden lieferten nicht nur Information aus den einzelnen Verwaltungen, sondern es zeigten sich in den einzelnen Gesprächsrunden zusätzlich Themenschwerpunkte, die sich aus der Diskussionssituation heraus entwickelten. Der Ertrag und der Informationsgehalt der Gruppendiskussionen wurde dadurch wesentlich gesteigert. Folgende Themenschwerpunkte ergaben sich aus *gruppendynamischen* Effekten der Diskussionsrunden, die die Besonderheiten der Zusammensetzung reflektierten:[382]

[382] Qualitativ: Beispiel für eine Within-site analysis. Analyseeinheit waren im Fall der Gruppendiskussionen mit der Ausbildungsleitung die Gesprächsrunden an den fünf Standorten

- Studierende der Abteilung Soest der FHöV NRW stammten mehrheitlich aus kleineren Verwaltungen und aus Kreisverwaltungen. Da kleinere Verwaltungen in der Regel auch relativ wenig Studierende entsenden, standen hier am Einzelfall orientierte Erfahrungen im Mittelpunkt. Die geringe Anzahl and Studierenden und die verkürzte Praxisphase im Modellstudiengang (mit einem relativ geringeren Kontakt zu den Studierenden) bewirken, daß die kleinen Verwaltungen über weniger Informationen bezüglich der fachwissenschaftlichen Ausbildung und ihrer Konsequenzen für die Verwaltungspraxis verfügen. Die Beteiligten am Erfahrungsaustausch in Soest betonten daher den Wunsch, eine *engere Kooperation* zwischen Fachhochschule und Einstellungsbehörden zu entwickeln, um *Informationsdefizite* auf beiden Seiten abzubauen und praktische Anforderungen und Ausbildungsinhalte wirksamer abzustimmen.
- Die Gesprächsrunde in Düsseldorf wurde durch die Beteiligung von Ausbildungsleitungen aus den kreisfreien Städten geprägt. Der neue Studiengang wurde als ein wichtiger Beitrag zur Verwaltungsmodernisierung betrachtet, und das *Reformpotential* des Modellstudienganges wurde intensiv diskutiert. Als besonders wichtig wurde betont, innerhalb des Studiengangs die *besonderen Charakteristika einer öffentlichen Verwaltung* den Studierenden deutlich zu machen und eine positive Identifikation mit den Aufgaben der öffentlichen Verwaltung herbeizuführen. Uneinigkeit bestand allerdings, ob diese *'Verwaltungsidentifikation'* eher in der fachwissenschaftlichen oder in der fachpraktischen Ausbildung stattfinden sollte.
- Der Kreis der nach Köln eingeladenen Einstellungsbehörden umfaßte aufgrund der Größe des Standorts sehr unterschiedliche Gemeindetypen. Im Mittelpunkt stand hier das Verhältnis der beiden Studiengänge Verwaltungsbetriebswirtschaftslehre und Kommunaler Verwaltungsdienst zueinander sowie die besonderen *Anforderungen an die Personalplanung* in den Verwaltungen durch den neuen Studiengang.
- Die relativ kleine Gesprächsrunde in der Abteilung Wuppertal (3 kreisfreie Städte, 2 kreisangehörige Gemeinden mit 25.000 bis 60.000 Einwohner, 1 Verwaltung einer kreisangehörigen Stadt mit über 60.000 Einwohnern) stellte die Auswirkungen der Erfahrung mit den *Umstrukturierungsmaßnahmen* in den Mittelpunkt. Als deren Begleiterscheinungen wurden Elemente wie Personalabbau, Abbau der Querschnittsverwaltung genannt, von denen auch die zukünftigen Absolventinnen und Absolventen des Modellstudiengangs betroffen sein würden.

---

der FHöV NRW, die zum Zeitpunkt der Untersuchung den Studiengang VBWL anboten. In den einzelnen Gesprächsrunden kristallisierten sich unterschiedliche Themenschwerpunkte heraus, die sich teilweise auf Charakteristika der teilnehmenden Verwaltungen (Größe, geographische Lage, Anzahl der entsandten Studierenden) zurückführen lassen.

- In Dortmund standen Erfahrungen der kreisfreien Städte und der Vertreterinnen und Vertreter großer Verwaltungen im Mittelpunkt. Die *Performanz von Aufstiegsbeamtinnen und -beamten* wurde intensiv diskutiert. Betont wurde als eine wesentliche Aufgabe des Studiengangs, die *Nähe zum Arbeitgeber öffentliche Verwaltung* auszubauen. Wie in Düsseldorf wurde hierbei auch der Frage nach einer Verstärkung der Identifikation mit der Verwaltung nachgegangen.

## 5.3 Fallstudien und Intensivinterviews

### *5.3.1 Methodologische Grundlagen*

Als Fallstudie (engl. case study) bezeichnet man die detaillierte Untersuchung von einzelnen "Fällen", daher wird sie auch als Einzelfallstudie, Monographie oder biographische Methode bezeichnet. Als Fälle können Personen, Gruppen, Organisationen oder Handlungszusammenhänge betrachtet werden. Eine zentrale Herausforderung besteht darin, trotz der Einzigartigkeit der untersuchten Fälle ein gewisses Maß an Anschlußfähigkeit und in gewissem Sinn auch Repräsentativität der Untersuchungsergebnisse zu erlangen. Wichtig ist dafür, wie bei der Auswahl und Abgrenzung von Fällen vorgegangen wird. Daher strebt man bei der Auswahl danach, einen – gemäß vorab zu bestimmender Kriterien – möglichst "typischen" Fall zu untersuchen.[383]

Wie die im vorangegangenen Abschnitt dargestellte Gruppendiskussion wird auch die Fallstudie im Rahmen von Forschungsvorhaben zum einen als explorative Vorstufe nachfolgender Untersuchungsteile eingesetzt. Innerhalb der Evaluation der Verwaltungsbetriebswirtschaftslehre wurden Fallstudien verwendet, um Fragestellungen vertieft nachzugehen, die sich in stärker quantitativ ausgerichteten Forschungsteilen ergeben hatten. Fallstudien werden als Forschungsansatz mit einer vielschichtigen methodischen Vorgehensweise (Hartfiel 1982) häufig als "Gegensatz" zu Survey-Studien dargestellt. Es überwiegen qualitative Vorgehensweisen (z.B. narrative oder Leitfadeninterviews), Fallstudien können aber auch quantitative Elemente beinhalten. Teilweise wird die Scheidung zwischen quantitativer und qualitativer Vorgehensweise weniger streng anhand der eingesetzten Untersuchungsmethoden getroffen, sondern bezieht sich vielmehr darauf, daß im Vordergrund eine ganzheitliche, kontextsensitive Herangehensweise steht, die durchaus auch quantitative Elemente (deskriptive Statistiken etc.) beinhalten kann (Kraus 1991). Verbreitet ist folgende Definition von Yin:

---

[383] Die Vorgehensweise orientierte sich am Konzept des "dimensional sampling", d.h., bei der Auswahl eines Falles wurde versucht, Eigenschaften auf verschiedenen Merkmalsdimensionen zu erfüllen, um so Fälle zu untersuchen, die gemäß den vorab bestimmenten Kriterien möglichst typisch waren (vgl. Arnold 1970, in BOOS 1994).

"A case study is an empirical inquiry that investigates a contemporary phenomenon within its real life context; when the boundaries between phenomenon and context are not clearly evident; and in which multiple sources of evidence are used." (Yin 1984, S. 23)

Bei Fallstudien kann unterschieden werden zwischen einer Herangehensweise, die als "Subsumptionsmodell" von außen an den Fall herangetragene Kategorien verwendet, und der fallrekonstruktiven Forschung, bei der die (fallspezifische) Wirklichkeit durch den Fall "rekonstruiert" wird. Organisationen wie die untersuchten Kommunalverwaltungen stellen dabei eine besondere Art von "Fällen" dar, da sie einer "heteronomen Regelhaftigkeit" unterliegen. Während bei institutionellen "Fällen" im weiteren Sinn (als Fall kann im weitesten Sinne jede soziale Einheit betrachtet werden, die eine eigene Strukturiertheit ausgebildet hat) es bisweilen schwer ist, den Fall einzugrenzen, bildet die genaue Abgrenzung gegenüber der Umwelt ein Wesensmerkmal von "Organisationen".[384] Dennoch müssen auch hier, wie bei Institutionen generell, vor einer Untersuchung Organisationszweck, Organisationsgrundlage und typische, formalisierte Ablaufmuster beschrieben werden, bevor mit Interviews und Beobachtungen begonnen werden kann.

Bei Yin (1993) werden Fallstudien als einer von vier Typen von Evaluationsdesigns betrachtet. Die vier Arten der Evaluation, die im Forschungsalltag häufig auch vermischt anzutreffen sind, umfassen Fallstudien im engeren Sinn, qualitative Studien auf dem Feld der Ethnographie, Ansätze aus dem Bereich der Grounded theory sowie quasi-experimentelle Forschungsdesigns. Tabelle 12 gibt einen Überblick zu den unterschiedlichen Annahmen der Designs:

---

[384] Vgl. auch Abschnitt 2.1.

**Tabelle 12**
**Fallstudien als Evaluationsdesign: "Differences in Assumptions among the four Methods" (Yin 1993)**

| | Types of Evaluation | | | |
|---|---|---|---|---|
| | **Case Study** | Ethno-graphy | Grounded Theory | Quasi-Experiment |
| *Design:* | | | | |
| 1. Assumes a single objective reality that can be investigated by following the traditional rules of scientific inquiry | **Yes** | No | Yes | Yes |
| 2. Can be used for theory-building | **Yes** | Yes | Yes | Yes |
| 3. Also favors theory-testing | **Yes** | No | No | Yes |
| 4. Considers context as essential part of phenomenon of being evaluated | **Yes** | Yes | Yes | No |
| *Data Collection and Analysis:* | | | | |
| 5. Favored data collection technique | **Multiple** | Participant observation | Multiple | Multiple |
| 6. Type of data to be analyzed | **Quantitative or qualitative** | Mostly qualitative | Qualitative only | Mostly quantitative |

Quelle: Yin (1993), S. 64, Hervorhebung durch die Autorin.

Überträgt man die Charakteristika der Klassifikation von Yin, so versuchte die Evaluation Verwaltungsbetriebswirtschaftslehre an der FHöV NRW besonderen Anforderungen der Verwaltungsorganisation exemplarisch mittels mehrerer "case studies" nachzugehen. Dahinter steht die Annahme einer "objektiven" Realität, wenn diese auch sehr vielschichtig zu denken ist. Zudem strebt vor allem die vorliegende Dissertation danach, Vorarbeiten zu einer Theoriebildung liefern und den Test von Hypothesen ermöglichen. Zentral ist auch das vierte Merkmal des Designs, die Annahme, daß der Kontext einen wichtigen Einfluß auf den Evaluationsgegenstand besitzt. Die Konzeption und Datenerhebung der Evaluation Verwaltungsbetriebswirtschaftslehre orientierte sich zudem an einer triangulativen Perspektiven- und Methodenkombination, so daß quantitatives und qualitatives Datenmaterial zu analysieren war.

Da im Zentrum des Interesses die Wissensbasis von beruflichen Tätigkeiten stand, wäre auch die Durchführung von Tätigkeitsanalysen im engeren Sinne wünschenswert gewesen. Sogenannte "Studies of Work", bisher v.a. in der Ethnomethodologie und bei Laborstudien (natur-) wissenschaftlicher Arbeit eingesetzt, bilden die Grundlage für die sog. "Workplace Studies", die eine Beschreibung der spezifischen praktischen Kompetenzen verfolgen, die der Ausführung beruflicher Tätigkeit zugrunde liegen.[385] Die Besonderheiten des zu untersuchenden Feldes öffentliche Verwaltung machten jedoch die Grenzen einer derartigen Vorgehensweise deutlich. Zum einen gestaltet sich der Zugang zum Setting öffentliche Verwaltung häufig schwierig (siehe auch Derlien 1982), zum anderen läßt die Dokumentation von Bürotätigkeiten durch Außenstehende nur bedingt Rückschlüsse über Wesen und Ablauf von inhärenten Entscheidungsprozessen zu. Ein weiteres Argument gegen eine Arbeitsplatzuntersuchung vor Ort stellte die hohe Belastung der Absolventinnen und Absolventen in der Berufseinstiegsphase dar. Daher wurden Intensivinterviews mit Vertreterinnen und Vertretern der Verwaltungsspitze sowie Amtsleiterinnen und Amtsleitern als zentrale Methode gewählt, um Informationen über die Anforderungen in der Verwaltungspraxis zu erhalten.

*Intensivinterviews* stellen eine sehr weit verbreitete Methode im Kanon der empirischen Sozialforschung dar. Die Leitfadeninterviews fanden in den Verwaltungen statt und versuchten, möglichst nah am beruflichen "Alltag" der Befragten zu bleiben.[386] Vorteile fokussierter Interviews bestehen in der Möglichkeit, das Verständnis von Fragen und Gesprächsthemen direkt zu überprüfen und zu kontrollieren[387], subjektive Perspektiven und Bedingungen des Befragten offenzulegen, Zusammenhänge und kognitive Strukturen durch die interviewte Person selbst entwickeln zu lassen und Besonderheiten der Interviewsituation thematisieren zu können. Ein spezifischer Vorteil des fokussierten bzw. Leitfadeninterviews besteht darin, daß der Gesprächspartner "frei assoziieren" kann. Gleichzeitig entspannt sich auch für den Interviewer die Situation, da er – geleitet durch den Leitfaden – ganz auf die Antworten konzentrieren kann.[388] McCracken nennt als Charakteristika des "long interview":

> "It is a sharply focused, rapid, highly intensive interview process that seeks to diminish the indeterminacy and redundancy that attends more unstructured research processes." (McCracken 1988, S. 7)

Die Form des langen Intensivinterviews wird vor allem in hochkomplexen Settings angewendet:

---

[385] Siehe die Arbeiten von Knoblauch und die Laborstudien in der neueren Wissenschaftssoziologie (Knorr-Cetina, Mulkay).

[386] Vgl. auch die Vorstellung beim Einsatz von Gruppendiskussionen, daß die Gesprächssituation den Prozeß der Meinungsbildung im Alltag nachbilden hilft und es ermöglicht, eine spontane, "nicht-öffentliche" Meinung zu erheben (FRIEDRICHS 1985).

[387] Dies ist vor allem wichtig, um kontextspezifische Besonderheiten von Begrifflichkeiten zu klären. So zeigten sich für den Untersuchungskontext verwaltungsspezifische Vorstellungen zur "Generalisten"-Ausbildung, die von der allgemeinen Lesart des Begriffs teilweise stark abwichen (siehe auch Abschnitt 4.2.3.1).

[388] Vgl. MODROW-THIEL (1993).

"... the long interview as the method of choice when cultural categories, assumptions, and themes are objects of investigation, and when total immersion in the studied scene is impractical or impossible." (McCracken 1988, Einführung des Herausgebers, S. 5)

Ein wichtiges Moment ist auch der Umstand, daß Interviews soziale Konstruktionen darstellen, an denen Interviewer und Befragte in komplementären Rollen teilnehmen.[389] Daher werden im folgenden die Rahmenbedingungen der Fallstudieninterviews geschildert, die Erwartungshaltung und Gesprächsverläufe mit prägten.

### *5.3.2 Auswahl der "Fälle" und Gesprächspartner*

Fallstudien in ausgewählten Kommunalverwaltungen dienten im Rahmen der Evaluation des Modellstudiengangs Verwaltungsbetriebswirtschaftslehre dazu, Informatio-nen über Vorstellungen zur Ausbildung und für die detailliertere Erstellung von Anforderungsprofilen für den gehobenen nicht-technischen Dienst in der öffentlichen Verwaltung zu erhalten. Ein wichtiges Element hierfür stellte die Reflektion über die derzeitigen Veränderungen und deren Auswirkungen auf Verwaltungen und einzelne Fachämter dar. Bei der Auswahl der Verwaltungen wurde danach gestrebt, möglichst typische Fälle gemäß vorab bestimmter Kriterien zu untersuchen.[390] Hierzu wurde zunächst eine Vorabrecherche unter Einbezug von Informationen aus anderen Teilen der Gesamtevaluation und einer Dokumentenanalyse vorgenommen. Folgende Kriterien sollten sicherstellen, daß unterschiedliche Erfahrungshorizonte und aufschlußreiche Quellen genutzt wurden: frühes Engagement im neuen Studiengang (Indikator: Zahl der Studierenden in 1993), Gemeindegrößenklasse und geographische Charakteristika der Verwaltung (Ballungsraum, ländlicher Raum). Innerhalb der Verwaltungen wurde versucht, zentrale Aufgabenschwerpunkte des Verwaltungshandelns auf kommunaler Ebene zu einzubeziehen.[391] Hierzu wurde je eine Untersuchungseinheit aus den Bereichen innere Verwaltung bzw. Kernverwaltung, Ordnungs- und Leistungsverwaltung sowie ein Bereich mit verstärkten

---

[389] Holstein/Gubrium (1995) "The active interview": "interviews as social encounters, social productions"; "respondents: narrators, storytellers"; "researcher: participants in the process".

[390] Die Auswahl erfolgt gemäß dem Prinzip der *Typikalitätslogik* (Foppa 1987); da mehrere verschiedene, "typische" Eigenschaften zur Typisierung herangezogen wurden, liegt ein *'Dimensional sampling'* vor (Arnold 1970). Vgl. u.a. auch das Vorgehen von Kühnlein/Wohlfahrt 1995, die Verwaltungen zur Durchführung von Expertengesprächen ebenfalls nach den Kriterien Stand der Verwaltungsreform, Fortbildungsaktivitäten, Region und Gemeindegrößenklasse auswählten.

[391] Zur Klassifikation kommunaler Aufgabenschwerpunkte siehe u.a. KGSt (1977).

[392] Siehe z.B. KOMMUNALE GEMEINSCHAFTSSTELLE (KGSt) (1977): Organisationsuntersuchungen in der Kommunalverwaltung. Köln: KGSt. 5. Auflage.

Anforderungen ökonomischer Art bzw. im Bereich Verwaltungsreform (z.B. Eigenbetrieb) ausgewählt. Letztere wurden in enger Zusammenarbeit mit den Verwaltungen bestimmt, da es aus Sicht des kontextsensitiven und interaktiven Forschungsdesigns wünschenswert erschien, die organisationsinterne Kompetenz und Perzeption zu nutzen. Vier der sechs Verwaltungen waren von Beginn an am neuen Studiengang beteiligt. Um möglichst valide Informationen zu erhalten, entspricht diese Auswahl – leicht korrigiert – auch der Entsendungspraxis, d.h., da in der Gruppe der Einstellungsbehörden die Verwaltungen großer, kreisfreier Städte überwiegen (siehe Tabelle 13), spiegelt sich dies auch in der Auswahl wieder.

**Tabelle 13**
**Evaluation Verwaltungsbetriebswirtschaftslehre FHöV NRW: Studienanfängerinnen und -anfänger 1993 bis 1997 im Sample nach Typ der Einstellungsbehörde und Studiengang** (absolut)

| | *Kreisverwaltung* | | *Kreisfreie Stadt* | | *kreisangehörige Gemeinde mit* | | | | | | *Gesamt* | |
|---|---|---|---|---|---|---|---|---|---|---|---|---|
| | | | | | *> 60.000* | | *25.000 - 60.000 Einwohnern* | | *< 25.000* | | | |
| | *VBWL* | *KV* | *VBWL* | *KV* | *VBWL* | *KV* | *VBWL* | *KV* | *VBWL* | *KV* | *VBWL* | *KV* |
| 1993 | 2 | 14 | 46 | 60 | 3 | 4 | 1 | 4 | - | 4 | 52 | 86 |
| 1994 | 8 | 19 | 63 | 62 | 16 | 7 | 8 | 14 | 2 | 2 | 97 | 104 |
| 1995 | 18 | 27 | 80 | 62 | 30 | 13 | 18 | 21 | 7 | 5 | 153 | 128 |
| 1996 | 17 | 23 | 81 | 67 | 18 | 19 | 22 | 17 | 12 | 6 | 150 | 132 |
| 1997 | 17 | 16 | 65 | 85 | 14 | 18 | 20 | 16 | 10 | 5 | 126 | 140 |
| *Anz. (n)* | *62* | *99* | *335* | *336* | *81* | *61* | *69* | *72* | *31* | *22* | *578* | *590* |

Quelle: Evaluation Verwaltungsbetriebswirtschaftslehre FHöV NRW. VBWL = Verwaltungsbetriebswirtschaftslehre, KV = Vergleichsgruppe Studiengang Kommunaler Verwaltungsdienst. Die Einteilung der Einstellungsbehörden folgt der Klassifikation des Landesamtes für Datenverarbeitung und Statistik (LDS) Nordrhein-Westfalen.

Gleichzeitig wurde eine Balance zwischen Ballungsraum und ländlichem Raum angestrebt, neben Kommunen aus den Ballungsräumen an Rhein und Ruhr wurde daher auch der ländliche Raum Nordrhein-Westfalens miteinbezogen. Um die Beweggründe für die Entsendung in den Modellstudiengang vergleichen zu können mit den Anforderungen in Einstellungsbehörden, die noch keine Studierenden in die Verwaltungsbetriebswirtschaftslehre entsandt hatten, wurden aus diesem Kreis eine große sowie eine kleine Verwaltung ausgewählt.

**Tabelle 14**
**Evaluation Verwaltungsbetriebswirtschaftslehre FHöV NRW: Rahmen- und Strukturdaten ausgewählter Verwaltungen der Fallstudien**

| *Verwaltungsgröße*[1] | *Kreisfreie Stadt (Größenklasse 2)* | | | | *Kreisverwaltung/ kreisang. Gemeinde (1/3)* | |
|---|---|---|---|---|---|---|
| *VBWL 1993 - 97*[2] | | *ja* | | *nein* | *ja* | *nein* |
| Einwohnerzahl[1] | 617.955 | 938.817 | 264.887 | 324.067 | 294.829 | 23.925 |
| Stellen[2] | 10.281,5 | 16.357 | 4.740 | 4.662 | 831,5 | 214,5 |
| Gemeinde-/ Verwaltungstyp[3] | Kreisfreie Stadt | Kreisfreie Stadt | Kreisfreie Stadt | Kreisfreie Stadt | Kreis-verwaltung | Kreisang. Gemeinde |
| AbsolventInnen VBWL[4] | 4 | 24 | 2 | - | 2 | - |

Quellen: 1) Gemeindedaten NRW, Stand 31.12.1994, 2) Einschl. Sondervermögen; Stellenpläne 1997; 3) Klassifikation nach Gemeindedaten NRW; 4) Eigene Erhebungen. Stand Mai 1997.

Bei der Auswahl von Gesprächspartnerinnen und -partnern wurden vorrangig Bereiche berücksichtigt, in denen bereits Absolventinnen und Absolventen des Modellstudiengangs Verwaltungsbetriebswirtschaftslehre zum Einsatz kamen. Da eine große Einstellungsbehörde zum Fallstudiensample gehörte, waren in den untersuchten Verwaltungen insgesamt 30 (57 Prozent) der ersten Absolventinnen und Absolventen des Modellstudiengangs beschäftigt. Angesichts der vielfältigen Einsatzbereiche von Absolventinnen und Absolventen des Modellstudiengangs können die untersuchten Einheiten nur einen Teilausschnitt repräsentieren. Im einzelnen wurden ein kommunaler Abfallwirtschaftsbetrieb (Eigenbetrieb), eine Arbeitsgruppe zur neuen Verwaltungssteuerung, ein Gesundheitsamt, ein Grünflächenamt, zwei Hauptämter, eine Kämmerei (in Verbindung mit dem zentralen Controlling), ein Personalamt und ein Rechnungsprüfungsamt untersucht.

In den Verwaltungen, die noch keine Absolventinnen und Absolventen beschäftigten (und als Vergleichsgruppe dienten), wurde ebenfalls ein Bereich der Kernverwaltung, ein Bereich der klassischen Ordnungs- und Leistungsverwaltung sowie ein Bereich, in dem ökonomische Kenntnisse und Fähigkeiten eine besondere Bedeutung besitzen, ausgewählt. Dies waren die Kämmerei, die Stadtbibliothek und der Fachbereich Verkehr. In der kleinsten Verwaltung erfolgten Befragungen im Hauptamt (wobei dort auch Informationen über die Aufgaben der Sozialverwaltung erfaßt werden konnten) sowie in der Kämmerei.

**Tabelle 15**
**Evaluation Verwaltungsbetriebswirtschaftslehre FHöV NRW: Einsatzbereiche des ersten Absolventenjahrgangs Verwaltungsbetriebswirtschaftslehre 1996**

| *Amt /Bereich* | *Anzahl* |
|---|---|
| Hauptamt | 9 |
| Eigenbetriebe (Entsorgung) | 4 |
| Grünflächenamt | 4 |
| Jugendamt | 3 |
| Personalamt | 3 |
| Sozialamt | 3 |
| Amt für Feuerschutz, Rettungsdienst und Bevölkerungsschutz | 2 |
| Kämmerei/ zentrales Controlling | 2 |
| *Jeweils ein/e Absolvent/in befand sich folgenden Bereichen:* | |
| AG Neue Verwaltungssteuerung (vorübergehend), Amt für Abfallwirtschaft, Stadtreinigung und Fuhrwesen, Amt für Lebensmittelüberwachung, Veterinärwesen und Verbraucherschutz, Amt für Personalstandswesen, Amt für Stadtentwicklungsplanung, Amt für Weiterbildung, Amt für Wirtschaftsförderung, Amt für Wohnungswesen, Ausländerbehörde (Ordnungsamt), Städtische Bühnen, Gesundheitsamt, Liegenschaftsamt, Marktamt, Rechnungsprüfungsamt, Schulverwaltungsamt, Sport- und Bäderamt, Stadtbibliothek, Städtische Kinderheime, Stadtkasse, Tiefbauamt. | 20 |
| 3 Absolventen waren zum Zeitpunkt der Befragung nicht (mehr) in der öffentlichen Verwaltung tätig (Erziehungsurlaub, Bundeswehr, ausgeschieden) | 3 |
| *Gesamtzahl der Absolventen 1996* | *53* |

Quelle: Telefonische Recherche bei den Einstellungsbehörden von Absolventinnen und Absolventen des Einstellungsjahrgangs 1993 der Verwaltungsbetriebswirtschaftslehre FHöV NRW, April 1997.

Die Amtsleiterinnen und Amtsleiter sowie die Vertreterinnen und Vertreter der Verwaltungsspitze fungiertes als "Experten" zum Thema Wandel der Qualifikationsanforderungen im organisatorischen Kontext. Wie bereits im Zusammenhang mit den Ausbildungsleitergesprächen erläutert, handelt es sich auch hier um einen "relationalen Expertenstatus" (Meuser/Nagel 1991), der sich durch das Forschungsinteresse und Rahmenbedingungen der Forschungssituation bestimmt. Für der Frage nach wichtigen neuen Wissenselementen, wie sie im Zuge dieser Arbeit untersucht werden, ist eine Feststellung von Hacker (1992) nützlich. Gleiche Tätigkeiten können aus unterschiedlichen Perspektiven beurteilt werden. Zum einen von "Praktikern" aus der beruflichen Praxis, aber auch von "Experten", die diese Tätigkeiten nicht aktiv ausüben, aber mit ihnen aufgrund früherer Erfahrungen oder ihres kontinuierlichen Berichterstatus "vertraut" sind. Der unterschiedliche Blickwinkel führt allerdings zu verschiedenen Akzentsetzungen. Während Praktiker eher konkrete, erfahrungsgeleitete und auch operative Aspekte betonen, fußt das "Theoretikerwissen" stärker auf Konzepten, Modellen und Analysen.

**Übersicht 18**
**Gegenüberstellung der Merkmale von "Praktikerwissen" und "Theoretikerwissen" nach Hacker**

| *Merkmale von* **"Praktikerwissen"/ -vorgehen** | **"Theoretikerwissen"/-vorgehen** |
|---|---|
| *stärker datengeleitet*<br>*Arbeiten stärker an Beispielen, an eigener Erfahrung orientiert* | *stärker konzeptions- bzw. hypothesengeleitet und auf langfristige Verifikation von Hypothesen orientiert* |
| *orientiert auf operative Lösungen; für diese effektiver (z.B. umgehende Havariebearbeitung)* | *Umformen operativer in langfristige Probleme; für diese effektiver* |
| *Erfahrungen als "schweigendes Wissen" stark genutzt* | *Nutzung von Modellen* |
| *integrierendes Denken; Querverbindungen verfolgt, Strukturierung ausgehend von Auftrag und Freiheitsgraden für Maßnahmen* | *analytisches Denken; formalisierende Bearbeitung* |

Quelle: Hacker (1992), S. 14

Diese Überlegungen sind auch wichtig für das Vorgehen bei der Untersuchung von Wissensanforderungen, für die Interpretation der Expertengespräche. Bei den im Rahmen der Untersuchung befragten Experten handelt es sich um Ausbildungsleiter, Vertreter der Verwaltungsspitze und Amtsleiter, die als "Experten" Auskunft darüber gaben, wie sich die Veränderungen in der Organisation Kommunalverwaltung in konkreten und erwünschten Qualifikationsanforderungen an Verwaltungspersonal niederschlagen, wobei als Ausgangspunkt der Reflektionen der gehobene nichttechnische Verwaltungsdienst gewählt wurde. Dabei fungierten die Befragten nicht nur als Experten für die Erwartungen an ihre Untergebenen, sondern auch bezüglich neuer Anforderungen in ihrer eigenen Rolle, veränderten Organisationsstrukturen und gewandeltem Führungsverhalten.

### *5.3.3 Ablauf der leitfadengestützten Intensivinterviews*

Der "Laufplan" dieses Untersuchungsteils, dessen Schwerpunkt qualitative Leitfadeninterviews mit Einzelpersonen oder kleinen Gruppen bildeten, gleicht demjenigen für Gruppeninterviews. Nach der Formulierung und Analyse der zentralen Fragestellung folgten Vorabrecherchen über den Untersuchungsgegenstand und das Setting. Dabei zeigte sich die Schwierigkeit, neben "offiziellen" Publikationen auch an sog. "graue" Literatur zu gelangen. Diese liegt, gerade wenn die Umstrukturierungen aktuell im Gang sind, häufig in Form interner, der Öffentlichkeit nicht zugänglicher Beschlußvorlagen vor. Dennoch gelang es, aus unterschiedlichen Quellen Material zusammenzutragen und die Kontextsensitiviät zu erhöhen. Im Hinblick auf die Standardisierung der Interviews und die Repräsentativität der Ergebnisse erschien es aber nicht sinnvoll, zu stark auf spezielle Problemstellungen der Untersuchungseinheiten einzugehen.

Auf Basis der Vorinformationen wurde der Leitfaden erstellt, dessen Dramaturgie sich von wechselseitiger Vorstellung und Einführungsfragen, über Sondierungsfragen, Leitfadenfragen bis hin zu Einzelheiten vertiefenden Ad-hoc-Fragen steigern sollte. Für die Intensivinterviews im vorliegenden Fall wurde ein relativ stark strukturierter Leitfaden entwickelt. Dieser "engt" zwar auf den ersten Blick die Gesprächssituation ein, erleichtert es dem Interviewer aber gleichzeitig, den Fragestellungen zu folgen und sich auf die Antworten konzentrieren zu können. Ein methodisches Ziel bei der Konzeption der Fallstudieninterviews war es auch, bereits den Prozeß der Datenerhebung möglichst präzise zu strukturieren und so die Auswertung zu erleichtern. Zu diesem Zweck wurde der Fragebogen mit einer Vorspalte versehen, die Erläuterungen, Beispiele und Angaben zu Fragen und Argumentationsdimensionen enthielt. Die Spezifizierungen für Dimensionen und Merkmale in der Vorspalte bereiteten auch die Entwicklung des Schlagwortkataloges für den ersten Kodierungsprozess der computerunterstützten qualitativen Datenanalyse mit WinMax vor (siehe Abschnitt 5.4.2).[393]

Neue Anforderungen an die Qualifikation von Verwaltungspersonal stehen in engem Zusammenhang mit Maßnahmen zur Reorganisation der Verwaltung, die sich allerdings zwischen den Gemeinden häufig stark unterscheiden.[394] Um zu erkennen, inwieweit unterschiedliche Rahmenbedingungen die Anforderungen an Kenntnisse und Fähigkeiten des Personals beeinflußten, wurden daher die Gesprächspartnerinnen und -partner der politisch-administrativen Ebene gebeten, Zielvorstellungen und Leitlinien der Veränderungen für die Gesamtverwal-

---

[393] **Leitfragen** waren durch Fettdruck, Vertiefungsfragen durch ein Aufzählungszeichen (Punkt) gekennzeichnet und allgemeine *Erläuterungen* kursiv hervorgehoben. Die Instrumente finden sich im Anhang.

[394] Vgl. Klages, H.: Zwischenbilanz der Verwaltungsmodernisierung in Deutschland. In: Verwaltung und Management 3/1997, S. 132 - 139.

tung zu beschreiben. Auf der Ebene der Ämter, Fachbereiche bzw. verselbständigten Einrichtungen standen die aktuellen Umstrukturierungen in der jeweiligen Verwaltungseinheit im Mittelpunkt. Ruft man sich den enormen finanziellen und Legitimationsdruck ins Gedächtnis, unter dem die öffentliche Verwaltung steht (siehe u.a. Reinermann 1994, S. 9ff), wird verständlich, daß zu diesem Punkt auch ein enormes Mitteilungsbedürfnis besteht. Dieser Themenkomplex bot sich daher als Einstiegsfrage an. Den Hintergrund bildete die Annahme, daß gerade zu Beginn eines Gesprächs ein Themas gewählt werden sollte, welches für die interviewte Person hohe Priorität besitzt und zu dem sie mit hoher Wahrscheinlichkeit weitergehende Reflektionen und Kommentare liefern kann. Das "Eis" sollte "gebrochen werden" und der Gesprächspartner sich möglichst nicht nur als Informationsquelle, sondern auch in seiner speziellen Befindlichkeit ernst genommen fühlen. Die ausführlichen und informativen Antworten auf die Einstiegsfrage untermauerten die Arbeitsthese, daß gerade die Kommunalverwaltungen sich einem besonders starken Wandel ausgesetzt sehen, nicht nur aufgrund der Finanzkrise, sondern auch aufgrund der veränderten Ansprüche von Bürgerinnen und Bürgern an Staat und Verwaltung (Stichwort "Wertewandel"). Diese Vorgehensweise deckt sich im ersten Fragekomplex der Interviews mit Dimensionen zur Analyse von *Organisationsentwicklung* nach Sievers (1978).[395] Wichtig ist es, die Konzeption des Wandels zu erfassen, den Phasenverlauf und die Art des Einstiegs (top-down- oder bottom-up-Prozesse). Charakteristisch ist auch die Rolle externer Berater (change agents) und der eingesetzten Organisationsleitbilder. Der Komplex Organisationsentwicklung erweist sich dabei als "schillernder Begriff" (Trebesch 1982), der am häufigsten verbunden wird mit geplantem Wandel, einem ganzheitlichem Ansatz, der Anwendung sozialwissenschaftlicher Theorien, einem Fokus auf Struktur und Verhalten sowie der gezielten Intervention durch Spezialisten (siehe auch Cummings/Worley 1993, zit. in Schreyögg 1996, S. 484).

Den zweiten Fragenkomplex bildete der Bereich Personal; vor dem Hintergrund des Personalbestandes der untersuchten Einheit sollten Einsatzbereiche und Tätigkeiten von Absolventinnen und Absolventen des Modellstudiengangs Verwaltungsbetriebswirtschaftslehre, aber auch von Beschäftigten des gehobenen nichttechnischen Verwaltungsdienstes im allgemeinen beschrieben werden. Vor dem Hintergrund von Rahmenbedingungen der Personalsituation und des Aufgabenzuschnitts wurden dann fachliche, aber auch wichtige außerfachliche Qualifikationen und Schlüsselkompetenzen erörtert. Hierbei wurde zunächst offen nach den wichtigsten fachlichen und außerfachlichen Kenntnissen und Kompetenzen gefragt. Den vierten Hauptpunkt der Interviews auf Ämterebene bildeten Fragen zur Performanz von FHöV-Absolventinnen und Absolventen in der Fachpraxis, so u.a. der Ablauf und die Gestaltung der Einarbeitungszeit

[395] Nach SCHREYÖGG (1996), S. 483f.

sowie die beobachtete Anwendbarkeit des vermittelten Wissens. Dabei wurde auch nach grundlegenden Aspekten der Abstimmung von Theorie und Praxis und nach Kenntnis und Zusammenarbeit mit der FHöV gefragt. Den Abschluß der Gespräche bildeten Fragen zur Einschätzung der Entwicklung von Anforderungen an die Qualifikation von Verwaltungspersonal.

Um zentrale, zunächst offen abgefragte Themen zu vertiefen, wurden im Anschluß an die Themenkomplexe Personalstruktur der Untersuchungseinheit (AK 1), fachliche Anforderungen (Amtsleiter) bzw. gewünschte Gewichtung von fachlichen Schwerpunkten (Verwaltungsspitze) (AK 2), außerfachliche Qualifikationsanforderungen und Schlüsselkompetenzen (AK 3) sowie Reformvorschläge (AK 4) Antwortkarten verteilt. Da auf der Ebene der Verwaltungsspitze Überblickskenntnisse und keine Aussagen zu spezifischen Tätigkeitsbereichen erhoben wurden, erfolgte hier nur die Bearbeitung der Antwortkarten 2, 3 und 4. Die Antworten zu außerfachlichen Anforderungen und Reformvorschlägen wurden unter dem Aspekt des größeren Zusammenhangs ausgewertet. Fachliche Anforderungen wurden nur aggregiert zu den Schwerpunkten "Jura", "Rechtskenntnisse", "Betriebswirtschaftliche Kenntnisse", "Organisation" und "Sozialwissenschaft" erhoben.

Die Antwortkarte zum Personalbestand zielte darauf, einen Eindruck von der Beschaffenheit der Personalstruktur im Amt zu erhalten, den Bestand an Verwaltungs- und Fachpersonal aufzuzeigen und gleichzeitig die nachfolgenden Aussagen zu Einsatzbereichen und Tätigkeiten zu präzisieren. Zudem wurden die Ausgangsqualifikation in den geschilderten Stellengruppen erhoben. Diese Übersichtstabelle erhebt den in der untersuchten Einheit vorhandenen Personalbestand, d.h. Planstellen (Stellenbezeichnungen, z.T. mit Vergütungsgruppen) und "überplanmäßig" eingesetzte Mitarbeiter. Zu jeder Kategorie von Mitarbeiterinnen und Mitarbeitern werden Aufgaben und Tätigkeitsschwerpunkte sowie die ihre Qualifikation bzw. Ausbildung erhoben.

Auf der Antwortkarte zu fachlichen Anforderungen sollte die Wichtigkeit von Lehrthemen der beiden Curricula Verwaltungsbetriebswirtschaftslehre sowie Kommunaler Verwaltungsdienst auf fünfstufigen Rating-Skalen eingeschätzt werden. Um die Belastung bei der Bearbeitung zu verringern, wurden pro Lehrthemenschwerpunkt bis zu fünf einzelne Lehrthemen ausgewählt; Auswahlkriterien bildeten inhaltliche Schwerpunkte und der vorgesehene Stundenumfang. Auf Grundlage der insgesamt 39[396] Fächer (18 VBWL; 21 Kommunaler Verwaltungsdienst), wurde eine Liste von 46 Lehrthemen erstellt. Um Aussagen zu den Fächern zu ermöglichen, wurden die Bewertungen der Lehrthemen den jeweiligen Fächern der Curricula zugewiesen. Dies sollte auch die Vergleichbarkeit mit den Einschätzungen von Studierenden und Dozenten erleichtern. Die

[396] Ab dem Einstellungsjahrgang 1996 wurde auch im Curriculum VBWL das Fach "Juristische Methodik" eingeführt.

Liste zur Wichtigkeit von Fachkenntnissen ersetzte die in den Studierendenbefragungen sowie in den Gruppengesprächen mit der Ausbildungsleitung verwendete Liste der Unterrichtsfächer, aus der sie entwickelt wurde. Da die Befragten in den Fallstudien nicht direkt mit dem Bereich Studium bzw. Ausbildung befaßt sind, waren hier kaum Kenntnisse zu Inhalten und Schwerpunkten von Unterrichtsfächern vorauszusetzen. Zur Ermittlung der außerfachlichen bzw. Schlüsselkompetenzen wurden dieselben Itembatterien wie in der Befragung von Studierenden, Dozenten und Ausbildungsleitern eingesetzt, um die Kompatibilität mit den Ergebnissen dieser Untersuchungsteile zu unterstützen.

Da die Tätigkeitsfelder der Kommunalverwaltung und auch des gehobenen nichttechnischen Verwaltungsdienstes sehr heterogen sind, konnten die Befragten mehrere Profile erstellen. Die genaue Bezeichnung der Gruppen von Personal, für deren Aufgaben und Tätigkeiten die Wichtigkeit der Kenntnisse eingeschätzt werden sollte, wurde den einzelnen Befragten überlassen. Es wurde jedoch Wert darauf gelegt, mindesten ein Profil mit eher betriebswirtschaftlich-organisatorischem Aufgaben- und Tätigkeitsschwerpunkt sowie als Kontrast hierzu eines mit allgemeinen, "klassischen" Verwaltungsaufgaben zu bilden.

**Übersicht 19**
**Themenschwerpunkte der Intensivinterviews mit Vertreterinnen und Vertretern der Verwaltungspraxis**

| *Verwaltungsspitze* | *Administrative Leitungsebene* |
|---|---|
| Strukturveränderungen und Leitbilder/Modelle in der Gesamtverwaltung | Aktuelle Veränderungen in Struktur und Aufgaben in Amt/Einrichtung |
| Konsequenzen für das Personalwesen unter bes. Berücksichtigung der Ausbildung (FHöV) | Personalplanung und -auswahl |
| | Aufgaben und Tätigkeiten in Amt/Einrichtung |
| Qualifikationsanforderungen im gehobenen Dienst allgemein | Qualifikationsanforderungen in Amt/Einrichtung |
| Ausblick auf die weitere Entwicklung | Außenbild des Studiengangs/der FHöV-Ausbildung und Ausblick; Verbesserungswünsche |

Quelle: Leitfäden für Intensivinterviews mit der strategischen bzw. administrativen Leitungsebene im Rahmen der Evaluation Verwaltungsbetriebswirtschaftslehre.

## 5.4 Integrative Auswertungsstrategien qualitativer und qualitativer Untersuchungsteile

Eine zentrale Strategie des triangulativen Forschungsdesigns bestand darin, qualitative und quantitative Untersuchungsverfahren zu kombinieren, um ein detaillierteres Bild von Erfahrungen und Vorstellungen der Fachpraxis zu erhalten. Daher wurden im Rahmen der Gruppendiskussionen und von Fallstudien in ausgewählten Kommunalverwaltungen bewußt schwerpunktmäßig qualitative Vorgehensweisen gewählt, um den Befragten die Möglichkeit zu geben, ihre Perspektiven möglichst "frei" zu vermitteln.[397] Im folgenden werden die theoretischen Grundlagen qualitativer Datenauswertung und der eingesetzten Auswertungsstrategien vorgestellt. Denn die Herausforderung bei Gruppendiskussionen wie auch Fallstudienreports besteht weniger in der Datenerhebung als vielmehr in der Handhabung der Informationsfülle. Die Datenfülle muß reduziert, zentrale Themenschwerpunkte herausgearbeitet und auch eine gewisse Distanz zum "Feld" gewonnen werden. Notwendig ist deshalb bei aller gewünschten Offenheit der Methode ein klares Beharren auf der Abarbeitung der Fragestellung (Stake). Man könnte die Vorgehensweise bei der Auswertung qualitativer Daten auch als "Operationalisierung in umgekehrter Form" bezeichnen.[398] Einen wichtigen Aspekt qualitativer Erhebungen stellt aber gerade die Absicht dar, die Antworten der Befragten nicht von vornherein auf numerische Codes zu reduzieren, sondern soweit als möglich von der Fülle offener Antworten zu profitieren. Aber auch die Antwortfülle muß verständlich und übersichtlich ausgewertet werden, was bereits an die Konzeption des Gesprächsleitfadens hohe Anforderungen stellt. Im folgenden werden zwei Strategien zur typologischen Auswertung qualitativer Daten kurz vorgestellt.

### *5.4.1 "Quantitative" Analyse "qualitativ" erhobener Daten: der ZUMA-Ansatz*

Eine Analysestrategie, die das Mannheimer "Zentrum für Umfragen, Methoden und Analysen" (ZUMA) empfiehlt, zielt auf die empirische Herausarbeitung von typischen Fällen ab. In der "hermeneutisch-klassifikatorischen" Inhaltsanalyse von Leitfadengesprächen wird versucht, den Aufwand, der die objektive

---

[397] Zu Gesprächen als Datenbasis für Organisationsforschung siehe auch Argyris (1997), der Bandaufnahmen von Gesprächen als "harte Daten" bezeichnet und seine Thesen durch (stilisierte) Zitate von Gesprächsteilen, die die (impliziten) Argumentationsmuster aufzeigen sollen, untermauert.

[398] Vor dem Hintergrund des klassischen, hypothetiko-deduktiven Forschungsprozesses, der vom theoretischen Begriff zum Meßinstrument folgende Stufen beinhaltet: Theoretischer Begriff, Dimensionen (abgeleitete Begriffe), Indikatoren (Variablen), Instrumente (z.B. Skalen) (Vgl. z.B. FRIEDRICHS 1985, S. 164).

Hermeneutik nach Oevermann für größere Samples nicht praktikabel macht, durch die Verbindung mit quantitativen Verfahren zu reduzieren. Daher wird dieser Strategie seitens der Verfechter eines rein qualitativen Paradigmas "Reduktionismus" vorgeworfen. Doch wer sich einmal der Datenfülle einer größeren Anzahl von Leitfadeninterviews gegenübersah, wird Hinweise, wie die wertvollen Informationen übersichtlich erschlossen werden können, zu schätzen wissen.

Die objektive Hermeneutik basiert auf drei Prinzipien. Zum einen verlangt sie eine extensive Interpretation des zu analysierenden Textes, womit nichts anderes gemeint ist, als möglichst *allen* "im Text schlummernden" potentiellen Bedeutungen nachzugehen. Das Prinzip der vollständigen Interpretation verlangt, jede Bedeutungseinheit eines Textes als wichtig für die Sinnstruktur des Textes zu interpretieren. Vorgegangen wird dabei "sequentiell", d.h., in einem kontinuierlichen Prozeß der Interpretation wird die tiefere Struktur des Textes erarbeitet. Die Interpretation erfolgen diskursiv, empfohlen wird eine Gruppe von etwa 3 bis 7 Forschern, womit individuellen Verzerrungen vorgebeugt werden soll (Intercodierer-Reliabilität). Wichtige Teilschritte des Interpretationsprozesses bilden die Paraphrasierung der Bedeutung, d.h. die Übertragung der zu interpretierenden Textstellen in "Normalsprache". Die Intentionen der interagierenden Subjekte zu explizieren, erfordert die Analyse der Motive und Ziele von Sprechenden und Zuhörenden.[401] In der Explikation der objektiven Motive des Gesprächs ("Interakts") und seiner objektiven Konsequenzen wird schließlich unter Einbezug von Kontextinformationen versucht, die objektive Sinnstruktur des Textes zu erschließen (Mathes 1989 nach Oevermann et al. 1979).

Vor allem dieser letzte Schritt verweist auf den Ursprung der Methode zurück, die entwickelt wurde für die Analyse von Familieninterviews und ähnlichen, stark narrativ orientierten Texten. Im Falle von Leitfadeninterviews jedoch ist die objektive Sinnstruktur durch das zentrale Thema und die Dramaturgie der Fragestellung vorgegeben. Ein zusätzlich entdeckter, "objektiver" Sinn wiese im Grunde auf ein Interview hin, das den zentralen Gesprächsfokus verfehlt hätte. Die anderen geschilderte Elemente der Methode der objektiven Hermeneutik (Paraphrasierung, Analyse von Motiven und Zielen) sind jedoch auch im Rahmen der Analyse von Leitfadengesprächen wichtig.

Das rein interpretative Vorgehen stößt jedoch in größeren Samples an seine Grenzen. Gerade im Rahmen von vergleichenden Fallstudien fallen in der Regel eine größere Anzahl von Interviews und Kontextinformationen an (zu den "astronomischen" Zeitbudgets siehe u.a. Mathes 1989). Als "Ausweg" wird häufig eine quantitative Inhaltsanalyse gewählt, welche für einen ersten Überblick über das Auftreten von Merkmalsausprägungen bestimmter Indikatoren

[401] Vgl. auch die Bedeutung der Analyse von Motivstrukturen in der phänomenologischen Analyse.

sicher hilfreich ist. Gerade bei themenzentrierten Untersuchungen wird aber rasch klar, daß aufgrund der unterschiedlichen Verbalisierungsfähigkeit der Befragten und differierenden Gesprächssituationen (Unterbrechungen, nicht zu unterbindende Einflüsse Dritter) sich Lücken bzw. Redundanzen in der angestrebten Informationsmatrix finden, die sich durch einfache Interpretationsschritte – häufig reicht bereits die Paraphrasierung umgangssprachlicher Ausdrücke – schließen lassen.

Das ZUMA empfiehlt nun eine Weiterentwicklung von rein interpretativ agierender Herangehensweise und "harter" quantitativen Vorgehensweise, mit deren Hilfe auch größere Textmengen auswertungsökonomisch erschlossen werden können. In einem ersten Schritt werden in dieser sog. "hermeneutisch-klassifikatorischen Inhaltsanalyse" gemäß dem interpretativ-qualitativen Paradigma die intendierten Motive und Ziele der Sprechenden erarbeitet. Im quantitativen Teil werden diese Sinnstrukturen reduziert, indem sie gemäß der ihnen inhärenten Sinndimensionen klassifiziert werden. Der dritte Schritt umfaßt eine "zweigleisige Auswertungsstrategie", bei der zentrale Sinnstrukturen mit "geeigneten Auszählverfahren" rekonstruiert und quantitativ beschrieben werden. Durch die entsprechende Datenaufbereitung ist stets der Rückgriff auf das Textmaterial gesichert (siehe auch die Strategie von WinMax), um eine hermeneutische Feinanalyse vornehmen zu können. Im einzelnen umfaßt die hermeneutisch-klassifikatorische Analyse eine Reihe von Arbeitsschritten, die sich an folgenden Prinzipien und Regeln für die Reduktion des qualitativen Datenmaterials orientieren: Zum einen an der Gruppencodierung als notwendiger Voraussetzung, um von einem diskursanalytischen Reduktionsverfahren zu sprechen. Weiterhin die textimmanente Interpretation, d.h., die Interpretationen müssen sich auf Belegstellen im Text stützen und schließlich die kontextgebundene Interpretation, die darauf abzielt, Argumentationszusammenhänge und Sinneinheiten immer in bezug auf den Gesamttext zu interpretieren. Eine wichtige Regel bei der Interpretation besteht in der Beachtung von "Leerstellen", da auch Lücken in der Datenmatrix, die aus dem Nichtansprechen bestimmter Themen resultieren, wichtige Informationen über Vorstellungen und Motive der Befragten beinhalten. Die "Regel der Konsistenz- oder Inkonsistenzdarstellung" schließlich soll gewährleisten, daß Brüche in der Argumentation während eines Interviews nicht geglättet, sondern angemessen interpretiert werden.

"Zusammenfassend kann man feststellen, daß die hermeneutisch-klassifikatorische Inhaltsanalyse die hermeneutische, einzelfallbezogene Vorgehensweise mit einer quantitativen Vorgehensweise verknüpft und damit die Voraussetzung für die Analyse von größeren Fallzahlen schafft. Die Verfahren der qualitativen und quantitativen Sozialforschung werden hier nicht konkurrierend, sondern komplementär genutzt." (Mathes 1989, S. 71, eigene Hervorhebung; vgl. auch Mohler 1978 und 1987.)

### *5.4.2 Fallbasierte Typifizierung und Quantifizierung: das WinMax-Konzept*

Hatten das alte Rechnerparadigma des "Number Crunchers", hoher finanzieller und nicht zuletzt der Aufwand an technischem Know-how zuvor den Computereinsatz im Bereich qualitativer Analysen eingeschränkt,[402] so setzte sich in den achtziger Jahren auch im Bereich der qualitativen Datenauswertung die computerunterstützte Analyse durch. Trotz der quantifizierenden Tendenz der Analyse (zur Kritik an der Übertragung von "Turing-Kriterien" auf lebensweltliche Zusammenhänge siehe z.B. Winograd/Flores 1986), erweisen sich viele Methoden zur Analyse qualitativer Daten als durchaus kompatibel mit einer computergestützten Auswertung. Gerade die "cut-and-paste techniques" profitieren davon, daß die Ordnung des ursprünglichen Textes in eine strukturierte Ordnung überführt wird, die codierten Textsegmente aber weiterhin im Fließtext verbleiben (Kelle 1995).

Die vertiefte Auswertung von qualitativen Daten, d.h., der Transkripte von Gruppendiskussionen und Intensivinterviews mit Einzelpersonen oder Kleingruppen, erfolgte im Rahmen der vorliegenden Arbeit unter dem Einsatz der Analysesoftware WINMAX. Theoretischer Hintergrund dieses Computerprogramms ist die "Typologische Analyse". Ein Typus wird dabei definiert wird als "deskriptiver Terminus für eine Konstellation von Merkmalen, die in der untersuchten Population eine über den Einzelfall hinausgehende Bedeutung hat." (Kuckartz 1988, S. 202). Die Bildung der Typen orientiert sich an den methodischen Überlegungen von Max Weber und Alfred Schütz und versucht, möglichst charakteristische Merkmale von Untersuchungseinheiten zu verdichten. Die auf diese Weise konstruierten Handlungstypen sollen "Verstehen" und sozialwissenschaftliche quantitative Statistik *verbinden.* Kuckartz (1988, 1995a, 1995b) vertritt eine "einheitswissenschaftliche Position", die eine Integration von qualitativen ("Verstehen") und quantitativen ("Erklären") Forschungsansätzen verfolgt.

Auf der Basis hermeneutisch ausgerichteter Analysen werden Variablen gebildet, denen wiederum in enger Anlehnung an das Textmaterial Werte zugewiesen werden. Dabei ist in WINMAX jederzeit die Rückkehr zum Text und eine Verfeinerung der hermeneutischen Analyse möglich.

Der auch als fallbasierte Quantifizierung qualitativer Daten bezeichnete Ansatz von Kuckartz versucht, qualitative und quantitative Vorgehensweise zu verbinden. Am Anfang steht ein hermeneutischer Durchgang durch das Material, um relevante thematische Kategorien aufzuspüren und typische Bedeutungszusammenhänge aufzuspüren. Der sog. *erste Kodierungsprozess* umfaßt zum einen folgende Schritte:

---

[402] Zum Zusammenhang zwischen technischer Entwicklung und der Ausbreitung bestimmter Analysetechniken und -verfahren siehe z.B. auch den Einsatz der Clusteranalyse, der mit zunehmender Rechnerkapazität erleichtert wurde.

[403] Kuckartz (1988, 1995a, 1995b).

- Transkription der Texte,
- Interpretation der einzelnen Texte (Einzelfallanalyse),
- Vergleich der einzelnen Fälle (vergleichende Einzelfallanalyse),
- Entwicklung eines Systems von thematischen Kategorien (Codes).

Die Codeworte können aus der Literatur stammen oder lassen sich aus Forschungsfrage bzw. Interviewleitfaden ableiten. Sie können auch mittels Paraphrasierung induktiv aus den Daten gewonnen werden.[404] Nach der Entwicklung des Codewortsystems folgen die

- Zuordnung der Codes zu Textstellen; die Einheit von Codewort und Textstelle wird als "Coding" bezeichnet, die
- Zusammenstellung und Interpretation aller Textstellen mit dem selben Code und die
- Analyse der Beziehungen zwischen den Codes (vergleichenden Themenanalyse).

Die Zusammenstellung aller Textstellen, die zu einem Thema gehören, ist der Ausgangspunkt des "zweiten Kodierungsprozesses". Da es gilt, die Dimensionen der einzelnen Kategorien gilt es näher zu betrachten, müssen die den Textstellen zugewiesenen Kategorien auf bestimmte Eigenschaften hin untersucht werden. Diese Merkmalsausprägungen werden dann auf den Dimensionen verortet.[405] Der zweite Kodierungsprozesses gliedert sich in

- Überprüfung und Interpretation aller Textstellen, die zu einer Kategorie (Code) gehören,
- Analyse der Dimensionen, auf denen sich die Eigenschaften verorten lassen,
- Definition von Variablen,
- wiederholter Durchgang durch alle "Codings",
- Bestimmung des Skalentyps der Variablen und der Skalenwerte[406],
- Aufstellen von Kodierungsanweisungen mit "prototypischen" Beispielen,

---

[404] Vgl. Mayring (1988) zit. in KUCKARTZ (1994), S. 21f.

[405] Zum Prozess der Bestimmung von Analysedimensionen im qualitativen Forschungsprozess siehe STRAUSS (1991) und STRAUSS/CORBIN (1990).

[406] Vgl. auch das Auswertungsverfahren von MILES/HUBERMAN (1984), welches ebenfalls die Möglichkeit einer Typisierung bzw. Verortung von Untersuchungseinheiten anhand von Merkmalsausprägungen anstrebt.

- "fallorientierte" Kodierung,
- Eingabe von Variablenwerten für jeden Fall.

Codingstatistiken und Variablenwerte können über eine Dbase-IV-Schnittstelle aus WINMAX in Statistikpakete wie SPSS exportiert und explorativen Analyseverfahren wie der Cluster-Analyse unterzogen werden. Man könnte die Vorgehensweise auch als Umkehrung von Analysestrategien des quantitativen Paradigmas bezeichnen, bei denen die Bestimmung von Dimensionen, zentralen Begriffen und ihren Merkmalsausprägungen die Grundlage bildet, auf der Instrumente (Skalen, Indizes) konzipiert werden. Bei der integrativen fallbasierten Quantifizierung werden Kategoriensysteme und Skalen "expost" aus dem bzw. in Wechselwirkung mit dem zu analysierenden Material gewonnen.

### *5.4.3 Vorgehensweise und Rahmendaten der ausgewerteten Gruppengespräche und Leitfadeninterviews*

Zwei Untersuchungsteile der Evaluation des Modellstudiengangs Verwaltungsbetriebswirtschaftslehre waren schwerpunktmäßig qualitativ ausgerichtet. Ziel der Gruppendiskussionen mit Vertreterinnen und Vertretern der Ausbildungsleitung war es, Informationen über die Anforderungen der Verwaltungspraxis an den Studiengang, die Akzeptanz des Modellstudiengangs Verwaltungsbetriebswirtschaftslehre in der öffentlichen Verwaltung und die Gestaltung der fachpraktischen Studienabschnitte zu einem möglichst frühen Zeitpunkt flächendeckend und unter aktiver Partizipation der Kommunalverwaltungen zu erheben. Aus Gründen der Erhebungsökonomie und der Möglichkeit, die Erwartungen und ersten Erfahrungen in einer Gruppensituation auszutauschen und zu vertiefen, stellten Gruppendiskussionen an den fünf Standorten, die den Studiengang zum Zeitpunkt der Untersuchung anboten, das Mittel der Wahl dar. Zentrales Element der Fallstudien in sechs Kommunalverwaltungen bildeten Intensivinterviews mit Vertreterinnen und Vertretern der Verwaltungsspitze und der Amtsleitung ausgewählter Aufgabenbereiche.

Die Gruppengespräche wurden unter Zuhilfenahme von Bandaufnahmen und Stichwortprotokollen stichwortartig transkribiert.[407] Für die Intensivinterviews erwies sich trotz detaillierter "Vorabcodierung" auf dem Instrument (siehe Anhang) aufgrund der komplexen Argumentationslage eine weitgehend vollständige Transkription als notwendig. Die Transkripte beider Untersuchungsschritte wurden anschließend zur weiteren Auswertung als Textdokumente in WinMax

---

[407] Ein exemplarisch vorgenommenes Volltranskript erbrachte im Vergleich zu Stichworttranskripten keinen deutlich höheren Informationsgewinn, daher wurden aus auswertungsökonomischen Gründen die übrigen Gespräche nur stichwortartig festgehalten.

eingelesen. Tabelle 16 liefert eine Übersicht zu Dauer, Dokumentationsweise und Umfang der Transkripte von Gruppendiskussionen und Intensivinterviews.

Die Auswertung der Transkripte von Gruppengesprächen und Fallstudieninterviews erfolgte gemäß dem Prinzip der typologischen Quantifizierung in zwei Hauptstufen. Zu Beginn erfolgte eine Einzelfallanalyse der einzelnen Texte. Danach wurden die verschiedenen Fälle miteinander verglichen. Eine erste grobe Strukturierung der Texte stützte sich auf die Gesprächsleitfäden. Zusätzlich wurden Ergebnisse quantitativer Analysen und Ergebnisse von Literaturrecherchen miteinbezogen. Daraus wurde das Codesystem entwickelt. Die in der Terminologie von Winmax als Codings bezeichneten Einheiten von Codeworten und Textstellen wurden zusammengestellt und die Themen zwischen den einzelnen Untersuchungseinheiten miteinander verglichen ("cross-site analysis").

Der "zweite Durchgang" durch das Antwortmaterial besaß das Ziel, die Liste der Codeworte (Stichworte und Schlagworte) vor dem Hintergrund der gesammelten Erfahrungen zu kontrollieren und gegebenenfalls zu präzisieren ("Feintuning"). Für den Kontext der vorliegenden Arbeit lag das Hauptaugenmerk auf den Aussagen zu Qualifikationsanforderungen im Zusammenhang mit organisatorischem Wandel. Die "Codings", d.h. die Zuordnungen von Textstellen zu Schlagworten bzw. Kategorien, bildeten die Grundlage für die kontextgestützte Entwicklung von Variablen zu den Themenkomplexen zentrale Elemente von Modernisierungsprozessen in der Verwaltung und deren Auswirkungen auf die Anforderungen an Verwaltungspersonal.[408] Diese Variablen können aus WINMAX in Analyseprogramme wie SPSS übertragen werden und dort statistischen Analysen unterzogen werden.[409]

[408] Erste Ergebnisse wurden im Rahmen der Evaluierung als Zwischenbericht an den Auftraggeber übergeben. Siehe HELLSTERN/HORNY (1996), Zwischenbericht "Zur Sicht der Ausbildungsleitung", Kassel (unv.).

[409] Empfohlen werden u.a. Cluster-Analysen.

**Tabelle 16**
**Gruppengespräche und Experteninterviews: Charakteristika der Erhebungssituationen und Dokumentationsstrategien**

| | *Dauer (in Minuten)* | *Dokumentation* | *Transkript (Seiten/KB)* |
|---|---|---|---|
| Diskussion 1 | 180 (20 Teilnehmende) | Bandaufnahme/ Stichwortprotokoll | 35/134 |
| Diskussion 2 | 130 (14 Teilnehmende) | Bandaufnahme/ Stichwortprotokoll | 22/39 |
| Diskussion 3 | 200 (30 Teilnehmende) | Bandaufnahme/ Stichwortprotokoll | 23/45 |
| Diskussion 4 | 110 (22 Teilnehmende) | Bandaufnahme/ Stichwortprotokoll | 18/21 |
| Diskussion 5 | 115 (14 Teilnehmende) | Bandaufnahme/ Stichwortprotokoll | 10/18 |
| Interview 1[1] | 90 | Bandaufnahme/ Stichwortprotokoll | 19/55 |
| Interview 2 | 90 | Bandaufnahme/ Stichwortprotokoll | 16/35 |
| Interview 3 | 90 (Gruppengespräch) | Bandaufnahme/ Stichwortprotokoll | 17/35 |
| Interview 4 | 45 (Gruppengespräch) | Bandaufnahme/ Stichwortprotokoll | 18/15 |
| Interview 5[1] | 135 | Bandaufnahme/ Stichwortprotokoll | 13/16 |
| Interview 6 | 120 | Bandaufnahme/ Stichwortprotokoll | 20/30 |
| Interview 7 | 120 (Gruppengespräch) | Bandaufnahme/ Stichwortprotokoll | 20/28 |
| Interview 8 | 75 | Bandaufnahme/ Stichwortprotokoll | 13/35 |
| Interview 9[1] | 105 (Gruppengespräch) | Bandaufnahme/ Stichwortprotokoll | 15/23 |
| Interview 10[2] | 120 (Gruppengespräch) | Bandaufnahme/ Stichwortprotokoll | 88/45 |
| Interview 11 | 120 (Gruppengespräch) | Bandaufnahme/ Stichwortprotokoll | 27/63 |
| Interview 12[1] | 120 | Bandaufnahme/ Stichwortprotokoll | 21/60 |
| Interview 13 | 120 | Bandaufnahme/ Stichwortprotokoll | 19/59 |
| Interview 14 | 60 | Bandaufnahme/ Stichwortprotokoll | 17/43 |
| Interview 15[1] | 75 | Stichwortprotokoll | 10/17 |
| Interview 16 | 120 | Bandaufnahme/ Stichwortprotokoll | 29/87 |
| Interview 17 | 100 | Bandaufnahme/ Stichwortprotokoll | 22/68 |
| Interview 18 | 120 | Bandaufnahme/ Stichwortprotokoll | 22/67 |
| Interview 19[1] | 90 (Gruppengespräch) | Bandaufnahme/ Stichwortprotokoll | 9/13 |
| Interview 20[2] | 120 | Bandaufnahme/ Stichwortprotokoll | 16/33 |
| Interview 21 | 60 | Bandaufnahme/ Stichwortprotokoll | 12/13 |

[1] Gespräche, in denen Belange der Gesamtverwaltung diskutiert wurden. [2] Gespräche, in denen zwei Geschäftsbereiche diskutiert wurden. [3] Volltranskript.

Die unterschiedlichen Schwerpunktsetzungen der Gespräche, eine stärker auf Gesamtkonzepte und größere Zusammenhänge ausgerichtete Strategie in den Interviews mit der Verwaltungsspitze und das Bestreben, Vorgänge aus der Perspektive einzelner Fachämter zu beschreiben, finden sich auch in der ersten Auswertungsübersicht wieder. Die folgende Graphik zeigt den relativen Umfang der Äußerungen zu Schwerpunkten der Interviewleitfäden (in Zeilen). Deutlich zeigt sich, daß die Schwerpunkte der Gespräche mit Vertretern der Verwaltungsspitze sich wie erwartet auf die Ebenen organisatorischer Wandel und Leitbilder von Veränderungen bezogen.

**Abbildung 7**
**Thematische Struktur von Intensivinterviews im Rahmen exemplarischer Fallstudien** (Zeilenumfang von Themenschwerpunkten in Prozent)

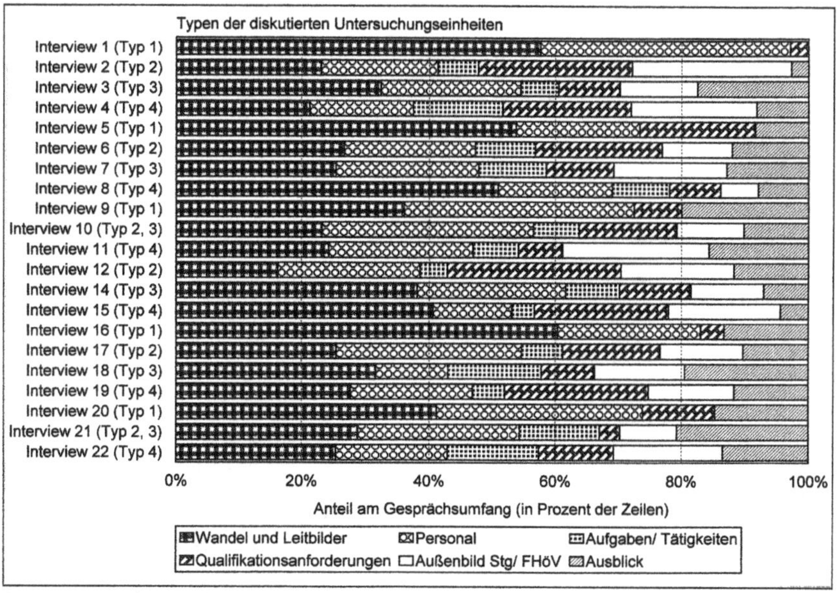


Typ 1 = Verwaltungsspitze, Typ 2 = Zentralverwaltung, Typ 3 = Leistungsverwaltung, Typ 4 = Bereich mit starken Veränderungen. Quelle: Experteninterviews.

Eine erhöhte Repräsentativität der Aussageergebnisse wurde dadurch angestrebt, daß die untersuchten Verwaltungen und Organisationseinheiten typische Fälle auf den Dimensionen Verwaltungsgröße, Studiengangsteilnahme und Aufgabenschwerpunkt darstellten.[410] Unter den analysierten 22 Interviews befanden sich vier Gespräche mit Vertreterinnen und Vertretern der Verwaltungsspitze, sieben in Bereichen der Kernverwaltung, sechs in Bereichen der Ordnungs- und Leistungsverwaltung und fünf in Bereichen, in denen besondere Anforderungen im Bereich neuer Steuerung und betriebswirtschaftlichen Handelns bestanden. Unter Berücksichtigung der Merkmalskombinationen auf den drei Dimensionen der Vorauswahl ergaben sich 15 unterschiedliche Typen von untersuchten Einheiten.

---

[410] Zu den Besonderheiten der Auswahl von Untersuchungseinheiten im Rahmen von Fallstudien generell sowie bei diesem primär qualitativ orientierten Untersuchungsteil siehe Kapitel 5.

**Abbildung 8 Organisatorischer Wandel: Veränderungen, Leitbilder und Qualifikationsanforderungen**
(Intensivinterviews im Rahmen der Fallstudien, Visualisierung der Codingstatistiken nach Typen der Vorauswahl)

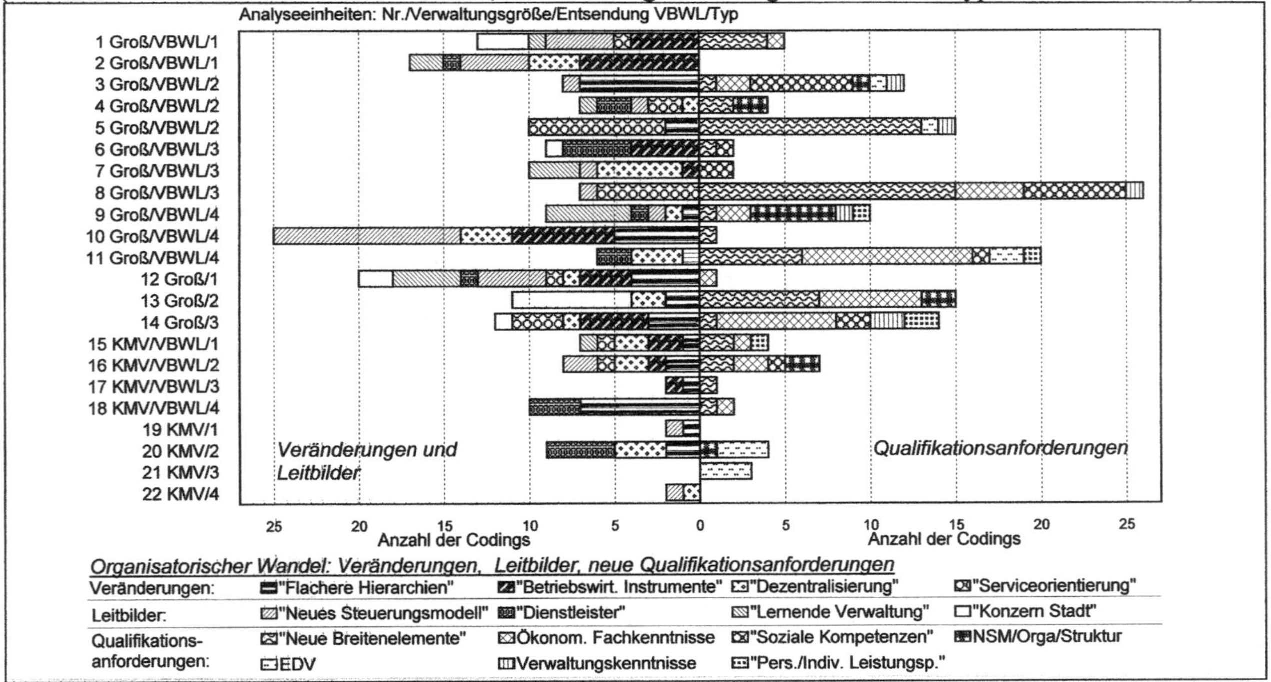


1) Die Einteilung der Verwaltungsgröße folgt den Gemeindegrößenklassen des Landesamtes für Statistik (LDS) Nordrhein-Westfalen. 1 = Kreisverwaltung, 2 = Kreisfreie Stadt, 3 = kreisangehörige Gemeinde mit < 25.000 Einwohnern. 2) Entsendung von Studierenden in den Modellstudiengang in den Jahren 1993 bis einschließlich 1997. 3) Art der analysierten Gesprächseinheit: 1= Verwaltungsspitze, 2 = Administrative Leitungsebene, 3 = Ordnungs- und Leistungsverwaltung, 4 = Verwaltungseinheit mit besonderen Anforderungen in den Bereichen Verwaltungsreform, ökonomische Kenntnisse. Anzahl der Codings zu Fragekomplex I.1/I.1 (a).
Quelle: Intensivinterviews im Rahmen der Fallstudien.

Gemäß dem Prinzip der fallbasierten Quantifizierung qualitativer Daten wurden die Gespräche zunächst "fall-intern" und im Anschluß daran "fall-vergleichend" analysiert. Als Grundlage der quantitativen Auswertungen dienten die Coding-Statistiken. Mit "Codieren" bzw. "Verschlagwortung" wird in der Terminologie von Winmax die Zuordnung eines Textsegmentes zu einer Kategorie (einem Schlagwort) bezeichnet. Ein "Coding" stellt das Ergebnis eines Verschlagwortungsvorgangs dar, die Coding-Statistik enthält Informationen darüber, wie häufig sich Textsegmente einem bestimmten Schlagwort (auch "Codewort") zuordnen ließen.

Abbildung 8 zeigt die graphische Zusammenfassung der Codings zu *Veränderungen*, *Leitbildern* und *neuen* Qualifikationsanforderungen, gegliedert nach der Typologie der Vorabauswahl der analysierten Einheiten. Deutlich wird dabei das breitere Spektrum der großen Verwaltungen, wobei aber Inhalte und Schritte von Veränderungen und Leitbilder nicht zwingend mit spezifischen Qualifikationsanforderungen korrespondieren. Allerdings darf nicht übersehen werden, daß die Codingstatistiken in besonderem Maße den "qualitativen" Bias der Datenerhebungssituation wiedergeben. Durch Leitfadensteuerung und zeitliche Terminierung wurde zwar versucht, die zu analysierenden Interviewtranskripte möglichst vergleichbar zu gestalten. Dennoch ließen sich individuelle Unterschiede in Argumentationsgestaltung und Gesprächsverhalten nicht vollständig kontrollieren und es zeigten sich Effekte der Gesprächssituationen. Die umfangreichsten und zudem thematisch relativ vielfältigen Coding-Statistiken entfallen auf Gesprächsrunden, die sich aus gleichberechtigten Teilnehmenden zusammensetzten (Analyseeinheiten 8 und 10), während bei Gesprächsrunden, die ein starkes hierarchisches Gefälle aufwiesen, mitunter der gegenteilige Effekt eintrat (Analyseeinheit 19). Dabei war für ein breites Themenspektrum nicht zwingend eine Gruppensituation nötig, wie beispielweise die dyadischen Gesprächssituationen in den Analyseeinheiten 1, 12, 14, 15 und 16 zeigen.

## 5.5 Standardisierte Befragung größerer Samples

### *5.5.1 Aufbau und Schwerpunkte der Instrumente*

Zur Befragung von Studierenden, Absolventen und Dozenten im Rahmen der Evaluation des Studiengangs Verwaltungsbetriebswirtschaftslehre wurden relativ hoch standardisierte Instrumente eingesetzt. Diese bieten den Vorteil, auch größere Stichproben mit erhebungsökonomisch vertretbarem Aufwand befragen zu können. Inhaltlich wurde versucht, den Expertenstatus der genannten Gruppen auszuschöpfen. So umfaßten Schwerpunkte der Studierendenfragebogen Erfahrungen zu den Themen

- Erwartungen und Studienbeginn (1. Semester[411]),
- Studium und Lehrmethoden (3. und 5. Semester),
- Fachpraktische Ausbildung (3. und 5. Semester),
- Leistungsnachweise (3. und 5. Semester),
- Rahmenbedingungen, Einschätzungen und Wünsche zum Studiengang (3. und 5. Semester).

Zur Überprüfung von Praxisadäquanz der Ausbildung, aber auch um das Tätigkeitsspektrum noch präziser abbilden zu können, wurden die ersten beiden Absolventenjahrgänge 1996 und 1997 befragt. Schwerpunkte der Befragung von Absolventinnen und Absolventen bildeten:

- Erste Erfahrungen im Beruf,
- Studium und Lehrmethoden,
- Fachpraktische Ausbildung,
- Leistungsnachweise,
- Rahmenbedingungen, Einschätzungen und Wünsche an das Studium im Rückblick.
- Beruf und Lebensgestaltung.

Kurz erwähnt seien auch die Schwerpunkte des fünfseitigen Fragebogens für Dozentinnen und Dozenten, die in den Jahren 1993 bis 1997 im Modellstudiengang Verwaltungsbetriebswirtschaftslehre unterrichteten:

- Lehrbedingungen im Modellstudiengang,
- Ansehen, Wünsche und Bewertung,
- Qualifikationsziele des Studiengangs,
- Ansehen, Arbeitsbelastung und Zufriedenheit.[412]

Um die Vergleichbarkeit der Aussagen zu ermöglichen wurden, soweit möglich, weitgehend identische Itembatterien eingesetzt. Die in die vertieften Analysen der vorliegenden Arbeit eingeschlossenen Itembatterien der Studierenden- und Absolventenbefragungen bestehen überwiegend aus fünfstufigen Ratingskalen, auf denen Aussagen und Prioritäten von 1 = "sehr wichtig" bis 5 =

---

[411] In der ersten Befragungswelle wurde dieser Fragekomplex retrospektiv auch unter Studierenden des 3. und 5. Semesters erhoben.

[412] Zur detaillierten Vorgehensweise und Ergebnissen siehe HELLSTERN/JÄGER (1997).

"völlig unwichtig" einzuschätzen waren. An diesen Itembatterien orientierte sich auch die Gestaltung des "Advanced organizers" zur Vorbereitung der Gruppendiskussionen mit der Ausbildungsleitung sowie die der Antwortkarten, die im Rahmen der Gruppendiskussionen und Fallstu-dieninterviews zur Unterstützung und Vertiefung der Argumentation eingesetzt wurden (siehe Abschnitte 5.2, 5.3).

### *5.5.2 Studierende und Absolventen - Stabilisierung und Validierung von Umfrageergebnissen durch Paneldesign und Kontrollgruppe*

Eine wichtige Komponente der Evaluation des Modellstudiengangs Verwaltungsbetriebswirtschaftslehre stellte die mehrfache Befragung der Studierenden dar. Das Studierendenpanel und die Befragung der ersten beiden Absolventenjahrgänge sollten stabilere und validere Aussagen sowie die Kontrolle darüber ermöglichen, wie sich die Einschätzungen während der Untersuchungsphase entwickelten. Das Paneldesign sah vor, Studierende im ersten, dritten und fünften Semester der fachwissenschaftlichen Ausbildung sowie Absolventinnen und Absolventen der Einstellungsjahrgänge 1993 und 1994 zu befragen. Das Paneldesign verfolgt im Gegensatz zum Trenddesign, das wiederholt unabhängige Zufallsstichproben aus derselben statistischen Population untersucht, eine mehrfache Untersuchung derselben Untersuchungseinheiten. Gemeinsam ist beiden Verfahren, daß sie wiederholt durchgeführt werden und dieselbe Population repräsentieren. Veränderungen der Populationszusammensetzung, bei biographischen Untersuchungen z.B. altersbedingte Zu- und Abgänge, im Falle der Evaluation von Ausbildungsprogrammen die Berücksichtigung von Studienanfängern und Absolventen, erfordern zur vergleichenden Längsschnittanalyse ein Kohortendesign. Das Kohortendesign erlaubt Vergleiche von Merkmalsausprägungen bei unterschiedlichen (Alters- bzw. Semester-) Kohorten im zeitlichen Querschnitt. Zweitens kann das Antwortverhalten von Personen der gleichen Kohorte zu unterschiedlichen Meßzeitpunkten verglichen und drittens Vergleiche in diachroner Perspektive durchgeführt werden, die Entwicklungen innerhalb der untersuchten Kohorten über mehrere Meßzeitpunkte hinweg ermöglichen.[413]

Tabelle 17 gibt einen Überblick über die Befragungszeiträume und die jeweils eingegangenen Fragebögen nach Semester bzw. Befragungszeitpunkt und Studiengang. Die Beteiligung der Studierenden, die unmittelbar vor Ort in der Fachhochschule motiviert werden konnten, lag zwischen 89 und 97 Prozent, bei der anonym postalisch erfolgten Absolventenbefragung immerhin noch im Mittel bei 62 Prozent. Hierbei muß auch berücksichtigt werden, daß viele Absolventin-

---

[413] ENGEL/REINECKE (1994). Eine ausführliche Diskussion des Kohortendesigns findet sich bei Hagenaars, J. A. (1990): Categorical Longitudinal Data. Newbury Park: Sage, v.a. Kapitel 7.

nen und Absolventen angaben, stark beansprucht durch den beruflichen Einstieg zu sein.

**Tabelle 17**
**Evaluation Verwaltungsbetriebswirtschaftslehre FHöV NRW: Eingegangene Fragebögen der Studierenden- bzw. Absolventenbefragungen nach Befragungszeitraum, Semester (Abschlußjahr) und Studiengang** (absolut)

| *Befragungszeiträume* | *(1993)* | *(1994)* | *1995/96* | *1996/97* | *1997/98* | *Gesamt* |
|---|---|---|---|---|---|---|
| Abs. VBWL '97 | | | | | 70 | 70 |
| Abs. KV '97 | | | | | 72 | 72 |
| Abs. VBWL '96 | | | | 42 | 42 | 84 |
| Abs. KV '96 | | | | (86) | 46 | 46 |
| 5. Sem. VBWL | | | 52 | 89 | 133 | 274 |
| 5. Sem. KV | | | 87 | 112 | 106 | 305 |
| 3. Sem. VBWL | | (52) | 98 | 142 | 130 | 370 |
| 3. Sem. KV | | (86) | 104 | 123 | 129 | 356 |
| 1. Sem. VBWL | (52) | (98) | 153 | 153 | 130 | 436 |
| 1. Sem. KV | (86) | (104) | 129 | 134 | 147 | 410 |
| VBWL gesamt | | | 303 | 426 | 506 | 1234 |
| KV gesamt | | | 320 | 369 | 500 | 1189 |
| *Gesamt* | | | *623* | *795* | *1006* | *2423* |

Abs.: Absolventen; KV: Grundständiger Studiengang Kommunaler Verwaltungsdienst; Sem.: Semester (fachwissenschaftlicher Ausbildungsabschnitt, in dem die Befragung stattfand); VBWL: Studiengang Verwaltungsbetriebswirtschaftslehre. Doppelt umrahmt sind die Kohorten des Studierenden- und Absolventenpanels. Quelle: Evaluation Verwaltungsbetriebswirtschaftslehre FHöV NRW, Studierendenbefragungen 1995 – 98, Absolventenbefragungen 1997/98.

Um die Effekte von Studienrichtung und zeitlicher Entwicklung kontrollieren zu können, wurden neben den Studierenden und Absolventen der neuen Studienrichtung auch solche des sog. grundständigen Studiengangs Kommunaler Verwaltungsdienst befragt. Diese *Kontrollgruppe* ermöglichte es, innerhalb der Institution FHöV die Einflüsse der Ausbildungsrichtung zu überprüfen.

## 5.6 Zwischenresümee: Vorteile und Herausforderungen triangulativer Untersuchungsdesigns

Die Bearbeitung der Forschungsfrage nach Veränderungen der organisationalen Wissensbasis der öffentlichen Verwaltung in der vorliegenden Form wurde nicht zuletzt angeregt durch die Erweiterung des Ausbildungsangebots für den gehobenen nichttechnischen Verwaltungsdienst in Nordrhein-Westfalen. Der 1993 an der Fachhochschule für öffentliche Verwaltung eingeführte Studiengang Verwaltungsbetriebswirtschaftslehre soll modernes ökonomisches "Know-how" und Managementelemente für die öffentliche Verwaltung verstärkt verfügbar machen. Die zur Überprüfung der Wirksamkeit und Akzeptanz in Auftrag gegebene Evaluation verwendete ein triangulatives Design, um dem komplexen Untersuchungsgegenstand gerecht zu werden.

Einen für die vorliegende Arbeit zentralen Teil dieser Perspektiven- und Methodentriangulation stellte der Erfahrungsaustausch mit den Einstellungsbehörden der Studierenden dar. Er umfaßte zwei Hauptschritte, Gruppendiskussionen mit Vertreterinnen und Vertretern der Ausbildungsleitung und Intensivinterviews im Rahmen von Fallstudien. Die Gruppendiskussionen sollten zu einem relativ frühen Zeitpunkt des Evaluationsverlaufs die Perspektiven von Verwaltungen einbeziehen, die bereits in den Jahren 1993 bis 1996 Studierende in die Verwaltungsbetriebswirtschaftslehre entsandt hatten. Fallstudien in ausgewählten Verwaltungen sollten Ergebnisse der Gespräche mit der Ausbildungsleitung, aber auch der quantitativen Studierendenbefragungen vertiefen helfen. Im Zentrum standen dabei leitfadengestützte Intensivinterviews mit Vertreterinnen und Vertretern von Verwaltungsspitze und Fachämtern.

Da sowohl Gruppendiskussionen als auch Intensivinterviews Erhebungsmethoden darstellen, die in hohem Maße qualitatives Datenmaterial liefern, wurden zwei Ansätze zur Auswertung und Integration qualitativer Untersuchungsergebnisse vorgestellt. Besonders das Prinzip der fallbasierten Quantifizierung von Texten unter Verwendung der Analysesoftware WINMAX, welches einen Brückenschlag zwischen qualitativer und quantitativer Methode anstrebt, beeinflußte die Vorgehensweise im Rahmen der vorliegenden Arbeit.

Ein zentrales Element der Evaluation Verwaltungsbetriebswirtschaftslehre, welches an dieser Stelle nur kurz vorgestellt wurde, stellte die mehrfache Befragung von Studierenden in den Jahren 1995 bis 1998 dar. Durch diese Panelbefragung sollten Effekte der Modellphase des Studiengangs Verwaltungsbetriebswirtschaftslehre kontrolliert und insgesamt stabilere Aussagen gewonnen werden. Zusätzlich wurde eine Kontrollgruppe von Studierenden des grundständigen Studiengangs Kommunaler Verwaltungsdienst befragt, um Einflüsse der Studienrichtung und des organisatorischen Settings vergleichen zu können. Studierende der Einstellungsjahrgänge 1993 und 1994 wurden zudem 1997 und 1998 nach Abschluß des Studiums befragt. Aussagen der Absolventen bildeten eine wichtige Informationsquelle für die Praxisadäquanz der neuen Studienrichtung.

Daten aus dem komplexen triangulativen Untersuchungsdesign werden im folgenden Kapitel vertieft analysiert, um ein möglichst facettenreiches Bild der organisatorischen Veränderungen und den damit verbundenen Veränderungen in der Wissensbasis zu ermöglichen. Gruppendiskussionen, Intensivinterviews im Rahmen von Fallstudien wie auch standardisierte Massenbefragungen stellen dabei Instrumente mit einer jeweils eigenen Dynamik und Logik gegenüber dem Forschungsgegenstand dar. Die Schilderung ihres Einsatzes und einzelner Ergebnisse bildete die Vorarbeit zu einer integrierten Auswertung von Aussagen zu Veränderungen im organisatorischen Setting und den damit verbundenen Veränderungen in den Anforderungen an die Qualifikation und somit auch das "Wissen" der Organisationsmitglieder.

# 6 Der Wandel von Wissensanforderungen: Ergebnisse des triangulativen Perspektiven- und Methodenvergleichs

## 6.1 Analysedimensionen, Perspektiven und Datenmaterial

Am Beginn dieser Untersuchung stand die auf einem abduktiven Schluß basierende Vermutung, die Erweiterung des Ausbildungsangebots der größten Gruppe verbeamteten Verwaltungspersonals spiegele Veränderungen in den Wissensanforderungen des organisatorischen Kontextes Kommunalverwaltung wieder. Um der Frage nachzugehen, was sich verändert hat, wurden zunächst das idealtypische Modell bürokratischer Organisation nach Max Weber und systemtheoretische Funktionsbeschreibungen öffentlicher Verwaltung daraufhin untersucht, welche Besonderheiten in bezug auf die Ressource Wissen sich aus ihnen ableiten lassen. Dabei zeigte sich, daß Wissen durch organisatorische Strukturen in systemkonformer Weise transformiert wird, Veränderungen der Wissensbasis und Lernprozesse jedoch stets auf die Ebene des Individuums verweisen.[414] "Organisationales[415] Lernen" erfolgt daher einerseits, wenn Mitglieder der Organisation "lernen". Andererseits lernen Organisationen durch Prozesse der Auswahl und gezielten Anwerbung von Mitgliedern, die im Vergleich zur bisherigen Wissensbasis der Organisation bzw. einer organisatorischen Teileinheit über *neues* Wissen verfügen.[416] Die an internen Verwaltungsfachhochschulen durchgeführte Beamtenausbildung für den gehobenen nichttechnischen Dienst kann für beide Vorgänge stehen. Denn zum Studium werden sowohl Studierende entsandt, die bereits in der Verwaltung tätig waren[417], als auch Schulabgänger als Amtsinspektorenanwärter in ein Ausbildungsdienstverhältnis gestellt.

Die Veränderungen in der öffentlichen Verwaltung wurden illustriert anhand von Paradigmen und Leitbildern des Organisierens. In Paradigmen und Leitbildern neuer Verwaltungssteuerung, die vor allem in den neunziger Jahren große Bedeutung erlangten, manifestieren sich innovative Tendenzen der Qualifikationsentwicklung, die gegenüber dem "klassischen" Bürokratiemodell auf Veränderungen bzw. Erweiterungen der bislang primär regelkonformen organisatorischen Rationalität (Gesetzes- und Regelvollzug) hinweisen (Kapitel 3). Im

---

[414] Vgl. SIMON (1991), der Individuen als "Schnittstelle" zwischen Organisation und Lernen bezeichnet.

[415] Die Eindeutschung des englischen "organizational" wird herangezogen, um deutlich zu machen, daß es sich um das Wissen der Organisation und nicht um Wissen zu Techniken und Verfahren des Organisierens handelt.

[416] Zu Besonderheiten und Modellen organisationalen Lernens siehe Abschnitt 2.2.2.2.

[417] Im Rahmen des Laufbahnaufstiegs; Voraussetzung der Zulassung bildet das erfolgreiche Absolvieren der Aufstiegsprüfung.

Zusammenhang mit dem Qualifikationsbegriff wurden die zwei Hauptdimensionen der Qualifikationsforschung angesprochen, deren Schwerpunkte sich auch im Wandel der Qualifikationsanforderungen in der Kommunalverwaltung, speziell in Bereichen der Kernverwaltung (in denen sich ein großer Teil des verbeamteten Personals im gehobenen nichttechnischen Dienstes befindet) erkennen lassen. Die erste Dimension der Qualifikationsforschung ist die der "technologischen Determination" von Anforderungen (vgl. Abschnitt 4.1.1), in Tätigkeitsfeldern der Verwaltung vor allem durch moderne Informations- und Kommunikationstechnologien. Auch Verfahren zur Organisationsreform lassen sich als (Kultur-) "Techniken" interpretieren, deren Implementation in berufliche Kontexte neue Anforderungen nach sich zieht. Als Beispiel sei das "Neue Steuerungsmodell" der KGSt mit seiner verstärkt an ökonomischer Effizienz ausgerichteten Handlungsorientierung genannt, das für eine Erweiterung der juristisch-regelkonformen "hierarchischen Verwaltungskultur" steht.

Die zweite Dimension der Qualifikationsentwicklung bezieht sich zum einen auf die Auswirkungen moderner Wissensgesellschaften auf Tätigkeitsfelder in Berufsorganisationen, die auf eine Höherqualifizierung hinauslaufen (vgl. Abschnitt 2.2). Diese Tendenz zeigt sich in der öffentlichen Verwaltung beispielsweise am sukzessiven Abbau des einfachen und mittleren Dienstes in Einsatzbereichen wie dem Schreibdienst und bei der Zusammenlegung von Sekretariatsaufgaben. Zudem läßt sich im Zusammenhang mit Personaleinsparungen eine Bündelung von Kompetenzen auf Verwaltungspositionen beobachten, die häufig einen erhöhten Qualifikationsbedarf bedeuten.[418] Im Rahmen der Evaluation des Modellstudiengangs Verwaltungsbetriebswirtschaftslehre an der Fachhochschule für öffentliche Verwaltung Nordrhein-Westfalen ließen sich ähnliche Entwicklungen beobachten. Aufstiegsbeamte berichteten von einem regelrechten Druck zur Weiterqualifizierung, Amtsleiter diskutierten die Vorteile vernetzter Computerarbeitsplätze und der dadurch möglichen personellen Einsparungen im Sekretariatsbereich.[419]

Weitere Hinweise auf sich verändernde Qualifikations- bzw. Wissensanforderungen in der öffentlichen Verwaltung lieferten Reformkonzepte der Ausbildung des gehobenen Dienstes an internen Verwaltungsfachhochschulen, die seit den frühen neunziger Jahren verstärkt Studiengänge mit höherem ökonomischen (betriebswirtschaftlichen) Fächeranteil unter Bezeichnungen wie "Verwaltungsbe-

---

[418] Die Hoffnung, finanziellen Restriktionen durch weniger, aber besser qualifizierte Mitarbeiter begegnen zu können, findet sich schon in den Zielsetzungen bei der Errichtung der internen Verwaltungsfachhochschulen in den siebziger Jahren (siehe PAPPERMANN et al. 1982). Das das Thema weiterhin aktuell ist, beweisen Aussagen wie die von EICHHORN (2000): "Eine Planungs- und Überwachungsverwaltung bedarf besonders qualifizierter Mitarbeiter in gehobenen und höheren Ämtern mit einer entsprechend reduzierten Zahl von Bediensteten in nachgeordneten Laufbahnen." (S. 29)

[419] SCHWARZE (1996), HELLSTERN/HORNY (1998a).

triebswirtschaftslehre" und "Public Management" anbieten.[420] Näher vorgestellt wurde die Verwaltungsbetriebswirtschaftslehre an der Fachhochschule für öffentliche Verwaltung Nordrhein-Westfalen (Abschnitt 4.2.5.1). Die sich auf theoretischer und konzeptioneller Ebene zeigenden Veränderungen wesentlicher Elemente und Bestandteile organisationalen Wissens der öffentlichen Verwaltung werden in diesem Abschnitt empirisch untersucht. Das vorangehende Kapitel 5 stellte bereits das triangulative Untersuchungsdesign, die eingesetzten Methoden und die einbezogenen Perspektiven vor.

Die Veränderungen in den Wissensanforderungen werden nun anhand von Einstellungen, Meinungen und Aussagen von Organisationsmitgliedern illustriert. Einen Überblick und eine Vorschau auf die Perspektiven, die - im Sinne phänomenologischer Variation auch als Reflexionsdimensionen interpretierbaren - Themenschwerpunkte der Untersuchung sowie die Art und Qualität des Datenmaterials bietet Übersicht 20. Verschiedene Datenquellen sollten gewährleisten, möglichst alle relevanten Perspektiven einzubeziehen (Perspektiven-Triangulation). Für den ersten Themenschwerpunkt, eine explorative Beschreibung der organisatorischen Rahmenbedingungen im Wandel, wurden vor allem Ergebnisse der exemplarischen Fallstudien in sechs Kommunalverwaltungen Nordrhein-Westfalens herangezogen (siehe Abschnitt 5.3). Dabei wurden bewußt verstärkt offene, stärker "qualitative" Erhebungsverfahren genutzt, um einem potentiellen quantitativen Bias entgegenzuwirken und vermehrt Aspekte der beruflichen Lebenswelt Verwaltung erfassen zu können. Hinweise auf die beiden Dimensionen organisationalen Lernens wurden zum einen durch Aussagen zu Erfahrungen mit und Anforderungen an *neue* Organisationsmitglieder untersucht. Dabei spielten zusätzlich zu den Auswahlkriterien auch die Vorerfahrungen und Motive der Studierenden eine Rolle. Zudem wurden Einsatzbereiche der Studierenden und Absolventen in fachpraktischen Ausbildungsabschnitten und nach dem Examen betrachtet.

---

[420] Interessanterweise stellte der Einbezug ökonomischer Lehrthemen bereits ein Ziel bei der Gründung der internen Verwaltungsfachhochschulen in den siebziger Jahren dar (vgl. z.B. die Anmerkung bei PAPPERMANN et al. 1982, Fußnote S. 100).

**Übersicht 20**
**Qualifikationsanforderungen vor dem Hintergrund organisatorischen Wandels: Dimensionen, Perspektiven und Datenmaterial**

| *Perspektiven* / *Dimensionen und Analyseebenen* | ***Verwaltungs-spitze/Amtsleiter*** *(Intensivinterviews)* | ***Ausbildungs-leitung*** *(Gruppengespräche)* | ***Studierende/ Absolventen*** *(Panelbefragung)* |
|---|---|---|---|
| *Organisation im Wandel (Hypothesenkomplex1; Hypothese 1)* | | | |
| Inhalte und Modelle organisatorischer Veränderungen | qualitativ | | |
| "Neue" Anforderungen vor dem Hintergrund organisator. Wandels | qualitativ | | |
| Ausblick auf die Entwicklung von Qualifikationsanforderungen | qualitativ | | |
| *Organisationales Lernen I: Charakteristika und Anforderungen an neue Mitglieder (Hypothesenkomplex 2; Hypothesen 2, 3 und 4)* | | | |
| Auswahlkriterien für Verwaltungspersonal bzw. FHöV-Studierende | qualitativ/quantitativ | qualitativ/quantitativ | |
| Vorerfahrungen und Motive der Studierenden bei Studienbeginn | | | quantitativ |
| Einsatzbereiche und Aufgaben von Studierenden/ Absolventen | qualitativ (Amtsleiter) | quantitativ | quantitativ/qualitativ |
| *Organisationales Lernen II: Vorstellungen und Wünsche an die Qualifikation der Organisationsmitglieder (Hypothesenkomplexe 3 und 4; Hypothesen 5 und 6), Perspektivenvergleich* | | | |
| Wichtige fachliche und außerfachliche Qualifikationen | qualitativ/quantitativ | qualitativ/quantitativ | quantitativ (qualitativ) |
| Vorstellungen zur Verwaltungsausbildung/Reformwünsche | qualitativ/quantitativ | qualitativ/quantitativ | quantitativ (qualitativ) |
| *Methodenvergleich und Themenvariation (Hypothesenkomplex 5): Lassen sich Unterschiede in den Prioritäten von Qualifikationen zwischen qualitativen und quantitativen Untersuchungsstrategien erkennen? (Hypothese 7) Lassen sich durchgehend wichtige Qualifikationsanforderungen und Hinweise auf organisatorische Rationalitäten erkennen? (Hypothese 8)* | | | |
| Methodenvergleich | qualitativ/quantitativ | | |
| Themenvariation | qualitativ | | |

Organisationales Lernen, wie es sich in Wünschen an die Qualifikation der *Mitglieder*, an Personal des gehobenen nichttechnischen Verwaltungsdienstes und Funktionsäquivalenten zeigt, bildete einen weiteren Hinweis auf die organisationalen Lernvorgänge. Man kann einwenden, daß die empirische Untersuchung auf einer Reform des Studiums für den gehobenen nichttechnischen Verwaltungsdienst basiert, und die Anzahl verbeamteten Personals im Rückgang begriffen sei. Eine Untersuchung der Veränderungen in der Ausbildung für diese Personalgruppe schien aber dennoch sinnvoll, da sich erstens die Reflektion in den Intensivinterviews sich aufgrund der Tatsache, daß der Personalbestand in den Untersuchungseinheiten heterogen zusammengesetzt war, was Laufbahngruppen und Art der Beschäftigungsverhältnisse betraf, nicht auf den gehobenen nichttechnischen Dienst und Beschäftigte im Beamtenverhältnis beschränkte. Durch die typologische Auswahl von Untersuchungseinheiten sollte zusätzlich eine möglichst breite und repräsentative Palette von Anforderungsbereichen in der Kommunalverwaltung erfaßt werden. Zum anderen wirkt die Beamtenausbildung noch immer als eine Art Leitbild bzw. Leitfigur der Aus- und Fortbildung im öffentlichen Dienst. Kühnlein/Wohlfahrt nennen als Gründe für die Sonderrolle des öffentlichen Dienstes im Bereich Aus- und Weiterbildung, der öffentliche Dienst sei hier "vergleichsweise rückständig", es bestehe ein Nachholbedarf. Auf der anderen Seite würden die Beschäftigungsverhältnisse in der öffentlichen Verwaltung als stark verrechtlicht wahrgenommen, weswegen - aus Sicht von Kühnlein/Wohlfahrt unberechtigterweise - viele Fragen des Zugangs und der flexibleren Gestaltung von Aus- und Fortbildung vom starren Laufbahnprinzip des Beamtenverhältnisses geprägt und als festgelegt betrachtet würden.[421] Defizite und die Einschätzung von Reformvorschlägen bildeten weitere Hinweise auf wichtige Elemente für die Verwaltungspraxis.

Methodisch sollten zwei Hypothesen überprüft werden. Zum einen das Verhältnis von qualitativ und quantifizierend erhobenen Daten. Da eine Gesprächssituation wie z.B. in den Fallstudieninterviews auch immer einen gewissen "Streßfaktor" enthält, die wichtige Aspekte möglicherweise vergessen läßt, wurden qualitative Verfahren kombiniert mit standardisierten Itembatterien, die auf Antwortkarten präsentiert wurden. Auf diese Art der Methoden-Triangulation wird versucht, einer Art "Inter-Methoden-Reliabilität" nachzugehen.[422] Abschließend soll explorativ noch der Frage nachgegangen werden, ob sich innerhalb von Interviews bestimmte Themenkomplexe immer wieder zeigen und somit auf eine generell hohe Wichtigkeit hindeuten.[423]

---

421 KÜHNLEIN/WOHLFAHRT (1995), S. 9f.

422 Um zu überprüfen, ob sich die Ergebnisse unterschiedlicher Herangehensweisen wechselseitig "kongruent" stützen, eher komplementär ergänzen oder dissonante Ergebnisse auf zu vertiefende Fragestellungen hinweisen.

423 Ähnlich einer phänomenologischen Variation von Thema und Situation.

Bevor die empirischen Ergebnisse vorgestellt werden ist noch aufzuzeigen, wie Qualifikationsdimensionen ermittelt wurden. Die in den vorangegangenen Kapiteln theoretisch erarbeiteten Elemente und Indikatoren für organisationsspezifische Wissens- bzw. Qualifikationsanforderungen wurden eingesetzt, um empirisch ermittelte Qualifikationsdimensionen zu interpretieren und abzurunden.

## 6.2 Theoretisch-empirische Klassifikation von Qualifikationsanforderungen

Die Entwicklung und Veränderung der Qualifikationsanforderungen sollte in engem Zusammenhang mit dem organisatorischen Kontext öffentliche Verwaltung untersucht werden. Zur Charakterisierung von Funktionen und Aufgaben öffentlicher Verwaltung – mit besonderem Blick auf die Ebene der Kommunalverwaltung – wurden klassische Idealtypen und moderne Organisationskonzepte herangezogen. Dabei zeigte sich, daß das juristische Primat der Qualifikation im Zuge staatlichen Aufgabenwandels zunehmend durch Spezialqualifikationen ergänzt wird. Handelte es sich bei diesen Spezialqualifikationen zunächst um Tätigkeitsfelder im Bereich Ingenieurswesen und Sozialarbeit, so erfahren die administrativen Tätigkeitsfelder durch Ausbildungsreformen wie Verwaltungsbetriebswirtschaftslehre oder Public Management eine "interne" Erweiterung. Was Forsthoff als Dilemma zwischen "Verwaltungs-Generalist" und Fachmann bzw. "Spezialist" beschrieb, weist im Zuge von Verwaltungsreformen der neunziger Jahre auf eine Erweiterung der Handlungsratio *innerhalb* administrativer Tätigkeitsfelder hin.

Die Identifikation und operationale Umsetzung *fachlicher Anforderungen* vor dem Hintergrund organisatorischen Wandels wurde durch Studien zu Ausbildungskonzepten und Curricula für den gehobenen nichttechnischen Verwaltungsdienst ergänzt.[424] Empirisch wurden Urteile zu Bestandteilen der Curricula Verwaltungsbetriebswirtschaftslehre und Kommunaler Verwaltungsdienst an der Fachhochschule für öffentliche Verwaltung Nordrhein-Westfalen herangezogen. Das Curriculum Verwaltungsbetriebswirtschaftslehre stand dabei für eine Erneuerung bzw. Innovation in Relation zum "grundständigen" Studiengang Kommunaler Verwaltungsdienst.[425]

Die theoretische Konzeption des Instruments zur Erhebung der nicht direkt fachgebundenen, außerfachlichen oder *Schlüsselqualifikationen* orientierte sich

[424] MÖLLER (1995), PAPPERMANN et al. (1982), BÖHRET et al. (1989).

[425] FACHHOCHSCHULE FÜR ÖFFENTLICHE VERWALTUNG NRW (1993, 1996): Lehrthemen des Modellstudiengangs Verwaltungsbetriebswirtschaftslehre; Lehrthemen für den Fachbereich Kommunaler Verwaltungsdienst. Zu den Besonderheiten und Bestandteilen der Curricula siehe auch die Abschnitte 4.2.4(Tabelle 6) und 4.2.5 (Tabellen 7 und 8).

an Absolventenstudien des Wissenschaftlichen Zentrums für Berufs- und Hochschulforschung der Universität Kassel sowie Studien zur Ausbildung an allgemeinen Fachhochschulen und Verwaltungsfachhochschulen.[426] Sie enthielt 34 Items, die neben allgemeinen *Basisqualifikationen* ("intellektuelle Fähigkeiten, logisches Denken", "Analysefähigkeit", Problemlösungsfähigkeit") und *Horizontqualifikationen* (Kenntnisse und Fähigkeiten zur Informationsgewinnung, Erkennen größerer Zusammenhänge bzw. Überblickskenntnisse) eine Reihe kontextspezifischer Fähigkeiten und Kenntnisse ("*Breitenelemente*" wie etwa "schriftlicher Ausdruck", "Selbständigkeit"[427], "Auswirkungen von Verwaltungshandeln erkennen") und "Vintage-Faktoren" wie "Präsentationsfähigkeit" umfaßte. Zudem erschien es notwendig, eine Reihe von Eigenschaften und Fähigkeiten aufzunehmen, die sich vom klassischen Idealtyp regelorientierten Verwaltungshandelns abheben und auf ein im Vergleich dazu heuristisch-innovatives, flexibleres Handlungspotential im beruflichen Alltag abzielen (z.B. "Innovationsfähigkeit", "Kreativität", "Improvisationsfähigkeit"). Die Auseinandersetzung mit modernen, an privatwirtschaftlichen Organisationsparadigmen orientierten Leitbildern machte deutlich, daß die öffentliche Verwaltung in besonderem Maße Gemeinwohlorientierung und Fürsorgeauftrag berücksichtigen muß, daher wurden auch Items wie "Einfühlungsvermögen" und "Bewußtsein für die soziale Verantwortung der Verwaltung" in die Liste aufgenommen.

Um relevante Dimensionen *empirisch* herauszuarbeiten, wurden die Ratings zum Bereich Schlüsselqualifikationen Faktorenanalysen unterzogen. Die Faktorenanalyse ist ein statistisches Verfahren, welches Zusammenhänge innerhalb einer größeren Zahl von Fragen (Items, Variablen) untersucht. Sie wird in erster Linie angewandt, um eine kleinere Zahl von Dimensionen ("Faktoren") zu finden, auf die sich ein möglichst großer Teil aller Antworten bzw. Urteile zurückführen läßt. Ziel ist es, die in vielen einzelnen Items zu beobachtenden Unterschiede der Befragten mit Hilfe einer relativ geringen Zahl voneinander unabhängiger Faktoren zu erklären. Zugleich kann die Faktorenanalyse dabei helfen, den Grad zu bestimmen, in dem eine gegebene Variable Teil eines gemeinsamen allgemeinen Faktors ist, der verschiedenen Einzelfragen zugrunde liegt. Ein Ausdruck für die Stärke dieses Zusammenhangs zwischen der einzelnen Variablen und dem "Faktor" ist die "Faktorladung". Je höher eine positive oder negative Faktorladung ausfällt, desto enger ist der Zusammenhang. Empfohlen wird in der Literatur eine Interpretation von Faktorladungen ab einem absoluten Wert von etwa 0,5; bei Faktorladungen –0,1 oder +0,1 besteht dagegen fast kein Zusammenhang. Die sog. "Varianzbindung" des einzelnen Faktors gibt an, wie

---

[426] TEICHLER/BUTTGEREIT et al. (1992), BRINKMANN et al. (1994), PAPPERMANN et al. (1982).

[427] Selbständige Sachbearbeitung im Rahmen der Kompetenz bzw. Zuständigkeit des Amtes (im Gegensatz zu primär teamorientiertem Arbeiten).

stark die unterschiedliche Ausprägung aller Variablen in der Gesamtdatei durch diesen Faktor erklärt werden kann. Im vorliegenden Fall wurden vor allem die Ergebnisse einer Hauptkomponentenanalyse (Varimax-Rotation) herangezogen, mit deren Hilfe sich 56 Prozent der Varianz erklären ließen.[428] Die Ergebnisse der Faktorenanalysen mit den Ratings der befragten Gruppen wurden unter Zuhilfenahme von Literatur aus den Bereichen Qualifikationsforschung und Verwaltungswissenschaften interpretiert.

Vor dem Hintergrund der spezifischen Merkmale des organisatorischen Kontextes ließ sich eine Lösung mit sieben Faktoren analysieren. Auf den ersten Faktor entfallen persönlichkeitsspezifische bzw. Merkmale des individuellen Arbeitsverhaltens, wie Ausdauer und Belastbarkeit, Leistungsbereitschaft/Engagement und Zielstrebigkeit. Dieser Faktor wird im folgenden als "*Persönlichkeit und Leistungspotential*" bezeichnet.

Als "neue" Einflüsse auf die organisationsspezifische Handlungsrationalität können die Elemente des zweiten Faktors interpretiert werden. Denn wie in Abschnitt 4.1.3 beschrieben, läßt sich eine *kreative* Vorgehensweise als "heuristisch" und somit entgegengesetzt zur regelorientierten Verfahrensrationalität des Verwaltungshandelns definieren. Auch Komponenten wie "unkonventionelles Denken" und "Innovationsfähigkeit" lassen sich als Veränderungen gegenüber dem klassischen ("rigiden") Bild der Beamtenrolle sehen.

---

[428] Siehe Anhang, Tabelle 12. Die Hauptkomponentenanalyse stellt mit ihrer Form der Kommunalitätenschätzung, d.h., des Teils der Gesamtvarianz, der durch die gemeinsamen Faktoren erklärt werden soll, eine Sonderform der Faktorenanalyse dar (Ausgangsschätzer ist 1); daher wurde zum Vergleich eine "klassische" Hauptachsenanalyse gerechnet, bei der die Kommunalitätenschätzung iterativ erfolgt. Sie erbrachte eine fast identische Faktorenstruktur, erklärte bei gleichen Modellannahmen 45 Prozent der Varianz. Zu den theoretischen Grundlagen der Faktorenanalyse siehe z.B. BACKHAUS et al. (1990), S. 67ff.

**Übersicht 21**
**Interpretationen von Faktorenanalysen zur kontextsensitiven empirischen Klassifikation von Schlüsselqualifikationen**

| *Faktor* | *Items* |
|---|---|
| 1: "Persönlichkeit und Leistungspotential" ("Ich-Kompetenz") | "Ausdauer", "Sorgfalt und Genauigkeit", "Verläßlichkeit", "Belastbarkeit", "Leistungsbereitschaft/ Engagement", "Verantwortungsbewußtsein", "Selbstvertrauen", "Zielstrebigkeit", "Denk- und Urteilsfähigkeit", ("Durchsetzungsvermögen") |
| 2: "Kreativität"/ "Innovationsfähigkeit" (heuristisches, flexibles Denken und Handeln) | "Kreativität", "unkonventionelles Denken", "Innovationsfähigkeit", "Improvisationsfähigkeit", "Flexibilität", "Vielseitigkeit", "Kritikfähigkeit" |
| 3: "*Basisqualifikationen*" (Methodenkompetenz) | "Problemlösungsfähigkeit", "intellektuelle Fähigkeiten (logisches, methodisches Denken)", "Selbständigkeit", "Lernfähigkeit" |
| 4: *"Soziale Kompetenzen"* (Umgang mit Menschen) | "Führungskompetenz", "Kooperationsfähigkeit", "Kommunikationsfähigkeit", "Präsentationsfähigkeit, "Koordinationsfähigkeit" |
| 5: Kontextspezifische "Neue Breitenelemente" (Verwaltung als "Organisation-im-(gesellschaftlichen) Kontext" vor nicht nur ökonomischen Herausforderungen; sich wandelndes Selbstverständnis) | "ökonomische Auswirkungen von Verwaltungshandeln", "wirtschaftliches Denken", "gesellschaftspolitische Auswirkungen des Verwaltungshandelns erkennen", "Befähigung, größere Wirkungs- und Gestaltungszusammenhänge zu erkennen", "Loyalität gegenüber der Verwaltung" |
| 6: "Sachbearbeitung in der Verwaltung"/ "klassische Breitenelemente" (flexible "generalistische" Einpassung und Einsetzbarkeit; Schriftlichkeit der Vorgänge als Wesensmerkmal bürokratischer Organisation) | "Anpassungsfähigkeit", "schriftliche Ausdrucksfähigkeit", ("Lernfähigkeit"), ("Präsentationsfähigkeit") |
| 7: "Empathie" (soziale Verantwortung der Verwaltung, multifinales, allgemeinwohlorientiertes Handeln) | "soziales Verantwortungsbewußtsein", "Einfühlungsvermögen" |

Interpretiert und zusammengefaßt auf der Basis von Faktorenanalysen (Hauptkomponenten-Verfahren, Varimax-Rotation). Die Items sind nach der Höhe der Faktorladung aufgeführt, in Klammern sind Items angegeben, die auf die betreffenden Faktoren ebenfalls vergleichsweise hoch laden und die inhaltliche Interpretation stützen. Unter Verwendung von Daten aus der Evaluation Verwaltungsbetriebswirtschaftslehre FHöV NRW, Studierendenbefragungen 1995-98, Absolventenbefragungen 1997/98, Gruppengespräche mit der Ausbildungsleitung 1996, Fallstudien in ausgewählten Kommunalverwaltungen 1997.

Ein dritter Faktor enthält Items, die sich in vielen Klassifikationen von Schlüsselqualifikationen unter Bezeichnungen wie "*Basisqualifikationen*" oder grundlegende Methodenkompetenz finden. Hierzu zählen analytische Fähigkeiten wie Problemlösungsfähigkeit und logisches, methodisches Denken, und auch die Fähigkeit zu "lebenslangem Lernen".[429] Unter "Soziale Kompetenzen" werden Eigenschaften und Fähigkeit zum Umgang mit Menschen und zur Zusammenarbeit subsumiert. Neben dem aktuellen oder prospektiven Potential im Bereich Führungskompetenz zählen hierzu "Kooperationsfähigkeit", "Kommunikationsfähigkeit" und "Koordinationsfähigkeit". Auch "Präsentationsfähigkeit"[430] zeigt auf diesen Faktor die höchste Ladung, allerdings erreicht diese gerade eben die Konventionsgrenze (0,5). Daher sollten andere verhältnismäßig hohe Ladungen berücksichtigt werden. Wie Übersicht 21 zu entnehmen ist, lädt dieses Item auch auf dem Faktor "Sachbearbeitung in der Verwaltung" relativ hoch, was auf eine generelle Wichtigkeit der Präsentation von Arbeitsergebnissen im Arbeitsalltag hindeutet. Eine weitere relativ hohe Ladung entfällt auf den Faktor "Kreativität"/"Innovation", was wiederum die Interpretation der Präsentationsfähigkeit als vergleichsweise "neue" soziale Kompetenz stützt: Präsentation bedeutet nicht mehr nur, Arbeitsergebnisse in Form schriftlicher Bescheide zu dokumentieren, sondern auch vor anderen Personen zu vertreten, seien es Kolleginnen und Kollegen, Untergebene, Vorgesetzte oder Bürgerinnen und Bürger als "Kundschaft" einer dienstleistungsorientierten Verwaltung.

Daran schließt auch eine wichtige Dimension der Veränderungen in den Wissens- bzw. Qualifikationsanforderungen, aber auch im Selbstverständnis der öffentlichen Verwaltung als "Organisation-im-gesellschaftlichen-Kontext" an. Sie umfaßt Items, die in Anlehnung an eine Kategorie von Mertens als kontextspezifische "Neue Breitenelemente" bezeichnet werden sollen. Auf den Faktor laden eine Reihe von Items relativ hoch, die sich mit Befähigungen befassen, das organisatorische Handeln in Bezug zum gesellschaftlichen Kontext zu setzen und Folgen zu antizipieren. Vor dem Hintergrund von Aussagen in den Intensivinterviews, die dem klassischen "A-K-Sachbearbeiter" eine Absage erteilten und im Hinblick auf aktuellen und zukünftigen Anforderungen Überblickskenntnisse und Zusammenhangswissen verlangten, wurden diese Elemente als neue grundlegende kontextspezifische "Kulturtechniken" interpretiert. Sie umfassen auch einige Eigenschaften, die Mertens als "Horizontqualifikationen" bezeichnet. Aufgrund ihrer Wichtigkeit für grundlegende Handlungsorientierungen der beruflichen Tätigkeit und ihrer Nähe zur beruflichen "Lebenswelt" wer-

---

[429] Lernfähigkeit bzw. "Lernbefähigung" ist hierbei nicht immer scharf von Lernbereitschaft zu trennen, wie auch die Auswertung der qualitativen Untersuchungsteile zeigte. Wann immer jedoch seitens der Gesprächspartner dezidiert auf die motivationale Komponente des Lernens verwiesen wurde ("Lernbereitschaft"), wurde dies der Kategorie "Persönlichkeit und Leistungspotential" zugeordnet.

[430] Eigene und Ergebnisse von Teamarbeit zeitgemäß darstellen bzw. "verkaufen".

den sie im folgenden als "Neue Breitenelemente" bezeichnet. Auffällig in der empirischen Analyse war die Ladung des Items "wirtschaftliches Denken" auf diesen Faktor, das in der Konzeptionsphase eigentlich als "neue", eher dem Bereich "Innovation" zuzuordnende Eigenschaft perzipiert wurde. Die Ergebnisse empirischer Analysen ergänzen sich allerdings mit Überlegungen, die davon ausgehen, daß der Wandel sich auf tiefere Wissenssedimente und organisatorische Handlungsrationalität erstreckt. Modelle der Verwaltungsreform sollten jedoch nicht auf eine ökonomische versus verwaltungsrechtliche Handlungsrationalitätsdimension reduziert werden (siehe auch König). Auch im Zuge qualitativer Analysen zeigte sich, daß die Forderung nach verstärkt wirtschaftlichem Denken und Handeln nur einen Bereich der Neuerungen darstellt. Daher wurde auf Grundlage der fallbasierten Auswertung qualitativer Auswertungsteile der Faktor erweitert um Elemente neuer Steuerungsmodelle wie interne und externe Serviceorientierung.

"*Sachbearbeitung*" in der Verwaltung ("klassische kontextspezifische Breitenelemente") umfaßt die Items "Anpassungsfähigkeit" und "schriftliche Ausdrucksfähigkeit". Bei "Anpassungsfähigkeit" muß die spezifische Situation der Absolventinnen und Absolventen in Betracht gezogen werden, die als Nachwuchskräfte sich in der Regel auf Planstellen mit genau abgegrenztem Handlungsspielraum wiederfinden, dementsprechend sich in den organisatorischen Kontext einzupassen haben.[431] Die "Schriftlichkeit" von Handlungsvorgängen stellt ein Wesensmerkmal idealtypischer bürokratischer Organisation dar. Mit dem Aspekt der Anpassungs- oder auch raschen "Einpassungs-Fähigkeit" korrespondiert die relativ hohe Ladung des Items "Lernfähigkeit" auf diesen Faktor (0,49), die im Verlauf von Interviews häufig in Zusammenhang mit der Forderung nach Flexibilität und breiter, generalistischer Einsatzfähigkeit von FHöV-Absolventen geäußert wurde.

Der Faktor "*Empathie*" schließlich umfaßt Facetten organisatorischen Selbstverständnisses, die die besondere Entscheidungssituation der öffentlichen Verwaltung reflektieren. "Soziales Verantwortungsbewußtsein" und "Einfühlungsvermögen" stehen für eine wichtige Grenze, an die Modelle der ökonomischen Optimierung stoßen: die Allgemeinwohlorientierung einer Verwaltung, die sich nicht mehr nur als Ordnungs-, sondern als Leistungs- und Vorsorgeverwaltung versteht.

---

[431] Nur in Ausnahmefällen berichteten Absolventinnen und Absolventen von Aufgaben bzw. einem Einsatz in Bereichen, die mit Konzeption und Verwaltungsreform befasst waren (ERBAN 1997).

## 6.3 Organisatorischer Wandel und Qualifikationsanforderungen

### *6.3.1 Organisatorische Veränderungen und Leitbilder*

Das klassische Bild von der hierarchischen bürokratischen Verwaltungsorganisation, deren Verfahrensrationalität sich primär an regelkonformem, juristisch korrektem Handeln orientiert, erfährt durch stärker an wirtschaftlichen Effizienzkriterien orientierte Modelle der Verwaltungsreform eine Erweiterung. In Anlehnung an die Isomorphiethese der Organisationsforschung können die Entwicklungen auch als Lernen an Modellen von Unternehmens(re)formen der freien Wirtschaft interpretiert werden, die als erfolgreich perzipiert wurden. So umfassen zentrale Elemente des Neuen Steuerungsmodells der KGSt[432] beispielsweise Prozesse der Dezentralisierung von Ressourcenverantwortung und deren Kopplung mit entsprechender Fachverantwortung, eine Entwicklung, die in den Wirtschaftswissenschaften unter dem Stichwort "Paradigma der Neuen Dezentralisierung" (Drumm 1996) diskutiert wird. Die klassische inputorientierte Budgetierung der Verwaltung orientiert sich in Richtung einer ergebnis- und produktorientierten ("outputorientierten") Steuerung. Die Koordinierung des Handelns erfolgt zunehmend über Zielvereinbarungen bzw. Kontraktmanagement ("Tilburger Modell"[433]). Qualitätsmanagement und Kundenorientierung bilden weitere Elemente, der Dienstleistungsaspekt gewinnt an Bedeutung. Einen wichtigen Punkt bilden schließlich Konzepte der Personalentwicklung.[434] Zentrale Instrumente zur Unterstützung von ökonomischen, aber auch den internen Informationsaustausch betreffenden Reformen stellen in diesem Zusammenhang Kosten- und Leistungsrechnung sowie Controlling dar.

Die erste Hypothese zur Qualität der Veränderungen im organisatorischen Kontext geht daher davon aus, daß auch in den repräsentativ für Fallstudien ausgewählten Verwaltungen derartige Entwicklungen zu beobachten sind. Explorativ soll untersucht werden, ob diese Entwicklungen der öffentlichen Verwaltung in allen Untersuchungseinheiten anzutreffen sind, oder ob sich Unterschiede ergeben, die auf die Auswahlparameter (Größe, Studiengangsentsendung und Aufgabentyp) zurückzuführen sind. Im Zusammenhang mit den geschilderten Elementen neuer Steuerungsmodelle ist davon auszugehen, daß "neue" Qualifikationsanforderungen in der Kommunalverwaltung Kenntnisse, Fähigkeiten und Fertigkeiten zur Umsetzung derartiger Steuerungsmodelle umfassen.

---

[432] Siehe u.a. KGSt (1993, 1994, 1996).

[433] Siehe u.a. KGSt-Bericht Nr. 19/1992; WOLTERS (1996).

[434] Vgl. u.a. KGSt-Bericht 5/1993, KGSt-Bericht 6/1996, KLAGES 1997, KÖNIG 1995, 1997.

Hypothese 1: Kenntnisse zu Elementen und Verfahren neuer Steuerungsmodelle und vermehrter Qualifikationsbedarf bezüglich ökonomischer Kenntnisse und Fähigkeiten im Bereich kontextspezifisch veränderter "Breitenelemente"[435] bilden in allen untersuchten Verwaltungstypen zentrale "neue" und auch zukünftig verstärkt auftretende Qualifikationsanforderungen.

Um die These zu überprüfen, werden Angaben zu Inhalten und Schritten von Veränderungsprozessen als Indikatoren für "theories in use" interpretiert. Ihnen folgen "Labels" (als Indikatoren für "espoused theories"), mit denen die Prozesse benannt werden. Wichtig waren hierbei die jeweiligen Perspektiven der Gesprächspartner. Diese sind eingebettet in Informationen zu wahrgenommenen Auslösern, Intensität und dem zeitlichen Einsetzen von Reformen, um in gewissem Umfang eine "ganzheitliche" Darstellung der Prozesse im Fallstudiensetting zu gewährleisten.[436] Veränderungen und Modelle bildeten den Hintergrund für Qualifikationsanforderungen, die sich für die untersuchten Verwaltungen, Fachbereiche und Ämter als "neu" erweisen. Übersicht 22 zeigt die entsprechenden Fragekomplexe aus den Leitfäden der Intensivinterviews.

**Übersicht 22**
**Organisatorische Veränderungen: Fragen zu Prozessen, Leitbildern und neuen bzw. zukünftig verstärkt auftretenden Anforderungen**

| *Gesprächspartner* | | *Fragekomplexe* |
|---|---|---|
| Verwaltungsspitze | I.1 | Umstrukturierung und Umorganisation sind nicht nur in der freien Wirtschaft, sondern auch in der Kommunalverwaltung zu einem wichtigen Thema geworden. Wie verhält es sich damit in Ihrer Verwaltung?<br>(a) Was waren die Auslöser?<br>(b) Wann haben sie begonnen?<br>(c) Wie stark schätzen Sie den erfolgten Wandel in Ihrer Behörde im Vergleich zu anderen Kommunalverwaltungen ein?<br>(d) Welche Informationsquellen nutzen Sie bei Umstrukturierungen?<br>(e) Werden Sie bei Umstrukturierungsmaßnahmen von externen Beraterinnen und Beratern unterstützt? |
| | I.2 | In der Diskussion zur Neuordnung/Umstrukturierung der Verwaltung werden eine Vielzahl von Modellen angeführt. Welches Modell entspricht am ehesten Ihrem Vorstellungen? |

*(Fortsetzung folgende Seite)*

[435] In Anlehnung an die Verwendung des Terminus bei Mertens, wodurch auf die Veränderung tiefgreifender, "alltägliches" berufliches Handeln betreffender Sinnschichten hingewiesen werden soll. Zur theoretisch-empirischen Klassifikation von Qualifikationen siehe Abschnitt 6.2.

[436] Vgl. etwa die Hinweise von STAKE (1995) zur Darstellung von Fallstudienergebnissen.

| | | |
|---|---|---|
| | | *(Fortsetzung Übersicht 22)*<br>(a) Welches waren die wichtigsten konzeptionellen Schritte?<br>(b) Welche Erfahrungen haben Sie bei der Umsetzung derartiger Modelle zur Verwaltungsreform bereits gemacht? |
| | IV.1 | Wie werden sich Ihrer Meinung nach die Qualifikationsanforderungen im gehobenen Dienst der öffentlichen Verwaltung weiterentwickeln?<br>Sind eher "Allrounder" nötig oder sollte eine Spezialisierung bereits im Zuge der Ausbildung erfolgen?<br>Welche Kenntnisse sind Ihrer Ansicht nach für die Verwaltung im Jahre 2001 wichtig? Welche fachlichen Schwerpunkte wird eine moderne Ausbildung aufweisen? Wie würden Sie sich den /die Verwaltungsbeamten/in der Zukunft vorstellen? |
| Amtsleiter | I.1 | Umorganisationen und Umstrukturierungen in größeren Betrieben und Verwaltungen gehören zur Tagesordnung. Hat sich in Ihrem Amt durch Umorganisation, z.B. durch Einführung neuer Technologien, neuer Organisationsmodelle oder sonstiges in den letzten Jahren etwas geändert?<br>(a) Was hat sich konkret geändert? Um welche Umstrukturierungen handelt es sich?<br>(b) Wie verhält es sich mit dem Beginn der Umorganisationen, datieren Sie diesen früher oder später als in der übrigen Verwaltung?<br>(c) Wie stark schätzen Sie die Auswirkungen der Umorganisationen auf Ihren Verantwortungsbereich im Vergleich zu anderen Bereichen der Verwaltung ein? Liegen diese insgesamt eher unter dem Durchschnitt oder darüber?<br>(d) Werden oder wurden Sie bei Umstrukturierungsmaßnahmen von externen Beraterinnen und Beratern unterstützt? Falls ja, von wem werden /wurden Sie unterstützt?<br>(e) Liegt den Umstrukturierungsmaßnahmen in Ihrem Verantwortungsbereich ein bestimmtes Konzept zugrunde?<br>(f) Welche Erfahrungen haben Sie bei der Umsetzung dieser Konzepte in Ihrem Bereich gemacht?<br>(g) Welche neuen Anforderungen ergeben sich durch diese Entwicklungen für Ihren Bereich? |
| | VI.1 | Werden sich die Qualifikationsanforderungen in Ihrem Bereich in den nächsten Jahren ändern? Falls ja, aus welchen Gründen? Um welche Anforderungen handelt es sich? |

Quellen: Von der Autorin erarbeiteter "Interviewleitfaden für die Gespräche auf der strategisch-politischen Ebene" und "Interviewleitfaden Gespräche mit der administrativen Leitungsebene", eingesetzt für Intensivinterviews im Rahmen der Evaluation Verwaltungsbetriebswirtschaftslehre FHöV NRW.

Als *Auslöser* und "klassische" Problemlagen werden Finanzkrise und Bestrebungen zur Haushaltskonsolidierung, in zwei Verwaltungen explizit auch

"Wertewandel" thematisiert.[437] Bei Wertewandel ist zu unterscheiden zwischen gewandelten Erwartungen der Bürgerinnen und Bürger ("externer" Wandel in der Organisationsumwelt), und der "Abkehr von hierarchischen Systemen" in dem Sinne, daß Mitarbeiterinnen und Mitarbeiter stärker in Entscheidungsprozesse eingebunden werden bzw. partizipieren können ("interner Wertewandel" in den Strukturen der Zusammenarbeit). Für die kleinste Verwaltung im Sample relativieren sich aufgrund von Größe und "Überschaubarkeit" des Aufgabenzuschnitts die Möglichkeiten und daher auch die perzipierte Dringlichkeit für Reformprogramme. Anpassungen können aus Sicht der Gesprächspartner eher informell erfolgen, allerdings werden auch hier auf der Grundlage eines externen Organisationsgutachtens Reformen in Angriff genommen. Personalkosten werden dabei als wichtigster noch "variabler" Kostenfaktor bezeichnet. Aufgrund dieser auch in den anderen Verwaltungen wahrgenommenen Verknüpfung werden Verwaltungsreformen seitens der Beschäftigten häufig gleichgesetzt mit Bestrebungen, Personal einzusparen, und daher von den Arbeitnehmervertretungen entsprechend kritisch gesehen.[438]

Wenn es um die Umsetzung konkreter Maßnahmen geht, zeigt sich, daß vor allem ein entsprechendes Verhalten der Verwaltungsleitung entscheidender Motor von Veränderungen ist. Reformprozesse werden häufig von Einzelpersonen in Verwaltungsspitze und leitenden Positionen von Ämtern und Fachbereichen initiiert. Wenn auch in späteren Stufen des Reformprozesses stets partizipative Komponenten und "bottom up"-Prozesse favorisiert werden, betrifft dies in erster Linie die Implementation; ursprünglich sind viele Prozesse häufiger "top down" gesteuert. Auch in diesem Zusammenhang wird immer wieder die wichtige Rolle von Dezernenten, Amts- oder Fachbereichsleitern angesprochen. Die Initiative erfolgt – aus Sicht der Verwaltungsmitarbeiterinnen und -mitarbeiter – "von oben", Auslöser sind Vorgaben der Verwaltungsspitze bzw. der Amtsleitung. Nur im Falle der kleinsten Gemeinde wurde ein externes Gutachten als entscheidender Impuls bezeichnet. Initiierung ist hierbei nicht zu verstehen als institutionelles Verfahren der Beschlußfassung (z.B. eines Ratsbeschlusses). Dieser steht in der Regel erst am Ende längerer konzeptioneller Prozesse und Pilotphasen.

*Begonnen* haben die Umstrukturierungsmaßnahmen in den 90er Jahren. Eine erste Stufe stellte häufig die Umstellung auf outputorientierte Budgetierung dar.[439] Konzeptionsphasen spielten zum Befragungszeitpunkt im Jahr 1997 noch eine wichtige Rolle; sie beinhalteten weitgehend Vorbereitungen und Testläufe

---

[437] Siehe auch Anhang, Tabelle 1.

[438] So wurden in fünf Untersuchungseinheiten explizit Probleme mit dem Personalrat angesprochen.

[439] Eine Rolle spielt sicher auch, daß Budgetierung als Bestandteil auch des kameralen Haushalts unabhängig von den Rahmenbedingungen des Rechnungswesens ist (siehe u.a. Schwarting 1997).

für Organisations- und Aufgabenreformen im Sinne neuer Steuerung. Die *Intensität der Veränderungen* wird von den Interviewpartnerinnen und -partnern überwiegend als "hoch" eingeschätzt (29 Codings[440]), wobei dies auf der Ebene der Fachbereiche und Ämter häufig aus einer starken bis "federführenden" Rolle bei der Konzeption von organisatorischen Umstrukturierungen und der Einführung neuer Rechnungssysteme resultiert. Als "mittlere bzw. durchschnittliche" Veränderungen wurden Äußerungen klassifiziert, die sich im Sinne einer Einbindung in Tendenzen interpretieren lassen, die die gesamte Verwaltung betreffen (6 Codings). Wenig Veränderungen werden zum einen auf der Ebene eines Fachamtes wahrgenommen, dessen gesetzlich geregelter Leistungsauftrag nur einen geringen Spielraum für interne Reformen zuläßt. Auf der anderen Seite wird die Intensität als geringer geschildert, wenn es sich um Veränderungen in sehr kleinen, überschaubaren Einheiten handelt, wo informelle Handlungszusammenhänge und Einzelpersönlichkeiten eine große Rolle spielen (12 Codings).[441]

*Inhalte und Schritte von Veränderungen* lassen sich in 10 Schlagwortkategorien zusammenfassen. Die meisten Codings entfallen auf den Bereich "Reorganisation", *flachere Hierarchien,* Straffung der Organisation und *effizientere* Gestaltung von Arbeitsvorgängen (39). Damit verbunden ist der verstärkte Einsatz betriebswirtschaftlicher Instrumente. Faßt man die Nennungen zu (outputorientierter) "*Budgetierung*", "*Controlling/Berichtswesen*" und (Aufbau, Pflege und Intensivierung) von "*Kosten*- und *Leistungsrechnung*" sowie den Einsatz von "*Zielvereinbarungen*" und "*Kontraktmanagement*" zusammen, entfallen auf diesen Bereich 33 Codings. Wichtige Entwicklungen stellen auch Maßnahmen der *Dezentralisierung* dar. Sie umfassen die Delegation und Auslagerung von Aufgaben bis hin zur Einrichtung von Eigenbetrieben und eigenbetriebsähnlichen Einrichtungen (28 Codings). Noch stärkere, vor allem interne, aber auch externe Serviceorientierung bildet ebenfalls ein wichtiges Element der thematisierten Veränderungen (zusammen 22 Codings). Zum Zeitpunkt der Befragung spielten Konzeptions- und Testphasen (*Pilotbereiche* und -projekte) noch eine wichtige Rolle.

In den anhand der Parameter Verwaltungsgröße, Entsendung von Studierenden in die Verwaltungsbetriebswirtschaftslehre und Aufgabentyp der Verwaltungseinheit gebildeten Gruppen überwogen große Verwaltungen, da die Auswahl der Untersuchungseinheiten proportional zur Entsendung von Studierenden in die Verwaltungsbetriebswirtschaftslehre zum Erhebungszeitpunkt erfolgte. Um die Häufigkeiten vergleichen zu können, mit der Gesprächspassagen einem

---

[440] Mit "Coding" wird die Verbindung von Textpassagen mit Schlagworten bzw. Antwortkategorien bezeichnet (siehe auch die Erläuterungen zur Auswertung der qualitativ orientierten Untersuchungsteile in Abschnitt 5.4.3)

[441] Anhang, Tabelle 1.

Schlagwort zugewiesen ("codiert") wurden, erfolgte eine Gewichtung der Codingstatistiken nach der Anzahl der Fälle pro analysierter Gruppe.

**Tabelle 20**
**Inhalte und Schritte von Veränderungen nach Verwaltungsgröße, Studiengangsentsendung und Typ der analysierten Verwaltungseinheit** (Anzahl der Codings absolut und gewichtet nach Fällen pro Gruppe)

| | *Verwaltungsgröße*[1] | | *VBWL 1993 – 97*[2] | | *Typ der analysierten Verwaltungseinheit*[3] | | | | *Σ* |
|---|---|---|---|---|---|---|---|---|---|
| | groß | KMV | ja | nein | 1 | 2 | 3 | 4 | |
| *"Reorganisation"* *("Flache Hierarchien" etc.)* | 25<br>(1,8) | 14<br>(1,8) | 20<br>(1,5) | 19<br>(2,1) | 5<br>(1,0) | 15<br>(2,5) | 4<br>(0,6) | 13<br>(2,6) | **39**<br>**(1,8)** |
| *"Dezentralisierung"* | 20<br>(1,4) | 8<br>(1,0) | 20<br>(1,5) | 8<br>(0,8) | 4<br>(0,8) | 8<br>(1,3) | 6<br>(1,0) | 8<br>(1,3) | **28**<br>**(1,3)** |
| *"Pilotbereiche"/ "Konzeptionsphasen"* | 16<br>(1,4) | 2<br>(0,3) | 10<br>(0,8) | 8<br>(0,9) | 5<br>(1,0) | 7<br>(1,2) | 1<br>(0,2) | 5<br>(1,0) | **18**<br>**(0,8)** |
| *"Service" (intern)* | 16<br>(1,1) | 1<br>(0,2) | 16<br>(1,2) | 1<br>(0,1) | | 11<br>(1,8) | 6<br>(1,0) | | **17**<br>**(0,8)** |
| *"Personalentwicklung"* | 1<br>(0,1) | 11<br>(1,4) | 12<br>(0,9) | | 11<br>(2,2) | 1<br>(0,2) | | | **12**<br>**(0,5)** |
| *"Budgetierung"* | 9<br>(0,6) | 2<br>(0,3) | 10<br>(0,8) | 1<br>(0,1) | 6<br>(1,2) | | 1<br>(0,2) | 4<br>(0,8) | **11**<br>**(0,5)** |
| *"Controlling", "Berichtswesen"* | 8<br>(0,6) | | 7<br>(0,5) | 1<br>(0,1) | 5<br>(1,0) | | 3<br>(0,5) | | **8**<br>**(0,4)** |
| *"Kosten- u. Leistungsrechnung"* | 7<br>(0,5) | | 6<br>(0,5) | 1<br>(0,1) | 2<br>(0,4) | | 3<br>(0,5) | 2<br>(0,4) | **7**<br>**(0,3)** |
| *"Zielvereinbarung", "Kontraktmanagement"* | 5<br>(0,4) | 2<br>(0,3) | 3<br>(0,2) | 4<br>(0,4) | 3<br>(0,6) | 1<br>(0,2) | 3<br>(0,5) | | **7**<br>**(0,3)** |
| *"Service" (extern)* | 1<br>(0,1) | 4<br>(0,5) | 1<br>(0,1) | 4<br>(0,4) | | 4<br>(0,7) | 1<br>(0,2) | | **5**<br>**(0,2)** |
| *Anzahl der Fälle* | 14 | 8 | 13 | 9 | 5 | 6 | 6 | 5 | **22** |

1) Die Einteilung folgt den Gemeindegrößenklassen des Landesamtes für Statistik (LDS) Nordrhein-Westfalen, wobei die Kategorien 1 = Kreisverwaltung und 3 = kreisangehörige Gemeinde mit < 25.000 Einwohnern als "kleine und mittlere Verwaltungen" (kurz: KMV) zusammengefaßt wurden; "große Verwaltungen" im Sample entstammen der Kategorie 2 = Kreisfreie Stadt. 2) Entsendung von Studierenden in den Modellstudiengang in den Jahren 1993 bis einschließlich 1997. 3) Typ der analysierten Gesprächseinheit nach Informationskompetenz bzw. Aufgabenzuschnitt: 1= Verwaltungsspitze, 2 = Kernverwaltung, 3 = Ordnungs- und Leistungsverwaltung, 4 = Verwaltungseinheit mit besonderen Anforderungen in den Bereichen Verwaltungsreform, ökonomische Kenntnisse. Anzahl der Codings zu Fragekomplex I.1/I.1 (a). Datengrundlage: Analyse von Intensivinterviews (Fallstudien Evaluation Verwaltungsbetriebswirtschaftslehre FHöV NRW).

Betrachtet man Unterschiede, die sich durch den Parameter Verwaltungsgröße ergeben, so zeigen sich zunächst Gemeinsamkeiten auf den Dimensionen "Reorganisation" ("flachere Hierarchien", "organisatorische Straffung") sowie eine annähernd gleiche durchschnittliche Häufigkeit der Codings im Bereich "Zielvereinbarung/ Kontraktmanagement". Die Nennung von "Dezentralisierung" und "Pilotbereichen" findet sich ebenso wie "interner Service" eher in großen Verwaltungen mit hoher Aufgabendifferenzierung; Pilotbereiche, in denen betriebswirtschaftliche Elemente wie Kostenrechnung eingeführt werden, stellen zudem häufig Verwaltungseinheiten dar, die bereits mit Gebühren wirtschaften, wie Abfallwirtschaftsbetriebe, Grünflächenämter (Friedhofsverwaltung), Sportämter und im Kulturbereich. Ökonomische bzw. betriebswirtschaftliche Elemente wie "Budgetierung", "Controlling/Berichtswesen", "Kosten- und Leistungsrechnung" finden sich ebenfalls durchschnittlich häufiger in Untersuchungseinheiten aus großen Verwaltungen mit hoher Aufgabendifferenzierung. "Personalentwicklung" und "externer Service" werden dagegen vergleichsweise häufiger in Untersuchungseinheiten aus kleineren Verwaltungen genannt.

Die Dimension "Reorganisation" wurde, betrachtet man die Differenzierung zwischen Verwaltungen, die in den Jahren 1993 bis 1997 in die Verwaltungsbetriebswirtschaftslehre entsandt hatten ("Studiengangsentsendern"), und solchen, die diese Maßnahme in diesem Zeitraum nicht vorgenommen hatten, von letzteren durchschnittlich häufiger angesprochen, ebenso wie die Themen "Zielvereinbarungen" und "externer Service". "Pilotbereiche/Konzeptionsphasen" wurden von Studiengangsentsendern und der Vergleichsgruppe in etwa gleich häufig thematisiert. Da hinter dem Auswahlparameter Studiengangsentsendung die Vorstellung stand, die Entsendung in die Verwaltungsbetriebswirtschaftslehre spiegele einen besonderen Qualifikationsbedarf wieder, können durchschnittlich höhere Nennungen in den Kategorien "interner Service", "Personalentwicklung", "Budgetierung", "Controlling/Berichtswesen" und "Kosten- und Leistungsrechnung" durch Studiengangsentsender vorsichtig in diese Richtung interpretiert werden.

Differenziert man die Codingstatistiken nach der Art der analysierten Verwaltungseinheit, weist die Matrix nicht zuletzt aufgrund der methodenbedingten geringen Fallzahl pro Gruppe Lücken auf. Einige Ergebnisse sollen jedoch besonders hervorgehoben werden, da sie zentrale Veränderungen auf der Ebene einzelner Organisationstypen illustrieren. Da sind zum einen Prozesse der Reorganisation, die vor allem in Untersuchungseinheiten aus Bereichen der Kernverwaltung (Typ 2), aber auch von spezifisch aufgrund hoher "Reformintensität" ausgewählten Untersuchungseinheiten des vierten Typs angesprochen werden; ebenso thematisieren Vertreter von Untersuchungseinheiten der Typen 2 und 4 häufiger den Aspekt der "Dezentralisierung". Mit der "Verlagerung von Aufgaben in die Dezentralität" einher geht die vergleichsweise häufige Nennung des Bereichs "interner Service" durch Untersuchungseinheiten aus der Kernverwaltung. Vor allem in Gesprächen mit Vertretern der Verwaltungsspitze wurden vergleichsweise häufig zwei Elemente des Neuen Steuerungsmodells der KGSt, "Personalentwicklung" und "Budgetierung", thematisiert.

Bei den *Leitbildern*, Modellen oder Konzeptionen, an denen sich die Maßnahmen orientieren, überwiegen das "Neue Steuerungsmodell der KGSt" (9 Codings) und dessen Elemente (zusammen 32 Codings): Allen voran die "dezentrale Ressourcenverantwortung", aber auch die Straffung organisatorischer Strukturen durch "Rezentralisierung" von Arbeitsaufgaben, gefolgt von der Einführung von Instrumenten zur vermehrten Kostenorientierung des Handelns ("Kosten- und Leistungsrechnung"), der Forderung nach "Wirtschaftlichkeit", "effektivem Handeln" und Outputorientierung. "Zielvereinbarungen" und "Kontraktmanagement nach Tilburger Modell" werden insgesamt dreimal thematisiert. Bei der Diskussion von Leitbildern und Leitvorstellungen von Veränderungsprozessen wird auch die Ausrichtung des Handelns an den Ergebnissen von Instrumenten wie "Controlling und Berichtswesen" und "Budgetierung" genannt.[442]

Betrachtet man die Parameter der Vorauswahl, so wird das Neue Steuerungsmodell vor allem von großen Verwaltungen und Studiengangsentsendern genannt; auch Verwaltungsbereiche des Typs 4, die in hohem Maße an Reformen beteiligt sind bzw. besonderen Anforderungen im Bereich betriebswirtschaftlicher und organisatorischer Kenntnisse ausgesetzt sind, betonen diese Dimension durchschnittlich am häufigsten. Aber auch von Untersuchungseinheiten, die explizit das "Neue Steuerungsmodell" und dessen Elemente aufgreifen, wird immer wieder betont, konkret handle es sich um eigene Entwicklungen bzw. Weiterentwicklungen vor Ort (17 Codings: "Drei-Säulen-Modell", "Ganzheitlicher Ansatz", "Innovative Aufgabenwahrnehmung", "Kultur dezentraler Aufgabenwahrnehmung"). Teilweise wird die Erarbeitung von Leitbildern sogar kritisch gesehen ("zu aufwendig", "kaum Kriterien für Wirtschaftlichkeit eines Konzerns Stadt", "zu wenig konkret") und die sukzessive Optimierung in Arbeitsprozessen bevorzugt (9 Codings).

Gegenüber externen Beratern bestehen Vorbehalte, ihnen wird in einigen Fällen sogar explizit "Praxisferne" attestiert. Die Betonung der eigenen Entwicklungen ist nicht zuletzt deshalb von Bedeutung, da es als gesicherte Erkenntnis der Organisationsberatung gelten darf, daß der Erfolg von Reformbestrebungen ganz wesentlich davon abhängig ist, ob es gelingt, den Wandel zu einem Parameter der Organisation zu machen, mit dem sich ihre Mitglieder identifizieren können. Auch bei den Informationsquellen werden "eigene Recherchen" nach der Teilnahme an interkommunalen Leistungsvergleichen am häufigsten angesprochen.[443]

---

[442] Zur detaillierteren Differenzierung der Antwortdimensionen siehe Tabelle 2 im Anhang.
[443] Siehe Anhang, Tabelle 1.

**Tabelle 21**
**Leitbilder und Modelle nach Verwaltungsgröße, Studiengangsentsendung und Art der analysierten Verwaltungseinheit** (Anzahl der Codings absolut und gewichtet nach Fällen pro Gruppe)

| | *Verwaltungs-größe*[1] | | *VBWL 1993 – 97*[2] | | *Typ der analysierten Verwaltungseinheit*[3] | | | | *Σ* |
|---|---|---|---|---|---|---|---|---|---|
| | *groß* | *KMV* | *ja* | *nein* | *1* | *2* | *3* | *4* | |
| *"Neues Steuerungsmodell"* | 28 (1,8) | 4 (0,5) | 26 (1,7) | 6 (0,9) | 13 (0,2) | 4 (0,6) | 2 (0,3) | 13 (2,6) | **32 (1,5)** |
| *Betonung eigener Entwicklungen/ Modellkritik* | 16 (1,1) | 10 (1,3) | 22 (1,5) | 4 (0,6) | 11 (2,2) | 4 (0,6) | 4 (0,6) | 7 (1,4) | **26 (1,2)** |
| *"Service"/"Vw. als Dienstleister"* | 11 (0,8) | 7 (0,9) | 10 (0,7) | 8 (1,1) | 2 (0,4) | 6 (1,0) | 4 (0,7) | 6 (1,2) | **18 (0,8)** |
| *"Lernende Verwaltung"* | 12 (0,1) | 5 (1,4) | 16 (1,1) | 1 (0,1) | 8 (1,6) | 1 (0,2) | 3 (0,5) | 5 (1,0) | **17 (0,8)** |
| *"Konzern Stadt"* | 14 (1,0) | | 4 (0,3) | 10 (1,4) | 5 (1,0) | 7 (1,2) | 2 (0,3) | | **14 (0,6)** |
| *Anzahl der Fälle* | 14 | 8 | 15 | 7 | 5 | 6 | 6 | 5 | **22** |

1) Die Einteilung folgt den Gemeindegrößenklassen des Landesamtes für Statistik (LDS) Nordrhein-Westfalen, wobei die Kategorien 1 = Kreisverwaltung und 3 = kreisangehörige Gemeinde mit < 25.000 Einwohnern als "kleine und mittlere Verwaltungen" (kurz: KMV) zusammengefaßt wurden; "große Verwaltungen" im Sample entstammen der Kategorie 2 = Kreisfreie Stadt. 2) Entsendung von Studierenden in den Modellstudiengang in den Jahren 1993 bis einschließlich 1997. 3) Typ der analysierten Gesprächseinheit nach Informationskompetenz bzw. Aufgabenzuschnitt: 1= Verwaltungsspitze, 2 = Kernverwaltung, 3 = Ordnungs- und Leistungsverwaltung, 4 = Verwaltungseinheit mit besonderen Anforderungen in den Bereichen Verwaltungsreform, ökonomische Kenntnisse. Anzahl der Codings zu Fragekomplex I.1/I.1 (e). Datengrundlage: Analyse von Intensivinterviews (Fallstudien Evaluation Verwaltungsbetriebswirtschaftslehre FHöV NRW).

"Serviceorientierung"/"Verwaltung als Dienstleister" aus dem Kanon der zentralen Themen des Neuen Steuerungsmodells wurden in Tabelle 21 gesondert betrachtet, da sie am häufigsten explizit angesprochen und am deutlichsten mit Wandel verbunden wurden (zus. 18 Codings). Ein Wandel im Selbstverständnis läßt hier vor allem in den untersuchten Einheiten der Kernverwaltung beobachten. Durch Dezentralisierung von bisher primär zentral gesteuerten Aufgaben wie Beschaffung, Budgetierung und Personalverwaltung entbunden, verstehen sie sich zunehmend als "verwaltungsinterne" Dienstleister mit Beratungsfunktion. Fast ebenso häufig wurde die "Lernende Verwaltung" genannt (17 Codings). Auf die Konzernmetapher entfallen 14 Codings. Betrachtet man die Verteilung der Nennungen über die Merkmalsgruppen der Vorauswahl, so fällt auf, daß das Neue Steuerungsmodell vor allem Untersuchungseinheiten aus großen Verwaltungen genannt wird, die bereits Studierende in den Modellstudiengang entsandt hatten. Verwaltungseinheiten mit besonderen ökonomischen und organisatorischen Anforderungen nennen dies ebenfalls vergleichsweise häufiger. Eigene Entwicklungen betonen Untersuchungseinheiten aus kleinen Verwaltungen etwas stärker. Die Entsendung in den Modellstudiengang spielt hier ebenfalls eine wichtige Rolle. Auffällig ist auch die starke Betonung dieser Kategorie seitens der Verwaltungsspitze.

*Positive Erfahrungen* mit Leitbildern und Modellen umfassen einen besseren Informationsfluß ("positiver Zwang zur Teamarbeit", "gut für Betriebsklima und Umgang miteinander"), mehr Möglichkeiten der Delegation und Entlastung durch Ausgliederung von Aufgaben, breiteren Einbezug von Mitarbeiterinnen und Mitarbeitern und die intensivere Einbindung von Arbeitnehmervertretungen. Mehr Flexibilität und Effizienzsteigerung erhofft man sich durch Dezentralisierung und Auslagerung von Aufgaben (vgl. auch den Aspekt steuerlicher Vorteile durch Eigenbetriebe). *Negative Erfahrungen* und kritische Sichtweisen ("Segnungen des NSM") entspringen zum einen dem Umstand, daß einige Arbeitsbereiche in der Kommunalverwaltung stark durch gesetzliche Regelungen und Vorgaben vorgesetzter Behörden reglementiert sind (Landes-, Bundesgesetze), bestimmte Aufgaben aber trotz engeren finanziellen Spielraums weiterhin erfüllt werden müssen. Reformprozesse wie Budgetierung erzeugen in diesem Fällen ein Gefühl der Ohnmacht. Vielfach werden auch seitens der Mitarbeiterinnen und Mitarbeiter Modernisierungs- bzw. Reformbestrebungen mit Haushaltsproblemen und Stellenabbau verbunden, was zu Ängsten und Vorbehalten führt. Weitere negative Erfahrungen resultieren aus Fehlern beim Umfang von Dezentralisierungsprozessen, zu hohem Personaleinsatz im Bereich der Produkterstellung, zu kurzen Pilotphasen, Problemen bei Instrumenten der Betriebssteuerung und Schnittstellenproblemen zwischen den Bereichen "Organisation" (Hauptamt) und "Finanzen" (Kämmerei).

Betrachtet man Leitbilder in Anlehnung an die Terminologie von Argyris als "espoused theories" und die Nennungen zu tatsächlichen Inhalten und Schritten von Veränderungen als Hinweise auf "theories in use", so lassen sich in diesem kleinen, explorativen Sample zwar keine exklusiven Zusammenhänge einzelner Leitbildelemente und bestimmter Handlungsabläufe postulieren (siehe auch die Visualisierung in Abbildung 9). Deutlich wird jedoch die starke Wirkung des Neuen Steuerungsmodells, aber auch einer betont eigenständigen Übertragung – man könnte auch sagen Operationalisierung – auf die Anforderungen des organisatorischen Kontextes Kommunalverwaltung.

### *6.3.2 Organisatorische Veränderungen und neue Qualifikationsanforderungen*

*Neue Qualifikationsanforderungen* aus Sicht der befragten Vertreterinnen und Vertreter aus der Kommunalverwaltung lassen sich in hohem Maße auf den

Faktor veränderte organisationsspezifische "Breitenelemente" zurückführen (zur Konzeption des Faktors "Breitenelemente" in diesem Kontext siehe u.a. Übersicht 21, S. 257). Den größten Anteil nehmen dabei die interne Serviceorientierung ("ganzheitliche Betreuung", "Beratung") (26 Codings) und der Bereich "betriebswirtschaftliches", "kostenorientiertes Denken" (25 Codings) ein. Die stark vertretene Kategorie "Serviceorientierung" korrespondiert auch eng mit dem Leitbild der "Verwaltung als Dienstleister", wenn auch im Sample – möglicherweise verstärkt durch die Befragung von Untersuchungseinheiten der Kernverwaltung – die "Binnenkomponente" (interner Service) gegenüber der "externen Serviceorientierung" ("Bürgerorientierung", 8 Codings) überwiegt. Vor allem große Verwaltungen, Studiengangsentsender und Untersuchungseinheiten aus der Kernverwaltung und Leistungsverwaltung sind hier vertreten.

Den zweiten großen Bereich machen ökonomische Fachkenntnisse im engeren Sinn aus, am häufigsten benannt als "betriebswirtschaftliches Fachwissen" (9 Codings), "Kosten- und Leistungsrechnung" (8 Codings), Controlling/ Berichtswesen (8 Codings). Erwartungsgemäß treten sie vor allem bei großen Verwaltungen und in Untersuchungseinheiten auf, die aufgrund von erhöhten Anforderungen in diesem Bereich ausgewählt worden waren (Typ 4). Kaum Unterschiede zeigen sich dagegen zwischen Entsendern in die Verwaltungsbetriebswirtschaftslehre und der Vergleichsgruppe (durchschnittlich 1,8 bzw. 1,6 Codings).

Eine wichtige Rolle spielen auch "Soziale Kompetenzen" (19 Codings), hier vor allem "Kommunikationsfähigkeit", "Koordinationsfähigkeit" und "Teamfähigkeit". Sie werden vor allem in Gesprächen mit Vertreterinnen und Vertretern von großen Verwaltungen, Studiengangsentsendern und Untersuchungseinheiten der Kernverwaltung (Typ 2) sowie Bereichen mit erhöhten ökonomischen Anforderungen (Typ 4) genannt. Fachlich an Bedeutung gewinnt auch der Bereich "Kenntnisse zu neuer Steuerung und Dezentralisierung", häufig in Verbindung mit der Erarbeitung von Konzepten in diesem Bereich (13 Codings). Eng damit verbunden sind "Verwaltungskenntnisse" zu internen Strukturen und Abläufen (6 Codings). Eine "basic skill" modernen Verwaltungshandelns, deren Bedeutung sich in einzelnen Bereichen sogar noch verstärkt, stellen EDV-Kenntnisse dar (10 Codings). Der Dimension "Persönlichkeit"/ "Individuelles Leistungspotential" zuzuordnen waren schließlich Anforderungen aus dem Bereich Bereitschaft zur Übernahme von Verantwortung und "Lernbereitschaft" (5 Codings).

**Tabelle 22**
**Neue Aufgaben und Tätigkeitsanforderungen durch Verwaltungsmodernisierung nach Verwaltungsgröße, Studiengangsentsendung und Art der analysierten Verwaltungseinheit** (Anzahl der Codings absolut und gewichtet nach Fällen pro Gruppe)

| | *Verwaltungsgröße*[1] | | *VBWL 1993 – 97*[2] | | *Typ der analysierten Verwaltungseinheit*[3] | | | | *Σ* |
|---|---|---|---|---|---|---|---|---|---|
| | *groß* | *KMV* | *ja* | *nein* | *1* | *2* | *3* | *4* | |
| *"Neue Breitenelemente":* | 51 (3,6) | 6 (0,8) | 49 (3,8) | 8 (0,9) | 6 (1,2) | 25 (4,2) | 18 (3,0) | 8 (1,6) | **57 (2,6)** |
| *davon interner Service* | *25 (1,8)* | *1 (0,1)* | *23 (1,8)* | *3 (0,3)* | | *15 (2,5)* | *11 (1,8)* | | ***26 (1,2)*** |
| *davon Kostenorientierung* | *21 (1,5)* | *4 (0,5)* | *20 (1,5)* | *5 (0,6)* | *5 (1,0)* | *10 (1,7)* | *6 (1,0)* | *4 (0,8)* | ***25 (1,1)*** |
| *Ökonomische Fachkenntnisse* | 33 (2,4) | 4 (0,5) | 23 (1,8) | 14 (1,6) | 3 (0,6) | 10 (1,7) | 11 (1,8) | 13 (2,6) | **37 (1,7)** |
| *"Soziale Kompetenzen"* | 16 (1,1) | 3 (0,4) | 18 (1,4) | 1 (0,1) | 3 (0,6) | 6 (1,0) | 4 (0,7) | 6 (1,2) | **19 (0,9)** |
| *"Neue Steuerung und Dezentralisierung", "Konzepte erarbeiten"* | 10 (0,7) | 3 (0,4) | 10 (0,8) | 3 (0,3) | | 8 (1,3) | | 5 (1,0) | **13 (0,6)** |
| *EDV-Kenntnisse* | 4 (0,3) | 6 (0,8) | 4 (0,3) | 6 (0,7) | | 5 (0,8) | 3 (0,5) | 2 (0,4) | **10 (0,5)** |
| *Verwaltungskenntnisse* | 6 (0,4) | | 4 | 2 (0,2) | | 2 (0,3) | 3 (0,5) | 1 (0,2) | **6 (0,3)** |
| *Persönlichkeit/ Ind. Leistungsp."* | 4 (0,3) | 1 (0,1) | 3 (0,2) | 2 (0,2) | 1 (0,2) | | 2 (0,3) | 2 (0,4) | **5 (0,2)** |
| *Anzahl der Fälle* | 14 | 8 | 13 | 9 | 5 | 6 | 6 | 5 | **22** |

1) Die Einteilung folgt den Gemeindegrößenklassen des Landesamtes für Statistik (LDS) Nordrhein-Westfalen, wobei die Kategorien 1 = Kreisverwaltung und 3 = kreisangehörige Gemeinde mit < 25.000 Einwohnern als "kleine und mittlere Verwaltungen" (kurz: KMV) zusammengefaßt wurden; "große Verwaltungen" im Sample entstammen der Kategorie 2 = Kreisfreie Stadt. 2) Entsendung von Studierenden in den Modellstudiengang in den Jahren 1993 bis einschließlich 1997. 3) Typ der analysierten Gesprächseinheit nach Informationskompetenz bzw. Aufgabenzuschnitt: 1= Verwaltungsspitze, 2 = Kernverwaltung, 3 = Ordnungs- und Leistungsverwaltung, 4 = Verwaltungseinheit mit besonderen Anforderungen in den Bereichen Verwaltungsreform, ökonomische Kenntnisse. Anzahl der Codings zu Fragekomplex I.1/I.1 (a). Datengrundlage: Analyse von Intensivinterviews (Fallstudien Evaluation Verwaltungsbetriebswirtschaftslehre FHöV NRW).

Als *zukünftig verstärkt auftretende Qualifikationsanforderungen* werden im fachlichen Bereich ökonomische Fachkenntnisse genannt, jedoch mehrheitlich in Verbindung mit Kenntnissen in Recht und Grundlagen der Verwaltungsorganisation. Daher wurde diese Kategorie auch als "Ökonomische Fachkenntnisse plus" bezeichnet. Explizit genannt werden in dieser Rubrik "Controlling" und "Berichtswesen", "Doppik", "Kosten- und Leistungsrechnung" und "Marketing". Recht und Verwaltungskenntnisse, und vor allem das Bewußtsein für die Besonderheiten der Entscheidungssituation im Kontext öffentliche Verwaltung bilden auch einen wichtigen Bestandteil eines stärker wirtschaftlich orientierten Qualifikationsspektrums (41 Codings). Dies wird vor allem in Gesprächen mit Vertreterinnen und Vertretern von großen Verwaltungen, Studiengangsentsendern und Bereichen der Kernverwaltung, aber auch der klassischen Leistungsverwaltung angesprochen.

Um Veränderungen in der organisationalen Wissensbasis und im Selbstverständnis nachzugehen, waren auch zukünftig verstärkt auftretende Elemente aus dem Bereich außerfachlicher bzw. Schlüsselqualifikationen von großem Interesse. Unter dem Begriff "*Neue Breitenelemente*" sind (in der Reihenfolge der Häufigkeit ihrer Nennung) "interne Serviceorientierung", "Betriebswirtschaftliches Denken" und "Kostenbewußtsein", externe Serviceorientierung und Bürgerorientierung, Führungseigenschaften auch für den gehobenen Dienst, Präsentation, aktive und passive Kritikfähigkeit, Widerspruchsgeist und Vielseitigkeit zusammengefaßt - Elemente, die im Vergleich zum klassischen Beamtenbild als neu bzw. innovativ zu bezeichnen sind und sich teilweise explizit in Qualifikationskatalogen neuer Steuerung finden (34 Codings). Auffällig ist hier vor allem die starke Thematisierung in Untersuchungseinheiten der Leistungsverwaltung.

Unter "*Basisqualifikationen*" sind Items wie Flexibilität und Anpassungsfähigkeit, Lernfähigkeit sowie vernetztes Denken zusammengefaßt (19 Codings). Sie werden in Gesprächen mit Vertretern kleinerer Verwaltungen und von der Verwaltungsspitze besonders häufig genannt. "Verwaltungskenntnisse" werden nicht nur in Verbindung mit ökonomischen Qualifikationen genannt, sondern bilden auch einen eigenen Themenkomplex, der in allen Gruppen etwa gleich häufig angesprochen wird. "*Soziale Kompetenzen*" umfassen Moderation, Verhandlungsfähigkeit, Teamfähigkeit, Kooperationsfähigkeit und Koordinationsfähigkeit (11 Codings). "*Persönlichkeit/ Individuelles Leistungspotential*" umfaßt Dispositionen aus dem Bereich individueller Lern- und Leistungs*bereitschaft* sowie Motivation und Interesse an der Arbeit (5 Codings).

**Tabelle 23**
**Zukünftig verstärkt auftretende Aufgaben und Tätigkeitsanforderungen nach Verwaltungsgröße, Studiengangsentsendung und Typ der analysierten Verwaltungseinheit** (Anzahl der Codings absolut und gewichtet nach Fällen pro Gruppe)

| | *Verwaltungs-größe*[1] | | *VBWL 1993 – 97*[2] | | *Typ der analysierten Verwaltungseinheit*[3] | | | | *Σ* |
|---|---|---|---|---|---|---|---|---|---|
| | *groß* | *KMV* | *ja* | *nein* | *1* | *2* | *3* | *4* | |
| *"Ökonomische Fachkenntnisse+"* | 28 (2,0) | 13 (1,6) | 28 (2,2) | 13 (1,4) | 8 (1,6) | 14 (2,3) | 13 (2,2) | 6 (1,2) | **41 (1,9)** |
| *"Neue Breitenelemente"* | 25 (1,8) | 9 (1,1) | 28 (1,9) | 6 (0,9) | 1 (0,2) | 5 (0,8) | 21 (3,5) | 7 (1,4) | **34 (1,5)** |
| *"Basisqualifikationen"* | 6 (0,4) | 14 (1,8) | 17 (1,1) | 3 (0,4) | 13 (2,6) | 1 (0,2) | 5 (0,8) | 1 (0,2) | **20 (0,9)** |
| *"Verwaltungskenntnisse"* | 8 (0,6) | 5 (0,5) | 8 (0,5) | 5 (0,7) | 5 (1,0) | 2 (0,3) | 3 (0,5) | 3 (0,6) | **13 (0,6)** |
| *"Soziale Kompetenzen"* | 7 (0,5) | 4 (0,5) | 9 (0,6) | 2 (0,3) | 5 (1,0) | 1 (0,2) | 5 (0,8) | | **11 (0,5)** |
| *EDV, "EDV-Grundlagen"* | 4 (0,3) | 1 (0,1) | 4 (0,3) | 1 (0,1) | 2 (0,4) | | 3 (0,5) | | **5 (0,2)** |
| *"Persönlichkeit/ Ind. Leistungsp."* | | 5 (0,6) | 5 (0,3) | | 4 (0,8) | | 1 (0,2) | | **5 (0,2)** |
| *Anzahl der Fälle* | 14 | 8 | 13 | 9 | 5 | 6 | 6 | 5 | **22** |

1) Die Einteilung folgt den Gemeindegrößenklassen des Landesamtes für Statistik (LDS) Nordrhein-Westfalen, wobei die Kategorien 1 = Kreisverwaltung und 3 = kreisangehörige Gemeinde mit < 25.000 Einwohnern als "kleine und mittlere Verwaltungen" (kurz: KMV) zusammengefaßt wurden; "große Verwaltungen" im Sample entstammen der Kategorie 2 = Kreisfreie Stadt. 2) Entsendung von Studierenden in den Modellstudiengang in den Jahren 1993 bis einschließlich 1997. 3) Typ der analysierten Gesprächseinheit nach Informationskompetenz bzw. Aufgabenzuschnitt: 1= Verwaltungsspitze, 2 = Kernverwaltung, 3 = Ordnungs- und Leistungsverwaltung, 4 = Verwaltungseinheit mit besonderen Anforderungen in den Bereichen Verwaltungsreform, ökonomische Kenntnisse. Anzahl der Codings zu Fragekomplex IV.1/VI.1. Datengrundlage: Analyse von Intensivinterviews (Fallstudien Evaluation Verwaltungsbetriebswirtschaftslehre FHöV NRW).

Die deskriptive Darstellung der fallbasierten Quantifizierungen von Interviewtranskripten zeigt, daß sowohl Inhalte und Schritte von Veränderungen, Leitbilder wie auch neue bzw. zukünftig verstärkt auftretende Qualifikationsanforderungen sich teilweise anhand der Parameter der Vorauswahl erläutern lassen, jedoch insgesamt ein sehr heterogenes Spektrum umfassen. Im folgenden Abschnitt wird anhand von Clusteranalysen versucht, den Zusammenhänge zwischen Inhalten und Schritten von Veränderungen und neuen Anforderungen sowie zwischen Leitbildern und zukünftig noch verstärkten Anforderungen zu verdichten.

### *6.3.3 Empirische Anforderungscluster*

Bislang wurden die codierten Aussagen zu Veränderungsprozessen, Leitbildern, neuen und zukünftigen Qualifikationsanforderungen anhand der Kategorien der Vorauswahl diskutiert. Zur weiterführenden explorativen Analyse und zur Verdichtung der Ergebnisse werden die Codingstatistiken der Aussagen zu "Inhalten und Schritten von Veränderungen" (als Indikatoren für "theories in use") und Leitbildern für Veränderungsprozesse (als Indikatoren für "espoused theories") Clusteranalysen unterzogen.[444] Die sich empirisch aus Inhalten und Schritten von Veränderungen ergebenden "Anforderungscluster" werden daraufhin betrachtet, wie sich "neue Anforderungen" auf sie verteilen. Leitbilder für Veränderungsprozesse stehen in engem Zusammenhang mit Organisationszielen, daher soll untersucht werden, wie sie sich zu "zukünftig verstärkt auftretenden Anforderungen" verhalten.

Für den Bereich "Inhalte und Schritte von Veränderungen" wird eine Vier-Cluster-Lösung interpretiert.[445] Das erste Cluster umfaßt die größte Anzahl von Fällen, wobei große (7) und Untersuchungseinheiten aus kleinen Verwaltungen (5) etwa gleich repräsentiert sind, jedoch doppelt so viele Entsender in den Modellstudiengang (8) wie Verwaltungen, die sich bislang nicht beteiligt hatten. Auf der Dimension der unterschiedlichen Typen von Untersuchungseinheiten entfallen auf dieses Cluster drei Untersuchungseinheiten der Verwaltungsspitze, zwei aus der Kernverwaltung, vier aus der Ordnungs- und Leistungsverwaltung und drei aus Bereichen mit spezifischen ökonomischen und organisatorischen Anforderungen. Es finden sich mit Ausnahme der Personalentwicklung alle der in Tabelle 20 aufgeführten Aspekte von Veränderungen, wobei "Dezentralisierung", "Budgetierung" und "Reorganisation" am häufigsten vertreten sind. Der größte Anteil der Codings zu neuen Anforderungen entfällt in diesem Cluster auf "Neue Breitenelemente", gefolgt von "Ökonomischen Fachkenntnissen" und "EDV".

Cluster 2 vereinigt deutlich mehr Untersuchungseinheiten aus großen Verwaltungen (5 gegenüber 2). Der Effekt der Studiengangsteilnahme ist weniger ausgeprägt (4 und 3), bei den Funktionstypen der Organisationseinheiten überwiegen Bereiche der Kernverwaltung (3) und der Leistungsverwaltung (2). In diesem Cluster finden sich ebenfalls fast alle der in Tabelle 20 aufgeführten

[444] Die Verwendung der Begriffe "theories in use" und "espoused theories" erfolgt in Anlehnung an Argyris (vgl. auch Abschnitt 2.2.2.2). Zur Clusteranalyse als Auswertungsempfehlung für die explorative statistische Auswertung von Codingstatistiken und Variablen auf Grundlage der fallbasierten Quantifizierung siehe z.B. Kuckartz (1995a, b).

[445] Clusteranalyse der Codingstatistiken nach dem Ward-Verfahren.

Aspekte bis auf "externen Service", es überwiegen deutlich "Reorganisation" und "Pilotbereiche/Konzeptionsphasen". Es zeigt sich eine höhere Priorität ökonomischer Fachkenntnisse vor "Sozialen Kompetenzen" und "Neuen Breitenelementen" (vor allem der Serviceorientierung). Kenntnisse zum Neuen Steuerungsmodell der KGSt werden hier ebenfalls relativ häufig angesprochen, was im Zusammenhang mit dem Aspekt der Pilotphasen und Erstellung von Konzepten stehen dürfte.

Das dritte Cluster enthält zwei Untersuchungseinheiten aus den Bereichen der Kernverwaltung und der Leistungsverwaltung einer großen Verwaltung, die bereits Studierende in den Modellstudiengang entsandt hatte. Fast 90 Prozent der Veränderungen entfallen hier auf die Kategorie "interner Service", die restlichen Nennungen auf "Reorganisation". Am häufigten findet sich hier die Dimension "Neue Breitenelemente", wobei wiederum der Servicegedanke ganz entscheidend im Vordergrund stehen dürfte. Das vierte Cluster steht für die Prioritätensetzungen der Verwaltungsspitze einer kleineren Verwaltung, die bereits Studierende in den Modellstudiengang entsandt hatte. Fast 80 Prozent der genannten Aspekte entfallen hier auf die Kategorie "Personalentwicklung", der Rest auf "Dezentralisierung" und "Reorganisation". Neben veränderten "Breitenelementen" werden hier vor allem Anforderungen im Bereich "Soziale Kompetenzen" und "Persönlichkeit/individuelles Leistungspotential" angesprochen.

Als Indikatoren für overte Handlungsdeklarationen bzw. "espoused theories" der Verwaltungseinheiten wurden die Aussagen zu Leitbildern und Modellen für Veränderungsprozesse herangezogen. Hierzu wird die Fünf-Cluster-Lösung der Analyse von Codingstatistiken interpretiert.[446]

Cluster 1 umfaßt fünf Untersuchungseinheiten aus großen Verwaltungen, die überwiegend Studierende in die Verwaltungsbetriebswirtschaftslehre entsandt hatten (4 gegenüber 1 Nicht-Entsender) und in denen sich vor allem Vorstellungen der Verwaltungsspitze zeigten (3), zudem war ein Bereich der klassischen Ordnungs- und Leistungsverwaltung vertreten und eine Untersuchungseinheit mit erhöhten ökonomischen und organisatorischen Anforderungen. In diesem Cluster werden die Aspekte "Lernende Verwaltung" und "Neues Steuerungsmodell" stark thematisiert. Die häufigsten Nennungen zukünftig verstärkt auftretender Anforderungen entfallen auf "Ökonomische Fachkenntnisse", gefolgt von "Verwaltungskenntnissen" und "Soziale Kompetenzen".

[446] Clusteranalyse der Codingstatistiken nach dem Ward-Verfahren.

**Abbildung 9**
**Inhalte und Schritte von Veränderungen und neue Anforderungen** (4-Cluster-Lösung; Anteil der Codings in Prozent)

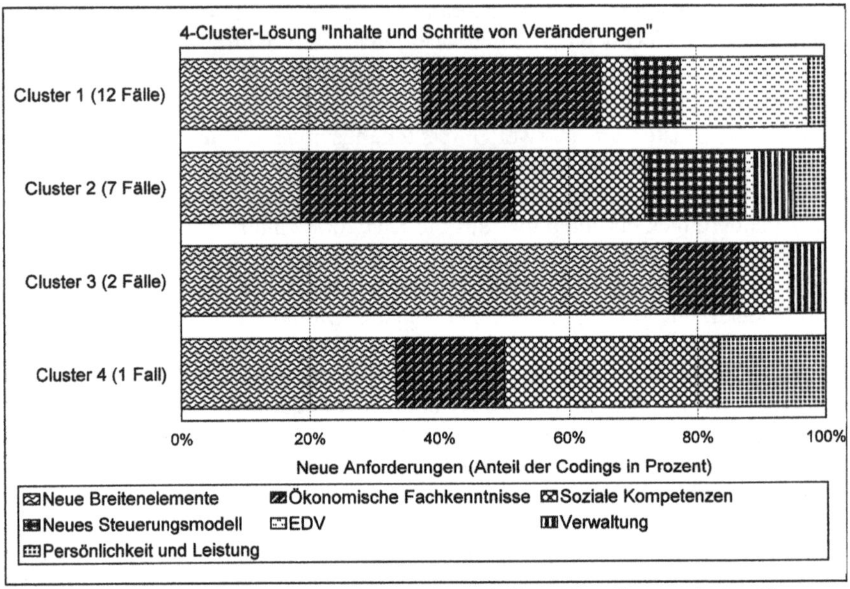


Codings zu "neuen Anforderungen", dargestellt nach ihrer Verteilung auf vier Cluster zu "Inhalten und Schritten von Veränderungen". Datengrundlage: Analyse von Intensivinterviews mit Vertreterinnen und Vertretern von Verwaltungsspitze und Amtsleitung (Fallstudien Evaluation Verwaltungsbetriebswirtschaftslehre FHöV NRW).

Cluster 2 enthält sechs Untersuchungseinheiten aus großen und sieben aus kleinen bzw. mittleren Verwaltungen, wobei die Zahl der Studiengangsentsender überwiegt (8 zu 5) und zwei Untersuchungseinheiten aus der Verwaltungsspitze, fünf aus der Kernverwaltung, vier aus der Ordnungs- und Leistungsverwaltung und zwei aus Bereichen mit verstärkten ökonomischen Anforderungen vertreten sind. Die Kategorien der Leitbilder und Modelle umfassen zu jeweils etwa 30 Prozent "Serviceorientierung", "Eigene Entwicklungen" und "Neues Steuerungsmodell". "Neue Breitenelemente", "Ökonomische Fachkenntnisse" und "Basisqualifikationen" bilden hier die drei am häufigsten thematisierten Qualifikationsschwerpunkte.

Cluster 3 enthält eine Untersuchungseinheit aus einer großen und eine aus einer kleineren Verwaltung, die beide bereits in die Verwaltungsbetriebswirtschaftslehre entsandt hatten. Bezogen auf den Aufgabentyp finden sich ein Bereich der Ordnungs- und Leistungsverwaltung und ein Bereich mit verstärkten ökonomischen und organisatorischen Anforderungen. Die Untersuchungseinheiten im dritten Cluster stellen "Eigene Entwicklungen" in Verbindung mit "Serviceorientierung" in den Vordergrund, ergänzt durch "Konzern Stadt". Rund zwei Drittel der Anforderungskategorien entfallen hier auf den Bereich "Neue Breitenelemente", jeweils etwa 20 Prozent auf "Ökonomische Fachkenntnisse" und "Verwaltungskenntnisse".

**Abbildung 10**
**Leitbilder von Veränderungsprozessen und zukünftig verstärkt auftretende Anforderungen** (5-Cluster-Lösung; Anteil der Codings in Prozent)

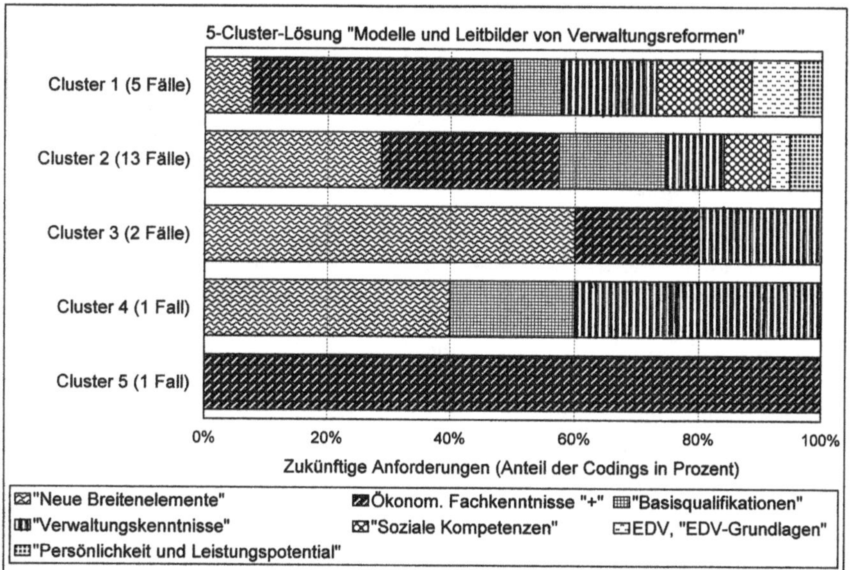


Codings zu "zukünftig verstärkt auftretenden Anforderungen", dargestellt nach ihrer Verteilung auf fünf Cluster zu "Leitbildern und Modellen" von Veränderungsprozessen. Datengrundlage: Analyse von Intensivinterviews mit Vertreterinnen und Vertretern von Verwaltungsspitze und Amtsleitung (Fallstudien Evaluation Verwaltungsbetriebswirtschaftslehre FHöV NRW).

Cluster 4 steht für einen Bereich mit verstärkten ökonomischen Anforderungen einer großen Verwaltung, die bereits Studierende in die Verwaltungsbetriebswirtschaftslehre entsandt hatte. Die Aussagen zu Leitmotiven von Veränderungen entfielen ausschließlich auf das "Neue Steuerungsmodell". Jeweils 40 Prozent der Nennungen zu zukünftig verstärkt auftretenden Qualifikationsanforderungen entfallen auf "Neue Breitenelemente" und "Verwaltungskenntnisse", 20 Prozent auf "Basisqualifikationen".

Cluster 5 steht für eine Untersuchungseinheit aus der Kernverwaltung einer großen Verwaltung, die noch keine Studierenden in die Verwaltungsbetriebswirtschaftslehre entsandt hatte und "Konzern Stadt" als zentrales Modell thematisierte. Als neue Anforderungen wurden ausschließlich Elemente aus dem Bereich "ökonomische Fachkenntnisse" angesprochen.

Ruft man sich die Elemente von Reformansätzen der öffentlichen Verwaltung wie des "Neuen Steuerungsmodells" der KGSt ins Gedächtnis, so lassen sich in den Dimensionen "Neue Breitenelemente" und "Ökonomische Fachkenntnisse" zentrale Elemente der Qualifikationsanforderungen aus diesem Bereich erkennen, auch wenn Fachkenntnisse zum "Neuen Steuerungsmodell" weniger oft explizit thematisiert wurden. Wichtig sind aber fast durchgehend die verstärkte Ausrichtung des Verwaltungshandelns an Wirtschaftlichkeitsaspekten sowie ein Selbstverständnis der untersuchten Verwaltungseinheiten als interne und externe Dienstleister.

## 6.4 Organisationales Lernen I: Auswahl, Charakteristika und Einsatzbereiche neuer Mitglieder

Organisationen "lernen" durch ihre Mitglieder. Organisationales Lernen kann dabei durch Lernprozesse und gezielte Schulung der Organisationsmitglieder erfolgen, aber auch durch die Anwerbung und Auswahl neuer Mitglieder mit verändertem Know-how. Auswahlkriterien liefern daher wertvolle Hinweise auf Veränderungen im organisatorischen Kontext. Vor dem Hintergrund der diskutierten Leitbilder und Paradigmen des Organisierens und aktueller Veränderungen in der öffentlichen Verwaltung sind vor allem neue Anforderungen in den Bereichen betriebswirtschaftliche Fachkenntnisse und ökonomisches Bewußtsein sowie eine verstärkte Wertschätzung von sog. Schlüsselqualifikationen zu beachten. Die näher betrachtete Ausbildung an internen Verwaltungsfachhochschulen stellt dabei einen Sonderfall dar, der beide Aspekte organisationalen Lernens umfaßt. Denn die Studierenden sind als "Inspektorenanwärter" bereits bei Behörden angestellt, die Auswahl und Verteilung auf die Studiengänge erfolgt deshalb "intern". Da die Studierenden von ihren Einstellungsbehörden entsandt werden, stellen die Auswahlkriterien für neues Personal seitens der Ausbildungsleitung, aber auch der Fachämter vor Ort wichtige Indikatoren für Veränderungen in den Anforderungen dar.

Hypothese 2: Ökonomische und auf Effizienzsteigerung abzielende Organisationsleitbilder beeinflussen die Auswahlkriterien und Vorstellungen zur wünschenswerten Qualifikation neuen Personals. Neues Personal sollte vermehrt über Qualifikationen im Bereich ökonomischer Fachkenntnisse und kontextspezifisch neuer Breitenelemente verfügen.

Zwar wird nach Angaben von Vertreterinnen und Vertretern der Ausbildungsleitung auf persönliche Befähigungen und Neigungen Rücksicht genommen, dennoch stellt sich das Problem, daß bereits die Entscheidung für den Eintritt in die öffentliche Verwaltung auf einen "risikoarmen Lebensentwurf" hindeutet (Bosetzky), somit eine Art Selbstselektion erfolgt. Dennoch soll explorativ der Frage nachgegangen werden, ob durch neue Schwerpunkte der Ausbildungsangebote der öffentliche Dienst möglicherweise auch für Studierende attraktiv wird, die im Vergleich zu Studierenden der grundständigen Ausbildungsrichtung über andere Prioritäten und Vorstellungen zu ihrer Berufstätigkeit verfügen und sich hinsichtlich ihrer Motive und Erwartungen an die berufliche Zukunft unterscheiden.

Hypothese 3: In den Modellstudiengang entsandte Studierende unterscheiden sich bezüglich ihrer Motive der Berufswahl und Erwartungen an die zukünftige Tätigkeit von Studierenden des grundständigen Studiengangs.

Durch die "organisationsinterne" Institutionalisierung der Ausbildung für den gehobenen Dienst sind hierbei Effekte der Bewerbung und Selbstselektion nicht vollständig von Auswahlkriterien der Einstellungsbehörden zu trennen. Da jedoch nach Angaben der Ausbildungsleitung Neigungen der Studienbewerber nach Möglichkeit berücksichtigt wurden, dürften vorhandene unterschiedliche Motivationsstrukturen der Studierenden dennoch den Haupteffekt bilden.

Ein dritter Punkt organisationalen Lernens durch neue Mitglieder, der im Rahmen der vorliegenden Arbeit betrachtet werden soll, stellen Einsatzbereiche und Aufgabenschwerpunkte von Studierenden, Absolventinnen und Absolventen dar. Aus der Evaluation des Modellstudiengangs Verwaltungsbetriebswirtschaftslehre an der Fachhochschule für öffentliche Verwaltung Nordrhein-Westfalen liegen Daten über die Einsatzbereiche und Aufgaben während fachpraktischer Ausbildungsphasen und nach dem Examen vor.[447] Für eine Passung des Studiums an die Anforderungen der beruflichen Praxis spräche eine möglichst qualifikationsnahe Verwendung der Studierenden, Absolventinnen und Absolventen. Daher geht Hypothese 4 der Frage nach, ob die unterschiedlichen fachlichen Schwerpunkte (grundständiger Studiengang Kommunaler Verwaltungsdienst 60 Prozent Rechtsfächer, Modellstudiengang Verwaltungsbetriebswirtschaftslehre 60 Prozent ökonomische (betriebswirtschaftliche) Fächer) sich auch in deutlich unterschiedlichen Einsatzbereichen und Aufgabenschwerpunkten zeigen.

Hypothese 4: Entsprechend den unterschiedlichen Studienschwerpunkten unterscheiden sich die Einsatzbereiche und Aufgabenschwerpunkte der Studierenden in den fachpraktischen Ausbildungsabschnitten und der Absolventinnen und Absolventen nach dem Examen deutlich voneinander.

---

[447] Durchgeführt vom Lehrstuhl für Verwaltungsökonomie und -management (Professor Hellstern) und dem Wissenschaftlichen Zentrum für Berufs- und Hochschulforschung (WZ 1) der Universität Kassel.

Folgende Übersicht enthält die Fragekomplexe und Indikatoren, die herangezogen wurden, um Prozesse organisationalen Lernens durch neue Mitglieder auf der Ebene der Auswahl und Selbstselektion sowie des Einsatzes in der fachpraktischen Ausbildung und nach dem Examen nachzugehen.

**Übersicht 23**
**Organisationales Lernen I: Fragen zu Auswahl, Vorerfahrung und Motivation sowie Einsatz und Verwendung neuen Personals**

| *Befragte* | *Fragestellungen* |
|---|---|
| *Verwaltungsspitze* | Welche Kriterien legen Sie in Ihrer Verwaltung bei der Auswahl von Bewerbern für ein Studium an der FHöV an?<br>Wo sehen Sie die Stärken der Verwaltung und ihres Personals, wo sehen sie Verbesserungsmöglichkeiten?<br>Wie beurteilen Sie die Einsatzmöglichkeiten von extern ausgebildeten Betriebswirtinnen und Betriebswirten? |
| *Amtsleiter* | Nach welchen Kriterien wählen Sie Ihre Mitarbeiterinnen und Mitarbeiter aus? (Schwerpunkt: g.D.)<br>Wie schätzen Sie die tatsächlichen berufspraktischen Fähigkeiten von Absolventinnen und Absolventen der FHöV ein?<br>Wenn in Ihrem Bereich Bedarf an betriebswirtschaftlicher bzw. organisationstheoretischer Qualifikation besteht, wie wird dieser Qualifikationsbedarf gedeckt? Haben Sie auch schon daran gedacht, extern ausgebildete Betriebswirte einzustellen? |
| *Ausbildungsleitung* | Woher stammen Bewerbungen um einen Studienplatz an der FHöV?<br>Welche Kriterien spielen eine Rolle bei der Auswahl von BewerberInnen für das Studium der Verwaltungsbetriebswirtschaftslehre? |
| *Studierende* | Waren Sie vor Beginn Ihres Studiums längere Zeit erwerbstätig?<br>Wie lange waren Sie vor Beginn Ihres Studiums erwerbstätig, davon in der Verwaltung?<br>Man kann an ein Studium unterschiedlich herangehen. Inwieweit treffen die folgenden Aussagen für Sie zu?<br>Wie wichtig sind für Ihre persönliche Lebensgestaltung die folgenden Aussagen?<br>Wie wichtig sind für Sie die folgenden Merkmale einer beruflichen Tätigkeit?<br>In welchen Aufgabenbereichen waren Sie während Ihrer letzten fachpraktischen Ausbildung tätig? Mehrfachnennungen sind möglich. |
| *Absolventinnen und Absolventen* | In welchem Aufgabenbereich sind Sie derzeit eingesetzt?<br>Wie lassen sich Ihre beruflichen Aufgaben charakterisieren? Antwortskala von 1 = trifft völlig zu bis 5 = trifft überhaupt nicht zu. |

Quellen: "Interviewleitfaden Gespräche mit der administrativen Leitungsebene", Studierendenfragebogen (3. und 5. Semester) 1995-98, Absolventenbefragung 1997/98, Evaluierung Modellstudiengang Verwaltungsbetriebswirtschaftslehre (VBWL) FHöV NRW. Quellen: "Interviewleitfaden Gespräche mit der administrativen Leitungsebene", Leitfaden für Gruppengespräche mit der Ausbildungsleitung, Studierendenfragebogen (1. Semester; 1995: 3./ 5. Semester retrospektiv) 1995-98, Evaluierung Modellstudiengang Verwaltungsbetriebswirtschaftslehre (VBWL) FHöV NRW.

### *6.4.1 Bewerbungsverfahren und Auswahlkriterien*

Im Erfahrungsaustausch mit der Ausbildungsleitung von Behörden, die in den Jahren 1993 bis 1996 Studierende in die Verwaltungsbetriebswirtschaftslehre entsandt hatten, zeigte sich, daß die Bewerbungs- und Auswahlmodalitäten für den Modellstudiengang sich nicht wesentlich von denjenigen für den grundständigen Studiengang Kommunaler Verwaltungsdienst unterscheiden. Aufmerksam auf den Studiengang werden die Studierenden größtenteils durch Informationen der Einstellungsbehörde in Form von Stellenanzeigen in der Presse bzw. internen Stellenausschreibungen, wie dies auch aus der ersten Welle der Studierendenbefragung hervorging.[448] Die meisten Bewerbungen für den gehobenen Dienst erfolgen von außerhalb der Behörde (60,9 Prozent). Da das Studium an der FHöV die einzige Möglichkeit der Ausbildung für den gehobenen nichttechnischen Dienst darstellt und aufgrund der perzipierten Arbeitsplatzsicherheit in der öffentlichen Verwaltung, ist die Anzahl der Bewerbungen um die angebotenen Ausbildungsplätze sehr hoch. Die in den Unterlagen zur Gesprächsvorbereitung entnommene durchschnittliche Ablehnungsquote von rund 85 Prozent resultiert nicht zuletzt daraus, daß sich nach Aussagen der Ausbildungsleiterinnen und -leiter um einen Ausbildungsplatz bis zu 100 Personen bewerben.[449]

**Tabelle 24**
**Herkunft der Bewerbungen um einen Studienplatz an der FHöV nach Angaben der Ausbildungsleitung** (in Prozent)

| | |
|---|---|
| Eigenbewerbung von außerhalb der Behörde | 60,9 |
| Eigenbewerbung innerhalb der Behörde | 33,3 |
| Vorschlag durch Vorgesetzte | 5,8 |

Frage: Woher stammen Bewerbungen um einen Studienplatz an der FHöV? (Vorbereitungsbogen Gruppendiskussionen mit der Ausbildungsleitung). Quelle: Hellstern/Horny (1996).

Die Verteilung auf die Studiengänge Verwaltungsbetriebswirtschaftslehre und Kommunaler Verwaltungsdienst erfolgt in der Mehrzahl der Fälle *nach* der Auswahl der Bewerberinnen und Bewerber. Nach Möglichkeit wird auf die Neigungen der Bewerberinnen und Bewerber Rücksicht genommen. Das Interesse für den Modellstudiengang wird dabei ganz wesentlich von der Kenntnis über diese Ausbildungsmöglichkeit bestimmt. Nicht nur Schulabgängerinnen und Schulabgänger, die in der Regel erst über die Existenz des Modellstudiengangs informiert werden müssen, haben sich zunächst häufig für den Studiengang Kommunaler Verwaltungsdienst beworben. Übereinstimmend wird berichtet, daß viele Aufstiegsbeamtinnen und -beamte dem neuen Studiengang

[448] HELLSTERN/HORNY/JÄGER (1996a).
[449] HELLSTERN/HORNY (1996).

zum Zeitpunkt der Gruppendiskussionen (1996) eher skeptisch gegenüberstehen. Dies lag zum einen daran, daß noch nicht viele Studierende der Verwaltungsbetriebswirtschaftslehre bereits längere fachpraktische Ausbildungsabschnitte absolviert hatten, demnach nur begrenzt Erfahrungen aus erster Hand zur Verfügung standen, zum anderen erschien der Studiengang Verwaltungsbetriebswirtschaftslehre aufgrund seines Modellcharakters vielen als eine etwas riskante Wahl.[450]

Zur Auswahl führen die meisten Verwaltungen kombinierte Verfahren durch. Fast die Hälfte führt schriftliche Auswahltests durch. Viele Kommunen ergänzen diese durch Gespräche mit den Bewerberinnen und Bewerbern. Einige Behörden nutzen die Angebote bzw. ergänzen ihre Auswahlverfahren durch die Einschaltung externer Anbieter, z.B. des Studieninstituts Recklinghausen. Als wichtigstes Kriterium für die Auswahl wird von den Ausbildungsleitungen "Interesse und Motivation" der Bewerberinnen und Bewerber genannt, an zweiter Stelle folgt "allgemeine Leistungsfähigkeit". Beide Kriterien zählen zum einem Bereich, der in der theoretisch-empirischen Qualifikation als "Persönlichkeit/Individuelles Leistungspotential" bezeichnet wird. An dritter Stelle der Auswahlkriterien steht "Bedarf in den Ämtern". Alle anderen Kriterien streuen zwischen den Gemeinden und werden deutlich geringer gewichtet.

**Tabelle 25**
**Auswahlkriterien für ein Studium an der FHöV nach Angaben der Ausbildungsleitung** (arithmetisches Mittel, Standardabweichung)

| | *Mittelwert* | *Standard-abweichung* |
|---|---|---|
| Interesse u. Motivation d. Bewerberinnen u. Bewerber | 1,5 | ,74 |
| Allgemeine Leistungsfähigkeit | 1,9 | ,77 |
| Bedarf in den Ämtern | 2,0 | ,97 |
| Abschlußnoten | 2,4 | 1,02 |
| Arbeitsverhalten | 2,4 | 1,03 |
| Soziale Kompetenz | 2,7 | 1,12 |
| Fachkenntnisse | 3,3 | 1,10 |
| Verwaltungserfahrung | 3,6 | 1,28 |

Frage: Welche Kriterien spielen eine Rolle bei der Auswahl von BewerberInnen für das Studium der Verwaltungsbetriebswirtschaftslehre? Arithmetisches Mittel auf einer Skala von 1 "sehr wichtig" bis 5 "überhaupt nicht wichtig". Vorbereitungsbögen Gruppendiskussionen mit der Ausbildungsleitung. Quelle: Hellstern/Horny (1996).

450 HELLSTERN/HORNY (1996). Da den Kernpunkt der Ausbildungsleitungsgespräche Gruppendiskussionen darstellten, bei denen im Gegensatz zu Gruppenbefragungen keine Befragung jedes einzelnen Teilnehmenden "reihum" erfolgte, beziehen sich die Prozentanteile auf die Anzahl der explizit im Verlauf der Diskussion gegebenen Statements.

Von den vorgelegten Kriterien wurde dabei dem Kriterium "Verwaltungserfahrung" die geringste Bedeutung zugemessen, allerdings bestehen hier durchaus auch abweichende Auffassungen, wie an der vergleichsweise hohen Standardabweichung abzulesen ist (s = 1,28). Dieser Punkt wurde in den Veranstaltungen auch äußerst kontrovers diskutiert. Ob Aufstiegsbeamtinnen und -beamte oder Schulabgängerinnen und Schulabgänger in den Modellstudiengang entsandt werden, wurde häufig pragmatisch danach entschieden, ob der Stellenplan einer Kommune noch Spielraum für Neueinstellungen erlaubte. In einigen Fällen wurde aber auch berichtet, daß die Verwaltung bewußt Aufstiegsbeamtinnen und -beamte für den Modellstudiengang ausgesucht habe, da die fachpraktische Ausbildungsphase dieses Studiengangs kürzer sei und nicht gewährleiste, daß eine ausreichende fachpraktische Qualifikation im neuen Studiengang erfolge. Dagegen könne von Aufsteigerinnen und Aufsteigern erwartet werden, daß diese über ausreichende Vorkenntnisse des Verwaltungsaufbaus und der Verwaltungspraxis verfügten. Neben personalpolitischen Aspekten spielt daher die Vorstellung der jeweiligen Einstellungsbehörde über die Relevanz von Verwaltungserfahrung und die Inhalte der im Studiengang vermittelten Qualifikationen eine wichtige Rolle bei der Auswahl von Bewerberinnen und Bewerbern.

Fehlende Vorkenntnisse über die Verwaltungspraxis werden auch häufig als Ursachen für Schwierigkeiten beim Übergang zwischen dem fachwissenschaftlichen und dem fachpraktischen Ausbildungsteil angeführt. So wurde berichtet, daß Schulabgängerinnen und Schulabgänger ohne Verwaltungserfahrung zwar im fachwissenschaftlichen Ausbildungsabschnitt Vorteile besäßen, jedoch die Umsetzung des theoretischen Wissens Schwierigkeiten bereite. Ist Verwaltungserfahrung demnach ein Indikator für eine erfolgreiche Bewältigung der Praxisanforderungen? In der Bewertung dieser Aussagen streuten die Urteile zwischen den Einstellungsbehörden sehr stark. In den Gruppendiskussionen mit der Ausbildungsleitung ließen sich zwei entgegengesetzte Argumentationsstränge aufzeigen:[451]

- Zum einen wird Verwaltungserfahrung als Vorteil betrachtet, da die Studierenden bereits wissen, wie eine Verwaltung "funktioniert", welche Institutionen, Personen und Verfahrensabläufe den Verwaltungsalltag mitbestimmen und wie ein Verwaltungsakt praktisch durchzuführen ist. Diese Meinung vertraten 53 Prozent der Verwaltungen, die sich zu diesem Punkt explizit äußerten.
- Zum anderen wird Verwaltungserfahrung als eher hinderlich im Hinblick auf die Ausbildung innovationsfördernder Qualifikationen (z.B. selbständiges Denken oder eigenverantwortliches Handeln) eingestuft, wie sie im Rahmen des neuen Steuerungsmodells benötigt werden. Hier lautete die

[451] Vgl. HELLSTERN/HORNY (1996).

These: Eine zu starke Verwaltungssozialisation vermindere eher die Fähigkeit, Strukturreformen mitzugestalten. 32 Prozent der Äußerungen zu diesem Punkt beinhalteten diese Meinung.

- Etwa 17 Prozent der Äußerungen ließen sich weder einer positiven noch einer ablehnenden Haltung eindeutig zuordnen[452]. In ihnen wurde häufig von personalwirtschaftlichen, mit dem Stellenplan verbundenen Zwängen berichtet, die keine freie Wahl zwischen Aufstiegsbeamtinnen und -beamten und Neueinstellungen zulassen. In diesen Fällen erfolgt i.d.R. die Entsendung von Aufsteigerinnen und Aufsteigern, auch wenn bezüglich des Innovationspotentials der Bewerberinnen und Bewerber Vorbehalte bestehen.

Berufserfahrung stellte auch in den Intensivinterviews mit *Amtsleitern* zu konkreten Anforderungen und *Einstellungskriterien* vor Ort ein wichtiges Thema dar. In den Interviews wurde dabei nicht nur unmittelbar über die Absolventen der FHöV reflektierten, sondern es flossen darüber hinaus wünschenswerte Qualifikationen vor dem Hintergrund der Anforderungen des Organisationskontextes ein. Auf Eigenschaft "Berufserfahrung/Verwaltungserfahrung" entfallen die Mehrzahl der unter "Person" subsumierten Angaben, die nach Merkmalen des Faktors "Persönlichkeit und Leistungspotential" die zweithäufigste Gruppe von Auswahlkriterien bilden. Verwaltungsgröße und Entsendung in den Modellstudiengang Verwaltungsbetriebswirtschaftslehre spielen eher eine untergeordnete Rolle, entscheidend sind Tätigkeitsfelder, die Koordinations- und Leitungsfunktionen beinhalten. Hier gewinnen dann auch Faktoren wie Lebensalter und Auftreten an Bedeutung.

Insgesamt gleich häufig werden Elemente genannt, die den Faktoren "Basisqualifikationen", "Ökonomische Fachkenntnisse" und "Soziale Kompetenzen" zugerechnet werden können. Die Codings entfallen dabei tendenziell häufiger auf große Verwaltungen, die bereits in den Modellstudiengang Verwaltungsbetriebswirtschaftslehre entsandt hatten. Auffällig ist, daß in diesem Zusammenhang keine Anforderungen angesprochen werden, die im Bereich veränderte "Neue Breitenelemente" liegen, während bei neuen Anforderungen die Wichtigkeit von Elementen wie "Serviceorientierung" betont wurde. Die Auswahl für Verwaltungspersonal erfolgt vor allem an leistungs- und personenbezogenen Kriterien orientiert, ökonomische Fachkenntnisse waren in sieben der befragten Einheiten wichtig.

---

452 Da den Kernpunkt der Ausbildungsleitungsgespräche Gruppendiskussionen darstellten, bei denen im Gegensatz zu Gruppenbefragungen keine Befragung jedes einzelnen Teilnehmenden "reihum" erfolgte, beziehen sich die Prozentanteile auf die Anzahl der explizit im Verlauf der fünf Diskussionen gegebenen Statements zum Thema 'Verwaltungserfahrung'.

**Tabelle 26**
**Auswahlkriterien aus Sicht aus Sicht von Verwaltungsspitze und Amtsleitern nach Verwaltungsgröße, Studiengangsentsendung und Art der analysierten Verwaltungseinheit** (Anzahl der Codings absolut und gewichtet nach Fällen pro Gruppe)

| | *Verwaltungs-größe*[1] | | *VBWL 1993 – 97*[2] | | *Art der analysierten Verwaltungseinheit*[3] | | | | *Σ* |
|---|---|---|---|---|---|---|---|---|---|
| | *groß* | *KMV* | *ja* | *nein* | *1* | *2* | *3* | *4* | |
| *"Persönlichkeit/Individuelles Leistungspotential"* | 18 (1,3) | 6 (0,8) | 21 (1,6) | 3 (0,3) | 1 (0,2) | 8 (1,3) | 10 (1,6) | 5 (1,0) | **24 (1,1)** |
| *Merkmale der Person* | 18 (1,3) | 4 (0,5) | 14 (1,1) | 8 (0,9) | 3 (0,6) | 5 (0,8) | 10 (1,6) | 4 (0,8) | **22 (1,0)** |
| *Ökonomische/ betriebswirtschaftliche Fachkenntnisse* | 8 (0,6) | 2 (0,3) | 10 (0,8) | | | 4 (0,7) | 4 (0,7) | 2 (0,4) | **10 (0,5)** |
| *"Soziale Kompetenz"* | 8 (0,6) | 2 (0,3) | 8 (0,6) | 2 (0,2) | 2 (0,4) | 1 (0,2) | 5 (0,8) | 2 (0,4) | **10 (0,5)** |
| *"Basisqualifikationen"* | 7 (0,5) | | 7 (0,5) | | | 4 (0,7) | 3 (0,5) | | **7 (0,3)** |
| *"Verwaltungskenntnisse/ Recht"* | 3 (0,2) | 4 (0,5) | 7 (0,5) | | | 3 (0,5) | 1 (0,2) | 3 (0,6) | **7 (0,3)** |
| *EDV-Kenntnisse* | 4 (0,3) | 2 (0,3) | 6 (0,5) | | | 2 (0,3) | | 4 (0,8) | **6 (0,3)** |
| *Anzahl der Fälle* | 14 | 8 | 13 | 9 | 5 | 6 | 6 | 5 | **22** |

1) Die Einteilung folgt den Gemeindegrößenklassen des Landesamtes für Statistik (LDS) Nordrhein-Westfalen, wobei die Kategorien 1 = Kreisverwaltung und 3 = kreisangehörige Gemeinde mit < 25.000 Einwohnern als "kleine und mittlere Verwaltungen" (kurz: KMV) zusammengefaßt wurden; "große Verwaltungen" im Sample entstammen der Kategorie 2 = Kreisfreie Stadt. 2) Entsendung von Studierenden in den Modellstudiengang in den Jahren 1993 bis einschließlich 1997. 3) Typ der analysierten Gesprächseinheit nach Informationskompetenz bzw. Aufgabenzuschnitt: 1= Verwaltungsspitze, 2 = Kernverwaltung, 3 = Ordnungs- und Leistungsverwaltung, 4 = Verwaltungseinheit mit besonderen Anforderungen in den Bereichen Verwaltungsreform, ökonomische Kenntnisse. Anzahl der Codings von Antworten auf die Fragen: Welche Kriterien legen Sie in Ihrer Verwaltung bei der Auswahl von Bewerbern für ein Studium an der FHöV an? Nach welchen Kriterien wählen Sie Ihre Mitarbeiterinnen und Mitarbeiter aus? (Schwerpunkt: g.D.) Datengrundlage: Analyse von Intensivinterviews (Fallstudien Evaluation Verwaltungsbetriebswirtschaftslehre FHöV NRW).

Verwaltungserfahrung spielt aber auch in einem weiteren Punkt eine wichtige Rolle, wenn es darum geht, *Erfahrungen* mit *extern ausgebildetem Personal* zu beschreiben. Unabhängig von der Art der Qualifikation (Hochschulabsolventen, Fachhochschulabsolventen oder Abschlüsse des dualen Systems, die außerhalb der Verwaltung erworben wurden) bestehen hier aus Sicht der Amtsleiter Defizite in Kenntnissen zu juristischen Verfahrensabläufen in der öffentlichen Verwaltung. Diese umfassen fachliche (rechtliche, ablauforganisatorische) Kenntnisse, aber auch einen Bereich, der von vielen Gesprächspartnern als "Verwaltungsdenken" umschrieben wurde, und sich vor allem auf die genaue Regelung von Kompetenzen und Verfahrensabläufen, das Denken in Verwaltungsakten bezieht. Verwaltungskenntnisse und Verwaltungserfahrung bilden demnach elementare Elemente des "Milieuwissens" der Verwaltungsorganisation, die die Performanz extern ausgebildeten Personals erschweren.

### *6.4.2 Vorerfahrung und Motive von Studierenden der FHöV*

Organisationen lernen durch Prozesse der Schulung ihrer Mitglieder. Organisationen "lernen" aber auch durch Auswahl und gezielte Anwerbung von Mitgliedern, die im Vergleich zur bisherigen Wissensbasis der Organisation bzw. organisatorischen Teileinheit über *neues* Wissen verfügen (Kapitel 2). Die an internen Verwaltungsfachhochschulen durchgeführte Beamtenausbildung für den gehobenen nichttechnischen Dienst kann für beide Vorgänge stehen. Denn zum Studium werden sowohl Studierende entsandt, die bereits in der Verwaltung tätig waren (Laufbahnaufstieg), als auch Schulabgänger als Amtsinspektorenanwärter eingestellt. Im Rahmen der Evaluation des Studiengangs Verwaltungsbetriebswirtschaftslehre an der Fachhochschule für öffentliche Verwaltung Nordrhein-Westfalen gaben 45,3 Prozent der befragten Studierenden an, vor Antritt des Studiums mehr als 2 Jahre berufstätig gewesen zu sein. Von diesen wiederum waren 97,3 Prozent in der Verwaltung tätig, so daß sich auch insgesamt ein Anteil von 44,1 Prozent Studienanfängerinnen und Studienanfängern mit Verwaltungserfahrung ergibt.[453]

---

[453] Quelle: Studierendenbefragungen der Einstellungsjahrgänge 1993 bis 1997 in: Hellstern et al. (2000): Zusammenfassung und Endbericht zur Evaluation des Modellstudiengangs Verwaltungsbetriebswirtschaftslehre FHöV NRW (in Vorbereitung).

**Tabelle 27**
**Berufserfahrung der befragten Studierenden der FHöV NRW bei Studienbeginn nach Studienrichtung** (absolut; in Klammern: Zeilenprozente/ Spaltenprozente)

| | *VBWL* | *KV* | *Gesamt* |
|---|---|---|---|
| keine längere Berufstätigkeit | 257 (47,1/51,7) | 289 (52,9/57,7) | 546 |
| *Berufstätigkeit:* | | | |
| mehr als 2 Jahre in der Verwaltung | 231 (52,5/46,5) | 209 (47,5/41,7) | 440 |
| außerhalb der Verwaltung | 9 (75,0/ 0,02) | 3 (25,0/ 0,01) | 12 |
| *Anzahl (n)* | *(497)* | *(501)* | *(998)* |

VBWL = Modellstudiengang Verwaltungsbetriebswirtschaftslehre, KV = grundständiger Studiengang Kommunaler Verwaltungsdienst. Frage: Waren Sie vor Beginn des Studiums längere Zeit berufstätig? Wenn ja, wie viele Jahre insgesamt? Wie viele davon in der öffentlichen Verwaltung? Für die Einstellungsjahrgänge 1993 und 1994 erfolgte die Frage retrospektiv. Quelle: Evaluation Verwaltungsbetriebswirtschaftslehre, Fachhochschule für öffentliche Verwaltung NRW, Studierendenbefragung 1995 - 1998.

Die Entsendung in die Studiengänge wird von den Einstellungsbehörden gesteuert; da jedoch nach Möglichkeit Vorkenntnisse und Neigung der Bewerber berücksichtigt werden, stellte sich die Frage, ob die neue Studienrichtung einen anderen Typus von Studierwilligen anzog als der grundständige Studiengang. Um die These zu überprüfen, ob sich Studierende der beiden Ausbildungsrichtungen im Hinblick auf Karriereorientierung, Sicherheitsorientierung und Freizeitorientierung unterscheiden, wurden in Anlehnung an Studien zum Wertewandel (Klages; Inglehart) und zum beruflichen Erfolg von Absolventinnen und Absolventen der Fachhochschulen für öffentliche Verwaltung (Schäfer-Plassmann) Indizes zu Orientierungsschwerpunkten gebildet. Die folgende Abbildung gibt einen Überblick zu Prioritäten, Persönlichkeitstypen und Merkmalsschwerpunkten.

**Abbildung 11**
**Prioritäten, Persönlichkeitstypen und zentrale Merkmale unter Studierenden bei Studienbeginn** (empirisch-konzeptionelle Übersicht)

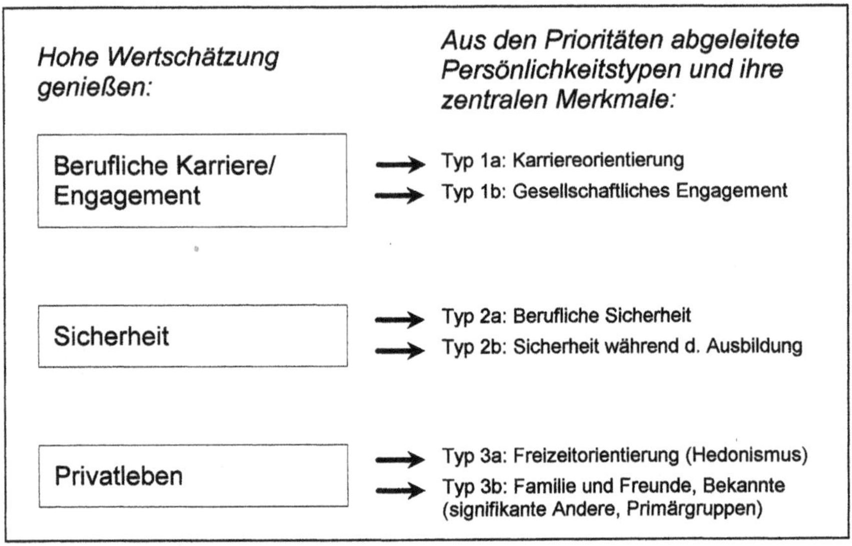


Die herangezogenen Fragenkomplexe umfaßten berufliche Wertorientierungen sowie Persönlichkeitselemente, die Studien- und Berufswahl, aber auch späteres Abschneiden in Studium (Studienerfolg) und Beruf (Karriere) beeinflussen können. Die in den Fragebatterien enthaltenen Items waren jeweils auf ein fünfstufigen Antwortskala von 1 = "sehr wichtig" bis 5 = "völlig unwichtig" zu beurteilen. In die Indizes fließen die Urteile mit den Werten 1 und 2 ein, anschließend wird durch die Anzahl der Items geteilt. Es ergibt sich ein Quotient, der den mittleren Indexwert angibt, der in der untersuchten Population erreicht wird.[454]

Die Vermutung, daß sich zwischen Studierenden des Modellstudiengangs und denen des grundständigen Studiengangs Unterschiede finden, läßt sich nur für die Typen 1a, "Karriereorientierung" und "Berufliche Sicherheit", belegen. Bereits die Basisauswertung der Antworten im Rahmen der Evaluation Verwaltungsbetriebswirtschaftslehre zeigt eine sehr homogene Struktur der Motive, Ansichten und Herangehensweisen.

---

[454] In Anlehnung an die Absolventenstudie von SCHÄFER-PLASSMANN/PIPPKE (1997). Zur allgemeinen Vorgehensweise bei der Bildung additiver Indizes siehe z.B. FRIEDRICHS (1985).

**Tabelle 28**
**Indizes zu Motivations- und Einflußfaktoren nach Studiengang** (Indexwerte[1] und Signifikanz[2] der Unterschiede)

| | *VBWL* | *KV* | *Signifikanz* |
|---|---|---|---|
| **Typ 1a: Karriereorientierung** | **75,3** | **69,7** | **h. s.** |
| Typ 1b: Gesellschaftliches Engagement | 29,1 | 30,2 | n. s. |
| **Typ 2a: Berufliche Sicherheit** | **74,7** | **82,3** | **h. s.** |
| Typ 2b: Sicherheit während d. Ausbildung | 59,4 | 64,2 | n. s. |
| Typ 3a: Individuelle Freizeitorientierung | 50,7 | 53,5 | n. s. |
| Typ 3b: Orientierung an Familie, Freunde, Bekannten | 32,5 | 34,8 | n. s. |
| *Anzahl der Befragten (n)* | *(604)* | *(641)* | |

[1] Der Indexwert wird durch die Anzahl der Items gewichtet, er erreicht Werte zwischen 0 und 100.

[2] "h. s.": hoch signifikant auf 99%-Niveau. "n. s.": die Indexwerte unterscheiden sich zwischen den Gruppen nicht signifikant.

Insgesamt betrachtet erreichen die Indizes "Karriereorientierung" und "Berufliche Sicherheit" auch die höchsten Prioritäten. "Sicherheit während der Ausbildung" (klare Strukturierung des Studiums, finanzielle Absicherung) und (individuelle) Freizeitorientierung erreichen weniger hohe Indexwerte, was als geringere Priorität der diese Indizes bildenden Items interpretiert werden kann. Wie wichtig die eigene Entscheidung ist, zeigt der relativ niedrige Einfluß von signifikanten Anderen und Peergroups auf die Studienwahl. Etwas bedenklich stimmen die niedrigen Werte des Index für "Gesellschaftliches Engagement". Wichtigstes Einzelitem für die Berufswahl ist "Gutes Arbeits- und Betriebsklima"[455].

### *6.4.3 Einsatzbereiche in den fachpraktischen Ausbildungsabschnitten und nach Abschluß des Studiums*

In den Gesprächen mit der Ausbildungsleitung und Verwaltungsvertretern ließen sich zwei Grundvorstellungen erkennen, die sich auch auf den Einsatz der Studierenden, Absolventinnen und Absolventen auswirken. Absolventinnen und Absolventen des grundständigen Studiengangs gelten als breiter verwendbar, werden aber nach dem Examen häufig in von hoher Fluktuation betroffenen Bereichen wie der Sozialverwaltung eingesetzt. Studierende, Absolventinnen und Absolventen der neuen Studienrichtung werden spezifischer qualifikationsnah eingesetzt (vor allem bei Kosten- und Leistungsrechnung), jedoch können sich dadurch aus Sicht der Verwaltungsvertreter auch Einschränkungen in der Fähigkeit zum späteren Laufbahnaufstieg ergeben.

[455] Quelle: Studierendenbefragungen 1995 (1., 3., 5. Semester), 1996, 1997 (1. Semester).

Der Einsatz von Studierenden in der Fachpraxis erfolgt zunächst unter didaktischen Gesichtspunkten. Die meisten Studierenden, gleich welcher Fachrichtung, werden in der *fachpraktischen Ausbildung* im Bereich "Organisation, Personal" eingesetzt. Dies entspricht auch den Aussagen der Einstellungsbehörden, daß ein Teil des Einsatzes in der fachpraktischen Ausbildung bewußt in Querschnittsbereichen erfolgt, um den Studierenden einen Überblick zu Aufgaben und Tätigkeiten der Kommunalverwaltung zu verschaffen. Die zweithäufigste Nennung bezieht sich auf den Bereich "Finanzverwaltung". Da die kommunale Haushaltserstellung immer noch stark verrechtlicht ist, geben Studierende des grundständigen Studiengangs diesen Bereich sogar noch öfter an als diejenigen des Modellstudiengangs. Der rechtliche Schwerpunkt des Studiengangs Kommunaler Verwaltungsdienst zeigt sich auch in den Einsatzbereichen "Soziales ...", wobei der Einsatz im Sozialamt im Vordergrund steht, und "Ordnungsrechtliche Angelegenheiten".

**Abbildung 12**
**Evaluation Verwaltungsbetriebswirtschaftslehre FHöV NRW: Einsatzbereiche der Studierenden in der fachpraktischen Ausbildung** (in Prozent, Mehrfachnennungen möglich)

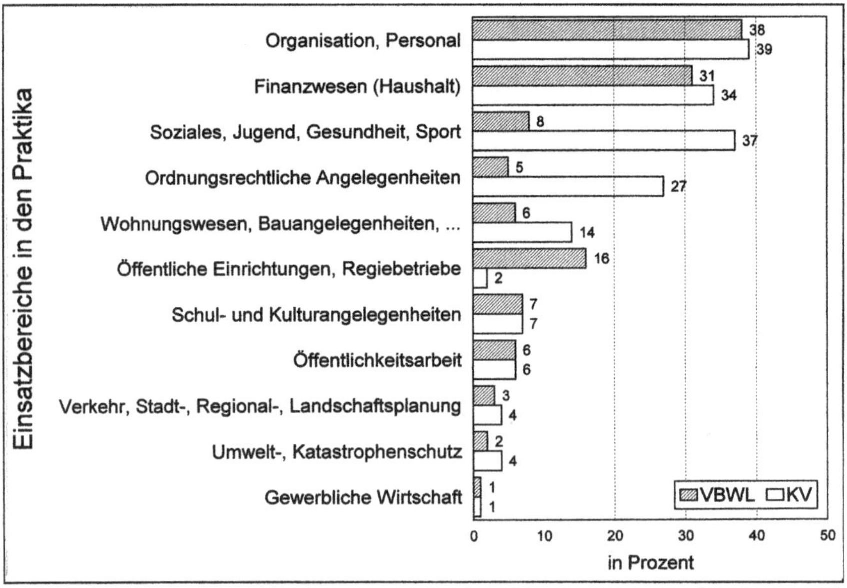


Frage: In welchen Einsatzbereichen waren Sie während des letzten fachpraktischen Ausbildungsabschnittes überwiegend eingesetzt? Quelle: Evaluation Verwaltungsbetriebswirtschaftslehre FHöV NRW, Studierendenbefragung 1995/96/97 (3. und 5. Semester).

Die Ausbildung der Studierenden im Modellstudiengang zielt schwerpunktmäßig ab auf Aufgaben und Tätigkeiten in betriebswirtschaftlichen und organisatorischen Aufgabenbereichen. Wichtig ist für die Beurteilung, ob der Studiengang sein Ziel verwirklichen kann, betriebswirtschaftliches Know-how für die Verwaltung bereitzustellen, ist es daher zu überprüfen, in welchen Bereichen die Absolventen nach Abschluß ihres Studiums zum Einsatz kommen. Abbildung 13 zeigt die deutlich unterschiedlichen Einsatzbereiche von der Absolventinnen und Absolventen der Verwaltungsbetriebswirtschaftslehre und Kommunaler Verwaltungsdienst.

**Abbildung 13**
**Einsatzbereiche der im Rahmen der Evaluation Verwaltungsbetriebswirtschaftslehre FHöV NRW befragten Absolventinnen und Absolventen der Jahre 1996 und 1997 nach Studiengang** (in Prozent)

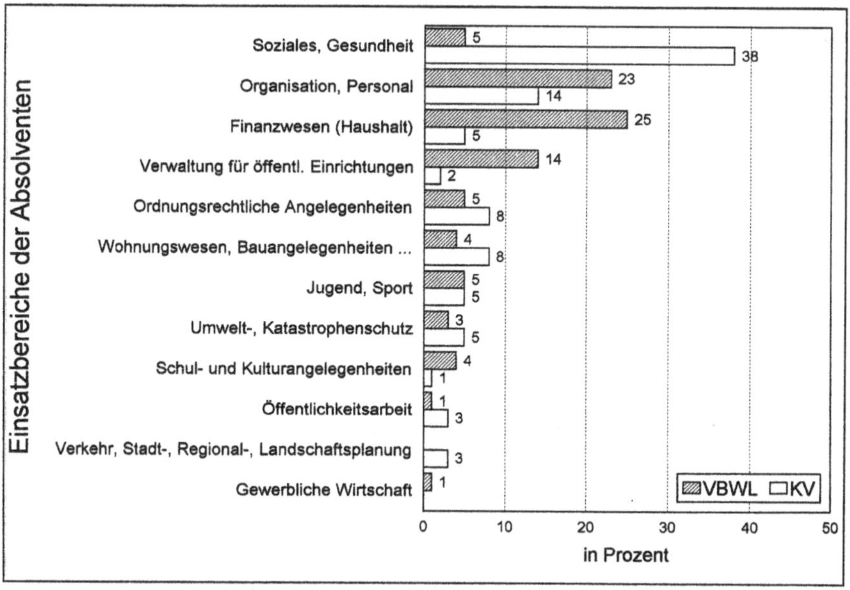


Frage: In welchem Bereich sind Sie derzeit tätig? Quelle: Evaluation Verwaltungsbetriebswirtschaftslehre FHöV NRW, Absolventenbefragungen 1997/98.

Die beiden Qualifikationsprofile kommen in entsprechend unterschiedlichen Bereichen zum Einsatz. Absolventinnen und Absolventen des Modellstudiengangs finden sich deutlich häufiger in den Bereichen "Organisation", "Finanzwesen", "Verwaltung für öffentliche Einrichtungen" und in "sonstigen" Einsatzbereichen, bei denen es sich hauptsächlich um Controlling, Kosten- und Leistungsrechnung sowie Tätigkeiten bei Einrichtung und Wartung von elektronischen Datenverarbeitungsanlagen handelt, wie eine Auswertung offener Kommentare ergab. Absolventinnen und Absolventen des grundständigen Studiengangs finden sich am häufigsten im Bereich "Soziales, Gesundheit", wobei ihre Tätigkeit mehrheitlich in Sozialhilfesachbearbeitung besteht.[456]

In der Befragung der Absolventinnen und Absolventen des Modellstudiengangs 1997 herrschte noch Unsicherheit bezüglich Übernahme und endgültiger Verwendung. Doch bereits die Befragung im folgenden Jahr zeigt, daß die teilnehmenden Absolventinnen und Absolventen des Modellstudiengangs ebenso wie die des grundständigen Studiengangs zu 95 Prozent in Vollzeitarbeitsverhältnisse übernommen wurden. Die zum Zeitpunkt der Befragung angegebenen Einsatzbereiche bilden dabei nicht nur eine Übergangsstation. Mehr als zwei Drittel der Befragten gaben an, auf absehbare Zeit in den oben aufgeführten Einsatzbereichen zu verbleiben. Jeweils rund ein Fünftel konnte die Dauer noch nicht absehen, aber nur 10 bzw. 11 Prozent erwarteten einen baldigen Wechsel.

**Tabelle 29**
**Absolventinnen und Absolventen der FHöV NRW 1996/97: Voraussichtlicher Verbleib im Einsatzbereich** (in Prozent)

| | *VBWL* | *KV* | *Gesamt* |
|---|---|---|---|
| Auf absehbare Zeit gleicher Einsatzbereich | 68 | 71 | 70 |
| Vermutlich Wechsel | 11 | 10 | 10 |
| Noch nicht absehbar | 21 | 19 | 20 |
| *Anzahl (n)* | *(110)* | *(113)* | *(223)* |

Frage: Wie schätzen Sie die Dauer des Verbleibs in Ihrem derzeitigen Einsatzbereich ein?
Quelle: Evaluation Verwaltungsbetriebswirtschaftslehre FHöV NRW, Absolventenbefragungen 1997/98.

Nicht nur die Einsatzbereiche, auch die Aufgabenschwerpunkte und Tätigkeiten, mit denen die Absolventinnen und Absolventen betraut sind, sind für eine differenzierte Betrachtung notwendig. Daher wurden sie gebeten, diese in Stichworten zu beschreiben. Die Ergebnisse bestätigen für die Absolventinnen und Absolventen des Modellstudiengangs ein betriebswirtschaftlich geprägtes Tätigkeitsprofil, wie es sich in einer ersten telefonischen Kurzumfrage bereits angedeutet hatte[457]. Danach nennen die Absolventen der Verwaltungsbetriebswirtschaftslehre am häufigsten als Tätigkeit die Einführung und Pflege der Ko-

[456] Dabei muss auch die hohe Fluktuation im Bereich des Sozialamtes beachtet werden ("Burnout" durch emotionale Belastung, mangelnde Aufstiegschancen); Absolventen helfen u.a., entstandene Lücken wieder aufzufüllen.

[457] ERBAN (1997).

sten- und Leistungsrechnung. Es überwiegt dabei sogar der Aspekt der Einführung (30 Nennungen), während 23 Nennungen Durchführung und Pflege der Kosten- und Leistungsrechnung beinhalten. Eine weitere, häufig genannte Gruppe von Tätigkeiten steht in Zusammenhang mit dem Bereich "Organisation". Im Vordergrund stehen dabei vorbereitende Untersuchungen zur Organisationsoptimierung sowie Beratung und Steuerung. Dem betriebswirtschaftlichen Anforderungsprofil entsprechend entfällt die drittgrößte Anzahl von Nennungen auf Einführung und Pflege des Controlling. In allen drei geschilderten Tätigkeitsgruppen überwiegen ganz deutlich die Nennungen der Absolventinnen und Absolventen der Verwaltungsbetriebswirtschaftslehre. Für die Vergleichsgruppe des grundständigen Studiengangs fällt zum einen das klare Übergewicht von Tätigkeiten im Zusammenhang mit der Sozialverwaltung auf. Zum anderen verteilen sich die Nennungen nicht ganz so deutlich auf einzelne Schwerpunkte, sondern deuten auf einen etwas breiter gestreuten Einsatz von Absolventinnen und Absolventen des Studiengangs Kommunaler Verwaltungsdienst hin.

**Abbildung 14**
**Evaluation Verwaltungsbetriebswirtschaftslehre FHöV NRW: Tätigkeiten von Absolventinnen und Absolventen 1996/97 nach Studiengang** (in Prozent)

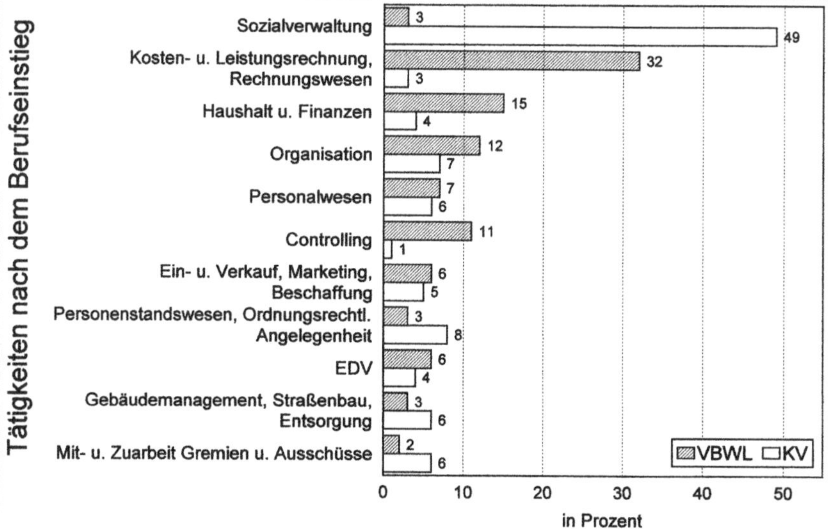


Frage: Bitte beschreiben Sie in Stichworten ihre derzeitigen beruflichen Aufgaben und Tätigkeiten.

Zusammenfassung freier Beschreibungen und Kommentare. Datengrundlage: Evaluation Verwaltungsbetriebswirtschaftslehre FHöV NRW, Absolventenbefragungen 1997/98.

Faßt man die Kommentare der Absolventinnen und Absolventen zu den Tätigkeitsschwerpunkten in ihren Einsatzbereichen zusammen, verdeutlicht dies die unterschiedlichen Einsatzprofile und die Homogenität bzw. Heterogenität des Einsatzes der beiden Absolventenprofile. Der Einsatz von Absolventen in der Sozialverwaltung dürfte auch in Zusammenhang mit der hohen Fluktuation in diesem Einsatzbereich stehen, die immer wieder Bedarf an neuem Personal schafft.

## 6.5 Organisationales Lernen II: Vorstellungen und Wünsche an die Qualifikation der Mitglieder

Organisationales Lernen manifestiert sich nicht nur in Auswahl und Einsatz neuer Mitglieder, es wirkt auch auf die Vorstellungen zu wünschenswerten Qualifikationen innerhalb der Organisation. Diesem Aspekt einer Veränderung der Handlungsrationalität wurde im Rahmen der vorliegenden Arbeit dadurch nachgegangen, daß untersucht wurde, ob sich die Anforderungen an Studierende, Absolventinnen und Absolventen bzw. in Einsatzfeldern mit ökonomischem oder eher verwaltungsrechtlichem Aufgabenzuschnitt unterscheiden. Dazu wurde folgende These aufgestellt:

Hypothese 5: Entsprechend den spezifischen Einsatzbereichen und Aufgabenschwerpunkten ergeben sich signifikante Unterschiede in den Anforderungsprofilen für die Studierenden, Absolventinnen und Absolventen der beiden Ausbildungsrichtungen. Dies zeigt sich zum einen in einer Betonung der Wichtigkeit der jeweiligen curricularen Schwerpunkte (juristisch - betriebswirtschaftlich). Zum anderen werden für Studierende, Absolventinnen und Absolventen der neuen Ausbildungsrichtung sowie generell für "neue" (nicht mehr "klassisch-juristisch" geprägte) Tätigkeitsfelder verstärkt Schlüsselqualifikationen aus den Bereichen "Neue Breitenelemente", "Kreativität"/ "Innovationsfähigkeit", "Kooperation" und "Soziale Kompetenzen" als wichtig erachtet.

Die unterschiedlichen Einsatzbereiche und Aufgaben von Studierenden bzw. Absolventen der beiden Fachlichkeiten waren Gegenstand des vorhergehenden Abschnitts. Fast die Hälfte der Absolventinnen und Absolventen der Verwaltungsbetriebswirtschaftslehre werden in den Bereichen "Finanzwesen (Haushalt)" (25 Prozent) und "Organisation, Personal" (23 Prozent) eingesetzt, während die meisten Absolventen des grundständigen Studiengangs in der Sozialverwaltung arbeiten (38 Prozent). Anhand dieser Zahlen kann man von qualifikationsnaher Verwendung der Anwärterinnen und -anwärter sprechen. Um zu untersuchen, wie sich diese Unterschiede in Prioritäten bezüglich der Qualifikationsanforderungen niederschlagen, stand quantitatives und qualitatives Datenmaterial zur Verfügung. Um ein möglichst breites Spektrum von Qualifikationsdimensionen zu erfassen, erfolgte die Erhebung unterstützt von Antwortkarten (bei den Gruppendiskussionen mit der Ausbildungsleitung bzw. den Intensivinterviews im Rahmen von Fallstudien) oder als Teil von hoch standardisierten Fragebogen (Studierenden- und Absolventenbefragungen).

Als Hinweise auf die gewünschte Qualifikation von Organisationsmitgliedern wurden auch die Urteile zur Wichtigkeit einer Reihe von Verbesserungsvorschlägen und Veränderungswünschen an die Ausbildung bzw. das FHöV-Studium gewertet. Organisationales Lernen im Sinne eines Isomorphiestrebens könnte sich auch in Wünschen zeigen, verstärkt Know-how aus der Privatwirtschaft in das Studium einzubeziehen.

Hypothese 6: Verbesserungsvorschläge und Wünsche an die interne Fachhochschulausbildung reflektieren die Veränderungen im organisationalen Kontext, die sich vor allem in der Forderung nach dem Einbezug externen, "ökonomischen" Know-hows bei gleichzeitiger Betonung der besonderen Situation der öffentlichen Verwaltung und dem daraus resultierenden Wunsch nach einer engen Verzahnung von Theorie und Praxis zeigen.

**Übersicht 24**
**Organisationales Lernen II: Fragen zur Erhebung wichtiger fachlicher und außerfachlicher Qualifikationen sowie Veränderungswünschen an die Ausbildung**

| *Befragte* | | *Fragen der Intensivinterviews und standardisierten Fragebogen* |
|---|---|---|
| Verwaltungs-spitze | III.1 | Wie sieht das in Ihrer Verwaltung gesuchte Qualifikationsprofil für Personal im gehobenen nichttechnischen Dienst / Absolventinnen und Absolventen der FHöV aus? |
| | | Welche fachlichen Qualifikationen sind Ihrer Ansicht nach besonders wichtig? (Antwortkarte "Gewünschte Gewichtung von fachlichen Schwerpunkten") |
| | | Welche außerfachlichen Fähigkeiten sind Ihrer Ansicht nach für eine Tätigkeit im gehobenen Dienst besonders wichtig? (Antwortkarte) |
| | II.4 | Wie könnte die Fachhochschule für öffentliche Verwaltung Ihrer Ansicht nach noch besser auf die Bedürfnisse der Verwaltung eingehen? (Antwortkarte "Potentielle Reformen in der Ausbildung") |
| Amtsleiter | IV.1 | Lassen sich - kurz und frei formuliert - grundsätzliche Aussagen über das erwünschte Qualifikationsprofil Ihrer Mitarbeiterinnen und Mitarbeiter treffen? |
| | IV.2 | Welche Fachkenntnisse erwarten Sie von Ihren MitarbeiterInnen? |
| | | Für wie wichtig halten Sie folgende Lehrthemen im Hinblick auf die Einsatzbereiche und Tätigkeiten von Personal im gehobenen Dienst in Ihrem Verantwortungsbereich? (Antwortkarte Lehrthemen der Curricula Verwaltungsbetriebswirtschaftslehre und Kommunaler Verwaltungsdienst FHöV NRW) |

*(Fortsetzung folgende Seite)*

| | | |
|---|---|---|
| | | *(Fortsetzung Übersicht 24)* |
| | IV.3 | Welche Fähigkeiten wünschen Sie sich über die Fachkenntnisse hinaus von Ihren MitarbeiterInnen? (Antwortkarte) |
| | V.3 | Welche Wünsche und Anregungen haben Sie für den Modellstudiengang? Welche Wünsche und Anregungen haben Sie für die FHöV-Ausbildung insgesamt? (Antwortkarte) |
| Ausbildungsleitung | | Einschätzung der Wichtigkeit von Fächern des Curriculums Verwaltungsbetriebswirtschaftslehre (Antwortkarte) |
| | | Einschätzung der Wichtigkeit von außerfachlichen Qualifikationen und Schlüsselkompetenzen (Antwortkarte) |
| | | Bitte benennen Sie die aus Ihrer Sicht wichtigsten Veränderungen im Hinblick auf das Studium an den internen Verwaltungsfachhochschulen. (Antwortkarte) |
| Studierende | 29A | Welche Bedeutung, bezogen auf Ihre zukünftige/jetzige Tätigkeit, messen Sie den angebotenen Fachgebieten bei? (Itembatterie) |
| | 23A | Für wie wichtig halten Sie die folgenden Kenntnisse und Fähigkeiten zur Ausübung Ihrer späteren/jetzigen Tätigkeit? (Itembatterie) |
| | 52 | Welche Veränderungen würden Sie sich in bezug auf Ihren Studiengang wünschen? |
| Absolventen | 26A | Welche Bedeutung, bezogen auf Ihre jetzige Tätigkeit, messen Sie den angebotenen Fachgebieten bei? (Itembatterie) |
| | 25A | Für wie wichtig halten Sie die folgenden Kenntnisse und Fähigkeiten zur Ausübung Ihrer jetzigen Tätigkeit? (Itembatterie) |
| | 56 | Welche Veränderungen würden Sie sich in bezug auf den Studiengang für die Zukunft wünschen? |

Quellen: "Interviewleitfaden für die Gespräche auf der strategisch-politischen Ebene" und "Interviewleitfaden Gespräche mit der administrativen Leitungsebene", Fragebogen für Studierende des 3. und 5. Studienabschnitts (Semesters) 1995/96/97, Absolventenbefragung 1997/98, Evaluierung Modellstudiengang Verwaltungsbetriebswirtschaftslehre (VBWL) FHöV NRW. Die Beurteilung von Lehrthemen, Fächern und Schlüsselqualifikationen auf Antwortkarten und Itembatterien erfolgte auf einer Antwortskala von 1 = "sehr wichtig" bis 5 = "überhaupt nicht wichtig".

Methodisch soll überprüft werden, welcher Erkenntnisgewinn sich aus der Perspektiven- und Methodentriangulation ziehen läßt. Dabei wird zum einen die "Wichtigkeit" von Dimensionen fachlicher Anforderungen und Schlüsselqualifikationen untersucht, wie sie sich im Vergleich von quantitativen und qualitativen Auswertungen zeigt. Dahinter stand das Bestreben, durch Kombination der Vorgehensweisen eine Art "Inter-Methoden-Reliabilität" zu erreichen.

Hypothese 7: Der "positive" Bias und Ausstrahlungseffekte, denen einzelne Items oder Itembatterien quantitativer Instrumente unterliegen können, lassen sich durch qualitative Analysen "relationierend" ergänzen. Fallbasierte Quantifizierungen von Gesprächsverläufen werden dabei als stärker dem lebensweltlichen organisatorischen Kontext verhaftet interpretiert. Quantitative Erhebungen der "Wichtigkeit" bzw. "Priorität" von Qualifikationselementen ermöglichen es, Hinweise auf die "Güte" von Analysestrategien im Sinne der Überprüfung der "Inter-Methoden-Reliabilität"[458] quantitativer und qualitativer Vorgehensweisen zu erhalten.

Ein vom Prinzip der Wesensanalyse durch Variation beeinflußte Auswertungsstrategie qualitativen Datenmaterials bildet den Abschluß der Überlegungen zum Verhältnis von Wissensanforderungen in Organisationen. Charakteristische, "wesentliche" Qualifikationsanforderungen, die über spezifische Einsatzbereiche und Tätigkeiten hinausgehen, und in Bereiche des organisationalen Selbstverständnisses und grundlegender Handlungsrationalitäten ("theories in use") reichen, müßten sich beispielsweise in den Fallstudieninterviews mit Verwaltungsvertretern dadurch zeigen, daß sie in verschiedenen Aspekten der Diskussion von Qualifikationsanforderungen gleichermaßen angesprochen werden. Hypothese 8 faßt diese Annahmen zusammen:

Hypothese 8: "Wesentliche" Qualifikationsprioritäten und Kernelemente organisationaler Wissensbestände zeigen sich durch wiederholte Thematisierung in unterschiedlichen Fragekomplexen der Diskussion von Charakteristika und Veränderungen organisatorischer Qualifikationsanforderungen.

Zunächst folgt jedoch die Einschätzung der Wichtigkeit von Bestandteilen der Curricula Verwaltungsbetriebswirtschaftslehre und Kommunaler Verwaltungsdienst sowie einer Reihe von Elementen aus dem Bereich Schlüsselqualifikationen und Persönlichkeitseigenschaften für Aufgaben und Tätigkeiten in Fachpraktika und nach dem Examen. Ergänzt werden die Einschätzungen von Studierenden, Absolventinnen und Absolventen durch Urteile von Vertreterinnen und Vertretern der Fachpraxis.

### *6.5.1 Einschätzung der Wichtigkeit von Bestandteilen der Curricula*

Die Heterogenität der Aufgabenfelder in der Kommunalverwaltung macht es schwer, allein anhand der Einschätzung von Curricula Aussagen über Zusammenhänge in der Gesamtorganisation zu treffen. Dennoch liefern Urteile zur Bedeutung von Bestandteilen der Curricula wichtige Hinweise auf die Ausdifferenzierung von Anforderungsprofilen im Bereich der Verwaltungstätigkeiten. Eine Betonung der jeweiligen Ausbildungsschwerpunkte (VBWL: 60 Prozent betriebswirtschaftliche/ökonomische Fächer, Kommunaler Verwaltungsdienst:

---

[458] Im Rahmen qualitativ orientierter Forschungsansätze wird empfohlen, Verschlagwortungen parallel durch mehrere Personen vornehmen zu lassen, um potentielle individuelle Verzerrungen durch Feststellung der "Intercodierer-Reliabilität" kontrollieren und durch Vergleich der Kodierungen die Güte der Verschlagwortung feststellen zu können.

60 Prozent juristische Fächer) soll als Ausdifferenzierung spezifischer Tätigkeitsfelder und Anforderungsschwerpunkte interpretiert werden.

Ein im Hinblick auf das triangulative Untersuchungsdesign wichtiger Punkt waren Unterschiede in der Einschätzung der Wichtigkeit von Fächern der Curricula aus Sicht unterschiedlicher Gruppen bzw. "Perspektiven". Fünf Perspektiven werden näher vorgestellt. Die Fragestellungen und das Instrumentarium für die verschiedenen Gruppen waren dabei zwar weitestgehend identisch, dennoch müssen einige Besonderheiten der Standpunkte erläutert werden. So erfolgen die Urteile von Studierenden vor dem Hintergrund der Lernsituation; in die Ratings von Absolventinnen und Absolventen fließen retrospektive Urteile, aber auch Anforderungen der aktuellen Berufssituation ein. Vertreterinnen und Vertreter der Ausbildungsleitung urteilten zu einem Zeitpunkt der Untersuchung, da noch keine Studierenden das Studium abgeschlossen hatten, mit besonderer Berücksichtigung der Studiengestaltung.

Die Urteile auf Antwortkarten, die im Rahmen der Fallstudieninterviews eingesetzt wurden, erfolgten aufgrund der Erfahrungen in den Gruppengesprächen mit der Ausbildungsleitung, die auf Unsicherheiten und hohen Erklärungsbedarf hinsichtlich der Inhalte von Unterrichtsfächern hinwiesen, aufgeschlüsselt nach den Lehrthemen mit dem höchsten Stundenumfang); die Ratings dieser Einzelthemen wurden für die vergleichende Analyse wieder zusammengeführt. Aufgrund der Vorgehensweise bei der Untersuchung, die die Befragten anhielt, Anforderungsprofile für unterschiedliche Einsatzbereiche zu erstellen, ist von deutlichen Unterschieden zwischen dem in die Analysen aufgenommenen "ökonomischen" und dem "Verwaltungsprofil" auszugehen. Festzuhalten bleibt insgesamt, daß sowohl Ausbildungsleiter wie auch Amtsleiter als "Experten" über Anforderungen an andere urteilen (extern), während die Studierenden und Absolventen die eigene Situation beurteilen.[459]

Durchschnittliche Ratings sind eine Methode, die Wichtigkeit von Fächern für die berufliche Tätigkeit darzustellen. Es können jedoch gruppenspezifische "Verzerrungen" auftreten, wenn beispielweise Befragte einer Gruppe durchgehend eher "vorsichtige" und daher niedrigere Ratings abgegeben. Um die Prioritätensetzungen innerhalb der Gruppen herauszustellen, werden nicht nur die arithmetischen Mittel der Einschätzungen der Fächer des Curriculums Verwaltungsbetriebswirtschaftslehre angegeben, sondern auch die internen, "perspekti-

---

[459] Itembatterien mit Antwortskalen von 1 = "sehr wichtig" bis 5 "überhaupt nicht wichtig". Die Auswertung der quantitativen Daten erfolgte unter Einsatz von SPSS für Windows. Der Einsatz von Analyseverfahren, die teilweise metrisches Skalenniveau voraussetzen, wurde aufgrund der verwendeten fünfstufigen Antwortskalen als gerechtfertigt betrachtet. Allerdings wurden bei Verletzung von Modellannahmen wie z.B. Normalverteilung und Varianzhomogenität zusätzlich verteilungsfreie und ordinalem Meßniveau angemessene Verfahren eingesetzt.

venspezifischen" Rangplätze ausgewiesen. Tabelle 30 zeigt die Fächer in der Reihenfolge dieser internen Prioritätensetzungen über alle Gruppen.

Damit läßt sich der erste Teil von Hypothese 5 belegen. Die größte Bedeutung besitzen Fächer aus dem Schwerpunkt des Studiengangs Verwaltungsbetriebswirtschaftslehre, zusammen mit Lehrthemen aus den Bereichen EDV und edv-unterstützter Organisation ("Kosten- und Leistungsrechnung", Informationsverarbeitung (EDV) und "Organisation und technikunterstützte Informationsverarbeitung(OTuI)"). Rechtsfächer finden sich erst in der zweiten Hälfte der Tabelle, wobei "Allgemeines Verwaltungsrecht" noch die höchsten Bewertungen erfährt (2.6 im Mittel über alle Gruppen).

Der Perspektivenvergleich bietet ebenfalls wertvolle Hinweise auf die Wichtigkeit der Lehrfächer; es zeigen sich aber auch Tendenzen, die sich als Schwierigkeiten beim Wissenstransfer in die berufliche Praxis bzw. als eine Art "Praxisschock" interpretieren lassen. So fallen die mittleren Einschätzungen der Absolventen durchgehend signifikant niedriger aus als die der Studierenden. Ausnahmen bilden nur die Fächer "Informationsverarbeitung", "Einführung in die ÖBWL" und "Managementtraining".[460] Die Ratings von Ausbildungsleitern zum Curriculum Verwaltungsbetriebswirtschaftslehre und die für das "ökonomische" Anforderungsprofil im Rahmen der Fallstudien erstellten beinhalten zwar beide die Sicht von Verwaltungsvertretern zu neuen, "ökonomischen" Anforderungen, verhalten sich in der Tendenz zueinander aber eher uneinheitlich. Bezogen auf die Plazierungen läßt sich zwar ebenfalls eine relativ hohe Einschätzung von "Kosten- und Leistungsrechnung", "Einführung in die ÖBWL" und "Organisation und technikunterstützte Informationsverarbeitung (OTuI)" beobachten, sowie eine fast durchgehend eher geringe Prioritätensetzung für die Fächer mit rechtlichem Schwerpunkt. Deutliche Unterschiede ergeben sich bei der Beurteilung von "Informationsverarbeitung" (Platz 10 bzw. 1), "Statistik" (Platz 16 bzw. 8) sowie Finanzierungs- und Investitionsrechnung (Platz 2 und 10). Hin-

[460] T-Test für unabhängige Stichproben, Signifikanzniveau $p \leq .05$. Für den simultanen Vergleich mehrerer Mittelwerte wurde zunächst eine einfaktorielle Varianzanalyse berechnet (SPSS für Windows: "ONEWAY"). Die Faktorstufen bildeten die fünf analysierten Perspektiven (Studierende, Absolventen, Ausbildungsleiter, ökonomisches und Verwaltungsprofil der Verwaltungsvertreter). Die Ergebnisse der Varianzanalyse und des Scheffé-Tests zur Feststellung der Signifikanz von Unterschieden zwischen einzelnen Faktorstufen ("post hoc") wurden vorsichtig interpretiert, da zum einen die Annahme der Varianzhomogenität bis auf wenige Ausnahmen verletzt wurde (signifikante bzw. hochsignifikante Ergebnisse des Levene-Tests) und zum anderen die Gruppen sehr unterschiedlich groß waren. Für einige Vergleiche ergab sich eine vergleichsweise höhere Streuung innerhalb der großen Gruppen; Ergebnisse der Varianzanalyse können in diesen Fällen trotz Verletzung der Homogenitätsannahme interpretiert werden. War jedoch die Streuung innerhalb der kleinen Gruppen relativ hoch, wurde zusätzlich die verteilungsfreie ordinale Alternative zur metrischen Varianzanalyse, der Kruskal-Wallis-Test, eingesetzt (siehe Anhang, Tabellen 7 bis 10).

weise, wie diese Unterschiede zustande kommen, finden sich in Informationen aus Gruppendiskussionen und Intensivinterviews – ein Beleg für das komplementäre Potential qualitativen Datenmaterials. So kritisieren Ausbildungsleiter die Inhalte der EDV-Ausbildung, die sich ihrer Ansicht nach dem "Spagat" zwischen der Vermittlung von Grundlagenkenntnissen mit Transferpotential und Detailkenntnissen zu einzelnen Software-Paketen nicht gewachsen zeige. Amtsleiter hingegen stehen der Vermittlung von EDV-Kenntnissen generell positiv gegenüber und halten dies für eine "basic skill" modernen Verwaltungshandelns. Ebenso befürworten sie Kenntnisse in der Erstellung und im Umgang mit Statistiken, während die Ausbildungsleiter Form und Anwendungspotential dieses Faches eher skeptisch gegenüber stehen. Unterschiede in der Beurteilung von "Finanzierungs- und Investitionsrechnung" resultieren möglicherweise aus einer etwas idealistischen Perzeption der Bezeichnung des Fachs, die sich mit dem Bedarf der Fachpraxis nach Kenntnissen aus den Lehrthemenschwerpunkten des Faches ("Statische Wirtschaftlichkeitsrechnung", "Dynamische Finanz- und Wirtschaftlichkeitsrechnung", "Nutzen-Kosten-Methoden") der Fachpraxis nicht ganz deckt.[461]

Drei Ergebnisse des Perspektivenvergleichs zum Curriculum Verwaltungsbetriebswirtschaftslehre seien noch vorgestellt. Zum einen ist dies die durchgehend hohe Bewertung des Items "Kosten- und Leistungsrechnung" durch Studierende, Absolventen, Ausbildungsleiter (jeweils Rangplatz 1), aber auch seitens der Amtsleiter (Rang 3). Diese steht auch im Einklang mit den Einsatzgebieten und Tätigkeiten nach dem Berufseinstieg der Absolventinnen und Absolventen der Verwaltungsbetriebswirtschaftslehre, von denen die größte Gruppe (32 Prozent) mit Kosten- und Leistungsrechnung befaßt ist (siehe auch Abbildung 14). Die ebenfalls fast durchgehend hohe Einschätzung der Wichtigkeit von EDV-Kenntnissen (Fach "Informationsverarbeitung") – mit der gerade erläuterten Ausnahme in den Urteilen der Ausbildungsleitung – deutet auf deren Rolle einer als "basic skill" modernen Verwaltungshandelns hin. Auffällig ist, daß sowohl bei ökonomischen wie auch unter den Verwaltungsprofilen, die im Rahmen von Fallstudien erstellt wurden, EDV den ersten Rang belegt. An zweiter Stellen stehen in beiden Profilen Lehrthemen aus dem Fach "Einführung in ÖBWL", was dahingehend interpretiert werden kann, daß ökonomische Grundkenntnisse aus Sicht der Amtsleiter für modernes Verwaltungshandeln generell wichtig sind. Dies deckt sich auch mit Ergebnissen zu "neuen" bzw. "zukünftig verstärkt auftretenden Anforderungen" an Verwaltungspersonal, wie sie sich in der fallbasierten Verdichtung qualitativer Aussagen zeigen (vgl. Abschnitt 6.3.2).

---

[461] Zwar wurden im Rahmen der Gruppendiskussionen die Lehrthemenschwerpunkte der Fächer vorgestellt, jedoch erfolgten die Ratings anhand der Bezeichnungen der Unterrichtsfächer. Aus der Beobachtung, daß es schwierig war, derart komplexe Zusammenhänge unter den Bedingungen einer Gesprächssituation zu vermitteln, resultierte die Operationalisierung des Fächerkanons unter Verwendung der umfangreichsten Lehrthemen.

**Tabelle 30**
**Einschätzung der Wichtigkeit von Fächern des Curriculums Verwaltungsbetriebswirtschaftslehre[1] für die berufliche Tätigkeit durch Studierende, Absolventen, Ausbildungsleiter und Amtsleiter** (arithmetisches Mittel; profilinterne Ränge/Gesamtrang)

| | *Studierende* | | *Abs.* | | *Ausbildungsl.* | | *Amtsleiter[2] "ökon."* | | *"Verwaltung"* | | *Gesamt* | |
|---|---|---|---|---|---|---|---|---|---|---|---|---|
| Kosten- und Leistungsrechnung | 1,3 | 1 | 1,7 | 1 | 1,2 | 1 | 1,7 | 3 | 2,2 | 9 | 1,5 | 1 |
| Informations-verarbeitung | 1,9 | 4 | 2 | 2 | 2,2 | 10 | 1,6 | 1 | 1,5 | 1 | 1,9 | 2 |
| Organisation und TuI | 1,7 | 2 | 2,4 | 6 | 1,7 | 4 | 2,1 | 6 | 1,8 | 3 | 1,8 | 3 |
| Einführung i. d. ÖBWL | 2,3 | 10 | 2,4 | 4 | 1,7 | 3 | 1,6 | 2 | 1,8 | 2 | 2,2 | 4 |
| Öffentliche Finanzwirtschaft | 2,2 | 8 | 2,5 | 7 | 1,8 | 6 | 2,1 | 5 | 2,1 | 7 | 2,2 | 5 |
| Betriebliche Planung | 2,0 | 5 | 2,5 | 8 | 1,9 | 7 | 2,2 | 7 | 2,3 | 11 | 2,1 | 6 |
| Rechnungssysteme | 1,7 | 3 | 2,3 | 3 | 1,8 | 5 | 2,3 | 9 | 3,3 | 19 | 1,8 | 7 |
| Betriebliche Funktionen | 2,1 | 7 | 2,7 | 10 | 2,0 | 8 | 2,1 | 4 | 2,6 | 14 | 2,2 | 8 |
| Finanz.- u. Investitionsrechnung | 2,0 | 6 | 2,5 | 9 | 1,6 | 2 | 2,4 | 10 | 3 | 17 | 2,1 | 9 |
| Allgemeines Verwaltungsrecht | 2,5 | 12 | 3,3 | 11 | 2,0 | 9 | 2,6 | 12 | 1,9 | 5 | 2,6 | 10 |
| Managementtraining | 2,2 | 9 | 2,4 | 5 | 2,2 | 11 | 3,0 | 15 | 2,8 | 15 | 2,2 | 11 |
| Juristische Methodik | 3,1 | 17 | . | . | . | . | 2,9 | 14 | 1,9 | 4 | 3,0 | 12 |
| Bürgerliches Recht | 3,0 | 15 | 3,4 | 13 | 2,6 | 14 | 2,6 | 11 | 2,0 | 6 | 3,0 | 13 |
| Personalwirtschaft | 2,4 | 11 | 3,3 | 12 | 2,4 | 13 | 3,1 | 16 | 2,2 | 8 | 2,5 | 14 |
| Kommunales Verfassungsrecht | 2,6 | 13 | 3,6 | 14 | 2,3 | 12 | 2,8 | 13 | 2,3 | 12 | 2,8 | 15 |
| Statistik | 2,8 | 14 | 4,0 | 16 | 3,0 | 16 | 2,3 | 8 | 2,3 | 13 | 3,1 | 16 |
| Arbeits- u. Dienstrecht | 3,0 | 16 | 3,6 | 15 | 2,9 | 15 | 3,2 | 18 | 2,2 | 10 | 3,1 | 17 |
| Volkswirtschaftslehre | 3,5 | 18 | 4,1 | 17 | 3,2 | 17 | 3,1 | 17 | 3,2 | 18 | 3,6 | 18 |
| Staats- u. Europarecht | 3,6 | 19 | 4,2 | 18 | 3,3 | 18 | 3,5 | 19 | 2,9 | 16 | 3,8 | 19 |
| *max. Profilzahl (n)* | *(643)* | | *(105)* | | *(49)* | | *(16)* | | *(15)* | | *(813)* | |

Frage: Für wie wichtig halten Sie die folgenden Lehrthemen im Hinblick auf die (spätere) berufliche Tätigkeit / die Tätigkeit von Personal im g.D.? Antwortskala von 1 = sehr wichtig bis 5 = völlig unwichtig. Punkte stehen für Fächer, die für die betreffenden Gruppen nicht zu erheben waren. [1] Ohne Wahlpflichtfächer. [2] Bei den Intensivinterviews mit Amtsleitern wurde ein ökonomisches ("ökonom.") und ein klassisches Verwaltungsprofil ("vw.") erarbeitet. Daten: Evaluation Verwaltungsbetriebswirtschaftslehre FHöV NRW, eigene vertiefte Auswertungen.

Urteile zum Curriculum *Kommunaler Verwaltungsdienst* erfolgten durch Studierende, Absolventen und Amtsleiter, Stellungnahmen der Ausbildungsleitung lagen designbedingt nicht vor. Die Reihenfolge der Wichtigkeit von rechtlichen Fächern und Fächern mit ökonomischen Lehrthemen ist hier weniger eindeutig als bei den Ratings zum Curriculum Verwaltungsbetriebswirtschaftslehre. Zwar steht hier mit "Allgemeines Verwaltungsrecht" ein Fach an der Spitze, welches auch die durchschnittlich höchste Priorität der Rechtsfächer im Curriculum Verwaltungsbetriebswirtschaftslehre erhält; an dritter Stelle findet sich "Kommunalrecht". Jedoch nehmen die Plätze 2 und 4 Fächer mit ökonomischen Schwerpunkten ein ("Öffentliche Finanzwirtschaft", "Öffentliche Betriebswirtschaftslehre I"). An fünfter Stelle findet sich – wenn auch mit deutlichen Unterschieden in der Prioritätensetzung "Verwaltungspsychologie".

Das heterogene Bild dürfte zum einen mit dem "Generalistenparadox" zusammenhängen. Die Vielzahl und Spezifität von Rechtsanwendungen im Verwaltungsalltag bewirkt, daß sie in höchst unterschiedlichen Anteilen die Tätigkeitsfelder bestimmen. Wie in Abbildung 14 (S. 293) zu erkennen, sind die Absolventinnen und Absolventen des grundständigen Studiengangs nach dem Examen vorwiegend mit Tätigkeiten im Bereich Sozialverwaltung befaßt (49 Prozent). Daher steht das Fach Sozialrecht sowohl bei Studierenden wie auch Absolventinnen und Absolventen an zweiter Stelle der profilinternen Priorität. Aus Sicht von Vertreterinnen und Vertretern der Verwaltungspraxis zeichnen sich jedoch Absolventinnen und Absolventen des Kommunalen Verwaltungsdienstes vor allem durch ihre breite Verwendbarkeit im Rahmen einer immer noch primär juristisch geprägten Verwaltung aus.[462] Sozialrecht ist daher nur eine unter vielen Rechtsanwendungen, die nur bereichsspezifisch stark nachgefragt wird.

Ein weiterer Grund für die relativ heterogenen Einschätzungen der Fächer des Curriculums Kommunaler Verwaltungsdienst könnte in Tendenzen liegen, die schon Pappermann et al. (1982) als mögliche Begründung für die relativ hohe "Negativquote" von Rechtsfächern anführen. Verwaltungswissenschaftliche Kenntnisse, worunter sie "Planen und Entscheiden", "ADV", "Umgang mit Bürgern", "Mensch und Gruppe" aufführen, fallen danach im Verwaltungsalltag in ebenso hohem Umfang an wie Rechtsfächer.[463]

---

[462] Aussagen im Rahmen der Fallstudieninterviews.

[463] PAPPERMANN et al. (1982), S. 136.

**Tabelle 31**
**Einschätzung der Wichtigkeit von Fächern des Curriculums Kommunaler Verwaltungsdienst[1] durch Studierende, Absolventen und Amtsleiter** (arithmetisches Mittel; profilinterne Ränge/Gesamtrang)

| | *Studierende* | | *Abs.* | | *Amtsleiter[2]* "ökon." | | "Verwaltung" | | *Gesamt* | |
|---|---|---|---|---|---|---|---|---|---|---|
| **AVR** | **1,3** | **1** | **2,1** | **1** | **2,6** | **9** | **1,9** | **5** | **1,4** | **1** |
| Öffentl. Finanzwirtschaft | 2,0 | 3 | 3,2 | 5 | 2,1 | 1 | 2,1 | 7 | 2,2 | 2 |
| Kommunalrecht | 2,2 | 4 | 3,5 | 7 | 2,4 | 5 | 1,9 | 2 | 2,3 | 3 |
| ÖBWL I | 2,3 | 5 | 3,5 | 9 | 2,3 | 4 | 1,9 | 4 | 2,5 | 4 |
| **Verwaltungspsychologie** | **3,3** | **12** | **3,4** | **6** | **2,4** | **6** | **2,3** | **1** | **3,3** | **5** |
| Juristische Methodik | 2,8 | 9 | 3,2 | 4 | 2,9 | 10 | 1,9 | 3 | 2,9 | 6 |
| BGB | 3,0 | 10 | 3,2 | 3 | 2,6 | 8 | 2,0 | 6 | 3,0 | 7 |
| **Sozialrecht** | **1,9** | **2** | **3,1** | **2** | **3,5** | **14** | **2,9** | **13** | **2,3** | **8** |
| ÖBWL II | 2,6 | 8 | 3,6 | 10 | 2,2 | 2 | 2,8 | 11 | 2,8 | 9 |
| Öffentliches Dienstrecht | 2,5 | 7 | 4,0 | 12 | 3,2 | 12 | 2,2 | 8 | 2,7 | 10 |
| Statistik | 4,3 | 15 | 4,3 | 14 | 2,3 | 3 | 2,3 | 10 | 4,2 | 11 |
| POR | 2,4 | 6 | 3,5 | 8 | 3,9 | 15 | 3,4 | 15 | 2,8 | 12 |
| Politische Soziologie | 4,1 | 14 | 4,4 | 15 | 2,5 | 7 | 2,3 | 9 | 4,0 | 13 |
| Staats-u. Verfassungsrecht | 3,2 | 11 | 3,8 | 11 | 3,4 | 13 | 2,8 | 12 | 3,3 | 14 |
| VWL/Finanzwissenschaft | 3,9 | 13 | 4,2 | 13 | 3,1 | 11 | 3,2 | 14 | 3,9 | 15 |
| *max. Anzahl d. Profile (n)* | *(660)* | | *(108)* | | *(16)* | | *(15)* | | *(799)* | |

Frage: Für wie wichtig halten Sie die folgenden Lehrthemen im Hinblick auf die (spätere) berufliche Tätigkeit / die Tätigkeit von Personal im g.D.? Antwortskala von 1 = sehr wichtig bis 5 = völlig unwichtig. Punkte stehen für Fächer, die für die betreffenden Gruppen nicht zu erheben waren. [1] Ohne Wahlpflichtfächer. [2] Bei den Intensivinterviews mit Amtsleitern wurde ein ökonomisches ("ökonom.") und ein klassisches Verwaltungsprofil ("vw.") erarbeitet. Daten: Evaluation Verwaltungsbetriebswirtschaftslehre FHöV NRW, eigene vertiefte Auswertungen.

Auffällig, was den Transferaspekt von Unterrichtsstoff in die berufliche Praxis betrifft, ist – wie schon bei der Beurteilung des Curriculums Verwaltungsbetriebswirtschaftslehre – der Umstand, daß die Urteile von Absolventinnen und Absolventen bis auf wenige Ausnahmen signifikant niedriger ausfallen als diejenigen der Studierenden. Umgekehrt genießt das Fach "Verwaltungspsychologie" unter Absolventinnen und Absolventen sowie Vertretern der Fachpraxis eine relativ höhere Priorität, seine Lehrthemen werden für das "Verwaltungsprofil" aus Sicht der Amtsleiter sogar im Mittel als am wichtigsten eingeschätzt. Bevor der in der Fachpraxis immer wichtiger werdende Aspekt des "Umgangs mit Menschen" vertieft wird, wie er sich in der Beurteilung von Lehrthemen zeigt, werden zunächst noch die Einschätzungen einiger Schlüsselqualifikationsdimensionen vorgestellt. Auch sie umfassen viele Elemente aus den Bereichen Interaktion und "Soziale Kompetenzen".

### *6.5.2 Exkurs: Verwaltung und "Management"*

Bereits bei der theoretischen Annäherung an charakteristische Merkmale von Wissen im Kontext bürokratischer Verwaltungsorganisation (siehe v.a. die Abschnitte 2.2.1.2 und 4.2.5.2) zeigten sich Wesenszüge, die mit klassischen Managementkonzepten nicht kompatibel sind. Zwar scheint managementorientiertes Verwaltungshandeln den "state of the art" darzustellen, vor allem in der reformfreudigen Kommunalverwaltung. Trotz Fachzeitschriften wie "Verwaltung und Management" ergeben sich aber gerade auf der Ebene von Leitbildern und "Labels" Reibungspunkte. Daß das klassische Managementkonzept dem operativen Grundverständnis der Verwaltung zuwider läuft, analysierte schon Mannheim (1985; siehe Abschnitt 2.1.2). Das besondere Verhältnis von Verwaltung und Management prägt auch Vorstellungen zu gewünschten Qualifikationen: "Leitbild" der Ausbildung für den gehobenen nichttechnischen Verwaltungsdienst ist der "qualifizierte Sachbearbeiter", der das ihm übertragene Aufgabengebiet kompetent vertritt und vor allem "Selbstmanagement" betreibt (Quandt 1995).

Empirisch zeigten sich Schwierigkeiten bei der Konfrontation von Verwaltungshandeln und Management-"Stereotypen" bei der kontroversen Diskussion des Fachs "Managementtraining" vor allem in der Anfangsphase des Studiengangs Verwaltungsbetriebswirtschaftslehre.[464] Vergleicht man die Ratings der befragten Gruppen, belegt das Fach "Managementtraining" nur einen Platz im unteren Mittelfeld der Tabelle; dies allerdings auch nur aufgrund relativ hoher Ratings und Rangplätze in den Profilen der Studierenden und Absolventen. Hier zeigt sich, daß es wichtig ist, zusätzliche, "qualitative" Informationen heranzuziehen. Die Kontroverse um Managementtraining und die Wichtigkeit von Führungsverhalten auf der Ebene des gehobenen Dienstes führte bereits in den Gruppengesprächen mit der Ausbildungsleitung zu intensiven Debatten. Wichtig ist nach Ansicht der Ausbildungsleiterinnen und Ausbildungsleiter ein Verhaltenstraining, das zu kooperativem Arbeiten und Kommunikationsfähigkeit anleitet. "Managementtraining" ohne weitere Erläuterung wecke jedoch falsche Vorstellungen bei den Studierenden. Der Einsatz der Anwärter sei zunächst auf zuarbeitenden Positionen geplant. Führungsverhalten sollte bestenfalls reflexiv antizipatorisch vermittelt werden.

---

[464] So vor allem in Gruppendiskussionen mit der Ausbildungsleitung, aber auch in den Intensivinterviews im Rahmen von Fallstudien (Evaluation Verwaltungsbetriebswirtschaftslehre FHöV NRW); siehe u.a. HELLSTERN/HORNY (1996, 1998).

Die Kritik entzündete sich also zu einem nicht unbeträchtlichen Teil an der Benennung des Fachs, die später zu "Managementtraining/Verwaltungsmanagement" erweitert wurde. Betrachtet man die Lehrthemen von Managementtraining, darunter "Mensch und Gruppe, Interaktion", kann man darin einen Nachfolger der im Curriculum des Modellstudiengangs nicht mehr vertretenen Fächer Verwaltungssoziologie und -psychologie sehen. Auch diese werden relativ kontrovers beurteilt und erfahren in der Regel eine niedrige Priorität. Diskutiert man jedoch nicht die Bezeichnungen der Fächer, sondern zerlegt diese in ihre – gemessen am Stundenumfang – schwerpunktmäßigen Lehrthemen, zeigt sich, daß gerade diese Inhalte für die moderne Kommunalverwaltung als zunehmend wichtig betrachtet werden. Besonders unter den ohne Itemvorgabe im Rahmen von vertieften Interviews erhobenen Vorstellungen und Erfordernissen der Qualifikation überwiegen Aspekte aus dem Bereich "Soziale Kompetenzen", die sich rein formal im Curriculum von Verwaltungssoziologie und -psychologie wiederfinden.

Eine weitere wichtige Facette im Zusammenhang mit der Kontroverse um das Fach Managementtraining stellt die Frage nach der Verfallszeit des Wissens dar. Im Austausch mit den Vertretern der Verwaltungspraxis, Ausbildungsleitern wie Verwaltungsspitze und Amtsleitern, wurde ebenfalls deutlich, daß ein "Verhaltenstraining", nicht Führungslehre gefordert wird. Den kleinsten gemeinsamen Nenner stellen in der Regel die Forderung nach Fähigkeiten zu "Selbstmanagement", "Zeitmanagement" und "Selbstorganisation" dar. Das Problem der antizipatorischen Vermittlung von Führungskompetenz hängt auch zusammen mit dem Leitbild der Beamtenausbildung, das von einem Aufstieg im Rahmen des Laufbahnsystems ausgeht.

### *6.5.3 Die Bedeutung von Schlüsselqualifikationen für die berufliche Tätigkeit*

Organisatorischer Wandel ist häufig verbunden mit Unsicherheiten über den zukünftigen Aufgabenzuschnitt und Tätigkeitsschwerpunkte. Nicht nur auf dem "unscharfen Arbeitsmarkt", auch innerhalb von Organisationen zeigt sich eine erhöhte Wertschätzung von Qualifikationen, die sich nicht einzelnen Studienfächern zuordnen lassen, sondern fachübergreifende und auf personaler Ebene verankerte "Schlüsselqualifikationen" darstellen. Vergleiche mit anderen Studien zeigen auch für Absolventinnen und Absolventen allgemeiner Fachhochschulen eine zunehmende Wichtigkeit der Vermittlung von Schlüsselqualifikationen.[465] Allerdings wird auch hier deutlich, das dies nicht nur der besonderen Wertschätzung für bestimmte Kenntnisse, Fähigkeiten und personale Eigenschaften entspringt, sondern Unsicherheiten bezüglich Personalbedarf und -planung, verstärkt durch finanzielle und rechtliche Hindernisse, kurz Defizite

[465] Siehe z.B. HOLTKAMP et al. 1998.

des Personalwesens und besonders der Personalentwicklung aufzeigt, die die aktuellen und zukünftigen Mitarbeiterinnen und Mitarbeiter durch Flexibilität und Mobilität kompensieren helfen sollen. Die hohe Priorität flexibilitäts- und mobilitätsfördernder Eigenschaften steht auch in der Kommunalverwaltung zumindest teilweise in Zusammenhang mit dem Stand des Personalwesens. So gaben in den Gruppengesprächen mit der Ausbildungsleitung fast 80 Prozent der Diskussionsteilnehmenden an, strategische Personalplanung sei erst geplant.[466]

Unsicherheiten über den zukünftigen Personalbestand schlugen sich teilweise auch in der Beurteilung der Wichtigkeit von Lehrthemen der Curricula nieder. Noch existieren keine sicheren Bedarfsschätzungen bezüglich der pro fachlichem Schwerpunkt benötigten Mitarbeiter, wie sich auch in den vorsichtigen Prognosen der Vertreter der Verwaltungspraxis zeigten. Das kommunale Personalwesen ist immer noch relativ stark an Beamtenrecht und inputorientierter Steuerung ausgerichtet. Organisationsreformen unter dem Diktat der Finanzkrise der öffentlichen Haushalte führen zu Ausgabenbudgetierung, wobei gleichzeitig rechtlich verankerten Leistungsbereichen Rechnung zu tragen ist. Mit der Förderung von Schlüsselqualifikationen erhofft man sich auch hier eine größere Flexibilität auf der Ebene des einzelnen Mitarbeiters. Eine Annahme im Rahmen der Untersuchung lautete, daß bei den Schlüsselqualifikationen Unterschiede zwischen den Studiengängen auszumachen seien, vor allem was "Neue Breitenelemente" wie "wirtschaftliches Denken" und eine Veränderung des klassischen Sachbearbeiterprofils hin zum "kleinen Manager" mit Überblickskenntnissen betrifft. Dies ließ sich teilweise statistisch untermauern.

Tabelle 32 faßt die mittleren Urteile verschiedener Gruppen von Befragten auf den in Abschnitt 6.2 theoretisch-empirisch erarbeiteten Analysedimensionen von Schlüsselqualifikationen zusammen. Wie schon beim Vergleich der Urteile zu den Fächern der Curricula muß auch hier die unterschiedliche Größe der Gruppen bei Interpretation von Mittelwertsunterschieden beachtet werden.[467] Für die Dimensionen "Persönlichkeit und Leistung" sowie "Basisqualifikationen" lassen sich die Ergebnisse einer einfaktoriellen Varianzanalyse interpretieren.[468] Danach zeigen sich für "Persönlichkeit und Leistung" insgesamt signifikante ($p \leq 0{,}05$) und für "Basisqualifikationen" sogar hoch signifikante Unterschiede ($p \leq 0{,}01$) zwischen den mittleren Urteilen der Befragten. Betrachtet man allerdings die Unterschiede zwischen den einzelnen Gruppen, so sind diese

[466] HELLSTERN/HORNY (1996).

[467] Sind Varianzanalysen im allgemeinen auch relativ unempfindlich gegen die Verletzung der Varianzhomogenität, so gilt dies nicht bei stark unterschiedlich besetzten Gruppen (siehe auch Fußnoten 461, 462).

[468] Das Ergebnis des Levene-Tests war nicht signifikant, sodaß die Annahme der Varianzhomogenität nicht verletzt wurde.

für die Dimension "Persönlichkeit und Leistung" nicht signifikant.[469] Bei den anderen Faktoren wurden Unterschiede in den Urteilen zwischen den Gruppen durch eine Rangvarianzanalyse nach Kruskal-Wallis berechnet. Nicht zuletzt durch die relativ hohen Fallzahlen in den Gruppen der Studierenden und Absolventen ergaben sich auch hierfür insgesamt hoch signifikante Ergebnisse.[470] Signifikante Ergebnisse einzelner Vergleiche zeigten sich vor allem auf den Dimensionen "Soziale Kompetenzen", "Neue Breitenelemente" und "Kreativität (Innovation)". So wird die Wichtigkeit von Elementen aus diesen Bereichen durch Studierende des Studiengangs Verwaltungsbetriebswirtschaftslehre höher eingeschätzt als von Studierenden und Absolventen der Vergleichsgruppe Kommunaler Verwaltungsdienst. Keine statistisch signifikanten Unterschiede bei Einzelvergleichen ergeben sich nicht nur für die Dimension "Persönlichkeit und Leistungspotential", sondern auch für die Kategorie "Sachbearbeitung (klassische Breitenelemente)". Unterschiede in der perzipierten Wichtigkeit zwischen den Studierenden und Absolventen der beiden Studiengänge zeigen sich aber auf dem Faktor "Empathie" (Einfühlungsvermögen, soziales Verantwortungsbewußtsein).[471]

Hypothese 5 zu den durch die Studienrichtung bedingten unterschiedlichen Anforderungsprofilen läßt sich in zwei Aspekten bestätigen. Die curricularen Schwerpunkte der Verwaltungsbetriebswirtschaftslehre finden sich auch an der Spitze der Studienfächer, die als wichtig für die berufliche Tätigkeit erachtet werden. Urteile zur Wichtigkeit von Fächern des Curriculums Kommunaler Verwaltungsdienst fallen "heterogener" aus; dies läßt sich auch als Hinweis auf ein breiteres "generalistisches" Anforderungsprofil interpretieren. Die Beurteilung der Wichtigkeit von Schlüsselqualifikationen aus den Bereichen "Neue Breitenelemente", "Soziale Kompetenzen" und "Kreativität/Innovation" durch Studierende und Absolventen der Verwaltungsbetriebswirtschaftslehre, aber auch aus der Perspektive von Verwaltungsvertretern wiederum ist im Mittel höher als diejenige für die Vergleichsgruppe Kommunaler Verwaltungsdienst bzw. ein klassisches Verwaltungsprofil.

---

[469] Scheffé-Test, $p \leq 0{,}05$. Der Scheffé-Test ist allerdings ein sehr "konservativer" Test, der mitunter die Gefahr eines Fehlers 2. Art, also der fälschlichen Annahme der Nullhypothese und des Verwerfens der Alternativhypothese vergrößert. Die Ergebnisse von t-Tests für unabhängige Stichproben zeigen jedoch, daß beispielsweise zwischen den Studierenden der Verwaltungsbetriebswirtschaftslehre und des Kommunalen Verwaltungsdienstes keine signifikanten Unterschiede in den arithmetischen Mittelwerten der Einschätzungen auf dieser Dimension bestehen.

[470] Siehe Anhang, Tabelle 13.

[471] Siehe Anhang, Tabelle 14.

**Tabelle 32**
**Einschätzung der Wichtigkeit von Schlüsselqualifikationen durch Studierende, Absolventen, Ausbildungsleiter, Amtsleiter** (arithmetisches Mittel)

| | *Stud.* | | *Abs.* | | *AL* | *FS* | | *Gesamt* | |
|---|---|---|---|---|---|---|---|---|---|
| ***Dimension/Faktor*** | *VBWL* | *KV* | *VBWL* | *KV* | *VBWL* | *ökon.* | *"vw."* | *VBWL* | *KV* |
| "Persönlichkeit/individ. Leistungspotential" | 1,8 | 1,9 | 1,7 | 1,8 | 1,9 | 1,5 | 1,8 | 1,8 | 1,8 |
| "Basiselemente" | 2,0 | 2,0 | 1,8 | 2,0 | 1,6 | 1,2 | 1,6 | 2,0 | 2,0 |
| "Soziale Kompetenz" | 1,8 | 2,1 | 2,2 | 2,5 | 2,0 | 1,7 | 2,0 | 1,9 | 2,1 |
| "Neue Breitenelemente" | 1,9 | 2,3 | 2,2 | 2,6 | 1,9 | 1,7 | 2,0 | 2,0 | 2,3 |
| "Kreativität" | 2,1 | 2,4 | 2,3 | 2,7 | 1,9 | 1,8 | 2,2 | 2,1 | 2,5 |
| "Empathie" | 2,2 | 2,4 | 2,3 | 2,5 | 2,1 | 2,1 | 2,4 | 2,2 | 2,4 |
| "Sachbearbeitung" | 2,4 | 2,4 | 2,6 | 2,6 | 2,3 | 2,1 | 2,3 | 2,4 | 2,4 |
| *Anzahl (n)* | *(643)* | *(658)* | *(113)* | *(108)* | *(48)* | *(19)* | *(18)* | *(823)* | *(784)* |

Die Dimensionen basieren auf den Ergebnissen von Faktorenanalysen standardisierter Itembatterien zur Wichtigkeit von Schlüsselqualifikationen für die zukünftige/ aktuelle Tätigkeit der Absolventen der FHöV bzw. Personal des gehobenen nichttechnischen Verwaltungsdienstes (zur theoretisch-empirischen Klassifikation siehe auch Abschnitt 6.2). Daten: Evaluation Verwaltungsbetriebswirtschaftslehre FHöV NRW, Studierendenbefragungen 1995-98, Absolventenbefragungen 1997/98, Ausbildungsleitergespräche 1996, Intensivinterviews im Rahmen von Fallstudien 1997.

### *6.5.4 Vorteile und Verbesserungsmöglichkeiten der Ausbildung*

Ein immer wieder betonter Vorteil der internen Fachhochschulausbildung besteht in der engen Verzahnung zwischen theoretischen und fachpraktischen Ausbildungsabschnitten. Dies führt allerdings auch zu einer hohen Erwartungshaltung gegenüber der Kooperation zwischen Fachhochschule und Einstellungsbehörden. Urteile zu einer Reihe von Verbesserungsvorschlägen, die im Rahmen der Evaluation Verwaltungsbetriebswirtschaftslehre allen Befragten präsentiert wurde, sollen hier auszugsweise dargestellt werden. Denn aus Sicht der forschungsleitenden Frage nach dem Wandel organisationalen Wissens können auch Präferenzen von Verbesserungsvorschlägen Hinweise auf ein gewandeltes Selbstverständnis der Verwaltung liefern.

Hypothese 6: Verbesserungsvorschläge und Wünsche an die interne Fachhochschulausbildung reflektieren die Veränderungen im organisationalen Kontext, die sich vor allem in der Forderung nach dem Einbezug externen, "ökonomischen" Know-hows bei gleichzeitiger Betonung der besonderen Situation der öffentlichen Verwaltung und dem daraus resultierenden Wunsch nach einer engen Verzahnung von Theorie und Praxis zeigen.

Ein Vergleich der Performanz von FHöV-Absolventen und in der Verwaltung tätigen extern aufgebildeten Betriebswirten und Kaufleuten findet sich bereits 1993 in einem Bericht der KGSt (KGSt-Bericht 10/1993, S. 13). Dort werden als Vorteile der FHöV-Absolventen gute Verwaltungskenntnisse, bedarfsgerechte Qualifikation durch interne Fachhochschulausbildung und verwaltungsbezogene Sozialisation genannt. Extern ausgebildetes Personal zeichne sich dagegen durch umfassende betriebswirtschaftliche Kenntnisse und prinzipiell "ökonomische" Werthaltung aus. Nachteile von FHöV-Absolventen bestehen in der dominanten juristischen Prägung ihrer Qualifikation, geringen betriebswirtschaftlichen Kenntnissen und fehlendem "Management-Berufsethos". Bei extern ausgebildeten Ökonomen erwiesen sich die schwierigen bzw. geringen Rekrutierungsmöglichkeiten, fehlende Verwaltungskenntnisse und geringe politische Analysefähigkeit als nachteilig. Schließlich wird auch die Gefahr angesprochen, daß "Frustration/Resignation aufgrund von Arbeitsbedingungen im öffentlichen Dienst erwartbar" sei.

Diese Aussagen stammen aus einer Zeit, da verstärkt betriebswirtschaftliches Know-how berücksichtigende Reformen bzw. Erweiterungen der FHöV-Ausbildung erst gestartet wurden bzw. sich in der Modellphase befanden. Dennoch finden sich auch hier die zentralen Dimensionen der Diskussion um die Gestaltung einer praxisnahen Ausbildung für den (gehobenen) Verwaltungsdienst: betriebswirtschaftliche Defizite bis hin zu fehlendem "Management-Ethos" bei schwerpunktmäßig juristisch-verwaltungstechnisch ausgebildetem Personal und fehlende Verwaltungskenntnisse bzw. lange Einarbeitungszeit bei extern ausgebildetem Personal.

Im Rahmen der Evaluation Verwaltungsbetriebswirtschaftslehre wurden für alle befragten Gruppen die Einschätzungen der Wichtigkeit einer Reihe von Reformvorschlägen erhoben. Die Vorschläge umfaßten die Schwerpunkte Öffnung/ Externalisierung der Ausbildung bzw. Angleichung und Kooperation mit allgemeinen Fachhochschulen und Universitäten, Gewichtung der fachpraktischen und fachwissenschaftlichen Ausbildungsanteile, Gestaltungsmöglichkeiten innerhalb des Studiums, Leistungsnachweise und Lehrpersonal.

Betrachtet man die fünf im Mittel als am wichtigsten beurteilten Aussagen einer Liste mit 18 Verbesserungsvorschlägen aus den Bereichen Studiengangsorganisation, Praxisverzahnung und didaktischen Gestaltungsmöglichkeiten, so zeigt sich die eben erwähnte hohe Erwartungshaltung an das Theorie-Praxis-Verhältnis.[472] Ruft man sich ins Gedächtnis, daß ein zentrales Element der internen Fachhochschulausbildung eben die Gewährleistung des Praxisbezugs dar-

---

[472] Arithmetisches Mittel auf einer Skala von 1 = "sehr wichtig" bis 5 = "völlig unwichtig", bei gleichen Werten wurde zur Zuweisung eines profilinternen Rangplatzes zusätzlich die Standardabweichung herangezogen. Die vollständige Tabelle der Urteile findet sich im Anhang.

stellt, läßt sich dies auf eine enorm hohe Erwartungshaltung seitens der Einstellungsbehörden (als Beschäftigungskontext und alleinige Nachfrageseite), aber auch seitens der Studierenden, Absolventinnen und Absolventen zurückführen.

Studierende und Absolventen beider Studiengänge wünschen sich übereinstimmend eine (noch) engere Verzahnung von fachwissenschaftlicher Ausbildung und Praxis. Wichtig wären auch Freiheiten bei der Auswahl von Fächern und der Gestaltung des Studiums. Praktika außerhalb der Verwaltung und eine Ausweitung der Wahlpflichtfächer werden von Studierenden und Absolventen der Verwaltungsbetriebswirtschaftslehre positiver beurteilt. In den Wünschen der Vergleichsgruppe spiegeln sich Rahmenbedingungen der Studiensituation wieder. Im grundständigen Studiengang unterrichten mehr sog. nebenamtliche Dozenten (denen teilweise didaktische Defizite unterstellt werden), daher findet sich hier stärker der Wunsch nach mehr hauptamtlich Lehrenden. Leistungsnachweise in anderer Form als Klausuren werden ebenfalls als wichtiger betrachtet als in der Vergleichsgruppe, allerdings lehnen Studierende die Erstellung einer Diplomarbeit, die eine alternative Möglichkeit des Leistungsnachweises darstellt, eher ab, dieses Item erhält hier die geringste Priorität.

In Hypothese 6 wurde neben einem engen Kontextbezug der Ausbildung auch die Annahme formuliert, Veränderungen in den Wissens- bzw. Qualifikationsanforderungen des organisatorischen Kontextes Verwaltung beeinflußten die Wünsche an die Ausbildung von Personal. Als Hinweise auf Isomorphietendenzen und organisationale Lernvorgänge in Richtung einer Annäherung an die Privatwirtschaft lassen sich die Prioritätensetzungen im Rahmen der Fallstudieninterviews mit Vertreterinnen und Vertretern von Verwaltungsspitze und Fachämtern interpretieren. "Praktika auch außerhalb der Verwaltung" stehen hier an erster Stelle der Gestaltungswünsche für ein ökonomisches Ausbildungsprofil wie die Verwaltungsbetriebswirtschaftslehre und an zweiter Stelle für ein klassisches Verwaltungsprofil.

**Tabelle 33**
**Beurteilung von Reformvorschlägen aus Sicht von Studierenden und Absolventen der FHöV NRW sowie Ausbildungsleitung und Verwaltungsspitze/Amtsleitung nach Studiengang** (5 Items mit der durchschnittlich höchsten Priorität; Item mit der niedrigsten Priorität)

| | *VBWL / "ökonom. Profil"* | *KV / Verwaltungsausbildung* |
|---|---|---|
| Studierende | 1. Engere Verzahnung mit der Praxis<br>2. Größere Möglichkeiten, Fächer auszuwählen<br>3. Praktika auch außerhalb der Verwaltung<br>4. Freiheit in der Gestaltung des Studiengangs<br>5. Ausweitung der Wahlpflichtfächer | 1. Engere Verzahnung mit der Praxis<br>2. Größere Möglichkeiten, Fächer auszuwählen<br>3. Freiheit in der Gestaltung des Studiengangs<br>3. Mehr Unterricht durch hauptamtlich Lehrende<br>5. Mehr Leistungsnachweise auch in anderer Form (als Klausuren) |
| *geringste Priorität* | *Bewertung der Mitarbeit in Lehrveranstaltungen* | *Erstellung einer Diplomarbeit* |
| Absolventinnen und Absolventen | 1. Engere Verzahnung mit der Praxis<br>2. Größere Möglichkeiten, Fächer auszuwählen<br>3. Praktika auch außerhalb der Verwaltung<br>4. Freiheit in der Gestaltung des Studiengangs<br>4. Ausweitung der Wahlpflichtfächer | 1. Engere Verzahnung mit der Praxis<br>2. Mehr Unterricht durch hauptamtlich Lehrende<br>3. Freiheit in der Gestaltung des Studiengangs<br>4. Mehr bereichsübergreifende Lehrveranstaltungen<br>5. Mehr Leistungsnachweise auch in anderer Form (als Klausuren) |
| *geringste Priorität* | *Ausweitung des fachwissenschaftlichen Anteils* | *Ausweitung des fachwissenschaftlichen Anteils* |
| Ausbildungsleitung (Gruppendiskussionen) | 1. Ausweitung des fachpraktischen Anteils<br>2. Engere Verzahnung mit der Praxis<br>3. Mehr bereichsübergreifende Lehrveranstaltungen<br>4. Intensivere Betreuung durch die Lehrenden<br>5. Freiheit in der Gestaltung des Studiengangs | |
| *geringste Priorität* | *Ausweitung des fachwissenschaftlichen Anteils* | |

*(Fortsetzung folgende Seite)*

*(Fortsetzung Tabelle 33)*

| | | |
|---|---|---|
| Verwaltungsspitze und Amtsleitung (Fallstudieninterviews) | 1. Praktika auch außerhalb der Verwaltung<br>2. Engere Verzahnung mit der Praxis<br>3. Mehr bereichsübergreifende Lehrveranstaltungen<br>4. Mehr Leistungsnachweise auch in anderer Form (als Klausuren)<br>5. Stärkere Unterstützung der persönlichen Entwicklung | 1. Engere Verzahnung mit der Praxis<br>2. Praktika auch außerhalb der Verwaltung<br>3. Stärkere Unterstützung der persönlichen Entwicklung<br>4. Mehr bereichsübergreifende Lehrveranstaltungen<br>5. Intensivere Betreuung durch die Lehrenden |
| *geringste Priorität* | *Internationalisierung des Studiums* | *Erstellung einer Diplomarbeit* |

VBWL: Studiengang Verwaltungsbetriebswirtschaftslehre; KV: grundständiger Studiengang Kommunaler Verwaltungsdienst. Frage: Welche Bedeutung messen Sie den folgenden Verbesserungsvorschlägen zu? Antwortskala von 1 = "sehr wichtig" bis 5 = "völlig unwichtig". Daten: Evaluation Verwaltungsbetriebswirtschaftslehre FHöV NRW, Studierendenbefragungen 1995-98, Absolventenbefragungen 1997/98, Gruppendiskussionen mit der Ausbildungsleitung 1996, Fallstudien in ausgewählten Kommunalverwaltungen 1997.

### *6.5.5 Unterschiede und Gemeinsamkeiten der Prioritäten beruflicher Qualifikation auf der Grundlage quantitativer und qualitativer Analysen*

Methodisches Ziel der Untersuchung ist es zu überprüfen, welcher Erkenntnisgewinn sich aus der Kombination von Perspektiven und Methoden im Rahmen eines komplexen triangulativen Forschungsdesigns ziehen läßt. In den vorhergehenden Abschnitten wurden bereits die Perspektiven verschiedener Gruppen von Befragten in bezug auf die Perzeption von organisatorischen Veränderungen und die Beurteilung der Wichtigkeit von Qualifikationselementen betrachtet. Sie weisen auf kontextspezifische Gemeinsamkeiten, aber auch situationsbedingte Unterschiede hin.

In diesem Abschnitt wird nun der Frage nachgegangen, welche Unterschiede in der Wichtigkeit von Qualifikationsdimensionen sich zwischen quantitativen und qualitativen Verfahren feststellen lassen, und ob diese in erster Linie konvergent oder komplementär zu betrachten sind. Dieser letzte, "integrative" Hypothesenkomplex geht explorativ der Frage nach dem Nutzen der Perspektiven- und Methodentriangulation für die Untersuchung schwer zugänglicher Settings nach.[473] Zunächst soll die "Wichtigkeit" von Dimensionen fachlicher Anforderungen und Schlüsselqualifikationen untersucht werden, wie sie sich im Vergleich von quantitativen und qualitativen Auswertungen zeigt. Dahinter standen folgende Annahmen:

[473] Zu den Besonderheiten des Setting öffentliche Verwaltung und den sich daraus ergebenden Herausforderungen an empirische Verwaltungsforschung siehe DERLIEN (1982).

Hypothese 7: Der "positive Bias" und Ausstrahlungseffekte, denen einzelne Items oder Itembatterien quantitativer Instrumente unterliegen können, lassen sich durch qualitative Analysen "relationierend" ergänzen und interpretieren. Unterschiedliche Ergebnisse weisen im vorliegenden Fall auf profil- und situationsspezifische Qualifikationsanforderungen hin, Gemeinsamkeiten unterstützen die Einschätzung des generellen Stellenwerts von Qualifikationsdimensionen.

Fallbasierte Quantifizierungen von Gesprächsverläufen werden dabei als stärker dem lebensweltlichen organisatorischen Kontext verhaftet interpretiert. Quantitative Erhebungen der "Wichtigkeit" bzw. "Priorität" von Qualifikationselementen ermöglichen es, Hinweise auf die "Güte" von Analysestrategien im Sinne der Überprüfung der "Inter-Methoden-Reliabilität"[474] quantitativer und qualitativer Vorgehensweisen zu erhalten.

Die Kombination von quantitativen und qualitativen Verfahren sollte sowohl im Rahmen des Designs der Evaluation Verwaltungsbetriebswirtschaftslehre wie auch in der vorliegenden Arbeit die Vorteile der verschiedenen Herangehensweisen verbinden. Für die Untersuchung von Qualifikationsanforderungen ließen sich aus den quantitativen Abfragen mit relativ geringem, dabei standardisiertem Erhebungs- und Aufwertungsaufwand eine große Anzahl von Profilen erstellen. Qualitative Erhebungen sollten zum einen die standardisierten Fragebogen und deren Itembatterien ergänzen helfen. Zum anderen sollten schwerpunktmäßig qualitative Untersuchungsteile wie die Intensivinterviews im Rahmen von Fallstudien eine stärkere Kontextsensitivität und Einbezug der subjektiven Perspektiven von Angehörigen des untersuchten Settings gewährleisten.[475]

Will man die Ergebnisse qualitativer und quantitativer Vorgehensweisen vergleichen, stellt sich zunächst das Problem, daß das Datenmaterial in unterschiedlichen Antwort-Skalen bzw. Dimensionen dokumentiert ist. Im vorliegenden Fall handelt es sich zum einen um Ratings zu Bestandteilen von Curricula und Schlüsselqualifikationen auf fünfstufigen standardisierten Antwortskalen von 1 = "sehr wichtig" bis 5 = "völlig unwichtig", deren Wichtigkeit anhand des arithmetischen Mittels der Urteile interpretiert wurde. Da die selbst die administrativen Tätigkeitsfelder in der öffentlichen Verwaltung sehr unterschiedliche Anforderungen stellen können, bestand im Rahmen der Intensivinterviews die Möglichkeit, mehrere Profile zu erstellen. Für die einzelnen Untersuchungseinheiten liegen auf diese Weise in der Regel zwei, teilweise bis zu drei verschiedene Anforderungsprofile vor, von denen vor dem Hintergrund des Strebens nach stärker "wirtschaftlichem" Verwaltungshandelns meist eines ökonomische

[474] Im Rahmen qualitativ orientierter Forschungsansätze wird empfohlen, Verschlagwortungen parallel durch mehrere Personen vornehmen zu lassen, um potentielle individuelle Verzerrungen durch Feststellung der "Intercodierer-Reliabilität" kontrollieren und durch Vergleich der Kodierungen die Güte der Verschlagwortung feststellen zu können.

[475] Zu Funktionen und Besonderheiten qualitativer Evaluationsforschung siehe KRAUS (1991).

bzw. betriebswirtschaftliche Aufgaben zum Inhalt hatte, von dem ein "klassisches" Profil der anfallenden juristisch-administrativen Verwaltungsaufgaben getrennt wurde.

Für die Transkripte der Intensivinterviews lagen Statistiken über die Häufigkeit der Aussagen zu fachlichen Anforderungen und Elementen aus dem Bereich der Schlüsselqualifikationen vor, wie sie für die Gesprächsschwerpunkte zu Strukturveränderungen in der Gesamtverwaltung bzw. einzelnen Ämtern, Konsequenzen für das Personalwesen (besonders Personalplanung und -auswahl), Aufgaben und Tätigkeiten im Amt/Einrichtung, Qualifikationsanforderungen im gehobenen Dienst bzw. im Amt/in der Einrichtung vor Ort, Wünschen an die Ausbildung und Prognosen für die zukünftige Entwicklung ausgewertet worden waren. Diese Codings zu wurden zu Lehrthemenschwerpunkten und Schlüsselqualifikationskategorien aggregiert. Eine Möglichkeit, die Prioritätensetzung, wie sie sich in den Codingstatistiken zeigt, mit derjenigen zu vergleichen, die sich für standardisierte Itembatterien ergibt, besteht darin, die Häufigkeiten in Variablenwerte zu transformieren, die eine höhere bzw. geringere Priorität wiederspiegeln. Ausgehend vom Grundgedanken der fallbasierten Quantifizierung qualitativer Daten (vgl. Kuckartz 1988ff) wurden die Codings zu einzelnen Themenschwerpunkten in ein Verhältnis zum gesamten Antwortspektrum der Untersuchungseinheit gesetzt. Der Quotient aus der Anzahl der Codings zu einen Codewort und der Gesamtzahl aller Codings zu einem Themenschwerpunkt stand für die durchschnittliche Zahl der Codings, die zu einem codierten Schlagwort vorlagen. Lag die Anzahl der Codings zu einem Schlagwort darüber, wurde dies als hohe Priorität gewertet (Wert = 1), deckte sie sich mit Durchschnittswert, galt dies als "durchschnittliche" Wichtigkeit (Wert = 2). Eine Häufigkeit unter dem Durchschnittswert galt als "weniger wichtig" (Wert = 3). Die Antwortkategorien 1 und 2 bzw. 4 und 5 der Ratings aus den standardisierten fünfstufigen Itembatterien wurden analog dazu zusammengefaßt, so daß auch diese Antwortskala drei Ausprägungen aufwies: 1 "wichtig", 2 "durchschnittlich wichtig" und 3 "weniger wichtig".

Vergleicht man die auf diese Weise gewonnenen Mittelwerte fachlicher Themenschwerpunkte und Faktoren von Schlüsselqualifikationen zeigt sich, daß die eingesetzten quantitativen Erhebungsinstrumente (Itembatterien auf Antwortkarten) im Bereich der Schlüsselqualifikationen beinahe durchweg höhere Prioritäten ergeben. An dieser Stelle muß aber auch auf den möglichen positiven Bias der Fragestellung hingewiesen werden, da bereits die Information, daß Listen mit Schlüsselqualifikationen zu bearbeiten seien, eine positive Grundhaltung gegenüber dem Thema erkennen ließ. Dies zeigte sich in Kommentaren während des Ausfüllens wie "Das ist alles wichtig" oder "Für eine moderne Verwaltung sind die sehr wichtig".[476]

---

[476] Quelle: Interviewtranskripte und Protokolle zur Erhebungssituation.

Eine ähnliche Tendenz läßt sich bei den Fachkenntnissen beobachten, wobei die ökonomischen Fachkenntnisse und Rechts- bzw. Verwaltungskenntnisse eine Ausnahme bilden. Die fallbasierte Verdichtung qualitativer Daten führt hier zu einer höheren Priorität als die Ratings auf den Antwortkarten. Diese Effekte sprechen zunächst für einen positiven Bias, der mit der Untersuchungsstrategie und der Qualität des Datenmaterials zusammenhängt. Ein methodisches und ein inhaltliches Problem sind jedoch vor der weiteren Analyse zu diskutieren. Zum einen liegen aus forschungsökonomischen Restriktionen für das qualitative Profil keine Vergleichsprofile vor, mit deren Hilfe die "Güte" der Verschlagwortung im Sinne der Intercodierer-Reliabilität geprüft werden könnte.

**Tabelle 34**
**Vergleich der Prioritäten von Qualifikationsschwerpunkten auf der Basis quantitativer Erhebungen und fallbasierter Quantifizierung qualitativer Daten** (arithmetische Mittelwerte)

| ***Profile:*** | ***qualitativ*** | ***quantitativ*** | | ***Gesamt*** |
|---|---|---|---|---|
| ***Faktor/Dimension*** | | ***ökonom. Profil*** | ***Verwaltungsprofil*** | |
| *Fachlich:* | | | | |
| Ökonomische Fachkenntnisse | 1,8 | 2,1 | 2,5 | 2,1 |
| EDV | 2,8 | 1,8 | 1,7 | 2,2 |
| Neues Steuerungsmodell/Organisation | 3,0 | 1,6 | 1,8 | 2,2 |
| Rechts- und Verwaltungskenntnisse | 2,5 | 3,0 | 2,3 | 2,6 |
| *Schlüsselqualifikationen:* | | | | |
| "Basisqualifikationen" (Methodenkompetenz) | 2,4 | 1,3 | 1,6 | 1,8 |
| "Neue Breitenelemente" | 1,9 | 1,6 | 2,0 | 1,8 |
| "Persönlichkeit und individuelles Leistungspotential" | 2,4 | 1,4 | 1,7 | 1,9 |
| "Soziale Kompetenzen" | 2,1 | 1,7 | 1,9 | 1,9 |
| "Kreativität" | 3,0 | 1,9 | 2,3 | 2,4 |
| "Sachbearbeitung" ("klass. Breitenelemente") | 2,7 | 2,1 | 2,3 | 2,4 |
| "Empathie" | 3,0 | 2,2 | 1,9 | 2,4 |

Quelle: Eigene vertiefte Analysen der Fallstudieninterviews; Zusammenfassung der Codings zu Qualifikationsanforderungen und Gruppierung der auf Antwortkarten erfolgten Urteile.

Inhaltlich ist festzuhalten, daß im Rahmen der Interviewsituation nicht im selben Maße nach Anforderungsprofilen getrennt wurde, wie dies auf den Antwortkarten geschah. Die Analyse der Gesprächstranskripte kann daher als eine Informationsquelle betrachtet werden, die verschiedene Aufgabenprofile und

Tätigkeitsschwerpunkte stärker ganzheitlich integriert. Um näher an diesem ganzheitlich-qualitativen Charakter des Datenmaterials zu bleiben, sollen daher im folgenden die Prioritätensetzungen nicht in Form von Mittelwertsausprägungen verglichen werden, sondern die Rangplätze der Kategorien "innerhalb" der Profile miteinander verglichen werden. Für die Rangfolge auf Basis der qualitativen Daten wurde dabei direkt die Anzahl der Codings herangezogen, wodurch sich eine geringfügige Abweichung gegenüber den Prioritäten des Mittelwertsprofils ergab: ökonomische Fachkenntnisse und "Neue Breitenelemente" haben sich an der Spitze abgewechselt.

**Tabelle 35**
**Vergleich der Prioritäten von Qualifikationsschwerpunkten auf der Basis quantitativer Erhebungen und fallbasierter Quantifizierung qualitativer Daten** (profilinterne Ränge, Differenzen zwischen den Rangprofilen und Absolutwert der Gesamtdifferenz)

| ***Profile*** | | ***qualitativ*** | | ***quantitativ*** | | | ***abs.*** |
|---|---|---|---|---|---|---|---|
| | | | | ***ökonom. Profil*** | | ***Verwaltungsprofil*** | ***Diff.*** |
| ***Faktor/Dimension*** | *d1* | | *d2* | | *d3* | | *d (ges.)* |
| Fachlich: Ökonomische Fachkenntnisse | *9* | **2** | *6* | **8** | *3* | **11** | *18* |
| "Neue Breitenelemente" | *6* | **1** | *2* | **3** | *4* | **7** | *12* |
| Fachlich: Rechts- und Verwaltungskenntnisse | *4* | **5** | *6* | **11** | *2* | **9** | *12* |
| "Empathie" | *6* | **11** | *1* | **10** | *5* | **5** | *12* |
| "Basisqualifikationen" (Methodenkompetenz) | *5* | **6** | *5* | **1** | *0* | **1** | *10* |
| Fachlich: EDV | *5* | **7** | *1* | **6** | *4* | **2** | *10* |
| Fachlich: Neues Steuerungsmodell/Organisation | *5* | **9** | *5* | **4** | *0* | **4** | *10* |
| "Soziale Kompetenzen" | *3* | **3** | *2* | **5** | *1* | **6** | *6* |
| "Kreativität" | *2* | **10** | *3* | **7** | *1* | **8** | *6* |
| "Persönlichkeit und Leistungspotential" | *1* | **4** | *2* | **2** | *1* | **3** | *4* |
| "Sachbearbeitung" ("klass. Breitenelemente") | *2* | **8** | *1* | **9** | *1* | **10** | *4* |

Datengrundlage: Eigene vertiefte Analysen von Fallstudieninterviews aus dem Projekt Evaluation Verwaltungsbetriebswirtschaftslehre FHöV NRW. Anordnung nach der Höhe des Absolutwertes der addierten Rangplatzdifferenzen. Bei gleichen Summenwerten (d gesamt) entschied die Höhe der einzelnen Rangplätze über die Reihung. d1: absolute Differenzen zwischen den Rangplätzen des qualitativen Profils und des quantitativen Verwaltungsprofils, d2: absolute Differenzen zwischen den Rangplätzen des qualitativen Profils und des quantitativen ökonomischen Profils, d3: absolute Differenzen zwischen den Rangplätzen des ökonomischen und des Verwaltungsprofils.

Deutlich zeigen sich hier die Dimensionen, auf denen sich die Profile unterscheiden. In der Wichtigkeit ökonomischer Fachkenntnisse zeigt sich erwartungsgemäß die größte Differenz der Profile, gefolgt von den "Neuen Breitenelementen", die vor allem im qualitativ erstellten Profil eine wichtige Rolle spielten, während sie in den quantitativen Profilen nur die dritt- bzw. siebthöchste Priorität erlangen. Nicht vernachlässigt werden darf der Unterschied zwischen qualitativen und quantitativen Profilen auch unter dem Gesichtspunkt der Komplementarität unterschiedlicher Vorgehensweisen, denn auf der qualitativen Dimension zeigt sich sehr deutlich die Erweiterung des Spektrums. Zu Items mit Inhalten wie "wirtschaftliches Denken", dem Blick für größere Zusammenhänge und dem Erkennen "gesellschaftlicher wie ökonomischer Auswirkungen von Verwaltungshandeln" trat in den Interviews der Aspekt des im Wandel befindlichen organisatorischen "Selbstbewußtseins" der Verwaltung vom Organ des hoheitlichen Obrigkeitsstaates hin zu einer kundenorientierten – verbesserten internen wie externen Service anstrebenden – Dienstleistungsverwaltung hinzu.

Abbildung 15 faßt die qualitativen und quantitativen Anforderungsprofile unter dem Gesichtspunkt der Dimensionen zusammen, bei denen sich nur geringe Unterschiede zwischen den Vorgehensweisen und Perspektiven ergeben. Hier zeigt sich, daß Elemente aus dem Bereich "Persönlichkeit und Leistungspotential" in allen drei Profilen relativ hohe Priorität genießen. Auch für die Dimensionen "Sachbearbeitung in der Verwaltung", "Soziale Kompetenzen" und "Kreativität/Innovation" lassen sich auf Grundlage der vergleichenden Analysen relativ homogene Einschätzungen bei insgesamt niedrigeren Prioritäten erkennen. Gemeinsamkeiten der quantitativen Profile zeigen sich bei den Dimensionen Fachkenntnisse bei den "Basisqualifikationen" sowie im Bereich "Neues Steuerungsmodell/ Organisation", wo sie die höchsten Prioritäten aufweisen.

### *6.5.6 Zur Variation des Themas "Qualifikationsanforderungen" in verschiedenen Interviewsituationen*

Eine vom Prinzip der Wesensanalyse durch Variation beeinflußte Auswertungsstrategie qualitativen Datenmaterials bildet den Abschluß der Überlegungen zum Verhältnis von Wissensanforderungen und Organisation. Charakteristische Qualifikationsanforderungen, die über spezifische Einsatzbereiche und Tätigkeiten hinausgehen und in Bereiche des organisationalen Selbstverständnisses und grundlegender Handlungsrationalitäten ("theories in use") reichen, müßten sich dadurch zeigen, daß sie in unterschiedlichen thematischen Schwerpunkten der Diskussion von Qualifikationsanforderungen gleichermaßen angesprochen werden. Die Variation des Untersuchungsgegenstandes Qualifikationsanforderungen soll *wesentliche* Eigenschaften organisationalen Wissens verdeutlichen.

**Abbildung 15**
**Dimensionen von Qualifikationsanforderungen: Profilinterne Prioritäten qualitativer und quantitativer Analysen im Vergleich**

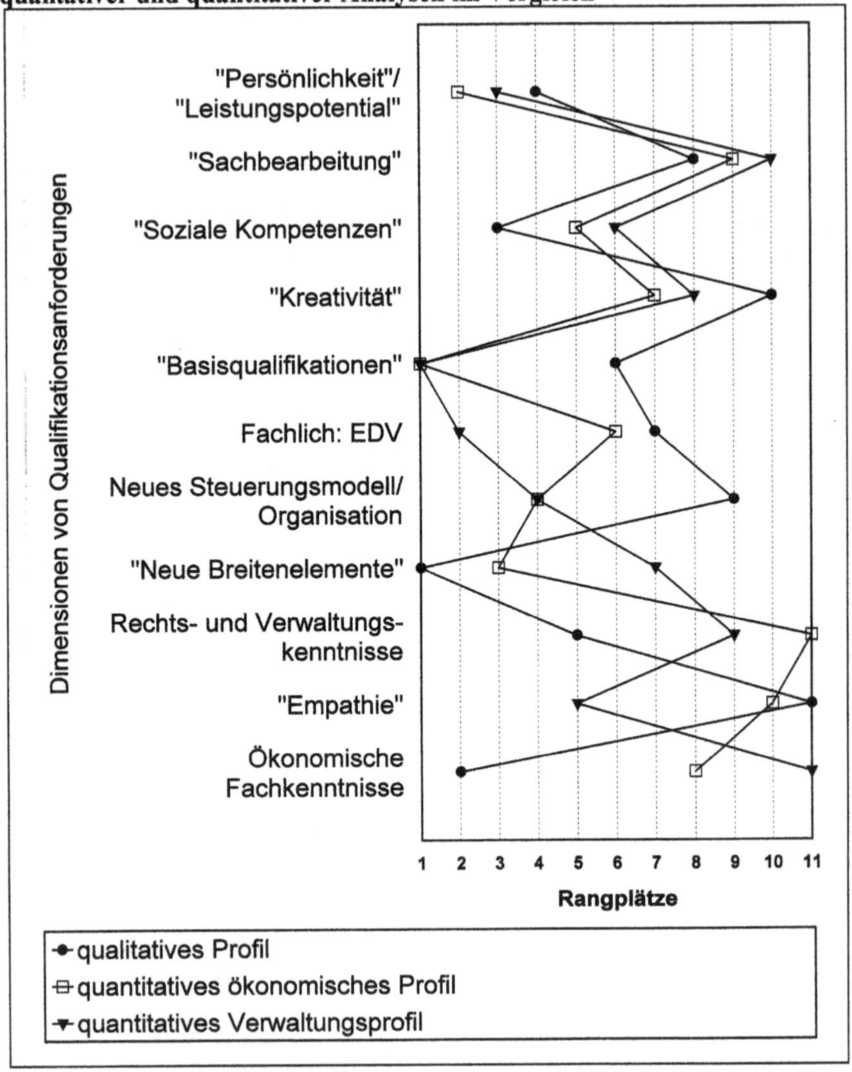


Datengrundlage: Fallbasierte Quantifizierung von Intensivinterviews mit Vertreterinnen und Vertretern von Verwaltungsspitze und Amtsleitung, vertiefte Analyse von Antwortkarten. Sortierung nach der absoluten Differenz zwischen den Profilen, bei gleichem Wert zusätzlich nach der Höhe der Rangplätze.

Hypothese 8: Wichtige Aspekte beruflicher Qualifikation und Hinweise auf Kernelemente organisationaler Wissensbestände zeigen sich durch wiederholte Thematisierung in der Diskussion von Charakteristika und Veränderungen organisatorischer Qualifikationsanforderungen.

Im Rahmen der vorliegenden Arbeit wurden hierzu die Argumentationszusammenhänge "neue Anforderungen vor dem Hintergrund organisatorischen Wandels", "Auswahlkriterien für neues Personal (Studierende der FHöV)", "Qualifikationsanforderungen in Fachämtern vor Ort" und "Ausblick auf die Entwicklung der Qualifikationsanforderungen für die öffentliche Verwaltung" verglichen. Stellt man in diesem Sinne die Antworten zu zentralen Fragekomplexen der Fallstudieninterviews zusammen, so zeigt sich, daß "Neue Anforderungen", die sich durch Veränderungen im organisatorischen Kontext ergaben, zu etwa zwei Dritteln auf "Neue Breitenelemente" und "Ökonomische Fachkenntnisse" entfallen. Wie in Abschnitt 6.3.1 dargestellt, stehen "Neue Breitenelemente" in diesem Zusammenhang vor allem für eine verstärkte "Interne Serviceorientierung" und "Wirtschaftliches Arbeiten" bzw. "Kostenbewußtsein".

Die Diskussion aktueller Qualifikationsanforderungen und Wünsche an Kenntnisse und Fähigkeiten des Verwaltungspersonals zeigt ein heterogeneres Bild. "Neue Breitenelemente", "Soziale Kompetenzen" und "Persönlichkeit/Individuelles Leistungspotential" sind nur geringfügig häufiger genannt als "Basisqualifikationen" und "Sachbearbeitung". Die im letzten Punkt zusammengefaßten Aussagen finden sich nur in der Diskussion "Aktueller Anforderungen", und beinhalten "Sachliche Führungsfähigkeit", "Fachkompetenz" und die Erstellung von Bescheiden ("Schriftliche Ausdrucksfähigkeit").

Bei Kriterien der Auswahl neuer Verwaltungsmitarbeiter überwiegen die Nennungen im Bereich der Basisqualifikationen ("Lernfähigkeit", "Systematisches, vernetztes Denken") und dem Faktor "Persönlichkeit/Individuelles Leistungspotential". Mögliche Erklärungen hierfür sind zum einen das heterogene Anforderungsspektrum vor allem im Bereich der rechtlich dominierten Tätigkeitsfelder. Außerdem bestehen Unsicherheiten über die weitere Entwicklung von Aufgabenschwerpunkten in den einzelnen Bereichen. Daher wird bei neuem Personal vor allem auf ein ausreichendes intellektuelles und Motivationspotential geachtet, damit es sich auf die Anforderungen vor Ort leichter einstellen kann; auch die Befähigung zum Laufbahnaufstieg spielt hier eine Rolle. Unter den "Eigenschaften der Person" überwiegt eine hohe Priorität der Berufserfahrung, die mit den perzipierten hohen Anforderungen von Tätigkeiten im Bereich von Service und bereichsübergreifender Koordination und Kooperation zusammenhängt.

**Abbildung 16**
**Thematisierte Anforderungsschwerpunkte in verschiedenen Gesprächsphasen der Fallstudieninterviews** (Verteilung der Codings in Prozent)

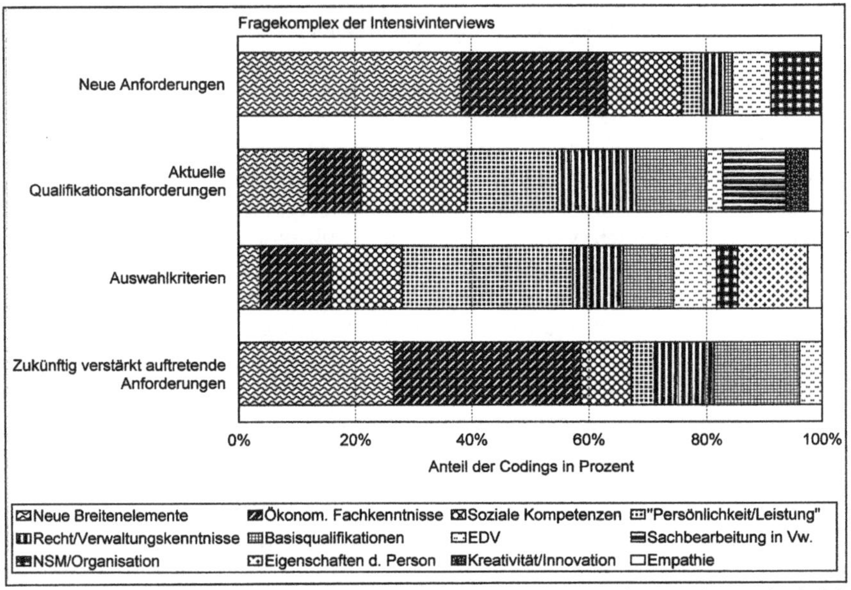


Quelle: Eigene vertiefte Analyen der Intensivinterviews mit Verwaltungsspitze und administrativer Leitungsebene.

In den Aussagen zum Bereich der "Zukünftig verstärkt auftretenden Qualifikationsanforderungen" überwiegen ähnlich wie bei den "Neuen Anforderungen" die Dimensionen "Innovation" und "Ökonomische Fachkenntnisse". Letztere werden aber in diesem Zusammenhang mit einem für das Selbstverständnis der Organisation konstitutiven Zusatz versehen: so ist von "Betriebswirtschaft und Recht", "Betriebswirtschaft und Grundlagen der Verwaltung" die Rede. Ökonomische Fachkenntnisse werden zunehmend wichtig, die Gesprächspartner betonten aber, die Kommunalverwaltung sei kein reiner Wirtschaftsbetrieb, sie müsse sich ihrer gesellschaftlichen Verantwortung bewußt sein. Daher werden von Verwaltungspersonal nicht nur Fachkenntnisse im Bereich neuer Steuerung und Organisation, sondern auch weiterhin ein sicherer Umgang mit den juristischen Rahmenbedingungen des Verwaltungsbetriebs und ein Bewußtsein für die besondere komplexe (multifinale) Entscheidungssituation der öffentlichen Verwaltung gefordert.

Hypothese 8 kann empirisch in der Hinsicht als bestätigt gelten, daß vor dem Hintergrund des organisatorischen Kontextes als stärker innovativ zu interpretierende Qualifikationsdimensionen wie "Ökonomische Fachkenntnisse", "Neue Breitenelemente" und "Soziale Kompetenzen" in allen analysierten Gesprächsteilen relativ häufig thematisiert werden. Die Anteile der Codings innerhalb der Themenschwerpunkte sind jedoch unterschiedlich. "Neue" bzw. "Zukünftig verstärkt auftretende Anforderungen" umfassen zu jeweils rund zwei Dritteln "Neue Breitenelemente" und "Ökonomische Fachkenntnisse". Aussagen zu "Aktuellen Qualifikationsanforderungen" beinhalten mit Ausnahme von "Neuem Steuerungsmodell" und "Eigenschaften der Person" das gesamte Spektrum der analysierten Anforderungen und Eigenschaften, mit leichten Schwerpunkten bei "Sozialen Kompetenzen" und "Persönlichkeit/Leistung". Im Bereich "Auswahlkriterien" spielen Elemente aus dem Bereich "Persönlichkeit und Leistungspotential" eine sehr wichtige Rolle.

Als Fazit kann daher gezogen werden, daß ökonomische Fachkenntnisse und das Bewußtsein für stärker wirtschaftlich orientiertes Verwaltungshandeln vor allem zukünftig für das Qualifikationsspektrum der Verwaltung immer wichtiger werden. Es wird jedoch auch deutlich, daß kein Wechsel der juristisch-regelkonformen hin zu einer gänzlich ökonomisch determinierten Handlungsrationalität vorliegt. Die Analysen weisen vielmehr auf einen sich entwickelnden "Hybridcharakter" der Verwaltungsqualifikation hin. Die juristisch-regelkonforme Handlungsrationalität des Verwaltungshandelns wird zunehmend weniger allein durch ihre (Binnen-) Funktionalität "legitimiert", sondern in Verbindung mit dem Handlungsziel der Gemeinwohlorientierung als Regulativum gegenüber einer monofinalen Entscheidungsdetermination durch ökonomische Rationalität verwendet.

## 7 Abschließende Überlegungen zu Organisationswandel und Wissensanforderungen

Die Verwendung des Begriffs "Relevanz" im Titel der vorliegenden Arbeit erfolgte, um deutlich zu machen, daß Veränderungen der organisationalen Wissensbasis nachgegangen werden sollte, die die Entscheidungsrationalität alltäglichen beruflichen Handelns betreffen. Nun kann man einwenden, "Relevanz" sei ein Begriff der phänomenologischen Soziologie und primär dazu angelegt, Akzentverschiebungen auf der Ebene *individueller* Situationsauslegungen zu analysieren. Bei der Auseinandersetzung mit zentralen Facetten des Begriffs und der Diskussion von Theorien organisationalen Lernens zeigte sich jedoch zum einen, daß individuelle Wissensbestände nur unter Berücksichtigung *sozialer* Einflüsse verstanden werden können. Zum anderen stehen Wissen und das soziale Konstrukt Organisation in einem besonderen Verhältnis. Organisationen sind "die einzigen Sozialsysteme, die regulär als 'kollektive Akteure' auftreten" (Luhmann), da sie innerhalb ihrer Grenzen Wissen nach Maßgabe ihrer jeweiligen Zielsetzungen transformieren und kraft ihres Mitgliederstabes umsetzen können. Dabei bedienen sich Organisationen individuellen Wissens "parasitär" (Pawlowsky). Wandel auf der kognitiven Ebene von Organisationszielen, handlungsleitenden Rationalitäten und "theories in use" (Argyris) muß das "Nadelöhr" individueller Perzeptionen und Situationsdeutungen passieren.

Ein weiterer phänomenologisch inspirierter Aspekt der Analyse von Anforderungen des beruflichen Alltags bezieht sich auf die Einbindung individueller Situationsauslegungen und Handlungsentwürfe in Interaktionen mit der direkten "Mitwelt", der mittelbar zugänglichen "Umwelt" sowie den Einfluß von "Vorwelt" und "Nachwelt" auf den Erfahrungsschatz und zuhandenen Wissensvorrat des einzelnen wie auch seines sozialen Umfeldes. Gerade bei der Untersuchung von Anforderungen in organisatorischen Kontexten, die einer starken, historisch gewachsenen Organisationskultur verhaftet sind, wirken die Sedimente "vorweltlicher" Erfahrungsprozesse auch auf die aktuellen Perzeptionen von Handlungs- und Entscheidungssituationen durch die einzelnen Mitglieder. Im vorliegenden Fall beeinflußt die von Gesprächspartnerinnen und Gesprächspartnern aus der öffentlichen Verwaltung selbst als solche bezeichnete "Verwaltungshistorie" bis in heute Hetero- und Autostereotype über den organisatorischen Kontext Verwaltung. Daher wurde die theoretische Variation des Verhältnisses zwischen Wissen und Organisation eingeleitet von einer Darstellung des "klassischen" Idealtyps bürokratischer Organisation nach Max Weber. Hierarchisch strukturierte Kompetenzzuweisung und Aufgabenwahrnehmung, Schriftlichkeit der Vorgänge sowie die durch Fachschulung und von einem besonderen Loyalitätsverhältnis geprägte Beamtenrolle stellen wichtige Aspekte dar, die sich auf Charakteristika und den Umgang mit der Ressource Wissen im Rahmen bürokratischer Organisation auswirken. "Wissen" als "Beherrschungsinstrument" begegnet hier in einer Doppelfunktion, als Herrschaftsinstrument, aber auch Zugangs- bzw. Qualifikationsvoraussetzung für berufliche Tätigkeit.

Da Veränderungen auf kognitiver Ebene im Zentrum des Interesses standen, wurden organisatorische Kontexte auf der Ebene von Zielen und Leitvorstellungen analysiert. Für den organisatorischen Kontext öffentliche Verwaltung ließen sich dabei Tendenzen eines Isomorphiestrebens in bezug auf Leitbilder aus der Privatwirtschaft beobachten. "Lean-Konzepte" und wirtschaftliches Handeln ("Konzern Stadt"), "Lernende Verwaltung" und "Serviceorientierung" bzw. Verwaltung als "Dienstleister" bilden zentrale Schwerpunkte moderner Verwaltungsleitbilder.

Für die Kommunalverwaltung erlangte dabei vor allem das "Neue Steuerungsmodell" der KGSt besondere Bedeutung, was sich auch in den Analysen exemplarischer Fallstudien in Kommunalverwaltungen zeigte. In Intensivinterviews mit Vertreterinnen und Vertretern von Verwaltungsspitze und Fachämtern wurden als Leitbilder und Modelle von Veränderungen im organisatorischen Kontext vor allem Elemente aus dem Kanon sowie das "Neue Steuerungsmodell" selbst thematisiert. Allerdings wurde auch betont, wie wichtig eigene Recherchen und Entwicklungen für Reformprozesse sind. Man kann diese Aussagen auch als eine Art pragmatisches "decoupling" von Entwürfen und Organisationsmodellen (Leitbildern, "espoused theories" u.ä. ) betrachten, welches diese im alltäglichen beruflichen Kontext als "theories in use" anwendbar macht. Das Bewußtsein für die besondere Situation im organisatorischen Kontext öffentliche Verwaltung zeigt sich auch in aktuellen "neuen" Anforderungen und solchen, die "zukünftig wichtiger" werden. Hierzu zählen vor allem ökonomische Fachkenntnisse, allerdings wird eine Verbindung mit Verwaltungskenntnissen und dem Wissen um die besonderen Aufgaben und Belange der Verwaltung gewünscht.

Eine Möglichkeit, die Vermittlung von Fachkenntnissen mit kontextspezifischer Sozialisation zu verbinden, stellt eine enge Verbindung zwischen Ausbildungs- und Beschäftigungsinstitution dar. Die frühere duale Ausbildung an Verwaltungsschulen für den gehobenen nichttechnischen Dienst wurde in den siebziger Jahren durch das Studium an internen Fachhochschulen für öffentliche Verwaltung ersetzt. Auch dieses reflektiert in seiner institutionellen Verankerung eine enge Verbindung zwischen Berufspraxis und Ausbildung. So entfällt in Studiengängen wie Kommunaler Verwaltungsdienst an der Fachhochschule für öffentliche Verwaltung Nordrhein-Westfalen die Hälfte der Studiendauer von drei Jahren auf fachpraktische Ausbildungsabschnitte, im 1993 eingerichteten Studiengang Verwaltungsbetriebswirtschaftslehre immerhin noch ein Drittel. Die Ergänzung von fachwissenschaftlichen durch fachpraktische Ausbildungsabschnitte wird in der Diskussion um die Verwaltungsfachhochschulen so stark hervorgehoben, daß schon Brinckmann et al. (1980) prägnant resümieren:

"Die Argumentation stellte diese Koordination oft so sehr in den Vordergrund, daß man feststellen kann, die interne Lösung der Verwaltungsfachhochschulen wurde weniger damit legitimiert, was sie leistet, sondern was sie zur Ergänzung benötigt." (S. 51)

Die Durchführung des Studiums an den Fachhochschulen für öffentliche Verwaltung ist seit ihrer Gründung nicht unumstritten. In jüngerer Zeit empfehlen sowohl der Wissenschaftsrat (1996), die Hochschullehrerkonferenz (1995) und auch Studien wie die von Brinkmann et al. (1994) eine Öffnung hin zu den allgemeinen Fachhochschulen. Auch der frühere Vorstand der KGSt fordert eine "Deregulierung" der Ausbildungsform und eine Öffnung der internen Verwaltungsfachhochschulen (Banner 1997).

Empirisch läßt sich anhand von Präferenzen für Veränderungswünsche der Ausbildung im Rahmen der Evaluation Verwaltungsbetriebswirtschaftslehre erkennen, daß bezüglich des Praxisbezugs der Ausbildung hohe Erwartungen bestehen. Sowohl in den Urteilen von Vertretern der Verwaltungsspitze, Fachämtern und Ausbildungsleitung als auch von Studierenden und Absolventen zur Wichtigkeit von Verbesserungsvorschlägen findet sich der Wunsch nach einer (noch) engeren Verzahnung von Theorie und Praxis unter den zwei im Mittel höchsten Prioritäten. Wünsche an die Veränderung der Ausbildung lassen jedoch auch Prozesse organisationalen Lernens und Isomorphietendenzen im Hinblick auf Organisationsmodelle der Privatwirtschaft erkennen. "Praktika außerhalb der Verwaltung" finden sich sowohl bei Vertretern von Verwaltungsspitze und Fachämtern als auch bei Studierenden und Absolventen im Mittel der Einschätzungen unter den drei wichtigsten Veränderungswünschen.

Die vor allem in den neunziger Jahren zur Beschreibung von Wandel in Organisationen populär gewordene Metapher des *organisationalen Lernens* besitzt zwei Hauptdimensionen. Organisationen "lernen" durch ihre Mitglieder. Dies kann durch die Rekrutierung neuer Mitarbeiter erfolgen oder aber durch interne Fortbildungsmaßnahmen und Anreize zur individuellen Weiterqualifizierung. Das Studium an Fachhochschulen für öffentliche Verwaltung kann dabei für beide Prozesse stehen. Denn die Studierenden und Absolventen sind zum einen "neue" Mitglieder. Während des Studiums befinden sie sich aber bereits in einem Dienstverhältnis bei ihren Einstellungsbehörden, viele waren zudem bereits längere Zeit in der Verwaltung tätig, wodurch die Wünsche an ihre Qualifizierung auch als Anforderungen an Organisationsmitglieder interpretiert werden können.

In bezug auf Prozesse organisationalen Lernens durch die *Aufnahme neuer Mitglieder* wurden zunächst Auswahlkriterien für Personal des gehobenen Dienstes bzw. Studierende der Fachhochschule für öffentliche Verwaltung Nordrhein-Westfalen betrachtet. Hier wurden seitens der Einstellungsbehörden vor allem Eigenschaften aus dem Bereich von "Basisqualifikationen" wie intellektuelle Fähigkeiten, logisches Denkvermögen und Lernfähigkeit angesprochen; weitere wichtige Kriterien entstammten dem Bereich "Persönlichkeit und individuelles Leistungspotential". Aus Sicht der Vertreter von Fachämtern mit komplexen zentralen Serviceaufgaben wurden häufig auch eine gewisse Berufserfahrung und vertiefte Überblickskenntnisse der Verwaltungsorganisation gewünscht.

Der Studiengang Verwaltungsbetriebswirtschaftslehre an der Fachhochschule für öffentliche Verwaltung Nordrhein-Westfalen stellt eine Erweiterung der bisherigen Verwaltungsausbildung dar. Zwar ist zum Studium an internen Verwaltungsfachhochschulen bislang nur berechtigt, wer von einer Behörde als Inspektorenanwärter eingestellt wurde, was bereits, folgt man etwa den Ausführungen von Bosetzky, auf einen "risikoarmen Lebensentwurf" hinweist. Da bei der Entsendung in die beiden Studienrichtungen Kommunaler Verwaltungsdienst und Verwaltungsbetriebswirtschaftslehre jedoch nach Angaben der Ausbildungsleitung die Wünsche und Neigungen der Studierenden berücksichtigt werden, wurde untersucht, ob die neue Ausbildungsrichtung nicht doch verstärkt Personen mit anderen Motiven und Vorstellungen attrahiert als der grundständige Studiengang Kommunaler Verwaltungsdienst. Tatsächlich zeigten sich auf den Dimensionen "Karriereorientierung" und "Sicherheitsstreben" signifikante Unterschiede zwischen Studierenden der Verwaltungsbetriebswirtschaftslehre und des Kommunalen Verwaltungsdienstes.

Als dritter Aspekt organisationalen Lernens durch neue Mitglieder wurden die Einsatzbereiche von Studierenden und Absolventen während fachpraktischer Ausbildungsphasen und nach Abschluß des Studiums betrachtet. Hier lassen sich deutliche Unterschiede im Sinne einer qualifikationsnahen Verwendung feststellen. Zwar wird in der fachpraktischen Ausbildung darauf geachtet, daß alle Studierenden zentrale Bereiche der Kernverwaltung durchlaufen, um einen Überblick zu Abläufen und Charakteristika der öffentlichen Verwaltung zu erhalten. Jedoch zeigt sich bereits hier und noch deutlicher nach dem Examen ein vermehrter Einsatz von Absolventen der Verwaltungsbetriebswirtschaftslehre in den Bereichen Finanzwesen/ Haushalt sowie Organisation, während Absolventen des Kommunalen Verwaltungsdienstes zunächst überwiegend in der (hoch fluktuativen) Sozialverwaltung eingesetzt werden.

Die *zweite Dimension organisationalen Lernens* umfaßt Vorstellungen und Prozesse der Modifikation des Wissensbestandes von Mitgliedern der Organisation. Da die Verbindung von Ausbildung und Organisation institutionell sehr eng ist, lassen sich aus Sicht dieser Arbeit Wünsche an die Qualifikation von Organisationsmitgliedern im Zusammenhang mit der Diskussion um die Praxisadäquanz der Erweiterung des Studienangebots untersuchen. Die Annahme, daß mit den unterschiedlichen Einsatzbereichen der Studierenden und Absolventen auch durch die Studienrichtung bestimmte, deutlich unterschiedliche Anforderungsprofile verbunden sind, läßt sich in zwei Aspekten bestätigen. Die curricularen Schwerpunkte der Verwaltungsbetriebswirtschaftslehre finden sich auch an der Spitze der Studienfächer, die sowohl von Studierenden und Absolventen als auch seitens der Vertreterinnen und Vertreter von Ausbildungsleitung, Verwaltungsspitze und Fachämtern als wichtig bis sehr wichtig für die berufliche Tätigkeit von Absolventinnen und Absolventen dieser Ausbildungsrichtung bzw. Personal des gehobenen Dienstes in entsprechenden Tätigkeitsfeldern erachtet werden. Urteile zur Wichtigkeit von Fächern des Curriculums Kommunaler Verwaltungsdienst fallen "heterogener" aus; dies läßt sich auch als Hinweis auf ein breiteres "generalistisches" Anforderungsprofil interpretieren. Die Beurteilung der Wichtigkeit von Schlüsselqualifikationen aus den Bereichen "Neue Breitenelemente", "Soziale Kompetenzen" und "Kreativität/Innovation" durch Studierende und Absolventen der Verwaltungsbetriebswirtschaftslehre, aber auch aus der Perspektive von Verwaltungsvertretern wiederum ist im Mittel höher als diejenige für die Vergleichsgruppe Kommunaler Verwaltungsdienst bzw. ein klassisches Verwaltungsprofil. In der aggregierten Einschätzung ihrer Wichtigkeit für die berufliche Tätigkeit von Absolventinnen und Absolventen des grundständigen Studiengangs Kommunaler Verwaltungsdienst werden dagegen Elemente wie soziales Verantwortungsbewußtsein und Einfühlungsvermögen im Mittel höher bewertet. Keine statistisch signifikanten Unterschiede ergeben sich auf der insgesamt als am wichtigsten eingeschätzten Dimension "Persönlichkeit und individuelles Leistungspotential" sowie auf der Dimension "Sachbearbeitung", die im Mittel die geringste Priorität aufweist.

*Methodisch* sollte zum einen der Frage nachgegangen werden, welcher Erkenntnisgewinn sich aus der *Kombination von Perspektiven* ziehen läßt. Im Falle der Einschätzung der Wichtigkeit von Fächern der Curricula Verwaltungsbetriebswirtschaftslehre und Kommunaler Verwaltungsdienst wie auch in der Beurteilung der Wichtigkeit von Qualifikationselementen aus dem Bereich der Schlüsselqualifikationen zeigten sich statistisch teilweise hoch signifikante Unterschiede zwischen den befragten Gruppen. Der *Vergleich quantitativer und qualitativer Untersuchungsstrategien* und Methoden bei der Analyse von Intensivinterviews mit Vertreterinnen und Vertretern von Verwaltungsspitze und Fachämtern zeigte eine relativ einheitliche Wichtigkeit von Anforderungen aus den Bereichen "Persönlichkeit und individuelles Leistungspotential" und "Soziale Kompetenzen". Deutliche Unterschiede zeigten sich hingegen bei "Ökonomischen Fachkenntnissen" und "Neuen Breitenelementen". Diese Qualifikationsdimensionen sind, wie auch die phänomenologisch inspirierte Themenvariation zeigte, eher den Bereichen "neuer" und "zukünftig verstärkt auftretender" Anforderungen zuzurechnen. Auch beim Vergleich der Thematisierungen in Fallstudieninterviews zeigte sich deutlich die Wichtigkeit von neuen Breitenelementen wie "Servicedenken" und "Kostenorientierung" sowie von ökonomischen Fachkenntnissen. In Gesprächsphasen, in denen "aktuelle Anforderungen vor Ort" erörtert wurden, traten diese nicht in gleichem Umfang auf, sondern eingebettet in ein breites Anforderungsspektrum. Besonders deutlich wird die unterschiedliche Wichtigkeit von Qualifikationsdimensionen bei den Auswahlkriterien. Hier bildeten Elemente des Bereichs "Persönlichkeit und individuelles Leistungspotential" die größte Einzelkategorie in einem relativ breiten Eigenschaftsspektrum.

Betrachtet man die Qualifikationsanforderungen auf einer Zeitachse, so artikuliert sich in den aktuellen Forderungen nach ökonomischer bzw. betriebswirtschaftlicher Qualifikation und neuen Breitenelementen ein gewisser Nachholbedarf auf fachlicher Ebene, aber auch Hinweise auf ein sich wandelndes Selbstverständnis der Organisation. Vor dem Hintergrund von Aussagen zu "zukünftig verstärkt auftretenden" Anforderungen im Bereich ökonomischer Fachkenntnisse "plus", d.h., ergänzt um Verwaltungskenntnisse und das Bewußtsein für die besonderen Belange der Verwaltung, sei auch auf Tendenzen im angloamerikanischen Raum verwiesen. Hier finden sich unter dem Schlagwort "Creating Public Value" Ansätze, die ebenfalls auf die zunehmend wichtigere Verbindung von juristisch-verwaltungstechnischer und ökonomischer Handlungsrationalität hinweisen. So fordert etwa Moore (1995), nicht alles "ökonomisieren" zu wollen, sondern eine Rückbesinnung auf den Charakter öffentlicher Aufgaben vorzunehmen. Auch Ansätze des Public Management könnten nur erfolgreich sein, wenn sie es schafften, die unterschiedlichen Interessen, darunter vor allem auch die des politischen Sektors einzubinden. Sonst drohe eine Art selbstreferentieller Zirkel der ökonomischen Organisationsoptimierung im öffentlichen Bereich. Ein rein betriebswirtschaftlich orientiertes Entscheiden würde bedeuten, andere handlungsleitende Paradigmen wie das der Politik auszublenden. Diese Argumentation erinnert stark an die verwaltungswissenschaftlichen Analysen von Luhmann. Fast wie eine Illustration für das Dilemma des Verwaltungshandelns zwischen der Bindung an gesetzliche Vorgaben und zunehmendem ökonomischem Rechtfertigungsdruck liest sich eine Schilderung aus der Sozialverwaltung.

"Ich sehe zum Beispiel keinen Hinderungsgrund, einen reinen Betriebswirt einzustellen und seine Gedanken und Projekte hier machen zu lassen. Er wird nur vor Probleme gestellt, wenn das Gesetz - ich sag mal - bestimmte Schranken hat. Ich nenne Ihnen das Beispiel, mit dem wir hauptsächlich zu tun haben, die Widerspruchsstelle. Da kommt jemand, will eine einmalige Bekleidungsbeihilfe und der Mitarbeiter sagt 'nein aus den und den Gründen heraus nicht'. Fachlich total abgesichert. Jetzt würde mir möglicherweise ein Betriebswirt sagen, da oben sitzen 2 1/2 Kräfte, die machen im Schnitt 300 Widersprüche, die kosten an Personalkosten und Sachkosten das und das, Overheadkosten, und er rechnet mir aus, daß ein Widerspruch 400 Mark kostet. Okay, dann könnte er mir dieses Faktum liefern, und dann steh' ich natürlich vor der Frage, was ist für mich eigentlich sinnvoll und wirtschaftlich? Eine Hose beantragt für 100 Mark, die ist abgelehnt worden. Es kommt zu einem Widerspruch, dann kostet der 400

Mark. Also gewähr' ich dem Unterstützungsempfänger vielleicht die Hose, die kriegt der aber dann total ungerecht. Weil er überhaupt nicht in Anführungszeichen die 'fachlichen Voraussetzungen' dafür erfüllt, und da sage ich, an dem Punkt kann ein Betriebswirt bis da und da mitarbeiten, der kann mir aufzeigen, auch innerhalb der Organisation, was falsch läuft, da sehe ich überhaupt keinen Hinderungsgrund. Nur ich sag mal, wenn er in der fachlichen Materie den Fall abarbeiten muß, und dann sonst nichts, dann ist es das natürlich nicht. Aber es gibt auch im Sozialamt, ich sag mal, bestimmt vier bis fünf Positionen, wo 'sachfremde Personen', wenn ich das so sagen darf, durchaus eingesetzt werden können. Im betriebswirtschaftlichen Bereich, klar. Aber ob es dann die hohe Anzahl ist, weiß ich nicht. Der Firmenboß XY kann sagen, okay, das Produkt lohnt sich nicht mehr, aber hier gibt es die gesetzlichen Zwänge, daran komme ich nicht vorbei."

Betriebswirtschaftliche Instrumente und entsprechend qualifiziertes Personal können Rahmendaten und Kennzahlen liefern. Eine für den spezifischen organisatorischen Kontext öffentliche Verwaltung "optimale" Entscheidung läßt sich allein damit jedoch nicht fällen. Für Kernfunktionen der Kommunalverwaltung etwa im Bereich der Sozialverwaltung ergeben sich daher aufgrund "externer" - sprich gesetzlicher - Vorgaben Einschränkungen, was die Übertragbarkeit rein ökonomischer Optimierungsmodelle betrifft. Mehr Spielraum bietet sich für Bereiche der Leistungsverwaltung im Kultur- und Freizeitbereich, wo Sponsoring und Outsourcing möglich ist sowie für Bereiche, die bereits mit Gebühren arbeiten (z.B. Versorgungsbetriebe, Infrastruktur- und Entsorgungsbereiche).

Für Bereiche der Zentralverwaltung wie Hauptämter und Personalämter bedeutet der organisatorische Wandel eine Veränderung des Selbstverständnisses in Richtung einer verstärkten Dienstleistungs- und Serviceorientierung. Hier lassen sich neue Qualifikationen einsetzen wie sie die Verwaltungsbetriebswirtschaftslehre bietet, aber es sind auch in hohem Maße Überblickskenntnisse und berufliche Erfahrung nötig, die ein Verständnis für die besondere Situation anderer Verwaltungseinheiten ermöglichen.

Abschließend noch ein Ausblick, welche Konsequenzen sich aus den Veränderungen in den Wissens- und Qualifikationsanforderungen, die hier im Zusammenhang mit der Einführung eines verstärkt ökonomisch orientierten Studienangebots diskutiert wurden, für grundlegende Relevanzen und Rationalitäten des Verwaltungshandelns ergeben können. Ausbildungsreformen wie die Verwaltungsbetriebswirtschaftslehre besitzen im Gegensatz zu früheren Erweiterungen des Qualifikationsspektrums der öffentlichen Verwaltung im Zuge staatlicher Aufgabenausweitung eine neue Qualität. Denn es handelt sich hierbei aus Sicht der vorliegenden Arbeit um eine interne Differenzierung der Zugangsqualifikation für die bislang dem juristisch-generalistischen Paradigma verpflichtete Ausbildung des gehobenen nichttechnischen Verwaltungsdienstes. Da die Anzahl von Absolventinnen und Absolventen der Verwaltungsbetriebswirtschaftslehre noch relativ gering ist, und zudem in der Anfangsphase nicht alle Entsendungswünsche berücksichtigt werden konnten, lassen sich auf personalstatistischer Grundlage kaum Prognosen des Einflusses treffen. Zudem muß beachtet werden, daß betriebswirtschaftliche und organisatorische Fachkenntnisse auch Gegenstand betrieblicher Fortbildung sind. Daher sollen an dieser Stelle einige Szenarien skizziert werden, wie sich das Verhältnis von klassischer juristisch-generalistischer und ökonomisch (betriebswirtschaftlich) orientierter Qualifikation entwickeln *könnte*. Zunächst zwei Extrempositionen:

- Es kommt zu einem völligen Wandel der handlungsleitenden Relevanzen in der gesamten öffentlichen Verwaltung, eine primär ökonomisch orientierte Entscheidungsrationalität setzt sich durch.
- Das juristisch-regelorientierte Primat der Entscheidungsdetermination bleibt. Alternative Qualifizierungsansätze und Modifikationen der Verwaltungsfachschulung wie die Verwaltungsbetriebswirtschaftslehre werden wieder eingestellt, Qualifikationsbedarf in diesen Bereichen durch externes Spezialistenwissen "eingekauft".

Vor allem das erste Szenario ist vor dem Hintergrund der per definitionem komplexen Entscheidungssituation öffentlicher Verwaltung so gut wie auszuschließen. Zudem stellt die zu analytischen Zwecken gewählte Polarisierung der handlungsleitenden Theorien in ökonomisch und juristisch determinierte eine extreme Einschränkung des tatsächlichen Einflußspektrums dar. Sehr viel wahrscheinlicher sind Entwicklungen, die auf eine Integration ökonomischer, aber auch organisatorischer und soziale Kompetenzen umfassender Qualifikationselemente bis hin zu einer "Hybridisierung" des Qualifikationsspektrums hindeuten. Denkbar wäre etwa:

- Es entwickeln sich zwei oder mehrere "gleichberechtigte" Ausbildungsvarianten zur Qualifikation von Verwaltungsbeamten des gehobenen nichttechnischen Dienstes.
- Die inhaltlichen Schwerpunktsetzungen der klassischen Generalistenausbildung werden "intern" umgewichtet und durch betriebswirtschaftliches, edv-technisches, organisatorisches etc. Wissen ergänzt; es entsteht ein neues generalistisches Profil.
- Das in der Verwaltungsbetriebswirtschaftslehre und verwandten Reformansätzen der Aus- und Fortbildung vermittelte Wissen wird von der Verwaltungsorganisation als "Spezialwissen" perzipiert. In diesem Fall stellt sich die Frage, ob sich - ähnlich Forsthoffs Sorge, das "Beamten- bzw. Verwaltungsethos" könne durch Spezialisten anderer Disziplinen "geschwächt" werden - Konflikte zwischen den übergreifenden Zielen der Organisation und den partikularistischen, fachgebundenen Idealen des Spezialisten ergeben (Etzioni).

- Um Probleme der Integration von Spezialwissen zu vermeiden und gleichzeitig eine organisationsspezifische Sozialisation zu gewährleisten, werden Ausbildungsgänge nach dem "Y-Modell" gestaltet, d.h., einem einheitlichen Grundstudium folgen fachliche Ausdifferenzierungen und Vertiefungen. In eine ähnliche Richtung weisen Vorschläge, die im Rahmen einer einheitlichen, "generalistischen" Ausbildung mehr Freiheiten in der Gestaltung des Studiums und fachliche Wahlmöglichkeiten fordern.

Allen Erweiterungsvorschlägen gemeinsam ist, daß sie eine Modifikation der Vorstellung von einer primär juristisch geprägten Verwaltungsqualifikation erfordern, die zum ubiquitären, "polyvalenten" Einsatz im gesamten administrativen Aufgabenspektrum der Verwaltung befähigt. Daher bedeuten sie aber auch einen erhöhten Bedarf an Planung im Aus- und Fortbildungsbereich. Vor dem Hintergrund unsicherer Personalbestandprognosen und häufigen Einstellungsstops in der öffentlichen Verwaltung muß zudem bedacht werden, daß sich Qualifikationsbedarfe möglicherweise immer weniger durch langwierige und kostenintensive Maßnahmen wie das bezahlte Studium an Verwaltungsfachhochschulen in seiner heutigen Form decken lassen.

Da Studiengänge wie die Verwaltungsbetriebswirtschaftslehre erst seit den neunziger Jahren angeboten werden, sind im Vergleich zur grundständigen Qualifikation erst verhältnismäßig wenige Absolventinnen und Absolventen in der Verwaltung tätig. Im Rahmen der Evaluation Verwaltungsbetriebswirtschaftslehre zeigten sich daher teilweise Unsicherheiten über deren Einsatz- und Verwendungsmöglichkeiten. Fast die Hälfte war mit Kosten- und Leistungsrechnung befaßt, weitere wichtige Tätigkeitsbereiche stellten "Haushalt und Finanzen", "Organisation" und "Controlling" dar. Vor dem Hintergrund der Vorstellung von einem universell einsetzbaren, schwerpunktmäßig juristisch geschulten Verwaltungsgeneralisten wurden im Rahmen von Fallstudieninterviews die Aufstiegsmöglichkeiten der Verwaltungsbetriebswirtinnen und -betriebswirte aufgrund des geringeren Ausbildungsanteils der Rechtsfächer von einigen Vorgesetzten als möglicherweise eingeschränkt gesehen. Das ökonomische Anforderungsprofil wurde in der Verwaltungspraxis teilweise noch als "Spezialqualifikation" im Gegensatz zur breiten Einsatzfähigkeit des Verwaltungsgeneralisten verstanden.

Dennoch dürften ökonomische Fachkenntnisse und "wirtschaftliches Denken" in Zukunft für die öffentliche Verwaltung zunehmend wichtiger werden. Die Verwaltungsqualifikation der Zukunft als Ausdruck sich wandelnder organisationaler Wissensanforderungen könnte sich daher zu einem "hybriden" Qualifikationsstil entwickeln. Verwaltungskenntnisse *und* ökonomisches Bewußtsein, ergänzt durch soziale Kompetenzen werden immer wichtiger. Die bislang dominierende juristisch-regelkonforme Handlungsrationalität der Verwaltungsorganisation legitimiert sich dabei zunehmend weniger durch ihre (Binnen-) Funktionalität, sondern findet sich in Verbindung mit dem Organisationsziel der Gemeinwohlorientierung als Regulativum gegenüber als zu stark empfundenen Tendenzen der Orientierung des Verwaltungshandelns an idealtypisch monofinaler ökonomischer Rationalität.

# 8 Literatur

ADLER, Paul S./BORYS, Bryan (1996): Two Types of Bureaucracy: Enabling and Coercive. Administrative Science Quarterly, 41, S. 61 – 89.

ALTMANN, Norbert/DÜLL, Klaus/KAMMERER, Guido (1971): Gewerkschaftspolitik und die Modernisierung der öffentlichen Verwaltung. RKW-Projekt A90. Frankfurt a. M.: Europäische Verlagsanstalt.

ARGYRIS, Chris (1985): Making knowledge more relevant to practice. Maps for action. In: LAWLER, E. E./MOHRMAN, A. M./CUMMINGS, T. A. & Associates (Hg.): Doing Research that is Useful for Theory and Practice. San Francisco: Jossey Bass.

ARGYRIS, Chris (1993): Education for Leading-Learning. Organizational Dynamics, Winter. S. 5 - 17.

ARGYRIS, Chris (1997): Wissen in Aktion: eine Fallstudie zur lernenden Organisation. Stuttgart: Klett-Cotta. (Englisch: Knowledge for Action. A Guide to Overcoming Barriers to Organizational Change. San Francisco: Jossey Bass 1996.)

ARGYRIS, Chris/SCHÖN, Donald (1978): Organizational Learning. Reading, Mass.: Addison-Wesley.

ARMANDSKI, Gerhard/DÖRNER, Christine (1983): Rationalisierung in der öffentlichen Verwaltung. Ursachen, Auswirkungen, Widerstand. Frankfurt/Main; New York: Campus.

ARNOLD, D. O. (1970): Dimensional sampling: An approach for studying a small number of cases. American Sociologist, 5. S. 147 - 150.

ARNOLD, Rudolf/BENNER, Hermann (Hg.) (1989): Betriebspädagogik in nationaler und internationaler Perspektive. Baden-Baden: Nomos.

ARNOLD, Rudolf/LIPSMEIER, Antonius (Hg.) (1995): Handbuch der Berufsbildung. Opladen: Leske + Budrich.

BACKHAUS, Klaus/ERICHSON, Bernd/PLINKE, Wulf/WEIBER, Rolf (1990): Multivariate Analysemethoden. Eine anwendungsorientierte Einführung. Berlin u.a.: Springer.

BAETHGE, Martin/OBERBECK, Herbert (1986): Die Zukunft der Angestellten. Frankfurt a.M.: Campus.

BAETHGE, Martin/HARTUNG, Dirk/HUSEMANN, Rudolf/TEICHLER, Ulrich (Hg.) (1986): Studium und Beruf. Neue Perspektiven für die Beschäftigung von Hochschulabsolventen - Denkanstöße für eine offensive Hochschul- und Bildungspolitik. Freiburg i. Breisgau: Dreisam.

BAITSCH, Christof/FREI, Felix (1980): Qualifizierung in der Arbeitstätigkeit. Bern: Huber.

BALS, Hansjürgen (1994): Notwendige Bedingungen einer erfolgreichen Durchsetzungsstrategie kommunaler Haushaltskonsolidierung. In: FRISCHMUTH, Birgit (Hg.): Haushaltskonsolidierung Dokumentation des Seminars vom 4. bis 7. Oktober 1993 in Berlin. Berlin: Deutsches Institut für Urbanistik.

BANNER, Gerhard (1996): Kommunalverwaltung und Wirtschaft werden einander immer ähnlicher. Die innovative Verwaltung, 2.

BANNER, Gerhard (1997): Verwaltungsreform als Staatsdilemma. Verwaltung und Management, 3. Jg., Heft 6. S. 337 - 341.

BANNER, Gerhard/REICHARD, Christoph (Hg.) (1993): Kommunale Managementkonzepte in Europa. Köln: Kohlhammer.

BARTHOLD, Hans-Martin (1996): Löcken wider den Stachel. DUZ 10.

BARTSCHER, Susanne (1995): Die Akademisierung der Wirtschaft und ihre Implikationen für das betriebliche Personalwesen. Stuttgart: M und P.

BAUNACK-BENNEFELD, U./KATZ, J./WEIDEMANN, H. (1997): Qualifizierte Mitarbeiter braucht die Verwaltung - Zur Reform der Ausbildung des gehobenen Dienstes in Niedersachsen. DVP 9/97, S. 372 - 374.

BECKER, Bernd (1989): Öffentliche Verwaltung. Lehrbuch für Wissenschaft und Praxis. Percha, Kempfenhausen: R.S. Schulz.

BECKER, Fred G./MARTIN, Albert (Hg.): Empirische Personalforschung. 1993.

BECKER, Wolfgang (1991a): Schlüsselqualifikationen - Begriffsgeschichte, Beispiele und Erläuterungen. In: Meifort, Barbara (Hg.): Schlüsselqualifikationen für gesundheits- und sozialpflegerische Berufe. Alsbach/Bergstrasse: Leuchtturm. S. 75 – 96.

BECKER, Wolfgang (1991b): Schlüsselqualifikationen - Ein Schlüsselbegriff für Zielkonflikte in der beruflichen Bildung? Eine Entdeckungsreise in die Begriffsgeschichte. In: Meifort, Barbara (Hg.): Schlüsselqualifikationen für gesundheits- und sozialpflegerische Berufe. Alsbach/Bergstrasse: Leuchtturm. S. 125 - 149.

BECKER-BICK, Thomas A. (1985): Die Dynamik des Wissens. Wissenssoziologische Aspekte des soziokulturellen Wandels. Zürich: Univ. Diss.

BEHRENS, Fritz/STÖBE, Sybille (1995): Die Entwicklung von Leitbildern. Ein Instrument der Verwaltungsmodernisierung? Verwaltung und Management 1. S. 29 - 34 .

BEITZ, Lars-Erik (1996): Schlüsselqualifikation Kreativität. Begriffs-, Erfassungs- und Entwicklungsproblematik. Hamburg: S+ W Steuer- und Wirtschaftsverlag.

BERGER, Peter L./LUCKMANN, Thomas (1987): Die gesellschaftliche Konstruktion der Wirklichkeit. Eine Theorie der Wissenssoziologie. Frankfurt a. M.: Fischer Taschenbuch Verlag.

BERNHART, Josef Johann (1996): Erfahrungen mit Total Quality Management. In der öffentlichen Verwaltung erste Ansätze vorhanden (Phoenix, Christchurch, Braintree, Saarbrükken). VOP 1 – 2.

BERTELSMANN-STIFTUNG (HG.) (1993): Carl Bertelsmann-Preis. Demokratie und Effizienz in der Kommunalverwaltung. Band 1. Gütersloh.

BEUSCHEL, Werner/GENSIOR Sabine: Mikroelektronik, Qualifikation und Produktinnovation. Ergebnisse von Fallstudien. Berlin: Ed. Sigma 1988.

BIGALKE, Helmut: Taschenbuch für Ausbilder. Heidelberg: Sauer 1986.

BLEICHER, Knut (1992): Leitbilder. Orientierungsrahmen für eine integrative Management-Philosophie. Stuttgart, Zürich: Schäffer-Poeschel, Verlag NZZ.

BLOOM, Benjamin S. (Hg.) (1972): Taxonomie von Lernzielen im kognitiven Bereich. Weinheim und Basel: Beltz.

BOECK, Friedhelm J./TILLMANN, Karl-Heinz (1994): Projektmanagement im Amt für Stadtentwässerung der Stadt Köln. Verwaltungsorganisation 7-8.

BOGUMIL, Jörg/KIßLER, Leo (1995): Vom Untertan zum Kunden. Möglichkeiten und Grenzen von Kundenorientierung in der Kommunalverwaltung. Berlin: Ed. Sigma.

BOGUMIL, Jörg/KIßLER, Leo (1996): Reformmaßnahmen sorgen für Verunsicherung. Ergebnisse einer Beschäftigtenbefragung in der Stadtverwaltung Hagen. VOP 10 – 11.

BOGUMIL, Jörg/KIßLER, Leo (1997): Der Staat in Augenhöhe. AKP, 1. S. 55 - 59.

BOGUN, Manfred (1983): Berufseinstellungen von Verwaltungsbeamten. Ein empirischer Vergleich zwischen Anwärtern und berufserfahrenen Beamten. Freiburg (Breisgau): Hochschulverlag.

BÖHLE, Fritz (1996): Die zentrale Rolle von "Erfahrungswissen". Warum bislang bestimmte Schlüsselqualifikationen für den Arbeitsplatz der Zukunft verkannt werden. In: HOLZAMER, Hans-Herbert: Ausbildung! Qualifikation! Arbeit?. München u. Landsberg: Olzog. S. 89 - 93.

BÖHLE, Fritz (1998): Technik und Arbeit - neue Antworten auf "alte" Fragen. Soziale Welt 49. S. 233 - 252.

BÖHLE, Fritz (1992): Grenzen und Widersprüche der Verwissenschaftlichung von Produktionsprozessen. In: MALSCH, T./MILL, U.: ArBYTE - Modernisierung der Industriesoziologie? Berlin.

BÖHMER, Roland/STREICH, Michael (1996): Das Controlling-Konzept des Kreises Soest. In: HILL, H./KLAGES, H. (Hg.): Controlling im Neuen Steuerungsmodell. Düsseldorf. S. 105-126.

BÖHMER, Roland (1994): Die Implementierung neuer Steuerungsinstrumente am Beispiel der Kreisverwaltung Soest. Kassel: Dissertation.

BÖHRET, Carl (Hg.) (1978): Verwaltungsreformen und Politische Wissenschaft. Zur Zusammenarbeit von Praxis und Praxis bei der Durchsetzung und Evaluierung von Neuerungen. Baden-Baden: Nomos.

BÖHRET, Carl/FRÖHLICH, Gabriele/HOFMANN, Michael (1989): Zwischenbilanzierung der Fachhochschulausbildung des Bundes. Baden-Baden: Nomos.

BÖHRET, Carl/HILL, Hermann (Hg.) (1994): Staat und Verwaltung im Dialog mit der Zukunft. Baden-Baden: Nomos.

BOOS, Margarete (1993): Fallstudienmethodik. In: BECKER, Fred G./MARTIN, Albert (Hg.): Empirische Personalforschung. München.

BORETTY, Reiner (1997): Evaluierung des Konzeptes "Projekt- und transferorientierte Ausbildung (Petra)" der Siemens AG. Aachen: Shaker.

BOSETZKY, Horst (1977): Soziologie - Störfaktor in der Beamtenausbildung. Der Öffentliche Dienst, 30. Jg., Nr. 1-2. S. 5 – 13.

BOSETZKY, H. (1994): Bürokratische Sozialisation in Zeiten des Wertewandels. In: DERLIEN, H.-U. (Hg.): Systemrationalität und Partialinteresse. Festschrift für Renate Mayntz. Baden-Baden: Nomos. S. 99 - 122.

BOSETZKY, Horst/HEINRICH, Peter (1982): Mensch und bürokratische Organisation. In: JESSE, J. J. (Hg.): Politikwissenschaft und Verwaltungswissenschaft. Opladen: Westdeutscher Verlag. S. 222 – 236.

BOSETZKY, Horst/HEINRICH, Peter (1985): Die Verwaltungserfahrung junger Beamter: "Eigentlich ganz zufrieden ...". Mechanismen zur Bewältigung einer widersprüchlich erfahrenen Wirklichkeit. In: Die Öffentliche Verwaltung, 14.

BOSETZKY, Horst/HEINRICH, Peter (1994): Mensch und Organisation. Aspekte bürokratischer Sozialisation. Eine praxisorientierte Einführung in die Soziologie und die Sozialpsychologie der Verwaltung. Köln: Deutscher Gemeindeverlag; Kohlhammer, 5., überarbeitete und erweiterte Aufl..

BOURDIEU, Pierre (1985): Sozialer Raum und "Klassen". 2 Vorlesungen. Frankfurt am Main: Suhrkamp.

BRAATZ, Wolfgang/WIEDEMANN, Ludwig (1993): Verwaltungstechniken. München: Bayerische Verwaltungsschule. 3. Aufl.

BRASCHE, Ulrich (1989): Qualifikation - Engpaß im Innovationsprozeß? Die Diffusion von Mikroelektronik und die Veränderung der Qualifikationsanforderungen. Berlin: Edition Sigma.

BREITENSTEIN, Peter (1973): Die theoretische Ausbildung zum gehobenen allgemeinen nichttechnischen Verwaltungsdienst auf der Schwelle zwischen Verwaltungsschule und Fachhochschule. In: Staats- und Kommunalverwaltung 8. S. 227 – 233.

BREWER, John/HUNTER, Albert (1989): Multimethod Research. A Synthesis of Styles. Newbury Park u.a.: Sage.

BRIEFS, Thomas Fr. W./BECKER, Bernd (1996): "Von der Rationalisierung zum innovativen Prozeß. Forderungen an das Vorschlagswesen unter Reformgesichtspunkten". VOP, XX. Jg., H. 3. S. 33 – 37.

BRINCKMANN, Hans/GRIMMER, Klaus/LENK, Klaus/RAVE, Dieter (1974): Verwaltungsautomation. Thesen über die Auswirkungen automatisierter Datenverarbeitung auf Binnenstruktur und Außenbeziehungen der öffentlichen Verwaltung. Darmstadt: Toeche-Mittler.

BRINCKMANN, Hans/HACKFORTH, Susanne/TEICHLER, Ulrich (1980): Die neuen Beamtenhochschulen. Bildungs-, verwaltungs- und arbeitsmarktpolitische Probleme einer verspäteten Reform. Frankfurt a. M.: Campus.

BRINCKMANN, Hans/KUHLMANN, Stefan (1990): Computerbürokratie. Ergebnisse von 30 Jahren öffentlicher Verwaltung mit Informationstechnik. Opladen: Westdeutscher Verlag.

BRINKMANN, Gerhard (1979): Bestimmung beruflicher Qualifikation. In: KÖNIG, K. (Hg.): Die Ausbildung für den gehobenen Verwaltungsdienst. Baden-Baden: Nomos. S. 93 – 106.

BRINKMANN, Gerhard/HOMMERICH, Christoph/PIPPKE, Wolfgang (1994): Die künftige Managmentausbildung an Fachhochschulen. Bonn: BMBW.

BRINKMANN, Gerhard/PIPPKE, Wolfgang/RIPPE, Wolfgang (1973): Die Tätigkeitsfelder des höheren Verwaltungsdienstes. Arbeitsansprüche, Ausbildungserfordernisse, Personalbedarf. Opladen: Westdeutscher Verlag.

BUDÄUS, Dietrich (1994): Public Management. Konzepte und Verfahren zur Modernisierung öffentlicher Verwaltungen. Berlin: Ed. Sigma. 2., unveränderte Auflage.

BUDÄUS, Dietrich (1996): Controlling in der öffentlichen Verwaltung - Ein Instrument zur Haushaltskonsolidierung? VOP. S. 141-166.

BUDÄUS, Dietrich (1996): Öffentliche Verwaltung braucht Wettbewerb. Prof. Dr. Dietrich Budäus sieht Innovationspotential bei den Kommunen. VOP 1 - 2.

BUDÄUS, Dietrich (Hg.) (1998a): Organisationswandel öffentlicher Aufgabenwahrnehmung. Baden-Baden: Nomos.

BUDÄUS, Dietrich (1998b): Organisationswandel öffentlicher Aufgabenwahrnehmung als Teil eines New Public Management. In: BUDÄUS, D. (Hg.): Organisationswandel öffentlicher Aufgabenwahrnehmung. Baden-Baden: Nomos Verl.-Ges. S. 99 - 119.

BÜHL, Walter L. (1984): Die Ordnung des Wissens. Berlin: Duncker & Humblot.

BÜHL, Walter L. (Hg.) (1972): Verstehende Soziologie. Grundzüge und Entwicklungstendenzen. München: Nymphenburger Verlagshandlung GmbH.

BÜHLER, Claus: Zweidimensionale Taxonomie von Lernzielen und Inhalten im kognitiven Bereich. Weil der Stadt: Lexika 1980.

BULLINGER, Hans-Jörg/BONNET, Petra/KLEIN, Barbara (1995): Paradigmenwechsel in der Organisationsgestaltung? In: EICHENER, Volker/MAI, Manfred/KLEIN, Barbara (Hg.): Leitbilder der Büro- und Verwaltungsorganisation. Wiesbaden: DUV, Dt. Univ.-Verl. S. 16 - 29.

BUNDESMINISTERIUM FÜR BILDUNG UND FORSCHUNG (1998): Grund- und Strukturdaten 1998/1999. Bonn.

BUNGE, Jürgen (1985): Generalist oder Spezialist Aufgaben und Ausbildung des öffentlichen Dienstes im Wandel. Frankfurt a. M.: Campus.

BÜRGERMEISTER HANDBUCH (o.J.): Von der Behörde zum Dienstleistungsunternehmen. Augsburg: Kognos.

BUSSMANN, Werner (1997): Konturen eines neuen Paradigma der Verwaltung(swissenschaft). Verwaltung und Management, 3. Jg., Heft 1. S. 25 - 30.

COHEN, Michael D./SPROULL, Lee S. (Eds.) (1996): Organizational learning. Thousand Oaks, London, New Delhi: Sage.

CORNELIUS, Joachim (1997): Strukturwandel durch grundlegende Erneuerung. Erfahrungen mit dem ehrgeizigen Reformverfahren der Stadt Wuppertal". VOP 1-2/1997. S. 13 - 16.

DAMKOWSKI, Wulf (1969): Die Entstehung des Verwaltungsbegriffs. Eine Wortstudie. Köln, München u.a.: Heymann.

DAMMANN, Klaus/GRUNOW, Dieter/JAPP, Klaus P. (Hg.) (1994): Die Verwaltung des politischen Systems. Neuere systemtheoretische Zugriffe auf ein altes Thema. Opladen: Westdeutscher Verlag.

DAVIS, S./BOTKIN, J. (1995): Wissen gegen Geld. Die Zukunft der Unternehmen in der Wissensrevolution. Frankfurt: Campus.

DEDERING, H. (Hg.) (1996): Handbuch zur arbeitsorientierten Bildung. München: Oldenbourg.

DEDERING, H./SCHIMMING, P. (1984): Qualifikationsforschung und arbeitsorientierte Bildung Eine Analyse von Konzepten zur Arbeitsqualifikation aus pädagogischer Sicht. Opladen: Westdeutscher Verlag.

DENZIN, N. K. (1978, 1989): The Research Act. Chicago, Englewood Cliffs.

DENZIN, N./LINCOLN, Y.: Handbook of qualitative research. Thousand Oaks u.a.: Sage 1994.

DERLIEN, Hans-Ulrich (1982): Methodik der empirischen Verwaltungsforschung. In: JESSE, J. J. (Hg.): Politikwissenschaft und Verwaltungswissenschaft. Opladen: Westdeutscher Verlag. S. 122 – 133.

DEUTSCHMANN, Christoph (1996): Marx, Schumpeter und Mythen ökonomischer Rationalität. Leviathan 24. S. 323 - 338.

DEUTSCHMANN, Christoph (1997): Die Mythenspirale. Eine wissenssoziologische Interpretation industrieller Rationalisierung. In: Soziale Welt 47. S. 55 – 70.

DEUTSCHMANN, Christoph/FAUST, M./JAUCH, P./NOTZ, P. (1996): Veränderungen in der Rolle des Managements im Prozeß reflexiver Rationalisierung. Zeitschrift für Soziologie 24. S. 436 - 450.

DIAMOND, Stanley/NARR, Wolf-Dieter/HOMANN, Rolf (Hg.) (1985): Bürokratie als Schicksal? Opladen: Westdeutscher Verlag.

DIDZILATIS, Jens (1996): "Neue Qualität der Führung in der öffentlichen Verwaltung". Motivation erhöht die Leistungsfähigkeit der Beschäftigten. VOP 9.

DIECKMANN, Jochen: Kostendruck kann den Qualitätsprozeß behindern. Jochen Dieckmann fordert mehr Kommunikation bei der Modernisierung. In: VOP 3 – 4/1996.

DIKAU, Joachim/HARTMANN, Günter (Hg.) (1991): Schlüsselqualifikationen im Berufsfeld Wirtschaft und Verwaltung. Kaufmännische Ausbildung in der Kontroverse. Alsbach/Bergstraße: Leuchtturm.

DIMAGGIO, P. J./POWELL, W. W. (1983): The Iron Cage Revisited: Institutional Isomorphism and Collective Rationality in Organizational Fields. American Sociological Review 48, S. 147 - 160.

DÖRIG, R.: Das Konzept der Schlüsselqualifikationen Ansätze, Kritik und konstruktivistische Neuorientierung auf der Basis der Erkenntnisse der Wissenspsychologie. St. Gallen HSG 1994.

DOLL, Peter (1971): Funktionsanalysen - Grundlagen verwaltungsbezogener Berufsausbildung. In: Staats- und Kommunalverwaltung 12. S. 309 – 313.

DOLL, Peter/JENNER, Rolf (1969): Die Einbeziehung der Ausbildung zum gehobenen allgemeinen Verwaltungsdienst in den Fachhochschulbereich. Staats- und Kommunalverwaltung, Sonderbeilage zu Heft 2.

DOPATKA, Friedrich-Wilhelm (1996): Einheitliche Ausbildung für alle Dienstleister. Dienstrechtsreform - Thema des 2. Europäischen Verwaltungsreformkongresses. VOP 3.

DOSENBACH, Felix H./FAIX, Werner G.: Bildungskrise? Bildungskrise! Konzepte zur Gegensteuerung. Köln: Deutscher Instituts-Verlag 1992.

DREHER, Michael/DREHER, Eva (1982): Gruppendiskussion. In: HUBER, G./MANDL, H. (Hg.): Verbale Daten. Eine Einführung in die Grundlagen und Methoden der Erhebung und Auswertung. Leske und Budrich. S. 141 – 164.

DREIER, Horst (1991): Hierarchische Verwaltung im demokratischen Staat: Genese, aktuelle Bedeutung und funktionelle Grenzen eines Bauprinzips der Exekutive. Tübingen: Mohr.

DROSTEN, Sörge (1996): Integrierte Organisations- und Personalentwicklung in der Lernenden Unternehmung. Ein zukunftsweisendes Konzept auf der Basis einer Fallstudie. Bielefeld: Bertelsmann.

DRUMM, Hans Jürgen (1995): Personalwirtschaftslehre. Berlin u.a.: Springer. Dritte, neu bearbeitete und erweiterte Auflage.

DRUMM, Hans Jürgen (1996): Das Paradigma der Neuen Dezentralisation. DBW 56/1. S. 7 - 20.

DUBS, Rolf (1995): Entwicklung von Schlüsselqualifikationen in der Berufsschule. In: Arnold, Rudolf/Lipsmeier, Antonius (Hg.): Handbuch der Berufsbildung. Opladen: Leske und Budrich. S. 171 – 182.

DUDEN (1974): Fremdwörterbuch. Duden Band 5. Mannheim: Bibliographisches Institut AG. 3., völlig neu bearbeitete und erweiterte Auflage.

EDEN, Colin (1992): On the nature of Cognitive Maps. Journal of Management Studies 29, May.

EHLERS, Ulrich (1998): Von der Bürokratie zur lernfähigen Organisation. Verwaltung und Management, 4. Jg., Heft 1. S. 32 - 35.

EICHENER, Volker/MAI, Manfred (1995): Von "lean production" zur "schlanken Verwaltung". In: EICHENER, Volker/MAI, Manfred/KLEIN, Barbara (Hg.): Leitbilder der Büro- und Verwaltungsorganisation. Wiesbaden: DUV, Dt. Univ.-Verl. S. 7 - 14.

EICHENER, Volker/MAI, Manfred/KLEIN, Barbara (Hg.) (1995): Leitbilder der Büro- und Verwaltungsorganisation. Wiesbaden: DUV, Dt. Univ.-Verl.

EICHHORN, Peter (2000): Aus- und Weiterbildung im öffentlichen Dienst - Bestandsaufnahme und Anforderungen. Verwaltung und Fortbildung, 28. Jg., Heft 1. S. 25 - 32.

EILSBERGER, Rupert/LEIPELT, Detlef (1994): Organisationslehre für die Verwaltung. Ziele und Strukturen. Heidelberg: v. Decker.

EISENSTADT, S. N. (1971): Ziele bürokratischer Organisationen und ihr Einfluß auf die Organisationsstruktur. In: Mayntz, R. (Hg.): Bürokratische Organisation. Köln, Berlin: Kiepenheuer & Witsch 1971, 2. Aufl. S. 116 - 120.

ELLWEIN Thomas (1996): Perioden und Probleme der deutschen Verwaltungsgeschichte - die Perspektive der klassischen öffentlichen Verwaltung -. Verwaltungs-Archiv, 87, Januar. S. 1 – 18.

ENDRES, A.: Motivation trotz Bürokratie - Leitlinien erfolgreicher Mitarbeiterführung. Stuttgart: Raabe 1993.

ERBAN, Kerstin (1997): Neue Aufgabenbereiche und Tätigkeitsfelder in der öffentlichen Verwaltung. Eine empirische Analyse des Berufseinstiegs von Absolventen des Modellstudiengangs Verwaltungsbetriebswirtschaftslehre in Nordrhein-Westfalen. Universität Kassel (unv. Diplomarbeit).

ETZIONI, Amitai (1978): Soziologie der Organsationen. München: Juventa. 5. Aufl.

FACHHOCHSCHULE FÜR ÖFFENTLICHE VERWALTUNG NORDRHEIN-WESTFALEN (1993): Modellstudiengang Verwaltungsbetriebswirtschaftslehre. VAPgD (in Auszügen). Studienordnung mit Fächerverteilungsplan und Lehrthemen. Fachhochschule für öffentliche Verwaltung NRW.

FACHHOCHSCHULE FÜR ÖFFENTLICHE VERWALTUNG NORDRHEIN-WESTFALEN, Abt. Dortmund, Projektgruppe K94/2 (1996): Verbesserung der Zusammenarbeit zwischen Fachwissenschaft und Fachpraxis. Dortmund: Vervielfältigtes Manuskript.

FACHHOCHSCHULE FÜR ÖFFENTLICHE VERWALTUNG NORDRHEIN-WESTFALEN: Homepage mit Informationen zu Abteilungen, Zentrale, Studium und Forschung. Quelle: http://www.fhoev.nrw.de (08.09.2000).

FAIRBANKS, Frank A./DUMONT DU VOITEL, Roland: Phoenix, Arizona (USA). Unternehmenskonzept des kommunalen Managements. Nettetal: Zuendel & Partner o. J. (ca. 1994).

FANGMANN, Helmut (2000): Zwischen Bürokratie und Heterarchie. Zur Führungsproblematik in komplexen Organisationen und den Lehren für die öffentliche Verwaltung. Verwaltungsarchiv. S. 117 - 132.

FEICK, Jürgen/KLAES, Lothar/PRÄTORIUS Rainer (1982): Verwaltungskultur. In: JESSE, J. J. (Hg.): Politikwissenschaft und Verwaltungswissenschaft. Opladen: Westdeutscher Verlag. S. 254 – 271.

FELDMAN, Martha S. (1995): Strategies for interpreting qualitative data. Thousand Oaks, Cal.: Sage.

FEUERSTEIN, H.-J. (1996): Ausbildung und Arbeitssituation im gehobenen Dienst: Die Sicht von Fachhochschul-Absolventen. Kehl: Hochschuldidaktisches Zentrum Fachhochschule Kehl.

FIOL, C. M./LYLES, M. A. (1985): Organizational Learning. Academy of Management Review, 4. S. 803 – 813.

FLICK, U. (1991a): Stationen des qualitativen Forschungsprozesses. In: FLICK /v. KARDOFF /KEUPP /v. ROSENSTIEL /WOLFF (Hg.): Handbuch Qualitative Sozialforschung. München: PVU.

FLICK, U. (1991b): Triangulation. In: FLICK /v. KARDOFF /KEUPP /v. ROSENSTIEL /WOLFF (Hg.): Handbuch Qualitative Sozialforschung. München: PVU.

FLICK, U. (1992): Triangulation revisited: Strategy of validation or alternative? In: Journal for the Theory of Social Behavior. 22(2), 175-198.

FLICK, Uwe (1998): Triangulation - Geltungsbegründung oder Erkenntniszuwachs? ZSE, 18. Jg., H. 4, S. 443 – 447.

FOPPA, K. (1987): "Typische Fälle" und der Geltungsbereich empirischer Befunde. Schweizer Zeitschrift für Psychologie, 45. S. 151 - 163.

FORNECK, Hermann J. (1987): Alltagsbewusstsein in der Erwachsenenbildung - Zur legitimatorischn und didaktischen Konkretisierung eines Ansatzes. Bad Heilbrunn.

FORSTHOFF, Ernst (1971): Der Staat der Industriegesellschaft. München: C.H. Beck. 2. Aufl.

FORSTHOFF, Ernst (1973): Lehrbuch des Verwaltungsrechts. Erster Band. Allgemeiner Teil. München: Beck. 10., neubearbeitete Auflage.

FRANZ, Hans-Werner (1999): Wie lernen Organisationen, wie Organisationen lernen? Sozialwissenschaften und Berufspraxis (SUB), 22. Jg., Heft 4. S. 321 - 339.

FREI, Felix/DUELL, Werner/BAITSCH, Christof: Arbeit und Kompetenzentwicklung. Theoretische Konzepte zur Psychologie arbeitsimmanenter Qualifizierung. Bern, Stuttgart, Wien: Huber 1984.

FREIDANK, Gabriele/NEUSEL, Ayla/TEICHLER, Ulrich (Hg.): Praxisorientierung als institutionelles Problem der Hochschule. Frankfurt/Main, New York: Campus 1980.

FREY, H.-E. (1994): Agonie des Bürokratismus? Wo fehlt der politische Wille, wo hemmen Vorschriften die Reform des öffentlichen (kommunalen) Sektors? In: STEGER, U. (Hg.): Lean Administration. Die Krise der öffentlichen Verwaltung als Chance. Frankfurt a. M.: Campus.

FRIEDRICHS, Jürgen (1985): Methoden empirischer Sozialforschung. Opladen: Westdeutscher Verlag. 13. Auflage.

FRIELING, Ekkehart (1995): Lernen und Arbeiten. In: Arnold, R./Lipsmeier, A. (Hg.): Handbuch der Berufsbildung. Opladen: Leske + Budrich. S. 261 - 270.

FRISCHMUTH, Birgit (Hg.): Haushaltskonsolidierung Dokumentation des Seminars vom 4. bis 7. Oktober 1993 in Berlin. Berlin: Deutsches Institut für Urbanistik 1994.

GANTER, Hans-Dieter/SCHIENSTOCK, Gerd (Hg.) (1993): Management aus soziologischer Sicht. Unternehmensführung, Industrie- und Organisationssoziologie. Wiesbaden: Gabler.

GARZ, Detlef/KRAIMER, Klaus (Hg.) (1991): Qualtitativ-empirische Sozialforschung Konzepte, Methoden, Analysen. Opladen: Westdeutscher Verlag.

GAUGLER, Eduard (1986): Betriebliche Weiterbildung als Führungsaufgabe. Zum 80. Geburtstag von August Marx. Wiesbaden: Gabler 1986.

GEBERT, Diether/V. ROSENSTIEL, Lutz (1992): Organisationspsychologie Person und Organisation. Stuttgart, Berlin, Köln: Kohlhammer. 3. überarb. und erw. Aufl.

GLASER, P./STRAUSS, A. (1985): Grounded Theory.

GODEHART, W. (1988) (Hg.): Fachhochschule und öffentlicher Dienst. IX. Kolloquium des Hochschullehrerbundes vom 18. bis 20. November 1986 in Bad Kissingen. Köln, Berlin, Bonn, München: Carl Heymanns Verlag.

GORNAS, Jürgen/BEYER, Werner (1991): Betriebswirtschaft in der öffentlichen Verwaltung. Systematische Darstellung der Besonderheiten der öffentlichen Betriebswirtschaftslehre. Köln: Deutscher Gemeindeverlag/Kohlhammer.

GRANDKE, Sven/SCHMITT, Peter/EMMERICH, Herbert/HENTSCHEL, Wolfgang (1998): Schlüsselqualifikationen in neuen Organisationsformen. Ein Kriterienkatalog für die Praxis. Berlin, Wien, Zürich: Beuth. Herausgeber: DIN Deutsches Institut für Normung e.V.

GRATHOFF, Richard (1995): Milieu und Lebenswelt. Einführung in die phänomenologische Soziologie und die sozialphänomenologische Forschung. Frankfurt a. M.: Suhrkamp.

GREIF, Siegfried (Hg.) (1989): Arbeits- und Organisationspsychologie internationales Handbuch in Schlüsselbegriffen. München: Psychologie-Verl.-Union.

GRIEPENKERL, Heiko (1983): Führungsschulung und Persönlichkeitsformung. Kritische Analyse der heutigen Managementausbildung. München: Minerva-Publikation.

GRUNOW, Dieter (1982): Bürgernähe der Verwaltung als Qualtitätsmaßstab und Zielbezug alltäglichen Verwaltungshandelns. In: JESSE, J. J. (Hg.): Politikwissenschaft und Verwaltungswissenschaft. Opladen: Westdeutscher Verlag. S. 237 - 253.

GURWITSCH, Aron (1962): The Common-Sense World as Social Reality. A Discourse on Alfred Schutz. In: Social Research XXIX, Nr. 1, S. 50 – 72.

HACKER, Winfried (1978): Allgemeine Arbeits- und Ingenieurspsychologie. Psychische Struktur und Regulation von Arbeitstätigkeiten. Bern, Stuttgart, Wien: Huber. 2., überarbeitete Auflage.

HACKER, Winfried (1986): Arbeitspsychologie. Psychische Regulation von Arbeitstätigkeiten. Bern: Huber.

HACKER, Winfried (1992): Expertenkönnen. Erkennen und Vermitteln. Göttingen, Stuttgart: Verlag für Angewandte Psychologie.

HANKE, Horst/PRAST, Franz (1996): "Fortbildung für leitende Führungskräfte der Verwaltung. - Das Führungskolleg Speyer (FKS) hat sich etabliert -" In: Die öffentliche Verwaltung, 49. Jg., 1996, H. 5. S. 199 – 205.

HARTKEMEYER, Martina/HARTKEMEYER, Johannes (1997): Dialogische Lernformen für eine neue Kultur. Peter M. Senge fordert mehr Flexibilität in Organisationen. VOP 1-2. S. 17-19.

HATTENHAUER, Hans (1993): Geschichte des deutschen Beamtentums. Köln, Berlin, Bonn, München: Heymann. 2., verm. Aufl.

HAUSMANN, Friedrich (1996): Kosten- und Leistungsrechnung in der modernen Verwaltungsführung. In: Die öffentliche Verwaltung, 49. Jg., H. 17. S. 732 – 737.

HEENE, Robert (1995): Die Kulturdiskussion in Theorie und Praxis. Ausgangspunkt für eine identitätsgerechte Steuerung organisatorischer Lernprozesse. Aachen: Shaker.

HEGELHEIMER, A. (1977): Stichwort "Qualifikationsforschung". In: Bundesinstitut für Berufsbildungsforschung (Hg.): Schlüsselbegriffe zur Berufsbildung. Weinheim-Basel: Beltz. S. 334.

HEHLMANN, Wilhelm (1974): Wörterbuch der Psychologie. Stuttgart: Kröner. 12., ergänzte Auflage.

HELLSTERN, Gerd-Michael/HORNY, Alexandra/JÄGER, Michael (1996a): Erster Jahresbericht. Ergebnisse der 1.Erhebung zur Evaluierung des Modellstudiengangs Verwaltungsbetriebswirtschaftslehre an der FHöV NRW . Kassel (interner Zwischenbericht).

HELLSTERN, Gerd-Michael/HORNY, Alexandra/JÄGER, Michael (1996b): Zur Sicht der Studierenden. Kassel (interner Zwischenbericht).

HELLSTERN, Gerd-Michael/HORNY, Alexandra (1996): Die Sicht der Ausbildungsleitung. Zwischenbericht zu den Ergebnissen des Erfahrungsaustauschs mit der Ausbildungsleitung bei den Einstellungsbehörden. Kassel (interner Zwischenbericht).

HELLSTERN, Gerd-Michael/HORNY, Alexandra/JÄGER, Michael (1997): Zweiter Jahresbericht. Zum Stand der Evaluierung des Modellstudiengangs Verwaltungsbetriebswirtschaftslehre. Kassel (interner Zwischenbericht).

HELLSTERN, Gerd-Michael/JÄGER, Michael (1997): Die Sicht der Dozentinnen und Dozenten. Kassel (interner Zwischenbericht).

HELLSTERN, Gerd-Michael/HORNY, Alexandra (1998): Die Sicht der Kommunalverwaltung. Fallberichte zu den Anforderungen an das Personal im gehobenen Dienst in sechs Einstellungsbehörden. Kassel (interner Zwischenbericht).

HELLSTERN, Gerd-Michael/JÄGER, Michael (1998): Zur Sicht der Absolventinnen und Absolventen. Kassel (interner Zwischenbericht).

HELLSTERN, Gerd-Michael/HORNY, Alexandra (1999): Tabellenband zur Evaluierung des Modellstudiengangs Verwaltungsbetriebswirtschaftslehre an der FHöV NRW. Kassel (unv.).

HELLSTERN, Gerd-Michael/HORNY, Alexandra (2000): Abschlußbericht zur Evaluierung des Modellstudiengangs Verwaltungsbetriebswirtschaftslehre. Kassel (in Vorb.).

HESSE, Joachim Jens (Hg.): Politikwissenschaft und Verwaltungswissenschaft. Opladen: Westdeutscher Verlag 1982.

HILB, Martin (1995): Möglichkeiten und Grenzen von Regierungs- und Verwaltungsleitbildern. Verwaltung und Management, 2. S. 78 - 83.

HILL, Hermann/KLAGES, Helmut (Hg.) (1996): Controlling im Neuen Steuerungsmodell Werkstattberichte zur Einführung von Controlling. Düsseldorf: Raabe.

HILL, Hermann (1997): Eine moderne Verwaltung erfordert ein neues Recht. Änderungen des Haus-halts-, Dienst- und Tarifrechts erforderlich. VOP 1-2. S. 28 - 29.

HILL, Hermann/FREY, Michaela: Motivationsinstrumente für eine Innovation der öffentlichen Verwaltung. Verwaltung und Managemt 7/1995 (S. 7-13).

HILLMANN, Karlheinz (1995): Wörterbuch der Soziologie. Stuttgart: Kröner. 4.Aufl.

HOCHSCHULLEHRERBUND (1995): Hochschulpolitische Forderungen des hlb zur Weiterentwicklung der Fachhochschulen. hlb Die neue Hochschule, Heft 1, Beilage. S. 1 - 4.

HOFFMANN-RIEM, Wolfgang (1997): Tendenzen in der Verwaltungsentwicklung. Die öffentliche Verwaltung, Heft 11, Juni 1997. S. 433-442.

HOLSTEIN, James A./GUBRIUM, Jaber F. (1995): The active interview. Thousand Oaks: Sage.

HOLTKAMP, Rolf/MINKS, Karl-Heinz/SCHAEPER, Hildegard (1998): Fachhochschulabsolventen im Strukturwandel des Beschäftigungssystems. Eine Untersuchung der Absolventenkohorten 1989 und 1993. Bonn: BMBF.

HOLZAMER, Hans-Herbert (Hg.) (1996): Ausbildung! Qualifikation! Arbeit? Die Zukunft von Bildungssystem und Arbeitswelt. München und Landsberg Olzog.

HRON, Aemilian (1982): Interview. In: Huber, G. L./Mandl, H. (Hg.): Verbale Daten. Eine Einführung in die Grundlagen und Methoden der Erhebung und Auswertung. Weinheim und Basel: Beltz. S. 119 - 140.

HUGL, Ulrike (1995): Qualitative Inhaltsanalyse und Mind-Mapping: ein neuer Ansatz für Datenauswertung und Organisationsanalyse. Wiesbaden: Gabler.

INGLEHART, Ronald (1989): Kultureller Umbruch: Wertewandel in der westlichen Welt. Frankfurt a. M.

INTERNATIONAL GROUP OF CONTROLLING (1997): "... (der Controller) formuliert Controller's Leitbild nach IGC International Group of Controlling". In: Controller Magazin, 19. Jg., H. 1. S. 6 – 7.

JANNING, Hermann (1994): Rahmenbedingungen neuer Steuerungsmodelle und dezentraler Organisationsstruktur in der Kommunalverwaltung. In: KLÜMPER, B. (Hg.): "Konzern Stadt" - Dezentralisierung der Ressourcenverwaltung. Bornheim/Bonn u.a.: Deutscher Kommunal-Verlag. S. 55 - 75.

JANNING, Hermann/HELLE, Reinhard (1995): Das Soester Modell. Personal- und Organisationsentwicklung unter besonderer Berücksichtigung dezentraler Ressourcen- und Ergebnisverantwortung. Verwaltungsorganisation, 1.

KAISER, Arnim (1992): Schlüsselqualifikationen in der Arbeitnehmerweiterbildung. Gutachten erstellt im Auftr. der LAG Nordrhein-Westfalen. Neuwied, Kriftel, Berlin: Luchterhand.

KASPER, Helmut (1991): Neuerungen durch selbstorganisierende Prozesse. In: STAEHLE, W./SYDOW, J. (Hg.): Managementforschung I. Berlin: Walter de Gruyter. S. 1 - 74.

KELLE, Udo (1994): Empirisch begründete Theoriebildung. Zur Logik und Methodologie interpretativer Sozialforschung. Weinheim: Deutscher Studienverlag.

KELLE, Udo/PREIN, Gerald/BIRD, Katherine (Hg.) (1995): Computer-Aided Qualitative Data Analysis. Theory, Methods and Practice. London, Thousand Oaks, New Delhi: Sage.

KELLE, Udo/ERZBERGER, Christian (1999): Integration qualitativer und quantitativer Methoden. Methodologische Modelle und ihre Bedeutung für die Forschungspraxis. Kölner Zeitschrift für Soziologie und Sozialpsychologie, Jg. 51, Heft 3. S. 509 - 531.

KERN, Horst/SCHUMANN, Michael (1985): Das Ende der Arbeitsteilung? Rationalisierung in der industriellen Produktion: Bestandsaufnahme, Trendbestimmung. München: Beck.

KEUPP, Heiner (1996): Erzählungen für die Chefetagen Auf der Suche nach dem zukunftsfähigen Persönlichkeitsprofil. Süddeutsche Zeitung Nr. 282 vom 06.12.1996.

KICKERT, Walter J. M. (1999a): Öffentliches Management in hybriden Organisationen. Zur Führung mit Eigenständigkeit versehener ausführender Behörden. Verwaltung und Management 5. Jg., Heft 4. S. 212 - 215.

KICKERT, Walter J. M. (1999b): Öffentliches Management in hybriden Organisationen. Zur Führung mit Eigenständigkeit versehener ausführender Behörden (Teil 2). Verwaltung und Management 5. Jg., Heft 5. S. 304 - 311.

KIESER, Alfred (Hg.) (1993): Organisationstheorien. Stuttgart, Berlin, Köln: Kohlhammer.

KIESER, Alfred (1993): Evolutionstheoretische Ansätze. In: KIESER, Alfred (Hg.): Organisationstheorien. Stuttgart, Berlin, Köln: Kohlhammer. S. 243 - 276

KIESER, Alfred (1996): Moden und Mythen des Organisierens. DBW 56, 1. S. 21 - 39.

KIRSCH, Werner/zu KNYPHAUSEN, Dodo (1991): Unternehmen als "autopoietische" Systeme? In: STAEHLE, W. H./SYDOW, J. (Hg.): Managementforschung 1. Berlin u.a.: Walter de Gruyter.

KLAGES, Helmut (1988): Wertedynamik. Über die Wandelbarkeit des Selbstverständlichen. Zürich: Edition Interfrom; Osnabrück: Fromm.

KLAGES, Helmut (1990): Führung und Arbeitsmotivation in der öffentlichen Verwaltung. Vorläufige Ergebnisse eines Projektes. In: KLAGES, Helmut (Hg.): Öffentliche Verwaltung im Umbruch. Neue Anforderungen an Führung und Arbeitsmotivation; ein Symposium der Bertelsmann Stiftung am 7. und 8. September 1989 in Gütersloh, in Zusammenarbeit mit der Akademie des Dt. Beamtenbundes. S. 7 - 28.

KLAGES, Helmut (1997): Zwischenbilanz der Verwaltungsmodernisierung in Deutschland. Verwaltung und Management, 3. Jg., Heft 3. S. 132 - 139.

KLAGES, Helmut/GENSICKE, Thomas (1996): "Führungsstil der Verwaltung im Wandel". In: VOP 8.

KLAGES, Helmut/HAUBNER, Oliver (1990a): Qualitäts- und Erfolgsmerkmale von Organisationen im öffentlichen Bereich. 1. Teil. VOP 4. S. 247 – 251.

KLAGES, Helmut/HAUBNER, Oliver (1990b): Qualitäts- und Erfolgsmerkmale von Organisationen im öffentlichen Bereich. 2. Teil. VOP 5. S. 316 – 321.

KLEBERT, Karin/SCHRADER, Einhard/STRAUB Walter G. (1987): KurzModeration. Anwendung der ModerationsMethode in Betrieb, Schule und Hochschule, Kirche und Politik, Sozialbereich und Familie bei Besprechungen und Präsentationen. Hamburg: Windmühle. 2. Auflage.

KLEIN, U. (Hg.) (1990): Grundlagen der projekt- und transferorientierten Ausbildung (PETRA). Berlin, München.

KLÜMPER, Bernd (Hg.) (1994): "Konzern Stadt" - Dezentralisierung der Ressourcenverwaltung Materialien und Ergebnisse aus zwei Workshops des Instituts für Verwaltungswissenschaften im Jahre 1993. Vieselbach/Erfurt; Bornheim-Roisdorf: Dt. Kommunalverlag Naujoks und Behrendt.

KLÜMPER, Bernd (1997): Modellstudiengang Verwaltungsbetriebswirtschaftslehre. DVP 6. S. 232 - 234.

KNAIER, Hubertus (1997): "Vom Verwaltungsapparat zum Dienstleistungsbetrieb. Chancen und Möglichkeiten beim Einsatz von Interim-Managern". VOP 1-2. S. 20 - 22.

KNAUF, Jürgen T. (1997): "Benchmarking - das Lernen von den Besten Ergebnisse eines interkommunalen Informations- und Erfahrungsaustauschs". VOP 1-2. S. 27 - 29.

KNEBEL, Heinz/SCHNEIDER, Helmut (1993): Die Stellenbeschreibung. Mit Speziallexikon. Heidelberg: Sauer. 5., neubearb. Aufl.

KOCH, Rainer (1984): Berufliche Sozialisation öffentlicher Bediensteter. Zur Auswirkung eines integrierten Verwaltungsstudiums auf das berufliche Selbstverständnis. München: Minerva-Publikation.

KOCH, Hans-Albrecht/KRUP-EBERT, Agnes (Hg.) (1990): Welt der Information. Wissen und Wissensvermittlung in Geschichte und Gegenwart. Stuttgart: Metzler.

KÖNIG, Klaus (1978): Curriculumsentwicklung zur Fachhochschule für öffentliche Verwaltung. Baden-Baden: Nomos.

KÖNIG, Klaus (Hg.) (1979): Die Ausbildung für den gehobenen Verwaltungsdienst. Vorträge und Berichte eines verwaltungspolitischen Seminars der Hochschule für Verwaltungswissenschaften Speyer, 1978. Baden-Baden: Nomos.

KÖNIG, Klaus (1982): Verwaltungswissenschaftliches Aufbaustudium: Speyer. In: JESSE, J. J. (Hg.): Politikwissenschaft und Verwaltungswissenschaft. Opladen: Westdeutscher Verlag. S. 480 – 494.

KÖNIG, Klaus (1995a): Verwaltungsmodernisierung im internationalen Vergleich. Acht Thesen. Die öffentliche Verwaltung, 50. Jahrgang, Heft 7, April 1997. S. 265 - 277.

KÖNIG, Klaus (1995b): Zur Kritik eines neuen öffentlichen Managements. Speyer: Forschungsinstitut f. öffentliche Verwaltung.

KÖNIG, Klaus (1996): Unternehmerisches oder exekutives Management. In: Verwaltungs-Archiv, 87, Januar 1996. S. 19 – 37.

KÖNIG, Klaus (1997): Verwaltungsmodernisierung im internationalen Vergleich. Acht Thesen. DÖV, Heft 7, S. 265-268.

KOMMUNALE GEMEINSCHAFTSSTELLE (KGSt) (1977): Organisationsuntersuchungen in der Kommunalverwaltung. Anlagen. Köln: KGSt 1977 (5. Auflage).

KOMMUNALE GEMEINSCHAFTSSTELLE (KGSt): Fallstudie Tilburg. KGSt-Bericht Nr. 19/1992.

KOMMUNALE GEMEINSCHAFTSSTELLE (KGSt): Ausbildung und Entwicklung von Personal mit betriebswirtschaftlichem Aufgabenschwerpunkt. Köln: KGSt-Bericht Nr. 10/1993.

KOMMUNALE GEMEINSCHAFTSSTELLE (KGSt): Personalentwicklung Grundlagen für die Konzepterarbeitung. Köln: KGSt-Bericht Nr. 13/1994.

KOMMUNALE GEMEINSCHAFTSSTELLE (KGSt): Personalentwicklung im Neuen Steuerungsmodell. Anforderungen an vorrangige Zielgruppen. Köln: KGSt-Bericht Nr. 16/1996.

KRAUS, W. (1991): Qualitative Evaluationsforschung. In: FLICK /v. KARDOFF /KEUPP /v. ROSENSTIEL (Hg.): Handbuch Qualitative Sozialforschung. München: PVU.

KRAUß, Ina (1996): Kampf dem Beamten-Mikado. DUZ 8. S. 18 - 19.

KREIS SOEST (Hg.) (1996): Richtlinien für das behördliche Vorschlagswesen in der Kreisverwaltung Soest. In: Pippke, Wolfgang (Hg.): Qualitätsmanagement in der Kommunalverwaltung. Soest: Verein zur Förderung der Abteilung Soest der Fachhochschule für öffentliche Verwaltung NRW. S. 35 - 37.

KUCKARTZ, Udo (1988): Computer und verbale Daten. Chancen zur Innovation sozialwissenschaftlicher Forschungstechniken. Frankfurt am Main; Bern; New York; Paris: Lang.

KUCKARTZ, Udo (1992): Textanalysesysteme für die Sozialwissenschaften. Einführung in MAX und TEXTBASE ALPHA. Stuttgart; Jena; New York: G. Fischer.

KUCKARTZ, Udo (1994): Qualitative Datenanalyse mit WINMAX. Benutzerhandbuch zu MAX für Windows Version 1.0. Berlin.

KUCKARTZ, Udo (1995a): Case-oriented quantification. In: KELLE, Udo (Hg.): Computer-Aided Qualitative Data Analysis. Theory, Methods and Practice. London: Sage.

KUCKARTZ, Udo (1995b): WINMAXprofessionell – computerunterstützte Textanalyse. Handbuch zu MAX für Windows, professionelle Version 96. Berlin.

KUHLEN, Rainer: Informationsmarkt (1995). Chancen und Risiken der Kommerzialisierung von Wissen. Konstanz: Universitätsverlag.

KÜHNLEIN, Gertrud/WOHLFAHRT, Norbert (1995): Leitbild lernende Verwaltung? Situationen und Perspektiven der Fortbildung in westdeutschen Kommunalverwaltungen. Berlin: Ed. Sigma.

KÜHNLEIN, Gertrud/WOHLFAHRT, Norbert (1996): Zwischen Mobilität und Modernisierung. Personalentwicklungs- und Qualifizierungsstrategien in der Kommunalverwaltung. Berlin: Ed. Sigma. 2., unveränderte Auflage.

KÜNZLI, Benjamin (1997): Berufs- und wirtschaftspädagogisches Wissen in Unternehmungen. Problemaufriss und systemtheoretischer Beitrag zur Verwendungsanalyse von berufs- und wirtschaftspädagogischem Wissen in ökonomischen Organisationen. Würzburg: Ergon.

KÜPPER, Willi (1997): Moderne Verwaltungskultur. Bausteine einer lernfähigen Verwaltung. Verwaltung und Management, 3. Jg., Heft 2. S. 72 - 75.

LAMBERTZ, Thomas (1991): Bürger, Sprache, Kommunikation. Zur Verbesserung der Kommunikation zwischen Rathaus und Bürgerschaft. Köln: Deutscher Städtetag.

LAMNEK, Siegfried (1995a): Qualitative Sozialforschung. Band 1 Methodologie. Weinheim: Beltz, PsychologieVerlagsUnion, 3., korrigierte Aufl.

LAMNEK, Siegfried (1995b): Qualitiative Sozialforschung. Band 2 Methoden und Techniken. Weinheim: Beltz, Psychologische Verlags Union, 3., korrigierte Aufl.

LANDESAMT FÜR DATENVERARBEITUNG UND STATISTIK (LDS) NORDRHEIN-WESTFALEN (1998): Jahresbericht.

LAUR-ERNST, U. (1990): Schlüsselqualifikationen bei der Neuordnung der gewerblichen und kaufmännischen Berufe. In: REETZ, L./REITMANN, Th. (Hg.): Schlüsselqualifikationen. Hamburg: S. 36 ff.

LAUX, Eberhard: Personalentwicklung und die Beurteilung ihrer Effizienz. In: VOP 5/1990.

LAUX, E. (1994): Die Privatisierung des Öffentlichen: Brauchen wir eine neue Kommunalverwaltung? Visionen und Realitäten neuer Steuerungsmodelle. Der Gemeindehaushalt, 8. S. 97.

LAUX, Eberhard (1996): Randbemerkung. Vom Verwaltungskunden. Die öffentliche Verwaltung, 49. Jg., H. 16. S. 695 - 696.

LEGGEWIE, Claus (1999): The well-informed citizen. http://www.boo.de/Macht1.htm, 15.2.1999.

LEHMKUHL, Kirsten (1994): Das Konzept der Schlüsselqualifikationen in der Berufspädagogik: eine ausreichende Antwort auf die Qualifizierungsanforderungen der flexiblen Massenproduktion? Alsbach/Bergstrasse: Leuchtturm.

LEHNER, Johannes M. (1996): "Cognitive Mapping": Kognitive Karten vom Management. In: SCHREYÖGG, G./CONRAD, P.: Managementforschung 6. Wissensmanagement. Berlin, New York. S. 83- 132.

LENK, K. (1997): Multifunktionale Serviceläden und Televerwaltung. Vorboten einer kooperativen und "virtuellen" Verwaltung. Verwaltung und Management, 3. Jg., Heft 6. S. 330 - 336.

LENZEN, Andreas (1998): Erfolgsfaktor Schlüsselqualifikationen. Mitarbeiter optimal fördern. Heidelberg: Sauer.

LEPPER, Manfred (1982): Die Fachhochschulen für Verwaltung. In: JESSE, J. J. (Hg.): Politikwissenschaft und Verwaltungswissenschaft. Opladen: Westdeutscher Verlag (Politische Vierteljahresschrift, Sonderh. 13). S. 495 – 506.

LEVITT, Barbara/MARCH, James G. (1996): Organizational Learning. In: COHEN, Michael D./SPROULL, Lee S. (Hg.): Organizational learning. Thousand Oaks, London, New Delhi: Sage. S. 516 - 540.

LISOP, E. (1998): Schulentwicklung, Schulmanagement und pädagogische Professionalität. In: SCHELTEN, A./SLOANE, P.F.E./STRAKA, G.A. (Hg.): Perspektiven des Lernens in der Berufsbildung. Forschungsberichte der Frühjahrstagung 1997. Opladen: Leske + Budrich.

LIST, Elisabeth (1988): Phänomenologische Analyse soziologischen Wissens. In: LIST, Elisabeth/SRUBAR, Ilja (Hg.): Alfred Schütz. Neue Beiträge zur Rezeption seines Werkes. Amsterdam: Rodopi. S. 239 - 242.

LIST, Elisabeth/SRUBAR, Ilja (Hg.) (1988): Alfred Schütz. Neue Beiträge zur Rezeption seines Werkes. Amsterdam: Rodopi.

LÖFFLER, Elke (1996): Modernisierung als Lösung der Finanzkrise? Betriebswirtschaftliche Komponenten der Reform intensiver nutzen. In: VOP 9.

LÖFFLER, Elke (1995): The Modernization of the Public Sector in an International Comparative Perspective: Concepts and Methods of Awarding and Assessing Quality in the Public Sector in OECD Countries. Speyer: Forschungsinstitut für öffentliche Verwaltung.

LÖHR, Ulrike (1996): Zur Entwicklung der Fachhochschulen für öffentliche Verwaltung. Verwaltung und Management 3. Jg.. Heft 4, S. 208 - 213.

LÖHR, Ulrike (1996): Anforderungen an die Reform des Dienstrechts aus kommunaler Sicht. Die innovative Verwaltung, 2.

LÖHR, Ulrike/POTTHAST, Ulrich (1996): Personal und Organisation. In: SCHÖNEICH, M. (Hg.): Reformen im Rathaus. Köln. S. 33-97.

LUCKMANN, Thomas/SPRONDEL, Walter (Hg.) (1972): Berufssoziologie. Köln: Kiepenheuer & Witsch.

LUCKMANN, Thomas: Phänomenologie und Soziologie. In: SPRONDEL, W. M./GRATHOFF, R. (Hg.): Alfred Schütz und die Idee des Alltags in den Sozialwissenschaften. Stuttgart: 1979. S. 196 – 206.

LÜDER, Klaus (1996): Triumph des Marktes im öffentlichen Sektor? Einige Anmerkungen zur aktuellen Verwaltungsreformdiskussion. In: Die öffentliche Verwaltung, 49. Jg., Heft 3. S. 93 - 100.

LUHMANN, Niklas (1960): Kann die Verwaltung wirtschaftlich handeln? Verwaltungsarchiv, 51. Bd. S. 97 - 115.

LUHMANN, Niklas (1966): Theorie der Verwaltungswissenschaft. Bestandsaufnahme und Entwurf. Köln, Berlin: Grote.

LUHMANN, Niklas/MAYNTZ, Renate (1973): Personal im öffentlichen Dienst. Eintritt und Karrieren. Baden-Baden: Nomos.

LUHMANN, Niklas (1983): Politische Planung Aufsätze zur Soziologie von Politik und Verwaltung. Opladen: Westdeutscher Verlag. 3. Auflage (1. Auflage 1971).

LUHMANN, Niklas (1984): Soziale Systeme. Grundriss einer allgemeinen Theorie. Frankfurt am Main: Suhrkamp.

LUHMANN, Niklas (1986): Die Lebenswelt - nach Rücksprache mit Phänomenologen. Archiv für Rechts- und Sozialphilosophie, 72. S. 176 - 194.

LUHMANN, Niklas (1994): Die Gesellschaft und ihre Organisationen. In: DERLIEN, Hans-Ulrich/GERHARDT, Uta/SCHARPF, Fritz W. (Hg.): Systemrationalität und Partialinteresse. Festschrift für Renate Mayntz. Baden-Baden: Nomos. S. 189 - 201.

MANNHEIM, Karl (1985): Ideologie und Utopie. Frankfurt a. Main: Klostermann. 7. Aufl.

MARCH, James G./OLSEN, J. P. (1979): Ambiguity and choice in organizations. Bergen: 2. Aufl.

MARTENS, Dirk/THIEL, Friedrich-Karl/ZANNER, Harald (1998): Konzern Stadt. Führung und Steuerung kommunaler Leistungen unter Wettbewerbsbedingungen. Stuttgart: Kohlhammer/Deutscher Gemeindeverlag.

MATEJKO, Alexander J. (1984): Beyond Bureaucracy? Köln: Verlag für Gesellschaftsarchitektur.

MATHES, Rainer (1989): "Quantitative" Analyse "qualitativ" erhobener Daten? Die hermeneutisch-klassifikatorische Inhaltsnanalye von Leitfadengesprächen. ZUMA-Nachrichten 78.

MAYNTZ, Renate (1977): Soziologie der Organisation. Reinbek bei Hamburg: Rowohlt. 3. Aufl.

MAYNTZ, Renate (1985): Soziologie der öffentlichen Verwaltung. Heidelberg, Karlsruhe: UTB (Müller Juristischer Verlag). 3., überarb. Aufl.

MAYRING, Philipp (1996): Einführung in die qualitative Sozialforschung. Eine Anleitung zu qualitativem Denken. Weinheim: Psychologische Verlags Union. 3., überarb. Aufl.

McCRACKEN, Grant (1988): The long interview. Newbury Park u.a.: Sage.

MERTENS, Dieter. (1974): Schlüsselqualifikationen. Thesen zur Schulung für eine moderne Gesellschaft. Mitteilungen aus der Arbeitsmarkt- und Berufsforschung, 7 Jg., H. 1. S. 36 - 43.

MERTENS, Dieter (1982): Möglichkeiten und Grenzen der Berufsprognostik. In: Herder-Dorneich, Philip (Hg.): Arbeitsmarkt und Arbeitsmarktpolitik. Berlin: Duncker & Humblot. S. 143 - 170.

METZ, Matthias (1972): Die Beamtenfachhochschulen als zukunftsweisende Lösung des Ausbildungsproblems. ZBR, Heft 11. S. 321 – 324.

MEUSER, Michael/NAGEL, Ulrike (1991): ExpertInneninterviews - vielfach erprobt, wenig bedacht. Ein Beitrag zur qualitativen Methodendiskussion. In: GARZ, Detlef/ KRAIMER, Klaus (Hg.): Qualitativ-empirische Sozialforschung. Konzepte, Methoden, Analysen. Opladen: Westdeutscher Verlag. S. 441 - 471.

MEYER, John W./ROWAN, Brian (1977): Institutionalized Organizations: Formal Structure as Myth and Ceremony. In: AJS Volume 83 Number 2. S. 340 - 363.

MIDDENDORF, William (1991): Anmerkungen zum Stellenwert von Schlüsselqualifikationen in der beruflichen Bildung. Zeitschrift für Berufs- und Wirtschaftspädagogik, Heft 2. S. 152 - 155.

MILES, Mathew B./HUBERMAN, A. M. (1984): Qualitative Data Analysis. Beverly Hills, Ca.: Sage.

MINTKEN, Karl-Heinz (1986): Curricula für das Studium der allgemeinen Verwaltung an den Fachhochschulen für öffentliche Verwaltung. Oldenburg.

MINTZBERG, Henry (1991): Mintzberg über Management Führung und Organisation. Mythos und Realität. Wiesbaden: Gabler 1991.

MINTZBERG, Henry (1973): The Nature of Managerial Work. New York: Harper and Row.

MODROW-THIEL, Brita (1993): Qualitative Interviews. Vorgehen und Probleme. In: Becker, F./Martin, A. (Hg.): Empirische Personalforschung. Methoden und Beispiele. München, Mering: Hampp. S. 129 - 146.

MÖLLER, Hans-Werner (1995): Verwaltungsreform durch Bildungsreform. Eine kritische Analyse der Curricula für die Beamtenausbildung an den Fachhochschule für öffentliche Verwaltung. Baden-Baden: Nomos.

MÖLLER, Hans-Werner (1996): Die Bildungsreform des öffentlichen Dienstes an den Fachhochschulen für öffentliche Verwaltung. Verwaltungs-Archiv, 87, Januar. S. 115 - 142.

MÖLLER, Hans W. (2000): Das gewandelte Führungsverständnis in der öffentlichen Verwaltung im Rahmen grundlegender Modernisierungsprozesse. Verwaltungsrundschau 4, 2000. S. 110 - 113.

MOORE, Mark H. (1995): Creating Public Value: Strategic Management in Government. Cambridge, MA: Harvard University Press.

MORLOK, Martin/WINDISCH, Rupert (1997): Rechts- und Organisationsprobleme der Verwaltungsmodernisierung. Berlin: Berliner Verlag A. Spitz.

MÜLLER, Andreas: Konzeptbezogenes Verwaltungshandeln. Eine Untersuchung planerischer Handlungsformen der Exekutive im Bereich sich wandelnder Querschnittsaufgaben. Baden-Baden: Nomos 1992.

MÜLLER, Burkhard (1995): Vermittlung von Methodenkompetenz für kaufmännisch-administrative Tätigkeiten. Kognitives Training mit Hilfe heuristischer Regeln. München und Mering: Hampp.

MÜLLER, Harry (1997): Neue Steuerung - ökonomische Professionalisierung des Personals in Kommunalverwaltungen. Entwicklung eines Fortbildungskonzepts. DVP 10. S. 423 - 425.

NEUL, Wolfgang (1977): Strategien der Evaluation von Curricula und der Curriculumsentwicklung. Stuttgart: Klett-Cotta.

NEUMANN, Torsten (1992): Ganzheitliches Qualifikationsmanagement: Kooperation von Versicherungen und Universitäten. Wiesbaden: Gabler.

NIJHOF, Wim J./STREUMER, Jan N. (Hg.) (1998): Key Qualifications in Work and Education. Dordrecht; Boston; London: Kluwer.

OEHLER, Christoph (1979): Zur Entwicklung von Lehrplänen. In: KÖNIG, K. (Hg.): Die Ausbildung für den gehobenen Verwaltungsdienst. Baden-Baden: Nomos. S. 107 – 116.

OELMÜLLER, Willi (1985): Von der Möglichkeit und Unmöglichkeit einer philosophischen Begründung des politischen Handelns unter den Bedingungen der Gegenwart. In: WEIGELT, K. (Hg.): Werte, Leitbilder, Tugenden. Zur Erneuerung politischer Kultur. Mainz. S. 59 - 78.

OZICK, Cynthia (1987): Puttermesser: Die Geschichte ihrer Tätigkeit. Ihre Herkunft. Ihr zukünftiges Leben. In: Ketterle, Margit (Hg.): Frauen in New York. Erzählungen und Gedichte. München: Deutscher Taschenbuchverlag. S. 204 - 222.

PANKOKE, Eckart/NOKIELSKI, Hans (1977): Verwaltungssoziologie. Einführung in Probleme öffentlicher Verwaltung. Stuttgart u.a.: Kohlhammer.

PAPPERMANN, Ernst (1979a): Handbuch der Fachhochschule für öffentliche Verwaltung Nordrhein-Westfalen. Rechts- und Verwaltungsvorschriften, Organisation der Einrichtung, Gremien und Personal. Köln: Dt. Gemeindeverlag. 2. Aufl.

PAPPERMANN, Ernst (1979b): Planung und Gestaltung des Studienablaufs. In: KÖNIG, K. (Hg.): Die Ausbildung für den gehobenen Verwaltungsdienst. Baden-Baden: Nomos. S. 145 – 176.

PAPPERMANN, Ernst/FRECHEN, Stefan/PIPPKE, Wolfgang/ROTERS, Wolfgang (1982): Zur Bewährung der Ausbildung an Fachhochschulen für den öffentlichen Dienst. Regensburg: Verlag Recht, Verwaltung, Wirtschaft GmbH.

PARSONS, Talcott (1979): Elemente einer allgemeinen Theorie formaler Organisationen. In: Nevermann, K./Richter, I. (Hg.): Verfassung und Verwaltung. Eine Auswahl rechts- u. sozialwissenschaftlicher Beiträge. Stuttgart.

PASCARELLA, E./TERENZINI, P. (1990): How college affects students. Findings and insights from twenty years of research. San Francisco: Jossey-Bass.

PIORE, Michael J./SABEL, Charles F.: Das Ende der Massenproduktion. Studie über die Requalifizierung der Arbeit und die Rückkehr der Ökonomie in die Arbeit. Berlin: Wagenbach 1985.

PIPPKE, Wolfgang (1996): Verwaltungsmodernisierung und Auswirkungen auf die Fachhochschulen für öffentliche Verwaltung. In: Die innovative Verwaltung, 2.

POTTHAST, U. (1994): Neuorientierung in der Personalentwicklung. In: Bürgermeister-Handbuch, Teil 6-5.1 Der Faktor Personal, BÜ-O-1994.

PRÖHL, Marga (1994): Zwischen Markt und Muse - Ein Pilotprojekt der Bertelsmann-Stiftung und der Stadt Bielefeld zur effizienten Gestaltung der Strukturen in der Kulturverwaltung. In: FRISCHMUTH, B. (Hg.): Haushaltskonsolidierung. Berlin. S. 193-206.

PÜNDER, Tilman (1995): 20 Jahre Erfahrungen mit Kommunaler Gebietsreform in Münster. In: Verwaltungsorganisation 3 - 4.

QUAMBUSCH, E. (1975): Die juristische Methodenlehre im Curriculum für die Verwaltungsfachhoch-schule. Staats- und Kommunalverwaltung. S. 98 – 102.

QUANDT, A. (1995): Leitbild, Inhalte und Akteure der Reform der Ausbildung an der FHVR Berlin und den anderen FHöD. DÖD, Nr. 12, S. 274-281.

REBEL, Karlheinz (1989) (Hg.): Wissenstransfer in der Weiterbildung. Der Beitrag der Weiterbildung. Weinheim und Basel: Beltz.

REETZ, L. (1993): Personalentwicklung als Persönlichkeitsentwicklung. Das Konzept der Schlüsselqualifikationen in der betrieblichen Aus- und Weiterbildung. Schweizerische Zeitschrift für Kaufmännisches Bildungswesen, 87. Jg. S. 146 ff.

REETZ, L. (1990): Zur Bedeutung von Schlüsselqualifikationen in der Berufsbildung. In: REETZ, L./REITMANN, Th. (Hg.): Schlüsselqualifikationen. Hamburg: S. 17 ff.

REETZ, L. (1989): Zum Konzept der Schlüsselqualifikationen in der Berufsbildung. BWP (Berufsbildung, Wissenschaft und Praxis) 5. S. 3 - 9.

REICHARD, C. (1994): "Public Management" - ein neues Ausbildungskonzept für die deutsche Verwaltung. VOP, 3, S. 178-184.

REICHARD, Christoph (1994): Umdenken im Rathaus. Neue Steuerungsmodelle in der deutschen Kommunalverwaltung. Berlin: Ed. Sigma. 2. Auflage.

REICHARD, Christoph/KÖNIG, Herbert (1982): Zur Effizienz der öffentlichen Verwaltung. In: JESSE, J. J. (Hg.): Politikwissenschaft und Verwaltungswissenschaft. Opladen: Westdeutscher Verlag (Politische Vierteljahresschrift, Sonderh. 13). S. 205 – 221.

REICHERTZ (1991): In: FLICK /v. KARDOFF /KEUPP /v. ROSENSTIEL /WOLFF (Hg.): Handbuch Qualitative Sozialforschung. München: PVU.

REINERMANN, Heinrich (1987): Verwaltungsinnovation und Informationsmanagement. 105 Speyerer Thesen zur Bewältigung der informationstechnischen Herausforderung. Heidelberg: R. v. Decker & C. F. Müller. 2., neubearbeitete Auflage.

REINERMANN, Heinrich (1993): Ein neues Paradigma für die öffentliche Verwaltung? Was Max Weber heute empfehlen dürfte. Speyer: Hochschule für Verwaltungswissenschaften. Speyerer Arbeitshefte 97.

REINERMANN, Heinrich (1994): Die Krise als Chance: Wege innovativer Verwaltungen. Speyer: Forschungsinstitut für öffentliche Verwaltung. Speyerer Forschungsberichte 139.

REINERMANN, Heinrich (1999): Das Internet und die öffentliche Verwaltung. Von der bürokratischen zur interaktiven Verwaltung. Die öffentliche Verwaltung, Januar, Heft 1. S. 20 - 25.

RICHTHOFEN, Dieprand von (1990): Fachhochschulen für öffentliche Verwaltung - Anspruch und Wirklichkeit. Die neue Hochschule, 5, S. 12 - 18.

RIDDER, Hans-Gerd/JANISCH, Rainer/BRUNS, Hans-Jürgen (Hg.) (1993): Arbeitsorganisation und Qualifikation. Zur Praxis der Arbeitsgestaltung in der schlanken Produktion. München und Mering: Hampp.

RÖBER, Manfred (1981): Organisationsstruktur und Planungsorganisation. Konzept und Ergebnisse einer empirischen Untersuchung von Regierungsverwaltungen. Frankfurt a. M., Bern: Lang.

ROMHARDT, Kai (1999): Interventionen in die organisatorische Wissensbasis zwischen Theorie und Praxis. Welchen Beitrag kann die Systemtheorie leisten? http://enterprise.cck.uni-kl.de/wmk/papers/public/WissenUndSystemtheorie/.

ROMMEL, C. (1996): Grundlagen des kommunalen Personalmanagements. In: Bürgermeister-Handbuch, Teil 6-5.2 Personalmanagement, BÜ-7-1996.

ROSENFELD, Paul/EDWARDS, Jack E./THOMAS, Marie D. (Ed.) (1993): Improving organizational surveys new directions, methods, and applications. Newbury Park u.a.: Sage.

ROSENSTIEL, Lutz von (1987): Grundlagen der Organisationspsychologie. Stuttgart: Poeschel. 2. Aufl.

RUCHT, Dieter (1982): Neue soziale Bewegungen oder: Die Grenzen bürokratischer Modernisierung. In: JESSE, J. J. (Hg.): Politikwissenschaft und Verwaltungswissenschaft. Opladen: Westdeutscher Verlag (Politische Vierteljahresschrift, Sonderh. 13). S. 272 – 292.

RUMMLER, Hans-Michael (1991): Die Bedeutung von Schlüsselqualifikationen für die Weiterbildung von Führungskräften. Frankfurt a. M.; Bern; New York; Paris: Lang.

RUSCHMEIER, Lothar (1994): "Zwischen Alimentation und leistungsgerechter Bezahlung - Gedanken zur Reform des öffentlichen Entlohnungssystems". In: STEGER, U. (Hg.): Lean Administration. Frankfurt a. M.: Campus. S. 191-210.

SCHAAD, Peter (2000): Verwaltungsreformen im Gegenwind. Die öffentliche Verwaltung, Januar, Heft 1. S. 22 - 27.

SCHÄFER-PLASSMANN, H./PIPPKE, W. (1997): Analyse von beruflichen Werdegängen von Absolventen der FHöV NRW. Gelsenkirchen: Fachhochschule für öffentliche Verwaltung Nordrhein-Westfalen.

SCHÄFFER, Heinz (1996): Die Repräsentation von Managementwissen. Die Modellierung von Wissen für das Management von Expertensystemprojekten gemäß dem KADS-Ansatz. Frankfurt am Main u.a.: Lang.

SCHEIN, Edgar H. (1996): Culture: The Missing Concept in Organization Studies. In: Administrative Science Quarterly, 41.

SCHELER, Max (1960): Die Wissensformen und die Gesellschaft. Bern, München: Francke.

SCHLACHTER, Jörg (1990): Verwaltungsöffentlichkeit in Industriestaaten aus Europa und Übersee. VOP 5. S. 306 – 311.

SCHLAFFKE, Winfried (1989): Strukturwandel und Schlüsseltechniken. Neue Qualifikationsanforderungen an die Mitarbeiter. In: Arnold, R./Lipsmeier, A. (Hg.): Betriebspädagogik in nationaler und internationaler Perspektive. Baden-Baden: Nomos. S. 43 - 55.

SCHMIEL, Martin (1989): Schlüsselqualifikationen als Lernziele in der betrieblichen Weiterbildung. In: Arnold, R./Lipsmeier, A. (Hg.): Betriebspädagogik in nationaler und internationaler Perspektive. Baden-Baden: Nomos. S. 249 - 261.

SCHOLZ, Christian (1989): Personalmanagement. Informationsorientierte und verhaltenstheoretische Grundlagen. München: Vahlen.

SCHOMBURG, H. (1991): Stabilität und Wandel von beruflichen Orientierungen - Auswertung von Paneldaten in der Kasseler Hochschulabsolventenstudie. In: HERGET, Hermann: Chancen von Panelerhebungen und zeitbezogener Analyse für die Berufsbildungsforschung. Ergebnisse eines Workshops über methodische Fragen zur Analyse von Ausbildung und Integration der nachwachsenden Generation in den Beruf. Berlin und Bonn: Bundesinstitut für Berufsbildung. S. 188ff.

SCHÖNEICH, Michael (Hg.) (1996): Reformen im Rathaus. Die Modernisierung der kommunalen Selbstverwaltung. Köln: Dt. Gemeindeverlag, Kohlhammer.

SCHREYÖGG, Georg (1991): Der Managementprozeß - neu gesehen. In: Staehle, W. H./Sydow, J. (Hg.): Managementforschung 1. Berlin, New York: de Gruyter. S. 255 - 289.

SCHREYÖGG, Georg (1996): Organisation. Grundlagen moderner Organisationsgestaltung; mit Fallstudien. Wiesbaden: Gabler.

SCHREYÖGG, Georg/CONRAD, Peter (1996): Wissensmanagement. Berlin; New York: de Gruyter.

SCHRÖDER, Antonius u.a. (1995): Beschäftigtenbefragung bei der Stadt Gütersloh - Verwaltung - Endbericht für den Bereich 'Verwaltung'. Dortmund: sfs Sozialforschungsstelle Dortmund Landesinstitut.

SCHÜPBACH, Heinz (1993): Analyse und Bewertung von Arbeitstätigkeiten. In: SCHULER, H. (Hg.): Lehrbuch Organisationspsychologie. Bern u.a.: Huber. S. 167-187.

SCHÜTZ, Alfred (1982): Das Problem der Relevanz. Herausgegeben und erläutert von Richard M. Zaner. Mit einer Einleitung von Thomas Luckmann. Frankfurt a. M.: Suhrkamp.

SCHÜTZ, Alfred (1971): Wissenschaftliche Interpretation und Alltagsverständnis menschlichen Handelns. In: Ders.: Gesammelte Aufsätze Bd. 1: Das Problem der sozialen Wirklichkeit. Übers. von Benita Luckmann und Richard Grathoff. Den Haag: M. Nijhoff. S. 1 – 53.

SCHÜTZ, Alfred (1981): Der sinnhafte Aufbau der sozialen Welt. Eine Einleitung in die verstehende Soziologie. Frankfurt a. M.: Suhrkamp. 2. Aufl.

SCHÜTZ, Alfred/LUCKMANN, Thomas (1979): Strukturen der Lebenswelt. Band 1. Frankfurt a. M.: Suhrkamp 1979.

SCHÜTZ, Alfred/LUCKMANN, Thomas (1984): Strukturen der Lebenswelt. Band 2. Frankfurt a. M.: Suhrkamp.

SCHUHMACHER-WOLF, Clemens (1988): Informationstechnik, Innovation und Verwaltung. Soziale Bedingungen der Einführung moderner Informationstechniken. Frankfurt, New York: Campus.

SCHULER, Heinz (Hg.) (1993): Lehrbuch Organisationspsychologie. Bern, Göttingen, Toronto, Seattle: Huber.

SCHWARZ, Horst (1995): Arbeitsplatzbeschreibungen. Freiburg i. Br.: Haufe. 13., aktualisierte Aufl.

SCHWARZE, KAY (1997): Neue Qualifikationen und Personalentwicklung. Eine Tätigkeitsanalyse der Veränderung fachpraktischer Ausbildungsabschnitte. Universität Kassel (unv. Diplomarbeit).

SHARANSKY, Ira (1975): Public Administration. Policy-making in government agencies. Chicago 1975.

SIEPMANN, Heinrich/SIEPMANN, Ursula (1992): Verwaltungsorganisation. Köln: Dt. Gemeindeverlag. 4., überarb. Aufl.

SIMON, Herbert A. (1955): Das Verwaltungshandeln. Eine Untersuchung der Entscheidungsvorgänge in Behörden und privaten Unternehmen, Verwaltung und Wirtschaft. Schriftenreihe der Westfälischen Verwaltungs- und Wirtschaftsakademien, Heft 12: Stuttgart.

SIMON, Herbert A. (1996): Bounded Rationality and Organizational Learning. In: COHEN, Michael D./SPROULL, Lee S. (Hg.): Organizational learning. Thousand Oaks, London, New Delhi: Sage. S. 175 - 187.

SONNTAG, Karlheinz (1992): Ermittlung tätigkeitsbezogener Merkmale: Qualifikationsanforderungen und Voraussetzungen menschlicher Aufgabenbewältigung. In: SONNTAG, Karlheinz (Hg.): Personalentwicklung in Organisationen. Psychologische Grundlagen, Methoden und Strategien. Göttingen: Hogrefe. S. 135 – 155.

SPINNER, Helmut (1994): Die neue Wissensordnung. Opladen: Leske + Budrich.

SPINNER, Helmut (1988): Thesen zur neuen Wissenslage. In: Oelmüller, W. (Hg.): Philosophie und Wissenschaft. Stuttgart: UTB.

SPOHN, Karl (1951): Grundsätzliches zum Vergleich zwischen Doppik und Kameralistik, in: BFuP (Betriebswirtschaftliche Forschung und Praxis), 3. Jg., S. 577.

SPRONDEL, Walter M. (1979): Experte" und "Laie": Zur Entwicklung von Typenbegriffen in der Wissenssoziologie. In: Sprondel, Walter M./Grathoff, Richard (Hg.): Alfred Schütz und die Idee des Alltags in den Sozialwissenschaften. Stuttgart: Enke. S. 140 - 154.

STADT ESSEN - Der Oberstadtdirektor - (Hg.) (1996): Neue Verwaltungssteuerung in Essen. Der Leitfaden. Redaktion und Gestaltung: Team 01-14 (Neue Verwaltungssteuerung).

STAKE, Robert E. (1995): The art of case study research. Thousand Oaks u.a.: Sage.

STEGER, Ulrich (Hg.) (1994): Lean-Administration: die Krise der öffentlichen Verwaltung als Chance. Frankfurt/Main; New York: Campus.

STEHR, Nico (1994): Arbeit, Eigentum, Wissen. Frankfurt a. M.: Campus.

STEHR, Nico (1991): Praktische Erkenntnis. Frankfurt a. M.: Suhrkamp.

STEINDORF, Gerhard (1985): Lernen und Wissen Theorie des Wissens und der Wissensvermittlung. Bad Heilbrunn/Obb.: Klinkhardt.

STEPHAN, Günter (1992): "Controlling bei der Stadt Köln". Controller Magazin, 15. Jg., H. 4. S. 187 – 188.

STRAUSS, Anselm L./CORBIN, Juliet (1990): Basics of Qualitative Research. Newbury Park, CA: Sage.

STRAUSS, Anselm L. (1991): Grundlagen qualitativer Sozialforschung. Datenanalyse und Theoriebildung in der empirischen Sozialforschung. München: Wilhelm Fink.

STREICH Michael (1995): "Produkte - Ausgangspunkt einer neuen Steuerung und Bewertung der Leistungen der öffentlichen Verwaltung". Die innovative Verwaltung 3.

SÜDDEUTSCHE ZEITUNG (1996): Die Kluft zwischen Wissen und Handeln. München: Süddeutscher Verlag.

SÜDDEUTSCHE ZEITUNG, 2./3.5.1998, Serie "Achtung Leistung", Teil 10: Erst qualifizieren, dann befördern. Bayerns öffentliche Verwaltung entwickelt in einer Offensive eigene Gesetze der Personalentwicklung.

TACKE, Veronika (1997): Rationalitätsverlust im Organisationswandel. Von den Waschküchen der Farbenfabriken zur informatisierten Chemieindustrie. Frankfurt/Main; New York: Campus.

TEICHLER, Ulrich (1995): Qualifikationsforschung. In: ARNOLD, R./LIPSMEIER, A.: Handbuch der Berufsbildung. Opladen: Westdeutscher Verlag. S. 501-508.

TEICHLER, Ulrich/BUTTGEREIT, Michael (1992) (Hg.): Hochschulabsolventen im Beruf. Ergebnisse der dritten Befragung bei Absolventen der Kasseler Verlaufsstudie. Bad Honnef: Bock.

TEICHLER, Ulrich/WINKLER, H./Freidank, G. (1979) (Hg.): Praxisorientierung des Studiums. Frankfurt/Main, New York: Campus.

TESHIMA, T. (1979): Neubildung des Verwaltungsbegriffs. Die Verwaltung (12). S. 273ff.

TETTINGER, Peter J. (1996): "Die rechtliche Ausgestaltung von Public Private Partnership". In: Die öffentliche Verwaltung, 49. Jg., H. 18. S. 764 – 770.

TEUBNER, Werner (1994): Zwanzig Jahre FHVR Berlin. hlb Die neue Hochschule, 5, S. 28.

THUY, Peter (1994): Strukturwandel, Qualifikation und Beschäftigung. Eine ökonomische Analyse unter besonderer Berücksichtigung des tertiären Sektors. Bern, Stuttgart, Wien: Haupt.

TIGGELERS, Karl-Heinz (1988): Die Relevanz der Qualifikationen Kreativität und Flexibilität für Bildungsprozesse im technischen Wandel. Berlin: Dissertation.

TIMMERMANN, Manfred (1982): Der eigenständige Studiengang: Das Konstanzer Verwaltungsstudium. In: JESSE, J. J. (Hg.): Politikwissenschaft und Verwaltungswissenschaft. Opladen: Westdeutscher Verlag (Politische Vierteljahresschrift, Sonderh. 13). S. 465 – 479.

TÖPFER, Armin/POERSCH, Michael (1989): Aufgabenfelder des betrieblichen Personalwesens für die 90er Jahre. Bedeutung und Inhalte in der Unternehmenspraxis. Neuwied, Frankfurt a. M.: Kommentator.

TÜRK, Klaus (1976): Grundlagen einer Pathologie der Organisation. Stuttgart.

UNKRIG, Erich E. (1996): Qualifikationsprofile als Instrument der strategischen Personalarbeit Ziele, Aufbau, Einführung. Personalmanagement, Okt.

UNLAND, Holger (1995): Hinter den Reformvorschlägen verbirgt sich nur ein Kürzungskonzept Thesen der Gewerkschaft ÖTV zur Modernisierung des öffentlichen Dienstes. Frankfurter Rundschau Nr. 115 vom 18.05.1995.

WALD, A. (1996): Personalmanagement für die kommunale Praxis - Grundlagen, Methoden, Ziele. Berlin: Erich Schmidt.

WEBER, Max (1972): Wirtschaft und Gesellschaft. Grundriss der verstehenden Soziologie. Tübingen: Mohr. Fünfte, revidierte Auflage, besorgt von J. Winckelmann.

WEGENER, Gerhard (1998): Umbau der Verwaltung - Chancen und Risiken einer Ökonomisierung der Kommunalverwaltungen. Verwaltungsrundschau 44. Jahrgang, Heft 3, März. S. 73 - 83.

WEICK, Karl E. (1979a): The Social Psychology of Organizing. Reading. 2. Aufl.

WEICK, Karl E. (1979b): Cognitive Processes in organizations. In: STAW, B.M. (Hg.): Research in Organizat onal Behavior, Vol. 1, Greenwich/London. S. 41 – 74.

WEICK, Karl E. (1985): Der Prozeß des Organisierens. Frankfurt am Main.

WEIGELT, Klaus (Hg.) (1985): Werte, Leitbilder, Tugenden. Zur Erneuerung der politischen Kultur. Mainz: v. Hase & Koehler.

WEINBRENNER, Peter (1990): Allgemeinbildende Inhalte in der beruflichen Bildung – Problemlösungskompetenz als übergreifende Schlüsselqualifikation der beruflichen Bildung. Bielefeld: Univ. - Fakultät für Wirtschaftswissenschaften.

WEINERT, Franz E. (1994): Wie erwirbt man Schlüsselqualifikationen? Überarbeitetes Thesenpapier, vorgelegt auf der Gesprächsrunde der Kultus- und Wissenschaftsminister (Loccum III) am 27. Oktober 1994 in Tutzing.

WEINERT, Franz E. (1998): Vermittlung von Schlüsselqualifikationen. In: Matalik, S./ Schade, D. (Hg.): Entwicklungen in Aus- und Weiterbildung. Anforderungen, Ziele und Konzepte. Baden-Baden: Nomos. S. 23 - 43.

WEINGART, Peter (1976): Wissensproduktion und soziale Struktur. Frankfurt am Main: Suhrkamp.

WIEDEMANN, Ludwig (1991): Organisation, Führung und Verwaltungstechnik. Einführung (Rechtsstand 1.9.1991). München: Bayerische Verwaltungsschule.

WIEMANN, Norbert (1995): Zur Reorganisation städtischer Planungsämter. Eine empirische Fallstudie an Hand der Stadtplanungsämter in Duisburg, Düsseldorf und Essen. Aachen: Shaker.

WILLE, Rudolf/ZICKWOLFF, Monika (Hg.) (1994): Begriffliche Wissensverarbeitung. Grundlagen und Aufgaben. Mannheim u.a.: BI-Wiss.-Verlag.

WILLKE, Helmut (1994): Staat und Gesellschaft. In: DAMMANN, Klaus (Hg.): Die Verwaltung des politischen Systems. Neuere systemtheoretische Zugriffe auf ein altes Thema. Opladen: Westdt. Verlag. S. 13 - 28.

WILLKE, Helmut (1996): Dimensionen des Wissensmanagements – Zum Zusammenhang von gesellschaftlicher und organisationaler Wissensbasierung. SCHREYÖGG, Georg/ CONRAD, Peter: Wissensmanagement. Berlin; New York: de Gruyter.

WILSDORF, Dieter (1991): Schlüsselqualifikationen. Die Entwicklung selbständigen Lernens und Handelns in der Berufsausbildung. München: Lexika.

WINGENS, Matthias/WEYMANN, Ansgar (1988): Die Verwendung soziologischen Wissens in der bildungspolitischen Diskussion. Bremen: Universität.

WINKLER, Helmut (1984): Praxisorientiertes Technikstudium in den USA. Alsbach/Bergstraße: Leuchtturm-Verlag.

WISSENSCHAFTSRAT (1978): Empfehlungen zur Differenzierung des Studienangebots. Köln.

WISSENSCHAFTSRAT (1996): Empfehlungen zur weiteren Entwicklung der verwaltungsinternen Fachhochschulen. Stellungnahmen zu den verwaltungsinternen Fachhochschulen Schleswig-Holsteins, Niedersachsens, Nordrhein-Westfalens und zum Fachbereich Arbeitsverwaltung der Fachhochschule des Bundes für öffentliche Verwaltung. Drs. 2542/96, Cottbus 10.5.1996.

WITTKÄMPER, Gerhard (Hg.) (1982): Bürokratisierung und Entbürokratisierung. Entwicklung eines Rasters zur Überprüfung von Organisationen im Hinblick auf Bürokratisierungsprozesse. Regensburg: Verlag Recht, Verwaltung, Wirtschaft GmbH.

WITTMANN, Eveline/BUER, Jürgen van (Hg.) (1998): Schlüsselqualifikationen zwischen bildungspolitischem Anspruch, wissenschaftlicher Grundlegung und wissenschaftsadäquater

Umsetzung. Beiträge zum Forum "Schlüsselqualifikationen" auf dem 3. Forum Berufsbildungsforschung 1997 an der Friedrich-Alexander-Universität Erlangen-Nürnberg: "Berufliches Lernen im Wandel - Konsequenzen für die Lernorte?". Berlin: Institut für Wirtschafts- und Erwachsenenpädagogik.

WITTWER, Wolfgang (1989): Schlüsselqualifikation. Schlüssel zur beruflichen Zukunft? Lernfeld Betrieb 3, S. 28 – 29.

WOLTERS, G. Jan (1996): Wider das süße Rechthaben der Bedenkenträger. Ein Gespräch mit G. Jan Wolters über seine radikale Verwaltungsreform im holländischen Tilburg. Süddeutsche Zeitung Nr. 142 vom 22.07.1996.

WOMACK, James P./JONES, Daniel T./ROOS, Daniel (1994): Die zweite Revolution in der Autoindustrie. Konsequenzen aus der weltweiten Studie des Massachusetts Institute of Technology. Frankfurt a. M., New York: 8. Aufl.

YIN, R. K. (1984): Case Study Research. Design and Methods. Beverly Hills: Sage.

YIN, Robert K. (1993): Applications of Case Study Research.Thousand Oaks: Sage.

ZABECK, Jürgen (1989): "Schlüsselqualifikationen" - Zur Kritik einer didaktischen Zielformel. Wirtschaft und Erziehung 3. S. 77 – 86.

ZABECK, Jürgen (1991): Schlüsselqualifikationen. Ein Schlüssel für eine antizipative Berufsbildung. In: Achtenhagen, F. (Hg.): Duales System zwischen Tradition und Innovation. Köln. S. 47 ff.

ZACHARIAS, Diana (2000): Die Entwicklung der kommunalen Aufgaben seit 1975. Die öffentliche Verwaltung, Januar, Heft 2. S. 56 - 63.

# 9 Anhang

## Inhalt:



## Tabellen:

## 9.1 Instrumente

### *9.1.1 Moderationsleitfaden für Gruppengespräche mit der Ausbildungsleitung*

---

## Leitfaden für Gruppendiskussionen mit der Ausbildungsleitung

**0. Aufwärmphase**

Begrüßung der Anwesenden, Vorstellung der Diskussionsleitung/ Projektgruppe.

Erläuterung des Projekts und des heutigen Untersuchungsteils

Verteilen von Schreibgerät (dicke Filzstifte), Herstellen von Namensschildern, Verbindung der Vorstellung der Anwesenden mit der Einstiegsfrage I.1.

## I. Erster Diskussionsteil: Zum Studiengang

### 1. Unmittelbare Erfahrungen mit dem Studiengang

- Wie sehen Ihre bzw. die Erfahrungen ihrer Gemeinde mit dem Studiengang aus?
- Sollten Sie noch nicht über konkrete Erfahrungen verfügen, mit welchen Vorstellungen haben Sie Studierende in die VBWL entsandt?

### 2. Wissenstransfer / Performanz von Aufstiegsbeamtinnen und -beamten

- Wie gut läßt sich das in der fachwissenschaftlichen Ausbildung vermittelte Wissen in der Verwaltungspraxis anwenden?

*Ergebnis der Vorbereitungsbögen[1]: Die Anwendbarkeit des Spezialwissens wird relativ einheitlich eingeschätzt. Wie aber kommt es zur heterogenen Einschätzung des Spezialwissens? Hängt dies zusammen mit spezifischen Anforderungen aus der bisher absolvierten fachpraktischen Ausbildungsabschnitte?*

- Wie steht es mit dem Abschneiden von Aufstiegsbeamtinnen und -beamten aus? Besitzen Aufsteiger Vorteile oder Nachteile bezogen auf den Studiengang VBWL?

---

1 Um auf die Gruppengespräche einzustimmen, wurde zusammen mit dem Einladungsschreiben ein Vorbereitungsbogen mit den Themenschwerpunkten "Einschätzung des Modellstudiengangs Verwaltungsbetriebswirtschaftslehre", "Auswahl der Studierenden", " Einschätzung der Vor- und Nachteile des Modellstudiengangs" versandt. Dieser sollte zum einen auf die zentrale Thematik einstimmen, zur Auseinandersetzung mit dem Diskussionsfokus anregen und informieren. Zum anderen sollten sie allen eingeladenen Teilnehmern, die nicht an der Diskussion teilnehmen konnten, Gelegenheit verschaffen, sich zum Studiengang zu äußern.

## 3. Beurteilung des Curriculums VBWL

*In Zusammenhang mit dem Wissenstransfer vom fachtheoretischen in den fachpraktischen Ausbildungsabschnitt ist es von großem Interesse, wie die konkreten Inhalte des Curriculums Verwaltungsbetriebswirtschaftslehre beurteilt werden. Dazu haben wir eine Liste mit allen Fächern des Curriculums vorbereitet.*

- Bitte tragen Sie ein, für wie wichtig Sie die Fächer im Hinblick auf die Anforderungen der Verwaltungspraxis halten.

*Austeilen der Listen, Hinweise zur Bearbeitung. Ein bis zwei Prioritätenlisten durchdiskutieren lassen, Kommentare, deutliche Abweichungen anderer Teilnehmender davon nennen lassen.*

- Bitte nennen Sie die aus Ihrer Sicht für die Anforderungen der Verwaltungspraxis wichtigsten Fächer.

*Pause*

# II. Studiengang und Personalentwicklung

## 1. Personalentwicklung in der Gemeinde

- Findet in Ihrer Gemeinde ganz allgemein eine gerichtete Personalentwicklung statt?
- Steht die PE unter einem besonderen Leitbild, welche Zielvorgaben wurden entwickelt.
- Sollte keine gerichtete PE erfolgen, wie wird Personalwirtschaft betrieben?
- Wird in diesem Zusammenhang der Stellenplan und / oder das Beurteilungswesen geändert?

## 2. Auswahl der Studierenden vor dem Hintergrund der Personalentwicklung

- Ist die hohe Ablehnungsquote auf den Modellstudiengang beschränkt oder gelten derartige Zahlen für beide Studiengänge?
- Welche Kriterien sind bei der Auswahl von Studierenden für ein Studium an der FHöV ausschlaggebend?

## 3. Zur Durchführung der fachpraktischen Ausbildung

3.1 Einsatzbereiche

*Ergebnis der Vorbereitungsbögen: Haupteinsatzbereiche der Studierenden*

*- Organisation, Personal*

*- Finanzwesen*

*- Verwaltung für öffentliche Einrichtungen, Regiebetriebe, öffentliche Unternehmungen*

*Außerdem: Öffentlichkeitsarbeit, Ordnungsrechtl. Angelegenheiten, Soziales/Gesundheit, Verkehr; Zentrales Controlling, zentrale Steuerung; Projekte zu NSM*

- Inwieweit decken sich die Einsatzbereiche in der fachpraktischen Ausbildung mit den späteren Einsatzbereichen bzw. Tätigkeitsfeldern der Studierenden?

3.2 Schulung der Ausbilderinnen und Ausbilder

- Erfolgt eine gezielte Schulung der Ausbilderinnen und Ausbilder vor Ort?
- Ist es schwierig, entsprechend qualifiziertes Personal zu finden?

## 4. Neue Qualifikationsanforderungen zur Durchführung von Strukturreformen in Kommunalverwaltungen

- Hängt die Nachfrage nach betriebswirtschaftlichen Spezialisten zusammen mit der Einführung des Neuen Steuerungsmodells?
- Welche Erfahrungen konnten Sie im Zusammenhang mit neuer Steuerung sammeln?

*Die neuen Anforderungen in der Verwaltungspraxis verlangen nach "neuen" Fähigkeiten der Mitarbeiterinnen und Mitarbeiter. Wir haben für Sie eine Reihe von Schlüsselqualifikationen vorbereitet und bitten Sie, diese im Kontext der Einsatzbereiche der Studierenden zu diskutieren.*

- Bitte nennen Sie die aus Ihrer Sicht wichtigsten Schlüsselqualifikationen

*Ein bis zwei Prioritätenlisten durchdiskutieren lassen, Kommentare, deutliche Abweichungen davon nennen lassen*

## 5. Veränderungswünsche

*Zum Abschluß möchte ich mit Ihnen explizit konkrete Veränderungswünsche diskutieren. Dazu vorbereitet haben wir ebenfalls wieder eine Liste mit Vorschlägen, wie sie in der generell in der Diskussion um Reformen von Studiengängen diskutiert werden. Wir bitten Sie, diese je nach Wichtigkeit, die Sie Ihnen beimessen, mit Ziffern von 1 bis 5 zu versehen, und würden im Anschluß daran die Veränderungswünsche gern diskutieren.*

- Bitte nennen Sie die aus Ihrer Sicht wichtigsten Veränderungsvorschläge.
- Welche Veränderungswünsche sind weniger wichtig in bezug auf den Modellstudiengang?

## 6. Schlußrunde

- Offene Fragen
- Perspektive
- Kritik

Zur Unterstützung wurden Antwortkarten zu den Diskussionspunkten Curriculum/ Liste der Lehrveranstaltungen, außerfachliche und Schlüsselqualifikationen und Reformvorschläge verteilt.

---

### *9.1.2 Intensivinterviews im Rahmen der Fallstudien*

Als Beispiel für die Leitfäden, die in Intensivinterviews mit Vertreterinnen und Vertretern der Verwaltungspraxis eingesetzt wurden, wird im Rahmen der vorliegenden Arbeit der Fragebogen für Gespräche mit der "administrativen Leitungsebene" (Amts- und Bereichsleiter) vorgestellt.

Lehrstuhl für Verwaltungsökonomie
und -management
Fachbereich Wirtschaftswissenschaften
Professor Dr. G.-M. Hellstern

Wissenschaftliches Zentrum
für Berufs- und Hochschulforschung
Universität Gesamthochschule Kassel

# Interviewleitfaden

## Gespräche mit der administrativen Leitungsebene

### Erläuterungen zu Ablauf und Vorgehensweise

In diesem Gespräch geht es darum, die Einsatzbereiche und Qualifikationsanforderungen von Personal im gehobenen Dienst, d.h. i.d.R. Absolventinnen und Absolventen der Fachhochschule für öffentliche Verwaltung, zu bestimmen. Ziel ist es, möglichst präzise Anforderungsprofile zu erstellen und (tatsächliche oder potentielle) Aufgabenfelder zu beschreiben. Da die Fachhochschule für öffentliche Verwaltung NRW ihre Ausbildung für den gehobenen Dienst diversifiziert hat (neben dem grundständigen Studiengang 'Kommunaler Verwaltungsdienst' wurde 1993 der Modellstudiengang 'Verwaltungsbetriebswirtschaftslehre' gestartet), sollen dadurch Nutzeneinschätzungen für die Studiengänge unterstützt werden.

Entscheidend für diesen Teil der Untersuchung sind Ihre Sichtweisen und Einschätzungen. Um die Anforderungen an Ihre Mitarbeiterinnen und Mitarbeiter im gehobenen Dienst in einem größeren Zusammenhang interpretieren zu können, beginnt dieses Interview mit einigen Fragen zu Struktur und Aufbau Ihres Amtes / Ihrer Dienststelle. Auf dieser Grundlage sollen Fragen der Personalplanung und -auswahl, der konkreten Aufgaben und Tätigkeiten der Beschäftigten und der sich daraus ergebenden Qualifikationsanforderungen erarbeitet werden. Die Fragestellungen werden dabei soweit nötig durch Antwortkarten unterstützt. Den Abschluß bilden Ihre Einschätzungen zum Außenbild der FHöV und ein Ausblick auf die zukünftige Entwicklung der Verwaltung.

| |
|---|
| Amt / Dienststelle |
| Gesprächspartner |
| Datum und Uhrzeit |

Zum Aufbau des Fragebogens:

**Die Leitfragen sind durch Fettdruck hervorgehoben**

- Vertiefungsfragen und Erläuterungen sind durch ein Aufzählungszeichen (Punkt) gekennzeichnet.

*Allgemeine Erläuterungen sind in der Vorspalte angegeben.*

# I. Aktuelle Veränderungen in Struktur und Aufgaben in Amt/Einrichtung

*Zunächst einige Fragen zu Struktur und Aufbau des Amtes.*

| | |
|---|---|
| In der Vorspalte finden sich Hinweise zu<br>- Frageform<br>**- Dimension**<br>*- Erläuterungen, Stichworte zur Diskussion* | **1. Umorganisationen und Umstrukturierungen in größeren Betrieben und Verwaltungen gehören zur Tagesordnung. Hat sich in Ihrem Amt durch Umorganisation, z.B. durch Einführung neuer Technologien, neuer Organisationsmodelle oder sonstiges in den letzten Jahren etwas geändert?** |
| Zunächst offene Frage<br><br>*Stichworte zur inhaltlichen Diskussion: Dezentralisierung, Veränderungen der Leistungsspanne und Aufgabenkomplexität (Routine, Sonderaufgaben), des Stellenkegels, gewandelte fachliche Spezialisierungen* | |
| | Wenn ja, ...<br><br>***(Hinweis: die folgenden Vertiefungsfragen ergeben sich i.d.R. bereits aus der Antwort auf die Leitfrage. Sie brauchen dann nicht mehr gesondert abgefragt zu werden.)*** |
| **Umstrukturierungsmaßnahmen** | • ***Was hat sich konkret geändert? Um welche Umstrukturierungen handelt es sich?*** |
| **relatives Ausmaß der Umstrukturierungsmaßnahmen** | • ***Wie stark schätzen Sie die Auswirkungen der Umorganisationen auf Ihren Verantwortungsbereich im Vergleich zu anderen Bereichen der Verwaltung ein? Liegen diese insgesamt eher unter dem Durchschnitt oder darüber?*** |
| **Beginn/Dauer der Umstrukturierungsmaßnahmen im Verhältnis zur übrigen Verwaltung** | • ***Wie verhält es sich mit dem Beginn der Umorganisationen, datieren Sie diesen früher oder später als in der übrigen Verwaltung?*** |

| | |
|---|---|
| **Externe Unterstützung** | • ***Werden oder wurden Sie bei Umstrukturierungsmaßnahmen von externen Beraterinnen und Beratern unterstützt? Falls ja, von wem werden / wurden Sie unterstützt?*** |
| **Theoretisches Konzept**<br>*Beispiele: Neues Steuerungsmodell, schlanke Verwaltung etc.* | • ***Liegt den Umstrukturierungsmaßnahmen in Ihrem Verantwortungsbereich ein bestimmtes Konzept zugrunde?*** |
| **Theorie-Praxis-Transfer**<br>*Stichworte: positive Erfahrungen, Schwierigkeiten / Hindernisse (Recht, Personal, Politik etc.)* | • ***Welche Erfahrungen haben Sie bei der Umsetzung dieser Konzepte in Ihrem Bereich gemacht?*** |
| **Partizipationsmöglichkeiten der MA**<br>*Beispiele, Stichworte: z.B. Projektgruppen, Zielvereinbarungen, Mitarbeiterbefragung* | • ***Inwieweit und in welcher Form werden die Mitarbeiterinnen und Mitarbeiter in die Entscheidungsprozesse bei organisatorischen Maßnahmen miteinbezogen*** |

| | |
|---|---|
| | **2. Bitte beschreiben Sie nun unter Zuhilfenahme der Tabelle auf Antwortkarte 1 die Personalstruktur Ihres Amtes und die Einsatzschwerpunkte und Aufgaben Ihrer Mitarbeiterinnen und Mitarbeiter.** |
| *Die Beschreibung kann auch durch Stellenplan und Aufgabenverteilungs-pläne anschließend ergänzt werden. Zunächst sollen v.a. die formalen / quantitativen Aspekte erfaßt werden.* | |
| | *Die Bearbeitung der Antwortkarte 'Tabelle zur Beschreibung des Personalbestands' leitet über zum nächsten Themenschwerpunkt:* |

## II. Personalplanung und -auswahl

| | |
|---|---|
| | **1. Wie hat sich der Personalbestand in Ihrem Verantwortungsbereich in den letzten drei Jahren entwickelt?** |
| Zunächst offene Frage<br>**Personalbestand** | |
| **Personalbestand: Veränderungen in der Vergangenheit** | • ***Wenn sich die Zusammensetzung des Personalbestandes verändert hat, wie sehen diese Bewegungen (Zahl, Struktur, Aufgaben) aus? Bitte ergänzen Sie die Tabelle auf Antwortkarte 1.*** |
| **Personalbestand: zukünftige Veränderungen** | • ***Wie wird sich die Zusammensetzung nach Ihren Vorstellungen / derzeitigem Kenntnisstand in den nächsten drei Jahren verändern? Bitte tragen Sie auch dies in die Tabelle ein.*** |

| | |
|---|---|
| | **2. Wie sehen Sie die Übernahmebedingungen für AbsolventInnen der FHöV?** |
| zunächst offene Frage<br>**Personalpolitik: Übernahmebedingungen FHöV-Absolventen** | |
| **Personalpolitik, evt. Stellenabbau: Übernahmerestriktionen** | • ***In welcher Art von Beschäftigungsverhältnis erfolgt derzeit die Übernahme (Beamtenverhältnis, Anwartszeit, Angestelltenverhältnis, Vollzeit-, Teilzeit)?*** |
| | • ***Beeinflußt die fachliche Ausrichtung (KV / VBWL) die Übernahmechancen?*** |

| | |
|---|---|
| | **3. Wie schätzen Sie Ihren Einfluß auf die Gestaltung der Personalpolitik ein?** |
| Zunächst offene Frage<br>**Handlungskompetenz (subjektiv wahrgenommene)** | |
| | • ***Wenn es zu Abweichungen zwischen Planung und Entwicklung kam, welche Ursachen waren dafür verantwortlich? Welche Hindernisse sehen Sie für die Gestaltung Ihrer Personalpolitik (z.B. rechtliche Vorschriften, organisatorische Hemmnisse)?*** |

| | |
|---|---|
| | **4. Nach welchen Kriterien wählen Sie Ihre Mitarbeiterinnen und Mitarbeiter aus? (Schwerpunkt: g.D.)** |
| Zunächst offene Frage<br>**Personalauswahl (Ausschlußkriterien, Ablauf)**<br>**Rekrutierung von innovativem Personal**<br><br>*Stichworte:*<br>*Fachwissen, Fachkenntnisse*<br>*Berufserfahrung, Verwaltungserfahrung*<br>*Bewerber war im fachpraktischen Ausbildungsabschnitt im Amt*<br>*Noten*<br>*Empfehlungen Dritter (von wem?)*<br>*Persönlichkeit*<br>*Vorstellungsgespräch*<br>*Einstellungstest*<br>*Alter*<br>*Geschlecht*<br>*Sonstiges ....* | |

*Nachdem die Rahmenbedingungen der Aufgaben und Tätigkeiten Ihrer Mitarbeiterinnen und Mitarbeiter im Amt geklärt wurden, folgt nun die Vertiefung des Themenschwerpunkts zu ,Aufgaben und Tätigkeiten.*

## III. Aufgaben und Tätigkeiten

| | |
|---|---|
| | **1. Bitte beschreiben Sie (unter Zuhilfenahme der Tabelle) die Aufgabenbereiche und Tätigkeiten der AbsolventInnen der FHöV (von Personal im gehobenen Dienst) näher.** |
| **Einsatzbereiche** **Tätigkeitsschwerpunkte** *Versuchen Sie bitte die Tätigkeiten (i.S. einer Stellenbeschreibung) zu beschreiben. Sollte dies im Rahmen des Gesprächs nicht zu leisten sein, Bitte um Übermittlung entsprechender Stellenbeschreibungen /* ***Stellenausschreibungen*** *der Mitarbeiterinnen und Mitarbeiter* | |
| **Kompetenzen** *Stichworte: Routine; Aufgaben sind entscheidend - ausführend, selbständiges Handeln, Einzelfallbearbeitung vs. Arbeit an übergreifenden Konzepten, Weisungsbefugnis, Verbindlichkeit* | • ***Auf welchen Positionen werden neue AbsolventInnen der FHöV eingesetzt? Welcher Entscheidungsspielraum bietet sich für AbsolventInnen der FHöV, welche Befugnisse besitzen sie?*** |
| **Innovation** | • ***Handelt es sich dabei um neu geschaffene Tätigkeitsbereiche bzw. neu zu schaffende Stellen?*** |

# IV. Qualifikationsanforderungen

| | **1. Lassen sich - kurz und frei formuliert - grundsätzliche Aussagen über das erwünschte Qualifikationsprofil Ihrer Mitarbeiterinnen und Mitarbeiter treffen?** |
|---|---|
| zunächst offene Frage<br>**Wunschprofil allgemein** | |
| *Evt. Unterpunkte zur inhaltlichen Diskussion:* | *- Auf welche Fähigkeiten, Kenntnisse, (beruflichen Vor-) Erfahrungen legen Sie besonderen Wert?*<br>*- Haben sich Ihre Vorstellungen in den letzten Jahren geändert? Aus welchen Gründen?*<br>*- Können Sie Ihre Vorstellungen für bestimmte Stellen konkretisieren?*<br>*- Suchen Sie eher MitarbeiterInnen mit Spezialkenntnissen oder sollten die MitarbeiterInnen eher ein möglichst breites Basiswissen besitzen?* |

| | **2. Welche Fachkenntnisse erwarten Sie von Ihren Mitarbeiterinnen und Mitarbeitern?** |
|---|---|
| Zunächst offene Frage<br>**Wunschprofil fachlich** | |
| Aushändigen der Antwortkarte 'Wichtigkeit von Fachkenntnissen';<br>Festlegen der Stellen / Personalgruppen, auf die sich die Einschätzungen beziehen | • ***Für wie wichtig halten Sie folgende Lehrthemen im Hinblick auf die Einsatzbereiche und Tätigkeiten von Personal im gehobenen Dienst in Ihrem Verantwortungsbereich?*** |

| | |
|---|---|
| | **3. Welche Fähigkeiten wünschen Sie sich über die Fachkenntnisse hinaus von Ihren Mitarbeiterinnen und Mitarbeitern?** |
| zunächst offene Frage<br>**Wunschprofil außerfachlich**<br>*Vorlage von Antwortkarte 'Außerfachliche Qualifikationen'*<br>*Festlegen der Stellen / Personalgruppen, auf die sich die Einschätzungen beziehen* | |
| **Ort der Vermittlung** | • ***Welche dieser Qualifikationen sind eher im Rahmen einer (Fachhochschul-) Ausbildung, welche eher in der Fachpraxis vermittelbar? Welche liegen in der Persönlichkeit des einzelnen begründet?*** |

## V. Außenbild des Studiengangs / der FHöV-Ausbildung

| | |
|---|---|
| | **1. Wie schätzen Sie die tatsächlichen berufspraktischen Fähigkeiten von Absolventinnen und Absolventen der FHöV ein?** |
| Offene Frage<br><br>*Wenn möglich, Differenzierung nach Ausbildungsschwerpunkt* | |

| | |
|---|---|
| | **2. Können Sie Einarbeitung von Absolventinnen der FHöV kurz skizzieren?** |
| | |

| | |
|---|---|
| **Dauer der Einarbeitung** | • ***Wie lange dauert es Ihrer Einschätzung nach durchschnittlich bis Sie die neuen Mitarbeiterinnen und Mitarbeiter voll einsetzen können?*** |
| **Theorie-Praxis-Transfer** | • ***Beobachten Sie spezielle Probleme? Welche Schwierigkeiten ergeben sich in der Einarbeitungsphase?*** |
| **Vergleich der Ausbildungsangebote** | • ***Wenn Sie bereits Erfahrungen mit AbsolventInnen des Modellstudiengangs sammeln konnten: sehen Sie Unterschiede zu den AbsolventInnen des bisher angebotenen Studiengangs?*** |

| | **3. Wie gut kennen Sie das Ausbildungsangebot der FHöV?** |
|---|---|
| zunächst offene Frage<br>**Bekanntheitsgrad der Ausbildungsgänge** | |
| | • ***Kennen Sie den Modellstudiengang näher? Wie und wann erhielten Sie Kenntnis davon? Wie beurteilen Sie den Bekanntheitsgrad in Ihrem Amt?*** |
| **Kooperation mit der Institution** | • ***Wie schätzen Sie den Kontakt zur FHöV insgesamt ein? Wie gestaltet er sich im Vergleich zu anderen Aus- und Fortbildungsinstitutionen?*** |
| **Veränderungswünsche**<br>*Vorlage von Antwortkarte 'Potentielle Reformen und Veränderungen im Studiengang'* | • ***Welche Wünsche und Anregungen haben Sie für den Modellstudiengang? Welche Wünsche und Anregungen haben Sie für die FHöV-Ausbildung (insgesamt)?*** |

# VI. Ausblick

| | |
|---|---|
| | **1. Werden sich die Qualifikationsanforderungen in Ihrem Bereich in den nächsten Jahren ändern?** |
| Zunächst offen | |
| | • ***Falls ja, aus welchen Gründen? Um welche Anforderungen handelt es sich?*** |
| | • ***Wie sehen Sie vor diesem Hintergrund den zukünftigen Ausbildungsbedarf?*** |
| *Nur wenn dies im Zusammenhang mit der Personalstruktur noch nicht erwähnt wurde:*<br>**Personalpolitik**<br>*Stichworte: interne Ausschreibung, spezielle Aus- und Weiterbildungs-verfahren (VWA, Modellstudiengang etc.)* | • ***Wenn in Ihrem Bereich Bedarf an betriebswirtschaftlicher bzw. organisationstheoretischer Qualifikation besteht, wie wird dieser Qualifikationsbedarf gedeckt?*** |
| **Personalpolitik, Personalplanung:**<br>**Spielraum für externe Rekrutierung** | • ***Haben Sie auch schon daran gedacht, extern ausgebildete Betriebswirte einzustellen?*** |

| | |
|---|---|
| | **2. Welchen Einfluß besitzen neue Ausbildungsangebote**<br>**a) auf die interne Entwicklung der Kommunalverwaltung?**<br>**b) auf das Außenbild der öffentlichen Verwaltung?** |
| **AbsolventInnen als Change Manager?**<br>**Imageverbesserung** | |

Zum Abschluß des Interviews möchten wir Ihnen noch Gelegenheit zu einem Schlußwort bzw. Resümee geben. Welche Aspekte sollten aus Ihrer Sicht nochmals hervorgehoben werden?

______________________________________________

______________________________________________

______________________________________________

______________________________________________

Vielen Dank für Ihre Teilnahme!

---

### *9.1.3 Itembatterien zur Wichtigkeit von Fachkenntnissen*

Studierende, Absolventen und Ausbildungsleiter wurden gebeten, die Wichtigkeit von Fächern der Curricula Verwaltungsbetriebswirtschaftslehre bzw. Kommunaler Verwaltungsdienst (siehe Abschnitte 4.2.4 und 4.2.5) für die berufliche Tätigkeit von Absolventinnen und Absolventen der FHöV bzw. Personal des gehobenen nichttechnischen Verwaltungsdienstes und Funktionsäquivalenten zu beurteilen. Durchgehend waren Einschätzungen auf einer Antwortskala von 1 = "sehr wichtig" bis 5 = "völlig unwichtig" vorzunehmen. Im Rahmen der Fallstudieninterviews mit Vertretern von Verwaltungsspitze und Amtsleitern wurden die Curricula anhand zentraler Lehrthemen operationalisiert. Als Beispiel wird im folgenden eine der eingesetzten Antwortkarten abgedruckt.

*Frage: Für wie wichtig halten Sie die folgenden Fachkenntnisse im Hinblick auf die Aufgaben und Tätigkeitsfelder von Absolventinnen und Absolventen der FHöV bzw. Personal im gehobenen nichttechnischen Verwaltungsdienst? (Sie haben die Möglichkeit, die Wichtigkeit für mehrere Tätigkeitsschwerpunkte anzugeben.)*

| | ***Tätigkeitsschwerpunkt*** ______ (bitte eintragen) | | | | | ***Tätigkeitsschwerpunkt*** ______ (bitte eintragen) | | | | |
|---|---|---|---|---|---|---|---|---|---|---|
| | sehr wichtig | | | | völlig unwichtig | sehr wichtig | | | | völlig unwichtig |
| Betriebswirtschaftliche Grundbegriffe | ☐ | ☐ | ☐ | ☐ | ☐ | ☐ | ☐ | ☐ | ☐ | ☐ |
| Überblick über die Neuen Steuerungsmodelle | ☐ | ☐ | ☐ | ☐ | ☐ | ☐ | ☐ | ☐ | ☐ | ☐ |
| Betriebliche Funktionen im Verwaltungsbetrieb (Beschaffung u. Lagerhaltung, Leistungserstellung im Informationsverarbeitungsbetrieb, Absatz, Finanzierung, Controlling) | ☐ | ☐ | ☐ | ☐ | ☐ | ☐ | ☐ | ☐ | ☐ | ☐ |
| Planungsablauf | ☐ | ☐ | ☐ | ☐ | ☐ | ☐ | ☐ | ☐ | ☐ | ☐ |
| Planungstechniken | ☐ | ☐ | ☐ | ☐ | ☐ | ☐ | ☐ | ☐ | ☐ | ☐ |
| Planung in Controllingsystemen (Ableitung von Planzahlen, Durchführung von Plan-(Soll-) Ist- Vergleichen, Planungskorrekturen) | ☐ | ☐ | ☐ | ☐ | ☐ | ☐ | ☐ | ☐ | ☐ | ☐ |
| Statische Wirtschaftlichkeitsrechnung (Kostenvergleichsrechnung, Rentabilitätsrechnung, Amortisationsrechnung) | ☐ | ☐ | ☐ | ☐ | ☐ | ☐ | ☐ | ☐ | ☐ | ☐ |
| Dynamische Finanz- und Wirtschaftlichkeitsrechnung (Kapitalwertmethode, Interne Zinsfußmethode, Annuitätenmethode) | ☐ | ☐ | ☐ | ☐ | ☐ | ☐ | ☐ | ☐ | ☐ | ☐ |
| Nutzen-Kosten-Methoden (Kosten-Nutzen-Analyse, Nutzwertanalyse, Kostenwirksamkeitsanalyse) | ☐ | ☐ | ☐ | ☐ | ☐ | ☐ | ☐ | ☐ | ☐ | ☐ |
| Kosten- und Leistungsrechnung | ☐ | ☐ | ☐ | ☐ | ☐ | ☐ | ☐ | ☐ | ☐ | ☐ |
| Kameralistische Buchführung | ☐ | ☐ | ☐ | ☐ | ☐ | ☐ | ☐ | ☐ | ☐ | ☐ |
| Doppelte Buchführung | ☐ | ☐ | ☐ | ☐ | ☐ | ☐ | ☐ | ☐ | ☐ | ☐ |
| Statistik | ☐ | ☐ | ☐ | ☐ | ☐ | ☐ | ☐ | ☐ | ☐ | ☐ |
| Grundlagen der Verwaltungsorganisation | ☐ | ☐ | ☐ | ☐ | ☐ | ☐ | ☐ | ☐ | ☐ | ☐ |
| Aufgabenverteilung | ☐ | ☐ | ☐ | ☐ | ☐ | ☐ | ☐ | ☐ | ☐ | ☐ |
| Sachmitteleinsatz (Einsatzplanung EDV) | ☐ | ☐ | ☐ | ☐ | ☐ | ☐ | ☐ | ☐ | ☐ | ☐ |
| Individuum und Organisation | ☐ | ☐ | ☐ | ☐ | ☐ | ☐ | ☐ | ☐ | ☐ | ☐ |
| Grundlagen des kommunalen Personalwesens | ☐ | ☐ | ☐ | ☐ | ☐ | ☐ | ☐ | ☐ | ☐ | ☐ |
| Personalwirtschaft (Personalplanung, Personalbedarfsermittlung) | ☐ | ☐ | ☐ | ☐ | ☐ | ☐ | ☐ | ☐ | ☐ | ☐ |

(Antwortkarte Fachkenntnisse, Blatt 2)

| | ***Tätigkeitsschwerpunkt*** ______________ (bitte eintragen) | | | | | ***Tätigkeitsschwerpunkt*** ______________ (bitte eintragen) | | | | |
|---|---|---|---|---|---|---|---|---|---|---|
| | sehr wichtig | | | | völlig unwichtig | sehr wichtig | | | | völlig unwichtig |
| EDV-/ADV-Kenntnisse | ☐ | ☐ | ☐ | ☐ | ☐ | ☐ | ☐ | ☐ | ☐ | ☐ |
| Mikroökonomik | ☐ | ☐ | ☐ | ☐ | ☐ | ☐ | ☐ | ☐ | ☐ | ☐ |
| Makroökonomik | ☐ | ☐ | ☐ | ☐ | ☐ | ☐ | ☐ | ☐ | ☐ | ☐ |
| Arbeitsmarkt- und Sozialpolitik | ☐ | ☐ | ☐ | ☐ | ☐ | ☐ | ☐ | ☐ | ☐ | ☐ |
| Öffentliche Finanzwirtschaft | ☐ | ☐ | ☐ | ☐ | ☐ | ☐ | ☐ | ☐ | ☐ | ☐ |
| Managementtraining | ☐ | ☐ | ☐ | ☐ | ☐ | ☐ | ☐ | ☐ | ☐ | ☐ |
| Staatsrecht | ☐ | ☐ | ☐ | ☐ | ☐ | ☐ | ☐ | ☐ | ☐ | ☐ |
| Europarecht | ☐ | ☐ | ☐ | ☐ | ☐ | ☐ | ☐ | ☐ | ☐ | ☐ |
| Allgemeines Verwaltungsrecht | ☐ | ☐ | ☐ | ☐ | ☐ | ☐ | ☐ | ☐ | ☐ | ☐ |
| Bürgerliches Recht | ☐ | ☐ | ☐ | ☐ | ☐ | ☐ | ☐ | ☐ | ☐ | ☐ |
| Juristische Methodik | ☐ | ☐ | ☐ | ☐ | ☐ | ☐ | ☐ | ☐ | ☐ | ☐ |
| Verfassungsrecht | ☐ | ☐ | ☐ | ☐ | ☐ | ☐ | ☐ | ☐ | ☐ | ☐ |
| Öffentliches Dienstrecht | ☐ | ☐ | ☐ | ☐ | ☐ | ☐ | ☐ | ☐ | ☐ | ☐ |
| Kommunalrecht | ☐ | ☐ | ☐ | ☐ | ☐ | ☐ | ☐ | ☐ | ☐ | ☐ |
| Polizei- und Ordnungsrecht | ☐ | ☐ | ☐ | ☐ | ☐ | ☐ | ☐ | ☐ | ☐ | ☐ |
| Sozialrecht | ☐ | ☐ | ☐ | ☐ | ☐ | ☐ | ☐ | ☐ | ☐ | ☐ |
| Baurecht | ☐ | ☐ | ☐ | ☐ | ☐ | ☐ | ☐ | ☐ | ☐ | ☐ |
| Ordnungswidrigkeitenrecht | ☐ | ☐ | ☐ | ☐ | ☐ | ☐ | ☐ | ☐ | ☐ | ☐ |
| Umweltrecht | ☐ | ☐ | ☐ | ☐ | ☐ | ☐ | ☐ | ☐ | ☐ | ☐ |
| Psychologische Grundbegriffe | ☐ | ☐ | ☐ | ☐ | ☐ | ☐ | ☐ | ☐ | ☐ | ☐ |
| Sozialisation in der öffentlichen Verwaltung | ☐ | ☐ | ☐ | ☐ | ☐ | ☐ | ☐ | ☐ | ☐ | ☐ |
| Gesprächsführung | ☐ | ☐ | ☐ | ☐ | ☐ | ☐ | ☐ | ☐ | ☐ | ☐ |
| Umgang mit Bürgerinnen und Bürgern | ☐ | ☐ | ☐ | ☐ | ☐ | ☐ | ☐ | ☐ | ☐ | ☐ |
| Mensch und Gruppe, Interaktion mit Kollegen | ☐ | ☐ | ☐ | ☐ | ☐ | ☐ | ☐ | ☐ | ☐ | ☐ |
| Gesellschaftliche Rahmenbedingungen des Verwaltungshandelns | ☐ | ☐ | ☐ | ☐ | ☐ | ☐ | ☐ | ☐ | ☐ | ☐ |
| Politische Rahmenbedingungen des Verwaltungshandelns | ☐ | ☐ | ☐ | ☐ | ☐ | ☐ | ☐ | ☐ | ☐ | ☐ |
| Kommunalpolitik und Kommunalverwaltung | ☐ | ☐ | ☐ | ☐ | ☐ | ☐ | ☐ | ☐ | ☐ | ☐ |
| *Weitere wichtige Fachkenntnisse (bitte eintragen)* | | | | | | | | | | |
| ______________________ | ☐ | ☐ | ☐ | ☐ | ☐ | ☐ | ☐ | ☐ | ☐ | ☐ |
| ______________________ | ☐ | ☐ | ☐ | ☐ | ☐ | ☐ | ☐ | ☐ | ☐ | ☐ |
| ______________________ | ☐ | ☐ | ☐ | ☐ | ☐ | ☐ | ☐ | ☐ | ☐ | ☐ |

### *9.1.4 Itembatterie zur Wichtigkeit von Schlüsselqualifikationen*

Die folgende Itembatterie war Bestandteil der standardisierten Fragebogen in den Studierenden- und Absolventenbefragungen. Als Antwortkarte unterstützte sie die Gruppendiskussionen mit der Ausbildungsleitung und die Intensivinterviews im Rahmen der Fallstudien. Durchgehend war auf einer Antwortskala von 1 = "sehr wichtig" bis 5 = "völlig unwichtig" die Wichtigkeit der aufgeführten Schlüsselqualifikationen für die berufliche Tätigkeit von Absolventinnen und Absolventen der FHöV bzw. Personal des gehobenen nichttechnischen Verwaltungsdienstes und Funktionsäquivalenten einzuschätzen.

- Anpassungsfähigkeit
- Ausdauer
- Befähigung, größere Wirkungs- und Gestaltungszusammenhänge zu erfassen
- Belastbarkeit
- Denk- und Urteilsfähigkeit
- Durchsetzungsvermögen
- Einfühlungsvermögen
- Führungskompetenz
- Gesellschaftspolitische Auswirkungen des Verwaltungshandelns zu erkennen
- Improvisationsfähigkeit
- Innovationsfähigkeit
- Intellektuelle Fähigkeiten (logisches, methodisches Denken)
- Kommunikationsfähigkeit
- Kooperationsfähigkeit
- Koordinationsfähigkeit
- Kreativität
- Kritikfähigkeit
- Leistungsbereitschaft/Engagement
- Lernfähigkeit
- Loyalität gegenüber der Verwaltung und Ihren Zielen
- Ökonomische Auswirkungen von Verwaltungshandeln erkennen
- Präsentationsfähigkeit
- Problemlösungsfähigkeit
- Schriftliche Ausdrucksfähigkeit
- Selbständigkeit
- Selbstvertrauen
- Sorgfalt und Genauigkeit
- Soziales Verantwortungsbewußtsein
- Unkonventionelles Denken
- Verantwortungsbewußtsein
- Verläßlichkeit
- Vielseitigkeit
- Wirtschaftliches Denken
- Zielstrebigkeit

### *9.1.5 Itembatterie zur Wichtigkeit von potentiellen Reformen und Veränderungen im Verwaltungsstudium*

Die vorliegende Itembatterie war Bestandteil der standardisierten Fragebogen in den Studierenden- und Absolventenbefragungen. Als Antwortkarte unterstützte sie auch die Gruppendiskussionen mit der Ausbildungsleitung und die Intensivinterviews im Rahmen der Fallstudien. Einzuschätzen auf einer Antwortskala von 1 = "sehr wichtig" bis 5 = "völlig unwichtig" war die Wichtigkeit einer Reihe ausgewählter Reformvorschläge für die Gestaltung des Studiums an internen Verwaltungsfachhochschulen.

| | sehr wichtig | | | | völlig unwichtig |
|---|---|---|---|---|---|
| Ausweitung des fachwissenschaftlichen Anteils | ☐ | ☐ | ☐ | ☐ | ☐ |
| Ausweitung des fachpraktischen Anteils | ☐ | ☐ | ☐ | ☐ | ☐ |
| Mehr bereichsübergreifende Lehrveranstaltungen | ☐ | ☐ | ☐ | ☐ | ☐ |
| Erstellung einer Diplomarbeit | ☐ | ☐ | ☐ | ☐ | ☐ |
| Engere Verzahnung mit der Praxis | ☐ | ☐ | ☐ | ☐ | ☐ |
| Kooperation mit anderen Fachhochschulen/ Universitäten | ☐ | ☐ | ☐ | ☐ | ☐ |
| Größere Möglichkeiten, Fächer auszuwählen | ☐ | ☐ | ☐ | ☐ | ☐ |
| Stärkere Unterstützung der persönlichen Entwicklung | ☐ | ☐ | ☐ | ☐ | ☐ |
| Internationalisierung des Studiums | ☐ | ☐ | ☐ | ☐ | ☐ |
| Einführung von zusätzlichen stoffvertiefenden Seminaren | ☐ | ☐ | ☐ | ☐ | ☐ |
| Praktika auch außerhalb der Verwaltung | ☐ | ☐ | ☐ | ☐ | ☐ |
| Mehr Möglichkeiten, Leistungsnachweise auch in anderer Form zu erbringen als durch Klausurarbeiten (z.B. durch Referate, Hausarbeiten) | ☐ | ☐ | ☐ | ☐ | ☐ |
| Bewertung der Mitarbeit in den Lehrveranstaltungen | ☐ | ☐ | ☐ | ☐ | ☐ |
| Intensivere Betreuung durch die Lehrenden | ☐ | ☐ | ☐ | ☐ | ☐ |
| Größere Freiheit in der Gestaltung des Studiengangs (Wahlmöglichkeiten) | ☐ | ☐ | ☐ | ☐ | ☐ |
| Mehr Unterricht durch hauptamtlich Lehrende | ☐ | ☐ | ☐ | ☐ | ☐ |
| Besuch von Lehrveranstaltungen an anderen Fachhochschulen / Universitäten | ☐ | ☐ | ☐ | ☐ | ☐ |
| Praxisbezogene Projekte | ☐ | ☐ | ☐ | ☐ | ☐ |

## 9.2 Ergebnisstabellen

### *9.2.1 Codingstatistiken der Intensivinterviews*

**Tabelle 1**
**Organisatorischer Wandel: Auslöser, Informationsquellen und Stellenwert externer Beratung aus Sicht von Verwaltungsspitze und Amtsleitern nach Verwaltungsgröße, VBWL-Entsendung und Typ der Untersuchungseinheit** (Anzahl der Codings)

| ***Größe*** | | ***große Verwaltung*** | | | | | | | | | | | | | | ***klein/ mittel*** | | | | | | | |
|---|---|---|---|---|---|---|---|---|---|---|---|---|---|---|---|---|---|---|---|---|---|---|---|
| ***VBWL 93 - 97*** | | ***ja*** | | | | | | | | | | | ***nein*** | | | ***ja*** | | | | ***nein*** | | | |
| ***Typ der UE*** | | *Typ 1* | | *Typ 2* | | | *Typ 3* | | | *Typ 4* | | | *1* | *2* | *3* | *1* | *2* | *3* | *4* | *1* | *2* | *3* | *4* |
| ***Als Auslöser empfunden:*** | Σ | | | | | | | | | | | | | | | | | | | | | | |
| "Initiative Verwaltungsleitung/ Amtsleiter" | **17** | 2 | 4 | | | | | | 2 | 3 | 1 | | 1 | | | 2 | | | | | 2 | | |
| "Finanzkrise" | **12** | 2 | 2 | | | | | | | | | | 3 | | | 1 | 1 | | 1 | 2 | | | |
| "Externe Untersuchung" | **8** | | | | | | | | | | 2 | | | | | | | | | 1 | 1 | | 4 |
| "Wertewandel" | **2** | 1 | | | | | | | | | | | | | | 1 | | | | | | | |
| "Rat als treibende Kraft" | **3** | 1 | | | | | | | | 1 | | | | 1 | | | | | | | | | |
| "Wachstum der Gde" | **1** | | | | | | | | | | | | | | | | | | | 1 | | | |
| ***Informationsquellen zu Reformen und Modellen*** | | | | | | | | | | | | | | | | | | | | | | | |
| "Interkomm. Leistungsvergleich" | **15** | | | | | 1 | | | | 7 | | | 3 | | 1 | 1 | | 2 | | | | | |
| "Eigene Recherchen, Erfahrungen" | **11** | | 2 | | | 2 | | | 1 | | | | 4 | | 1 | 1 | | | | | | | |
| "Externes Gutachten" | **6** | | | 1 | | | | | | | | | 1 | 2 | | | | | | 2 | | | |
| "KGSt" | **4** | 1 | | | | 1 | | | | | | | 1 | | | | | | | | 1 | | |
| "KGSt, kritisches Verhältnis zu" | **2** | | 1 | | | | | | | | | | 1 | | | | | | | | | | |
| "KGSt, eigene Adaptation, Weiterentw." | **2** | 1 | | | | | | | | | | | | | | 1 | | | | | | | |
| "Teilnahme an Seminaren u.ä. Geldfrage" | **2** | | | | | | | | | | | | | | | | | | | 2 | | | |
| "durch FH Forschungsprojekt" | **1** | | | | | | | | | | | | 1 | | | | | | | | | | |
| ***Externe Beratung*** | | | | | | | | | | | | | | | | | | | | | | | |
| "Nein" | **3** | | | | | 1 | | | 1 | | | | | | | | 1 | | | | | | |
| *Externe Beratung in Teilbereichen/ Einzelfällen:* | | | | | | | | | | | | | | | | | | | | | | | |
| "Externe Beratung nur in Einzelfällen" | **8** | | 1 | | 1 | | | 2 | | | 1 | | | | | 2 | 1 | | | | | | |
| "Keine Beratung zu umfassenden Reformen i.S. NSM" | **5** | | | 2 | 1 | | | | | 2 | | | | | | | | | | | | | |
| "(Kritik) Kenntn hist Vwstrukturen fehlt" | **7** | | 2 | | 1 | | | 2 | | 1 | | | | | | 1 | | | | | | | |
| "Gutachten" | **6** | | | | | | | | | | 1 | | | 1 | | | | | | | 1 | | 3 |
| "Interne AGs" | **6** | | | | | | 1 | | | 1 | | 2 | | | | | 2 | | | | | | |

1) Die Einteilung folgt den Gemeindegrößenklassen des Landesamtes für Statistik (LDS) Nordrhein-Westfalen, wobei die Kategorien 1 = Kreisverwaltung und 3 = kreisangehörige Gemeinde mit < 25.000 Einwohnern als "kleine und mittlere Verwaltungen" (kurz: KMV) zusammengefaßt wurden; "große Verwaltungen" im Sample entstammen der Kategorie 2 = Kreisfreie Stadt. 2) Entsendung von Studierenden in den Modellstudiengang in den Jahren 1993 bis einschließlich 1997. 3) Typ der analysierten Gesprächseinheit nach Informationskompetenz bzw. Aufgabenzuschnitt: 1= Verwaltungsspitze, 2 = Kernverwaltung, 3 = Ordnungs- und Leistungsverwaltung, 4 = Verwaltungseinheit mit besonderen Anforderungen in den Bereichen Verwaltungsreform, ökonomische Kenntnisse. Anzahl der Codings zu Fragekomplexen I.1(a – e)/I.1 (b, c, d, f). Datengrundlage: Analyse von Intensivinterviews (Fallstudien Evaluation Verwaltungsbetriebswirtschaftslehre FHöV NRW).

**Tabelle 2**
**Leitvorstellungen und Modelle organisatorischer Veränderungen aus Sicht von Verwaltungsspitze und Amtsleitern nach Verwaltungsgröße, VBWL-Entsendung und Typ der Untersuchungseinheit** (Anzahl der Codings)

| ***Größe*** | | ***große Verwaltung*** | | | | | | | | | | | | | | ***klein/ mittel*** | | | | | | | |
|---|---|---|---|---|---|---|---|---|---|---|---|---|---|---|---|---|---|---|---|---|---|---|---|
| ***VBWL 93 - 97*** | | ***ja*** | | | | | | | | | | | ***nein*** | | | ***ja*** | | | | ***nein*** | | | |
| ***Typ der UE*** | Σ | *Typ 1* | | *Typ 2* | | | *Typ 3* | | | *Typ 4* | | | *1* | *2* | *3* | *1* | *2* | *3* | *4* | *1* | *2* | *3* | *4* |
| ***Neues Steuerungsmodell der KGSt und Elemente:*** | | | | | | | | | | | | | | | | | | | | | | | |
| "NSM" | **9** | | | 1 | | | | | 1 | | 3 | | | | | | 2 | | | 1 | | | 1 |
| "Dezentrale Ressourcenverantwortung" | **6** | | 2 | | 1 | | | 1 | | 1 | | | 1 | | | | | | | | | | |
| "KLR" | **4** | 1 | | | | | | | | | 2 | | 1 | | | | | | | | | | |
| "Controlling", "Berichtswesen" | **3** | 2 | 1 | | | | | | | | | | | | | | | | | | | | |
| "Wirtschaftlichkeit, effektives Handeln" | **3** | | | | | | | | | | 3 | | | | | | | | | | | | |
| "Rezentralisierung" | **3** | | | | | | | | | | 3 | | | | | | | | | | | | |
| "Budgetierung" | **2** | | 1 | | | | | | | | | | 1 | | | | | | | | | | |
| "Zielvereinbarungen" | **2** | 1 | | | | | | | | | | | | | | | 1 | | | | | | |
| "Kontraktmanagement nach Tilburger Modell" | **1** | | | | | | | | | | | | 1 | | | | | | | | | | |
| "Outputorientierung" | **1** | | | | | | | | | | | | | | 1 | | | | | | | | |
| ***Wandel im Selbstverständnis:*** | | | | | | | | | | | | | | | | | | | | | | | |
| "Serviceorientierung" | **10** | | | | 2 | | 2 | | | 1 | | | | | | | | | 1 | | 4 | | |
| "Vw. als Dienstleister" | **8** | | 1 | | | | 2 | | | | | 2 | 1 | | | | | | 2 | | | | |
| ***Betonung eigener Entwicklung*** | **17** | | | 1 | | 2 | | | | | | | 4 | | | 4 | 1 | | 5 | | | | |
| ***"Lernende Verwaltung"/ "lernende Prozesse"*** | **17** | 1 | 2 | | 1 | | | 3 | | 5 | | | 4 | | | 1 | | | | | | | |
| ***"Konzern Stadt (Verwaltung)"*** | **14** | 3 | | | | | 1 | | | | | | 2 | 7 | 1 | | | | | | | | |
| ***Kritik an Leitbildern/ Modellen:*** | | | | | | | | | | | | | | | | | | | | | | | |
| "zu wenig konkret" | **5** | | 1 | | | | | 4 | | | | | | | | | | | | | | | |
| "Kaum Kriterien für Wirtschaftlichkeit im Konzern Stadt" | **3** | 1 | | | | | | | | | 2 | | | | | | | | | | | | |
| "zu aufwendig" | **1** | 1 | | | | | | | | | | | | | | | | | | | | | |
| ***"Orientierung an externem Gutachten"*** | **4** | | | | | | | | | | | | 1 | | | | | | | 1 | | | 2 |

1) Die Einteilung folgt den Gemeindegrößenklassen des Landesamtes für Statistik (LDS) Nordrhein-Westfalen, wobei die Kategorien 1 = Kreisverwaltung und 3 = kreisangehörige Gemeinde mit < 25.000 Einwohnern als "kleine und mittlere Verwaltungen" (kurz: KMV) zusammengefaßt wurden; "große Verwaltungen" im Sample entstammen der Kategorie 2 = Kreisfreie Stadt. 2) Entsendung von Studierenden in den Modellstudiengang in den Jahren 1993 bis einschließlich 1997. 3) Typ der analysierten Gesprächseinheit nach Informationskompetenz bzw. Aufgabenzuschnitt: 1= Verwaltungsspitze, 2 = Kernverwaltung, 3 = Ordnungs- und Leistungsverwaltung, 4 = Verwaltungseinheit mit besonderen Anforderungen in den Bereichen Verwaltungsreform, ökonomische Kenntnisse. Anzahl der Codings zu den Fragekomplexen I.1/I.1 (e). Datengrundlage: Analyse von Intensivinterviews (Fallstudien Evaluation Verwaltungsbetriebswirtschaftslehre FHöV NRW).

**Tabelle 3**
**Neue Aufgaben und Anforderungen aus Sicht von Verwaltungsspitze und Amtsleitern nach Verwaltungsgröße, VBWL-Entsendung und Typ der Untersuchungseinheit**
(Anzahl der Codings)

| *Größe* | | *große Verwaltung* | | | | | | | | | | | | | | *klein/ mittel* | | | | | | | |
|---|---|---|---|---|---|---|---|---|---|---|---|---|---|---|---|---|---|---|---|---|---|---|---|
| *VBWL 93 - 97* | | *ja* | | | | | | | | | | | *nein* | | | *ja* | | | | *nein* | | | |
| *Typ der UE* | Σ | *Typ 1* | | *Typ 2* | | | *Typ 3* | | | *Typ 4* | | | *1* | *2* | *3* | *1* | *2* | *3* | *4* | *1* | *2* | *3* | *4* |
| ***"Neue Breitenelemente":*** | **57** | *4* | | *1* | *2* | *13* | *1* | | *15* | | *1* | *6* | | *7* | *1* | *2* | *2* | *1* | *1* | | | | |
| "Service" (intern), "ganzheitliche Betreuung", "Beratung" | 26 | | | | 2 | 9 | | | 11 | | | | | 3 | | | 1 | | | | | | |
| "BWL-Denken als allg. Grundlage"; "wirtschaftliches Arbeiten"; "Kostenbewußtsein" | 25 | 4 | | 1 | | 4 | | | 4 | | 1 | 2 | | 4 | 1 | 1 | 1 | 1 | 1 | | | | |
| Service (extern): "Bürgerorientierung" | 6 | | | | | | 1 | | | | | 4 | | | | 1 | | | | | | | |
| ***Ökonomische Fachkenntnisse*** | **37** | *1* | | *2* | | | | | *4* | *2* | | *10* | *1* | *6* | *7* | *1* | *2* | | *1* | | | | |
| "Betriebswirtschaftliches Fachwissen" (ohne weitere Spezifikation) | 9 | | | | | | | | 4 | | | | | 3 | 1 | | | | 1 | | | | |
| "Kosten- und Leistungsrechnung" | 8 | | | | | | | | | 1 | | 5 | | | 1 | 1 | | | | | | | |
| "Controlling", "Berichtswesen" | 8 | 1 | | | | | | | | 1 | | 4 | | 1 | 1 | | | | | | | | |
| "Produktbeschreibungen" | 4 | | | | | | | | | | | | 1 | 2 | 1 | | | | | | | | |
| "Budgetierung" | 2 | | | | | | | | | | | | | | 1 | | 1 | | | | | | |
| "Doppik" | 2 | | | | | | | | | | | 1 | | | | | 1 | | | | | | |
| "Haushaltskonsolidierung" | 2 | | | 2 | | | | | | | | | | | | | | | | | | | |
| "Marketing Non-Profit-Bereich" | 2 | | | | | | | | | | | | | | 2 | | | | | | | | |
| ***"Soziale Kompetenzen":*** | **19** | | | *6* | | | | *1* | *2* | *6* | | | *1* | | | *2* | | *1* | | | | | |
| "Kommunikationsfähigkeit" | 7 | | | 4 | | | | | | 2 | | | | | | 1 | | | | | | | |
| "Koordinationsfähigkeit" | 6 | | | 2 | | | | 1 | | 3 | | | | | | | | | | | | | |
| "Teamfähigkeit" | 4 | | | | | | | | 2 | | | | 1 | | | | | 1 | | | | | |
| "Führungsfähigkeit" | 1 | | | | | | | | | | | | | | | 1 | | | | | | | |
| "Kooperationsfähigkeit" | 1 | | | | | | | | | 1 | | | | | | | | | | | | | |
| ***"Neue Steuerung und Dezentralisierung", "Konzepte erarbeiten"*** | ***13*** | | | 1 | 2 | | | | | 5 | | | | 2 | | | 2 | | | | 1 | | |
| ***EDV-Kenntnisse*** | ***10*** | | | ***1*** | | ***1*** | | | | | | ***2*** | | | | | | | | | ***3*** | ***3*** | |
| ***Verwaltungskenntnisse (Ablauf, Struktur)*** | ***6*** | | | *1* | | *1* | | | *1* | *1* | | | | | *2* | | | | | | | | |
| ***"Persönlichkeit/ individuelles Leistungspotential":*** | ***5*** | | | | | | | | | *1* | | *1* | | | *2* | *1* | | | | | | | |
| "Verantwortungsbereitschaft" | 3 | | | | | | | | | | | | | | 2 | 1 | | | | | | | |
| "Lernbereitschaft" | 2 | | | | | | | | | 1 | | 1 | | | | | | | | | | | |
| ***"Personalwesen"*** | ***2*** | | | *2* | | | | | | | | | | | | | | | | | | | |
| ***"Basisqualifikationen": "Analysefähigkeit", "Integration von Analysen"*** | ***2*** | | | | | | | | *2* | | | | | | | | | | | | | | |

1) Die Einteilung folgt den Gemeindegrößenklassen des Landesamtes für Statistik (LDS) Nordrhein-Westfalen, wobei die Kategorien 1 = Kreisverwaltung und 3 = kreisangehörige Gemeinde mit < 25.000 Einwohnern als "kleine und mittlere Verwaltungen" (kurz: KMV) zusammengefaßt wurden; "große Verwaltungen" im Sample entstammen der Kategorie 2 = Kreisfreie Stadt. 2) Entsendung von Studierenden in den Modellstudiengang in den Jahren 1993 bis einschließlich 1997. 3) Typ der analysierten Gesprächseinheit nach Informationskompetenz bzw. Aufgabenzuschnitt: 1= Verwaltungsspitze, 2 = Kernverwaltung, 3 = Ordnungs- und Leistungsverwaltung, 4 = Verwaltungseinheit mit besonderen Anforderungen in den Bereichen Verwaltungsreform, ökonomische Kenntnisse. Anzahl der Codings zu Fragekomplex I.1/I.1(g). Datengrundlage: Analyse von Intensivinterviews (Fallstudien Evaluation Verwaltungsbetriebswirtschaftslehre FHöV NRW).

**Tabelle 4**
**Auswahlkriterien unter Berücksichtigung spezifischer Anforderungen der Fachämter aus Sicht der Amtsleiter nach Verwaltungsgröße, VBWL-Entsendung und Typ der Untersuchungseinheit** (Anzahl der Codings)

| *Größe* | | *große Verwaltung* | | | | | | | | | | | | | | *klein/ mittel* | | | | | | | |
|---|---|---|---|---|---|---|---|---|---|---|---|---|---|---|---|---|---|---|---|---|---|---|---|
| *VBWL 93 - 97* | | *ja* | | | | | | | | | | | *nein* | | | *ja* | | | | *nein* | | | |
| *Typ der UE* | Σ | *Typ 1* | | *Typ 2* | | | *Typ 3* | | | *Typ 4* | | | *1* | *2* | *3* | *1* | *2* | *3* | *4* | *1* | *2* | *3* | *4* |
| ***"Persönlichkeit/ individuelles Leistungspotential":*** | ***24*** | | | *1* | *3* | *3* | | *5* | | *3* | *1* | | | *1* | *1* | *1* | | *4* | | | | | *1* |
| "Motivation" | 6 | | | | | 1 | | 2 | | 1 | | | | | | 1 | | 1 | | | | | |
| "Durchsetzungsvermögen" | 4 | | | | | | | 1 | | 1 | | | | | 1 | | | 1 | | | | | |
| "Persönlichkeit" | 3 | | | | | | | | | 1 | 1 | | | | | | | | | | | | 1 |
| "Belastbarkeit" | 2 | | | | 1 | | | | | | | | | | | | | 1 | | | | | |
| "Fähigkeit zu Routinearbeit" | 2 | | | | 2 | | | | | | | | | | | | | | | | | | |
| "Entscheidungsstärke", "Verkaufen von Entscheidungen" | 2 | | | | | 2 | | | | | | | | | | | | | | | | | |
| "Lernbereitschaft" (Erwerb von Zertifikaten) | 2 | | | 1 | | | | | | | | | | 1 | | | | | | | | | |
| "aktive Lernhaltung" | 1 | | | | | | | 1 | | | | | | | | | | | | | | | |
| "Eigeninitiative" | 1 | | | | | | | 1 | | | | | | | | | | | | | | | |
| "Leistungsbereitschaft" | 1 | | | | | | | | | | | | | | | | | 1 | | | | | |
| ***weitere Merkmale der Person:*** | ***22*** | | *2* | | | | | *1* | *3* | | *4* | | *1* | *4* | *3* | | *1* | *3* | | | | | |
| "Berufserfahrung" | 10 | | | | | | | | 3 | | 2 | | | 2 | 1 | | 1 | 1 | | | | | |
| "Noten in Verbindung mit Persönlkeit" | 5 | | | | | | | 1 | | | 2 | | | 1 | 1 | | | | | | | | |
| "Zeugnisse" | 3 | | 2 | | | | | | | | | | 1 | | | | | | | | | | |
| "im Bereich bekannt" (z.B. aus fachprakt. Ausb.) | 2 | | | | | | | | | | | | | 1 | | | | 1 | | | | | |
| "Alter" | 1 | | | | | | | | | | | | | | | | | 1 | | | | | |
| "Arbeitsleistung" | 1 | | | | | | | | | | | | | | 1 | | | | | | | | |
| ***Ökonomische/ betriebswirtschaftliche Fachkenntnisse*** | ***10*** | | | *3* | *1* | | | *1* | *1* | *1* | | *1* | | | | | | | *2* | | | | |
| "BWL als zusätzliche "Grundanforderung"" | 4 | | | 1 | 1 | | | | | | | | | | | | | | 2 | | | | |
| "BWL-Kenntnisse" | 4 | | | 1 | | | | 1 | | 1 | | 1 | | | | | | | | | | | |
| "Betriebswirte benötigt" | 1 | | | | | | | | 1 | | | | | | | | | | | | | | |
| "Controlling" | 1 | | | 1 | | | | | | | | | | | | | | | | | | | |
| ***Soziale Kompetenz:*** | ***10*** | | | | *1* | | *1* | *2* | | *2* | | | | | *2* | *2* | | | | | | | |
| "Hohe Sozialkompetenz" | 3 | | | | | | | | | 1 | | | | | 1 | 1 | | | | | | | |
| "Kommunikationsfähigkeit" | 3 | | | | 1 | | | 1 | | 1 | | | | | | | | | | | | | |
| "Teamfähigkeit" | 2 | | | | | | 1 | | | | | | | | | 1 | | | | | | | |
| "Konfliktfähigkeit" | 1 | | | | | | | | | | | | | | 1 | | | | | | | | |
| "Überzeugungsvermögen" | 1 | | | | | | | 1 | | | | | | | | | | | | | | | |
| ***Basisqualifikationen:*** | ***7*** | | | | | *4* | | *1* | *2* | | | | | | | | | | | | | | |
| "systematisches Denken und Handeln", "vernetzes Denken" | 5 | | | | | 3 | | | 2 | | | | | | | | | | | | | | |
| "Selbständigkeit" | 2 | | | | | 1 | | 1 | | | | | | | | | | | | | | | |
| ***Sonstige (fachlich):*** | ***7*** | | *2* | | | | | | | | | | | | | *2* | | | *3* | | | | |
| "Organisatorische Fähigkeiten" | 2 | | | | | | | | | | | | | | | | | | 2 | | | | |
| "Mathematikkenntnisse" | 2 | | 1 | | | | | | | | | | | | | 1 | | | | | | | |
| "Schriftlicher Ausdruck" (Diktat) | 2 | | 1 | | | | | | | | | | | | | 1 | | | | | | | |
| "Kombination EDV-Organisation-Verwaltung" | 1 | | | | | | | | | | | | | | | | | | 1 | | | | |
| ***EDV-Kenntnisse*** | ***6*** | | | *1* | | *1* | | | | | *2* | | | | | | | | *2* | | | | |

*(Fortsetzung folgende Seite)*

*(Fortsetzung Tabelle 4)*

| | | | | | | | | | | | | | | | | | | | | | | | |
|---|---|---|---|---|---|---|---|---|---|---|---|---|---|---|---|---|---|---|---|---|---|---|---|
| ***Verwaltungskenntnisse/Recht:*** | ***6*** | | | *1* | | *2* | | | | | | | | | | | | *1* | *2* | | | | |
| "Grundkenntnisse zu Verwaltungsabläufen" | 2 | | | | | | | | | | | | | | | | | | 2 | | | | |
| "Fachkenntnisse Personalwesen" | 1 | | | | | 1 | | | | | | | | | | | | | | | | | |
| "Vertiefte Kenntnisse im Tarifrecht" | 1 | | | 1 | | | | | | | | | | | | | | | | | | | |
| "Recht, v.a. BSHG" | 1 | | | | | | | | | | | | | | | | | 1 | | | | | |
| "Rechtliche Grundlagen von Verwaltungsaktivitäten" | 1 | | | | | 1 | | | | | | | | | | | | | | | | | |
| ***"Neue Breitenelemente":*** | ***3*** | | | | | | | | | | | | | | | *1* | | *1* | *1* | | | | |
| "Verwaltung als Dienstleister begreifen" | 2 | | | | | | | | | | | | | | | 1 | | | 1 | | | | |
| "Bürgerfreundlichkeit" | 1 | | | | | | | | | | | | | | | | | 1 | | | | | |
| ***Empathie:*** | ***2*** | | | | | | | | | *1* | | | | | | *1* | | | | | | | |
| "Sensibilität" | 1 | | | | | | | | | 1 | | | | | | | | | | | | | |
| "soziale Verantwortung der Verwaltung begreifen" | 1 | | | | | | | | | | | | | | | 1 | | | | | | | |
| ***Kreativität:"Aufsatz verfassen"*** | ***1*** | | *1* | | | | | | | | | | | | | | | | | | | | |

1) Die Einteilung folgt den Gemeindegrößenklassen des Landesamtes für Statistik (LDS) Nordrhein-Westfalen, wobei die Kategorien 1 = Kreisverwaltung und 3 = kreisangehörige Gemeinde mit < 25.000 Einwohnern als "kleine und mittlere Verwaltungen" (kurz: KMV) zusammengefaßt wurden; "große Verwaltungen" im Sample entstammen der Kategorie 2 = Kreisfreie Stadt. 2) Entsendung von Studierenden in den Modellstudiengang in den Jahren 1993 bis einschließlich 1997. 3) Typ der analysierten Gesprächseinheit nach Informationskompetenz bzw. Aufgabenzuschnitt: 1= Verwaltungsspitze, 2 = Kernverwaltung, 3 = Ordnungs- und Leistungsverwaltung, 4 = Verwaltungseinheit mit besonderen Anforderungen in den Bereichen Verwaltungsreform, ökonomische Kenntnisse. Anzahl der Codings der Antworten auf die Fragen: Welche Kriterien legen Sie in Ihrer Verwaltung bei der Auswahl von Bewerbern für ein Studium an der FHöV an? Nach welchen Kriterien wählen Sie Ihre Mitarbeiterinnen und Mitarbeiter aus? (Schwerpunkt: g.D.) Datengrundlage: Analyse von Intensivinterviews (Fallstudien Evaluation Verwaltungsbetriebswirtschaftslehre FHöV NRW).

**Tabelle 5**
**Aktuelle Anforderungen vor Ort aus Sicht der Amtsleiter nach Verwaltungsgröße, VBWL-Entsendung und Typ der Untersuchungseinheit** (Anzahl der Codings)

| *Größe* | | *große Verwaltung* | | | | | | | | | | | | | | *klein/ mittel* | | | | | | | |
|---|---|---|---|---|---|---|---|---|---|---|---|---|---|---|---|---|---|---|---|---|---|---|---|
| *VBWL 93 - 97* | | *ja* | | | | | | | | | | | *nein* | | | *ja* | | | | *nein* | | | |
| *Typ der UE* | Σ | *Typ 1* | | *Typ 2* | | | *Typ 3* | | | *Typ 4* | | | *1* | *2* | *3* | *1* | *2* | *3* | *4* | *1* | *2* | *3* | *4* |
| ***Ökonomische Fachkenntnisse:*** | ***19*** | | | | | | | | *1* | *5* | | *1* | | *4* | | *2* | *2* | | *1* | | *1* | | *2* |
| "BWL" | 7 | | | | | | | | 1 | 1 | | 1 | | 1 | | 1 | | | 1 | | | | 1 |
| "Kosten- und Leistungsrechnung" | 3 | | | | | | | | | 1 | | | | | | 1 | 1 | | | | | | |
| "Umgang mit Controllingsystemen" | 2 | | | | | | | | | 1 | | | | | | | 1 | | | | | | |
| "Beschaffung " | 1 | | | | | | | | | | | | | | | | | | | | 1 | | |
| "Bilanzen" | 1 | | | | | | | | | 1 | | | | | | | | | | | | | |
| "Budgetierung" | 1 | | | | | | | | | 1 | | | | | | | | | | | | | |
| "Contract-Management" | 1 | | | | | | | | | | | | | 1 | | | | | | | | | |
| "Doppik" | 1 | | | | | | | | | | | | | | | | | | | | | | 1 |
| "Kaufmännisch" (allg.) | 1 | | | | | | | | | | | | | 1 | | | | | | | | | |
| "Klass. zentraler Haushalt" ("noch") | 1 | | | | | | | | | | | | | 1 | | | | | | | | | |
| ***Verwaltungskenntnisse/Recht:*** | | | | | | | | | | | | | | | | | | | | | | | |
| Vw.Kenntnisse, fundierte (Strukturen und Abläufe) | *19* | | | | *3* | *1* | | | *1* | *1* | | | | *2* | | | | | | | *1* | | |
| Recht: "Sozialhilfrecht / BSHG" | 4 | | | | | | | | | | | | | | | | | 2 | | | | 2 | |
| Recht: "soz. Leistungsrecht" | 3 | | | | | | | | | | | | | | | | | | | | | 3 | |
| "Fachkompetenz in Verwaltungsdingen" | 2 | | | | | | | | | | | | | | | | 1 | | 1 | | | | |
| "Personalwesen", "Personalpolitik" | 2 | | | | | | | | | 2 | | | | | | | | | | | | | |
| Recht: "noch viele rechtl. Handlungsvorgaben" | 2 | | | | | | 1 | | | | | | | | | | | | | | | | 1 |
| Recht: "Personalrecht" | 2 | | | | | 1 | | | | 1 | | | | | | | | | | | | | |
| Recht: "Kommunalrecht praxisnah" | 1 | | | | | | | | | | | | | 1 | | | | | | | | | |
| Recht: "Privatrecht, BGB" | 1 | | | | | | | | | | | | | | | | | | | | | 1 | |
| Recht: "Unterhaltsrecht" | 1 | | | | | | | | | | | | | | | | | | | | | 1 | |
| Recht: "Zivilrecht" | 1 | | | | | | | | | | | | | | | | | | | | | 1 | |
| ***EDV-Kenntnisse*** | ***6*** | | | *1* | | | | *1* | *1* | | | | | *3* | | | | | | | | | |
| ***Sonstige Fachkenntnisse:*** | ***5*** | | | | | | | 2 | | | | | | 3 | | | | | | | | | |
| "Steuerspezialisten" | 2 | | | | | | | | | | | | | 2 | | | | | | | | | |
| "Statistik" | 1 | | | | | | | 1 | | | | | | | | | | | | | | | |
| "Zahlenverständnis" (vgl. Mathematik als Auswahlkriterium) | 1 | | | | | | | 1 | | | | | | | | | | | | | | | |
| "VWL" | 1 | | | | | | | | | | | | | 1 | | | | | | | | | |
| ***"Schlüsselqualifikationen"*** | | | | | | | | | | | | | | | | | | | | | | | |
| ***Soziale Kompetenz:*** | ***38*** | *1* | *2* | *1* | *1* | *5* | | *1* | *2* | *2* | | *3* | | *3* | *3* | | *8* | | *2* | | *1* | *2* | *1* |
| "Teamfähigkeit" | 8 | | 1 | | | 3 | | | | | | | | | | | 1 | | 1 | | 1 | | 1 |
| "Kommunikationsfähigkeit" | 5 | | | | | | | | 1 | 1 | | 1 | | | | | 2 | | | | | | |
| "Moderation" (zwei Dimensionen: Vermittlung zw. Vw. u Politik / Verkaufen von Entscheidungen gg. externen wie internen Klienten) | 5 | | | | | | | | | | | | | 2 | 1 | | 1 | | | | | 1 | |
| "Kooperationsbereitschaft, -fähigkeit" | 5 | | 1 | | 1 | 1 | | | 1 | | | | | | | | 1 | | | | | | |
| "Führungsverhalten im Wandel" | 3 | 1 | | | | | | | | | | 1 | | | | | 1 | | | | | | |
| "soziale Kompetenz" | 4 | | | | | | | | | | | 1 | | 1 | | | 1 | | 1 | | | | |
| "Präsentationsfähigkeit" (Vermitteln, Auftreten) | 2 | | | | | | | 1 | | | | | | | 1 | | | | | | | | |
| "Umgang mit anderen" | 2 | | | 1 | | | | | | | | | | | | | | | | | | 1 | |
| "Gesprächsführung" | 1 | | | | | | | | | | | | | | 1 | | | | | | | | |
| "Koordinationsfähigkeit", "Organisationsfähigkeit" | 1 | | | | | | | | | | | | | | | | 1 | | | | | | |
| "Steuerung sozialer Prozesse" | 1 | | | | | 1 | | | | | | | | | | | | | | | | | |
| "Projektarbeit" | 1 | | | | | | | | | 1 | | | | | | | | | | | | | |

*(Fortsetzung nächste Seite)*

| | | | | | | | | | | | | | | | | | | | | | | | |
|---|---|---|---|---|---|---|---|---|---|---|---|---|---|---|---|---|---|---|---|---|---|---|---|
| ***"Persönlichkeit/ individuelles Leistungspotential":*** | ***33*** | | *3* | *2* | *2* | *2* | | *3* | | *1* | | *1* | | | | | *7* | *1* | *1* | | *5* | *3* | *2* |
| "Belastbarkeit" | 4 | | | | 1 | | | 1 | | | | | | | | | 1 | | | | | 1 | |
| "Verantwortungsbereitschaft" | 4 | | | | | | | | | 1 | | | | | | | 1 | | 1 | | 1 | | |
| "Ehrlichkeit/Offenheit" | 3 | | | | | | | | | | | | | | | | | | | | 1 | | 2 |
| "Motivation, Freude an der Arbeit" | 3 | | | | 1 | 1 | | 1 | | | | | | | | | | | | | | | |
| "Ausdauer" | 2 | | 1 | | | | | | | | | | | | | | 1 | | | | | | |
| "Distanz, innere Härte" | 2 | | | | | | | | | | | | | | | | | | | | | 2 | |
| "Durchsetzungsvermögen" | 2 | | | | | | | 1 | | | | | | | | | 1 | | | | | | |
| "Eigeninitiative" | 2 | | | | | | | | | | | | | | | | | | | | 2 | | |
| "Engagement" | 2 | | | | | 1 | | | | | | | | | | | | | | | 1 | | |
| "Sorgfalt" | 2 | | 1 | | | | | | | | | | | | | | 1 | | | | | | |
| "Abwägungsvermögen" | 1 | | | 1 | | | | | | | | | | | | | | | | | | | |
| "Einsatzbereitschaft" | 1 | | | 1 | | | | | | | | | | | | | | | | | | | |
| "Erfolgs-,Eigeninteresse" | 1 | | | | | | | | | | | | | | | | | 1 | | | | | |
| "Leistungsbereitschaft/ Engagement" | 1 | | | | | | | | | | | | | | | | 1 | | | | | | |
| "Zuverlässigkeit" | 1 | | 1 | | | | | | | | | | | | | | | | | | | | |
| "Zielstrebigkeit" | 1 | | | | | | | | | | | | | | | | 1 | | | | | | |
| "Zielvereinbarungen" | 1 | | | | | | | | | | | 1 | | | | | | | | | | | |
| ***Basisqualifikationen:*** | ***25*** | | *1* | *3* | *1* | *3* | *2* | *5* | *1* | *1* | | | | *3* | | | *3* | *1* | | | *1* | | |
| "Lernbereitschaft" | 5 | | 1 | | | | | 2 | | 1 | | | | | | | 1 | | | | | | |
| "Selbständigkeit | 5 | | | | | | 2 | | | | | | | 1 | | | 1 | | | | 1 | | |
| "Methoden" | 3 | | | | 1 | | | | | | | | | 1 | | | 1 | | | | | | |
| "analytisches Denken" | 2 | | | | | | | 1 | 1 | | | | | | | | | | | | | | |
| "Auffassungsgabe" | 2 | | | 1 | | | | 1 | | | | | | | | | | | | | | | |
| "komplexeres Denken" | 2 | | | | | 1 | | | | | | | | 1 | | | | | | | | | |
| "Selbstmanagement wichtig" | 2 | | | 1 | | | | | | | | | | | | | | 1 | | | | | |
| "systematisches Denken und Handeln" | 2 | | | | | 2 | | | | | | | | | | | | | | | | | |
| "Beurteilungsvermögen" | 1 | | | 1 | | | | | | | | | | | | | | | | | | | |
| "Intellektuelle Befähigungen" | 1 | | | | | | | 1 | | | | | | | | | | | | | | | |
| ***"neue Breitenelemente":*** | ***25*** | *1* | | *1* | | *3* | *1* | | *1* | | | *0* | *1* | *5* | *2* | | *7* | | *2* | | *1* | *1* | |
| "Kostenbewußtsein" | 5 | | | | | 1 | | | | | | | | | | | 3 | | 1 | | | | |
| "Konfliktfähigkeit" | 4 | | | | | | | | | | | | | 2 | | | | | | | 1 | 1 | |
| Überblickskenntnisse | 4 | | | | | 1 | 1 | | | | | | | 1 | 1 | | | | | | | | |
| "Wirtschaftlichkeit" | 4 | | | | | | | | 1 | | | | | | | | 2 | | 1 | | | | |
| "Kundenorientierung" | 2 | | | | | 1 | | | | | | | 1 | | | | | | | | | | |
| "Methodik der freien Rede", "Fähigkeit mündlicher Ausdruck" | 2 | | | 1 | | | | | | | | | | | 1 | | | | | | | | |
| "Servicegedanke" (intern) | 2 | | | | | | | | | | | | | 2 | | | | | | | | | |
| "Bürgerorientierung" | 1 | | | | | | | | | | | | | | | | 1 | | | | | | |
| "Mitarbeiterorientierung" | 1 | | | | | | | | | | | | | | | | 1 | | | | | | |
| ***"Sachbearbeitung":*** | ***23*** | | | *2* | *4* | *8* | *3* | *3* | | *1* | | | | | | | *1* | | *1* | | | | |
| "Führungsfähigkeit sachlich" | 13 | | | 1 | 2 | 8 | 2 | | | | | | | | | | | | | | | | |
| "Einpassungsfähigkeit" | 4 | | | | 2 | | | 2 | | | | | | | | | | | | | | | |
| "Fachkompetenz" | 2 | | | | | | | | | | | | | | | | 1 | | 1 | | | | |
| "schriftlicher Ausdruck" | 2 | | | 1 | | | | 1 | | | | | | | | | | | | | | | |
| "Flexibilität" ("Vielseitigkeit") | 1 | | | | | | 1 | | | | | | | | | | | | | | | | |
| "Persönlichkeit und Kompetenz" | 1 | | | | | | | | | 1 | | | | | | | | | | | | | |
| ***"Kreativität"*** | ***8*** | | | | *2* | | *1* | *1* | | | | | | | *2* | | *1* | | | | *1* | | |
| "Kritikfähigkeit" | 6 | | | | 2 | | | | | | | | | | 2 | | 1 | | | | 1 | | |
| "Kreativität" | 1 | | | | | | | 1 | | | | | | | | | | | | | | | |
| "Flexibilität" (Aufgeschlossenheit für Neues) | 1 | | | | | | 1 | | | | | | | | | | | | | | | | |
| ***Empathie:*** | ***5*** | | *1* | *1* | | | *1* | | | | | | | | | | | | | | | *2* | |
| "Mitgefühl", "soziale Verantwortung der Verwaltung" | 3 | | 1 | | | | | | | | | | | | | | | | | | | 2 | |
| "Verantwortungsbewußtsein" | 2 | | | 1 | | | 1 | | | | | | | | | | | | | | | | |
| ***Sonstiges:*** | ***4*** | | | | | | | | | | | | | *1* | | | | | | | | *1* | *2* |
| "Praxiserfahrung", "Berufserfahrung" (vgl. auch "Erfahrungswissen", tacit knowledge) | 3 | | | | | | | | | | | | | 1 | | | | | | | | | 2 |
| "Allgemeinbildung, breites Wissen" | 1 | | | | | | | | | | | | | | | | | | | | | 1 | |

1) Die Einteilung folgt den Gemeindegrößenklassen des Landesamtes für Statistik (LDS) Nordrhein-Westfalen, wobei die Kategorien 1 = Kreisverwaltung und 3 = kreisangehörige Gemeinde mit < 25.000 Einwohnern als "kleine und mittlere Verwaltungen" (kurz: KMV) zusammengefaßt wurden; "große Verwaltungen" im Sample entstammen der Kategorie 2 = Kreisfreie Stadt. 2) Entsendung von Studierenden in den Modellstudiengang in den Jahren 1993 bis einschließlich 1997. 3) Typ der analysierten Gesprächseinheit nach Informationskompetenz bzw. Aufgabenzuschnitt: 1= Verwaltungsspitze, 2 = Kernverwaltung, 3 = Ordnungs- und Leistungsverwaltung, 4 = Verwaltungseinheit mit besonderen Anforderungen in den Bereichen Verwaltungsreform, ökonomische Kenntnisse. Anzahl der Codings zu Fragekomplexe III.1/IV.1-3. Datengrundlage: Analyse von Intensivinterviews (Fallstudien Evaluation Verwaltungsbetriebswirtschaftslehre FHöV NRW).

## Tabelle 6

**Zukünftig verstärkt auftretende Anforderungen aus Sicht von Verwaltungsspitze und Amtsleitern nach Verwaltungsgröße, VBWL-Entsendung und Typ der Untersuchungseinheit** (Anzahl der Codings)

| Größe | | große Verwaltung | | | | | | | | | | | | | | klein/ mittel | | | | | | | |
|---|---|---|---|---|---|---|---|---|---|---|---|---|---|---|---|---|---|---|---|---|---|---|---|
| VBWL 93 - 97 | | ja | | | | | | | | | | | nein | | | ja | | | | nein | | | |
| Typ der UE | Σ | Typ 1 | | Typ 2 | | | Typ 3 | | | Typ 4 | | | 1 | 2 | 3 | 1 | 2 | 3 | 4 | 1 | 2 | 3 | 4 |
| ***"Ökonomische Fachkenntnisse plus"*** | ***41*** | *2* | *1* | *2* | *2* | *2* | *1* | *2* | *7* | *6* | | | | *2* | *1* | | *1* | *2* | | *5* | *5* | | |
| "BWL und Recht", "BWL in Verbindung mit Verwaltungskenntnissen" | 10 | | | 1 | | | | 2 | 3 | 2 | | | | 2 | | | | | | | | | |
| "BWL wichtig, aber Verwaltung kein Wirtschaftsbetrieb", "Verwaltung muß öffentliche Aufgaben berücksichtigen" | 8 | | | | | | | | | 3 | | | | | | | 1 | 2 | | | 2 | | |
| "Controlling/ Berichtswesen" | 6 | 2 | 1 | | | | | | 2 | | | | | | | | | | | 1 | | | |
| "BWL und Organisationsqualifikation" | 5 | | | 1 | | | 1 | | 1 | 1 | | | | | 1 | | | | | | | | |
| "vermehrt BWL-Kenntnisse, Entwicklung der Ordnungs- zur Serviceverwaltung" | 4 | | | | | | | | | | | | | | | | | | | 3 | 1 | | |
| "KLR, da weiterer Ausbau; auch Fortbildung" | 3 | | | | | 2 | | | 1 | | | | | | | | | | | | | | |
| BWL nicht b allen öff.Aufgaben, höchstens HH, Bau, Orga | 2 | | | | | | | | | | | | | | | | | | | | 2 | | |
| Doppik | 2 | | | | 2 | | | | | | | | | | | | | | | | | | |
| "Marketing, aber nicht zu speziell" | 1 | | | | | | | | | | | | | | | | | | | 1 | | | |
| ***Verwaltungskenntnisse:*** | ***13*** | *1* | | | | *2* | | | *1* | | *2* | | | | *2* | *1* | | | *1* | *3* | | | |
| "Verwaltungskenntnisse | 7 | | | | | 2 | | | | | 1 | | | | 2 | | | | 1 | 1 | | | |
| "gutes fachliches Verwaltungsgrundwissen" | 2 | | | | | | | | | | | | | | | 1 | | | | 1 | | | |
| "juristische Kenntnisse" | 2 | 1 | | | | | | | | | | | | | | | | | | 1 | | | |
| "Verwaltungsorganisation" | 1 | | | | | | | | 1 | | | | | | | | | | | | | | |
| "Personalwesen, Sachbearbeitung" | 1 | | | | | | | | | | 1 | | | | | | | | | | | | |
| ***EDV, EDV-Grundlagen*** | ***5*** | | 2 | | | | | | 2 | | | | | | | | | | | | | 1 | |
| ***Schlüsselqualifikationen"*** | | | | | | | | | | | | | | | | | | | | | | | |
| ***"neue Breitenelemente":*** | ***34*** | | *1* | *3* | | *2* | | | *11* | *1* | *2* | | | | *5* | | | *5* | *3* | | | | *1* |
| "interner Service nimmt zu" | 11 | | | 3 | | | | | 7 | | 1 | | | | | | | | | | | | |
| "BWL-Denken", "Kostenbewusstsein" | 10 | | 1 | | | | | | | | | | | | 4 | | | 1 | 3 | | | | 1 |
| Service (extern): "Bürgerorientierung" | 6 | | | | | | | | | 1 | 1 | | | | | | | 4 | | | | | |
| "allg. Ausweitung der Befugnisse" | 2 | | | | | | | | 2 | | | | | | | | | | | | | | |
| "klassische rechtlich orientierte Aufgaben rückläufig" | 2 | | | | | | | | 2 | | | | | | | | | | | | | | |
| "Kostenbewußtsein" | 1 | | | | | 1 | | | | | | | | | | | | | | | | | |
| "Zunahme sozialer und Servicetätigkeiten" | 1 | | | | | 1 | | | | | | | | | | | | | | | | | |
| "Selbständigkeit" ("Widerspruchsgeist") | 1 | | | | | | | | | | | | | | 1 | | | | | | | | |
| ***"Basisqualifikationen":*** | ***19*** | | *2* | *1* | | | | | | | *1* | | | | *1* | *10* | | *3* | | *1* | | | |
| Flexibilität, Lernfähigkeit (wichtiger als detailliertes Fachwissen) | 15 | | 2 | 1 | | | | | | | 1 | | | | | 7 | | 3 | | 1 | | | |
| "Größere Zusammenhänge erkennen", "Projektorientierung", "komplexes Arbeiten", "vernetztes Denken" | 4 | | | | | | | | | | | | | | 1 | 3 | | | | | | | |
| ***"Soziale Kompetenzen":*** | ***11*** | *3* | *1* | *1* | | | | | | | | | | | *2* | *1* | | *3* | | | | | |
| "Moderationsfähigkeit", "Verhandlungsfähigkeit" | 3 | 2 | | | | | | | | | | | | | | | | 1 | | | | | |
| "Teamfähigkeit" | 3 | | | | | | | | | | | | | | | 1 | | 2 | | | | | |
| "Führungseigenschaften auch für g.D. nötig" | 2 | | | | | | | | | | | | | | 2 | | | | | | | | |
| "Kooperationsfähigkeit" | 1 | 1 | | | | | | | | | | | | | | | | | | | | | |
| "Koordinationsfähigkeit" | 1 | | | 1 | | | | | | | | | | | | | | | | | | | |
| "Präsentation" (Auftreten) | 1 | | 1 | | | | | | | | | | | | | | | | | | | | |
| ***"Persönlichkeit/ individuelles Leistungspotential":*** | ***5*** | | *1* | | | | | | | | | | | | | *4* | | *1* | | | | | |
| Lernbereitschaft" | 3 | | | | | | | | | | | | | | | 3 | | | | | | | |
| "Leistungsbereitschaft" | 1 | | | | | | | | | | | | | | | | | 1 | | | | | |
| "Motivation", "Interesse an Arbeit wichtig" | 1 | | 1 | | | | | | | | | | | | | | | | | | | | |

Anzahl der Codings zu Fragekomplex IV.1/VI.1. Datengrundlage: Analyse von Intensivinterviews (Fallstudien Evaluation Verwaltungsbetriebswirtschaftslehre FHöV NRW).

### *9.2.2 Auszüge zu Perspektivenvergleichen*

**Tabelle 7**
**Wichtigkeit von Fächern des Curriculums Verwaltungsbetriebswirtschaftslehre: Signifikanz der Unterschiede zwischen den Urteilen von Studierenden, Absolventen, Ausbildungsleitung, Amtsleitern** (arithmetisches Mittel; Standardabweichung; $Chi^2$; Freiheitsgrade; Signifikanz der Rangvarianzanalyse nach Kruskal-Wallis, $\alpha$=0,05)

| *Item* | *N* | *Mean* | *Std. Dev.* | *$Chi^2$* | *df* | *Sign.* |
|---|---|---|---|---|---|---|
| Kosten- u. Leistungsrechnung | 461 | 1,449 | ,833 | 18,6323 | 4 | ,0009 |
| Organisation u. TuI | 822 | 1,807 | ,892 | 53,4959 | 4 | ,0000 |
| Rechnungssysteme | 830 | 1,830 | ,952 | 48,9421 | 4 | ,0000 |
| Informationsverarbeitung | 829 | 1,922 | 1,021 | 10,0675 | 4 | ,0393 |
| Betriebliche Planung | 462 | 2,109 | 1,007 | 19,0477 | 4 | ,0008 |
| Finanz.- u. Investitionsrechnung | 464 | 2,121 | 1,102 | 30,9524 | 4 | ,0000 |
| Öffentliche Finanzwirtschaft | 830 | 2,175 | ,981 | 11,1820 | 4 | ,0246 |
| Managementtraining | 828 | 2,213 | 1,233 | 11,8469 | 4 | ,0185 |
| Betriebliche Funktionen | 822 | 2,215 | 1,017 | 25,0524 | 4 | ,0000 |
| Einführung i. d. ÖBWL | 832 | 2,231 | 1,140 | 19,2619 | 4 | ,0007 |
| Personalwirtschaft | 827 | 2,528 | 1,172 | 64,2331 | 4 | ,0000 |
| AVR | 833 | 2,588 | 1,167 | 61,4537 | 4 | ,0000 |
| Kommunales Verfassungsrecht | 461 | 2,827 | 1,177 | 64,9612 | 4 | ,0000 |
| Juristische Methodik | 161 | 2,963 | 1,227 | 13,2437 | 2 | ,0013 |
| BGB | 832 | 2,969 | 1,081 | 34,3757 | 4 | ,0000 |
| Statistik | 463 | 3,060 | 1,288 | 79,2108 | 4 | ,0000 |
| Arbeits- u. Dienstrecht | 463 | 3,133 | 1,068 | 41,9717 | 4 | ,0000 |
| VWL | 832 | 3,562 | 1,081 | 52,0250 | 4 | ,0000 |
| Staats- u. Europarecht | 374 | 3,768 | 1,026 | 48,9737 | 4 | ,0000 |

Frage: Für wie wichtig halten Sie die folgenden Lehrthemen im Hinblick auf die (spätere) berufliche Tätigkeit / die Tätigkeit von Personal im gehobenen nichttechnischen Verwaltungsdienst? Antwortskala von 1 = "sehr wichtig" bis 5 = "überhaupt nicht wichtig". Daten: Evaluation Verwaltungsbetriebswirtschaftslehre FHöV NRW.

Da die Rangvarianzanalyse nach Kruskal-Wallis als verteilungsunabhängige Alternative zur (metrischen) Varianzanalyse keine multiple range Tests (im Gegensatz zur metrischen Varianzanalyse, wo diese Tests "post hoc" angefordert werden können) liefert, ist bei signifikanten Ergebnissen ist noch nicht bekannt, welche Teilstichproben sich voneinander unterscheiden. Ist das Ergebnis der Rangvarianzanalyse bekannt, lassen sich jedoch "kritische" Werte für Rangzahlendifferenzen ("$d_{krit}$") für jeweils zwei von k Stichproben berechnen (vgl. z.B. Bauer (1984), S 101f).

$$d_{krit} = \sqrt{H_{krit}} * \sqrt{(N*(N+1)/12)} * \sqrt{(1/n_i)+(1/n_j)}$$

$H_{krit}$ : $Chi^2$-Wert für das gewählte Signifikanzniveau mit k-1 Freiheitsgraden (für die folgende Tabelle: 9.4877)

N : Gesamtzahl der Fälle in allen Stichproben

$n_i$ : Stichprobenumfang der ersten betrachteten Teilstichprobe

$n_j$ : Stichprobenumfang der zweiten betrachteten Teilstichprobe

Ist die tatsächliche Differenz der Mean Ranks zweier Gruppen größer als die Prüfgröße, so ist der Unterschied signifikant. Bei kleineren Teilstichproben ist jedoch zu beachten, daß der Test sehr "konservativ" reagiert, d.h. in diesen Vergleichen werden nur relativ große Differenzen der Rangplätze als signifikant ausgewiesen.

**Tabelle 8 Wichtigkeit von Fächern des Curriculums Verwaltungsbetriebswirtschaftslehre: Signifikanzen von Mittelwertsunterschieden zwischen den einzelnen befragten Gruppen** (Differenzen der Mean Ranks)

| *Variable* | *Gruppe* | *N* | *Mean Rank* | *Differenzen der Mean Ranks* | | | |
|---|---|---|---|---|---|---|---|
| A29MAA | Einführung i. d. ÖBWL | | | Stud. | Abs. | AL | FS "ökonom." |
| | Stud. | 642 | 425,39 | | | | |
| | Abs. | 111 | 441,00 | 15,61 | | | |
| | AL | 48 | 306,03 | 119,36* | 134,97* | | |
| | FS "ökonom." | 16 | 296,69 | 128,70 | 144,31 | 9,34 | |
| | FS "Vw.profil" | 15 | 335,80 | 89,59 | 105,20 | 29,77 | 39,11 |
| A29MAB | Betriebliche Funktionen | | | Stud. | Abs. | AL | FS "ökonom." |
| | Stud. | 635 | 398,97 | | | | |
| | Abs. | 109 | 503,15 | 104,18* | | | |
| | AL | 47 | 364,16 | 34,81 | 138,99* | | |
| | FS "ökonom." | 16 | 348,47 | 50,50 | 154,68 | 15,69 | |
| | FS "Vw.profil" | 15 | 491,50 | 92,53 | 11,65 | 127,34 | 143,03 |
| A29MAC | Betriebliche Planung | | | Stud. | Abs. | AL | FS "ökonom." |
| | Stud. | 273 | 214,85 | | | | |
| | Abs. | 111 | 272,89 | 58,04* | | | |
| | AL | 48 | 213,10 | 1,75 | 59,79 | | |
| | FS "ökonom." | 16 | 249,78 | 34,93 | 23,11 | 36,68 | |
| | FS "Vw.profil" | 14 | 270,18 | 55,33 | 2,71 | 57,08 | 20,40 |
| A29MAE | Statistik | | | Stud. | Abs. | AL | FS "ökonom." |
| | Stud. | 272 | 204,37 | | | | |
| | Abs. | 111 | 324,24 | 119,87* | | | |
| | AL | 49 | 227,03 | 22,66 | 97,21* | | |
| | FS "ökonom." | 16 | 147,56 | 56,81 | 176,68* | 79,47 | |
| | FS "Vw.profil" | 15 | 156,67 | 47,70 | 167,57* | 70,36 | 9,11 |
| A29MAD | Finanz.- u. Investitionsrechnung | | | Stud. | Abs. | AL | FS "ökonom." |
| | Stud. | 273 | 219,79 | | | | |
| | Abs. | 111 | 266,66 | 46,87* | | | |
| | AL | 49 | 179,60 | 40,19 | 87,06* | | |
| | FS "ökonom." | 16 | 274,19 | 54,40 | 7,53 | 94,59 | |
| | FS "Vw.profil" | 15 | 339,33 | 119,54* | 72,67 | 159,73* | 65,14 |
| A29MAF | Organisation u. TuI | | | Stud. | Abs. | AL | FS "ökonom." |
| | Stud. | 639 | 389,38 | | | | |
| | Abs. | 111 | 543,26 | 153,88* | | | |
| | AL | 47 | 376,94 | 12,44 | 166,32* | | |
| | FS "ökonom." | 14 | 558,18 | 168,80 | 14,92 | 181,24 | |
| | FS "Vw.profil" | 15 | 460,33 | 70,95 | 82,93 | 83,39 | 97,85 |
| A29MAG | Personalwirtschaft | | | Stud. | Abs. | AL | FS "ökonom." |
| | Stud. | 638 | 386,40 | | | | |
| | Abs. | 111 | 569,87 | 183,47* | | | |
| | AL | 47 | 411,97 | 25,57 | 157,90* | | |
| | FS "ökonom." | 16 | 511,72 | 125,32 | 58,15 | 99,75 | |
| | FS "Vw.profil" | 15 | 336,70 | 49,70 | 233,17 | 75,27 | 175,02 |
| A29MAH | Rechnungssysteme | | | Stud. | Abs. | AL | FS "ökonom." |
| | Stud. | 641 | 393,48 | | | | |
| | Abs. | 111 | 471,19 | 77,71* | | | |
| | AL | 47 | 430,41 | 36,93 | 40,78 | | |
| | FS "ökonom." | 16 | 600,69 | 207,21* | 129,50 | 170,28 | |
| | FS "Vw.profil" | 15 | 700,10 | 306,62* | 228,91* | 269,69* | 99,41 |
| A29MAI | KLR | | | Stud. | Abs. | AL | FS "ökonom." |
| | Stud. | 272 | 225,81 | | | | |
| | Abs. | 111 | 238,70 | 12,89 | | | |
| | AL | 47 | 200,29 | 25,52 | 38,41 | | |
| | FS "ökonom." | 16 | 265,09 | 39,28 | 26,39 | 64,80 | |
| | FS "Vw.profil" | 15 | 327,97 | 102,16 | 89,27 | 127,68* | 62,88 |

(Fortsetzung Tabelle 8)

| | | | | | | | |
|---|---|---|---|---|---|---|---|
| A29MAJ | Informationsverarbeitung FS "ökonom." | | | Stud. | Abs. | AL | FS "ökonom." |
| | Stud. | 641 | 416,12 | | | | |
| | Abs. | 110 | 399,39 | 16,73 | | | |
| | AL | 47 | 490,56 | 74,44 | 91,17 | | |
| | FS "ökonom." | 16 | 340,63 | 75,49 | 58,76 | 149,93 | |
| | FS "Vw.profil" | 15 | 324,37 | 91,75 | 75,02 | 166,19 | 16,26 |
| A29MAK | VWL | | | Stud. | Abs. | AL | FS "ökonom." |
| | Stud. | 643 | 409,39 | | | | |
| | Abs. | 111 | 539,82 | 130,43* | | | |
| | AL | 47 | 287,11 | 122,28* | 252,71* | | |
| | FS "ökonom." | 16 | 312,44 | 96,95 | 227,38* | 25,33 | |
| | FS "Vw.profil" | 15 | 325,10 | 84,29 | 214,72* | 37,99 | 12,66 |
| A29MAL | Öffentliche Finanzwirtschaft | | | Stud. | Abs. | AL | FS "ökonom." |
| | Stud. | 642 | 414,06 | | | | |
| | Abs. | 111 | 463,97 | 49,91 | | | |
| | AL | 47 | 336,01 | 78,05 | 127,96 | | |
| | FS "ökonom." | 16 | 386,22 | 27,84 | 77,75 | 50,21 | |
| | FS "Vw.profil" | 14 | 397,75 | 16,31 | 66,22 | 61,74 | 11,53 |
| A29MAM | Staats- u. Europarecht | | | Stud. | Abs. | AL | FS "ökonom." |
| | Stud. | 184 | 146,94 | | | | |
| | Abs. | 111 | 204,55 | 57,61* | | | |
| | AL | 48 | 144,79 | 2,15 | 59,76* | | |
| | FS "ökonom." | 16 | 135,78 | 11,16 | 68,77 | 9,01 | |
| | FS "Vw.profil" | 15 | 92,47 | 54,47 | 112,08 | 52,32 | 43,31 |
| A29MAN | AVR | | | Stud. | Abs. | AL | FS "ökonom." |
| | Stud. | 643 | 404,42 | | | | |
| | Abs. | 111 | 559,62 | 155,20* | | | |
| | AL | 48 | 294,63 | 109,79 | 264,99* | | |
| | FS "ökonom." | 16 | 426,34 | 21,92 | 133,28 | 131,71 | |
| | FS "Vw.profil" | 15 | 282,37 | 122,05 | 277,25* | 12,26 | 143,97 |
| A29MAO | BGB | | | Stud. | Abs. | AL | FS "ökonom." |
| | Stud. | 643 | 414,72 | | | | |
| | Abs. | 110 | 501,91 | 87,19* | | | |
| | AL | 48 | 335,26 | 79,46 | 166,65* | | |
| | FS "ökonom." | 16 | 334,63 | 80,09 | 167,28 | 0,63 | |
| | FS "Vw.profil" | 15 | 213,93 | 200,79* | 287,98* | 121,33 | 120,70 |
| A29MAP | Arbeits- u. Dienstrecht | | | Stud. | Abs. | AL | FS "ökonom." |
| | Stud. | 273 | 218,05 | | | | |
| | Abs. | 111 | 294,56 | 76,51* | | | |
| | AL | 48 | 198,16 | 19,89 | 96,40* | | |
| | FS "ökonom." | 16 | 232,53 | 14,48 | 62,03 | 34,37 | |
| | FS "Vw.profil" | 15 | 130,60 | 87,45 | 163,96* | 67,56 | 101,93 |
| A29MAQ | Kommunales Verfassungsrecht FS "ökonom." | | | Stud. | Abs. | AL | FS "ökonom." |
| | Stud. | 273 | 210,31 | | | | |
| | Abs. | 109 | 314,57 | 104,26* | | | |
| | AL | 48 | 176,10 | 34,21 | 138,47* | | |
| | FS "ökonom." | 16 | 241,69 | 31,38 | 72,88 | 65,59 | |
| | FS "Vw.profil" | 15 | 164,57 | 45,74 | 150,00* | 11,53 | 77,12 |
| A29MAR | Managementtraining | | | Stud. | Abs. | AL | FS "ökonom." |
| | Stud. | 641 | 404,20 | | | | |
| | Abs. | 111 | 433,30 | 29,10 | | | |
| | AL | 45 | 429,93 | 25,73 | 3,37 | | |
| | FS "ökonom." | 16 | 569,53 | 165,33 | 136,23 | 139,60 | |
| | FS "Vw.profil" | 15 | 503,93 | 99,73 | 70,63 | 74,00 | 65,60 |
| A29MAS | Juristische Methodik | | | Stud. | FS "ökonom. | | |
| | Stud. | 130 | 85,82 | | | | |
| | FS "ökonom." | 16 | 79,50 | 6,32 | | | |
| | FS "Vw.profil" | 15 | 40,80 | 45,02* | 38,70 | | |

Stud. = Studierende des dritten und fünften Semesters; Abs. = Absolventen 1996/97; AL = Ausbildungsleiter; FS "ökonom." = ökonomisches Anforderungsprofil im Rahmen der Fallstudieninterviews; FS "Vw.profil" = Verwaltungsprofil im Rahmen der Fallstudien; * = Differenz der Mean Ranks ist signifikant auf dem 95%-Niveau ($\alpha = 0.05$). Daten: Evaluation Verwaltungsbetriebswirtschaftslehre FHöV NRW, eigene vertiefte Auswertungen.

**Tabelle 9**
**Wichtigkeit von Fächern des Curriculums Kommunaler Verwaltungsdienst: Signifikanz der Unterschiede zwischen den Urteilen von Studierenden, Absolventen und Amtsleitern** (arithmetisches Mittel; Standardabweichung; $Chi^2$; Freiheitsgrade; Signifikanz der Rangvarianzanalyse nach Kruskal-Wallis, $\alpha = 0{,}05$)

| *Variable* | | *N* | *Mean* | *Std. Dev.* | *$Chi^2$* | *df* | *Sign.* |
|---|---|---|---|---|---|---|---|
| A29GAA | Staats- u. Verfassungsrecht | 804 | 3,315 | 1,075 | 32,1434 | 3 | ,0000 |
| A29GAB | AVR | 805 | 1,442 | ,751 | 127,3952 | 3 | ,0000 |
| A29GAC | BGB | 803 | 3,006 | 1,036 | 18,5996 | 3 | ,0003 |
| A29GAD | ÖBWL I | 798 | 2,474 | 1,101 | 90,4241 | 3 | ,0000 |
| A29GAE | ÖBWL II | 447 | 2,844 | 1,187 | 49,7736 | 3 | ,0000 |
| A29GAF | Öffentliche Finanzwirtschaft | 802 | 2,200 | 1,020 | 92,4677 | 3 | ,0000 |
| A29GAG | Öffentliches Dienstrecht | 802 | 2,679 | 1,133 | 140,2046 | 3 | ,0000 |
| A29GAH | Kommunalrecht | 800 | 2,352 | 1,086 | 102,0852 | 3 | ,0000 |
| A29GAI | POR | 449 | 2,812 | 1,237 | 78,1175 | 3 | ,0000 |
| A29GAJ | Sozialrecht | 448 | 2,282 | 1,324 | 57,3158 | 3 | ,0000 |
| A29GAK | VWL/Finanzwissenschaft | 720 | 3,909 | ,939 | 35,4684 | 3 | ,0000 |
| A29GAM | Statistik | 762 | 4,160 | ,981 | 65,4823 | 3 | ,0000 |
| A29GAN | Juristische Methodik | 799 | 2,859 | 1,321 | 17,9462 | 3 | ,0005 |
| A29GAU | Verwaltungspsychologie | 797 | 3,292 | 1,258 | 35,6249 | 3 | ,0000 |
| A29GAV | Politische Soziologie | 788 | 4,026 | 1,015 | 80,8792 | 3 | ,0000 |

Frage: Für wie wichtig halten Sie die folgenden Lehrthemen im Hinblick auf die (spätere) berufliche Tätigkeit / die Tätigkeit von Personal im gehobenen nichttechnischen Verwaltungsdienst? Antwortskala von 1 = "sehr wichtig" bis 5 = "überhaupt nicht wichtig". Daten: Evaluation Verwaltungsbetriebswirtschaftslehre FHöV NRW.

**Tabelle 10**
**Wichtigkeit von Fächern des Curriculums Kommunaler Verwaltungsdienst: Signifikanzen von Mittelwertsunterschieden zwischen den einzelnen befragten Gruppen** (Differenzen der Mean Ranks)

| *Variable* | *Gruppe* | *N* | *Mean Rank* | *Differenzen der Mean Ranks* | | |
|---|---|---|---|---|---|---|
| A29GAA | Staats- u. Verfassungsrecht | | | Stud. | Abs. | FS "ökonom." |
| | Stud. | 658 | 386,6 | | | |
| | Abs. | 115 | 505,17 | 118,57* | | |
| | FS "ökonom." | 16 | 432,31 | 45,71 | 72,86 | |
| | FS "Vw.Profil" | 15 | 281,2 | 105,40 | 223,97* | 151,11 |
| A29GAB | AVR | | | Stud. | Abs. | FS "ökonom." |
| | Stud. | 659 | 368,22 | | | |
| | Abs. | 115 | 547,73 | 179,51* | | |
| | FS "ökonom." | 16 | 683,75 | 315,53* | 136,02 | |
| | FS "Vw.Profil" | 15 | 521,93 | 153,71 | 25,8 | 161,82 |
| A29GAC | BGB | | | Stud. | Abs. | FS "ökonom." |
| | Stud. | 657 | 402,78 | | | |
| | Abs. | 115 | 437,4 | 34,62 | | |
| | FS "ökonom." | 16 | 309,34 | 93,44 | 128,06 | |
| | FS "Vw.Profil" | 15 | 195,17 | 207,61* | 242,23* | 114,17 |
| A29GAD | ÖBWL I | | | Stud. | Abs. | FS "ökonom." |
| | Stud. | 654 | 370,19 | | | |
| | Abs. | 115 | 580,8 | 210,61* | | |
| | FS "ökonom." | 14 | 371,39 | 1,20 | 209,41* | |
| | FS "Vw.Profil" | 15 | 313,77 | 56,42 | 267,03* | 57,62 |

(Fortsetzung Tabelle 10)

| | | | Stud. | Abs. | FS "ökonom." |
|---|---|---|---|---|---|
| A29GAE ÖBWL II | | | Stud. | Abs. | FS "ökonom." |
| Stud. | 301 | 201,94 | | | |
| Abs. | 115 | 292,79 | 90,85* | | |
| FS "ökonom." | 16 | 145,84 | 56,10 | 146,95* | |
| FS "Vw.Profil" | 15 | 222,73 | 20,79 | 70,06 | 76,89 |
| A29GAF Öffentliche Finanzwirtschaft | | | Stud. | Abs. | FS "ökonom." |
| Stud. | 658 | 370,86 | | | |
| Abs. | 114 | 584,85 | 213,99* | | |
| FS "ökonom." | 16 | 371,25 | 0,39 | 213,60* | |
| FS "Vw.Profil" | 14 | 382,96 | 12,10 | 201,89* | 11,71 |
| A29GAG Öffentliches Dienstrecht | | | Stud. | Abs. | FS "ökonom." |
| Stud. | 657 | 362,38 | | | |
| Abs. | 114 | 626,21 | 263,83* | | |
| FS "ökonom." | 16 | 490,91 | 128,53 | 135,30 | |
| FS "Vw.Profil" | 15 | 311,8 | 50,58 | 314,41* | 179,11 |
| A29GAH Kommunalrecht | | | Stud. | Abs. | FS "ökonom." |
| Stud. | 654 | 369,52 | | | |
| Abs. | 115 | 589,51 | 219,99* | | |
| FS "ökonom." | 16 | 419,34 | 49,82 | 170,17 | |
| FS "Vw.Profil" | 15 | 281,93 | 87,59 | 307,58* | 137,41 |
| A29GAI POR | | | Stud. | Abs. | FS "ökonom." |
| Stud. | 303 | 189,29 | | | |
| Abs. | 115 | 294,86 | 105,57* | | |
| FS "ökonom." | 16 | 343,78 | 154,49* | 48,92 | |
| FS "Vw.Profil" | 15 | 284,13 | 94,84 | 10,73 | 59,65 |
| A29GAJ Sozialrecht | | | Stud. | Abs. | FS "ökonom." |
| Stud. | 302 | 194,87 | | | |
| Abs. | 115 | 277,53 | 82,66* | | |
| FS "ökonom." | 16 | 347,25 | 152,38* | 69,72 | |
| FS "Vw.Profil" | 15 | 283,47 | 88,60 | 5,94 | 63,78 |
| A29GAK VWL/Finanzwissenschaft | | | Stud. | Abs. | FS "ökonom." |
| Stud. | 574 | 355,12 | | | |
| Abs. | 115 | 430,57 | 75,45* | | |
| FS "ökonom." | 16 | 196,53 | 158,59* | 234,04* | |
| FS "Vw.Profil" | 15 | 203,93 | 151,19 | 226,64* | 7,4 |
| A29GAM Statistik | | | Stud. | Abs. | FS "ökonom." |
| Stud. | 623 | 390,37 | | | |
| Abs. | 108 | 412,93 | 22,56 | | |
| FS "ökonom." | 16 | 113,25 | 277,12* | 299,68* | |
| FS "Vw.Profil" | 15 | 73,07 | 317,30* | 339,86* | 40,18 |
| A29GAN Juristische Methodik | | | Stud. | Abs. | FS "ökonom." |
| Stud. | 653 | 393,31 | | | |
| Abs. | 115 | 458,9 | 65,59* | | |
| FS "ökonom." | 16 | 416,66 | 23,35 | 42,24 | |
| FS "Vw.Profil" | 15 | 221,8 | 171,51* | 237,10* | 194,86 |
| A29GAU Verwaltungspsychologie | | | Stud. | Abs. | FS "ökonom." |
| Stud. | 651 | 406,17 | | | |
| Abs. | 115 | 420,2 | 14,03 | | |
| FS "ökonom." | 16 | 220,78 | 185,39* | 199,42* | |
| FS "Vw.Profil" | 15 | 115,2 | 290,97* | 305,00* | 105,58 |
| A29GAV Politische Soziologie | | | Stud. | Abs. | FS "ökonom." |
| Stud. | 645 | 396,51 | | | |
| Abs. | 112 | 470,43 | 73,92* | | |
| FS "ökonom." | 16 | 78,81 | 317,70* | 391,62* | |
| FS "Vw.Profil" | 15 | 77,97 | 318,54* | 392,46* | 0,84 |

Stud. = Studierende des dritten und fünften Semesters; Abs. = Absolventen 1996/97; FS "ökonom." = ökonomisches Anforderungsprofil im Rahmen der Fallstudieninterviews; FS "Vw.profil" = Verwaltungsprofil im Rahmen der Fallstudien; * = Differenz der Mean Ranks ist signifikant auf dem 95%-Niveau (α = 0.05). Daten: Evaluation Verwaltungsbetriebswirtschaftslehre FHöV NRW, eigene vertiefte Auswertungen.

**Tabelle 11**
**Einschätzung der Wichtigkeit von Schlüsselqualifikationen für die berufliche Tätigkeit durch Studierende, Absolventen, Ausbildungsleiter und in Fallstudieninterviews mit Verwaltungsspitze und Amtsleitern** (arithmetisches Mittel)

| | *Studierende* | | *Absolventen* | | *AL* | *Fallstudien* | |
|---|---|---|---|---|---|---|---|
| | *VBWL* | *KV* | *VBWL* | *KV* | *VBWL* | *ökonom.* | *Verwaltungspr.* |
| Verantwortungsbewußtsein | 1,6 | 1,6 | 1,6 | 1,7 | 1,7 | 1,3 | 1,3 |
| Verläßlichkeit | 1,6 | 1,6 | 1,5 | 1,7 | 1,8 | 1,2 | 1,6 |
| Kommunikationsfähigkeit | 1,6 | 1,7 | 1,6 | 1,6 | 1,6 | 1,5 | 1,6 |
| Leistungsbereitschaft / Engagement | 1,6 | 1,7 | 1,5 | 1,6 | 1,4 | 1,4 | 1,4 |
| Problemlösungsfähigkeit | 1,7 | 1,6 | 1,7 | 1,7 | 1,3 | 1,2 | 1,4 |
| Selbständigkeit | 1,7 | 1,7 | 1,5 | 1,7 | 1,6 | 1,3 | 1,3 |
| Denk- und Urteilsfähigkeit | 1,7 | 1,7 | 1,8 | 1,7 | 1,4 | 1,6 | 1,6 |
| Kooperationsfähigkeit | 1,6 | 1,8 | 1,8 | 2,2 | 1,7 | 1,6 | 1,9 |
| Sorgfalt und Genauigkeit | 1,9 | 1,7 | 1,7 | 1,5 | 1,7 | 1,6 | 2,1 |
| Belastbarkeit | 1,9 | 1,8 | 1,7 | 1,6 | 1,9 | 1,3 | 1,6 |
| Selbstvertrauen | 1,8 | 1,9 | 1,8 | 1,9 | 1,9 | 1,6 | 1,9 |
| Koordinationsfähigkeit | 1,8 | 2,0 | 1,8 | 2,0 | 1,8 | 1,5 | 1,8 |
| Intellektuelle Fähigkeiten (logisches, methodisches Denken) | 2,0 | 1,9 | 1,6 | 2,0 | 1,4 | 1,3 | 1,7 |
| Schriftliche Ausdrucksfähigkeit | 1,9 | 1,9 | 2,0 | 2,0 | 2,0 | 1,9 | 1,9 |
| Durchsetzungsvermögen | 2,0 | 1,9 | 1,8 | 1,9 | 2,0 | 1,5 | 1,8 |
| Lernfähigkeit | 1,9 | 2,1 | 1,8 | 1,9 | 1,7 | 1,2 | 1,6 |
| Befähigung, größere Wirkungs- und Gestaltungszusammenhänge zu erfassen | 1,8 | 2,1 | 1,9 | 2,3 | 1,9 | 1,3 | 1,8 |
| Zielstrebigkeit | 1,8 | 2,1 | 2,0 | 2,1 | 1,7 | 1,6 | 2,1 |
| Kritikfähigkeit | 1,9 | 2,0 | 2,1 | 2,4 | 1,7 | 1,8 | 2,1 |
| Ökonomische Auswirkungen von Verwaltungshandeln erkennen | 1,6 | 2,3 | 2,0 | 2,6 | 1,5 | 1,4 | 1,8 |
| Ausdauer | 2,0 | 2,1 | 1,9 | 1,9 | 1,8 | 1,6 | 2,0 |
| Wirtschaftliches Denken | 1,7 | 2,4 | 1,9 | 2,9 | 1,5 | 1,0 | 1,8 |
| Soziales Verantwortungsbewußtsein | 2,3 | 1,9 | 2,4 | 2,2 | 1,8 | 1,6 | 1,7 |
| Einfühlungsvermögen | 2,2 | 2,1 | 2,4 | 2,1 | 2,0 | 2,2 | 1,8 |
| Vielseitigkeit | 2,1 | 2,3 | 2,1 | 2,3 | 2,0 | 2,1 | 2,2 |
| Innovationsfähigkeit | 1,9 | 2,5 | 2,1 | 2,9 | 1,7 | 1,6 | 2,4 |
| Improvisationsfähigkeit | 2,1 | 2,3 | 2,3 | 2,7 | 2,0 | 1,8 | 2,3 |
| Führungskompetenz | 1,9 | 2,2 | 3,2 | 3,5 | 2,5 | 2,2 | 1,9 |
| Präsentationsfähigkeit | 2,1 | 2,4 | 2,3 | 2,9 | 2,2 | 1,7 | 2,3 |
| Loyalität gegenüber der Verwaltung und ihren Zielen | 2,2 | 2,5 | 2,3 | 2,7 | 2,1 | 1,9 | 1,7 |
| Anpassungsfähigkeit | 2,4 | 2,5 | 2,6 | 2,8 | 2,2 | 1,8 | 2,3 |
| Gesellschaftspolitische Auswirkungen des Verwaltungshandelns zu erkennen | 2,2 | 2,5 | 2,8 | 3,0 | 2,6 | 2,3 | 2,8 |
| Unkonventionelles Denken | 2,3 | 2,7 | 2,6 | 2,8 | 2,1 | 1,7 | 2,5 |
| Kreativität | 2,3 | 2,8 | 2,5 | 3,2 | 1,9 | 1,8 | 2,3 |
| Anzahl (n) | (643) | (658) | (113) | (108) | (47) | (19) | (18) |

AL = Gruppendiskussionen mit der Ausbildungsleitung, Fallstudien = Fallstudieninterviews, analysiert wurden "ökonomische" und "Verwaltungsprofile". Frage: Für wie wichtig halten Sie die folgenden Kenntnisse und Fähigkeiten zur Ausübung Ihrer jetzigen/zukünftigen Tätigkeit? (Studierende/Absolventen); Welche Fähigkeiten wünschen Sie sich über die Fachkenntnisse hinaus von Ihren Mitarbeiterinnen und Mitarbeitern? (Antwortkarte Fallstudien); Einschätzung der Wichtigkeit von außerfachlichen Qualifikationen und Schlüsselkompetenzen (Antwortkarte Ausbildungsleitung). Antwortskala von 1 = "sehr wichtig" bis 5 = "völlig unwichtig". Daten: Evaluation Verwaltungsbetriebswirtschaftslehre FHöV NRW.

**Tabelle 12**
**Ergebnisse einer Faktorenanalyse der Schlüsselqualifikationsitems**
(höchste Faktorladungen)

| *Item* | *Faktor 1* | *Faktor 2* | *Faktor 3* | *Faktor 4* | *Faktor 5* | *Faktor 6* | *Faktor 7* |
|---|---|---|---|---|---|---|---|
| Intellektuelle Fähigkeiten (logisches, methodisches Denken) | | | **,69754** | | | | |
| Soziales Verantwortungsbewußtsein | | | ,40671 | | | | **,73710** |
| Ökonomische Auswirkungen von Verwaltungshandeln erkennen | | ,23722 | | | **,69047** | | |
| Befähigung, größere Wirkungs- und Gestaltungszusammenhänge zu erkennen | | ,20754 | ,44765 | | **,51234** | | |
| Gesellschaftspolitische Auswirkungen des Verwaltungshandelns zu erkennen | | | | | **,64384** | | ,22752 |
| Lernfähigkeit | ,22825 | | **,52042** | | | *,48715* | |
| Problemlösungsfähigkeit | ,22856 | | **,71293** | | | | |
| Präsentationsfähigkeit | | ,32058 | ,20473 | **,50883** | | ,39034 | |
| Schriftliche Ausdrucksfähigkeit | | | | ,32631 | | **,58361** | |
| Einfühlungsvermögen | ,20180 | ,25726 | | | | ,29374 | **,69028** |
| Anpassungsfähigkeit | ,21999 | | | | | **,60905** | |
| Selbständigkeit | ,34887 | ,23358 | **,56234** | ,22430 | | | |
| Durchsetzungsvermögen | **,37717** | ,21524 | ,33807 | ,33614 | | | |
| Verläßlichkeit | **,60110** | | | ,21580 | | | |
| Belastbarkeit | **,58908** | | | ,21769 | | | |
| Koordinationsfähigkeit | ,35534 | ,23909 | | **,49534** | | | |
| Kommunikationsfähigkeit | ,34394 | | ,25261 | **,52543** | | | ,20328 |
| Verantwortungsbewußtsein | **,53096** | | ,21535 | ,43213 | | | ,25979 |
| Kooperationsfähigkeit | ,33968 | | | **,57663** | ,26613 | | |
| Führungskompetenz | | ,29468 | | **,59077** | ,28104 | | |
| Leistungsbereitschaft / Engagement | **,58472** | | ,23457 | ,20562 | ,21746 | | |
| Ausdauer | **,69251** | ,26569 | | | | | |
| Zielstrebigkeit | **,50633** | ,42166 | | ,21243 | ,21098 | | |
| Wirtschaftliches Denken | | ,35017 | | ,22238 | **,58050** | | |
| Loyalität gegenüber der Verwaltung und ihren Zielen | ,36715 | | | | **,53524** | ,21201 | |
| Innovationsfähigkeit | | **,71417** | | | ,31954 | | |
| Kreativität | | **,78167** | | | ,20970 | | |
| Improvisationsfähigkeit | ,23512 | **,70320** | | | | | |
| Selbstvertrauen | **,53050** | ,39610 | ,22022 | | | | |
| Unkonventionelles Denken | | **,73717** | | | | | |
| Denk- und Urteilsfähigkeit | **,47113** | | ,32695 | | | | |
| Sorgfalt und Genauigkeit | **,66171** | | | | | | ,21302 |
| Kritikfähigkeit | ,29253 | **,48506** | | ,27660 | ,21329 | | |
| Vielseitigkeit | ,30882 | **,55617** | | | | | |

Durch Fettdruck hervorgehoben sind die höchsten Ladungen auf den jeweiligen Faktor, kursiv ebenfalls relativ hohe Ladungen, die bei der Interpretation anderer Faktoren berücksichtigt werden müssen. Hauptkomponenten-Verfahren, Varimax-Rotation. Frage: Für wie wichtig halten Sie die folgenden Kenntnisse und Fähigkeiten zur Ausübung Ihrer jetzigen / zukünftigen Tätigkeit? (Studierende/Absolventen); Welche Fähigkeiten wünschen Sie sich über die Fachkenntnisse hinaus von Ihren MitarbeiterInnen? (Antwortkarte Fallstudien); Einschätzung der Wichtigkeit von außerfachlichen Qualifikationen und Schlüsselkompetenzen (Antwortkarte Ausbildungsleitung). Antwortskala von 1 = "sehr wichtig" bis 5 = "völlig unwichtig". Daten: Evaluation Verwaltungsbetriebswirtschaftslehre FHöV NRW.

**Tabelle 13**
**Wichtigkeit von Schlüsselqualifikationsdimensionen: Signifikanz der Unterschiede zwischen den Urteilen von Studierenden, Absolventen, Ausbildungsleitern und in Fallstudieninterviews mit Verwaltungsspitze und Amtsleitern** (arithmetisches Mittel; Standardabweichung; Chi²; Freiheitsgrade; Signifikanz der Rangvarianzanalyse nach Kruskal-Wallis, $\alpha = 0{,}05$)

| *Dimension (Faktor)* | *N* | *Mean* | *Std. Dev.* | *Chi²* | *df* | *Sign.* |
|---|---|---|---|---|---|---|
| "Persönlichkeit und Leistungspotential" | 1605 | 1,769 | ,592 | 15,2523 | 6 | ,0184 |
| "Basisqualifikationen" | 1605 | 1,892 | ,646 | 41,0392 | 6 | ,0000 |
| "Soziale Kompetenzen" | 1603 | 1,954 | ,656 | 117,4875 | 6 | ,0000 |
| "Neue Breitenelemente" | 1606 | 2,161 | ,699 | 227,5171 | 6 | ,0000 |
| "Kreativität und Innovation" | 1604 | 2,353 | ,809 | 92,9815 | 6 | ,0000 |
| "Empathie" | 1604 | 2,369 | ,859 | 56,5916 | 6 | ,0000 |
| "Sachbearbeitung" | 1603 | 2,426 | ,697 | 18,0191 | 6 | ,0062 |

Frage: Für wie wichtig halten Sie die folgenden Kenntnisse und Fähigkeiten zur Ausübung Ihrer jetzigen / zukünftigen Tätigkeit? (Studierende/Absolventen); Welche Fähigkeiten wünschen Sie sich über die Fachkenntnisse hinaus von Ihren MitarbeiterInnen? (Antwortkarte Fallstudien); Einschätzung der Wichtigkeit von außerfachlichen Qualifikationen und Schlüsselkompetenzen (Antwortkarte Ausbildungsleitung). Antwortskala von 1 = "sehr wichtig" bis 5 = "völlig unwichtig". Daten: Evaluation Verwaltungsbetriebswirtschaftslehre FHöV NRW.

**Tabelle 14**
**Dimensionen von Schlüsselqualifikationen: Signifikanzen von Mittelwertsunterschieden zwischen den einzelnen befragten Gruppen** (Differenzen der Mean Ranks)

| *Dimension (Faktor)* / *Gruppe* | *N* | *Mean Rank* | *Differenzen der Mean Ranks* | | | | | |
|---|---|---|---|---|---|---|---|---|
| "Persönlichkeit und Leistungspotential" | | | 1 | 2 | 3 | 4 | 5 | 6 |
| 1. Stud. VBWL | 642 | 812,34 | | | | | | |
| 2. Stud. KV | 658 | 822,42 | 10,08 | | | | | |
| 3. Abs. VBWL | 113 | 727,23 | 85,11 | 95,19 | | | | |
| 4. Abs. KV | 108 | 749,97 | 62,37 | 72,45 | 22,74 | | | |
| 5. AL | 47 | 815,89 | 3,55 | 6,53 | 88,66 | 65,92 | | |
| 6. FS "ökonom." | 19 | 561,32 | 251,02 | 261,10 | 165,91 | 188,65 | 254,57 | |
| 7. FS "Vw.-Profil" | 18 | 775,31 | 37,03 | 47,11 | 48,08 | 25,34 | 40,58 | 213,99 |
| "Kreativität und Innovation" | | | 1 | 2 | 3 | 4 | 5 | 6 |
| 1. Stud. VBWL | 642 | 711,28 | | | | | | |
| 2. Stud. KV | 658 | 881,86 | 170,58* | | | | | |
| 3. Abs. VBWL | 113 | 800,21 | 88,93 | 81,65 | | | | |
| 4. Abs. KV | 108 | 1002,83 | 291,55* | 120,97 | 202,62 | | | |
| 5. AL | 46 | 587,7 | 123,58 | 294,16* | 212,51 | 415,13* | | |
| 6. FS "ökonom." | 19 | 555,58 | 155,7 | 326,28 | 244,63 | 447,25* | 32,12 | |
| 7. FS "Vw.-Profil" | 18 | 776,94 | 65,66 | 104,92 | 23,27 | 225,89 | 189,24 | 221,36 |
| "Basisqualifikationen" | | | 1 | 2 | 3 | 4 | 5 | 6 |
| 1. Stud. VBWL | 643 | 824,76 | | | | | | |
| 2. Stud. KV | 658 | 823,79 | 0,97 | | | | | |
| 3. Abs. VBWL | 113 | 712,73 | 112,03 | 111,06 | | | | |
| 4. Abs. KV | 108 | 812,72 | 12,04 | 11,07 | 99,99 | | | |
| 5. AL | 46 | 641,41 | 183,35 | 182,38 | 71,32 | 171,31 | | |
| 6. FS "ökonom." | 19 | 385,42 | 439,34* | 438,37* | 327,31 | 427,3* | 255,99 | |
| 7. FS "Vw.-Profil" | 18 | 627,94 | 196,82 | 195,85 | 84,79 | 184,78 | 13,47 | 242,52 |

(Fortsetzung Tabelle 14)

| "Neue Breitenelemente" | | | 1 | 2 | 3 | 4 | 5 | 6 |
|---|---|---|---|---|---|---|---|---|
| 1. Stud. VBWL | 643 | 655,14 | | | | | | |
| 2. Stud. KV | 658 | 931,88 | 276,74* | | | | | |
| 3. Abs. VBWL | 113 | 767,05 | 111,91 | 164,83 | | | | |
| 4. Abs. KV | 108 | 1093,81 | 438,67* | 161,93 | 326,76* | | | |
| 5. AL | 47 | 633,85 | 21,29 | 298,03* | 133,20 | 459,96* | | |
| 6. FS "ökonom." | 19 | 455,84 | 199,3 | 476,04* | 311,21 | 637,97* | 178,01 | |
| 7. FS "Vw.-Profil" | 18 | 707,22 | 52,08 | 224,66 | 59,83 | 386,59 | 73,37 | 251,38 |
| **"Soziale Kompetenzen"** | | | 1 | 2 | 3 | 4 | 5 | 6 |
| 1. Stud. VBWL | 643 | 695,26 | | | | | | |
| 2. Stud. KV | 658 | 851,13 | 155,87* | | | | | |
| 3. Abs. VBWL | 113 | 925,42 | 230,16* | 74,29 | | | | |
| 4. Abs. KV | 108 | 1073,52 | 378,26* | 222,39* | 148,10 | | | |
| 5. AL | 47 | 774,78 | 79,52 | 76,35 | 150,64 | 298,74* | | |
| 6. FS "ökonom." | 19 | 631,87 | 63,39 | 219,26 | 293,55 | 441,65* | 142,91 | |
| 7. FS "Vw.-Profil" | 18 | 799,69 | 104,43 | 51,44 | 125,73 | 273,83 | 24,91 | 167,82 |
| **"Sachbearbeitung"** | | | 1 | 2 | 3 | 4 | 5 | 6 |
| 1. Stud. VBWL | 641 | 790,84 | | | | | | |
| 2. Stud. KV | 658 | 793,76 | 2,92 | | | | | |
| 3. Abs. VBWL | 113 | 880,26 | 89,42 | 86,5 | | | | |
| 4. Abs. KV | 108 | 911,38 | 120,54 | 117,62 | 31,12 | | | |
| 5. AL | 46 | 725,03 | 65,81 | 68,73 | 155,23 | 186,35 | | |
| 6. FS "ökonom." | 19 | 602,37 | 188,47 | 191,39 | 277,89 | 309,01 | 122,66 | |
| 7. FS "Vw.-Profil" | 18 | 760,53 | 30,31 | 33,23 | 119,73 | 150,85 | 35,5 | 158,16 |
| **"Empathie"** | | | 1 | 2 | 3 | 4 | 5 | 6 |
| 1. Stud. VBWL | 643 | 874 | | | | | | |
| 2. Stud. KV | 658 | 734,05 | 139,95* | | | | | |
| 3. Abs. VBWL | 113 | 934,12 | 60,12 | 200,07* | | | | |
| 4. Abs. KV | 108 | 770,18 | 103,82 | 36,13 | 163,94 | | | |
| 5. AL | 45 | 658,73 | 215,27 | 75,32 | 275,39 | 111,45 | | |
| 6. FS "ökonom." | 19 | 717,34 | 156,66 | 16,71 | 216,78 | 52,84 | 58,61 | |
| 7. FS "Vw.-Profil" | 18 | 567,61 | 306,39 | 166,44 | 366,51 | 202,57 | 91,12 | 149,73 |

VBWL = Verwaltungsbetriebswirtschaftslehre; KV = Kommunaler Verwaltungsdienst. Stud. = Studierende des dritten und fünften Semesters; Abs. = Absolventen 1996/97; FS "ökonom." = ökonomisches Anforderungsprofil im Rahmen der Fallstudieninterviews; FS "Vw.profil" = Verwaltungsprofil im Rahmen der Fallstudien; * = Differenz der Mean Ranks ist signifikant auf dem 95%-Niveau ($\alpha$ = 0.05). Daten: Evaluation Verwaltungsbetriebswirtschaftslehre FHöV NRW, eigene vertiefte Auswertungen.

**Tabelle 15**
**Beurteilung von Reformvorschlägen aus Sicht von Studierenden, Absolventen, Ausbildungsleitung und Amtsleitung** (arithmetisches Mittel)

| | *Stud.* | | *Abs.* | | *Ausbildungsl.* | *Fallstudien* | |
|---|---|---|---|---|---|---|---|
| | *VBWL* | *KV* | *VBWL* | *KV* | *VBWL* | *ökon.* | *vw.* |
| Engere Verzahnung mit der Praxis | 1,8 | 1,7 | 1,7 | 1,5 | 2,1 | 1,5 | 1,5 |
| Praktika auch außerhalb der Verwaltung | 2,2 | 2,8 | 2,1 | 2,5 | 3,3 | 1,1 | 1,7 |
| Mehr bereichsübergreifende Lehrveranstaltungen | 2,4 | 2,6 | 2,3 | 2,3 | 2,9 | 1,6 | 2,1 |
| Freiheit in der Gestaltung des Studiengangs | 2,2 | 2,2 | 2,1 | 2,2 | 3,2 | 2,3 | 2,7 |
| Mehr Leistungsnachweise auch in anderer Form als Klausuren | 2,3 | 2,3 | 2,3 | 2,4 | 3,3 | 1,7 | 2,7 |
| Ausweitung des fachpraktischen Anteils | 3,0 | 2,8 | 2,9 | 2,7 | 1,8 | 2,3 | 2,3 |
| Stärkere Unterstützung der persönlichen Entwicklung | 2,7 | 2,7 | 2,8 | 2,5 | 3,3 | 2,0 | 1,9 |
| Ausweitung der Wahlpflichtfächer | 2,2 | 2,5 | 2,1 | 2,5 | 3,3 | 2,8 | 2,5 |
| Mehr Unterricht durch hauptamtlich Lehrende | 2,4 | 2,2 | 2,3 | 2,1 | 3,8 | 2,4 | 3,3 |
| Einführung von zusätzlichen stoffvertiefenden Seminaren | 2,7 | 2,9 | 2,4 | 2,6 | 3,3 | 2,2 | 2,6 |
| Intensivere Betreuung durch die Lehrenden | 2,9 | 2,8 | 2,9 | 2,7 | 3 | 2,6 | 2,2 |
| Kooperation mit anderen FH/ Unis | 2,5 | 3,1 | 2,1 | 2,8 | 3,2 | 2,6 | 3,2 |
| Bewertung der Mitarbeit in den Lehrveranstaltungen | 3,2 | 3,1 | 3,0 | 2,8 | 3,3 | 2,6 | 2,4 |
| Besuch von Lehrveranstaltungen an anderen FH | 2,8 | 3,3 | 2,4 | 3,1 | 3,6 | 2,6 | 2,7 |
| Erstellung einer Diplomarbeit | 3,0 | 3,5 | 2,3 | 2,9 | 3,8 | 2,7 | 3,3 |
| Internationalisierung des Studiums | 2,9 | 3,0 | 2,8 | 2,7 | 4,2 | 3,3 | 3,2 |
| Ausweitung des fachwissenschaftlichen Anteils | 3,2 | 3,3 | 3,3 | 3,2 | 4,4 | 3,3 | 3,2 |
| *Anzahl (n)* | *641* | *651* | *114* | *105* | *47* | *10* | *13* |

VBWL: Verwaltungsbetriebswirtschaftslehre; KV: grundständiger Studiengang Kommunaler Verwaltungsdienst. Ausbildungsl. = Gruppengespräche mit der Ausbildungsleitung, Antwortkarte "Potentielle Reformen und Veränderungen"; Fallstudien: "ökonomisches Profil" (Studiengang Verwaltungsbetriebswirtschaftslehre) und "Verwaltungsprofil" (grundständiger Studiengang Kommunaler Verwaltungsdienst), Frage: Welche Bedeutung messen Sie den folgenden Verbesserungsvorschlägen zu? Antwortskala von 1 = "sehr wichtig" bis 5 = "völlig unwichtig". Bei gleicher Höhe der mittleren Einschätzungen wurde zur Bildung des profilinternen Rangs zusätzlich die Streuung des Items in der betreffenden Gruppe herangezogen. Daten: Evaluation Verwaltungsbetriebswirtschaftslehre FHöV NRW, Studierendenbefragungen 1995-98, Absolventenbefragungen 1997/98, Gruppendiskussionen mit der Ausbildungsleitung 1996, Fallstudien in ausgewählten Kommunalverwaltungen 1997.

FSC
www.fsc.org
MIX
Papier | Fördert
gute Waldnutzung
FSC® C083411

Kolibri 360 GmbH
Ferdinand-Jühlke-Straße 7
99095 Erfurt, Deutschland
produktsicherheit@kolibri360.de

Druck:
CPI Druckdienstleistungen GmbH
im Auftrag der
Kolibri 360 GmbH
Ferdinand-Jühlke-Str. 7
99095 Erfurt